공부하는 보수

공부하는 보수

위기의 보수, 책에서 길을 묻다

이상돈 지음

책세상

차례

3장 미국 보수의 실패와 오바마 정부

4장 미국 사회는 어디로 가나

5장 초강대국의 길 잃은 외교

6장 유럽의 쇠락과 미래

7장 세계를 덮친 경제 위기

혼돈에 빠진 21세기,
우리는 어디로 가야 하는가

이 책의 제목은 "공부하는 보수"이다. 나는 평생 '공부'를 해온 사람이고, 지금까지의 삶 중 절반이 넘는 시간 동안 공부를 하고 가르치는 것이 '업業'인 사람이었다. 남아 있는 세월 동안에도 책을 읽고 글을 쓰는 '공부'를 계속할 것이다. 공부라는 단어는 너무 익숙해서, 그것에 대해 생각하는 것이 새삼스러울 정도다. 문제는 '보수'라는 단어인데, 이제는 그 단어가 조금 부끄럽다는 생각이 든다. 우리의 현실 속에서 생각할 때, 이명박 정권은 보수를 표방하고 들어선 첫 정권이었지만 독단적인 국정 운영과 부패·비리 의혹으로 얼룩져 실패한 정권이었다. 박근혜 정권은 그런 오점을 청산하고 태어난 합리적인 보수정부이기를 기대했건만, 지금까지의 결과로 봐서는 더 이상 기대하기가 어려워 보인다. 한 보수정권은 부패했고, 또 다른 보수정권은 무능이라는 평가를 받을 것이라 생각하니 허무하다.

《워싱턴 포스트*The Washington Post*》의 칼럼니스트 조지 윌George Will은 "보수운동은 '지적 운동Intellectual Movement'으로 시작했다"고 말했지만, 그것은 어디까지나 미국의 경우를 말하는 것이다. 우리나라에서의 '보수'는 긍정적인 가치를 상징하기보다는 기득권을 수호하고, 부패하고 안일하며, 툭하면 색깔론이나 들고나오는 '몰상식한 집단'으로 인식되어 있다. 지적인 것과는 가장 거리가 먼 것이 '한국의 보수'라 해도 과언이 아니다. 우리나라의 보수는 진보의 실패에 힘입어 2007년과 2012년 대선에서 두 차례 성공했고, 진보 역시 지난 1997년과 2002년 보수의 실패에 힘입어 두 차례 대선에서 승리했다. 물론 선거는 상대방의 실패를 적절하게 이용하는 것이 기본이지만, 정권을 잡은 후에는 철학과 비전을 실행에 옮겨야 한다. 하지만 우리나라의 이른바 '보수정권'은 집권 후 성적이 낙제점이다.

매사를 진영 논리로 설명하고 대응하는 것도 우리 사회의 심각한 병폐가 되어버렸다. 특히 이명박 정권은 법치주의와 민주주의의 영역인 언론 자유 침해 및 검찰권 남용, 환경과 과학의 영역인 4대강 사업까지, 모든 것을 진영 논리로 호도했다. 이런 문제가 있으면 한쪽 지식인들은 침묵으로 일관하고, 다른 한쪽의 지식인들은 상대방을 통째로 매도해왔다. 이런 현실을 지적知的인 기준에서 평가한다면, 한국의 보수는 무지하고 한국의 진보는 편향되어 있다는 게 나의 솔직한 평가다.

이 책을 준비하다 보니 세상을 낙관했던 내가 어느덧 비관론자로 변해 있는 듯해서 지난 세월을 돌이켜보게 되었다. 1968년은 젊은 나에게 큰 영향을 준 해였다. 북베트남군은 구정舊正 대공세를 취했고 린든 존슨Lyndon B. Johnson 대통령은 전쟁 실패를 인정하며 대선 불출마를 선언했다.

신좌파New Left 운동이 서유럽과 미국의 캠퍼스를 흔들었고, 로버트 케네디Robert F. Kennedy가 암살당했다. 1971년에는 《뉴욕 타임스*The New York Times*》에 '베트남 전쟁 비록The Pentagon Papers'이 발표돼 전 세계에 충격을 주었다. 1972년 미국 대통령선거 과정에서 발생했던 워터게이트 사건이 《워싱턴 포스트》에 의해 폭로되어 리처드 닉슨Richard Nixon 대통령이 사임해야만 했다.

1975년 남베트남은 패망했고, 우리나라에도 안보에 대한 위기의식이 높아졌다. 내가 학부생이던 1970년대 초부터 동숭동 캠퍼스는 민주주의 열기로 뜨거웠다. 나는 학부를 졸업하고 서울대 대학원에서 미국 대법원에 대해 공부했다. 얼 워런Earl Warren 대법원장이 이끄는 진보적 대법원이 판결을 통해 미국 사회를 바꾸어놓은 데 감명을 받았고, 동시에 그런 대법원을 비판한 사법 보수주의자 알렉산더 비켈Alexander M. Bickel 교수의 책을 읽고 많은 영향을 받았다. 진보적 대법원을 공부하다가 보수 법학자에게 매료된 것이다.

나는 지미 카터Jimmy Carter 대통령의 실패를 통해 '진보'를 표방하는 정권의 무능을 보았다. 카터는 외교에 실패했고 경제에서도 실패했다. 중남미에 반미 정권이 들어섰고, 이란에는 근본주의 이슬람 정권이 들어섰으며, 소련은 아프가니스탄을 침공했다. 카터는 인플레이션, 석유 위기 등 어느 것 하나 제대로 대처하지 못했다. 그 결과 카터는 1980년 대선에서 공화당 후보 로널드 레이건Ronald Reagan에게 참패했다.

레이건 대통령은 미국인들에게 자신감을 심어주었다. 그는 외교를 정비하고 경제 회복 정책을 통해 미국이 특별한 나라라는 것을 다시 인식시켜 주었다. 페기 누넌Peggy Noonan은 미국에 "다시 아침이 왔다Morning Again"고 했다. 1980년대 미국이 로널드 레이건의 시대였다면, 1980년대 영국은 마거릿 대처Margaret Thatcher의 시대였다. 대처는 방만한 공공 부분을 개혁하고 강력한 탄광 노조를 제압했으며, 포클랜드전쟁에서 승리하여 영국의 자존심을 지켜냈다.

미국에서 공부를 마치고 1983년에 귀국하여 중앙대학교에 자리를 잡은 나는 세상을 낙관했다. 1980년대 들어서 자유 진영은 다시 승리하고 있었고, 세계 경제도 점차 나아지고 있었다. 나는 우리나라 경제에 대해서도 낙관을 했다. 문제는 물론 민주화였는데, 1987년 6월 사태를 거쳐서 민주 헌법이 제정될 수 있었다. 1988년 미국 선거에서 공화당의 조지 H. W. 부시George H. W. Bush가 대통령에 당선되면서 보수의 전성시대를 이어갔다. 그리고 1989년 가을에 놀라운 사건이 일어났다. 베를린장벽이 무너지고 독일이 통일된 것이다. 레이건이 1987년 6월에 베를린에서 했던 연설이 현실이 된 것이다.

1990년대는 냉전이 끝나고 찾아온 좋은 시절이었다. 세계 유일의 초강대국 미국은 막강한 군사력을 동원해서 쿠웨이트를 점령한 이라크 군대를 섬멸했다. 그리고 미국이 추진하는 세계화 물결이 일었다. 세계 경제는 IT 붐에 힘입어 호황이었고, 교역 자유화와 지구환경 문제가 세계적 이슈로 등장했다. 국제환경법과 국제경제법을 미리 공부한 준비된 전문가인 나는 국내외 회의에 참석하고 정부에 자문하는 등 무척 바빴다. 하지만 1990년대의 번영은 빨리 끝났다. 적어도 우리나라에서는 말이다. 1997년 경제 위기로 인해 국제통화기금International Monetary Fund, IMF으로부터 구제금융을 받아야 했기 때문이다. 김영삼 정부가 금융개혁을 하지 못했고 부실기업 문제도 해결하지 못해서 그런 사태를 초래한 것이다.

1989년 초 레이건은 성공적인 8년 임기를 마치고 퇴임했다. 1990년 말에는 대처가 11년 동안의 총리직을 마감하고 물러났다. 1992년 선거에서 조지 H. W. 부시는 전후 세대인 빌 클린턴Bill Clinton에게 패배해서 재임에 실패했다. 번영의 1990년대를 이끌었던 클린턴은 윤리 의식이 부족한 '포스트모던'한 대통령이었다. 그 결과 2000년 대선에서 보수가 다시 결집하여 조지 W. 부시George W. Bush를 당선시키는 데 성공했다. 하지만 부시를 지지했던 사람들은 그가 전쟁 대통령War President이 될 줄은 꿈에도 생각하지 못했다. 1990년대가 냉전과 '테러와의 전쟁' 사이에 잠시 있었던 태평성대였다는 것을 나중에 알게 된 것이다. 2001년 9월 11일, 일단의 이슬람 근본주의자들은 자신들이 납치한 민간 항공기 두 대를 뉴욕 시 세계무역센터 건물에 들이받아서 폭파시켜 버렸다. 그들이 납치한 항공기는 미국 국방부 건물인 펜타곤에도 추락해서 큰 피해를 냈다. 인명 피해도 중대했지만, 미국 자본주의의 상징이 처참하게 무너졌고 미국 군사력의 상징 역시 심각한 손상을 입게 되었다.

그날 이후 세상은 보다 적대적이고 위험한 곳으로 바뀌었다. 미국은 아프가니스탄을 침공했고 이어서 이라크도 침공했다. 그러나 미국이 10년 넘게 벌인 '테러와의 전쟁'은 성공적이지 못했다. 이슬람 근본주의자들은 아직도 건재할뿐더러 오히려 세력을 넓혀가고 있지만, 반면 미국의 경제력과 군사력은 피폐해졌다. 전 세계에 걸쳐 반미 감정이 팽배해졌고, 미국 자체도 분열되어 갔다.

21세기 들어서 '세계화'는 어두운 그림자를 드리우기 시작했다. 선진국에서는 제조업이 경쟁력을 잃고 쇠락의 길을 갔으며 우리나라도 마찬가지였다. 전 세계적으로 저금리 시대가 도래하더니 값싼 크레디트에 맛을 들인 개인과 탐욕스러운 금융자본은 신용 공황을 초래하고 말았다. 이런 상황에서 러시아, 중국, 그리고 이란은 영향력을 키워가고 있다. 자유 진영의 영향력이 쇠퇴하자 힘을 앞세운 나라들이 그 자리를 차지해가는 셈이다. 로버트 케이건Robert Kagan의 표현을 빌자면 "역사가 돌아온 것"이다.

내가 10년간 공부하고, 30년간 연구하면서 가르친 분야는 법法이었고 그중에서도 환경과 자원에 관한 법이었다. 하지만 젊었을 적부터 관심이 많았던 세계 역사의 흐름과 미국 정치에 대한 공부의 끈을 놓지는 않았다. 나는 알렉산더 비켈로부터 사법 보수주의Judicial Conservatism를 배웠고, 윌리엄 버클리William F. Buckley Jr.가 이끈 지적 보수주의 운동Intellectual Conservative Movement에 감명을 받았다.

조지 W. 부시가 '테러와의 전쟁'을 벌일 때 우리나라에는 진보를 표방한 정부가 들어섰는데, 나는 그 정부가 마음에 안 들었다. 나는 우리나라에도 합리적이고 지적 배경이 있는 보수정권이 들어서기를 기원했다. 하지만 2007년 한나라당은 나라를 망칠 것이 뻔한 사람을 대통령 후보로 뽑았고, 그는 결국 대통령이 돼서 4대강 사업이니 뭐니 하면서 임기 내내 나라를 시끄럽게 했다. 나는 당시 박근혜 한나라당 전 대표가 합리적인 보수정책을 내걸고 대통령에 당선된다면 나라를 잘 이끌어갔을 것이라 믿었다. 그리고 어떻게 인연이 닿아 2012년 총선에서 새누리당 비상대책위원이 되어 대선에 이르는 정치 과정에 참여했다. 하지만 지금까지 상황을 보아하니 박근혜 정권이 성공할 가능성은 보이지 않는다. 합리적 보수정권이 되기 위한 모든 약속을 파기했으니 성공할 수 없다는 것이 내 생각이다.

2008년 선거에서 미국인들은 검증되지 않은, 그러나 연설과 토론을 무척 잘하는 버락 오바마Barak Obama를 대통령으로 선출했다. 공화당 정권은 이라크전쟁에서 실패했고 또 경제마저 망쳤으니 민주당의 승리는 당연했다. 21세기는 '미국의 세기'가 될 것이라면서 "역사 발전은 끝났다"고 호언장담했던 프랜시스 후쿠야마Francis Fukuyama는 2006년에 나온 《기로에 선 미국*America at the Crossroads*》에서 자신의 생각이 잘못됐음을 인정하고 미국의 보수는 광야에 가서 수련을 해야 한다고 말했다. 부시 정부의 실책이 워낙 커서 공화당이 정권을 다시 찾기도 쉽지 않아 보인다. 미국의 보수는 티파티Tea Party 운동을 두고 자체적으로 분열되어 있는 형편이다.

많은 사람들은 21세기가 풍요와 평화의 시대가 될 것이라고 기대했지만, 그런 기대는 일장춘몽으로 끝나고 말았다. 나 또한 냉전을 종식시키고 시작하는 새로운 세기에 많은 기대를 했었다. 하지만 21세기의 15년이 지난 이 시점에서 생각할 때, 앞으로 우리와 우리의 문명이 어떻게 될지 걱정이 앞선다. 전 세계적으로 볼 때, 과격 이슬람이 야기하는 문제가 가장 심각하고 서방의 경제 위기 역시 쉽게 개선될 기미가 보이지 않는다. 다문화주의의 함정에 빠져서 문화적 정체성을 상실한 유럽은 세계의 문제는커녕 자신의 문제를 해결할 능력마저 상실했다. 부유한 나라와 가난한 나라 사이의 격차가 더 커졌고, 한 나라 안에서도 양극화가 심화되고 있다. 소말리아, 아프가니스탄 등 실패하는 나라가 늘어나고 있고 아프리카는 대륙 전체가 그런 상황으로 가고 있다. 상황이 나아질 것 같지도 않으며, 이제는 문제를 풀고자 하는 의지마저 사라져가고 있다. 닥쳐오는 난국을 애써 외면하면서 당장의 안락에만 몰두하는 것이 오늘날 우리의 모습인 것 같다.

그래도 미국의 양식 있는 지식인들은 자기 나라의 미래와 서방 문명의 앞날을 걱정하고 있다. 그러나 나는 갈 길을 잃어버린 심정이다. 민주주의와 법치주의를 존중하면서, 합리적인 정책을 가지고, 국민을 화합으로 이끌 수 있는 보수정부가 우리나라에 들어설 가능성이 없어 보이기 때문이다. 이 책은 지난 7년 동안 미국과 한국에서의 '보수의 실패'를 보면서 내가 읽었던 책을 정리하고, 그 책에서 다룬 주제에 대한 나의 생각을 더한 책이다. 이 책에 소개된 책 중에는 내용이 무겁고 깊은 책도 적지 않은데, 비교적 상세하게 소개한 책들이 그런 편이다. 몇몇은 국내에 번역·소개되어 있기도 하지만, 대부분은 번역되지 않았고 번역하기도 어려운 책들이다.

이 책이 자신을 '보수'라고 생각하는 사람들에게 무엇이 보수정책이고, 어떤 것이 보수철학인지 이해하는 계기가 되었으면 한다. 또한 자신을 '진보'라고 생각하는 사람들에게는 자신의 생각을 살피는 데 도움이 되기를 바란다. 이 책에서 소개한 100권의 책이 다루고 있는 시기는 2001년 9.11 테러 이후 미국이 테러와의 전쟁을 개시한 후부터 2008년 시작된 경제 위기를 둘러싼 논쟁이 치열했던 2013년까지이다. 이 책을 읽고 보다 깊이 있는 정보를 원하는 독자에게는 가급적 원서 읽기를 권하고 싶다. 국내에 소개된 책 중 몇몇은 엉뚱한 제목으로 나와 있기도 하고, 번역 과정에서 원 저자의 뜻이 제대로 전달되었는지 알 수 없기 때문이다. 미국의 정치와 사회, 그리고 중동 정치에 관한 책은 시장성이 희박한 탓인지 깊이 있고 좋은 책이라도 번역되지 않은 게 많다.

무려 700쪽이 넘는 두꺼운 책의 출판을 기꺼이 맡아주고 편집에 애써준 책세상 여러분들께 감사드린다. 마지막으로 이 지면을 빌려 아버지 고故 이승우 님에 대한 추억과 어머니 고계본 님에 대한 감사의 마음을 표하고자 한다.

2014년 9월

이 상 돈

공부하는 보수

1장

9.11과
테러와의 전쟁

001

9.11 테러,
세계 경제의 심장을 쏘다

로렌스 라이트Lawrence Wright,
《타워가 다가온다: 알카에다와 9.11로 가는 길
The Looming Tower: Al-Qaeda and the Road to 9/11》
(Alfred A. Knopf, 2006)

9.11 테러는 21세기를 한순간에 바꾸어놓았다. 《뉴요커*The New York-er*》기자로 활동하고 카이로의 아메리칸대학에서 강의도 한 로렌스 라이트가 펴낸 이 책은 이집트의 한 교사가 주창한 이슬람 근본주의에 영향을 받은 오사마 빈라덴Osama bin Laden과 아이만 알자와히리Ayman al-Zawahiri가 알카에다Al-Qaeda를 조직하고 9.11 테러를 감행하기까지의 과정을 분석하고 있다. 동시에 9.11 테러를 막을 수 있는 기회가 여러 번 있었지만 번번이 실패했던 미국의 대응 역시 잘 보여주고 있다.

알카에다의 탄생

1996년 11월, FBI 요원 대니얼 콜맨Daniel Coleman은 빈라덴 휘하에 있다가 미국에 협력할 의사를 밝힌 자말 알파들Jamal al-Fadl을 취조하던 중에 '알카에다'라는 조직을 처음으로 알게 되었다. 알카에다의 뿌리는 이슬람 근본주의를 주창하다가 순교한 사이드 쿠트브Sayyid Qutb로 거슬러 올라간다.

이집트 교육부의 공무원이었던 40대 초반의 사이드 쿠트브는 정부 장학금으로 1948년 미국 유학길에 올랐다. 1949년 여름, 콜로라도 주 그릴리에 있는 주립대학에 도착해서 영어 공부를 하던 그는 미국의 물질적 풍요와 여성의 자유분방함에 저항감을 느꼈다. 독신이며 무슬림인 그는 "미국 사회는 영혼이 없다"고 썼다고 한다. 그러고는 카이로로 돌아온 그는 본격적으로 서양 문명을 적대시하게 됐다.

이집트는 영국의 식민 통치를 벗어났지만 대다수 국민은 빈곤했다. 하산 알반나Hasan al-Bannā가 세운 무슬림형제단The Muslim Brotherhood은 학교와 병원을 건립하고 공장을 운영하면서 세력을 넓혀갔다. 알반나는 세속적 민주주의가 아닌 이슬람법의 지배를 주장했지만, 형제단이 경찰국장을 암살하는 등 폭력적인 수단을 동원하자 이집트 정부는 그들을 탄압했다. 1952년 7월 정부에 불만이 많았던 소장파 장교들이 주축이 된 자유장교단이 쿠데타를 일으켰고, 2년 후에는 장교단의 가말 압델 나세르Gamal Abdel Nasser가 실권을 장악했다. 나세르는 쿠트브에게 교육장관직을 제의했으나 쿠트브는 이를 거절하고 무슬림형제단 기관지의 편집장을 맡았다. 1954년 10월, 무슬림형제단 회원들이 나세르 암살 음모를 꾸미다가 체포되었다. 그 핵심에 있었던 쿠트브는 20년 형을 선고받고 10년을 복역한 뒤 1964년에 출옥했지만, 얼마 후 정부 전복 음모 혐의로 다시 구속되어 사형을 선고받았다. 그리고 그는 사면 제의를 거부한 채 1966년 8월 29일 교수형을 당했다.

공부하는 보수

나중에 빈라덴과 함께 알카에다를 이끌게 되는 아이만 알자와히리는 이집트 카이로 근교의 부촌인 마아디에서 성장했다. 그의 부친은 의사였는데, 유럽인들과 이집트 지식인들이 모여 살던 마아디에 살면서 아이들을 좋은 학교에 보냈다. 그의 모친 역시 부유한 정치인 가문 출신이었다. 알자와히리는 공부를 잘해서 의대에 갈 수 있을 정도였지만, 정치·사회 문제에도 관심이 많은 학생이었다. 쿠트브가 처형되자, 열다섯 살이던 알자와히리는 이슬람 운동을 위한 비밀 조직을 만들었다.

　　1967년 6월에 있었던 '6일전쟁Six-Day War'은 이집트에 큰 충격을 주었다. 이슬람주의자들은 나세르의 세속적인 통치 때문에 이집트가 패배했다고 생각했다. 1970년 나세르가 갑자기 사망하자, 후계자인 안와르 사다트Muhammad Anwar Sadat는 무슬림형제단에 화해를 제의하고 수감 중이던 형제단 멤버들을 석방했다. 카이로 의대에 다니던 알자와히리는 이슬람 학생운동을 주도했는데, 그 결과 대학가에는 수염을 기른 남학생과 베일을 쓴 여학생이 늘어났다. 알자와히리는 과업을 같이할 여성과 결혼한 뒤, 1980년에 파키스탄의 페샤와르로 가서 아프가니스탄 난민을 위해 의료봉사를 했다.

　　한편, 이집트의 이슬람 근본주의자들은 이란에 들어선 아야톨라 호메이니Ayatollah Ruhollah Khomeini 정권에 감명을 받았다. 이들은 이스라엘과 평화협정을 체결한 사다트를 저주했다. 알자와히리는 '알 지하드'라는 지하 단체를 만들어서 본격적인 투쟁에 나섰다. 1981년 9월, 사다트는 반反정부 인사 1,500명 검거를 명했는데, 알자와히리는 용케도 여기서 벗어났다. 젊은 장교들은 사다트 암살을 모의했고, 그해 10월 6일 사다트는 결국 암살됐다. 가담자들은 체포되었고 연루 혐의를 받은 알자와히리도 체포되어 고문을 당했다. 알자와히리는 감옥에서 저명한 이슬람주의자인 오마르 압델-라만Omar Abdel-Rahman을 만나 큰 영향을 받았다. 암살 주모자 네 명은 처형됐고, 압델-라만은 6개월 후에 석방됐다. 1984년에 출소한 알자와히리는 수염을 깎고, 위조 여권을 이용해서 튀니지로 출국했다. 그리고 1985년에 그는 사우디아라비아에 입국해서 제다에서 의사로 일했고, 그곳에서 빈라덴을 처음 만났다.

오사마 빈라덴의 부친 모하메드 빈라덴Mohammed bin Laden은 제다에 살며 세계 최대 석유회사인 아람코Arabian-American Oil Co., ARAMCO에서 건축 일로 큰돈을 벌었다. 사우디아라비아가 도로 등 사회 인프라를 대대적으로 건설하게 되자 빈라덴의 회사는 급성장했던 것이다. 사우디아라비아가 수도를 리야드로 옮김에 따라 건설 붐이 불었고, 그의 회사는 기업군을 이룰 정도가 되었다.

모하메드 빈라덴은 부인 스물두 명과의 사이에서 자녀 쉰네 명을 두었다. 그는 1956년 사업차 시리아에 갔을 때 열네 살 난 알리아 가넴을 데리고 와서 네 번째 부인으로 삼았는데, 그녀와의 사이에서 오사마가 태어났다. 오사마는 사우디아라비아 왕가가 세운 엘리트 학교를 다녔다. 열네 살이 된 오사마는 무슬림형제단 소속 선생님의 영향으로 서방 음악과 복식을 거부하는 등 종교적으로 의식화되기 시작했다. 승마와 자동차를 좋아했던 오사마는 압둘아지즈대학에 들어간 후 사이드 쿠트브가 쓴 책에 심취하기도 하였다. 말과 자동차에 대한 관심은 나중에 그가 아프가니스탄에서 활동하는 데 큰 도움이 됐다.

사우디아라비아 · 아프가니스탄 · 수단

1964년에 국왕이 된 파이살Faisal bin Adel-Aziz은 여성 교육을 시작하고

공부하는 보수

노예제도를 폐지했으며, 텔레비전 방송을 시작하는 등 개혁 조치를 취했다. 그의 아들 중 사우드 왕자Saud Al-Fisal는 외무장관이 됐고, 투르키 왕자 Turki Al-Fisal는 정보국장이 됐다. 1975년, 파이살 국왕은 이슬람 근본주의 운동인 와하비즘Wahhabism을 주창하는 조카에 의해 암살됐다. 1979년 11 월에는 '마하드Mahad, 구세주'가 나타났다고 주장하는 근본주의자들이 메카의 그랜드모스크를 점령하는 사태가 발생했고, 사우디아라비아 정부는 난동자들을 진압하고 63명을 공개 처형했다. 그해 소련군은 아프가니스탄을 침공했다.

제다에 머물고 있던 요르단 출신 세이크 압둘라 아잠Sheikh Abdullah Azzam은 아프가니스탄 지하드Jihād, 성스러운 전쟁를 주창해서 큰 반향을 일으켰다. 도피자들이 알제리, 이집트 등지에서부터 제다에 모여들었고, 사우디아라비아 정보기관은 이들에게 여행증명서를 제공했다. 카이로에 건설 인력 사무소를 두고 있던 빈라덴그룹은 아프가니스탄으로 향하려는 무슬림들의 통로가 되어, 제다에 머물던 오사마 빈라덴은 이들에게 각종 편의를 제공했다.

소련군이 아프가니스탄을 침공하자 사우디아라비아의 정보국장 투르키 왕자는 소련군에 대항해 싸우는 무장 게릴라 '무자헤딘Mujahidin'에 대한 지원을 늘렸다. 파키스탄을 방문한 빈라덴은 아프가니스탄 접경지역에서 무자헤딘의 전투 모습을 보았다. 빈라덴은 페샤와르에 모병소를 차린 뒤 1986년에는 부인들과 자식들도 페샤와르로 데려왔다. 빈라덴은 직접 부대를 이끌고 소련군을 공격하기도 했기에 그 과정에서 그의 용맹성이 알려졌다. 빈라덴은 이때 획득한 AK-74 소총을 늘 지니고 다녔다. 빈라덴은 1986년 페샤와르로 와서 병원에서 일하던 알자와히리를 만났고, 이들의 만남이 '알카에다'로 발전했다.

1988년 5월 소련군은 아프가니스탄에서 철수하기 시작했다. 소련군이 철수하자 아프가니스탄 군벌들은 향후 주도권을 두고 다투었다. 그해 8월, 세이크 압둘라 아잠은 빈라덴 등과 함께 페샤와르에서 향후 방향을 논의하는 모임을 가졌는데, 이때 '알카에다'라는 명칭이 처음으로 사용됐다고 한다. 무자헤딘은 남부 파수툰 출신과 북부 부족 출신으로 분열되었는데, 아잠은 북부 출신인 아메드 샤 마수드Ahmad Shah Massoud를 좋아했다고 한다. 하지만 아잠은 부족 간의 내란에 간여하여 1989년 11월 암살됐다.

　　1989년 가을, 빈라덴은 유명 인사가 되어 사우디아라비아로 돌아왔다. 방탕한 생활을 하던 파드 빈 압둘 아지즈Fahd bin Abdul-Aziz 국왕은 이런 빈라덴이 부담스러웠다. 1990년 8월, 이라크 군대가 쿠웨이트를 점령하자 사우디아라비아 정부는 경악했다. 알제리, 리비아, 튀니지, 요르단 등 아랍 국가들이 이라크를 지지하자 사우디아라비아 정부는 위기감을 느꼈다. 미국은 군사작전을 준비했고, 사우디아라비아는 미군의 주둔을 허용했다. 그 결과 입국한 미군 중에는 여군도 많았고, 기자도 1,500명이나 있었다. 빈라덴은 "이교도가 사우디아라비아에 들어설 수 없다"는 코란 구절을 근거로 들어서 미군 주둔을 반대했다. 1991년 1월, 미군은 쿠웨이트를 탈환하고 이라크 본토를 공격했다. 빈라덴은 전쟁이 끝난 후에도 철수하지 않는 미군과 미군을 불러들인 사우디아라비아 정부를 비난했다. 그리고 그는 1992년 3월, 파키스탄의 페샤와르로 돌아갔다.

　　아프가니스탄 카불이 무자헤딘에게 함락되자 외국에서 온 반군叛軍들은 할 일이 없어졌다. 하지만 이들의 본국 정부는 이들의 귀국을 허용하지 않았다. 국적 없는 용병이 된 이들은 카슈미르, 코소보, 보스니아, 체첸 등의 분쟁 지역을 떠돌았다. 1989년 6월, 수단에서 이슬람주의자

하산 알 투라비Hasan al-Turabi가 주도한 쿠데타가 일어났다. 새 정부는 국제 무슬림 공동체의 중심이 될 것을 공언하고 빈라덴을 초청했다. 1992년 빈라덴은 아내 네 명과 자녀 열일곱 명을 대동하고 수단에 도착했다. 빈라덴은 카르툼 도심에 사무실을 열고, 땅을 사서 농사를 지으며, 피혁 공장을 인수해서 운영했다. 빈라덴을 따라온 대원들도 농사와 공장 일을 했다.

카르툼에서 10킬로미터 떨어진 빈라덴의 농장에는 이슬람 혁명을 꿈꾸는 젊은이들이 모여들었다. 1994년 2월, 빈라덴이 암살을 당할 뻔한 적이 있는데, 그 배후가 사우디아라비아로 알려졌다. 1995년 11월 13일, 사우디아라비아 리야드의 미군 시설 앞에서 차량이 폭발하여 미국인 다섯 명이 죽고 수십 명이 부상을 당했다. 이 테러의 배후는 빈라덴이라고 여겨졌다.

1995년 6월 26일, 이집트의 대통령 무바라크Muhammad Hosni Mubarak는 아프리카통일기구Organization of African Unity, OAU 회의 참석차 에티오피아의 수도 아디스아바바에 도착했다. 하지만 공항에서 시내로 가던 중 무장 괴한의 공격을 받아 다시 공항으로 돌아갈 수밖에 없었다. 이집트 정보 당국은 카이로에서 국경지대에 이르는 곳곳을 뒤져 이슬람 과격주의자들을 색출해낸 뒤, 수단에 있던 알자와히리를 암살하려 했으나 실패했다. 그해 11월 19일, 알자와히리의 지시로 파키스탄 주재 이집트 대사관이 폭발물 테러를 당했다.

수단에서 기획된 연이은 테러로 부담감을 느낀 투라비는 빈라덴에게 수단을 떠나달라고 요구했다. 이제 빈라덴이 갈 수 있는 곳은 아프가니스탄밖에 없었다. 알카에다 대원 중 일부는 아프가니스탄으로 가기로 했고, 나머지는 고국행 비행기표와 여비를 받고 각자 갈 길을 갔다. 수단

정부는 빈라덴에게 낡은 소련제 비행기를 내주었고, 빈라덴은 자녀와 경호원을 대동하고 아프가니스탄으로 향했다.

미국에 지하드를 선포하다

빈라덴을 태운 비행기는 아프가니스탄 잘랄라바드에 착륙했다. 아프가니스탄의 대부분 지역은 탈레반이 장악하고 있었다. 탈레반은 소련군에 대항해 싸우다가 오른쪽 눈을 잃은 무하마드 오마르Muhammad Omar가 지휘하고 있었다. 카불을 점령한 탈레반은 소련 치하에서 아프가니스탄 대통령을 지낸 나지불라Najibullah와 그의 형제들을 처형한 뒤 시신을 차에 끌고 다녔다. 탈레반은 여성의 사회 활동을 금지시켰다. 그러자 여성의 참여가 높았던 아프가니스탄의 사회 인프라는 마비돼버렸다.

빈라덴은 잘랄라바드 부근의 토라보라 동굴 지대로 본거지를 옮겼다. 1996년 8월 23일에 빈라덴이 미국에 대한 지하드를 선포한 곳도 토라보라였다. 1993년에 세계무역센터에 폭발물 테러를 감행한 람지 유세프Ramzi Yusef의 삼촌인 할리드 세이크 모하메드Khalid Sheikh Mohammed가 빈라덴을 찾아와서 유세프가 미국 항공기 열두 대를 태평양 상공에서 폭파시키려 한다고 설명했다. 빈라덴은 유세프가 필리핀을 방문하게 될 클린턴도 암살해주기를 부탁했다. 유세프는 경호가 삼엄할 클린턴보다는 필리핀을 방문할 예정인 교황 요한 바오로 2세Pope John Paul II를 암살하고자 했다. 하지만 마닐라 아파트에서 폭발물 실험을 하던 유세프는 화재가 발생하자 그대로 도망가버렸고, 그가 남긴 컴퓨터에 있던 테러 계획이 미국 정보 당국에 알려지게 되었다.

모하메드는 민간 비행기를 빌딩에 부딪쳐서 폭파하는 등 미국을 상대로 한 여러 가지 테러 방법을 빈라덴에게 설명했다. 9.11 테러에 대한 구상이 이때 빈라덴의 머릿속에 심어진 것이다. 1997년 3월, 빈라덴은 CNN과 인터뷰를 했다. 잘라라바드의 진흙 동굴 속에서 피터 버건Peter Bergen이 이끄는 취재팀을 만난 빈라덴은 미국이 이스라엘을 지원하기 때문에 미국에 대해 지하드를 선포했다고 말했다. 탈레반 수장 오마르는 빈라덴에게 자신이 머물고 있는 칸다하르로 오라고 했다. 빈라덴은 칸다하르로 옮기기로 했고, 그는 가족들과 함께 칸다하르 외곽의 황폐한 농장에서 궁핍한 텐트 생활을 했다.

1996년에 수단을 떠난 알자와히리는 위조 여권을 이용해서 동남아시아와 체첸을 여행했다. 이슬람주의자들은 체첸을 중요하게 생각했다. 체첸을 이슬람화하면 코카시안 세계, 즉 백인 세계에 최초로 이슬람 국가가 탄생하기 때문이다. 1996년 12월, 알자와히리는 러시아 국경을 넘었다가 러시아 국경수비대에 체포되어 6개월간 감옥살이를 했고, 그의 알 지하드는 와해됐다. 알자와히리는 독자적으로 활동을 하기 어렵다고 생각하고, 칸다하르로 가서 빈라덴과 합류했다. 알자와히리는 이집트 내에서 테러를 감행하기로 했다. 1997년 11월 17일, 괴한 여섯 명이 피라미드 관광지인 룩소르의 한 신전에 잠입해서 관광 중이던 일본인 관광객을 포함한 외국인 마흔여덟 명과 이집트인 네 명을 죽였다. 이들은 일본인 관광객의 몸을 칼로 가르고 '외국인 관광은 안 된다'라는 쪽지를 시신에 집어넣는 등 잔학한 행동을 해서 세계를 경악시켰다.

테러에 무력했던 미국
클린턴 행정부 말기에 백악관에서 대對테러 문제를 책임졌던 사람은 리처드 클라크Richard Clarke였다. 클린턴은 FBI가 테러 방지에 주된 역할을 하도록 했는데, 존 오닐John O'Neill이 FBI의 테러대응팀장이었다. 오닐은 당시엔 알려지지 않았던 빈라덴을 미국에 대한 위협이라고 생각했다.

1996년 6월 25일, 사우디아라비아에 주둔 중인 미공군의 막사 코바르타워에 강력한 폭발이 일어나서 미군 열아홉 명이 사망하고 400명이 다쳤다. 오닐은 FBI 수사팀을 이끌고 현지로 향했지만 사우디아라비아 당국의 비협조로 성과를 얻지 못했다. 1997년 초, 오닐은 FBI 뉴욕지부의 국가안보팀장으로 발령이 났다. 오닐은 그곳에서 중동의 테러조직을 담당하던 대니얼 콜맨을 만났다. 콜맨은 자신이 테러조직원이었다고 주장하는 자말 알파들을 독일에서 심문하던 중 '알카에다'라는 테러단체를 처음 알게 됐다. 콜맨과 오닐은 '알렉 스테이션Alec Station'이라는 비밀사무실에서 CIA 책임자 마이클 슈어Michael Scheuer와 같이 일했다. 하지만 오닐과 슈어는 서로를 견제하며 좋아하지 않았다.

CIA는 알카에다와 탈레반에 대한 인적 정보망을 가지고 있지 못했다. CIA는 아프가니스탄에 침투해서 빈라덴을 납치하는 방안도 생각했으나 실행에 옮기지는 못했다. 사우디아라비아 정보국은 오마르와 협상해서 사륜구동 픽업트럭 400대와 현금을 전달하고 빈라덴을 인도받기로 했으나, 오마르는 도착한 차량을 가지고 마자르 이 샤리프를 점령한 채 빈라덴을 넘기지 않았다. 1998년 7월, CIA는 아제르바이잔의 수도 바쿠에서 알자와히리의 조직원을 납치했는데, 그의 노트북 컴퓨터에서 알카에다에 관한 중요한 정보를 획득했다. 하지만 CIA는 이 정보를 FBI에 넘겨주지 않았다.

1998년 8월 7일, 페르시아계 시아파 주민이 살던 마자르 이 샤리프를 점령한 탈레반은 처참한 학살극을 자행하여 주민 5,000에서 6,000명

공부하는 보수

가량이 죽고, 이란 외교관 열 명이 죽었다. 서방 언론은 탈레반의 잔인함에 경악했으나, 같은 날 탄자니아와 케냐에서 발생한 폭탄테러로 인해 이 뉴스는 가려져버렸다. 알자와히리의 조직원 두 명이 케냐의 수도 나이로비에서 강력한 폭발물을 도요타 트럭에 싣고 미국 대사관으로 돌진하여 대폭발을 일으켰고, 같은 날 탄자니아의 수도 다르에스살렘에서도 미국 대사관이 차량폭탄테러로 폭파되었던 것이다.

나이로비 대사관 폭발로 미국 대사 프루던스 부시넬Prudence Bushnell을 비롯한 미국인 열두 명 등 213명이 죽고 4,500명이 부상을 당했다. 다르에스살렘에서는 다행히 폭탄 차량과 대사관 사이에 물탱크 트럭이 있어서 현지인 열한 명이 죽는 데서 그쳤다. 사건이 발생하자 FBI 요원 수백 명이 아프리카 현지로 향했다. FBI가 나이로비 현지에서 거동이 수상한 아랍인을 구금하여 심문한 결과 알카에다의 예멘 조직책을 파악할 수 있었고, 알카에다가 미국 본토를 겨냥한 테러를 계획 중이라는 것도 알게 됐다.

CIA는 빈라덴이 수단에서 화학무기를 개발하고 있다고 생각했다. 빈라덴 휘하에 있다가 전향한 자말 알파들이 그렇게 진술했기 때문이었다. CIA는 스파이를 고용해서 의심스러운 화학 공장이 있는 알시파의 토양을 채취해서 분석했는데, 신경가스를 만드는 물질인 EMPTA 성분을 발견했다.

1998년 8월 20일, 백악관 인턴과의 섹스 스캔들로 곤란한 지경에 빠져 있던 클린턴 대통령은 수단의 알시파 화학 공장과 아프가니스탄 코스트의 알카에다 훈련 캠프에 대한 크루즈미사일 공격을 명령했다. 7억 5,000만 달러가 소요된 이 공격은 완전한 실패였다. 미사일 공격으로 파괴된 화학 공장은 의약품과 농약을 생산하던 수단의 유일한 공장이었다.

300명의 근로자가 일하던 멀쩡한 공장을 미국이 파괴해버린 것이었다. CIA는 아프리카에서 흔히 사용되는 살충제의 잔존 성분을 신경가스 제재로 오판했던 것이다.

아프가니스탄 코스트에 대한 공격은 국가안보국National Security Agency, NSA이 어렵게 확보한 위성통화를 근거로 했다. 빈라덴과 그 일행이 코스트로 향하고 있다고 생각해서 토마호크미사일을 발사했으나 빈라덴은 그곳으로 가지 않았다. 결국 코스트에서는 알카에다 대원 여섯 명이 사망했을 뿐이다. 미사일 몇 개는 파키스탄 영토에 떨어졌고, 코스트에 떨어진 미사일 중 몇 개는 탄두가 폭발하지도 않았다. 빈라덴은 불발한 미사일 탄두를 1,000만 달러를 받고 중국에 팔아넘겼다. 파키스탄은 자국 영토 내에 떨어진 불발탄을 수거해서 미사일 개발에 사용했다. 아랍권 국가들은 클린턴이 자신의 섹스 스캔들을 덮기 위해 미사일 공격을 했다고 비아냥거렸다.

이라크 정보당국은 알자와히리와 빈라덴에게 알카에다의 본거지를 이라크로 옮기자고 제안했지만, 이들은 거절했다. 사우디아라비아와 파키스탄의 정보 당국은 오마르에게 빈라덴을 추방해줄 것을 요청했으나 오마르는 '빈라덴은 명예로운 사람'이라며 이들의 요청을 거절했다. 1999년 2월, CIA는 다시 한번 빈라덴을 공격할 기회를 포착했다. 아랍에미리트의 왕자들이 아프가니스탄에 사냥을 하러 가던 중 빈라덴을 만날 것이라는 정보를 얻었던 것이다. 그러나 외교 관계와 민간인 피해를 우려한 국방부의 반대로 공격은 이루어지지 않았고, 이에 반발한 빈라덴 전담부서 알렉 스테이션의 마이클 슈어는 경질되었다.

1999년 9월, 알자와히리는 위조 여권을 이용해서 이라크를 방문했다. 요르단 출신으로 아프가니스탄에 별개의 테러 캠프를 갖고 있던 아부 무사브 알자르카위Abu Mussab al-Zarqawi도 이라크를 방문 중이었다. 이라크 정보 당국이 이 두 사람의 만남을 주선했을 것으로 추측됐다. 훗날 알자르카위는 이라크 내의 알카에다 조직을 이끌게 된다.

9.11 테러를 스케치하다

1999년 6월, FBI는 빈라덴을 수배자 명단에 올렸다. FBI와 CIA는 알카에다가 1999년 연말과 2000년 연초에 동시다발적인 테러를 할 가능성을 우려했다. 1999년 12월, 요르단 당국은 자국 내 호텔 등을 폭파하려는 음모를 적발했는데, 알자르카위가 배후로 지목되었다. 그해 12월 14일, 미국 워싱턴 주 포트앤젤레스에서 국경경비대원이 거동이 수상한 알제리아인을 체포해서 조사하던 중 그의 차량에서 폭발물을 발견했다. 한때 알카에다 소속이었던 그는 캐나다에서 독자적인 조직을 만들어 로스앤젤레스국제공항을 21세기 첫날 폭파하려고 했다. 존 오닐은 21세기 첫날에 테러가 있다면 그 타킷은 뉴욕의 타임스퀘어일 것으로 생각하고 뉴욕시장이 진행하는 뉴밀레니엄 행사 현장을 지켰다. 2000년 1월 1일은 무사히 지나갔지만, 미국 본토를 대상으로 한 테러 계획은 진행 중이었다.

빈라덴의 캠프를 찾아오는 젊은이들은 아웃사이더라는 공통점이 있었다. 사우디아라비아에 살았던 예멘인, 스페인에 살았던 모로코인 등이었다. 알카에다 캠프에서 훈련을 마치고 각기 적성에 맞는 임무를 부여받은 이들은 모두 죽음으로 영광을 찾는다고 믿었다. 독일 함부르크에는 20만 명 이상의 아랍인이 거주하고 있었다. 1992년 가을 함부르크기술대학에 유학생으로 온 모하메드 아타Mohamed Atta도 그중 한 명이었다. 독일은 학비가 무료일뿐더러 학생 신분만 유지하면 비자를 받거나 체류하는 데 큰 문제가 없었고, 유학생 여권으로 유럽연합을 자유롭게 돌아다닐 수도 있었다. 함부르크에 머물던 모하메드 아타, 람지 빈 알시브Ramzi bin al-Shibh, 마르완 알세히Marwan al-Shehhi, 그리고 지아드 자라Ziad Jarrah는 1999년 11월 아프가니스탄의 빈라덴 캠프에 도착했다.

빈라덴은 항공기를 납치해서 미국의 주요 목표를 동시에 공격하자는 아이디어를 처음 제시한 할리드 세이크 모하메드를 다시 칸다하르로 불렀다. 두 사람은 구체적인 방안과 목표에 대해 의견을 나누었다. 빈라덴은 의회와 백악관을 제시했고, 모하메드는 뉴욕의 세계무역센터를 제시했다. 이 계획을 시행하기 위해서는 미국에 입국할 수 있어야 하고, 영어를 어느 정도 해득해야 하며, 초보적 비행 기술을 가져야만 했다. 빈라덴은 그가 신임하는 네 명을 골라서 이 일을 맡기려 했는데, 사우디아라비아 국적의 나와프 알하즈미Nawaf al-Hazmi, 할리드 알미다르Khalid al-Midhar와 예멘 출신의 다른 두 명이었다. 사우디아라비아 국적의 사람은 미국에 입국할 수 있지만 예멘 국적을 가진 사람은 미국 입국이 어려웠다. 빈라덴은 예멘 출신을 말레이시아의 쿠알라룸푸르로 보냈다. 빈라덴은 미국 본토를 공격할 수 있는 인물이 필요했고, 이때 아타 등 네 명이 빈라덴을 찾아온 것이다. 빈라덴은 기초 영어 능력이 있고 서방 생활에 익숙한 이들을 환영하고 특별히 관리했다. 결국 이들이 9.11 테러에 가담하게 된다.

빈라덴이 쿠알라룸푸르로 보낸 네 명 중 예멘 출신으로 할라드Khallad라 불리는 인물이 있었다. 아프가니스탄 내전 때 오른발을 잃어버린 할라드는 아덴 항에 머물던 미군함 설리번호號를 폭파시키려는 음모에 가담한 적이 있었다. 할라드가 사우디아라비아 출신인 알미다르와 통화하

공부하는 보수

는 것을 NSA가 감청하는 데 성공했다. CIA는 미국 비자를 갖고 있는 알미다르의 쿠알라룸푸르 내 행적을 감시했지만 말레이시아 당국은 도청을 하지 않았다. 나중에 밝혀진 바에 의하면, 이때 할라드와 알미다르를 도청했다면 미구축함 콜호USS Cole 테러와 9.11 테러를 예방할 수 있었을 것이라 한다.

CIA는 미국 비자를 갖고 있던 알하즈미와 알미다르가 2000년 1월 15일 로스앤젤레스를 통해 입국했다는 것을 나중에 알았다. 하지만 CIA는 이 정보를 FBI에 알리지 않았다. CIA는 존 오닐이 이를 알게 되면 FBI가 주도권을 갖게 될 것이라 생각했고, 그런 일이 생기는 것을 원치 않았던 것이다. FBI가 이 두 사람을 도청했더라면 9.11 테러 역시 막을 수 있었을 것이다.

FBI에서 빈라덴을 열정적으로 추적한 요원은 존 오닐이었다. 오닐은 오래 전에 부인과 별거하고 여러 명의 여자를 동시에 사귀어왔으며, 개인적인 빚도 많은 사람이었다. 그는 FBI 뉴욕지부를 테러 대응 전략에 가장 강한 지부로 만들었으나, 개성이 강해서 CIA 등 다른 기관에 적이 많았다. 2000년 초, 오닐은 기밀문서가 든 가방을 분실했다가 경찰을 통해 다시 찾는 보안 사고를 일으켰다. 오닐의 앞날은 위태로워 보였다.

그날을 향한 카운트다운

알카에다는 '기획은 중앙에서 하되, 시행은 현지에서 한다'를 원칙으로 삼았다. 빈라덴이 목표를 정하고 이를 시행에 옮길 리더를 선정한 후 어느 정도 자금을 대면, 리더가 알아서 구체적인 공격 계획을 짜고 시행하는 방식이었다. 빈라덴은 예멘 항구에 정박하는 미해군 함정을 침몰시키기를 원했다. 그러던 중 구축함 콜호가 아덴 항에 입항했다. 토마호크 미사일을 적재한 이지스구축함은 아프가니스탄 코스트에 미사일 공격을 한 군함이었다. 빈라덴이 콜호를 공격할 이유는 충분했다.

2000년 10월 12일 오전 11시 15분, 유리섬유로 만든 작은 어선 한 척이 8,300톤이나 되는 콜호로 접근했다. 미해군 수병들은 한가하게 쉬고 있었고, 갑판에서는 한 수병이 다가오는 그 배를 보고 있었다. 그런데 그 순간 어마어마한 대폭발이 일어나면서 콜호 측면에 가로세로 120센티미터 가량의 큰 구멍이 났고 함선 내부는 불길에 휩싸였다. 그 결과 미해군 장병 열일곱 명이 사망하고 서른아홉 명이 큰 부상을 당했다.

존 오닐은 FBI 요원 60명과 지원 스태프를 이끌고 현장으로 향했다. 현장은 처참했고, 콜호는 침몰할 위기에 처해 있었다. 예멘은 미국에게 우호적이지도 안전하지도 않은 곳이었다. 예멘 주재 미국 대사 바버라 보다인Barbara Bodine은 FBI가 대규모 수사팀을 보낸 것을 좋아하지 않았다. 테러 위험 때문에 수사팀은 한 호텔에서 비좁게 지내야 했고, 미해병대가 호텔을 삼엄하게 경계했다. 테러 방조자 한 명을 어렵게 체포했으나 예멘 경찰의 비협조로 더 이상 정보를 얻지도 못했다. 예멘 정부는 폭탄테러와 알카에다 사이에는 관계가 없다고 발표했다. 하지만 FBI 수사팀은 테러 방조자를 심문하던 중 그가 방콕에서 할라드와 콜호 테러범 한 명을 만나서 미화 3만 6,000달러를 전달했다는 진술을 확보했다. 오닐은 이 내용을 CIA에 통보했으나 CIA는 특별한 조치를 취하지 않았다. 이때 전달된 현찰은 9.11 테러범 알미다르와 알하즈미가 미국행 1등석 비행기표를 사는 데 쓰였을 것으로 추정됐다.

미국의 신예 구축함을 폭파한 빈라덴에게 아랍 세계의 성원과 후원금이 줄을 이었다. 알카에다에 돈이 너무 많이 들어와서 탈레반이 빈라덴으로부터 도움을 받을 정도였다. 미국은 콜호 폭파에 대해 보복 조치를 취하지 않았다. 당시 미국은 선거운동 기간이었고, 클린턴 대통령은 이스라엘과 팔레스타인 간의 협상에 주력하고 있었기 때문이다.

조지 W. 부시 행정부가 들어선 직후 리처드 클라크는 새로 임명된 콘돌리자 라이스Condoleezza Rice 안보보좌관을 만나서 알카에다의 위협에 대해 브리핑을 했다. 라이스는 알카에다를 처음 들어보는 듯한 반응을 보였다. 클라크는 아프가니스탄 북부동맹을 이끌던 아메드 샤 마수드와 협력해야 한다고 보고했다. 하지만 라이스는 "그 지역에 대한 보다 큰 전략을 세워야 한다"고 얼버무렸고, 이에 실망한 클라크는 백악관을 떠나기로 결심했다.

2001년 4월, 아프가니스탄 북부동맹군 사령관 마수드는 프랑스 스트라스부르에서 열린 유럽의회에 출석해서 알카에다가 야기하는 위협에 대해 연설했다. 마수드는 알카에다가 미국에 대한 대형 테러를 계획하고 있다고 주장해서 주목을 받았지만, 그의 연설이 현실로 나타나리라고 생각한 사람은 없었다.

2001년 7월, 클라크는 연방항공국, 이민국, 연안경비대, 대통령경호실, FBI 등 관련 부서 회의를 소집해서 '대단한 규모의 사건이 미국 내에서 벌어질 것'이라고 경고했다. 이즈음 진급 전망이 흐려진 존 오닐은 연금을 받을 수 있는 기한이 채워지자 FBI를 떠나기로 했다. 은퇴를 앞둔 그는 애인과 함께 스페인에서 긴 휴가를 즐겼고, 퇴임 후에는 뉴욕의 세계무역센터 보안책임자로 가기로 했다. 빈라덴을 추적했던 백악관의 클라크, CIA의 슈어, FBI의 오닐이 모두 자리를 뜬 것이다.

존 오닐이 휴가를 보내는 동안에 FBI 애리조나 피닉스지부의 한 요원은 본부와 알렉 스테이션에 "빈라덴이 항공공학을 공부할 학생들을 미국에 보내고 있다"는 정보가 있다고 알렸다. 그해 8월 중순, 미네소타의 한 비행학교가 FBI 지역 사무실에 자카리아 무사위Zacarias Moussaoui라는 의심스런 학생에 대해 신고를 했다. 무사위가 뉴욕 시 주변의 항공기 상황이 어떠하며 비행 중에 조종실 문을 열 수 있느냐는 등 의심스러운 질문을 했다는 것이다. FBI 해당 지부는 무사위가 과격한 무슬림이며 항공기를 이용한 자살테러를 계획하고 있을 것이라고 생각했다. 프랑스 국적을 갖고 있는 무사위는 미국 체류 기간을 넘겼기 때문에 이민국은 그를 일단 구금했다. FBI는 무사위가 쿠알라룸푸르와 관련이 있다는 것을 알았으나 CIA가 알카에다의 쿠알라룸푸르 회합에 대해 알려주지 않았기 때문에 이에 대한 경각심이 적었다. 슈어와 오닐이 알렉 스테이션을 떠났기 때문에 관련 정보를 연관시켜볼 수 있는 사람도 없었다.

2001년 8월 22일, 존 오닐은 세계무역센터로 첫 출근을 했다. 9월 9일, 아프가니스탄의 마수드는 아랍 기자와 텔레비전 방송 인터뷰를 할 예정이었다. 그러나 이들은 알자와히리가 보낸 암살단이었다. 인터뷰 현장에서 카메라맨의 가방에 있던 폭발물이 터졌고 마수드는 즉사했다.

9월 11일 아침, FBI 뉴욕지부장 배리 몬Barry Mawn은 사무실 창을 통해 세계무역센터 노스타워 92층에 항공기가 충돌하여 대폭발이 일어나는 것을 목격했다. 존 오닐의 사무실은 노스타워 하층부에 있었다. 오닐은 노스타워에 있는 탁아소로 달려가서 아이들을 건물 밖으로 대피시켰다. 얼마 후 또 다른 비행기가 사우스타워에 충돌했다. 뉴욕 소방대는 노스타워 로비에 임시 지휘소를 설치했고, 오닐은 소방대원들과 함께 노스타워로 다시 들어갔다. 잠시 후 세 번째 비행기가 펜타곤에 추락했다. FBI 뉴욕지부 대원들도 현장으로 달려갔으나 타워가 폭발을 일으키면서 무너져내렸고, 엄청난 먼지 폭풍이 이들을 덮쳤다. 세계무역센터에서는

2,749명이 죽었다. 존 오닐의 시신은 열흘 후에 발견됐다.

　빈라덴, 알자와히리, 그리고 이들의 일행은 테러가 성공한 것을 보고 그들이 있던 곳에서 소개疏開하기 시작했다. 이들은 토라보라 동굴 속으로 피난을 갔다. 그해 12월, 아프가니스탄에 침공한 미군은 토라보라를 폭격하기 시작했다. 미군은 벙커버스터폭탄을 대거 투하한 후에 토라보라 동굴 속을 수색했고 거기서 알카에다 대원 열여덟 명의 시신을 확인했다. 하지만 빈라덴과 알자와히리는 사라져버린 뒤였다. 그리고 2011년 5월 2일, 미군 특수부대는 파키스탄 북부 작은 마을에 숨어 있던 오사마 빈라덴을 전격적으로 사살하는 데 성공했다. 반면 알자와히리는 아직까지 그 행방이 묘연하다.

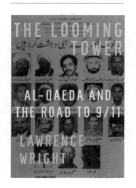

악의 축을 축출하라

데이비드 프럼·리처드 펄David Frum·Richard Perle,
《악에 종지부를: 테러와의 전쟁에서 어떻게 승리할 것인가
An End to Evil: How To Win the War on Terror》
(Random House, 2003)

사담 후세인Saddam Hussein을 제거하기 위한 미국의 이라크 침공이 일단락된 후에 나온 이 책은 "테러와의 전쟁에서 어떻게 승리할 것인가"라는 부제를 달고 있다. 저자인 데이비드 프럼은 조지 W. 부시 대통령의 특별보좌관을 지냈고, 리처드 펄은 국방부 국방정책위원장을 지냈다. 이 책이 나왔을 때 두 사람은 모두 부시 정부에서 물러난 후였다. 리처드 펄은 1980년대부터 신보수주의 그룹인 '네오콘Neocons, Neo-Conservatism'을 이끈 인물로, 미국의 대외 정책이 보다 공격적이어야 한다고 주장해왔다. 데이비드 프럼은 부시 대통령의 '악의 축Axis of Evil' 연설문 초안을 작성한 장본인이다.

저자들은 테러와의 전쟁이 이제 시작임에도 불구하고 워싱턴에서는 승리를 향한 의지가 이미 쇠퇴하고 있다는 말로 책을 시작한다. 그들은

비록 사담 후세인 정권이 무너졌지만, 알카에다, 헤즈볼라Hezbollah, 하마스Hamas 등은 건재하며, 이란과 북한은 핵무기를 개발하기 위해 혈안이 되어 있다고 주장한다. 이들은 조지 H. W. 부시 대통령이 1991년 걸프 전쟁에서 후세인 정권을 다룬 방식이 잘못되었기 때문에 다시 전쟁을 하게 되었다고 본다. 당시 CIA는 이라크에서 시아파가 세력을 늘리게 되면 사우디아라비아가 곤란해진다고 판단했고, 제임스 베이커James A. Baker III 국무장관과 브렌트 스코크로프트Brent Scowcroft 안보보좌관, 그리고 콜린 파월Colin Luther Powell 합참의장은 미국이 사담 후세인 이후의 이라크에 대해 책임을 질 수 없다고 생각했다. 미군이 바그다드 점령을 포기함에 따라 후세인은 살아남았고, 그 후 후세인은 유엔 결의를 무시하고 대량 살상 무기를 개발했다. 클린턴 행정부는 미국을 겨냥한 테러 위험에 대해 제대로 대처하지 않았고, 그 결과 9.11 테러가 발생했다.

이라크와 함께 악의 축으로 지목된 또 다른 나라는 이란과 북한이다. 2002년 6월 초, 이란 정부는 헤즈볼라, 하마스, 이슬람 지하드, 그리고 팔레스타인인민해방전선 사령부 대표를 테헤란으로 초청하여 비밀 회합을 가졌다. 또한 이란은 비밀리에 핵무기 개발 요원을 북한에 보내서 그 기술을 배워 오게 했다. 9.11 테러 가담자인 모하메드 아타가 이라크 정보 요원을 체코에서 만났다는 첩보도 있다. CIA와 FBI는 이라크가 9.11 테러와 관련이 없다고 보지만, 알카에다 지도자인 알자와히리가 바그다드를 방문해서 30만 달러를 얻어 갔다는 것은 이미 알려진 사실이다.

9.11 테러범들이 어떻게 미국에 입국했으며 무엇을 하고 지냈는가 조사했더니, 미국 이민국이 이들을 제대로 관리하지 않았고 CIA 역시 이들에 대한 정보를 이민국에 제때 알리지 않았다는 것이 밝혀졌다. 9.11 테러 이후 제정된 애국법The Patriotic Act은 테러 혐의자로 의심이 가는 사

람들을 감시할 수 있는 장치를 두었다. 미국은 자유로운 사회이지만, 자유를 지키기 위해서는 스스로 감시를 해야 한다. 미국에는 이슬람 모스크가 약 2,000개 정도 있는데, 그중 80퍼센트가 과격한 이슬람주의자들에 의해 운영되고 있다. 자선을 내세운 이슬람 단체가 사실은 테러조직을 위한 모금을 하는 경우도 많다. 또한 미국에 만연한 다문화주의 역시 테러와의 전쟁을 하는 데 장애가 된다고 저자들은 주장한다.

저자들은 미국이 당면한 큰 문제가 이란과 북한이 개발 중인 핵무기이며, 이라크와 국경을 마주하는 시리아의 태도도 문제이고, 석유 때문에 미국이 과격한 와하비교단을 옹호하는 사우디아라비아 정부를 지지해온 것도 문제라고 말한다. 또한 서유럽 국가에 거주하는 무슬림이 자신들의 가정에서 '명예 살인'을 저지르고 있음에도 유럽 정부와 언론이 이를 정면으로 다루지 않는 등 진실을 외면하는 것 역시 문제라고 지적한다.

저자들은 테러와의 전쟁이 새로운 형태의 전쟁인데도, CIA와 FBI, 그리고 국무부는 여전히 과거의 타성과 관료주의에 사로잡혀 있다고 말한다. 사담 후세인 정부를 전복하려고 시도했던 CIA 요원 로버트 베어Robert Baer는 도리어 CIA를 떠나야만 했다. 9.11 테러는 CIA와 FBI가 제대로 일하지 못했음을 명확하게 보여주었다. 휴먼 첩보Human Intelligence 능력을 상실한 CIA가 아랍 국가의 정보기관이 주는 정보에 의존하고 있다 보니, CIA 자체의 정보 판단 능력도 위기에 달해버렸다. 저자들은 윌리엄 케이시William J. Casey같이 관료주의를 탈피한 인물이 CIA를 이끌어야 테러와의 전쟁에서 승리할 수 있다고 말한다. 또한 저자들은 국무부역시 관료주의에 물들어 있기 때문에 새로운 안보 환경에서 그들이 제역할을 하지 못하고 있다고 본다. 국무부가 유럽 등 우방국과의 관계와 여론을 핑계 삼아 미국의 대외 정책이 새로운 방향으로 나아가려는 것을 방해하고 있다는 것이다.

저자들은 1990년대가 미국 대외 정책에 있어서 환상에 젖었던 10년이었다고 지적한다. 1991년 조지 H. W. 부시 대통령은 유엔안보이사회의 동의를 얻어 다국적군을 구성하여 걸프전쟁에서 승리를 거두었다. 그러나 문제는 그 후였다. 유엔의 승인을 얻어야만 군사력을 사용할 수 있다는 관례가 생긴 것이다. 미국은 아이티, 코소보 등에 군대를 보낼 때 코피 아난Kofi Atta Annan이 이끄는 유엔사무국의 동의를 구해야만 했다. 9.11 테러가 있은 후 북대서양조약기구인 나토NATO 동맹국들은 조약상 의무에 따라 미국을 지지했지만, 실제로는 미국의 전쟁 노력을 저해했다. 1966년 나토에서 탈퇴했던 프랑스는 노골적으로 미국의 전쟁 정책을 방해하기도 했다.

냉전 당시 소련의 위협에 대처해야 했던 서유럽 국가들은 미국의 도움 없이는 자신들을 스스로 방어할 수 없다는 점을 잘 알고 있었다. 하지만 그들은 냉전이 끝나자 미국의 도움은 필요하지 않다고 생각하게 되었고, 오히려 미국의 강력한 힘을 질시하게 되었다. 저자들은 미국이 벌이는 테러와의 전쟁이 문명 세계를 위함이고, 따라서 미국은 문명 세계의 도움을 기대해야 하지만, 다른 문명 세계가 미국을 돕지 않는다면 별다른 방도없이 미국 혼자서 갈 길을 가야 한다고 결론 내린다. 이 책은 국제사회에서 일방주의를 주장하는 네오콘의 시각을 잘 보여주고 있다. 하지만 그 후에 벌어진 사태는 세상사가 그렇게 뜻대로 되지는 않음을 증명해주었다. 이들의 말을 따른 조지 W. 부시가 미국과 세계를 한층 더 위험한 상태로 몰아넣었기 때문이다.

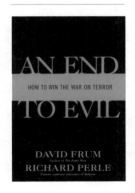

003

보병의 발끝에
제국의 미래가 있다

로버트 카플란Robert D. Kaplan,
《제국의 보병: 미국 지상군*Imperial Grunts: The American Military on the Ground*》
(Random House, 2005)

　　《월간 애틀랜틱*The Atlantic Monthly*》의 기자인 로버트 카플란은 일찍이 내란과 전쟁에 휩싸여 있는 중동과 발칸 지역 등을 여행한 후《무정부 시대가 오는가*The Coming Anarchy*》《타타르로 가는 길*Eastward to Tatary*》《전사 정치*Warrior Politics*》 등 많은 책을 썼다. 냉철한 현실주의에 입각한 그의 책《전사 정치》는 부시 대통령이 9.11 테러 후 이라크 침공을 결심하는 데 영향을 주었다고 한다. 테러와의 전쟁이 본격화함에 따라 미국은 세계의 외진 구석에까지 군대를 파견하게 되었고, 카플란은 예멘, 콜롬비아, 아프가니스탄, 이라크 등지에 파견되어 있는 미군부대 방문 경험을 바탕으로 이 책을 펴냈다.

　　카플란은 전 세계 59개 국가에 군대를 파견한 미국이 제국帝國임에 틀림없지만, 이 제국은 압제와 혼란에 시달리는 지역에 자유와 안정을 가져다주는 정의로운 존재라고 말한다. 징병제를 폐지한 미국이 테러와의 전쟁을 수행할 수 있는 것은 바로 국가와 문명이 붕괴한 위험 지역에서 싸우는 보병 덕분이기 때문이다.

20세기 말 세계의 많은 지역에서는 국가 붕괴 현상이 나타났는데, 혼돈과 무질서에 사로잡힌 이런 곳의 사정을 잘 아는 사람들은 엘리트 관료나 언론인 또는 학자가 아니라 현지에 주둔해 있는 미군 장병들이었다. 저자는 테러와의 전쟁을 치르는 데 있어서는 대규모 병력을 동원한 재래식 지상 작전보다 소규모 부대에 의한 특수작전이 효율적이며, 그런 이유로 육군의 레인저부대와 해병대의 역할이 중요하다고 말한다.

오늘날 미군 장병의 대부분은 남부 출신이며, 서부와 동부 출신인 경우에도 농촌이나 작은 마을 출신이다. 이들을 계층으로 따지자면 중하층, 즉 근로 계층Working Class이라 할 수 있다. 사병들 중에는 자기가 군에 입대하지 않았다면 감옥에 들어가 있었을 것이라고 하면서, 군이 자신의 인생을 구했다고 말하는 이들도 적지 않다고 한다. 사관학교를 나오지 않은 장교들은 대부분 주립대학을 나온 보통 사람들인데, 이들의 아버지 또는 할아버지 중에는 베트남전 참전 용사가 많다고 한다. 반면 이라크전쟁에 반대하는 동북부 언론인 가운데 본인이나 가족이 베트남전쟁에 참전한 경우는 찾아보기 어렵다.

이라크와 아프가니스탄의 전장戰場에는 경찰관이나 소방대원으로 일하다가 예비군 소집으로 다시 현역에 복귀한 나이든 장교와 준사관이 많은데, 이들에게 현역 재복무는 동창회와 같다. 이들은 이라크에서의 미군 사상자 수가 전술적으로 감당할 수 있는 수준이며, 언론이 이를 크게 다루는 것이 오히려 문제라고 말한다. 이들은 본국에서 반전反戰 여론이 생기면 전쟁이 잘못될 수 있기 때문에, 전사자의 관이 본국으로 이송

되는 장면을 언론에 노출시키지 않고 부시 대통령은 눈물을 보이지 않는 게 그들을 돕는 것이라고 말한다. 이런 주장의 배경에는 기자들이 미군 작전의 성과보다 미군 전사자의 수를 집중적으로 보도할 때, 전우를 잃은 미군들이 속으로 슬퍼한다는 카플란의 견해가 있다.

이라크에서 어려운 전투를 치루는 장교와 부사관들 대다수는 경건한 기독교인이다. 카플란은 그런 점에서 이들이 대부분 동북부 출신에 교회를 나가지 않는 기자들과는 정반대라고 지적한다. 군대와 언론 사이에 엄청난 괴리가 존재한다는 것이다. 미국방부는 이라크 침공 시 종군기자를 작전부대에 합류시켰다. 이른바 '임베디드 리포트Embedded Report'를 허용한 것인데, 그러자 종군기자들이 군에 지나치게 우호적인 보도를 했다는 비판이 나왔다. 카플란은 이런 비판이 나온 것 자체가 언론인들은 항상 '자신들이 모든 사안에 대해 더 많이 알고, 자신들의 견해가 더 탁월하다'고 생각하는 '오만한 계층적 편견'이라고 주장한다. 언론은 세계화됐지만 미군은 단 하나의 나라인 미국을 위해 봉사할 뿐이라면서, 카플란은 워싱턴과 뉴욕에 자리 잡은 언론인에 대한 경멸을 숨기지 않고 있다.

책의 마지막 장은 이라크에 파견된 해병 제1원정군을 취재한 것이다. 제1원정군의 주력인 해병 1사단은 2차대전 시 과달카날을 장악해서 태평양전쟁에 전기轉機를 마련했고, 한국전쟁 시에는 인천에 상륙해서 서울을 탈환한 무적의 부대이다. 육군 3사단과 함께 해병 1사단은 개전 초에 바그다드를 장악했고, 그 후 팔루자 등 위험한 지역을 관장하게 된다. 하지만 카플란의 여정이 여기서 끝났기 때문에 2004년 말에 치른 팔루자 전투는 다루지 못했다.

수송기를 타고 이라크를 떠나 유럽 관광객이 북적거리는 두바이국

제공항에 도착한 카플란은 동떨어진 기분을 느꼈다고 한다. 호텔 방에 들어와 오랜만에 샤워를 한 카플란은 아무 말도 하고 싶지 않았고, 단지 글을 쓰고 싶어졌다고 했다. 저자는 후방에서 편안하게 지내는 사람들에게 그들이 안전할 수 있는 것은 미군 보병 덕분이라는 메시지를 전하고 싶었을 게 분명하다. 하지만 이라크전쟁과 아프가니스탄전쟁이 실패로 끝난 현 상황에 대해 저자는 과연 어떤 생각을 할지 궁금해진다.

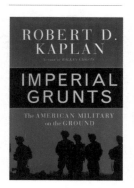

004

팔루자 전투를 치른
미해병의 맨 얼굴

빙 웨스트Bing West,
《진정한 영광은 없다: 최전선에서 본 팔루자 전투
No True Glory: A Frontline Account of the Battle for Fallujah》
(Bantam Books, 2005)

　　이라크전쟁 중 가장 치열했던 팔루자 전투를 다룬 이 책의 제목 "No True Glory"는 "전사戰士는 시詩로 기억되기 전까지 진정한 영광을 누리지 못한다"는 그리스신화의 구절에서 따온 것이다. 베트남전쟁 참전 용사이며 레이건 행정부에서 국방부 차관보를 지낸 저자는 이라크 참전 장병을 전사가 아닌 희생자로 묘사하는 언론에 대해 비판하는 취지에서 이런 제목을 붙였다.

　　바그다드로부터 70킬로미터 떨어진 팔루자는 사담 후세인 체제의 지배 세력이던 수니파의 본거지이다. 2003년 4월 팔루자는 미육군 82공수사단에 의해 저항 없이 접수되었지만, 미군을 대하는 그곳 주민들의 시선은 차갑기만 했다. 수니파 지도자들은 주민들에게 외곽에 자리 잡은 미군에 항거하라고 부추겼다. 주민들이 폭력 시위를 벌이다가 미군에 의해 사살되기도 했다. 도심은 반란군의 아지트가 되었고, 이들 반군은 도로 곳곳에 폭발물을 설치해서 미군에 피해를 입혔으며, 대공포로 미군의 헬기를 격추하기도 했다. 이즈음 악명 높은 테러리스트 아부 무사브 알자르카위가 팔루자에 잠입해서 반군을 지휘하기 시작했다.

2004년 3월 24일, 미육군 82공수사단은 팔루자 지역을 해병 제1원정군에 인계하고 이라크를 떠났다. 해병 제1원정군의 주력은 해병 1사단인데 제임스 매티스James N. Mattis 소장이 사단장을 맡고 있었다. 팔루자에는 4개 대대 병력이 배치되었다. 3월 31일, 반군은 미국의 민간 보안업체 직원 네 명을 붙잡아 처형한 후 팔루자로 향하는 다리 위에 시체를 매다는 만행을 저질렀다. 그러자 해병 1사단은 시 외곽을 포위하고 이 만행에 가담한 반군을 색출하는 작전을 폈는데, 그 과정에서 치열한 전투가 벌어졌다. 미군은 대민 관계를 고려해서 새로 조직된 이라크방위군에게 수색을 맡기려 했지만 반군의 공격과 협박 앞에 이라크방위군은 와해되고 말았다.

매티스 소장은 군사적 해결밖에 방법이 없다고 생각했다. 하지만 이라크임시정부의 수반이던 이야드 알라위Iyad Allawi는 수니파 지도자들과의 협상을 통해 사태를 해결하려 했고, 이라크 미군정의 최고행정관이던 폴 브레머L. Paul Bremer도 대규모 작전을 지지하지 않았다. 아부 그라이브 수용소의 포로 학대 사건 등으로 반전 정서가 팽배해진 상황에서, 인구도 많고 100개나 되는 이슬람 사원이 있는 팔루자에 대규모 작전을 벌이는 데 주저한 것이다.

그해 5월 말, 우리나라의 김선일이 납치되어 참수되는 등 팔루자는 세계의 주목을 샀다. 반군은 자폭테러 등 온갖 방법을 동원해 미군을 공격했고, 미군 역시 치열하게 응사했다. 그 과정에서 매티스 소장도 세 차례나 부상을 당했고 그의 부관은 전사했지만, 미해병 저격수들은 반군에 막대한 피해를 입혔다.

8월 말 매티스 사단장은 중장으로 진급되어 본국으로 돌아갔고 팔루자에는 리처드 나톤스키Richard F. Natonski 소장이 후임으로 부임했다. 같은 해 11월, 재선에 성공한 부시 대통령은 팔루자 탈환을 명령했다. 이렇게 해서 '귀신의 분노 작전Operation Phantom Fury'이 시작되었다.

11월 7일 밤부터 시작된 작전은 13일에 종료됐다. 미해병 4,000명이 참가한 이 전투는 베트남전쟁 당시 벌였던 후에Hue 전투 이래 미군이 처음으로 벌인 대규모 시가전이었다. 일주일에 걸친 치열한 전투 끝에 팔루자의 건물 중 절반은 파괴됐고, 해병은 70명이 전사했으며 609명이 부상당했다. 미군은 팔루자 도심에서 반군 본부와 고문실 및 무기고를 발견했지만 알자르카위는 이미 도망간 후였다. 한 해 동안 팔루자에서 미군 151명이 전사했고 1,000명 이상이 부상을 당했으니 미군의 피해도 큰 편이었다. 하지만 미군이 바그다드에서 불과 70킬로미터 떨어진 팔루자를 알카에다로부터 탈환함으로써 다음 해 3월 이라크에서는 선거가 치러질 수 있었다.

저자는 현지 지휘관의 판단에 따라 4월에 팔루자를 장악했더라면 미군의 피해가 훨씬 적었을 것이라고 말한다. 그리고 정부가 군대를 외국에 보내면 그들이 임무를 다할 수 있도록 전적으로 맡겨야 한다고 정치인들을 향한 일침을 가한다. 침착하게 부대를 지휘해서 시가전을 치른 그레이프스 중위Lt. Jesse Grapes, 위험을 무릅쓰고 반군이 탈취해 간 전우의 시체를 찾아온 코너스 병장Corporal Timothy Connors, 머리에 총상을 입고 쓰러져 있다가 몸을 일으켜서 반군이 던진 수류탄을 안고 산화散華해 동료를 구한 페랄타 하사St. Rafael Peralta 등 뭉클한 스토리도 끝없이 이어진다.

코너스 병장은 반군 지도자 오마르 하디드Omar Hadid를 사살하는 전과도 올렸다. 삶과 죽음이 교차하는 현장에서 침착하고 의연하게 전투에 임한 젊은 병사들의 이야기가 감동적이다.

2014년 4월, 이라크·레반트이슬람국가Islamic State of Iraq and the Levant, ISIL라고 불리는 수니파 반군집단은 팔루자를 장악하고, 시아파 정권이 장악하고 있는 바그 다드를 위협하고 있다. 팔루자 전투에서 흘린 미군의 피와 땀은 과연 어떤 의미가 있었는지 심각한 회의가 들지 않을 수 없다. 2014년 6월, ISIL은 자신들을 단순하게 ISIslamic State로 부르 기 시작했고, 언론은 이들을 IS 혹은 ISIS로 지 칭하고 있다.

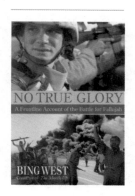

실패할 수밖에 없었던
이라크전쟁

토머스 릭스Thomas E. Ricks,
《대실패: 이라크에서의 미군의 모험*Fiasco: The American Military Adventure in Iraq*》
(Penguin Books, 2006)

　　《워싱턴 포스트》의 토머스 릭스 기자가 펴낸 이 책은 부시 정부의 이라크 침공이 실패한 사정을 정확하게 파헤치고 있다. 책은 1991년 걸프전쟁에서 미군이 후세인 정권을 그대로 놔둔 채 철군한 것이 실책이라고 지적하는 것으로 시작한다. 당시 폴 울포위츠Paul Wolfowitz 등의 네오콘이 쿠르드족과 시아파 주민을 학살하던 후세인의 친위대를 진압하자고 주장했지만, 합참의장이던 콜린 파월은 이라크의 내부 문제라면서 개입하기를 거부했다. 저자는 그 후 부시 행정부에서 국무장관이 된 파월이 네오콘에 맞서지 못한 것은 걸프전쟁 당시 스스로가 저지른 과오 때문이라고 분석한다.

　　저자는 미국의 모든 분야에 이라크 침공 결정에 대한 책임이 있다고 말한다. 당시 부통령이던 딕 체니Dick Cheney와 도널드 럼즈펠드Donald

Rumsfeld 국방장관을 앞세운 네오콘은 처음부터 이라크에 침공하기로 마음먹었고, 대량 살상 무기가 있는지 없는지에 대해서는 크게 관심이 없었다. 의회도 이라크 침공이 가져올 파장에 대해서 전혀 대비하지 못했다. 무엇보다 침공 후 어떻게 할 것인가에 대하여 행정부와 의회 모두가 아무런 관심을 두지 않았다. 언론도 정부를 비판하고 감시하는 역할을 하지 못했다. 《뉴욕 타임스》의 칼럼니스트 토머스 프리드먼Thomas Friedman도 침공을 지지했고, 주디스 밀러Judith Miller 기자는 검증되지 않은 정보에 근거하여 소설 같은 기사를 써서 여론을 오도했다.

이라크 침공 당시 미군 수뇌부는 사실상 공백 상태였다. 미중부군 사령관이던 토미 프랭크스Tommy Franks 대장은 은퇴를 앞두고 있었고, 후임인 존 아비자이드John Philip Abizaid 중장은 의회의 인준을 기다리고 있었다. 전쟁을 앞둔 시점에서 럼즈펠드는 자신과 견해가 다르다는 이유로 육군참모총장 에릭 신세키Eric Shinseki 대장을 해임했다. 공군대장인 합참의장 리처드 마이어스Richard Myers는 럼즈펠드에게 순응하는 스타일이라 지휘관들의 의견은 상부에 전달되지 못했다. 그 결과 국방부의 민간 수뇌부가 전투를 수행할 군지휘관들은 젖혀놓은 채 침공을 결정해버린 것이다.

이라크 침공 작전 계획을 빨리 만들어내라는 상부의 지시를 받은 기획 장교들은 주어진 시간이 얼마 없다는 데 놀라워했다. 1990년대 말에 중부사령관을 지낸 후 퇴역한 앤서니 지니Anthony Zinni 예비역 해병대장은 이라크 침공은 재앙이 될 것이라고 경고했지만 정부는 아무런 반응을 보이지 않았다. 2003년 3월 이라크를 침공한 지상군은 미육군 세 개 사단과 해병 1사단을 주축으로 한 해병 제1원정군, 그리고 영국군 2만 명 등을 포함한 총 14만 5,000명이었다. 지니 대장을 비롯한 비판론자들은 최소한 이보다 두 배 병력이 필요하다고 보았다.

미군은 후세인의 친위부대를 제압하고 바그다드에 입성했지만 그때부터 미군은 방황하기 시작했다. 점령 후에 대한 계획이 전혀 없었기 때문이다. 점령만 하면 미국에 우호적인 정치 세력이 등장할 것이라는 예측은 허망한 꿈이었다. 대규모 병력을 지탱하기 위한 군수물자 지원도 힘들었다. 현지 지휘관들은 본국에 병력 부족을 호소했지만, 투입 가능한 미군의 현역 자원은 이미 없는 상황이었다.

저자는 럼즈펠드가 이라크에 보낸 폴 브레머 군정장관과 이라크 주둔군 사령관 리카르도 산체스Ricardo Sanchez 중장이 무능했다고 지적한다. 브레머는 오만하기까지 했다. 그는 주위의 권고를 무시한 채 이라크 군경과 바트당黨을 해산해서 이들이 저항 세력으로 탈바꿈하도록 조장했다. 지휘 체계가 브레머와 산체스로 이원화되어 있어 혼란은 가중되었다. 미군 지휘부는 미군이 이라크에서 반군과 전투를 하게 될 것이라고는 예상하지 못했다. 반군을 진압하기 위해서는 주민을 반군으로부터 보호하고 반군의 이라크 유입을 막기 위해 국경을 봉쇄해야 하는데, 그런 기초적인 인식도 없었다. 미군은 반군과의 교전이 격화되고 난 후에야 시리아 및 이란과의 국경을 봉쇄하는 조치를 취했다.

저자는 바그다드의 그린 존이라 부르는 격리된 지역에 자리 잡은 미군정 사령부가 현지 사정에 둔감했고, 그 결과 각 지역에 진주한 미군부대의 지휘관들이 재량에 따라 관할 지역을 통치해야만 했다고 말한다. 또한 대규모 화력 지원에 의존하는 경향이 큰 육군 보병사단은 이라크 주민을 보호하기보다는 주민을 적으로 간주하는 어리석음을 저질렀다. 특히 육군 제4보병사단은 주민들을 마구 체포해서 포로수용소에 가두었는데, 얼마 후 아부 그라이브 수용소에서 포로 학대 사태가 발생하여 큰 물의를 일으키기도 했다.

공부하는 보수

저자는 여러 가지 혼란 중에도 육군 101공수사단과 해병 1사단은 임무를 잘 수행했다고 평가한다. 공수사단과 해병대는 반군과의 전투라 할지라도 현지 주민의 문화를 존중해야 한다는 인식을 갖고 있었다. 이들은 화력을 통한 무차별 공격보다는 필요한 곳을 선별하여 공격하는 것이 중요하다는 것을 알고 있었다. 이들의 지휘관이던 데이비드 페트레이어스David H. Patraeus 육군소장과 제임스 매티스 해병소장은 보기 드문 지장智將이자 용장勇將이었다.

저자는 부시 정부가 이라크에 침공한 것이 실수였고, 침공한 후에 브레머 같은 무능한 행정관을 파견하여 현지 지휘관의 의견을 반영하지 못한 것은 더 큰 실수였다고 말한다. 해병 1사단장 매티스 소장은 팔루자에 자리 잡은 반군을 조기에 소탕하자고 건의했지만 그의 작전 계획은 이라크임시정부의 반대로 거부되었다. 미군은 이라크의 반대를 무릅쓰고 작전을 감행할 수 없었기 때문에 그 결과 팔루자는 반군 세력의 결집지가 되었고, 2004년 말에 해병 1사단은 더 큰 희생을 치르고 팔루자를 탈환해야만 했다.

저자는 미국이 베트남에서 겪었던 실수를 그대로 반복했고, 사태가 그렇게 된 데는 럼즈펠드 국방장관의 책임이 가장 크다고 지적한다. 브레머 군정장관, 산체스 사령관 등 전쟁의 주역은 모두 럼즈펠드의 사람들이었다. 저자는 잘못된 정책으로 많은 미군 장병들이 죽고 부상당한 것이 미군의 사기에 두고두고 나쁜 영향을 끼칠 것이라고 지적한다. 또한 이라크전쟁은 '선제적 전쟁Preemptive War 정책'에 나쁜 영향을 미쳐서 북한 같은 나라에 잘못된 신호를 줄 수도 있다고 평가한다.

물론 그렇다고 해서 미국이 이라크에서 쉽게 철수할 수도 없었다. 이라크의 미래 또한 예측하기 어렵다. 이라크가 내란의 소용돌이에 빠져서 시아파, 수니파, 쿠르드족 국가로 분할될 가능성도 있다. 그렇지만 더 큰 악몽은 어느 지역에서 반십자군의 영웅이라 추앙받는 살라딘Saladin 같은 강력한 지도자가 나타나 다른 지역을 정복한 후, 더욱 과격한 '통일 이라크'로 다시 태어나는 것이라고 저자는 경고한다.

이 책이 나온 지 거의 10년이라는 세월이 흘렀지만 이라크는 아직도 혼란스러운 상태에 놓여 있다. 오바마 정부는 이라크에서 미국 지상군을 완전히 철수시켰고, 이라크에는 친이란 시아파 정권이 들어섰다. 그 결과 이란이 이 지역에 패자로 군림하는 듯했지만, 수니파 과격 세력이 이끄는 IS가 방대한 이라크 서부 지역과 시리아 동부 지역을 장악하고 말았다. 이라크가 수니, 시아, 쿠르드로 분열될 가능성이 점쳐지는 것이다.

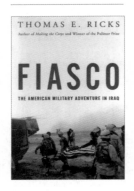

공부하는 보수

006

이라크는 더 이상
존재하지 않는다

피터 갤브레이스Peter Galbraith,
《이라크의 종말: 끝이 없는 전쟁을 초래한 미국의 무능
The End of Iraq: How American Incompetence Created a War without End》
(Simon & Schuster, 2006)

하버드대학과 조지타운 로스쿨을 나온 저자 피터 갤브레이스는 작고한 저명한 경제학자 존 갤브레이스John K. Galbraith의 아들로, 상원외교위원회에서 일하면서 이라크 문제를 다루었다. 그러면서 그는 이라크 북부에 살고 있는 쿠르드족의 지도자들과 교분을 쌓았다. 그리고 이런 인연으로 터키, 이란, 이라크 등 많은 나라에서 1,000년 동안 소수민족으로 온갖 박해를 받고 살아온 쿠르드족을 이해하고 대변하게 되었다.

저자는 1993년 빌 클린턴 대통령에 의해 초대 크로아티아공화국 주재 대사로 임명되어 크로아티아 내란을 조정으로 해결했으며, 2001년부터 2003년까지는 해군대학 교수로 재직했다. 미국이 2003년 봄에 이라크를 침공하자, 그해 가을 저자는 보다 자유로운 입장에서 부시 행정부를 비판하고 또한 자신이 애착을 갖고 있는 쿠르드족을 위한 활동을 하

기 위해 공직을 사퇴했다. 저자는 이 책에서 부시 행정부의 이라크 정책을 강도 높게 비판하고, 더 나아가서 쿠르드족의 국가인 '쿠르디스탄Kurd-istan'의 독립을 촉구하고 있다.

책은 2006년 초 이라크의 시아파와 수니파 사이에서 발생한 피비린내 나는 내란으로 시작된다. 저자는 부시 행정부가 이라크의 복잡한 종파宗派 간 대립을 이해하지 못해서 이런 비극을 초래했다고 주장한다. 저자는 1980년부터 1988년까지 벌어진 이란·이라크전쟁, 그리고 1987년부터 1990년 사이에 사담 후세인이 저지른 쿠르드 주민 대학살, 1990년 이라크의 쿠웨이트 점령과 뒤이은 걸프전쟁, 걸프전쟁 당시 후세인과 그의 친위부대를 제거하지 못한 미군 지휘부의 실책 등을 다루고 있다.

미군 등 연합군은 1991년 2월 전쟁을 시작한 지 6주 만에 쿠웨이트를 완전히 해방시키고 이라크 본토를 장악했다. 그러나 미군은 바그다드를 점령하지는 않았다. 대신 미국은 이라크 내에서 정치적 변화가 발생하기를 기대했다. 시아파 주민들이 후세인에게 반기를 들자 후세인은 친위부대인 공화국수비대를 보내 강경하게 탄압했다. 이때 적어도 시아파 주민 30만 명이 살해됐는데, 부근에 주둔해 있던 미군들은 이 같은 대학살을 보고만 있어야 했다고 한다.

걸프전쟁으로 후세인이 약화된 것을 알게 된 북부의 쿠르드족은 키르쿠크 등 북부 지역을 점령했다. 그러나 시아파 반란을 진압한 후세인은 공화국수비대를 북부로 보내서 쿠르드 민병대가 장악한 지역을 탈환했다. 1987년에서 1990년 사이에 후세인의 독가스 공격 등으로 18만 명의 희생자를 낸 쿠르드족은 또다시 마을을 버리고 산간 지역으로 피난해야만 했다. 당시 부시 행정부는 미군을 쿠르드족 거주 지역으로 보내서 쿠르드족을 위한 안전지대를 확보했고, 상원외교위원회 스태프이던 저

공부하는 보수

자는 쿠르드 지역에 머물면서 쿠르드족의 안전을 보장하기 위해 노력했다. 클린턴 행정부는 부시 행정부의 이 같은 정책을 답습했다.

2003년 3월, 미군은 이라크를 침공했다. 쿠르드 민병대는 미·영연합군과 보조를 맞추어 후세인의 군대와 전투를 했다. 미군은 바그다드를 점령했지만 얼마 후부터 반란군의 테러에 시달려야만 했다. 저자는 부시 행정부가 이라크 점령 후의 청사진을 갖고 있지 못했다고 말한다. 당시 이라크의 정치 세력은 세 갈래로 갈라져서 동상이몽同床異夢을 꾸고 있었다. 시아파는 이슬람 국가를 건설하려 했고, 쿠르드족은 쿠르디스탄 자치령을 기대했으며, 세속적 아랍계 수니파는 그들이 참여하는 강력한 중앙정부를 원했다. 폴 브레머 군정장관 등 부시 행정부가 이라크 현지에 보낸 관료들은 이렇게 복잡한 이라크의 사정을 제대로 알지도 못했던 것이다.

부시 행정부는 시아파, 수니파, 그리고 쿠르드족이 참여하는 이라크 연립정부와 단일한 이라크 군대를 건설하고자 했다. 하지만 저자는 그런 시도가 성공하지 못할 것이라고 봤다. 잘랄 탈라바니Jalal Talabani, 마수두 바르자니Masoud Barzani 등 쿠르드 지도자들은 6,000명의 쿠르드 민병대원을 이라크군에 편입시켰다. 그렇지만 쿠르드 군대는 쿠르드 독립을 위해 이라크 군복을 입고 미군과 작전을 같이하는 것이지 결코 시아파나 수니파가 장악하는 이라크를 위해 싸우는 것이 아니라고 저자는 지적한다. 쿠르드 지역에서 테러가 가장 적고 쿠르드족이 미국에 우호적인 것도 그들은 미국의 도움으로 쿠르드 독립국가 또는 최소한 쿠르드 자치령을 건설할 수 있다고 생각하기 때문이다.

저자는 이라크가 인종적으로 그리고 종교적으로 혼합된 나라이며, 결코 '융화된 나라Melting Pot'가 아니라고 주장한다. 후세인 몰락 후 이라크에서 벌어진 피비린내 나는 내란은 시아파와 수니파 사이에서 벌어졌고, 북부에 위치한 쿠르드족 지역은 상대적으로 평온했다. 하지만 이라크에서 세 번째로 큰 도시인 모술에서 수니파와 쿠르드족은 티그리스 강을 사이에 두고 마주 보고 있다. 쿠르드족은 키르쿠크를 자신들의 수도로 생각하지만, 석유 부존량賦存量이 많은 키르쿠크 지역 역시 분쟁의 소지가 많다.

저자는 이라크를 시아파 지역, 수니파 지역, 그리고 쿠르드족 지역으로 해서 세 개의 국가로 분리 독립시키는 것이 현명하다고 주장한다. 이라크 국민의 80퍼센트는 수니파 아랍이 아닌데도 지난 80년 동안 수니파의 통치를 받아서 끊임없는 비극이 발생했기 때문에, 이제는 그 같은 잘못된 역사에 종지부를 찍어야 한다는 것이다. 저자는 독립국가 '쿠르디스탄'은 이미 하나의 현실이며, 이는 크로아티아공화국과 리투아니아공화국이 독립했던 것과 마찬가지라고 말한다.

2014년 봄 들어서 IS라는 수니파 반군세력이 수니 지역을 장악하고 바그다드의 시아파 중앙정부를 위협하자 쿠르드 지역은 혼란에 빠져들었다. 하지만 중앙정부가 약화되면 쿠르드 지역은 독립할 수도 있을 것이다. 만일 이라크 북부에 쿠르드공화국이 생긴다면 인접하고 있는 터키 내에 살고 있는 쿠르드족이 동요할 수 있기 때문에 터키 정부는 이러한 상황 변화를 주시하고 있다.

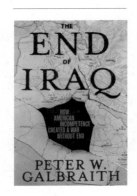

공부하는 보수

언론이 말하지 않는
미군의 노력과 헌신

마이클 욘Michael Yon, 《이라크에서의 진실의 순간Moment of Truth in Iraq》
(Richard Vigilente Books, 2008)

블로거이며 프리랜서 종군기자인 마이클 욘이 펴낸 이 책은 발간 2
주 만에 세계 최대 온라인서점인 아마존의 베스트셀러 10위 안에 들어갈
만큼 큰 반향을 일으켰다. 저자는 플로리다 출신으로, 대학 장학금을 얻
기 위해 특수부대에 입대하여 복무를 했다. 제대 후 대학을 마치고서는
공산 체제가 무너진 폴란드에서 잠시 사업을 하다가 글 쓰는 작업을 시
작했다. 자신의 젊은 시절을 다룬 첫 책《가까운 위험Danger Close》을 1999
년에 냈고, 인도와 네팔의 오지를 여행하기도 했다.

2004년 3월 말, 욘은 친구 두 명을 이라크에서 잃었다. 3월 30일 오
랜 친구인 제10특수부대 소속 리처드 퍼거슨Richard Ferguson 상사가 이라
크 사마라에서 험비Humvee, 다목적 군용차량 전복 사고로 사망한 것이다. 그
러고 그 다음날에는 바그다드에서 팔루자로 가는 다리를 건너던 미국 보

안회사 '블랙워터' 직원 네 명이 납치되어 무참하게 살해되는 사건이 발생했다. 이때 사망한 네 명 중 스콧 헬벤스턴Scott Helvenston은 미해군 실스 SEALS 대원 출신으로, 욘의 고등학교 동창이었다. 욘은 콜로라도에서 진행된 퍼거슨의 장례식에 참석하고, 다음날에는 고향 플로리다로 와서 헬벤스턴의 장례식에 참석했다. 헬벤스턴의 장례식에는 많은 기자들이 왔는데, 이들은 헬벤스턴이 어떤 경위로 블랙워터에 취직해서 용병傭兵이 되었는지에 대해서 물었을 뿐, 해군 특수부대에서 활약하다가 제대한 헬벤스턴이라는 사람에게는 관심이 없었다. 욘은 미디어의 오만과 편견에 실망하고 전쟁의 주인공인 군인들을 정당하게 취재해서 대중에 알려야 한다고 생각했다.

욘은 2005년 종군기자로 이라크를 취재했고, 2006년에는 아프가니스탄과 이라크를, 2008년에는 아프가니스탄을 취재했다. 저자는 미군 지휘부와 이라크 정치인들을 너무 솔직하게 비판해서 한동안 이라크 취재가 거부되기도 했지만, 자신이 취재한 바를 게시한 블로그는 많은 이들로부터 좋은 반응을 얻었다.

2008년 4월에 나온 이 책은 미군들이 이라크에서 위험한 전투를 하면서도 이라크 사람들을 친구로 만들고, 그런 과정을 거쳐 이라크를 민주국가로 만드는 데 성공하고 있다는 것을 생생하게 전달한다. 출간된 책의 표지는 저자가 직접 찍은 사진으로 꾸며져 있다. 그 사진은 2005년 5월 이라크 모술에서 미육군 24보병연대 소속 마크 비거Mark Bieger 소령이 알카에다의 자폭테러로 심한 부상을 입은 소녀를 살리기 위해 안고 달려가다가 잠시 멈춰 서서 더 힘주어 포옹하고 있는 장면이다. 소녀는 병원으로 후송하는 도중에 사망했다. 이 사진은 2005년도 《타임Time》지에 실려서 유명해졌고, 《타임》은 이 사진을 2005년도 최고의 보도사진으로 선정했다.

이 책의 전반부는 미국 제25보병사단의 일원으로 이라크에 파견된 미육군 24보병연대흔히 '듀스 포[Deuce Four]'라고 부른다 1대대가 2004년 말부터 다음 해 여름까지 이라크 북부 도시 모술에서 벌인 치열한 전투에 관한 것이다.

이라크전쟁 초기에 모술은 데이비드 페트레이어스David H. Petraeus 소장이 지휘하는 101공수사단에 의해 점령되었다. 그는 후에 중장으로 진급하여 이라크 주둔군의 사령관이 되었으며, 2008년 여름에는 대장으로 진급해서 미중부군 사령관이 된다. 당시 페트레이어스 소장은 현지 주민들과 대화를 통해 모술 지역을 재건하기 위해 노력했다. 2004년 2월, 101공수사단이 모술에서 철수하고 규모가 작은 스크라이커장갑차를 주축으로 구성한 보병연대의 1개 대대가 진주했다. 그러자 곧 모술에서는 지사가 암살당하는 등 심각한 혼란에 빠져들었다.

2004년 선거에서 재선에 성공한 부시 대통령은 반군이 장악하고 있던 팔루자를 탈환하도록 명령했다. 11월 7일, 미해병대가 팔루자를 공격하자 팔루자에 머물던 반군들이 북쪽에 위치한 모술과 바쿠바로 도망갔다. 반군이 모술에 모여들자 모술을 지키던 이라크 경찰이 그대로 도주해버려서 모술은 반군의 수중에 떨어지고 말았다. 팔루자 전투 시작과 동시에 모술에서도 반군의 공격이 시작되면서 그곳을 지키던 24보병연대는 치열한 전투를 치렀다. 11월 16일에 전투는 일단 종료되었지만, 한 달 후인 12월 21일, 미군 영내에서 자폭테러가 발생하여 미군 열네 명 등 총 열여덟 명이 사망했다. 그 후에도 모술을 지키던 24연대는 치열한 전투를 치렀다.

2004년 12월 29일, 반군은 대규모 자폭 트럭 폭발을 신호로 24연대 소속의 한 소대가 지키던 전진기지에 엄청난 공격을 감행했다. 에릭 쿠릴라Erik Kurilla 중령이 지휘하는 24연대 1대대는 1년 동안 치열한 전투를 벌여서 약 700명이던 병력 중 4분의 1이 전사하거나 부상하는 손실을 입었다.

2005년 8월 18일 대니얼 라마Daniel Lama 하사가 모술 시내에서 반군의 저격으로 부상당하자 쿠릴라 중령은 대원들을 이끌고 직접 범인을 찾아 나섰다. 쿠릴라 중령이 탄 스트라이커장갑차에 편승한 욘은 전투를 직접 지켜볼 수 있었다. 쿠릴라 중령은 앞장서서 반군이 숨어있는 건물을 향해 갔고, 그러다가 다리에 총상을 입고 쓰러졌다. 하지만 곧 쿠릴라 중령은 앉은 채로 사격을 가하면서 부대원을 지휘했다. 프로서 상사CSM Prosser가 반군과 격투를 벌인 끝에 생포해서 상황은 종료되었고, 쿠릴라 중령은 그제서야 의무병의 치료를 받고 후송되었다. 욘은 그 과정을 사진으로 찍어 블로그에 공개해서 많은 호응을 얻었다. 대대 병력으로 모술을 지킨 24연대는 얼마 후에 철수하고, 그 임무는 다른 부대가 넘겨받았다. 2007년 1월, 모술을 다시 찾은 욘은 제7기병연대 2대대가 모술을 지킬 수 있는 이라크군 2개 사단과 경찰을 훈련시키는 모습을 보게 됐다.

욘은 이 책을 통해 위와 같이 이야기하면서, 미군이 많은 희생을 치른 끝에 이라크 국민들의 마음을 사로잡고 있다고 주장한다. 즉, 미국은 승리하고 있다는 것이다. 욘은 바그다드 북쪽에 위치한 바쿠바 지역을 미군과 함께 순찰하면서 이라크군과 미군이 협력해서 알카에다 반군과 싸우는 모습 역시 전하고 있다.

바쿠바시가 위치한 다알라 지방은 알카에다가 장악하고 있으면서 온갖 만행을 저지른 곳이다. 그 결과 알카에다를 몰아내고 진주한 미군과 이라크 정부군은 우호적으로 대접받고 있다고 욘은 전한다. 실제로

공부하는 보수

알카에다는 다알라 지방에서 아이들과 어른, 그리고 가축을 가리지 않고 죽이는 만행을 저질렀다. 욘은 이라크 군대와 함께 그 지역에서 알카에다가 살해한 사람들이 묻힌 장소를 발굴하는 장면을 지켜보았다. 그리고 마을 사람들은 알카에다가 저지른 온갖 만행을 정부군 병사와 욘에게 설명해주었다.

저자는 이외에도 낮 최고 기온이 46도까지 올라가는 남부 바스라에서 분투하는 영국군 장병의 노고 등 이라크 각지에서 애쓰는 연합군 장병들의 이야기를 들려준다. 동시에 이라크의 상황은 갈수록 좋아지고 있으며, 이는 본국의 국민들은 잘 알지 못하는 장병들의 숭고한 희생 덕분임을 강조한다.

저자의 이야기는 2006년에서 끝난다. 이라크 사태에 염증을 느낀 미국 유권자들은 2006년 중간선거에서 민주당에 승리를 안겨주었다. 부시 행정부는 이라크전쟁을 추진할 동력을 잃어버렸고, 부시는 럼즈펠드 국방장관을 해임했다. 이라크 출구전략이 시작된 것이다. 2008년 대통령선거에서 이라크에서의 철군을 약속한 민주당 후보 버락 오바마가 당선됐다. 현지 미군 장병들이 고군분투하면서 좋을 일을 많이 한다고 해도 미국의 이라크 전략이 당초부터 잘못되어 있었기에 큰 줄기를 변화시킬 수는 없었던 것이다.

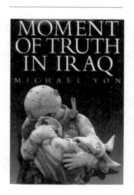

008

혼란을 향해 추락하다

아메드 라시드Ahmed Rashid,
《혼란을 향해 추락하다: 미국과 파키스탄, 아프가니스탄 및 중앙아시아에서의 국가 건설 실패
*Descent into Chaos: The United States and the Failure of Nation Building in Pakistan,
Afganistan and Central Asia*》(Viking, 2008)

아메드 라시드는 아프가니스탄 문제에 정통한 파키스탄 언론인으로, 그가 2000년에 펴낸《탈레반*Taleban*》은 9.11 테러 후에 22개국어로 번역되어 15만 부가 팔렸다. 저자는 파키스탄국립대학과 케임브리지대학을 졸업하고 고향인 파키스탄 서남부 발로치스탄으로 돌아와 자치 운동을 했다.《데일리 텔레그래프*The Daily Telegraph*》와《파 이스턴 이코노믹 리뷰*Far Eastern Economic Review*》의 주재 기자를 지낸 저자는 9.11 후에 탈레반 전문가로 유명세를 탔다. '미국과 파키스탄, 아프가니스탄 및 중앙 아시아에서의 국가 건설 실패'라는 부제를 달고 있는 이 책은 9.11과 아프가니스탄에서의 전쟁 및 내분, 그리고 국가 재건 실패와 그로 인한 혼돈을 분석하고 있다.

9.11 후 미국은 빈라덴을 잡기 위해 아프가니스탄을 공격했다. 하지

공부하는 보수

만 미국은 아프가니스탄을 제대로 파악하지 못했다. 미국은 카불에 새 정권을 세웠지만, 아프가니스탄전쟁을 미완으로 남겨둔 채 이라크를 침공했다. 이라크 침공은 '테러와의 전쟁'이 아니었다. 하지만 미국이 이라크를 침공하자 알카에다는 전 세계의 과격한 테러리스트를 이라크로 불러 모아 미국과 전쟁을 벌였기 때문에, 결과적으로는 테러와의 전쟁이 되고 말았다. 이라크전쟁은 미국의 기대와는 다른 방향으로 흘러갔고, 아프가니스탄의 상황은 다시 혼돈에 빠져버렸다.

아프가니스탄과 탈레반

아프가니스탄 문제는 1979년 12월 소련군의 침공으로 시작됐다. 아프가니스탄 내 친소親蘇 세력 간의 분쟁을 해결한다는 명분으로 소련군이 개입하자 아프가니스탄 주민 500만 명이 파키스탄과 이란으로 탈출했다. 레이건 대통령은 공산주의 확장을 저지하겠다고 공언했고, 아프가니스탄은 냉전의 각축장이 되었다. 미국과 나토 회원국, 그리고 사우디아라비아 등 친서방 아랍 국가들은 아프가니스탄의 부족 지도자인 물라Mullah들에게 수십억 달러를 지원했다. 아프가니스탄 부족 민병대인 무자헤딘의 공격에 시달린 소련은 1989년에 군대를 철수시켰다.

소련군이 철수했어도 평화는 오지 않았다. 북부의 타지크족 군대가 카불을 장악하자, 다수파인 파슈툰족 군대가 카불을 다시 공격했다. 아프가니스탄은 각 지역의 군벌이 통치하면서 서로 싸우는 내란 속으로 빠져든 것이다. 탈레반은 이런 혼란 속에서 생겨났다. 소련군과 싸웠던 젊은이들은 소련군이 철수한 후에 고향으로 돌아갔는데, 이들은 소련에 맞서 영웅적으로 싸웠던 무하마드 오마르를 숭배했다. 오마르를 중심으로 이런 젊은이들이 뭉친 단체가 바로 탈레반이다.

　미군이 아프가니스탄을 점령한 후 대통령이 된 하미드 카르자이 Hamid Karzai는 1957년에 칸다하르에서 영향력을 가진 압둘 아하드 카르자이Abdul Ahad Karzai의 6남매 중 넷째로 태어났다. 소련군이 침공하자 카르자이 가족은 아프가니스탄 국경과 가까운 파키스탄 케타로 탈출했다. 인도에서 대학을 마친 하미드 카르자이는 파키스탄 내에서 구성된 아프가니스탄해방전선에 가담했다. 외국어 능력과 탁월한 매너, 그리고 조정 능력으로 두각을 나타낸 카르자이는 또 다른 정치 명문가 출신인 시브가툴라 무자데디Sibghatullah Mujaddedi의 대변인을 지냈다. 무자헤딘이 카불을 탈환하자 무자데디는 대통령에 취임했으며 카르자이는 외무차관이 되었다.

　파키스탄은 사우디아라비아와 아랍에미리트 등 산유국을 설득해서 탈레반을 지원하도록 했다. 파키스탄 서남부 주민들은 탈레반의 기반인 파슈튼족과 인종적으로 가까웠다. 군사 장비와 돈을 지원받은 탈레반은 1996년에 수도 카불과 남부의 도시들을 장악했고, 1998년에는 북부의 요지인 마자르를 점령했다. 우즈베크족 군벌인 도스툼Abdul Rashid Dostum 장군은 터키로 탈출했고, 타지크족 군벌인 마수드 장군만 탈레반과 맞서 싸웠다. 1996년 가을, 탈레반 수장 오마르는 오사마 빈라덴을 칸다하르로 초청했다.

　1999년 7월, 파키스탄의 케타에 망명 중인 압둘 아하드 카르자이가 탈레반에 의해 암살되었다. 하미드 카르자이는 파키스탄에 망명 중인 조문객을 차량 300대에 나눠 태우고 부친의 시신을 칸다하르의 가족 묘지로 운구해서 매장했다. 탈레반은 이 대담한 장례 행렬을 저지하지 않았다. 이 사건으로 인해 하미드 카르자이는 반反탈레반 지도자로 부상했다.

2000년 9월, 탈레반은 마수드 장군의 마지막 보루이던 탈로칸을 장악했다. 탈로칸 전투에는 세계 각지에서 모여든 무슬림 전사들이 참여했고, 파키스탄 국경군단 요원들이 포격과 통신망을 지휘했다. 2001년 들어서 카르자이는 파키스탄에 망명 중인 파슈튼 지도자 압둘 하크Abdul Haq 등 탈레반에 반대하는 아프가니스탄 지도자들과 회동하는 등 동분서주했다. 그해 8월, 카르자이는 압둘 하크 등과 함께 런던을 방문해서 영국 관료들에게 빈라덴이 탈레반을 조종하고 있다고 경고했다. 영국 정보국은 알카에다의 위험성을 알고 있었지만 마땅한 대책을 가지고 있지 못했다. 카르자이는 워싱턴도 방문했지만 미국 관료들의 무관심에 실망했다.

9.11 테러와 아프가니스탄 전쟁

　　2001년 9월 9일, 파키스탄 북부 작은 도시에서 북부동맹군을 지휘하던 마수드 장군은 텔레비전 방송 기자를 가장한 암살범들에게 살해당했다. 2001년 9월 11일, 세계를 놀라게 한 테러가 발생했다. 공교롭게도 그날 파키스탄 정보국Inter Services Intelligence, ISI 국장 메무드 아마드Mehmood Ahmad 소장은 워싱턴을 방문 중이었다. 파키스탄 정보국은 미국이 탈레반을 오해하고 있다는 주장을 해왔으나, 더 이상 할 말이 없어졌다. 9월 12일, 조지 W. 부시 대통령은 방송 연설에서 세계를 향해 '우리와 함께 가던가, 아니면 테러리스트와 함께하던가' 선택을 하라고 물었다.

　　9.11 테러는 파키스탄을 충격에 빠뜨렸다. 이슬람 근본주의자들 사이에는 좋아하는 분위기도 있었지만, 도시에 거주하는 교육받은 계층은 이 기회에 파키스탄이 근본주의 이슬람과 결별하고 미국과의 관계를 개

선해야 한다고 생각했다. 무샤라프Pervez Musharraf 파키스탄 대통령은 미국과 협력할 것을 약속했고, 미국은 경제제재를 풀고 원조를 하겠다 약속했다. 하지만 파키스탄 군부와 정보국은 여전히 이슬람 세력과 관련을 맺고 있었다.

9.11 테러 후 알카에다는 아프가니스탄의 캠프를 버리고 잠적해버렸기 때문에 이들을 상대로 한 토마호크미사일 공격은 불가능했다. 미군은 아프가니스탄을 상대로 전쟁을 할 준비가 되어 있지 않았고, CIA는 파슈툰 지역에 연락 거점도 갖고 있지 않았다. CIA가 갖고 있던 유일한 창구는 마수드 장군이었으나 그는 9.11 직전에 죽었다. CIA는 현지 언어를 할 줄 아는 퇴직 요원 게리 쉬렌Gary Schroen을 다시 불러들여서 열 명으로 구성된 팀을 조직했다. 암호명 '조브레이커Jawbreaker'인 이 팀은 9.11 테러가 있은 후 2주일 만에 아프가니스탄의 판셔밸리 지역에 잠입했다. 이들은 공작금을 갖고 들어가서 북부동맹군 군벌 지도자들을 만났다. 이들은 마수드 장군의 후임자인 파임 장군과 터키로 망명했다가 돌아온 도스툼 장군에게 수백만 달러씩 전달했다. 미국으로서는 매우 적은 비용을 들여 대리전쟁을 시작한 것이었다.

2001년 11월, 북부동맹군은 미군의 폭격으로 약해진 탈레반에 대해 대공세를 취했다. 탈레반은 궤멸되기 시작했고, 북부동맹군은 카불을 향해 진격했다. 미국의 고민은 아프가니스탄의 다수 인종인 파슈툰족 가운데 탈레반에 저항해서 싸우는 인물이 없다는 것이었다. CIA팀은 카르자이가 탈레반과 대항하는 거의 유일한 파슈툰 지도자라고 본부에 보고했다. 미국은 카르자이가 향후 아프가니스탄을 이끌 지도자라고 판단하고 그의 신변을 철통같이 보호했다. 또 다른 파슈튼족 지도자 압둘 하크가 탈레반에 붙잡혀 처형된 후에는 특히 그러했다.

공부하는 보수

북부동맹군의 공격으로 탈레반은 남부의 칸다하르와 북부의 쿤두즈에 포위되었다. 쿤두즈에는 탈레반을 지원하던 파키스탄 정보국 요원들과 파키스탄의 국경군단 병력이 있었다. 무샤라프는 부시 대통령에게 전화를 걸어서 쿤두즈에 대한 폭격을 잠시 중지해줄 것과 파키스탄 공군 수송기가 파키스탄 요원들을 실어 올 수 있도록 허용해줄 것을 요청했다. 부시와 체니는 극비리에 이에 동의했고, 2001년 11월 15일 파키스탄 군용기 두 대가 쿤두즈에 착륙해서 파키스탄 병력을 철수시켰다. 파키스탄군 병력뿐 아니라 알카에다 대원들도 이 수송기편으로 쿤두즈를 탈출했을 것으로 추측됐다. 북부동맹군이 쿤두즈를 함락시켰을 때 그들은 예상보다 훨씬 적은 탈레반 병력을 포로로 잡았다.

미국은 아프가니스탄에 소수의 CIA 요원과 특수부대원을 보내는 데 그쳤고 지상 전투는 북부동맹군에 맡겼다. 빈라덴이 이끄는 알카에다와 탈레반 병력은 험준한 산간지대인 토라보라로 숨어들었고, 미군은 토라보라를 맹폭했다. 현지의 CIA 요원들은 미군 지상 병력 증원을 요청했으나 중부군 사령부는 이 요청을 거부했다. 덕분에 빈라덴과 수행원들은 토라보라를 탈출해서 파키스탄 접경지대에 잠입할 수 있었다.

탈레반도 미군의 공습과 북부동맹군의 공격을 피해서 국경을 넘어 파키스탄의 발로치스탄 지역으로 대거 몰려왔다. 이들은 트럭, 버스, 낙타 등을 타고 무장을 한 채로 국경을 지키는 파키스탄 군대가 보는 앞에서 당당하게 무리를 지어 넘어왔다. 탈레반 수장 오마르는 2002년 겨울에 파키스탄의 케타에 도착했고, 파키스탄 정보국은 그를 안전가옥에 보호했다. 파키스탄 정보국은 미군 특수부대가 추적하던 탈레반 지휘관들을 은밀하게 도피시키는 데 성공했고, 이들은 오마르와 합류했다.

이처럼 파키스탄은 미국과 협력하면서도 다른 한편으로는 탈레반과 협력했다. 파키스탄은 북부동맹군이 카불을 접수하는 상황을 우려했다. 12월 3일, 카르자이는 미국 군용기 편으로 카불에 도착했고, 미리 합의한 대로 파슈툰족인 카르자이가 대통령을 맡고 다른 중요한 직책은 북부동맹군이 차지했다.

　체니 부통령과 럼즈펠드 국방장관은 아프가니스탄과 전쟁을 시작하면서 이 전쟁을 이라크로 확산시킬 생각을 했다. 이들은 확실한 증거가 없음에도 9.11 테러에 이라크가 개입되어 있다고 믿었다. 북부동맹군이 쿤두즈와 칸다하르를 포위하고 탈레반에게 항복을 요구할 즈음, 부시 대통령은 중부군 사령부에 이라크 침공 계획 수립을 지시했다. 전쟁 지휘부가 이라크로 관심을 돌리게 됨에 따라 아프가니스탄에 대한 미군의 작전 집중도는 저하되었다.

　미국은 또한 아프가니스탄전쟁 개전 초에 나토와 러시아, 그리고 이란과 협력할 기회를 상실했다. 탈레반이 파멸되기를 바랐던 이란은 미국에게 아프가니스탄전쟁에 협력하겠다고 제의했으나 미국은 이를 무시했다. 미군은 우즈베키스탄의 독재 정권과 협력해서 북쪽으로부터 미군 병력을 투입할 수 있었다. 부시 대통령은 아프가니스탄 국가 재건에는 큰 관심이 없었다. 파키스탄 군부의 이중적 태도도 미국에 문제를 야기했다. 무샤라프는 미국과 협력하겠다고 하면서 경제원조를 받았지만 파키스탄 정보국은 탈레반에 정보와 자금을 계속 지원하고 있었다.

아프가니스탄 재건은 실패했다

　미국은 아프가니스탄을 재건하고자 했지만 아프가니스탄을 제대로 알지 못했고 알려고 하지도 않았다. 미국 정보당국과 국무부 국제개발처

공부하는 보수

USAID 직원들 가운데는 현지 언어를 아는 사람도 거의 없었다. 오랜 내란과 전쟁으로 아프가니스탄의 사회 기반은 완전히 붕괴돼버려서 어디서부터 손을 써야 할지 알 수가 없었다.

중앙정부의 통제를 받지 않는 군벌도 큰 문제였다. 냉전 시절, 미국이 소련군에 대항하는 무자헤딘을 지원하는 바람에 군벌들의 영향력이 커졌다. 9.11 후에 미국은 탈레반에 대항하는 군벌을 지원했다. 미국이 군벌의 실체를 인정했기 때문에 중앙정부보다 군벌이 실제로 더 큰 영향력을 행사했다. 2002년 12월, 카르자이는 아프가니스탄 국방군을 창설하면서 군벌들에게 1년 내에 무장을 해제하라고 지시했지만 이 지시는 지켜지지 않았다.

이런 와중에 희망이 보이기도 했다. 2002년 3월, 유니세프와 USAID의 노력으로 아프가니스탄 곳곳에서 학교가 오랜만에 문을 열었다. 180만 명이 등교할 것으로 예상했었으나 첫날 300만 명이 등교했다. 더 놀라운 일은 학교에 나온 학생 중 45퍼센트가 여학생들이었다는 사실이다. 2005년에는 520만 명이 초등학교를 다니게 되었다. 2003년부터 2005년까지 아프가니스탄 주재 미국 대사였던 잘메이 할릴자드Zalmay Khalilzad는 아프가니스탄 출신으로, 아프가니스탄 재건을 위한 노력에 힘을 실어주었다.

2003년 들어 탈레반은 아프가니스탄의 헬만드와 자불 지역에서 테러를 시작했다. 아프가니스탄의 재건을 돕던 기술자와 적십자사 직원, 그리고 미군 특수부대원이 탈레반에 의해 살해됐다. 파키스탄의 케타에서는 탈레반이 자동차 등 많은 물자를 사들여서 지역 경제가 호황을 누렸다.

2004년 가을로 예정된 미국과 아프가니스탄의 대통령선거를 앞두고 미군은 아프가니스탄에 특수부대를 다시 투입해서 빈라덴을 잡으려 했다. 2004년 5월, 미특수부대는 자발에서 500명에서 800명으로 추정되는 탈레반에 포위되어 네 명이 전사했다. 아프가니스탄전쟁 이후 미군은 최대의 인명 손실을 입었고, 탈레반이 건재하다는 사실이 확인됐다. 2004년 10월에 열린 아프가니스탄 대통령선거에서 카르자이는 유효 투표의 55퍼센트 지지를 얻어 대통령에 당선됐다.

탈레반 성역에서 세계 최대 아편 생산지로

파키스탄 서남부에 위치한 발로치스탄 지역의 북쪽에 있는 아프가니스탄 접경지역은 파키스탄 중앙정부가 직접 통치하는 지역Federally Administered Tribal Areas, FATA이다. FATA는 일곱 개 부족 지역을 직접 통치하는데, 정작 이들 부족의 인구는 300만 명에 불과하다. 이 지역에 스며든 빈라덴은 거기서 런던과 마드리드 등에서 일어난 테러를 지휘했다. FATA는 주인이 없는 지역이다. 그곳에 사는 부족민들은 참정권이 없고 법원에 제소할 자격도 없다. 파키스탄 정부는 이 지역에 외국인이나 국제기구의 접근을 금지하고 있다.

FATA에는 명확한 국경이 없기 때문에 여기 사는 부족민들은 파키스탄과 아프가니스탄을 자유롭게 드나들고 있다. 미국은 파키스탄 정부에 이 지역의 탈레반과 알카에다를 공격하라고 압력을 넣었다. 2004년 3월 파키스탄 정부는 국경군단을 동원해서 공격했지만 오히려 포위를 당해 큰 피해를 입었다. 미군에 협력했다는 이유로 많은 부족 지도자들이 탈레반에 의해 살해되었다. FATA는 탈레반의 성역이 된 것이다.

이 지역에서는 1980년대 후반부터 아편을 재배하기 시작했다. 소련

점령군과 게릴라 전투를 벌이던 무자헤딘은 아편을 재배해서 벌어들인 돈으로 생계를 꾸리고 전쟁 비용을 조달했으며, CIA와 파키스탄 정보국은 이를 묵인했다. 소련군이 철수한 후에 내란의 소용돌이에 빠지자 무자헤딘은 아편을 재배하고 헤로인을 제조해서 전쟁 비용을 조달했다. 아프가니스탄을 장악한 탈레반은 아부다비와 두바이 등 중동 지역을 통해 마피아에게 헤로인을 공급했다. 1997년에 아프가니스탄에서 생산한 아편은 무려 2,800톤에 달했다.

미국과 유엔은 탈레반에게 그들이 아편 생산을 중단하면 국제사회의 승인을 받을 수 있을 것이라고 설득했다. 2001년에 탈레반은 갑자기 아편 재배를 금지했는데, 이는 몇 년 동안 아편 생산량이 너무 많아 가격이 폭락했기 때문이었다. 달리 다른 작물을 재배할 방도가 없는 농민들은 탈레반의 이런 조치에 저항했다. 미군의 공격으로 탈레반이 붕괴하자 농민들은 다시 아편을 재배하기 시작했다. 북부동맹군의 군벌들도 마약을 제조했기 때문에 미군도 이를 묵인하는 수 밖에 없었다.

2004년에 아프가니스탄 전역에서 4,200톤의 아편 생산이라는 기록을 세웠다. 생산된 아편의 80퍼센트는 아프가니스탄에서 헤로인으로 제조되어 밀수출되었는데, 이러한 마약 경제는 그해에 28억 달러에 달해서 아프가니스탄 전체 경제의 60퍼센트를 차지했다. 아편 생산은 계속 증가해서 2006년에는 6,100톤, 2007년에는 8,200톤을 생산했다. 오늘날 아프가니스탄은 전 세계에 공급되는 헤로인의 93퍼센트를 만들어내고 있다. 마약 생산으로 부를 축적한 세력은 건설회사를 앞세워서 자금을 세탁하고 다른 분야로 사업을 늘려가고 있다. 아프가니스탄 의회의원 상당수가 마약 사업자이거나 이들과 연관되어 있는 것이라 생각되지만, 카르자이 대통령은 이런 상황을 개선시키지 못했다.

날로 심각해지는 아프가니스탄 문제

2001년 12월, 독일 정부는 아프가니스탄의 내전을 종식시키기 위한 회의를 본에서 열었다. 유엔안보이사회는 국제안보지원군International Security Assistance Force, ISAF을 창설해서 카불에 주둔시키기로 하고 나토가 이를 책임지도록 하였다. 그러나 독일 등 나토 회원국들은 제때에 병력을 파견하지 못했다. 이라크에서 발목을 잡힌 미국은 나토가 아프가니스탄에서 보다 큰 역할을 하기를 기대했다. 미국은 2005년 말에 아프가니스탄에 주둔 중인 1만 9,000명 병력 중 3,000명을 철수시켰다. 그 후 아프가니스탄에 주둔 중인 미군의 절반은 NATO-ISAF 통합사령부의 지휘를 받고 나머지 절반은 미국의 독자적 지휘를 받게 되었다. 미국은 아프가니스탄의 치안을 나토에 맡기고자 했다.

그러나 각국에서 차출되어 온 나토군은 훈련과 장비가 열악했고, 실전 경험이 없었다. 영국군과 캐나다 군대만이 제대로 전투를 할 준비가 되어 있었고, 다른 나라에서 온 군대는 놀란 토끼마냥 겁에 질려 있어서 아프가니스탄 현지민의 웃음거리로 전락했다. 독일 군대는 가장 괴상한 모습을 연출해서 화제가 됐다. 독일은 마자르 이 샤리프에 1,500명 병력을 주둔시켰는데, 병력을 보호하기 위해 7,000만 달러를 들여서 철과 시멘트 및 콘크리트로 된 철옹성 같은 기지를 건설했고, 병력은 주로 그 안에 처박혀 있었다. 탈레반은 이런 나토군을 우습게 보고 공격했다.

나토군이 기지 속에서 머물고 있자 탈레반은 아프가니스탄 군대와 경찰을 마음놓고 공격했다. 2006년 5월부터 2007년 5월에 이르는 한 해 동안 아프가니스탄의 군인 170명과 경찰 406명이 탈레반에 의해 살해되었다. 탈레반은 고아나 정신적으로 불안한 소년들을 동원해서 자살폭탄 테러를 감행했다. 알카에다는 세계 각지로부터 반군 전사를 불러 모아서

FATA에 출몰하고 있다. 파키스탄 정부는 자국 내의 케타에 있는 탈레반 지휘부에 대해 모르는 체했고, 별다른 방도가 없는 미국 역시 날로 심각해지는 아프가니스탄 사태를 외면했다.

혼란에 빠진 파키스탄

9.11 테러 후 파키스탄은 미국과 협력함으로써 미국으로부터 경제지원을 받았지만 그러면서도 탈레반을 계속 지원했다. 파키스탄과 가까운 탈레반은 인도를 적대시했다. 2001년 10월 1일, 파키스탄에 근거를 둔 테러단체가 인도령 카슈미르에 자폭테러를 감행해서 29명이 사망했다. 2002년 1월 초, 인도는 파키스탄과의 국경지대에 대규모 군대를 배치했고, 이에 대응해서 파키스탄도 아프가니스탄 국경지대에 주둔하던 병력을 인도와의 접경지대로 이동시켰다. 인도와 파키스탄 간의 대립은 미국을 곤혹스럽게 만들었다.

2002년 1월,《월스트리트 저널*The Wall Street Journal*》의 대니얼 펄Daniel Pearl 기자가 카라치에서 납치됐다. 파키스탄 곳곳에선 폭탄테러가 발생했고, 그해 4월 한 달 동안 카라치에서 수십 명의 의사와 교사 및 공무원 등이 괴한에게 피살됐다. 무샤라프 정부는 테러에 적극적으로 대항하기보다는 뒷거래를 통해 타협을 하려고 했다. 미국은 대규모 군사원조로 무샤라프 정권을 유지하고자 했지만, 극단적 세력은 무샤라프를 암살하려고 시도하는 등 혼란만 가중되어갔다.

미국과 서유럽 국가들은 파키스탄이 테러집단을 엄정하게 다루고 서방과의 관계를 개선하기 원했다. 파키스탄의 식자층은 무샤라프 정부가 민주주의를 회복시키고 과격 세력과 결별하기를 기대했다. 그러나 무샤라프는 이런 기대를 충족시키지 못했다. 2007년 12월 27일, 8년간의 망명 생활을 마치고 고국에 돌아와서 정열적으로 선거 유세를 벌이던 베나지르 부토Benazir Bhutto 여사가 총탄에 맞아 사망했다. 귀국한 지 두 달 만에, 그녀를 노려왔던 두 번째 테러로 사망한 것이다. 미국은 부토와 무샤라프가 협력해서 파키스탄의 정국을 안정시킬 수 있기를 기대했으나, 그녀의 운명은 결국 비극으로 끝나고 말았다.

파키스탄에서는 2007년 한 해 동안 56회의 자살폭탄테러가 일어나서 400명 이상의 보안군이 사망하는 등 치안이 갈수록 악화되었다. 이슬람 과격주의자들은 무샤라프 정부를 직접 위협했다. 무샤라프 정부의 부패에 항의하는 시위가 끊이지 않았다. 무샤라프는 민주화를 주장하는 초드리Iftikhar Chaudhry 대법원장을 부패 혐의로 기소해서 법조인들의 반발을 초래했다. 2007년 11월 3일, 무샤라프는 사실상 비상사태를 선포하고 자신을 위협하는 법관들을 축출하기 위해 모든 법관들로 하여금 선서를 다시 하도록 요구했다. 2008년 1월에 열린 총선에서 부토 여사가 이끌던 파키스탄인민당Pakistan People's Party, PPP이 제1당을 차지했다. 무샤라프의 독재에 적신호가 켜진 것이다. 결국 무샤라프는 2008년 8월에 사임했다.

실패, 그리고 불안한 미래

아프가니스탄의 미래는 여전히 불안하다. 카르자이 대통령이 이끄는 정부는 제 구실을 못하고 있고, 나토군 역시 그러하다. 나토군은 지상 작전을 꺼리고 공습에 의존하다 보니 민간인 피해가 많이 발생했고, 이로 인해 아프가니스탄 주민들이 탈레반에 동조하는 현상을 초래했다.

오늘날 탈레반은 아프가니스탄뿐 아니라 파키스탄에도 세력을 확장하고 있다. 탈레반의 오마르와 그 측근들은 파키스탄의 발로치스탄 지역에 있으며, 다른 탈레반 세력은 보다 북쪽의 FATA에 거점을 구축했다. 알카에다는 FATA를 기지 삼아 테러를 계속하고 있다. 미국과 나토는 탈레반이 아프가니스탄이나 파키스탄에 속하지 않는, 독자적인 존재라는 사실을 아직도 이해하지 못하고 있다. 미국은 이라크와 아프가니스탄에서 막대한 돈을 쓰고 수많은 인명을 희생시켰지만 이 지역을 제대로 이해하지 못해 실패한 것이다.

2008년 미국 대통령선거에서 민주당의 버락 오바마 후보는 자신이 당선되면 이라크에서 미군을 철수하고 아프가니스탄에서 테러와의 전쟁을 벌이겠다고 약속했다. 당선 후 대통령에 취임한 그는 아프가니스탄에 병력을 증파했고, 미군은 오지에 거점 기지를 꾸린 뒤 탈레반과 전투를 벌였다. 하지만 오바마가 벌인 아프가니스탄전쟁은 목적도 불분명하고 전략도 없는 무의미한 전쟁이라는 비난을 샀다. 아프가니스탄 주재 미군은 2014년 말에 완전히 철수할 계획이다.

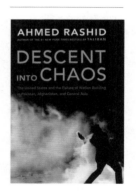

009

오바마의 아프가니스탄전쟁은 잘못됐다

빙 웨스트Bing West,
《잘못된 전쟁: 용기, 전략 그리고 아프가니스탄으로부터의 탈출
The Wrong War: Grit, Strategy and the Way Out of Afghanistan》
(Random House, 2011)

베트남전쟁 참전 용사이며 이라크전쟁을 종군從軍한 기록으로 베스트셀러 저자가 된 빙 웨스트가 오바마 대통령의 아프가니스탄전쟁을 비판한 책을 냈다. 웨스트는 아프가니스탄 오지의 미군 기지를 방문해서 장병들과 생사를 같이 한 후에 이 책을 펴냈는데, 저자는 책의 서두에 자신이 머무는 동안 그곳에서 전사한 미군 장병들을 기리고 있다. 저자는 아프가니스탄의 북부 코난 지방과 남부 헬만드 지방에서 미군이 펼치는 작전과 그 한계를 다룬 후에 아프가니스탄전쟁의 방향을 전환해야 한다고 주장하고 있다.

카불의 동북쪽에 위치한 코난 지방은 험준한 산맥과 그 사이의 평원으로 이루어져 있다. 아프가니스탄을 침공한 미군은 특수부대와 해병대 병력을 이용하여 이 지역으로 피신한 테러집단을 추적했다. 2005년 4월,

공부하는 보수

이곳의 고지高地를 지키던 미해군 특공대원 네 명이 반군의 포위 공격을 받자 열아홉 명의 특수부대원을 태운 헬기가 긴급하게 출동했는데, 이 헬기가 반군에 의해 격추되는 일이 발생했다. 그때까지 아프가니스탄에서 일어난 일 가운데 미군의 하루 희생자 수가 가장 많았던 이 사건은 미국에 큰 충격을 주었다. 미국은 해병 1개 대대를 파견해서 반군을 소탕하려 했지만 험준한 지형 때문에 성공을 거두지 못한 채 2006년 4월에 육군 산악사단 소속 부대가 임무를 교대했다. 미군의 전략은 소규모 전진기지Outpost를 두고 경계하는 것이었으나 주민들의 비협조와 지형적 어려움 때문에 곤란을 겪었다. 2008년 7월에 탈레반이 미군 전진기지를 일제히 공격하여 미군은 큰 피해를 입기도 했다.

2008년 대통령선거에서 오바마는 "아프가니스탄에서의 '테러와의 전쟁'을 승리로 이끌겠다"고 공약했다. 대통령에 취임한 오바마는 아프가니스탄 파견 병력을 5만 명에서 6만 3,000명으로 증강했다. 코난 지역에는 육군 32연대 1대대가 다시 배치되었고, 미군은 탈레반과 파키스탄과의 연결을 끊기 위해 산맥을 따라 40킬로미터 거리에 네 개의 전진기지를 건설했다. 전진기지에 배치된 소대 병력은 광활한 지역을 순찰했고, 주민들과 좋은 관계를 유지하려고 노력했다. 주민들은 탈레반 동조자들은 아니었지만, 그렇다고 미군에 우호적이지도 않았다. 미군은 반군을 포로로 잡아도 적절하게 관리할 수가 없었다. 반군 포로를 넘겨받은 아프가니스탄 경찰은 어떠한 조치도 없이 이들을 그냥 석방하고는 했다. 전사상자가 나오는 것을 걱정하는 미군 고위 지휘관들이 현지 지휘관들에게 작전을 자제하라고 지시하자 현지 중대장과 소대장의 사기는 떨어질 수밖에 없었다.

9.11 테러를 보고 육군에 입대해서 이라크에서 참전했던 에릭 린스

트롬Eric Lindstrom 하사는 제대 후에 애리조나 주의 경찰이 되었지만 보병의 동지애를 잊지 못하고 다시 입대하여 코난 지역의 바지 마탈Barge Matal이라고 부르는 지점에 배속되었다. 하지만 그는 탈레반의 기습으로 전사하고 말았다. 저자는 린스트롬 하사가 전사한 지점이 지각 있는 지휘관이라면 보병을 배치하지 않는 지형이라고 말하면서, 이런 먼 지역을 지키는 일이 전쟁의 목표와 무슨 관련이 있는가 묻고 있다. 미군은 결국 바지 마탈에서 철수했고, 이어서 미군이 '키팅 기지'라고 명명했던 곳도 탈레반의 집중 공격을 받아서 많은 희생자를 낸 후에야 철수하게 되었다. 2010년 1월, 32연대 병력은 코난 지역에서 철수하고 미국 본토로 돌아왔다. 10년 동안 미군은 멀고 고립된 이 지역에서 탈레반 반군과 싸우면서 현지민을 회유하려 했지만 결국 실패한 것이다.

헬만드 지방은 아프가니스탄의 남서부인데, 대부분이 사막이고 그 가운데를 흐르는 헬만드 강 주변만 농사를 지을 수 있는 지역이다. 헬만드 지역은 세계에서 가장 큰 아편 생산지이기도 하다. 2006년 영국군 8,000명이 헬만드에 진주했는데, 영국군은 자신들을 평화유지군인 것으로 생각해 소대 단위의 전진기지를 만들어서 주민들과 평화롭게 지내려고 했다. 헬기 지원도 없고 무장도 빈약한 영국군 소대 기지는 하나씩 둘씩 탈레반 반군에 의해 포위되었고, 영국군 지휘부는 자신들의 능력으로는 헬만드를 지킬 수 없다고 결론 내리게 됐다. 결국 오바마 대통령은 미 해병대 네 개 대대 병력을 이곳에 파견해야만 했다.

헬만드 같이 위험한 지역에 배치된 소규모 일선 지휘관들은 순찰을 강화하면서도 부하들의 안전을 지키는 것이 가장 중요한 일이었다. 적은 그대로 남아 있기 마련이고, 적이 그대로 있는 한 전쟁을 빨리 끝내주기를 원하는 본국 정부의 희망을 충족시키기란 불가능했다. 저자는 미군이

공부하는 보수

이라크전쟁에서와 마찬가지로 아프가니스탄전쟁에서도 뚜렷한 목표와 비전이 없었고, 지휘관도 자주 바뀌었다고 분석한다.

2005년까지 아프가니스탄 주둔군 사령관을 지낸 데이비드 바르노David Barno 중장은 대對반군 작전을 강조했지만, 미국은 이를 수행할 충분한 병력을 갖고 있지 못했다. 뒤이은 칼 아이켄베리Karl Eikenberry 중장은 "카르자이 정부를 개혁하지 않는 한 전쟁을 수행할 수 없다"고 주장했지만 아무런 조치도 이루어지지 않았다. 2006년 11월에 국방장관이 된 로버트 게이츠Robert Michael Gates는 댄 맥네일Dan McNeill 대장을 아프가니스탄 주둔군 사령관으로 임명했다. 맥네일 대장은 탈레반 소탕을 목표로 걸고 공세를 폈지만, 탈레반은 오히려 더 강해졌다. 2008년 여름에 맥네일은 경질됐고 후임에 데이비드 맥키어넌David McKiernan 대장이 임명됐다. 맥키어넌 대장은 교전 수칙을 보다 엄격하게 하고 대민 협력을 강조했으며, 헬만드 지방을 장악하기 위해 해병 여단을 증파해달라고 요청했다. 그러나 게이츠 장관은 그를 해임하고 특수부대 출신인 스탠리 맥크리스털Stanley Allen McChrystal 대장을 임명했다. 아프가니스탄 주둔군 사령관을 맡았던 지휘관들은 이처럼 자신들의 이력에 오점을 남긴 채 그만두고 말았다. 저자는 이 모든 것이 국방장관과 합참의장이 전쟁 정책을 너무 자주 바꾸어서 나온 결과라고 이야기한다.

아프가니스탄은 방대한 국토에 3,100만 명 인구가 네 개의 다른 언어를 사용하며, 교육은 받지 못했지만 저마다의 자부심이 강한 여러 부족으로 구성된 나라이다. 저자는 미군을 위시한 연합군의 병력은 이런 방대한 나라를 통제하기에 턱없이 부족할 뿐이라고 주장한다. 지난 10년 동안 탈레반 반군들은 정교한 급조폭발물IED을 개발하고 미군의 전략에 적절하게 대응하는 기술을 발전시켜왔다. 반면 미군은 별다른 기술적 진전을 이루지 못했다. 병력을 보호하기 위해 장갑裝甲을 두텁게 한 무장 차량은 기동성이 떨어진다는 부작용을 낳았다. 또한 영상을 통한 보고나 전자우편 보고 같은 작전 상황 보고의 디지털화로 인해 국방부와 합동참모본부의 지휘관 및 참모들은 현지 보병과 호흡을 같이하지 못하는 문제점이 발생했다.

2009년 9월, 맥크리스털 대장은 국방부에 보낸 긴급 메모를 통해 병력 4만 명을 증파해달라고 요청했다. 그는 기존 병력으로는 반군을 패퇴시킬 수 없다고 주장했다. 그러자 오바마 대통령은 아프가니스탄 전략을 재검토하라고 지시했다. 하지만 아프가니스탄 주재 미국 대사인 칼 아이켄베리는 힐러리 클린턴Hillary Rodham Clinton 국무장관에게 보낸 서신에서 카르자이 대통령이 무능하고 파키스탄은 미국의 전쟁 노력에 협력하지 않을 것이라는 이유로 병력 증파에 반대했다. 그해 연말에 오바마는 병력 3만 명을 증파하겠다고 발표했다.

미군이 헬만드 지역에서 탈레반과 힘든 전투를 하고 있는 동안 카불에 있는 카르자이 대통령은 미군의 작전 때문에 민간인의 피해가 크다며 공식적으로 불만을 표시했다. 그러자 맥크리스털 장군은 현지 지휘관에게 부대원들의 생명을 위협하는 상황이 아닌 한 민간인이 있는 시설에 무력을 사용하지 말라고 지시했다. 아프가니스탄 민간인 사상자 중 70퍼센트는 탈레반에 의한 것이지만 아프가니스탄 주민들은 탈레반에 대해 불만을 표현하지 않는다. 한 조사 결과, 아프가니스탄 주민들은 미군이 없었다면 이런 전쟁도 없었을 것이라고 생각하고 있다는 것을 알 수 있었다. 말하자면, 미군이 존재해서 전쟁이 일어나고 있다는 것이다. 아프가니스탄 주민들은 매우 빈곤함에도 불구하고 여덟 명 중 한 명은 휴대전화를 갖고 있다. 탈레반들은 자신들이 이동할 때 휴대전화 서비스를

공부하는 보수

중단시켜서 자신들을 신고하지 못하게 한다고 한다.

위험한 지역을 거의 방문하지 않던 카르자이 대통령이 2010년 3월에 헬만드의 마르자를 방문해서 "보다 정직한 정부를 만들겠다"고 약속했다. 하지만 지역 주민들의 반응은 싸늘했다. 카르자이가 임명한 헬만드 지사는 공문을 산더미처럼 쌓아놓고 아무 일도 하지 않았는데, 나중에는 그가 문자를 해독하지 못하는 사람이라는 것이 밝혀져서 파면됐다. 문제는 카르자이가 어떻게 해서 이런 사람을 지사로 임명했나 하는 것이다. 아프가니스탄 주재 미국 대사는 물론이고 오바마에 의해 아프가니스탄과 파키스탄 담당 외교사절로 임명된 리처드 홀브룩Richard Holbrook 대사도 카르자이를 싫어해서 양국의 협력 관계는 이미 금이 가버린 상태였다. 2010년 6월에 《롤링 스톤Rolling Stone》은 맥크리스털 장군이 비非보도를 전제로 "바이든Joseph R. Biden 부통령이 바보 같고 아이켄베리 아프가니스탄 주재 대사는 교활하며 홀브룩 대사는 거만하다"고 평했던 것을 게재해서 파문이 일었다. 맥크리스털 장군은 책임을 지고 사임한 후 곧 은퇴했다. 그 후 오바마는 중부군 사령관을 지내던 데이비드 페트레이어스 대장을 아프가니스탄 주둔군 사령관으로 임명했다.

오늘날 아프가니스탄 문제는 매우 어렵게 되어 있다. 특수부대를 중심으로 한 미군 병력은 탈레반 반군을 공격적으로 소탕하고 있지만 탈레반과의 전쟁은 이미 소모전 양상을 보이고 있다. 먼저 부시 대통령이 카르자이를 정중하게 대우했던 덕분에 카르자이는 이제 대통령이 아닌 다른 미국 관리와는 접촉하려 하지 않는다. 아프가니스탄의 군대와 경찰은 돈을 주어야만 움직이고 애국심이라고는 도무지 찾아볼 수가 없다. 헬만드의 감시르 지역은 미군이 탈레반을 격퇴해서 치안을 확보한 지역인데, 무자헤딘 출신의 하지 압둘라 잔Haji Abdullar Jan이라는 전설적인 지도자가 통치를 해오던 곳이다. 미특수부대가 탈레반 소탕 작전을 개시했는데, 그 지역의 물라들이 칼 꽂힌 코란을 발견했다고 주장하자 군중들이 지방정부 건물에 난입하는 일이 벌어졌다. 하지 잔이 이 사태를 빨리 수습하지 못하자 카르자이는 그를 파면한 뒤, 카불에 살고 있는 아프가니스탄군 장성이자 스물두 살 된 자신의 아들을 후임으로 임명했다. 현지미군 장병들은 카르자이 정부의 이런 난맥상을 보고 좌절했다. 저자는이 감시르 사건이 미군의 딜레마를 잘 보여준다고 말한다. 미군이 철수하면 과연 이 지역이 탈레반으로부터 계속 안전할지 알 길이 없으며, 그렇다고 카불의 중앙정부가 제대로 기능할 때까지 미군이 주둔하는 '기약없는 일'을 할 수도 없기 때문이다.

9.11 테러 후에 미군은 알카에다와 탈레반을 섬멸하기 위하여 아프가니스탄에 침공했다. 하지만 미군은 이들이 파키스탄으로 숨어들자 추격을 중지했다. 그런 후 미군은 이들을 섬멸하기보다는 아프가니스탄을 민주적 국가로 만들기 위해 노력했다. 미국은 파슈툰 부족 출신의 카르자이를 대통령으로 만들었고, 대통령이 지사 등 지방정부 책임자를 임명하도록 헌법을 개정하게 했다. 그러나 그 결과는 참담했다. 카르자이는 부족 내 친인척과 부패한 패거리에게 정부의 각 자리를 나누어주었다. 카르자이 정부는 부패했을뿐더러 아무것도 할 수 없는 무능한 집단이다. 카르자이는 아프가니스탄전쟁을 미군과 탈레반 사이의 문제라고만 보고, 자신의 이권 챙기기와 권력 유지에 몰두하고 있다.

오늘날 아프가니스탄에서는 미군 현지 지휘관들이 사실상 지방정부 책임자가 되어 주민들의 민원을 해결하고 중요한 서비스를 제공하고 있다고 한다. 돈과 물자를 들여 그곳 주민들의 요구를 들어주고 주민들은 이를 당연하게 여기고 있다는 것이다. 오늘날 아프가니스탄에 주둔 중인 미군은 거대한 평화 봉사단의 모습을 띠고 있다. 아프가니스탄에 주둔하고 있는 미군은 승리를 목표로 삼는 정신은 잊어버린 채 단순히 민간인을 보호하는 일을 하고 있다. 저자는 이 모든 것들을 미루어보아, 미군이 아프가니스탄의 국가 재건 과업에서 손을 떼야 한다고 주장한다. 또한 미국은 아프가니스탄에서 잘못된 전략을 갖고 잘못된 전쟁을 하고 있다는 것이 저자의 결론이다.

이 책에서 저자가 다룬 아프가니스탄전쟁은 조지 W. 부시가 9.11 후에 오사마 빈 라덴을 체포하기 위해 벌인 전쟁이 아니다. 이 책은 오바마 대통령이 2008년 대통령선거에서 자신의 '테러와의 전쟁'은 이라크가 아니라 아프가니스탄이라고 선언한 후에 벌인 2차 아프가니스탄전쟁에 대해 말한다. 하지만 이 전쟁은 실패했다는 게 이제 분명해 보인다. 책에서 저자가 잘 지적한 바처럼, 미군은 목적도 불분명한 전쟁을 하면서 많은 희생을 했던 것이다.

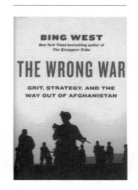

010

테러와의 전쟁,
그 끝은 있는가?

피터 버건Peter Bergen,
《가장 긴 전쟁: 미국과 알카에다 간의 항구적인 충돌
The Longest War: The Enduring Conflict between America and Al-Qaeda》
(Free Press, 2011)

피터 버건은 CNN 특파원으로서 중동 문제를 오랫동안 다루어왔으며, 9.11 테러 전에 오사마 빈라덴을 인터뷰해서 주목을 받았다. 그런 그가 9.11 테러 10주년을 맞아 펴낸 이 책은 미국이 그간 추진해온 테러와의 전쟁의 명암을 다루고 있다.

9.11 테러는 분명 큰 충격이었지만, 그해 여름 테러 활동을 추적하던 일단의 사람들은 알카에다의 공격이 임박했다고 생각하고 있었다. 2001년 9월 초, 알카에다와 탈레반은 아프가니스탄 전역을 장악했다. 9월 9일, 이들은 반탈레반 군벌이자 자신들의 숙적이던 아메드 마수드를 암살했다. 칸다하르에 묶고 있던 빈라덴은 추종자들에게 안전한 곳으로 피하도록 지시했다. 그런 다음 9.11 테러가 일어났다.

세계무역센터가 무너져내리자 CIA에서 테러 문제를 담당하던 지나

베넷Gina Bennett은 그것이 빈라덴의 소행임을 알았다. CIA에서 알카에다를 추적하던 지나 베넷, 바버라 서드Barbara Sude 등은 주요 미국 정부 기관이 테러의 표적임을 알고 있었다. FBI에서는 대니얼 콜맨이 이끄는 팀이 알카에다를 추적했지만 역시 테러를 막지 못했다. 당시 백악관에서 테러 대책반을 이끌던 리처드 클라크는 언론을 통해 대국민 사과를 했다. 하지만 9.11 테러 후에도 부시 대통령은 책임자를 문책하지 않았고, 테러 관련 정부 조직을 개편하는 데 집중했을 뿐이었다.

아무런 준비도 없었다

2001년 1월 25일, 리처드 클라크는 새로 임명된 콘돌리자 라이스 안보보좌관에게 알카에다에 대해 보고하고 이에 대한 각료급 정책 검토가 시급하다고 말했다. 알카에다를 처음 들어보는 듯한 반응을 보인 라이스는 부보좌관인 스티븐 해들리Stephen Hadley에게 이 안건을 넘겨주었다. 9.11 전까지 부시 행정부 고위직들은 알카에다에 대해 단 한마디도 언급하지 않았다. 반면 부시 행정부의 안보 국방 요직을 차지한 네오콘들은 사담 후세인에 대한 적대감을 공공연하게 표시했다. 2000년 10월에 일어난 콜호 폭파 사건에 대해 부시 행정부는 아무런 조치도 취하지 않았다. 군함에 대해 테러를 해도 미국이 반격을 가하지 않자 빈라덴은 미국을 나약한 존재로 생각했을 것이다.

2001년 7월 10일, 조지 테닛George J. Tenet CIA 국장은 알카에다의 공격 위협에 대해 라이스에게 보고하고 이를 대통령에게 전달해줄 것을 부탁했다. 하지만 이번에도 라이스는 이를 부시 대통령에게 전달하지 않았다. 8월 6일, 휴가 중이던 부시는 CIA 분석관이 올린 알카에다의 위협에 대한 보고서를 읽었다. 그럼에도 부시 대통령 역시 아무런 조치를 취하지 않은 채 긴 휴가를 마치고 9월 들어서야 백악관으로 돌아왔다. 그해 여름 라이스 보좌관은 대통령을 거의 만나지 않았으며, 럼즈펠드 국방장관은 군의 효율성을 제고한다는 이유로 군 장성들과 신경전을 벌였다.

9.11 테러 발생 다음 날 리처드 클라크가 부시에게 '알카에다의 소행이 틀림없다'고 보고하자 부시는 '이라크가 연루됐는지를 파악하라'고 했다. 클라크는 '이라크가 연루됐다는 근거는 없다'고 서면으로 보고했다. 9월 13일에 열린 국가안보회의에서 럼즈펠드는 '이라크의 미국에 대한 위협'이라고 말했지만, 국방부가 이 사태에 대해 준비해놓은 것은 없었다. 테닛 CIA 국장은 CIA팀을 보내서 아프가니스탄 북부동맹군과 합동작전을 펼 것을 제안했다. 폴 울포위츠 국방차관 역시 테러와의 전쟁을 위해 이라크를 공격해야 한다고 주장했지만, 부시는 '이라크가 개입되어 있다고는 생각하지만 당장 이라크를 공격하지는 않을 것'이라고 말했다. 그러고는 9월 20일, 부시 대통령은 상하양원 합동회의에서 "'테러와의 전쟁'을 벌이겠다"고 선언했다.

10월 7일부터 미군기들은 탈레반에 대한 공습을 시작했고, 이어서 특수부대팀이 마자르 이 샤리프에 투입됐다. 11월 9일, 마자르 이 샤리프가 북부동맹군에 함락됐고, 사흘 후에는 카불이 북부동맹군의 수중에 들어갔다. 미리 아프가니스탄에 들어온 CIA팀은 그때까지만 해도 잘 알려지지 않았던 하미드 카르자이를 새 정부의 수반으로 내세우기로 했다. 타린 코우트에서 미해군기의 공격으로 막대한 피해를 입은 탈레반은 결국 그들의 본거지인 칸다하르를 내주고 흩어져버렸다. 12월 7일, 카르자이는 탈레반의 본거지인 칸다하르에 입성했다.

빈라덴 탈출하다

카불이 북부동맹군에 함락되자 빈라덴과 알카에다의 지도자급들은 아프가니스탄 동쪽에 위치한 잘랄라바드로 도피했다. 잘랄라바드는 파키스탄과 국경에서 80킬로미터가 조금 넘게 떨어져 있는 도시로, 빈라덴이 수단에서 아프가니스탄으로 옮겨 왔을 때 처음 정착했던 곳이기도 하다. 잘랄라바드에서 파키스탄 국경으로 가는 도중에는 토라보라 산지가 있어 숨기에도 좋았다. 빈라덴은 토라보라를 좋아했고 동굴에 자신만의 작은 왕국을 만들어놓고 머물기도 했다. 2001년 11월 17일부터 시작된 라마단 기간 중 빈라덴과 알자와히리는 이 동굴로 도피했다고 알려졌다.

카불이 북부동맹군에 함락되던 날 카불에 도착한 CIA팀장 게리 벤센Gary Berntsen은 빈라덴이 토라보라로 도피했다고 생각하여 대원 여덟 명을 이끌고 그리로 향했다. 대테러 특수부대인 델타포스 대원 마흔 명, 육군 특수부대인 그린베레 대원 열네 명, 영국 특공대원 열두 명 등이 추가로 도착하여 일흔 명 정도로 구성된 벤센팀은 토라보라 산지를 뒤지면서 알카에다 대원들과 전투를 벌였다. 하지만 이 산지는 광대한 지역이었다. 이들은 지원군을 요청했지만 국방부 지휘 계통에서 그 요청은 사라져버렸다. 결국 그 일흔 명의 대원들은 토라보라를 장악할 수 없었다.

그 후 토라보라를 목표로 한 대대적인 공습이 이루어졌고, 12월 9일에는 데이지커터Daisy-Cutter라고 불리는 6,800킬로그램의 초대형 폭탄이 투하됐다. 나중에 밝혀진 바에 의하면 이 폭탄 투하로 빈라덴이 만들어놓은 동굴 요새는 파괴되었고, 빈라덴은 200미터 차이로 죽음을 면했다고 한다. 12월 12일, 미군 편에 서서 알카에다와 전투를 벌이던 북부 군벌 하지 감샤릭Haji Zaman Gamsharik은 알카에다 지휘관과 항복을 요구하는 협상을 벌인다면서 하루 동안 공세를 멈췄다. 그리고 그날 밤, 알카에다

지도부는 토라보라를 탈출해서 파키스탄에 스며들었다. 토라보라에 보다 많은 지상군을 투입하지 못한 것이 미군의 중대한 실책이었다. 하지만 저자는 당시 아프가니스탄과 그 주변에 미군 정예부대 2,000명이 대기하고 있었음에도 미군 지휘부는 이들을 보내서 국경을 봉쇄할 생각을 하지 않았던 것이 더 큰 실책이라고 말한다.

혼란스러운 미국 내부

테러 위협에 맞설 준비가 되어 있지 않던 부시 행정부는 9.11 테러 이후 '테러의 위협'이라는 보이지 않는 적과 싸워야 했다. 그해 10월에는 탄저균이 든 봉투가 의회와 언론인에게 배달되는 사건이 벌어져서 미국을 공포에 떨게 했다. 탄저균테러는 한 과학자의 미친 짓으로 밝혀졌지만, 부시 정부는 세균테러를 두고 혼선을 빚었다. 궁지에 몰린 부시 정부는 사로잡은 알카에다 대원에 대해 '포로 대우에 관한 제네바협정'을 적용하지 않기로 했다. 하지만 나중에 미국 연방대법원은 행정부가 이들에게 제네바협정을 적용하라고 판결했다.

테러와의 전쟁에 관한 중요한 결정은 딕 체니 부통령과 럼즈펠드 국방장관에 의해 이루어졌다. 라이스 보좌관과 콜린 파월 국무장관은 결정이 이루어진 다음에야 통보를 받았을 뿐이다.

'테러와의 전쟁'은 '테러를 유발하는 전쟁'으로

빈라덴은 서방 기자들과 만난 자리에서 "사담 후세인은 종교적이지 않으며 단지 자신의 위대함을 보이기 위해 쿠웨이트를 침공했다"고 비난한 적이 있다. 빈라덴은 이라크 바트당의 세속주의를 혐오했고, 사담 후세인과는 적대적 관계에 있어왔다. 그러나 9.11 테러 후 부시 정부의 고위 관계자들은 이라크 정부가 알카에다와 연계되어 있다고 공공연하게 말했다. 1993년에 있었던 세계무역센터 폭발물테러 사건의 배후에 이라크가 있다는 주장도 있었지만 대다수의 이라크 전문가들은 그 주장을 믿지 않았다. 하지만 리처드 펄, 폴 울포위츠 등 네오콘 이론가들은 "이라크는 알카에다와 연계가 되어 있고, 그렇기 때문에 이라크가 9.11에 책임이 있다"고 주장했다. 네오콘들은 그들이 좋아하는 이라크 망명객 아마드 찰라비Ahmad Chalabi가 제공한 의심스러운 정보를 믿었지만, 나중에 찰라비는 사기꾼이라는 것이 밝혀졌다. 9.11 테러범이 이라크와 연관이 있다는 주장도 사실이 아닌 것으로 나중에 밝혀졌다.

2002년 1월, 부시는 새로운 '예방 전쟁Preventive War' 독트린을 발표했다. 그러면서 이란, 이라크, 그리고 북한을 악의 축으로 지칭했다. 2002년 초에 부시는 이미 이라크를 침공하기로 결심했던 것이다. 이에 대해 백악관 안보보좌관실의 테러 대응 책임자였던 랜드 비어스Rand Beers는 빈라덴에게서 눈을 떼고 이라크를 상대로 전쟁을 하려는 움직임에 반대해 사직하기도 했다.

2003년 3월 19일, 부시는 이라크 공격을 명령했다. 3주 만에 미군은 바그다드를 점령했다. 후세인 정권은 무너졌고 연합군임시정부Coalition Provision Authority, CPA가 통치권을 행사하게 됐다. CPA는 바트당 기구와 이라크 군대를 해산시켰다. 하지만 미군은 이 과정에서 이라크군이 갖고 있던 막대한 무기와 탄약을 압수하지 못했고, 그 결과 직장을 잃어버린 이라크 군인들은 무기를 약탈해서 민병대로 변신했다. 당시 CPA 장관이던 폴 브레머는 수니파 부족과 협력하기를 거부했다. 이라크는 무정부 상태로 빠져들었고, 반군의 공격에 시달린 미군은 많은 사상자를 냈다.

요르단 출신의 악명 높은 테러 전사 알자르카위는 반군을 이끌고 아프가니스탄 칸다하르에서 미군과 싸웠는데, 미군이 이라크를 침공하자 부대원을 이끌고 이라크로 들어왔다. 그는 이라크 전역에서 폭탄테러를 감행했는데, 2003년 8월 19일에는 바그다드에 설치된 유엔 건물을 폭파해서 유엔 직원 스물두 명을 죽게 했다. 이 일로 큰 충격을 받은 유엔은 이라크에서 철수했다. 알자르카위는 인질로 잡은 미국인을 참수하고 그 동영상을 인터넷에 올렸다. 알자르카위는 이라크 시아파를 폭발물로 공격해서 수니파와 시아파 간에 피비린내 나는 폭탄테러의 악순환을 촉발시켰다. 팔루자에서는 수니파 반군이 미국 경호업체 직원 네 명을 살해하고, 그 시신을 훼손하는 일도 발생했다. 2004년 11월, 미해병대는 베트남전쟁 이후 가장 치열한 시가전 끝에 팔루자를 탈환하는 데 성공했다.

아랍 전역에서 수천 명에 달하는 반군이 이라크로 몰려들어 미군을 공격했다. 미국은 이라크 침공의 근거로 내세웠던 대량 살상 무기를 발견하지 못하자, 세계 각지의 테러리스트들이 이라크로 몰려오기 때문에 이들과 전쟁을 해야 한다는 궁색한 이론을 제시했다. 하지만 알자르카위 등이 실제로 빈라덴의 알카에다와 연계되어 있다는 증거는 나오지 않았다. 이들은 미국과 싸우기 위해 자발적으로 이라크에 모여들었던 것이다. 2006년에는 2003년에 비해 일곱 배나 많은 테러 공격이 발생해서 무수한 민간인이 사망했고, 미군도 각종 급조폭발물로 많은 인명 피해를 입었다. 저자는 이라크전쟁이 '테러와의 전쟁'의 일환으로 시작되었지만 오히려 테러를 유발시키는 효과를 가져왔다고 분석한다. 부시 정부는 이라크 국민에 민주주의를 안겨주기 위해 전쟁을 하고 있다고 뒤늦게 입장을 바꾸었지만, 수니파와 시아파 사이의 내전으로 인해 이라크 국민들의 삶은 한층 피폐해졌다.

정부의 기능을 하는 탈레반

2003년, 아프가니스탄은 비교적 평온해졌다. 탈레반의 압제를 피해 파키스탄과 이란으로 도망갔던 많은 아프가니스탄 사람들이 본국으로 돌아왔다. 2004년 10월 대통령선거에서 하미드 카르자이는 예상대로 당선됐다. 미군 지휘부는 아프가니스탄에 주둔하는 병력을 최소화하려고 했다. 부시 정부의 관심은 이라크에 쏠려 있었고, 아프가니스탄에 주둔하는 미군 병사가 줄어들자 치안은 다시 나빠지기 시작했다. 미국 정부가 제공한 원조는 대부분 구호 활동을 한다는 각종 국제기구의 인건비와 경비로 쓰이는 바람에 정작 도움이 필요한 아프가니스탄 사람들은 도움을 받지 못했다. 2006년이 되자 탈레반 반군은 다시 아프가니스탄에서 폭탄테러를 하기 시작했다. 아프가니스탄 중앙정부의 손길이 미치지 못하는 지역에서는 탈레반이 다시 정부의 기능을 하기 시작했다.

아프가니스탄에는 나토 26개국 군대가 주둔하고 있었지만 이들은 자신들의 안전에만 급급해서 전투에 임할 자세를 갖추고 있지 않았다. 미군 외에 영국군과 캐나다군만이 원래 임무를 수행하고 있었다. 아프가니스탄에서는 다시 마약 재배와 밀매가 활발하게 이루어졌는데, 탈레반은 여기에도 개입했다. 외국인을 인질로 삼아 돈을 갈취하기도 했다. 2006년, 카르자이 정부는 수도 카불과 그 주변만 겨우 장악하게 됐다. 부시가 8년간의 임기를 마쳤을 때 아프가니스탄 전역의 72퍼센트가 탈레반의 통제에 들어갔다. 이는 미국이 이라크와 전쟁을 벌이느라 아프가니스탄을 방치한 결과였다.

알카에다 2.0의 탄생

2004년 3월 11일, 스페인 국철國鐵이 모로코 출신 무슬림들에 의해 폭파되어서 191명이 죽고 수백 명이 부상당했다. 스페인이 이라크전쟁에 참여한 것에 대해 불만을 품은 집단이 독자적으로 감행한 테러였다. 2005년 7월 7일에는 영국 지하철이 자폭테러 공격을 당했다. 승객 쉰두 명이 사망하고 수백 명이 다쳤는데, 범인들은 영국에서 자란 무슬림들이었다. 알카에다와는 연계되지 않았지만 알카에다에 영향을 받아 생겨난 테러범들이 벌인 이 같은 테러는 세계 그 어느 나라도 이슬람 테러에서 안전하지 않다는 것을 보여주었다.

2008년에는 이슬람으로 개종한 미국인이 소말리아로 건너가서 자폭테러를 감행하기도 했다. 2009년 11월 5일, 텍사스 주 포트후드 미군기지에서 팔레스타인 출신 군의관 니달 말릭 하산Nidal Malik Hasan이 총기를 난사하여 동료 군인 열세 명을 살해한 사건이 발생했다. 유럽과 미국에 살고 있지만 사회에 적응하지 못한 무슬림들이 위험한 테러범으로 돌변한 것이니, 이는 새로운 형태의 알카에다 즉, '알카에다 2.0'이 자생적으로 생겨난 셈이다.

혼란스러운 파키스탄

토라보라가 함락된 후 알카에다와 탈레반은 국경을 넘어서 파키스탄에 스며들었다. 파키스탄 서부의 광활한 접경지역은 이들이 은둔하기에 적합했다. 알카에다와 탈레반에 있어 이 지역은 고향이나 마찬가지였다. 파키스탄 정부는 인도와 국경 분쟁이 있는 카슈미르 지역에서 활동하는 무슬림 민병대를 배후에서 지원했고, 그런 탓에 파키스탄 군부 내에서는 탈레반을 지지하는 성향이 농후했다.

9.11 테러 후 미국에 협력해온 무샤라프 대통령은 국정 장악력이 떨어져가고 있었다. 미국은 망명지에서 귀국한 베나지르 부토 여사가 파키스탄의 대통령이 될 가능성을 지켜보고 있었다. 옥스퍼드와 하버드를 나온 매력적인 부토 여사는 자신이 집권하면 탈레반과 알카에다를 없애겠다고 공언했다. 2007년 10월, 부토 여사가 파키스탄 카라치로 돌아오자 지지자들은 환호했는데, 그 환호하는 무리에 숨어든 두 명의 테러범들이 자폭테러를 감행했다. 당시 거리로 나온 140여 명이 사망했지만 부토 여사는 간신히 화를 면했다. 하지만 결국 탈레반은 그해 12월 27일, 라왈핀디에서 카퍼레이드를 벌이는 부토 여사를 저격해서 살해하는 데 성공했다.

이라크 문제와 외로운 결정

알자르카위는 이라크 내에서 독자적인 알카에다 그룹의 수장으로서 가공할 만한 테러를 이끌었다. 2006년 2월 22일, 알자르카위 그룹은 이라크 내의 시아파 성지인 사마라에 있는 골든모스크를 폭파해서 이라크를 내란으로 내몰았다. 이처럼 알자르카위 그룹은 이라크 전역에서 테러를 감행하여 미군을 놀라게 했다. 그러나 알자르카위가 장악했던 라마디 등 안바르 지역에서 수니파 부족장들이 알자르카위를 적으로 선언하고 미군과 협력하자 상황은 알자르카위에게 불리하게 돌아가기 시작했다.

미군은 포로로 잡힌 알자르카위의 부대원을 심문해서 알자르카위의 소재를 파악하고, 2006년 6월 7일 F-16을 발진시켜 그를 처치했다.

이렇듯 2006년 초에 알자르카위가 골든모스크를 폭파하고 난 후 이라크 내 상황은 최악이었다. 미군 지휘부는 그들이 이라크에서 실패하고 있다는 패배감에 젖어 있었다. 2006년 여름, 부시 대통령은 이라크에 2년간 근무한 백악관 안보부보좌관 메건 오설리번Meghan O'Sullivan에게 상황을 물어보았다. 그러자 오설리번은 이라크 상황이 매우 나쁘다고 답했다. 오설리번은 '이라크에서 미군을 감축하면 이라크를 잃게 될 것이며, 유일한 방법은 미군을 증강해서 적극적으로 대처하는 것'이라고 대통령에게 직접 제안했다. 반면 이라크 주둔군 사령관 케이지George W. Casey 대장과 럼즈펠드 국방장관은 지상군을 철수할 생각을 하고 있었다. 스리랑카 내전으로 옥스퍼드에서 박사 학위를 취득한 오설리번은 군지휘부의 그런 생각에 동의할 수 없었다. 오설리번은 그런 상황에서 미군 병력을 감축하면 베트남전쟁의 재판再版이 된다고 생각했다.

2006년 10월, 안보보좌관 스티븐 해들리와 오설리번은 이라크 현지를 방문했다. 이들은 연대장 및 대대장급 지휘관을 두루 만나서 의견을 구했다. 현지 지휘관들은 "이라크 국민들이 미군의 도움을 원하고 있다"면서 "이라크군에게 치안을 넘겨줄 때까지 미군이 주둔해야 한다"고 말했다. 대통령은 이라크 상황을 그대로 둘 것인지, 아니면 병력을 증강Surge해서 적극적으로 테러를 진압할 것인지 결정해야만 했다. 전쟁역사학자인 프레더릭 케이건Frederick Kagan과 베트남 참전 용사인 전 육군참모차장 잭 케언John Keane이 병력 증강에 동조했다. 그러던 중 의회는 이라크 연구그룹이 작성한 보고서를 발표했다. 이 보고서의 내용은 "이라크 사태가 위중하며, 이라크군이 제 역할을 할 수 있도록 미군이 도와야 한

공부하는 보수

다"는 것이었다. 이는 미군의 역할이 이라크군이 제 역할을 할 수 있게 도와야 한다는 것이라서 사실상 이라크에서 미군을 철군하자고 촉구한 것과 마찬가지였다. 의회의 분위기도 병력 증강에 결코 우호적이지 않았다. 그러나 럼즈펠드의 후임으로 국방장관이 된 로버츠 게이츠는 특수전을 전공한 페트레이어스 대장을 이라크 주둔군 사령관으로 임명하고, 병력 증강을 추진했다.

2007년 2월부터 미군 추가 병력이 이라크에 도착했는데, 5개 연대가 바그다드 주변에 집중적으로 투입됐다. 미군 증강에 따라 대대적인 작전이 이루어졌고, 이에 따라 미군 사상자가 일시적으로 늘어났으나 2007년 하반기 들어서 이라크 반군의 활동은 수그러들었다. 병력 증강이 효과를 발휘한 것이다. 2008년이 되자 이라크의 군대와 경찰은 정상적으로 기능하기 시작했고, 그 결과 미국과 이라크 정부는 2009년 6월 말까지 미군을 철수하기로 합의했다.

2009년 6월 말, 불가능해 보이던 이라크에서의 미군 철수가 이루어졌지만 이라크전쟁에서 미국이 얻은 것이 무언지는 의문이다. 미군 장병 4,500명 이상이 전사했고, 3만 명 이상이 부상을 당했으며, 100만 명 이상의 이라크인이 사망했다. 미국 납세자들은 1조 달러 이상을 이라크전쟁에 소모했다. 이라크 침공이 이라크 국민들을 위해서라고 주장한 폴 울포위츠는 "이라크의 석유 자원으로 이라크 재건 비용을 댈 수 있다"고 주장했지만 그것은 애당초 환상이었다. 사담 후세인은 대량 살상 무기를 갖고 있지 않았기 때문에 이라크전쟁을 시작한 목적은 아예 존재하지 않았던 셈이다. 이제 이라크는 시아파가 주도하는 국가가 됐으며, 국제사회에서 미국의 위상은 추락했다. 더구나 2010년 들어서 알카에다는 이라크에서 다시 살아나기까지 했다.

저자는 병력 증강이 없었더라면 미국은 이라크에서 더욱 안 좋은 모습으로 물러났을 것이라고 말한다. 병력 증강은 부시 대통령이 재임 중 했던 가장 외로운 결정이었다. 군수뇌부와 의회가 모두 반대했음에도 불구하고 부시는 젊은 보좌관들의 의견을 경청해서 어려운 결정을 내렸기 때문이다.

성공일까, 실패일까?

오바마 대통령은 '테러와의 전쟁'이라는 용어 사용을 꺼렸다. 그럼에도 오바마는 알카에다와의 전쟁을 계속할 것이라는 입장을 분명히 했다. 오바마 행정부 들어서 미국은 파키스탄 내 반군 지도자를 무인 공격기를 통해 공격하는 빈도를 부쩍 늘렸다. 오바마 행정부는 아프가니스탄에 대한 공세를 강화한 것이다.

오바마가 취임했을 당시 아프가니스탄의 상황은 2003년 여름의 이라크와 비슷했다. 2009년 4월에 분석한 바에 의하면, 아프가니스탄의 40퍼센트 지역이 탈레반에 의해 지배되고 있었다. 탈레반은 미군 침공 후 상실했던 기반을 거의 회복한 상태였다. 오바마는 아프가니스탄의 경찰과 군대를 강화하기 위해 지원을 늘리겠다고 밝혔다. 오바마 정부는 아프가니스탄 주둔 미군 사령관 맥키어넌 대장을 교체하고 특수전 전문가인 스탠리 맥크리스털 대장을 임명했다.

칸다하르 등 아프가니스탄 남쪽과 동쪽은 이미 탈레반의 수중에 들어가 있었다. 2009년 여름, 미해병대는 칸다하르 서쪽에 있는 헬만드 지역에 공세를 펴서 탈레반을 격퇴시켰다. 2009년 들어서 미군 3만 3,000명이 아프가니스탄에 증파됐으나, 맥크리털 대장은 병력 4만 명을 추가

공부하는 보수

로 더 요청해서 논란을 일으켰다. 바이든 부통령 등은 "탈레반을 격퇴시킬 필요가 과연 있는가" 하는 궁극적 문제를 제기했다. 2009년 12월 1일, 오바마는 웨스트포인트에서 행한 연설에서 "아프가니스탄에 병력 3만 명을 증파하고 2011년 7월부터는 병력을 철수하기 시작하겠다"고 했다. 이라크에서 있었던 것과 같은 병력 증강 전략을 택한 것이다. 2010년 6월, 《롤링 스톤》 인터뷰 파문으로 맥크리스털 대장이 물러나자 오바마는 페트레이어스 대장을 후임으로 임명했다,

　이 책이 나온 후 2011년 5월 2일, 미해군 특수부대는 파키스탄 수도 이슬라마바드에서 북쪽으로 55킬로미터에 위치한 아보타바드라는 도시 외곽의 단독 가옥을 공격해서 오사마 빈라덴을 사살하는 데 성공했다. 오바마는 2014년 말까지 아프가니스탄에서 미군 철수를 끝내겠다고 발표했고, 실제로 철군이 이루어지고 있다. 미국과 아프가니스탄은 전략적 파트너십 협정과 안보 협정을 체결했으나 2014년 들어서 아프가니스탄 전역에서 반군 활동이 증가하고 있어 아프가니스탄이 다시 탈레반의 수중에 들어가는 것은 아닌가 하는 우려가 나오고 있다. 미국은 9.11 테러에 대한 보복으로 오사마 빈라덴을 잡는 데는 성공했지만, 엄청난 인명 손실과 재정 지출에도 불구하고 아프가니스탄에 민주주의는 커녕 최소한의 안정도 가져오지 못했다.

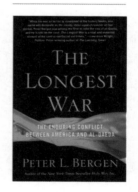

2장

중동이
위험하다

이슬람 제국주의를
꿈꾸는 자들

에프라임 카르시Efraim Karsh,
《이슬람 제국주의Islamic Imperialism》(Yale Univ. Press, 2006)

영국 런던대학 킹스칼리지의 역사학 교수인 에프라임 카르시는 이스라엘의 학자로, 히브리대학을 나오고 텔아비브대학에서 박사 학위를 받았다. 하버드, 컬럼비아, 소르본 등의 대학에서 중동 역사를 가르친 그는 여러 권의 저서를 냈다. 저자는 이스라엘과 팔레스타인의 현대사를 수정해서 해석하려는 소위 '신新역사학파'로 불리는 일련의 이스라엘 학자들을 신랄하게 비판하는 정통파로 이름이 높다. 반면 신역사학파는 카르시를 '우파 수정주의자'로 부른다. 카르시 교수가 펴낸 이 책은 "유대인들이 팔레스타인을 불법으로 점거했기 때문에 아랍의 투쟁을 이해할 만하다"는 식의 수정주의 해석을 정면으로 반박하고 있다.

카르시 교수는 서유럽과 이슬람의 대립을 문명의 충돌로 보는 시각은 물론이고, 서유럽의 제국주의가 이슬람의 낙후를 가져와서 오늘날의 문제를 야기했다는 견해도 거부한다. 그는 제국주의가 이집트, 아시리아, 바빌론 등에서 볼 수 있듯 원래 중동에서 생긴 것이고, 서유럽 제국주의가 쇠락한 후에도 이슬람 제국주의는 건재하다고 지적한다. 따라서 아랍권의 비극이 마치 서유럽 제국주의에서 비롯됐다고 보는 것은 잘못이라고 본다.

카르시 교수는 이슬람 종교를 창시한 마호메트Mahomet가 신의 이름을 빌어 왕국을 건설했다면서, 이슬람은 원래부터 제국을 지향한 종교라고 말한다. 기독교 문명권이 종교와 정치적 제국주의를 결부시킨 것은 이슬람보다 훨씬 늦었으며, 또 기독교 문명은 제국주의를 이슬람보다 빨리 폐지했다고 지적한다. 반면 이슬람은 오늘날까지도 제국주의를 지향하고 있다고 그는 단언한다.

책은 7세기에 마호메트가 알라Allah라는 새로운 유일신을 내세우며 제국 건설에 나선 것으로 시작한다. 마호메트는 아라비아 반도에 자신의 제국을 건설하기 위해 그곳에 살고 있던 유대인들을 속죄양으로 삼았다. 이슬람은 8세기 초 콘스탄티노플에서 북아프리카에 이르는 광활한 지역을 자신의 제국으로 통합했다. 그리고 이슬람 제국의 지배자들은 잔학한 고문을 동원해서 제국을 통치했다.

11세기 말, 십자군이 콘스탄티노플을 거쳐 예루살렘을 점거하는 과정에서 이슬람 제국의 분열이 조장됐다. 쿠르드 출신의 살라딘이 제국의 새로운 지배자가 되었으나, 그의 제국도 얼마 가지 못했다. 기독교 군대와 충돌은 계속됐고, 동쪽에서는 몽골의 군대가 몰려와 방대한 지역을 지배했다. 14세기 들어서 오스만제국이 통치 지역을 넓혀가더니 15세기 중엽에 드디어 콘스탄티노플을 장악했다. 이 새로운 이슬람 제국은 서유럽을 향해 쳐들어갔으나, 1683년 비엔나 전투에서 합스부르크 왕가의 군대에 패배했다.

카르시 교수는 오스만제국의 지배를 긍정적으로 보는 견해도 잘못이라고 주장한다. 아르메니아 민족 대학살에서 보듯이 오스만의 통치는 잔인하기 이를 데 없었다. 1차대전에서 패배한 오스만제국은 종말을 고했지만, 아랍 제국주의는 꿈틀대기 시작했다.

오늘날 뜨거운 쟁점이 되어 있는 팔레스타인 지역에는 로마 시대부터 시작된 박해에도 불구하고 유대인들이 살아왔다. 1492년에는 스페인에서 추방된 유대인들이 팔레스타인에 집단적으로 이주했다. 18세기부터 19세기에 걸쳐 유럽의 유대인들이 팔레스타인으로 이주했고, 시오니즘 운동은 유대인의 팔레스타인 이주를 촉진시켰다. 당시 팔레스타인의 아랍인들은 유대인들의 이주에 별다른 반대를 하지 않았다. 2차대전 후 요르단은 유대인 지역을 포함한 제국을 건설하려 했다. 하지만 유엔이 팔레스타인을 이스라엘의 독립국으로 인정하자 이집트와 요르단이 팔레스타인을 침공해서 전쟁이 발발하고 말았다.

1950년대부터는 이집트가 범汎아랍주의라는 또 다른 제국주의의 맹주로 등장했다. 쿠데타로 정권을 장악한 나세르는 팔레스타인 문제를 내세운 범아랍주의가 국내외에서 자신의 위상을 높일 것임을 알아차렸다. 하지만 나세르의 꿈은 1967년 '6일전쟁'에서 무참하게 무너졌다. 1979년 이란에 근본주의 이슬람 정권이 들어선 것과, 1990년에 이라크가 쿠웨이트를 침공한 것도 모두 제국주의의 연장이다.

왕족과 정치인만이 알라의 제국을 건설하려는 꿈을 꾼 것이 아니다. 무슬림형제단을 만든 교사 출신의 하산 알반나는 이집트에 진정한 이슬람 정부를 세우고 싶어 했다. 1949년에 그가 정부 요원에 의해 암살되자 사이드 쿠트브가 조직을 이끌었고, 1966년에 쿠트브가 처형되자 알자와히리가 이 단체를 이끌었다. 이 단체는 1981년에 안와르 사다트 이집트 대통령을 암살하는 데 성공했으며, 알자와히리는 빈라덴과 함께 알카에다를 만들어서 9.11 테러를 일으켰다.

저자는 아랍과 무슬림의 반미주의는 미국의 대외적 행동 방식이나 중동 정책과 아무런 관련이 없다고 주장한다. 세계에서 미국이 차지하고 있는 우월적 지위로 인해 아랍과 이슬람의 제국주의가 좌절되고 있기 때문에 이들은 미국을 적대시한다는 것이다. 저자는 빈라덴과 알자와히리의 지하드는 범세계적 이슬람 제국을 건설하려는, 이슬람 지하드의 최근 표현 방식 가운데 하나일 뿐이라고 말한다.

테러를 이슬람 제국주의의 연장선이며, 서방의 정책이 오늘날 무슬림 세계의 반미 정서와는 관련 없다는 저자의 결론에 대해서는 이의 제기가 가능하다. 그리고 실제로 많은 논쟁도 있었다. 영국과 프랑스의 식민 통치가 남긴 유산, 미국의 이스라엘 건국 지지, 미국의 지지를 받았던 이란과 이집트 등 세속적 중동 국가의 부패 등도 오늘날 무슬림 세계의 반미 정서에 원인을 제공했기 때문이다.

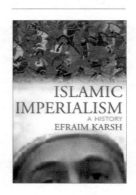

012

이스라엘에 평화가 올까?

슐로모 벤아미Shlomo Ben-Ami,
《전쟁의 흉터, 평화의 상처: 이스라엘-아랍 비극
Scars of War, Wounds of Peace: The Israeli-Arab Tragedy》
(Oxford University Press, 2006)

3차대전이 일어난다면 그것은 중동에서 시작될 것이라는 관측이 많다. 이스라엘과 주변의 아랍 국가 및 테러조직과의 분쟁이 중동 전체를 전쟁의 소용돌이 속으로 끌고 들어갈 가능성이 큰 것이다. 이스라엘은 주변국들에 강경한 군사정책으로 대응하고 있어서 평화에의 의지가 없다는 비판을 듣기도 한다.

이 책의 저자 슐로모 벤아미는 이스라엘의 역사학자이며 외교관이다. 텔아비브대학 역사학 교수 출신인 그는 스페인 주재 이스라엘 대사를 지냈으며, 1996년에는 국회의원이 되었다. 그러고는 1999년 7월에 노동당 소속 에후드 바라크Ehud Barak가 이스라엘 총리가 되자 공공안전부 장관으로 입각했다. 2000년 8월 클린턴 대통령이 초청한 캠프데이비드 평화협상 도중 바라크 총리가 이끄는 연립내각의 다비드 레비David

Levy 외무장관이 협상에 반대하며 사임하자 바라크는 저자로 하여금 외무장관을 겸직하도록 했다.

팔레스타인 사람들의 반이스라엘 저항운동을 '인티파다Intifada'라고 하는데, 저자가 장관으로 있던 기간 중 제2차 인티파다가 발생해서 많은 사람이 죽고 다쳤다. 2001년 3월, 새 선거에 의해 강경한 우익성향인 리쿠드당의 아리엘 샤론Ariel Sharon이 총리가 되자 노동당 정치인이었던 저자는 일체의 정부 직책을 사양하고 역사학자로 돌아왔다. 평화를 달성할 수 있었던 기회를 놓친 외교관의 회한과 성찰이 담겨 있는 이 책은 이스라엘과 아랍 간 분쟁의 기원 및 그 발전 과정, 그리고 이스라엘과 아랍 간에 평화가 불가능했던 이유에 대한 분석을 담고 있다. 저자는 오늘날 이스라엘과 팔레스타인 간의 유혈 분쟁에 대해 아랍 세계와 이스라엘에도 동등한 책임이 있다고 보는데, 이스라엘 출신 학자가 이런 견해를 내놓은 것은 최근이라고 한다.

저자는 2차대전 후 유엔이 이스라엘의 건국을 승인하자 주변 아랍 국가들이 이스라엘을 침공해서 발생한 1948년의 전쟁으로 이야기를 시작한다. 전쟁 결과, 이스라엘은 네게브 사막 전체를 영토로 편입하는 등 승리를 거두었다. 팔레스타인 난민들은 '웨스트뱅크'로 알려진 요르단 강 서안西岸으로 몰려들었는데, 요르단은 이 지역을 자국 영토로 합병해 버렸다. 저자는 이로 인해 팔레스타인 국가를 건설할 수 있었던 기회가 일찍이 상실됐다고 지적한다. 한편 전쟁 도중 아랍인들이 유대인 민간인들을 무참하게 학살했던 몇 건의 사건에 충격을 받은 이스라엘은 군사력만이 평화와 안전을 담보할 수 있다고 믿게 되었다.

쿠데타로 정권을 장악한 이집트의 나세르 대통령이 범아랍주의를 주창하자 이스라엘은 위기를 느꼈다. 이스라엘 건국의 아버지이며 당시 총리이던 다비드 벤구리온David Ben-Gurion과 당시 이스라엘군 총사령관이 던 모세 다얀Moshe Dayan은 선제공격을 통해 이집트의 군사력을 붕괴시켜야 한다고 생각했다. 1956년 프랑스와 영국의 군대가 수에즈운하에 진 입하자 이스라엘은 시나이반도에 주둔하고 있던 이집트군을 공격했다.

선제공격의 철학은 레비 에쉬콜Levi Eshkol 정부에 그대로 계승되었다. 1967년에 일어난 6일전쟁에서 이스라엘은 이집트, 요르단, 그리고 시리아를 상대로 전면적인 선제공격을 벌여 시나이반도, 요르단 강 서안, 동부 예루살렘, 그리고 골란고원을 장악했다. 저자는 당시 전쟁 위기를 고조시킨 나세르에게는 전쟁을 할 의도도 없었고 그럴 준비도 되어 있지 않았다고 본다. 그러면서 세계 전쟁사에 길이 남을 군사적 성공으로 인해 이스라엘은 오히려 더 큰 대가를 치르게 됐다고 지적한다.

'제국'이 된 이스라엘

6일전쟁을 통해 이스라엘은 구약성경에서 사마리마와 유대라고 부르는 웨스트뱅크 지역과 '통곡의 벽'이 있는 동부 예루살렘은 물론이고, 방대한 시나이반도를 장악하게 되어 별안간 '제국'이 되었다. 승리에 취한 이스라엘의 지도자와 군부, 그리고 국민들은 군사력으로 모든 것을 해결할 수 있다는 오만과 그들이 마치 메시아의 계시를 달성한 것 같은 환상에 빠졌다. 하지만 이 군사적 승리를 정치적 도구로 발전시키려는 이스라엘의 전략은 실패했다. 에쉬콜에 이어 총리가 된 골다 메이어Golda Meir 는 에쉬콜보다도 더 경직된 사고를 갖고 있었다. 메이어는 나세르가 사망한 후 대통령이 된 사다트가 제안한 평화협상의 기회를 무시해버렸다.

6일전쟁을 계기로 팔레스타인이 새로운 분쟁 당사자로 등장해서 상황을 더욱 어렵게 만들었으니 아이러니가 아닐 수 없다. 이스라엘이 웨스트뱅크를 점령함에 따라 무장 게릴라 투쟁을 주장하는 야세르 아라파트Yasser Arafat가 팔레스타인해방기구Palestine Liberation Organization, PLO의 지도자로 등장한 것이다. 정규군으로는 이스라엘을 상대할 수 없다는 것을 알아차린 이들은 이때부터 온갖 테러를 자행하기 시작했다.

평화협상이 지지부진하자 6일전쟁으로 영토를 상실한 이집트는 이스라엘을 공격할 수밖에 없었고, 결국 1973년 가을에 '욤키푸르전쟁Yom Kippur War'이 일어났다. 미국으로부터 선제공격을 하지 말라는 경고를 받은 이스라엘은 시나이반도와 골란고원에서 이집트군과 시리아군을 맞아 고전했다. 이스라엘군의 '불패 신화'가 깨진 것이다. 전쟁 후 골다 메이어가 은퇴하자 이츠하크 라빈Yitzhak Rabin이 총리가 됐으며 시몬 페레스Shimon Peres는 국방장관이 되었다. 저자는 라빈이 탁월한 군사전략가였지만 정치에는 서툴렀고, 페레스는 강경파의 손에 놀아났다고 말한다. 그러면서 라빈이 이집트와의 평화협상을 구상하자 페레스가 이를 견제했다고 전한다.

1977년 총선에서 이스라엘 국민은 강경우파인 리쿠드당을 지지하여 메나헴 베긴Menachem Begin이 총리가 됐다. 다음해 베긴은 카터 대통령이 주선한 캠프데이비드 회의에서 사다트 이집트 대통령과 양국 간 평화협정을 체결하고 시나이반도에서 철군했다. 하지만 베긴은 유대인의 역사가 깃든 웨스트뱅크에서 철군할 생각이 없었다. 이집트와의 전쟁 위험에서 벗어난 베긴은 이라크 핵 시설 공격과 레바논 침공을 감행했다. 그러나 남부 레바논에 진입한 이스라엘군은 의외로 강경한 저항에 부딪쳤고, 이로 인해 PLO의 입장이 강화되는 결과를 초래했다. 저자는 베긴이 당시 국방장관이던 아리엘 샤론에 의해 오도되었다고 본다.

저자는 베긴에 이어 리쿠드당 총재가 된 이츠하크 샤미르Yitzhak Shamir 총리를 사실상 평화에의 장애물이었다고 혹평한다. 샤미르는 중동에 평화를 가져오려는 레이건 행정부의 외교 전략을 의심의 눈초리로 보았다. 1987년 말부터 가자지구와 웨스트뱅크에서 발생한 제1차 인티파다는 이스라엘을 곤란한 지경에 몰아넣었다. 1991년 초에 일어난 걸프전쟁 역시 이스라엘에게 큰 좌절을 안겨주었다. 이라크의 사담 후세인은 이스라엘에 미사일을 퍼부었으나 이스라엘은 속수무책이었다. 미국이 자신들을 지지하는 사우디아라비아 등 온건한 아랍 국가와의 관계가 훼손될 것을 우려하여 이스라엘에 이라크에 대한 군사적 대응을 하지 말라고 경고했기 때문이었다.

걸프전쟁은 또한 이스라엘이 미사일이라는 새로운 전쟁 수단에 취약하다는 점을 잘 보여주었다. 라빈은 이런 현실을 누구보다 절실하게 깨달았다. 1992년 선거에서 노동당이 승리하자 라빈은 두 번째로 총리가 되었다. 1993년 9월 라빈은 오슬로에서 아라파트를 만나 평화협정에 조인했다. 이스라엘은 팔레스타인 정부가 가자지구와 웨스트뱅크의 대부분을 통치하도록 허용했고, 그 대신 아라파트는 폭력을 포기하고 이스라엘을 승인하였다. 이어서 라빈은 요르단과 평화협정을 체결했다.

아라파트에 배신당한 라빈

하지만 아라파트는 라빈의 기대를 간단하게 저버렸다. 하마스 등 강경 집단이 평화협정에 반대하자 자신의 지위가 위태롭다는 것을 알게 된 아라파트가 직접 테러를 지시해서 평화협정을 무력화시켰기 때문이다. 텔아비브 등 곳곳에서 자폭테러가 발생했고 라빈은 크게 좌절했다. 이스라엘 내부의 강경 세력은 라빈이 양보를 했기 때문에 이런 일이 일어났다고 라빈을 비난했다. 1995년 11월 라빈은 유대 극우 청년에 의해 암살되었다.

저자는 라빈의 후임으로 총리가 된 시몬 페레스가 매우 무능했다고 평가한다. 저자는 노동당 내에서 페레스와 정적政敵과 같은 관계이기도 하다. 1996년 총선에서는 다시 리쿠드당이 승리하여 베냐민 네타냐후 Benjamin Netanyahu가 총리가 됐는데, 저자는 네타냐후가 예측 불가능한 지도자라고 혹평한다. 유권자들은 1999년 총선에서 다시 노동당을 지지하여 에후드 바라크가 총리가 됐으며 저자는 공공안전부 장관으로 입각했다. 이스라엘군 총사령관을 지낸 바라크는 라빈과 마찬가지로 군사력으로 평화를 담보할 수 없다고 생각했다.

2000년 7월 클린턴 대통령은 바라크와 아라파트를 캠프데이비드로 초청해서 이스라엘과 팔레스타인이 항구적 평화체제를 구축하도록 했다. 저자는 바라크 총리를 수행해서 이 회의에 참가했다. 그러나 이 회의는 구체적인 결과를 도출하는 데 실패했다. 아라파트는 이 회의가 함정이라고 생각했다. 이스라엘의 경우도 사정은 비슷했다. 바라크 총리와 저자가 캠프데이비드에 머무는 동안 외무장관이 사임했고, 집권 연립정부는 와해되기 시작했다.

그럼에도 바라크는 웨스트뱅크의 대부분과 동부 예루살렘을 팔레스타인에 넘겨주는 것을 아라파트에게 제안했다. 하지만 아라파트는 평화무드를 깨기 위한 테러를 이미 하부 조직에 지시해놓은 후였다. 얼마 후리쿠드당 대표이던 아리엘 샤론이 예루살렘의 템플마운트를 방문하자 그 지역 아랍인들이 격렬하게 반대 시위를 하였고, 곧 이어 아라파트가 주도한 테러인 제2차 인티파다가 이스라엘 전역에서 일어났다. 실낱같던 평화에의 꿈이 사라진 것이다. 2001년 총선에서는 결국 샤론이 이끄는 리쿠드당이 승리했다.

저자는 아라파트가 매우 사악한 인물이라고 지적한다. 아라파트의 전략은 끝없는 협상이며, 그의 무기는 테러이고, 무장 민병대와 경찰관이 넘쳐흐르는 그의 정부는 부패하고 무능할 따름이다. 하마스 등 많은 테러집단과 경쟁을 하고 있으니, 아라파트는 당초부터 평화에 관심이 없었던 것이다.

저자는 이스라엘의 국내 정치가 양극화되어 있는 데다, 비례대표제로 인해 집권당이 의회에서 안정의석을 구축하기 어려운 것이 큰 문제라고 지적한다. 점령지를 양보하지 않고는 평화를 얻을 수 없는데도 땅을 양보하는 이야기만 나오면 연립정부가 무너진다는 것이다. 저자는 평화를 가져온 사다트와 라빈이 자국의 근본주의자들에 의해 암살되었음을 상기시키면서, 아랍과 이스라엘 모두에게 평화를 가져올 수 있는 기반이 취약하다고 말한다. 저자는 유대인과 아랍인 모두가 종종 잘못된 길을 갔으며, 또한 용서받을 수 없는 행동을 저질렀다고 결론 내린다.

저자는 이스라엘의 정치인이자 학자이지만, 이스라엘에 치우치지 않는 중립적이고 객관적인 분석을 하고 있다. 저자가 지적한 대로 이스라엘을 둘러싼 분쟁은 해결될 기미가 보이지 않는다. 그렇다면 다음 번 파국이 올 때까지 시간을 벌고 있다는 이야기인데, 중동의 앞날은 불안하기만 하다.

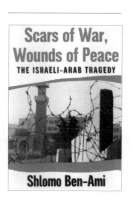

013

또 하나의 전쟁,
미디어 전쟁

스테퍼니 거트먼Stephanie Gutmann,
《또 다른 전쟁: 이스라엘인, 팔레스타인인, 그리고 미디어를 장악하기 위한 투쟁
The Other War: Israelis, Palestinians, and the Struggle for Media Supremacy》
(Encounter Books, 2005)

1990년대 들어 서방의 언론은 이스라엘을 적대적으로 보게 되었다. 이스라엘이 팔레스타인들의 인권을 침해할뿐더러 세계 평화를 위협한다고 보는 것이다. 유럽에서는 샤론 총리를 히틀러에 비유하는 등 반이스라엘 정서가 강해졌다. 정말로 이스라엘은 그렇게 나쁜 나라인가? 아니면 편견에 찬 미디어의 사실 왜곡인가?

아버지가 유대인인 미국의 프리랜서 기자 스테퍼니 거트먼은 이런 문제의식을 갖고 이스라엘 현지를 취재한 뒤 이 책을 냈다. 책의 제목이 말하듯, 저자는 이스라엘과 팔레스타인 간에 미디어를 장악하기 위한 또 다른 전쟁이 있다고 말한다. 저자는 야세르 아라파트가 미디어 조작의 천재이며, 생생한 장면을 텔레비전에 보내는 데 급급한 서방의 미디어는 진실 보도를 포기했다고 비판한다.

2000년 여름 클린턴 대통령은 바라크 이스라엘 총리와 아라파트를 캠프데이비드로 초청해서 중동 평화 타결책을 모색했다. 하지만 그해 7월 아라파트는 바라크의 평화안을 거부했다. 9월 28일 당시 야당 대표이던 아리엘 샤론이 예루살렘의 이슬람 사원을 둘러싸고 있는 템플마운트 광장을 방문하자 팔레스타인 사람들은 대규모 시위를 일으켰다. 서방의 미디어는 샤론이 아랍인들을 자극해서 '제2차 인티파다'라고 부르는 민중 봉기가 발생했다며 이스라엘을 비난했다. NBC 등 미국의 방송은 자생적으로 발생한 시위를 이스라엘군이 무력으로 진압했다고 보도했다. 하지만 이것은 사실이 아니다. 미국 의회 보고서가 인정했듯이, 팔레스타인의 폭력 시위와 테러는 아라파트의 지시에 의해 이미 계획됐던 것이다.

　　팔레스타인의 무장 시위가 한창이던 9월 30일, 세계 최대 통신사인 AP는 예루살렘 거리에 피를 흘리고 누워 있는 한 남자와 제복을 입은 채 이를 보고 있는 이스라엘 남자의 사진을 게재하면서 "구타당해 피 흘리고 있는 팔레스타인 사람을 이스라엘 군인이 감시하고 있다"고 설명했다. 《뉴욕 타임스》 등 주요 신문들이 AP의 사진과 설명을 그대로 내보냈다. 그러나 거리에 쓰러져 있던 사람은 예루살렘을 방문 중이던 유대계 미국인이었다. 그는 택시를 타고 통곡의 벽으로 가던 중 팔레스타인 폭도들에 의해 택시에서 끌려나와 구타를 당하고 거리에 쓰러졌던 것이다. 제복을 입은 사진 속 사람은 이 미국인을 돕기 위해 달려 온 이스라엘 경찰관이었다.

　　같은 날 밤, 전 세계 텔레비전 방송은 가자지구의 한 팔레스타인 소년이 이스라엘군의 사격으로 숨지는 모습을 내보냈다. 가자지구의 건축일을 하던 자말 알두라Jamal al-Dura라는 아랍인은 열두 살 난 아들을 데리고 시위 장소를 빠져 나오다가 이스라엘군과 팔레스타인 무장 시위대 사이에서 갇히고 말았다. 그러던 중 총탄 세례를 받고 아들이 숨졌는데, 팔레스타인 프리랜서 기자가 이 장면을 비디오에 담았던 것이다. 이 사건을 보도하면서《뉴욕 타임스》등 서방 언론은 "이스라엘군이 냉혈한 살인을 저질렀다"고 비난했다.

처음에는 이스라엘군 당국도 이스라엘군의 발포로 소년이 사망한 줄 알았다. 그러나 자체 조사 결과 전혀 다른 사실이 나타났다. 당시 이스라엘 병력은 소년이 피격된 곳의 건너편 건물 안에 있었기 때문에 소년과 아버지를 향해 사격할 수 없는 위치에 있었다. 소년의 시체가 실려 간 가자지구 병원의 의사는 소년의 복부에 큰 관통상이 있었다고 했다. 이스라엘군의 M-16은 5.56구경이고, 팔레스타인 민병대가 갖고 있는 자동소총은 7.62구경을 쏠 수 있는 AK-47로 서로 달랐다. 이스라엘군조사위원회는 소년이 피격 당한 곳의 벽 등에 난 총탄 흔적이 이스라엘군의 총탄에 의한 것이 아니라고 결론 내렸다.

다음 해 독일의 한 기록영화 제작자가 이 사건을 재조명한 프로그램을 만들어서, 팔레스타인 민병대가 소년을 의도적으로 저격했을 가능성을 제시했다. 소년의 아버지가 가자지구의 이스라엘 건축업자를 위해 20년 이상 일해왔기 때문에 하마스가 그를 저격 대상으로 삼았을 것이라는 음모론도 제기됐다. 그러나 그 소년은 전 세계의 사람들에게 이스라엘군에 의해 잔인하게 살해된 것으로 각인된 후였다.

2000년 10월 12일, 이스라엘 국방군 소속 예비군 부사관 두 명은 자동차를 몰고 웨스트뱅크에 있는 기지로 향하던 중 길을 잘못 들어서 팔레스타인자치정부의 사실상 수도인 라말라의 도심에 다다르고 말았다. 그때 라말라 도심에는 한 소년의 장례 행렬이 지나가고 있었다. 이스라엘 군복을 입은 두 사람이 민간 승용차를 타고 다가오자 팔레스타인 경찰은 이들을 차에서 내리게 한 후 경찰서 2층으로 데리고 갔다. 그러자 장례식에 참가했던 군중 중 일부가 폭도로 돌변하여 그들을 따라오더니 이스라엘 장병 두 명을 구타해서 죽이고 그중 한 명의 시신을 2층 창밖으로 내던졌다. 폭도로 변한 군중은 이 시신을 차에 매달고 다녔고, 시체는 형체를 알아볼 수 없게 되었다.

이 소식을 접한 이스라엘군은 무인정찰기를 보내 상황을 파악했다. 그러고는 팔레스타인자치정부에 살인이 자행된 경찰서 건물을 폭격하겠다고 통보한 후 헬기를 보내 그 건물과 방송국 등 다른 팔레스타인 정부 건물을 폭파했다. 이스라엘의 공습이 알려지자 미국의 ABC 방송은 현지 특파원을 통해 "이스라엘이 오늘 또 공습을 했다"고 보도했다. 공습의 배경이 무엇인지는 말하지 않고 단지 '이스라엘이 공습해서 건물을 파괴하고 사람을 죽게 했다'고만 전달한 것이다. 영국의 BBC 방송은 보다 친절하게 두 명의 이스라엘 장병이 희생됐다고 보도했지만, 이들이 '표식이 없는 차량Unmarked Car'에 타고 있었다고 전해서 마치 정탐을 하다가 변을 당한 것처럼 보도했다. 하지만 이스라엘 예비군들은 현역으로 징집되어 기지로 근무하러 갈 때 자신들의 자동차를 타고 가기 때문에 이런 보도는 심각한 왜곡인 것이다. 미국의 CBS 방송은 이 사건을 전하면서 이 같은 충돌에 대해 양측 모두 책임이 있다는 식으로 보도를 했다.

서방의 미디어가 이처럼 노골적으로 반이스라엘 노선을 취하게 된 이유는 무엇일까? 저자는 이스라엘 정부의 공보 기능이 미흡한 측면도 있지만, 서방 기자들이 팔레스타인 문제에 대해 낭만적 생각을 갖고 있고 이스라엘을 제대로 돌아다녀 보지도 않은 채 보도하는 것이 더 큰 문제라고 말한다. 대니얼 래더Daniel Irvin Rather 같은 유명한 앵커도 예루살렘을 자주 찾긴 하지만, 그들은 최고급 호텔에 머물면서 뉴스를 보낼 뿐이다. 저자는 많은 기자들이 이스라엘 정부가 거만하다고 느끼는 등 막연한 편견과 반감을 갖고 있다고 지적한다.

　서방의 원조로 먹고 사는 팔레스타인 사람들은 미디어를 자기들에게 유리하게 만들어야 그들이 보다 많은 동정과 경제원조를 받게 된다는 것을 잘 알고 있다. 팔레스타인 사람들은 서방의 기자를 만나면 그들의 억울함을 과장해서 말하는 데 능숙한 반면 총을 든 팔레스타인 민병대원을 사진기자가 찍으려 하면 협박도 주저하지 않는다. 팔레스타인에 불리한 보도를 하는 기자는 협박에 시달리기 일쑤다. 사정이 이러니 언론은 팔레스타인에 불리한 기사를 아예 내보내지 않는다. 팔레스타인 정부가 아이들을 자폭테러에 나서도록 훈련하고, 자폭한 아이의 부모에겐 보상금을 주고 있음에도 불구하고 CNN 등의 서방 언론은 이런 문제를 보도하지 않았다. 2002년 1월 초 이스라엘 해군은 이란에서 무기와 고성능 폭약을 적재하고 가자지구로 입항하려던 선박을 나포했다. 선장은 "팔레스타인 정부가 화물을 주문했다"고 진술했지만 서방 언론은 이 중요한 사건을 보도조차 하지 않았다.

　2002년 3월 이스라엘은 자살폭탄테러를 막기 위해 라말라, 예닌 등 팔레스타인 거점 도시에 보병을 투입하는 대공세를 폈다. 이스라엘군은 민간인을 앞세운 팔레스타인 민병대를 상대로 힘든 시가전을 전개했다. 하지만 서방 미디어는 이스라엘군의 무리한 작전으로 팔레스타인 민간인들이 몰살당하고 있다고 보도했다. 《워싱턴 포스트》는 예닌에서 민간인 수백 명이 학살당했다고 보도했지만 이스라엘군에 의해 피살된 45명은 모두 팔레스타인 무장 대원들이었다. 이스라엘군의 대피 경고를 무시한 채 머물던 몇 명의 민간인이 희생되었다는 것은 나중에 드러났다.

　서방의 미디어는 아라파트가 막대한 국제 지원금을 착복했고, 그의 아내가 파리에서 호화롭게 살고 있는 사실은 제대로 보도하지 않았다. 이스라엘군의 사소한 실수도 놓치지 않고 보도하는 서방 기자들은 아라파트를 테러와 연계해 보도하는 것 자체를 회피했다. 팔레스타인 정부가 이스라엘군에 의해 희생됐다는 사람들의 시신을 공개하면 CNN과 BBC는 이를 여과 없이 방송했다. 그러나 이스라엘 사람들을 대상으로 한 팔레스타인의 테러는 현장 보도가 드문데, 이는 이스라엘이 민주적이고 효율적인 사회이기 때문이라고 저자는 말한다. 테러가 발생하면 이스라엘 경찰과 구조대가 즉시 출동해서 현장을 수습하고 피해자를 병원으로 이송하기 때문에 서방 기자들이 팔레스타인 테러 현장을 구경하는 것 자체가 어렵다는 것이다. 프라이버시를 중요하게 생각하는 이스라엘 정부와 병원은 희생자에 대한 보도를 제한하고 있다.

팔레스타인이 미디어 전쟁에서 이렇게 승리한 것은 우연이 아니다. 팔레스타인자치정부의 수도인 라말라에 있는 비르자이트대학의 미디어 연구소는 미디어 조작 기법을 개발하고 가르치고 있다. 아랍어도 모르고 현지 지리에도 익숙하지 않은 서방 기자들은 영어를 능숙하게 하는 안내인들에게 의지하며 취재할 수밖에 없는데, 안내인들은 대부분 팔레스타인자치정부가 길러낸 미디어 공작 요원들이다.

저자는 BBC, CNN, 《뉴욕 타임스》등 주요 미디어의 기자들은 마치 자신들이 팔레스타인을 해방시킬 임무를 띠고 있는 것처럼 보도하고 있다고 지적한다. 심지어 어떤 방송은 테러와 납치의 현장을 특종 보도하기 위해 테러단체와 공모를 하기도 한다는 사실에 저자는 개탄한다.

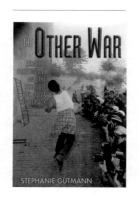

014

레바논 여인,
이스라엘을 조국으로 택하다

브리지트 가브리엘Brigitte Gabriel,
《그들이 저주하기 때문에: 이슬람 테러 생존자가 미국에 경고한다
Because They Hate: A Survivor of Islamic Terror Warns America》
(St. Martin's, 2006)

이 책의 저자 브리지트 가브리엘은 레바논 남부의 기독교 마을에서 태어나 유복한 어린 시절을 보냈다. 하지만 1975년에 이슬람 무장 세력이 기독교도들을 상대로 지하드를 선포하자 그녀의 세상은 바뀌고 말았다. 저자는 열 살 때 자기 집이 무슬림 무장 세력의 포격으로 파괴된 후 그 지하 방공호에서 7년간 살다가 이스라엘로 탈출했다. 지금은 미국에서 이슬람의 위협을 알리는 활동 중인 저자의 이 책은 젊은 나이에 파란만장한 삶의 굴곡을 겪은 아랍 여성의 처절한 자전적 수기이다.

레바논은 오랫동안 기독교도와 무슬림이 균형을 이루면서 교역과 관광으로 번영을 누렸다. 하지만 1970년에 요르단에서 추방된 팔레스타인 해방기구가 레바논으로 들어오자 사회는 혼란에 빠지고 말았다. 1975년 무장 무슬림이 기독교도에게 총격을 가해서 내란이 일어났고, 시리아 등

아랍 국가의 지원을 받는 무슬림 세력은 기독교도를 학살하기 시작했다.

브리지트와 그녀의 노부모는 좁은 방공호에서 3년간 살면서 무슬림의 포격을 견뎌냈다. 기독교도가 살던 마을은 완전히 파괴됐고, 많은 사람들이 죽었다. 그런 와중에도 총명한 브리지트는 방송을 들어가면서 영어를 익혔다.

팔레스타인해방기구가 남부 레바논을 기지로 삼아 테러 공격을 하는 데 참다못한 이스라엘은 1978년 3월에 군대를 보내 레바논 남부 국경지대를 장악했다. 이때 브리지트와 그녀의 부모는 비로소 방공호 밖으로 나올 수 있었다. 이스라엘군의 지원을 받는 기독교 민병대가 마을을 지켜주면서 그곳 기독교인들은 다소 안정된 생활을 할 수 있게 되었다. 이런 세월이 몇 년 흘렀다. 그리고 1982년, 브리지트 가족을 챙겨주던 젊은 기독교 민병대원이자 저자의 첫사랑 척Chuck이 지뢰 폭발로 사망했다.

1982년 6월, 이스라엘군은 팔레스타인해방기구를 보다 북쪽으로 몰아내기 위한 작전을 개시했다. 팔레스타인해방기구는 남부 레바논 민간 지역에 무차별 포격을 가했고, 그로 인해 브리지트의 어머니가 큰 부상을 입었다. 브리지트는 차를 얻어 타고 어머니를 이스라엘군 병원에 데리고 갔다. 그곳에서 브리지트는 인생의 대전환을 맞게 된다. 이스라엘 의사들은 부상당한 이스라엘 병사와 레바논 기독교도뿐만 아니라 부상당한 무슬림 병사들까지 친절하게 치료해주고 있었다. 이스라엘에서는 여성과 남성이 똑같이 일하고 있었고, 이스라엘 사람들의 언어와 행동은 저속하기만 한 아랍인들과는 판이하게 달랐다. 저자는 이 모든 일이 충격으로 다가왔다고 한다. 이스라엘 의료진의 헌신적인 노력 끝에 어머니가 회복하자 브리지트는 집으로 돌아왔지만, 그녀는 이미 이스라엘로 가겠다고 다짐했다.

브리지트는 이스라엘군 병원에 찾아가서 한 장성을 만나 구직 의사를 전했고, 그 장성은 브리지트에게 비서 자리를 구해주었다. 병원에는 이스라엘 의사뿐 아니라 레바논 의사도 있었는데, 브리지트는 두 그룹을 관찰하면서 차이를 찾아낼 수 있었다고 한다. 이스라엘 의사들은 간호사 등 여직원들에게 친절하게 대했고, 모이면 자기들이 최근에 읽은 책을 대화거리로 삼았다고 한다. 반면 레바논 의사들은 항상 정치 이야기에 열을 올렸고, 여직원들의 옷과 외모를 평하는 대화에 열을 올렸다고 한다.

저자는 병원에 있으면서 이스라엘에서 일하던 미들이스트 텔레비전 Middle East Television, METV의 미국인 기술자를 만났고, 그 인연으로 예루살렘에서 텔레비전 뉴스를 아랍어로 편집하는 일자리를 얻게 됐다. 브리지트는 1984년 12월에 예루살렘으로 이사했고, 다음 해에 아랍어 뉴스를 진행하던 앵커가 사직하자 그 일을 대신 맡게 되었다. 브리지트는 뉴스를 진행하면서 무슬림은 항상 테러를 하고 미국인과 이스라엘인은 항상 피해를 입지만, 그런 사실을 용기 있게 전하는 언론인이 많지 않다는 것을 느꼈다고 한다. 저자는 그 이유가 진실을 전달해서 이슬람을 비판하는 언론인들은 생명을 위협받았기 때문이라는 것을 알고 있었고, 브리지트 자신도 암살의 고비를 여러 차례 넘겼다고 말한다.

브리지트는 같은 방송국에서 일하는 미국인 기자를 만나 사랑을 하게 됐다. 이슬람 세력의 암살 표적이 되어 있던 이들은 1987년에 조촐한 결혼식을 올렸다. 결혼한 후 얼마 지나서 남편은 미국으로 발령이 났고, 브리지트도 미국으로 함께 가게 되었다. 저자는 이스라엘을 떠나기 전에 고향으로 가서 그곳에 묻혀 있던 어머니의 시신을 수습한 뒤 예루살렘의 시온마운트 묘지에 잠든 아버지 곁에 묻었다. 브리지트는 레바논의 방공호 속에서 7년 동안이나 어린 자신을 지켜줬던 부모를 자신의 정신적 조

공부하는 보수

국祖國인 이스라엘에 묻은 것이다.

브리지트의 자전적 스토리는 여기에서 끝난다. 그리고 그녀는 "이슬람 테러의 실체와 그것이 야기하는 엄청난 위협을 직시하자"고 호소한다. 그녀는 근본주의 과격 이슬람 세력이 이슬람의 본류本流가 되었고, 이들이 공공연하게 이스라엘을 '작은 악마', 미국을 '큰 악마'로 부르는 것을 가볍게 보아서는 안 된다고 지적한다. 그녀는 이슬람 세력과 대화로 문제를 풀 수 있다고 생각하는 것은 대단히 어리석다면서, "미국이 죽을 각오로 싸우지 않으면 미국은 레바논 꼴이 되고 말 것"이라고 주장한다.

비록 중동 태생이지만 저자는 아랍과 무슬림에 대한 경멸을 숨기지 않는다. 오늘날 아랍 남성의 절반과 아랍 여성의 3분의 2는 문맹이지만 이들은 아이들을 많이 낳기 때문에 인구 증가에서 이기고 있다고 경고하기도 한다. 브리지트는 자기가 이스라엘 병원에 있을 때 사람들이 책을 읽는 것을 처음 보았다면서, 책과 담을 쌓은 아랍인들의 무지를 지적한다. 또한 무슬림 가정에서 벌어지는 여성에 대한 명예 살인을 소개하면서, 이슬람 세계는 생지옥이라고 말한다. 9.11 후 그녀는 '진실을 위한 미국인의 모임American Congress for Truth'라는 민간단체를 만들어서 이슬람 문제를 왜곡하는 미디어를 비판하는 일을 해오고 있다.

저자는 베스트셀러가 된 이 책으로 유명해졌으며 헤리티지재단 등 보수성향의 싱크탱크와 유대인 단체가 주관하는 모임에 자주 초대되어 강연을 하면서 테러와의 전쟁을 벌이는 부시 정부에 힘을 실어주었다. 뿐만 아니라 이 책은 FBI와 미군 특수부대 교육기관에서 필독서로 추천되기도 했다. 하지만 레바논 내란 사태를 기독교와 이슬람 간의 대립으로 보는 것은 너무 단순한 생각이며, 저자의 개인적인 체험을 기반으로 이슬람과 이스라엘 문제 전체를 다룬 것은 지나치다는 비판을 듣기도 했다.

저자는 이 책의 성공에 힘입어 두 번째 책《그들은 저지되어야 한다 *They Must Be Stopped*》를 2008년에 발표했다. 물론 여기서 '그들'은 과격 이슬람 세력을 의미한다. 저자는 근본주의 이슬람이 민주주의와 평등사상에 생기기도 전인 7세기에 나온 교리를 그대로 시행하려고 하는 교조적인 종교이며, 과격 이슬람주의자들은 무슬림이 아닌 모든 '이교도Infidels'를 죽어 마땅한 적으로 간주하고 있다고 말한다. 저자는 특히 미국인들이 이 문제에 대해 경각심을 가질 것을 촉구하고 있다. 미국에 이슬람 교리를 가르치는 마드라스Madrass, 이슬람 신학교가 갈수록 증가하고 있고, 과격 이슬람은 종교의 자유를 보장하는 미국의 법체계를 악용하여 서방의 가치를 저주하는 종교적 신념을 전파하고 있다는 것이다. 그녀는 미국에 만연한 '정치적으로 옳은Politically Correct' 풍조 때문에 사람들이 과격 이슬람을 비판하는 데 주저하고 있다면서, 이 풍조를 쓰레기통에 던져버려야 한다고 목소리를 높인다. 다시 말해, 과격 이슬람과 아랍권을 비판하면 인종차별주의자Racist라든가 편협하고 고루한 사람Bigot이라는 비난을 듣기 때문에 사람들이 진실을 외면하고 있다는 주장이다.

공부하는 보수

015

예루살렘은
어쩌다 이렇게 되었나

도리 골드Dore Gold,
《예루살렘을 향한 투쟁: 과격 이슬람, 서방, 그리고 성스러운 도시의 미래
The Fight for Jerusalem: Radical Islam, the West, and the Future of the Holy City》
(Regnery Publishing, 2007)

《증오의 왕국*Hatred's Kingdom*》(2003)《쓸데없는 말의 탑*Tower of Babble*》
(2004) 등 베스트셀러를 내놓은 도리 골드는 2007년에 펴낸 이 책에서
유일신 신앙의 고향이며, 중동은 물론 세계의 화약고인 예루살렘을 둘러
싼 이스라엘과 주변 아랍 국가 간 분쟁의 과거와 현재, 그리고 미래를 분
석하고 있다.

도리 골드는 1953년에 미국 코네티컷의 경건한 유대인 가정에서 태
어났다. 컬럼비아대학을 나온 뒤 같은 대학원에서 계속 공부해서 정치학
석사 학위를 받은 그는 1980년에 이스라엘에 귀화하여 이스라엘 국민이
됐다. 1984년에 컬럼비아대학에서 중동 정치로 정치학 박사 학위를 취
득했는데, 그의 학위논문은 사우디아라비아의 정치와 사회구조에 관한
것으로 2003년에 나온 그의 첫 책《증오의 왕국》의 기초가 됐다. 저자는

박사 학위를 취득한 후 텔아비브대학의 연구위원과 연구소장을 지냈고, 1990년대 들어서는 이스라엘 정부의 자문 역할을 했다.

도리 골드는 리쿠드당 대표이던 베냐민 네타냐후의 자문으로 정치와 인연을 맺었다. 리쿠드당이 야당일 때에 리쿠드당과 요르단왕국과의 관계를 증진하는 데 큰 역할을 했다. 당시 집권당이던 노동당이 팔레스타인해방기구와 직접 협상을 선호했던 것과 달리 리쿠드당은 요르단을 이스라엘 평화체제로 불러들이려 했다.

1996년 선거에서 리쿠드당이 승리해서 네타냐후가 총리가 되자 골드는 총리 자문관으로 일했고, 1997년에는 유엔 주재 이스라엘 대사로 임명되어 1999년까지 근무했다. 미국 출신의 학자풍 대사인 그는 유엔 안팎에서 이스라엘의 입장을 전파하는 데 전념했으며, 그러한 자신의 경험을 바탕으로《쓸데없는 말의 탑》을 펴냈다. 1999년 선거에서 리쿠드당이 패배하자 대사직에서 물러난 그는 예루살렘공공문제연구소Jerusalem Center for Public Affairs 소장으로 일하고 있으며, 2001년에 리쿠드당이 다시 집권하자 아리엘 샤론 총리의 자문 역할을 했다.

《예루살렘을 향한 투쟁》은 예루살렘이 차지하고 있는 역사적·문명적 의미, 예루살렘에서의 유대인의 역사, 이러한 유대인의 역사를 지우고 예루살렘을 장악하고자 하는 이슬람 국가들, 그리고 예루살렘을 이스라엘이 통치해야만 하는 이유를 설명하고 있다.

책은 클린턴 대통령이 임기 말에 대통령 전용 별장인 캠프데이비드로 이스라엘의 에후드 바라크 총리와 팔레스타인자치기구The Palestine Authority의 야세르 아라파트 의장을 초청해서 열었던 평화협상에서 "예루살렘을 잃어버릴 뻔했다"는 말로 시작한다. 당시 바라크 총리는 동예루살렘의 대부분을 팔레스타인자치기구에 넘겨주고, 예루살렘 구舊도시의 무슬림 구역과 크리스천 구역에 대한 통치권 및 유대인의 성지인 템플마운트에 대한 관할권도 역시 팔레스타인자치기구에게 넘겨주겠다는 제안을 했다. 저자는 1967년 6일전쟁 때 이스라엘군이 예루살렘을 장악한 이래 이스라엘 총리가 이런 제안을 한 적은 없었다면서, 유대인의 정신적 고향인 예루살렘을 사실상 포기하는 이런 제안은 놀라운 것이었다고 지적한다.

저자는 특히 군 출신인 노동당 소속 총리 에후드 바라크의 스승 격인 이츠하크 라빈 전 총리가 살아 있었더라면 예루살렘을 아랍에 넘겨주는 발상은 불가능했을 것이라고 주장한다. 예루살렘에서 태어난 라빈은 1948년 이스라엘독립전쟁에서 아랍 군대에 의해 포위된 예루살렘을 구해냈고, 1967년 6일전쟁에서는 이스라엘군 총참모장으로서 요르단의 지배 아래 있던 예루살렘을 수복했다. 원래부터 평화협상에 관심이 없었던 아라파트는 바라크의 이러한 파격적인 제안을 거부했다. 바라크의 제안은 이스라엘 국내에서도 큰 반대에 봉착했다. 바라크에 반대하는 대규모 시위가 일어났고, 당시 야당인 리쿠드당 대표이던 아리엘 샤론은 템플마운트를 방문해서 그 지역이 영원토록 이스라엘에 속해 있을 것이라고 말했다. 2000년 9월에 있었던 샤론의 템플마운트 방문을 빌미로 아라파트는 이스라엘에 대한 대규모 테러를 지시했고, 그해 10월부터 '인티파다'라고 불리는 소요 사태가 일어났다. 2001년 1월, 미국에는 조지 W. 부시 행정부가 들어섰고, 그해 3월 이스라엘에서는 샤론 총리가 이끄는 리쿠드당 정부가 들어섰다.

아라파트 등 팔레스타인 지도자들은 템플마운트에는 유대 성전이 들어선 적이 없다면서, 예루살렘에 대한 유대인들의 역사적 연고권을 부인한다. 그러나 템플마운트의 땅속에서는 그곳에 유대 성전이 있었으며 다윗이 실재했던 인물임을 보여주는 유물이 끊임없이 나오고 있다. 바로 그런 이유로 팔레스타인은 예루살렘의 역사를 지우기 위해 온갖 방법을 동원하고 있다.

팔레스타인 지도자들은 유대 역사를 지우기 위한 조직적인 캠페인을 벌이고 있다. 2000년 10월에 팔레스타인 관할하의 나블러스에 위치한 유대교 성지인 '요셉의 무덤Joseph's Tomb'이 팔레스타인 폭도들에 의해 완전히 파괴되었다. 팔레스타인 정부는 템플마운트의 지하를 발굴하려는 이스라엘 고고학자들의 노력을 방해하기 위해 고의로 지하 유적을 파손하기도 했다. 팔레스타인의 역사 파괴는 유대교만 상대로 한 것이 아니다. 2002년 4월에는 하마스 등 이슬람 테러단체의 무장대원들이 베들레헴의 예수탄생교회Church of the Nativity를 장악하고 그곳을 지키던 가톨릭 사제들을 인질로 잡기도 했다.

저자는 유대교와 기독교 등 다른 종교를 말살하려는 이슬람의 테러 행위가 전 세계에 걸쳐 조직적으로 이루어지고 있으며, 예루살렘은 과격 이슬람의 가장 중요한 타깃이 되고 있다고 본다. 예루살렘은 다윗이 성전을 세운 유대교와 유대민족의 수도이며 성지이고, 예수가 십자가에서 숨을 거두고 예수의 동생 야고보가 교인들을 규합하여 처음으로 교회를 만든 기독교의 발상지이기도 하다.

이슬람에 있어서도 예루살렘은 마호메트가 하늘로 올라간 성지로 기록되어 있다. 하지만 이슬람에 있어 예루살렘이 차지하는 위치는 메카와 메디나에 비하면 미미하다. 또한 마호메트가 과연 예루살렘을 중요하게 생각했는지도 의심스럽게 보는 역사학자가 많다. 그러나 사우디아라비아에서 시작된 근본주의적 와하비파 이슬람 교리에서는 마흐디Mahdi라고 불리는 구세주가 나타나서 예루살렘에 왕국을 세울 것이라고 보기

공부하는 보수

때문에, 예루살렘을 이교도로부터 해방하는 것이 일종의 '성전聖戰'이 되고 말았다. 이슬람 근본주의자들이 예루살렘을 정복하면 유대교와 기독교 세계를 정복하는 것이기 되기 때문에, 저자는 예루살렘의 생존에 관한 문제가 보다 크고 본질적 사안이라고 주장한다.

저자는 예루살렘 등 팔레스타인 지역에 대한 유대 역사에 대해 잘 알지 못하는 일반인들을 위해 유대인들이 비록 나라를 잃어버렸지만 예루살렘을 떠나지 않고 오랜 세월에 걸쳐 살아왔다고 설명한다. 1864년에 영국 영사관이 실시한 인구조사에 의하면, 당시 예루살렘의 인구는 약 1만 5,000명이었는데, 그중 유대인이 8,000명, 무슬림이 4,500명, 기독교인이 2,500명이었다. 1차대전이 시작될 무렵에 예루살렘에는 6만 5,000명이 살고 있었는데, 그중 4만 5,000명이 유대인이었다. 1917년 11월 영국 정부는 밸푸어선언Balfour Declaration을 통해 팔레스타인에 유대인 국가를 세우겠다고 약속했다. 그해 12월 영국군은 예루살렘에 입성했고, 1차대전에 패배한 오스만제국은 팔레스타인 지역에 대한 영토 주권을 포기했다.

1919년 파리에서 열린 평화회의에 참석한 메카의 아랍 토후土候 세리프 후세인Sheriff Hussein의 아들이며 나중에 이라크 국왕이 된 아미르 파이살Amir Faisal은 시온니즘 운동의 창시자인 하임 바이츠만Chaim Weizmann에게 보낸 서신에서 오스만 터키가 통치하던 팔레스타인 지역에 아랍 국가와 유대인 국가를 동시에 세우는 방안을 지지했다. 당시 아랍인들은 예루살렘에 대해 관심을 갖고 있지 않았기 때문에 예루살렘은 당연히 새로 탄생할 유대 국가에 속하게 될 것으로 생각됐다. 반면 유대인들은 항상 예루살렘을 중심지로 생각했다. 1차대전 후 국제연맹의 위임으로 영국이 팔레스타인 지역을 통치하던 시절, 유대인 자치기구 역할을 하던 유대기구The Jewish Agency도 그 본부를 예루살렘에 두었다.

2차대전 중 유대인 600만 명이 나치에 의해 희생됨에 따라 유대 국가의 설립은 전후戰後 국제사회의 지지를 얻게 되었다. 1947년, 유엔은 팔레스타인을 유대 국가와 아랍 국가로 분할하되 예루살렘을 국제화해서 유엔이 직접 관장하도록 하는 계획을 수립했다. 당시 예루살렘에는 유대인 9만 9,320명, 무슬림 4만 명, 그리고 아랍 기독교인 2만 5,000명이 살고 있었다. 인구 구성에서는 유대인이 압도적 다수를 점했던 것이다. 유대기구는 예루살렘을 국제화하는 데 불만이었지만 우선 독립을 해야 하기 때문에 이 계획에 동의했다. 1948년 5월 15일에 영국의 위임통치는 종료하고 이스라엘은 독립을 선언하였지만 그때까지도 유엔은 예루살렘을 통치할 국제기구를 마련하지 못했다. 예루살렘에 일종의 공백이 생긴 것이다.

이스라엘이 독립을 선포하던 바로 그날, 이집트군은 팔레스타인의 가자지구를 점령하고 베들레헴 부근까지 진격했다. 5월 19일, 요르단왕국의 군대는 예루살렘에 도달해서 성곽에 포격을 가했다. 예루살렘은 이집트군과 요르단군에 의해 완전히 포위되었고, 예루살렘의 유대인들은 몇 달 동안 물과 식량의 공급마저 차단된 상태에서 살아야만 했다. 이스라엘 외무장관은 유엔에 이 문제를 호소했지만 유엔은 아무런 조치를 취하지 않았다. 훗날 이스라엘군 총참모장과 총리가 된 이츠하크 라빈이 이끄는 유대인 민병대가 예루살렘에서 텔아비브에 이르는 도로를 탈환함에 따라 비로소 예루살렘 포위 상태는 해소되었다.

독립하자마자 발생한 전쟁에서 이스라엘은 당시 전 국민의 1퍼센트에 달하는 6,000명이 전사하는 등 큰 피해를 입었는데, 예루살렘을 지키기 위한 전투에서만 1,500명이 전사했다. 전쟁이 끝난 후 벤구리온 총리는 예루살렘을 유엔의 통제 아래에 두는 방안을 거부하고 이스라엘은 모든 종교를 위해 예루살렘을 지킬 신성한 의무를 갖고 있다고 선포했다.

1949년 4월에 이스라엘과 요르단은 휴전협정에 서명했고, 이에 따라 예루살렘은 분할되었다. 즉 서예루살렘은 이스라엘에, 동예루살렘과 구도시는 요르단에 속하게 되었다. 히브리대학과 하다사 병원이 있는 스코푸스산Mt. Scopus은 이스라엘에 속하고, 요르단 정부가 통로를 보장하도록 되었다. 이에 따라 유대인들은 그들이 최고最古 성지로 생각하는 유대의 고도古都 헤브론은 물론이고 예루살렘 구도시에 있는 통곡의 벽으로도 접근할 수 없게 되었다. 기독교 성지인 성묘교회Church of Holy Sepulcher와 올리브 동산Mount of Olives도 모두 요르단의 관할하에 놓이게 되었고, 요르단은 예루살렘 구도시 안에 거주하는 유대인과 기독교인을 박해하는 정책을 공공연하게 폈다.

1964년 요르단이 관장하던 예루살렘의 인터콘티넨털호텔에서 팔레스타인해방기구의 설립이 최종 선언됐다. 1968년에 야세르 아라파트가 팔레스타인해방기구 의장으로 취임했는데, 카이로에서 태어난 그는 팔레스타인 출신임을 강조하기 위해 자기가 예루살렘 출신이라고 주장했다.

1967년 6월 5일, 이집트의 공격이 임박했음을 알아차린 이스라엘은 선제 공습을 가해서 이집트 군대를 궤멸시켰다. 이스라엘군은 요르단 정부에 예루살렘을 공격하지 말라고 요청했으나 요르단군은 이를 거부했다. 이에 이스라엘군은 요르단군을 공격했고, 6월 8일에 이스라엘군은 예루살렘 구도시를 장악했다. 이로써 예루살렘은 이스라엘의 통치권에 속하게 되었다. 이스라엘은 또한 웨스트뱅크와 가자, 그리고 이집트 영토이던 시나이반도를 점령했다.

1967년 11월, 유엔안보이사회는 이스라엘에 대해 점령지 철수를 요구하는 '결의 242호'를 채택했다. 그러나 이 결의는 결코 이스라엘이 점령한 모든 영토로부터 이스라엘 군대를 철수하라는 명령은 아니었으며, 심지어 예루살렘과 관련해서는 아무런 언급도 하지 않았다. 1978년 이스라엘과 이집트는 캠프데이비드에서 평화협정을 체결했고, 이에 따라 이스라엘은 시나이반도에서 철수했다.

1993년에 이스라엘과 팔레스타인해방기구 간에 체결된 '오슬로협정'은 예루살렘에 대한 이스라엘의 주권 행사에 후퇴를 가져왔다. 팔레스타인자치기구를 탄생시킨 오슬로협정도 예루살렘 문제는 다루지 않았지만 동예루살렘에 거주하는 아랍계 주민들이 부재자투표를 통해 팔레스타인 정부에 참여할 수 있도록 해서 예루살렘 문제가 향후 팔레스타인과의 협상 과제가 될 가능성을 열어두었다. 이런 우려는 2000년에 클린턴 대통령이 초청한 캠프데이비드 회의에서 현실로 나타났다. 당시 바라크 총리는 동예루살렘을 팔레스타인의 수도로 정할 수 있도록 하는 등 파격적인 양보를 하였으나 아라파트는 이를 거부했다. 아라파트는 예루살렘뿐만 아니라 이스라엘을 완전히 장악하는 것을 목표로 삼고 있기 때문이다.

저자는 이스라엘의 노동당 정부가 치명적인 외교적·군사적 실수를 저질렀다고 본다. 첫째는 1993년 9월에 이스라엘이 팔레스타인해방기구와 체결한 오슬로협정이다. 오슬로협정에 의해 설립된 팔레스타인자치기구는 웨스트뱅크 지역을 대부분 통치하게 되었으나, 평화를 담보받고자 했던 이스라엘의 요구는 전혀 수용되지 않았다. 오슬로협정은 당시 외무장관이던 시몬 페레스가 총리이던 이츠하크 라빈에게도 보고하지 않은 채 아라파트에게 비밀리에 양보를 해서 탄생한 것인데, 저자는 이런 오슬로협정을 '트로이 목마'와 같다고 비판한다. 이스라엘의 노동당 정부가 저지른 또 다른 실책은 바라크 총리가 2000년 5월 남부 레바논에서 자국 군대를 일방적으로 철수시킨 사건이다. 저자는 아리엘 샤론 총리가 가자지구에서 일방적으로 철군한 조치도 결국은 가자지구를 하마스와 알카에다에 넘겨주어 이스라엘의 안보를 위협한 것이라고 비판한다.

저자는 오늘날 예루살렘은 과격 이슬람 세력의 주된 타깃이 되었다고 지적한다. 이슬람 세계는 열두 번째의 이맘Imam, 마호메트의 후계자를 뜻하는 말로 최고 성직자와 같다인 마흐디가 예루살렘에 재림할 것이라는 예언을 퍼뜨리고 있다. 이란의 마무드 아마디네자드Mahmoud Ahmadinejad 대통령은 예루살렘을 파괴해야만 마흐디의 구원을 얻을 수 있다고 주장한다. 예루살렘은 이슬람의 전 세계 정복 계획을 위해 반드시 딛고 일어서야 하는 디딤돌인 셈이다. 하지만 예루살렘이 이슬람의 수중에 떨어지면 유대-기독교 문명의 고향은 파괴될 것이고, 그것은 곧 유대-기독교 문명의 패배를 상징하고 말 것이기에, 저자는 예루살렘을 이스라엘이 단독으로 통치해야만 모든 종교에 대해 자유로운 예루살렘을 항구히 보전할 수 있다고 주장한다.

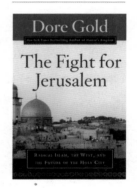

016

이스라엘을 위한
용기 있는 변론

카롤린 글릭Caroline B. Glick,
《족쇄에 묶인 전사: 이스라엘과 글로벌 지하드
Shackled Warrior: Israel and the Global Jihad》
(Gefen Publishing House, 2008)

이 책의 저자 카롤린 글릭은 텍사스 주 휴스턴의 유대인 가정에서 태어나서 시카고에서 성장했고, 컬럼비아대학에서 정치학을 공부했다. 1991년에 대학을 졸업한 저자는 이스라엘로 건너가서 이스라엘 국적을 취득하고 이스라엘방위군Israel Defense Forces, IDF에 입대했다. 장교로 임관된 후 5년 반 동안 복무했는데, 1994년부터 1996년까지 대위이던 그녀는 이스라엘팀의 일원으로 야세르 아라파트가 이끄는 팔레스타인해방기구와 평화협상을 벌였다.

저자는 어떠한 계기로 미국을 떠나 자신의 인종적 조국인 이스라엘로 갔는지에 대해 구체적으로 밝히지 않았다. 다만 유대인과 이스라엘을 적대시하는 미국의 진보좌파에 대한 환멸이 적지 않게 작용했을 것으로 생각된다. 유대계 미국인이 이스라엘로 귀화하는 경우는 적지 않지만 그녀처럼 여성으로서 이스라엘방위군에 자원입대하는 경우는 드물다.

저자는 1996년에 제대한 후, 베냐민 네타냐후 총리의 대외 정책 자문관을 지냈다. 그러고는 1998년에 다시 미국으로 돌아와서 하버드 케네디스쿨에서 공부하여 2000년에 석사 학위를 땄다. 글릭은 케네디스쿨의 교수들 대부분이 미국과 이스라엘을 좋아하지 않는다는 것을 알았다고 회고한다. 다시 이스라엘로 간 글릭은 히브리어 신문인《마코르 리숀 *Makor Rishon*》에 고정 칼럼을 썼다. 글릭은 2002년 봄에 영자신문인《예루살렘 포스트*The Jerusalem Post*》의 편집부 국장으로 초빙되어 칼럼을 써오고 있는데, 세계의 주요 신문들이 그녀의 칼럼을 신디케이트로 게재해서 유명해졌다.

2003년, 미국이 이라크를 침공하자 글릭은 미육군 3사단 최선봉 대대에 배속되어《예루살렘 포스트》와《시카고 선 타임스*Chicago Sun-Times*》를 위해 취재했다. 미군의 선봉에서 전쟁을 취재한 유일한 여기자인 그녀는 미군이 바그다드공항을 점령하는 순간 그 현장에 있었다. 전쟁의 순간들을 목격하고 많은 것을 경험한 뒤 지금은 예루살렘에 살고 있는 글릭은 칼럼과 강연을 통해 지식인 사회의 반유대주의를 비판하고 이슬람 지하드의 위험성을 경고했다. 오늘날 글릭은 이스라엘을 이끌어나가는 중요한 인물로 평가된다.

이 책《족쇄에 묶인 전사》는 글릭이 2002년부터 2007년까지《예루살렘 포스트》에 기고한 칼럼을 모아 엮은 것이다. 제목의 '족쇄에 묶였다'는 표현은 이스라엘과 자유세계가 이슬람 극단 세력이 자신들을 상대로 벌이는 전쟁에 눈을 감고 있으며, 이 전쟁에서 승리하기 위해 필요한 수단을 스스로 부인하고 있는 모습이 마치 '스스로를 묶어 놓은 삼손 같다'는 의미이다.

저자는 이스라엘의 현 총리인 베냐민 네타냐후를 제외한 다른 이스라엘 정치 지도자들이 현실을 회피하고 있다고 비난한다. 2000년 남부 레바논에서 철군함으로써 북부 이스라엘을 헤즈볼라의 로켓 공격에 노출시킨 에후드 바라크 전 총리, 2005년 가자지구에서 이스라엘군을 일방적으로 철수하고 웨스트뱅크의 이스라엘 정착촌을 강제로 철거한 아리엘 샤론 총리를 신랄하게 비난한다. 글릭에 의하면, 샤론은 아무런 이유도 없이 팔레스타인자치정부에 도덕적·군사적 승리를 안겨주었다고 한다. 또 글릭은 에후드 올메르트Ehud Olmert 전 총리가 2006년 레바논에 대한 군사작전을 서투르게 해서 이스라엘군의 사기를 떨어뜨렸다고 비판한다. 글릭은 올메르트 내각에서 외무장관을 지내고 올메르트에 이어 카디마당 대표가 된 치피 리브니Tzipi Livni에 대해서도 비판적이다. 글릭은 이들이 테러집단인 헤즈볼라와 하마스를 협상 당사자로 인정해서 이스라엘의 안보를 위협하는 결과를 초래했다고 주장한다.

저자는 사담 후세인과 테러집단에 유화적이고 용인하는 태도를 보였던 것도 큰 문제였다고 지적한다. 1990년 7월 25일, 이라크 주재 미국대사였던 에이프릴 글래스피April Glaspie는 후세인에게 '미국은 아랍권 내부의 분쟁에 간여할 의도가 없다'는 식으로 말을 해서, 후세인이 쿠웨이트를 침공하는 계기를 만들었다. 이런 사실을 아는지 모르는지, 이스라엘의 좌파신문과 지식인들은 '시리아와 협상으로 평화를 이룩하자'며 올메르트 정부에 압력을 넣고 있다고 글릭은 개탄한다. 사실상 이란이 조종하는 시리아는 이스라엘과의 국경지대에 야포野砲, 미사일, 로켓포를 대거 배치하고 있는데, 만약 골란고원을 시리아에 돌려주면 심각한 결과를 초래할 것이라면서 글릭은 이스라엘 내의 유화파를 비판한다.

글릭은 조지 W. 부시 행정부가 이라크에 대해 환상에 사로잡혀 있다

공부하는 보수

고 따끔하게 지적한다. 즉, 부시 행정부는 "적의 적이 반드시 친구가 되지는 않는다"는 교훈을 알지 못했다는 것이다. 부시 행정부는 수니파와 시아파가 서로 앙숙이기 때문에 미국이 한쪽과 전쟁을 하면 다른 쪽은 미국을 도울 줄 아는데, 그것이 순진했다는 말이다. 사실 미국은 이라크의 시아파 민병대를 이끄는 무끄타다 사드르Muqtada al-Sadr가 알카에다와 적대적이기 때문에, 그가 미군을 도울 것으로 생각했다. 그러나 사드르는 이란의 조종을 받는 인물로, 이라크에서 미군을 패퇴시키고 이라크를 친이란 시아파 국가로 만드는 데 목적이 있었다. 수니파와 시아파의 관계를 이해하지 못한 부시 행정부는 이라크, 이란, 사우디아라비아, 파키스탄 등과의 관계를 계속해서 꼬이게 만들었고, 그로 인해 작전 중인 미군의 희생만 늘어갔다. 글릭은 부시 행정부와는 달리 1980년대에 레이건 행정부가 이란과 이라크를 동시에 봉쇄하는 전략을 잘 구사했다고 평가한다.

글릭은 또한 미국이 사우디아라비아를 동맹으로 생각하는 정책이 미국과 이스라엘 간 동맹 관계에 있어 가장 취약한 부분이라고 지적한다. 사우디아라비아를 지배하는 왕가는 이슬람 테러집단에게 돈을 지불해서 자신들의 부패한 체제를 유지하고 있기 때문이다. 글릭은 이란의 아마디네자드 전 대통령이 '영악하고 현명한 악인'이라고 평가한다. 글릭은 이란이 핵무기를 만들면 그중 한두 개를 테러단체에 넘겨주어서 이스라엘에서 폭발시켜 제2의 홀로코스트를 야기할 것이라고 주장한다.

저자가 전하는 이스라엘의 대학 사회 모습도 흥미롭다. 2003년, 글릭은 텔아비브대학에서 150여 명의 학생을 상대로 강연을 한 적이 있었다. 글릭이 "세상에는 선과 악이 분명히 있으며, 민주주의는 선이고 독재는 악"이라고 말하자 어느 학생이 "미국은 독재국가인데 어떻게 당신은 미국을 지지하느냐?"고 질문했다. 글릭이 "어디에서 그렇게 배웠냐?"고 되묻자 그 학생은 "대학에서 그렇게 배웠다"고 답했다고 한다. 글릭은 히브리대학의 정치학과는 '피스 나우Peace Now'라는 단체를 이끄는 교수들에 의해 지배되고 있고, 텔아비브대학의 인문사회학부는 그보다 더 과격한 좌파집단의 보금자리가 되어버렸다고 개탄한다. 특히 텔아비브대학의 좌경화 현상은 그 정도가 매우 심각해서 우파성향의 학자는 발붙일 수가 없게 되었다는 것이다. 글릭은 좌파학자들의 애매한 발언이 유럽의 좌파들이 떠벌리는 '홀로코스트 부인Holocaust Denial'에 근거 자료로 쓰이고, 팔레스타인 과격 세력과 협상을 해야 하는 이스라엘 정부에 불리한 영향을 주고 있다고 지적한다.

글릭은 이스라엘과 유대인에 대한 공격이 미국에서도 이루어지고 있다고 말한다. 2007년 2월, 유엔 주재 이라크 대사인 하미드 알 바야티 Hamid Al Bayati는 미국 포드햄대학에서 열린 강연에서 "홀로코스트가 정말로 있었다고 생각하지는 않는다"고 말했다. 뉴욕시립대학에서는 '이스라엘 인종차별 주간' 행사가 있었는데, 이스라엘을 비난한 영화를 본 후 빈야민 리스터Binyamin Rister라는 열아홉 살 학생이 일어나서 주최자들에게 "당신들은 테러리즘을 지지합니까?"라고 물었다. 주최자들이 아무런 답을 못하고 있을 때 별안간 경비원들이 리스터를 데리고 나가면서 구타했다. 조지타운대학에서도 비슷한 일이 일어나서 행사 주최자들에게 질문을 한 예순다섯 살의 유대인 전직 경찰관이 구타를 당했다. 리스터 등은 대학을 상대로 손해배상 소송을 제기했다.

글릭은 이스라엘은 유대인 역사에 있어 가장 빛나는 성공 스토리라고 말한다. 이스라엘의 출산율이 서방에서 가장 높고 기업 창업율도 가장 높은데, 이것은 이스라엘이 유대 유산을 지켰기 때문이며, 신과 자유,

공부하는 보수

그리고 법이라는 콘셉트를 휴머니티에 부여했으며, 인간이 '흠결에 빠질 수 있다는 것Fallibility'을 인정한 유대 문화는 세상을 발전시키는 데 기여했다는 것이다. 글릭의 칼럼을 읽다 보면, 골리앗과 싸우는 다윗을 연상하게 된다. 이슬람이라는 거대한 파도에 맞서 나름대로의 진실을 지키려는 그녀의 영웅적 투쟁이 존경스럽다.

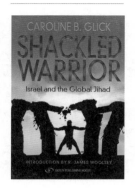

017

미국과 세계를 위협하는 이란

로버트 베어Robert Baer,
《우리가 아는 악마: 새로운 초강대국 이란을 상대하기
The Devil We Know: Dealing with the New Iranian Superpower》
(Crown, 2008)

이 책의 저자 로버트 베어는 조지타운대학을 졸업한 후 CIA에 들어 가서 20년간 해외 요원으로 활약하다가 1997년에 은퇴했다. 그는 인도, 레바논, 타지키스탄, 이라크 등 중동과 중앙아시아의 분쟁 지역에서 비밀 요원으로서 위험한 임무를 수행했다. 프랑스어와 독일어는 물론이고 아랍어와 페르시아어에도 능통한 중동 전문가인 로버트 베어는 1990년 대 중반 이라크에 파견되어 사담 후세인 정권에 대한 반대 세력을 구축 하는 비밀 작업을 했는데, 후세인 암살 기도에 개입했다는 혐의를 받고 본국으로 송환되어 조사를 받은 뒤 CIA에서 물러났다. 로버트 베어는 중 동 지역에서의 자신의 경험을 《악을 보지 않다*See No Evil*》라는 책으로 펴 냈다. 그 책에서 베어는 1983년 레바논 미국 대사관 폭파 사건 등 테러 의 배후에 이란이 있으며, 9.11 테러도 막을 수 있었다고 주장했다. 2005

공부하는 보수

년에는 《악마와의 동침Sleeping with the Devil》이라는 책을 냈는데, 이는 미국이 석유 때문에 사우디아라비아에 영혼을 팔았다는 내용을 담고 있다. 워너브라더스는 이 책에서 아이디어를 얻어 영화 〈시리아나Syriana〉를 제작해 성공을 거두었다. 조지 클루니George Clooney가 배역을 맡은 영화 속 주인공인 CIA 요원은 로버트 베어를 모델로 한 것이다. 2008년에 펴낸 이 책 《우리가 아는 악마》는 핵을 보유하게 되는 이란에 관한 내용이다. 저자는 이미 이란은 강대국이 되었고, 미국은 그런 현실을 인정해야 한다고 말한다.

책의 서문에서 저자는 이란은 이제 떠오르는 별이고, 미국이 의존하고 있는 수니파 구체제는 몰락의 길을 가고 있다고 단언한다. 수니파 이슬람 국가로 미국의 친구인 파키스탄과 사우디아라비아는 지탱할 수 있는 시간이 얼마 남지 않았고, 이슬람 역사상 최초로 시아파가 메카를 장악할 수 있는 때가 올지도 모른다는 것이다. 그러면서 이란을 정확히 보기 위해서는 테헤란을 보기보다는 레바논, 이라크, 그리고 아프가니스탄의 상황을 이해해야 한다고 주장한다.

미국인들은 지리적으로 중동과 거리가 멀고, 그들의 복잡한 역학 관계나 역사에 대해 잘 알지 못한다. 그 결과 워싱턴 정가政街는 그곳을 들락거리는 이란과 아랍의 망명객들에게 많은 영향을 받으며, 그로 인해 미국은 아무런 이해관계도 없는 대외적 모험을 저질렀다. 부시 행정부가 이라크 침공을 결심하는 데 영향을 준 이라크 망명객 아마드 찰라비는 이라크에 대한 이란의 영향력에 대해서 미국의 네오콘들에게 아무 말도 하지 않았다. 미국에게 불편한 진실은 수니파가 지배하던 세속적인 이라크가 사라짐에 따라 이란의 패권이 강화되었다는 사실이다. 미국은 사담 후세인을 제거함으로써 중동에서 스스로 패배를 선택한 셈이다.

사담 후세인의 이라크는 군대에 의해 유지되는 집단이었지 이미 나라가 아니었다. 미군은 후세인의 군대를 파괴함으로써 이라크 자체를 파괴해버린 것이다. 이란은 시아파가 주도하는 이라크 민간정부에 이미 깊숙이 침투해 있어서 이라크의 이란화가 조용하게 이루어졌다. 시아파는 수니파와는 달리 교황과 같은 수장首長이 있는데, 이란의 '아야톨라Ayatol-lah'라고 불리는 것이 바로 그런 지위를 뜻한다. 시아파가 지배하는 이란은 이라크에서 미국이 피를 흘리면서 죽어가기를 기다렸는데, 그런 면에서 이란의 천적과 같은 이라크 군대를 괴멸시킨 미국은 '세기의 실책'을 범한 것이다.

2000년 5월, 이스라엘군은 그들이 1982년 이래 점령해왔던 남부 레바논에서 철수했다. 이 사건은 미국이 베트남에서 철군한 것에 비견되는 일이었다. 공산 베트남은 미국 본토를 위협하지는 않았지만 레바논을 장악한 헤즈볼라는 이스라엘을 직접 위협하기 때문에, 이런 측면에서 본다면 이스라엘의 패배는 더 큰 의미를 가진다. 헤즈볼라는 이란의 전위前衛 조직이나 마찬가지이기 때문에 이스라엘을 지도에서 없애버리겠다는 이란의 공언은 결코 공허한 말이 아니다.

저자는 많은 이들이 이란을 '이슬람 파시스트' 집단에 의해 지배되는 국가로 보기도 하지만, 사실 이란을 움직이는 세력은 실용적이며 계산에 매우 밝은 집단이라고 말한다. 이란의 대리인 격으로 레바논을 장악한 헤즈볼라는 테러집단이라기보다는 비정규군이라고 보아야 한다. 이란은 이라크전쟁의 배후를 교묘하게 조종해서 그들에게 유리하게 이끌었다. 반군의 집요한 테러 활동으로 영국군은 이라크 남부에 있는 유전이자 항구인 바스라를 장악하지 못했다. 결국 오늘날 바스라는 이란의 일부나 마찬가지가 되었다.

공부하는 보수

1980년 9월에 시작된 이란·이라크전쟁에서 이란은 큰 대가를 치른 것과 동시에 큰 교훈을 얻었다. 당시 이란 군부는 전쟁의 무모함에 대해 자신들의 최고 통치자인 아야톨라 호메이니Ayatollah Ruholla Khomeini를 설득할 수 없었다. 전쟁이 끝난 후 이란은 다시는 그와 같은 전쟁을 하지 않겠다고 다짐했다. 그 후 이란은 헤즈볼라 같은 대리인을 앞세우는 방식으로 전환했다. 오늘날 이란은 32만 5,000명의 정규군과 12만 5,000명의 공화국수비대를 유지하고 있지만 정규전에서는 미국의 상대가 되지 않는다는 것을 잘 알고 있다. 하지만 이란은 미사일 등 비대칭적 전쟁 수단을 많이 가지고 있기 때문에 정규전이 발생했을 경우 미국에 상당한 타격을 줄 수 있다.

이란은 이라크 북부의 쿠르드자치령과 국경을 개방하는 등 쿠르드족과 좋은 관계를 유지하고 있다. 쿠르드자치령은 사실상 이라크 중앙정부로부터 독립된 지위를 누리고 있으며, 터키는 자국 내 쿠르드족의 동향에 대해서 촉각을 곤두세우고 있다. 이란이 쿠르드자치령을 통해서 터키에 영향력을 미치려 하고 있기 때문이다. 이란에 긴장하는 국가는 터키만이 아니다. 인구의 20퍼센트가 시아파인 파키스탄도 이란의 영향력 증대에 긴장하고 있다. 2001년에 미국 등 연합군이 아프가니스탄의 탈레반을 섬멸하자 이란은 그들과 국경을 마주하고 있는 아프가니스탄에서 영향력을 증대할 수 있는 기회를 갖게 되었다. 이란과 가까운 아프가니스탄의 서부 지역은 이미 경제적으로 이란에 예속되어 있으며, 이란은 중앙아시아에 거대한 제국을 이루어나가고 있다.

이란의 궁극적 야망은 걸프 지역을 석권하는 것이다. 수니파의 종주국인 사우디아라비아는 이란의 군사적 위협에 독자적으로 대처할 수 없고, 사우디아라비아에 주둔하고 있는 미군이 사우디아라비아와 인근 아랍 토후국들을 지키고 있다. 아랍에미리트는 인구의 20퍼센트 이상이 시아파 이란인이다. 두바이에는 특히 많은 이란인들이 살고 있어서 알 막툼Rashid al-Maktoum 가문의 족벌 정치가 흔들리면 이란은 두바이 정부를 전복할 수 있을 것이다. 1782년까지 이란의 일부였다가 독립한 토후국 바레인도 이란의 수중에 떨어질 가능성이 높다. 이란은 바레인을 언젠가는 회복해야 할 자기네 영토로 보고 있다. 바레인에 있는 미5함대의 시설이 언제까지 온전할지는 아무도 모르는 일이다. 부패하고 무능한 사우디아라비아의 지배 계층은 불만 세력을 돈으로 매수해서 정권을 유지하고 있으니, 사우디아라비아는 이미 기능이 마비된 국가로 언제 무너질지 알 수 없다. 한때 중동의 강자였던 시리아는 1990년 7월에 이란에게 군사적으로 굴복해서 이란의 대리인으로 전락하고 말았다.

대부분이 수니파인 팔레스타인 아랍인들도 이란을 우호적으로 생각하고 있다. 이란은 가자지구를 장악하고 있는 하마스에 대해서도 지원을 강화하여 유대 관계를 넓히고 있다. 이란은 팔레스타인들을 이용해서 요르단왕국을 전복시킬 야망을 갖고 있다. 요르단왕국이 붕괴되고 대신에 강경한 이슬람 정권이 들어선다면 이스라엘의 안보는 위기에 처하게 된다.

이제까지의 추세를 보면 수니파 아랍은 불가역적으로 쇠망의 길을 가고 있고, 이란이 주도하는 시아파 이슬람의 패권 시대가 멀지 않은 것으로 보인다. 아랍 민족주의와 세속적 국가주의는 이슬람 세계에서 실패했고, 수니파가 지배하는 사우디아라비아 등 걸프 지역 국가들은 존립을 위협받고 있다. 이슬람 성지인 메카가 이란의 수중에 떨어질 가능성 역시 높아지고 있다. 중동 및 남아시아에서의 미국의 중요 동맹국인 파키스탄과 사우디아라비아는 국가 붕괴의 길을 가고 있고, 이란이라는 거대한 제국이 그로 인한 공백을 장악할 것으로 예상되고 있다.

저자의 결론은 냉엄하다. 이란은 제국의 길을 가고 있다는 것이다. 그렇다면 이란이 미국에 원하는 것은 무엇일까? 그것은 바로 자신들을 '제국'으로서 대우해달라는 것이다. 저자는 미국이 이제 더 이상 스스로를 지탱하지 못하는 사우디아라비아, 호텔이나 잔뜩 세워놓은 두바이 같은 무능한 토후국들, 그리고 쓰러져가는 파키스탄을 지킬 가치가 있는지 생각해봐야 한다고 주장한다. 저자는 이라크와 아프가니스탄에서의 이길 수 없는 전쟁을 이길 수 있다고 자신을 속여가며 지속하는 미국을 어리석다고 본다. 시아파의 승리는 이미 굳어졌고, 이제 미국은 이란을 강대국으로 인정해야 한다고 저자는 결론을 내린다.

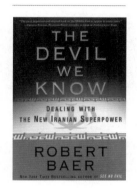

018

이란을 막아야 한다

도리 골드Dore Gold,
《핵 국가 이란의 등장: 테헤란은 어떻게 서방을 무시하고 있나
The Rise of Nuclear Iran: How Tehran Defies the West》
(Regnery Publishing, 2009)

미국인이었다가 이스라엘로 귀화하여 유엔 주재 이스라엘 대사를 지낸 도리 골드는 이 책에서 이란의 핵 무장이 임박했음에도 그 위험을 바라만 보고 있는 서방을 비판하고 있다. 미국이 이란에 대해 확고한 정책을 갖고 있지 못한 탓에 이란이 무기를 개발해서 '제국'이 되고자 하는 야심찬 계획을 추진하고 있다고 경고하는 것이다.

유럽연합은 2003년부터 2005년까지 이란과 핵 프로그램 해체를 위한 협상을 벌였다. 그러나 이 기간 중 이란은 이스파한 핵 시설에서 옐로케이크 37톤을 UF6으로 변환시켰다. 원심분리기를 164개나 가지고 있는 이란이 엘로케이크 37톤을 농축하면 최소한 핵폭탄 다섯 개를 만들 수 있다. 2005년, 실용주의자로 평가됐던 모하마드 하타미Mohammad Khatami가 실각하고 그 대신 아마디네자드가 대통령이 된 것도 핵무기 개

발과 관련이 있다.

이란은 인구가 7,000만 명에 이르고 영토는 영국, 프랑스, 그리고 독일을 합친 것보다 더 넓다. 1501년부터 1722년까지 사파비드제국 시절의 이란은 지금의 이라크와 아프가니스탄 대부분, 파키스탄의 서부 지역, 그리고 바레인 등 걸프 연안을 장악했었다. 시아파 왕국이던 사파비드의 영향은 지금도 건재하다. 수니파 아랍 국가들에 시아파 신자들이 많이 살고 있는 것도 이들 국가에겐 불안 요소다. 2003년에 미국이 이라크를 점령하자 사우디아라비아 국왕이 미국 관리에게 "당신들은 사파비드 페르시안으로 하여금 이라크를 장악하게 했다"고 경고한 것도 마찬가지 맥락이다.

아야톨라 호메이니는 누구인가

오늘날 이란을 잘 이해하기 위해서는 아야톨라 호메이니를 알아야 한다. 1902년에 시아파 가문에서 태어난 호메이니의 선조는 인도의 카슈미르 지방에서 살았다. 그의 증조부는 그곳에 이슬람 학교를 세웠고, 그의 조부가 나자프에서 공부한 후 이란에 정착한 덕분에 후손들은 이란에 살게 되었다. 호메이니는 1964년에 샤 정부가 미국과 미군 주둔 협정을 체결할 때 그것을 격렬하게 비난해서 널리 알려졌다. 그해 말 호메이니는 해외로 추방되어 터키에 잠시 체류한 후 이라크에 정착했다. 호메이니는 이라크 나자프에서 망명 생활을 하면서 설교를 통해 이란의 샤 정권을 비난했다. 호메이니의 설교를 듣기 위해 나자프를 찾는 이란인들이 줄을 잇자, 사담 후세인도 이를 불편하게 느끼게 됐다. 사담 후세인은 호메이니를 이라크에서 내보내려고 했는데, 이때 프랑스 정부가 호메이니에게 망명지를 제공하겠다고 나섰다. 1978년 10월 호메이니는 프랑스에 입국해서 파리 근교에 자리를 잡았다. 그러자 호메이니를 취재하고 인터뷰하려는 서방 언론이 줄을 이었고, 호메이니의 영향력은 더 커졌다.

1978년 들어 이란에서는 샤 정부에 반대하는 시위가 잦아지는 등 정정政情이 불안해졌다. 테헤란 주재 이스라엘 대사는 샤 정권이 붕괴 단계에 들어갔다고 경고했지만, CIA는 그 심각성을 알지 못했다. 1979년 1월, 샤는 신병 치료를 이유로 망명길에 올랐고, 2월 1일 호메이니는 에어프랑스 특별기 편으로 테헤란에 도착했으며 수백만 군중이 그를 환영했다.

카터 행정부는 호메이니를 잘 알지 못했다. 당시 유엔 주재 미국 대사이던 앤드루 영Andrew Young은 호메이니를 '성자聖者'라고 불렀다. 테헤란 주재 미국 대사이던 윌리엄 설리번William C. Sullivan은 미국이 호메이니와 정상적 관계를 구축할 수 있다고 생각했다. 샤 정권이 무너진 후 임시정부가 수립되었지만, 호메이니가 주도하는 혁명위원회가 모든 것을 움직였다. 호메이니와 가까운 세이크 할칼리Sheikh Sadeq Khalkhali가 특별판사로 임명되었는데, 그는 샤 정권의 각료와 고위 장교, 국립은행 총재 등을 처형했다.

카터 행정부의 사이러스 밴스Cyrus Roberts Vance 국무장관과 즈비그뉴 브레진스키Zbigniew K. Brzezinski 안보보좌관은 이란의 새 정부와 대화를 하려고 노력했다. 그해 10월, 암 치료를 위해 샤가 미국에 입국했고, 11월 5일 이란 민병대는 테헤란의 미국 대사관을 점거하고 직원들을 인질로 잡았다. 카터 행정부는 이 사태를 협상을 통해 해결하려고 했다. 이란이 미국에 대해 석유 수출을 금지하려고 하자 카터 행정부는 비로소 이란산産 석유의 수입을 금지시키고 미국 내 이란 자산을 동결시켰다. 이란은 1981년 1월, 레이건 대통령이 취임하는 날에 미국 대사관 직원들을 석방했다.

이란의 테러공격들

1982년 이스라엘군은 레바논으로 진입해서 팔레스타인해방기구 기지를 공격했다. 유엔 결의에 따라 이스라엘군이 철수하자 그 공백을 미국, 영국, 프랑스 및 이탈리아의 군으로 구성된 평화유지군이 메웠다. 1983년 10월 23일 새벽 6시 22분, 시아파 민병대가 사전에 탈취한 급수 트럭이 폭탄을 가득 채우고 미해병대 기지로 돌진했다. 이 자폭테러로 미해병대원 241명이 사망했다. 몇 분 후 프랑스군 기지에도 자폭테러가 발생해서 프랑스군 58명이 죽었다. 11월 4일에는 남부 레바논 티레의 이스라엘 기지에서 트럭을 이용한 자폭테러가 발생하여 이스라엘군 등 60명이 죽었다. 이 테러는 그해 4월 미국 대사관 직원 등 60명 이상이 죽은 레바논 베이루트의 미국 대사관에서 있었던 자폭테러와 유사했다.

미해병대 건물을 폭파한 테러의 배후는 당시 시리아 주재 이란 대사였던 알리 악바르 모타세미Ali Akbar Mohtashemi로 나중에 밝혀졌다. 모타세미는 1982년 헤즈볼라를 비밀리에 설립한 사람이다. 헤즈볼라는 베이루트의 미국 대사관을 폭파하고 중동 지역의 CIA 책임자이던 윌리엄 버클리William Francis Buckley를 납치했다. 헤즈볼라 대원들은 이란에서 공화국수비대와 함께 훈련을 받았다. 1983년 12월 12일, 쿠웨이트 소재 미국 대사관과 프랑스 대사관 등 여섯 곳이 폭탄테러를 당했다. 그러자 쿠웨이트 보안경찰은 레바논 내의 시아파 테러조직인 다와 대원 열일곱 명을 체포했다. 1984년과 1985년에는 쿠웨이트항공과 미국 TWA항공의 민간항공기가 납치됐는데, 납치범들은 이전에 잡혔던 다와 대원 17명의 석방을 요구했다. 또한 납치범들은 항공기에 타고 있던 미국 해외개발처 소속 공무원과 미해군 장병을 살해하기까지 했다.

1985년 말까지 헤즈볼라는 미국인 여섯 명을 인질로 잡고 각종 요구

조건을 내걸었다. 레이건 행정부는 윌리엄 버클리를 석방시키기 위해 이들과 협상을 시도했지만 버클리는 고문 끝에 이미 살해되었던 것으로 밝혀졌다. 이 협상을 위해 백악관이 비밀리에 이란에 무기를 팔았다는 것이 나중에 밝혀져서 레이건 대통령을 곤혹스럽게 만들었다. 이란과 이라크 간의 전쟁이 막바지에 이를 즈음, 미국이 페르시안 걸프를 운항하는 쿠웨이트 선박을 보호하기로 하자 미국과 이란 간에 긴장감이 고조됐다. 이란이 부설한 기뢰에 성조기를 단 유조선이 접촉하는 일이 발생했고, 1988년 4월에는 미해군 프리게이트함이 기뢰에 접촉해서 손상을 입었다. 그러자 미국은 해군력을 동원해서 인근의 이란 해군기지를 파괴해버렸다.

1988년 7월에는 미해군 순양함 빈센스호가 이란항공 소속 여객기를 이란 공군기로 오인하고 미사일을 발사해서 격추시킨 사건이 발생했다. 군사력이 소모된 이란은 미국에 보복하기보다는 이라크와의 전쟁을 종식시키기로 했다. 호메이니는 이슬람을 모욕한 소설가 살만 루슈디Salman Rushdie를 살해하라는 교시를 내리고 1989년 6월에 사망했다. 루슈디는 숨어서 무사했지만 루슈디의 책을 일본어로 번역한 일본인은 피살됐다.

호메이니가 사망한 후 악바르 하셰미 라프산자니Akbar Hashemi Rafsan-jani가 이란 대통령이 되었다. 라프산자니는 호메이니의 강경 노선을 그대로 추종했고, 헤즈볼라는 레바논에서 납치한 미해병 장교를 처형하는 동영상을 공개해서 미국을 충격에 빠뜨렸다.

핵 무장만이 살길이다

샤 정부 시절 이란은 독일 지멘스사社와 계약을 체결해 1,200메가와트급 원자력발전기 두 기를 부셰르에 건설하고 있었다. 호메이니는 샤 정권이 추진해온 이 사업을 중단시켰다. 원자력 프로젝트가 터무니없이 비싼 사치라고 생각했기 때문이다. 하지만 이란·이라크전쟁 중 이라크 공군기들은 건설 중인 이란의 원자력발전소를 파괴했고, 이라크와의 전쟁에서 엄청난 희생을 치룬 호메이니는 원자력을 다시 보게 되었다. 그러고는 당시 이란의 대통령이던 알리 하메네이Ayatollah Ali Khamenei는 이란이 원자력을 필요로 하고 있다고 공언했다. 핵 무장을 향한 이란의 행보가 시작된 것이다.

1991년 초 걸프전쟁이 일어나자 이란은 미국의 군사작전을 방해하지 않았고, 자국 공항으로 피난해온 이라크 공군기의 출격을 허락하지 않았다. 이란은 또한 사우디아라비아 및 이집트와 외교 관계를 복원했다. 걸프전쟁 당시 이집트와 사우디아라비아는 미국의 동맹이었기에 이런 분위기에 힘입어 조지 H. W. 부시 행정부는 이란과 대화를 시도했다. 그러나 이란 지도자들은 걸프전쟁을 통해 중요한 교훈을 얻게 되었다. 만약 사담 후세인이 핵무기를 갖고 있었더라면 미국이 쿠웨이트를 해방하러 오지 못했을 것이라고 생각한 것이다. 그 후 이란은 중수로를 도입하려 했고, 또 카자흐스탄의 구소련 핵 시설에 있던 핵물질을 구입하려고 했다.

클린턴 행정부가 들어서고 워렌 크리스토퍼Warren Christopher가 국무장관이 되었다. 카터 행정부에서 국무차관으로 인질 석방 협상을 했던 크리스토퍼는 이란에 안 좋은 감정을 갖고 있었다. 클린턴 행정부 역시 이란에 대한 봉쇄 정책을 지속했다. 그럼에도 불구하고 미국 석유회사들은 이란 원유를 구입한 뒤 제3국에 파는 방식으로 이란과 거래를 했다. 유럽 국가들과 일본도 이란과의 교역과 투자를 늘렸다.

이란은 자신들의 체제를 위협하는 인물을 가차 없이 암살했다. 1989년에는 이란 출신 쿠르드 지도자가 이란 정부의 대표와의 만나기 위해 비엔나에 왔다가 피살됐다. 1991년 8월에는 샤 정권의 마지막 총리였던 샤푸르 바크티아르Shahpour Bakhtiar가 파리 자택에서 죽은 채 발견됐다. 1992년 9월에는 베를린의 그리스 음식점에서 이란 쿠르드 민주당 사무총장과 간부 세 명이 이란이 보낸 암살단에 의해 살해되었다. 이들 외에도 이란 체제에 반대하거나 저항했던 인사들이 유럽 각지에서 살해됐다.

1994년 7월 18일, 부에노스아이레스의 유대인센터 빌딩에 자살폭탄 테러가 발생해서 85명이 죽었다. 이란의 사주를 받은 헤즈볼라가 저지른 이 테러는 아르헨티나가 이란에 대한 핵 장비 판매를 취소한 것에 대한 보복인 것으로 추측됐다. 1996년 6월 21일, 사우디아라비아의 다란에 있는 미공군기지 막사인 코바르 타워에 강력한 자폭테러가 발생해서 미공군 장병 열아홉 명이 죽고 372명이 부상을 입었는데, 자폭테러범은 사우디아라비아 경찰의 추적을 받고 있던 헤즈볼라 대원이었다. 클린턴 행정부는 보복 공격을 검토했지만 시간을 끌다가 흐지부지하고 말았다.

1997년에 모하마드 하타미가 대통령이 되자 새 정부는 보다 실용적일 것을 기대하는 분위기가 미국에 감돌았다. 하지만 정작 이란에서는 혁명수비대의 영향력이 더욱 커져서 대통령의 역할이 전과 같지 않았다. 이란은 미사일 기술 개발에 박차를 가해서 1998년 7월에는 사정거리가 1,300킬로미터인 샤합 3호를 실험 발사했다.

9.11 테러가 일어나자 테헤란 거리에는 희생자들을 추모하는 촛불집회가 열리는 등 미국을 동정하는 분위기가 잠시 일었다. 당시 이란은 아프가니스탄에서 탈레반과 심각한 대립을 겪고 있었다. 탈레반은 서부 아프가니스탄에서 시아파 주민을 제거하려고 했다. 마자르 이 샤리프를 장악한 탈레반은 이란의 외교관과 기자들을 이란 영사관 지하실에 몰아넣고 학살했으며, 시아파 주민을 약 5,000~6,000명가량 학살했다. 그런

공부하는 보수

가운데 이란이 아프가니스탄 내의 시아파 군벌에 무기까지 공급을 하자 이란과 탈레반 사이에는 전운마저 감돌았다.

9.11 테러 후 미국은 탈레반과 알카에다를 상대로 전쟁을 하게 되었다. 미국이 탈레반을 제거한다면 그것은 이란의 국익에도 부합할 것으로 보였다. 하지만 CIA는 이란 혁명수비대가 탈레반을 지원하고 있다는 정보를 취득했다. 아프가니스탄 내에서 미국의 영향력이 증대되는 것을 우려한 이란이 탈레반과 협력하기로 한 것이다.

2001년 12월, 라프산자니는 "이슬람 세계가 이스라엘이 갖고 있는 무기를 가져야만 미국과 영국이 주도하는 세계적 오만의 수단인 이스라엘을 종식시킬 수 있다"면서, 핵무기 개발의 필요성을 천명했다. 2002년 1월 초에 이스라엘 해군은 홍해 연안에서 카린 A호를 나포했는데, 선박에는 가자지구로 향하는 이란제 무기와 폭발물이 가득 차 있었다. 그리고 2002년 1월 29일, 조지 W. 부시 대통령은 이란을 이라크, 북한과 더불어 악의 축으로 규정했다.

미국이 아프가니스탄을 공격하자 서부 아프가니스탄에 영향력을 갖고 있는 이란은 국경을 개방해서 알카에다와 탈레반에게 피난처를 제공했다. 요르단 출신 알자르카위도 이때 이란으로 피신했는데, 그는 무장세력을 재정비한 후 이라크로 들어가서 미군을 공격하고 테러를 자행했다. 2003년 3월, 미국이 이라크를 공격하고 바그다드를 점령하자 이란은 혁명수비대 정예병 2,000명을 직접 이라크에 침투시켜서 반군을 지원했다. 이란 혁명수비대는 나중에 '바드르 군단'이라고 불린 이라크 내의 시아파 반군 정예부대를 창설하고 또 지원했다. 이라크 총리 누리 알말리키Nuri al-Maliki가 이끄는 다와당黨, 그리고 시아파 지도자 무끄타다 사드르도 이란의 지원을 받았다. 이란은 반군에게 재정적 지원을 물론이고 각종 무기도 제공했다. 미·영연합군을 대거 살상한 급조폭발물도 대부분 이란에서 만들어져 공급된 것이다.

서방이 실패한 이유

1979년 이후 미국과 서유럽은 이란 문제에 있어 계속 실패해왔다. 이란은 협상할 의향이 없다는 것을 서방이 몰랐기 때문이다. 이란은 외교가 상대방을 기만하는 수단이라고 보고 있다. 상대방을 기만하는 술책은 이슬람 내 소수파인 시아파의 생존 전략이다. 코바르 타워 테러 등 그들이 저지른 범죄에 대해 대가를 치러본 적이 없는 이란은 서방을 우습게 보고 있다. 미국계 석유회사들은 이란과 거래를 해서 미국의 경제제재를 무력화시켰다. 2009년에도《뉴스위크Newsweek》편집장 파리드 자카리아Fareed Zakaria는 "호메이니와 그의 후계자들은 핵무기를 부도덕하다고 보기 때문에 이란이 핵무기를 개발하지는 않을 것"이라고 했다. 저명한 언론인마저도 이런 인식을 갖고 있으니, 미국은 이란을 제대로 보지 못하는 것이다.

아마디네자드 이란 대통령은 혁명수비대와 각별한 관계가 있다. 이란 혁명수비대 사령관은 "이스라엘을 파괴하겠다"고 공언했고, 아미디네자드는 "열두 번째 이맘인 마흐디의 재림이 이루어진다"고 자주 언급했다. 이런 발언은 이란이 서방을 정복시킬 대상으로 보고 있다는 증거다.

결국, 문제는 이란

바레인을 통치하고 있는 왕가와 지배 계층은 수니파이지만 바레인 국민의 70퍼센트는 시아파다. 이란은 제국 시절의 영토를 거론하면서 바레인에 대한 영유권을 주장하고 있다. 뿐만 아니라 이란은 바레인의 반정부 시아파 세력을 비밀리에 지원하고 있다. 이란은 궁극적으로 미5함대에 기지를 제공하고 있는 걸프 지역의 수니파 정부를 전복하고자 한다.

이란은 레바논을 장악한 헤즈볼라로 하여금 이스라엘을 공격하게 했다. 2006년 7월, 헤즈볼라의 잦은 공격에 지친 이스라엘은 남부 레바논에 지상군을 진입시켰다. 헤즈볼라는 민간인 지역에 로켓을 배치해서 이스라엘 공군기가 자신들을 공격하지 못하게 하는 수법을 썼다. 가자지구에서도 이란의 영향력이 커가고 있다. 이스라엘이 철군한 후에 가자지구에서 열린 선거에서 이란의 지지를 받는 하마스가 승리를 거두었기 때문이다.

이집트의 가장 큰 재야 세력인 무슬림형제단은 이란의 지원을 받고 있다. 수니파인 무슬림형제단은 과거 시아파와 사이가 좋지 않았지만 그런 태도는 급속하게 변하고 있다. 이란은 이집트 같은 친서방 아랍 국가를 무너트리면 이스라엘도 자연히 무너질 것이라고 본다.

막을 수는 없는가

이란의 이 같은 위험한 태도에도 서방은 이란과 대화를 하는 수밖에 없다고 보고 있다. 2004년에 즈비그뉴 브레진스키와 로버트 게이츠가 낸 보고서도, 2006년에 제임스 베이커와 리 해밀턴Lee H. Hamilton이 낸 보고서도 미국이 이란과 직접 협상에 나설 것을 촉구했다. 그러나 이란과의 대화에 대한 기대는 갈수록 무의미해지고 있다. 이란은 협상을 통해 자신들에 대한 압력을 피하면서 뒤로는 핵 개발을 추진하고 있기 때문이다.

2009년 3월, 미합참의장 마이클 멀린Michael Mullen 대장은 이란이 저 농축우라늄을 충분히 갖고 있기 때문에 마음만 먹으면 고농축을 해서 핵 폭탄을 만들 수 있다고 증언했다. 또한 미사일 방어시스템을 책임지고 있는 헨리 오벌링Henry Oberling 중장은 2015년이면 이란의 미사일이 미국 본토를 위협하게 될 것이라고 전망했다. 이란이 제공한 핵 물질로 폭발물을 제조해서 테러를 하는 최악의 상황도 현실로 다가오고 있다.

저자는 이란이 북한으로부터 교훈을 얻고 있다고 본다. 북한은 미국이 이라크에 온통 관심을 쏟고 있을 무렵인 2002년 12월에 국제원자력기구IAEA 요원을 추방하고 사용된 핵연료를 재처리하기 시작했다. 2006년 10월에 북한이 핵실험을 하자, 국제사회에서는 북한의 핵 보유를 '기정사실Fait Accompli'로 여기는 분위기가 감돌았다. 그러자 이란 역시 자신들도 핵을 보유하면 '기정사실'로 인정될 것이라고 기대하고 있다.

그렇다면 이란의 핵 보유는 정녕 막을 수 없는가? 이란도 취약한 부분이 많다. 이란은 원유를 수출하지만 자체 정유 시설이 부족해서 휘발유 등 정제유精製油를 수입해야 한다. 따라서 서방이 이란에 대해 정제유 수출을 금지한다면 이란에 타격을 줄 수 있다. 이란 곳곳에서 이슬람 공화국 자체에 반대하는 시위가 산발적으로 일어나고 있다는 사실에도 주목해야 한다. 이런 반대 운동이 이란 정권을 무너트릴 수는 없겠지만 서방은 폭압적 정권을 인정하는 어리석음을 저질러서는 안 된다. 저자는 이 책을 통해 서방이 자신들이 취해온 정책이 왜 실패했는지를 깨닫지 못한다면 이란의 핵 무장은 기정사실이 되고 말 것이라 경고하고 있다.

이 책이 나온 후에 들어선 오바마 정부도 이란 문제에 대해 아무런 진전을 보지 못했다. 2008년 12월, 오바마는 "이란과는 직접적 외교를 통해서 이란이 핵무기를 개발하거나 하마스나 헤즈볼라를 지원하지 못

공부하는 보수

하게 하겠다"고 말했다. 2009년, 미국 국가정보국 국장은 "이란은 단지 저농축우라늄을 생산하는 데 성공했을 뿐이다"라고 의회에서 증언하여, 이란이 고농축에 성공했다는 이스라엘의 평가를 부인했다.

2010년 말에 이란이 부셰르 1호 핵시설을 가동하게 되자 백악관은 이 시설이 농축 공장이 아니며, 러시아로부터 연료를 공급받고 사용 후에는 다시 러시아로 반출하게 될 것이라고 해명했다. 2012년 1월 미국방장관 리언 패네타Leon Panetta는 "이란은 핵 능력을 개발하고 있으며, 핵무기를 개발하려는 것은 아니다"라고 밝혔다. 같은 해 8월 패네타 장관은 "이란과의 협상이 실패한다면 미국은 이란의 핵무기 보유를 막기 위해 군사적 수단을 포함한 모든 방안을 강구할 것이다"고 말했다.

2013년 초, 조지프 바이든 부통령은 독일에서 열린 국제안보회의에서 "미국이 이란과 핵 문제에 대해 협상을 할 의향이 있다"고 말했다. 이란의 최고 지도자 아야톨라 알리 하메네이는 미국의 중동 정책이 실패했다면서 바이든의 제안을 일축했다. 2013년 8월, 하산 로하니Hassan Rouhani가 이란의 제7대 대통령에 취임했다. 로하니는 2013년 9월에 뉴욕을 방문해서 이란의 정책이 변화할 가능성을 비쳤지만, 오바마와의 면담은 거절했다. 로하니는 "미국과의 대화에는 보다 많은 시간이 필요하다"고 말했다.

미국의 한 연구 기관은 이란이 2014년 내로 핵무기를 보유하게 될 것이라 예측했는데, 이런 관측은 이스라엘 정부의 분석과 거의 일치한다. 도리 골드의 말대로 서방은 실패한 것이다.

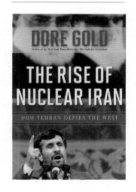

019

악순환에 빠진 이집트

존 브래들리John R. Bradley,
《이집트를 파헤친다: 혁명 전야에 놓인 파라오의 땅
Inside Egypt: The Road to Revolution in the Land of the Pharaohs》
(Palgrave Macmillan, 2008)

2008년에 나온 이 책의 부제는 "혁명 전야革命前夜에 놓인 파라오의 땅"이다. 저자 존 브래들리는 영국 태생으로 옥스퍼드대학과 미국의 다트머스대학에서 공부했고, 아랍어에 능통하여 아랍권에 대한 현지 취재 기사를 많이 썼다. 이 책에서 저자는 이집트 국민들의 무바라크 정부에 대한 불만이 폭발 직전이라고 했다. 이집트 정부는 이 책이 이집트로 반입되는 것을 금지시켰는데, 그런 소식이 영국 언론을 통해 알려지자 이집트 정부는 그런 조치를 취한 적이 없다며 물러섰고, 덕분에 이런 책이 나왔다는 사실이 이집트 내에 널리 알려지게 되었다.

책은 카이로 시내 오래된 건물에 자리 잡은 카페에서 시작한다. 이 허름한 카페는 이집트의 진보적 지식인들이 모이는 장소인데, 이 건물은 1930년대와 1940년대에 카이로가 번영했던 모습을 보여주고 있다. 하

공부하는 보수

지만 1952년 쿠데타 후 반세기 만에 중산층은 사라지고 소수의 부자와 다수의 빈민 사이 격차는 커졌으며, 정치적 부패와 성적性的 퇴폐가 사회 전체에 만연해졌고, 과격한 이슬람주의자들은 체제로부터 버림받은 계층을 노리고 있다.

이집트 국민들은 아랍권에서 가장 애국적인 사람들인데도, 2007년에 행한 미국의 여론조사에 따르면 이집트 국민의 87퍼센트가 정부를 불신하고 있다고 한다. 그럼에도 이집트 국민들은 그들이 이집트 국민임을 자랑스럽게 생각하고 있다. 1952년에 나세르가 일으킨 쿠데타는 비민주적 체제를 도입했는데, 그것이 오늘날까지 그대로 계속되고 있다. 이집트의 진보적 지식인들은 "나세르가 이집트 역사상 최악의 지도자였다"고 말한다. 수단 외에는 외국을 가보지도 못했고, 자연히 세계 동향에도 어두웠던 서른네 살의 나세르는 정권을 잡은 다음 자신이 마치 아랍 세계의 맹주인 것처럼 행세했다. 나세르가 맹주 노릇을 하느라고 이집트 정예부대 3만 명을 남부 아라비아반도에 보낸 탓에, 이집트는 1967년 전쟁에서 변변히 싸워보지도 못한 채 이스라엘에 시나이반도를 내주는 수모를 당했다. 나세르는 자신의 패거리를 정부 고위직에 임명해서 영국의 식민 통치하에서 성장해온 관료제를 무너뜨렸다.

나세르는 1960년에 외국인 자산과 기업을 국영화했고, 언론도 국영화했으며, 야당을 해산시켰다. 또한 그는 자신에게 항거하는 법관 수백 명을 파면하는 등 독재의 길을 열었다. 나세르는 1928년에 창설되어 주로 자선 활동을 해온 무슬림형제단 회원 수만 명을 투옥하고 고문했으며, 근본주의 테러에 대한 이론을 정립한 사이드 쿠트브 등 수십 명을 처형했다. 이때 살아남은 간부들은 사우디아라비아로 도피해서 와하비 근본주의에 몰입하게 됐다. 1970년대 들어 나세르의 뒤를 이어 대통령이 된 안와르 사다트는 이들이 사우디아라비아에서 돌아오도록 허락했다.

1973년 제4차 중동전쟁 후 사다트는 개방정책을 폈는데, 그러자 부패한 지배 계층이 이 기회를 이용해서 부를 장악했다. 이집트는 1990년대 들어서 세계은행의 지침에 따라 많은 공기업을 민영화했는데, 지배 계층은 헐값에 매각한 공기업을 받아서 더 많은 부를 챙겼다. 교육을 받은 중산층은 이런 과정을 통해 빈곤해지면서 박탈감을 갖게 되었고, 풀뿌리 조직을 갖고 있는 무슬림형제단은 그 덕분에 세력을 확장할 수 있었다.

부패한 서유럽 문화 유입에 항의하는 운동으로 1928년에 시작된 무슬림형제단은 최근 카이로 교외에 8층짜리 건물을 새로 마련했다. 1970년대, 형제단은 폭력을 정당한 수단으로 간주하는 급진파와는 결별했다. 사이드 쿠트브가 씨를 뿌린 급진주의 조직은 1981년에 사다트 대통령을 암살했고, 1997년에는 룩소르에서 관광객 수십 명을 살해했다. 반면 무슬림형제단은 의회 선거에 후보자를 내는 등 합법적인 방법으로 영향력을 확대해갔다. 2005년 선거에서는 88명을 당선시켜서 전체 의석의 20퍼센트를 장악한 최대 야당이 되었다. 그러나 투표 참여율이 25퍼센트밖에 안 되었기 때문에 형제단이 과다하게 대표되었는지, 또는 과소하게 대표되었는지는 알 수 없다.

1952년 이전에는 다양한 종교와 문화를 포용했던 이집트에 무슬림형제단이 대안 세력으로 등장하고 있는 사실은 콥트교Coptic Church 신자들과 수피교 신자들에게 위협이 되고 있다. 이집트에서는 기독교인에 대한 공격이 잦아지고 있다. 시나이반도에 거주하고 있는 7만 5,000명 정도로 추산되는 베두인도 이집트 정부 입장에서는 골칫거리다. 이들은 이스라엘에 살고 있는 베두인과 동족同族이라서 이집트에 대한 소속감이 없는 데다가, 이집트가 시나이반도의 관광 휴양지에서 이집트 본토인들의 취업을 촉진하고 있는 데 반감을 갖고 있다.

오늘날 무바라크 정권을 지탱하고 있는 장치는 악명 높은 고문이다. 이집트 경찰은 전기 고문 등 각종 고문을 동원하고 있으나 언론의 자유가 없는 탓에 공식적으로는 문제가 되고 있지 않다. 사우디아라비아와 이집트가 아프가니스탄과 이라크에서 미군이 잡은 포로를 인계받아 고문했다는 사실이 드러났는데, 이집트는 이렇게 미국에 협력한 대가로 미국으로부터 인권침해에 대한 비판을 받지 않았다. 무바라크 정권을 뒷받침하는 또 하나의 장치는 부패다. 이집트 문화 유물을 해외에 팔아넘기고, 시효가 지난 백신을 리베이트를 받고 외국에서 들여오는 등 이집트 정부의 부패는 극심하다. 그럼에도 불구하고 세계은행은 2008년에 이집트를 '개혁 우수 국가'로 선정했는데, 이 보고서를 만들 당시 세계은행 총재는 미국 국방차관으로 이라크전쟁을 기획했던 폴 울포위츠였다.

이집트인들의 주된 수입원은 외국인 관광객들이다. 피라미드가 모여 있는 룩소르 등 나일 강변의 관광지에서 외국인들이 뿌리는 외화가 현지 주민들의 생계에 큰 비중을 차지한다. 하지만 불행하게도 룩소르는 중동 지역에서 남성 매춘의 중심지가 되고 말았다. 유럽과 북미의 동성애자들이 싼값에 성매매를 하러 오기 때문에 10대 소년들은 몸 파는 것을 당연하게 생각하고 있다. 또 다른 진풍경은 영국 등 유럽의 50대, 60대 여인들이 이집트 관광지에 와서 자기 아들 또래의 이집트 남자들과 동거를 하거나 결혼하는 경우다. 심지어 손자 뻘밖에 안 돼 보이는 이집트 남자와 동거를 하는 유럽 할머니도 있다. 대부분 이혼녀인 이들은 이집트에 와서 값싼 물가와 섹스, 좋은 기후를 즐기고 있다. 개중에는 이집트 남자를 잘못 만나서 돈을 다 뜯기고 쫓겨나는 경우도 있다. 그러다 보니 현지 이집트인들은 나이든 외국 여성을 이상한 눈초리로 보기도 한다. 이슬람 근본주의자들이 외국인 관광객을 상대로 테러하는 것도 이런 풍조와 관련이 있다.

오늘날 이집트는 부패와 경제 침체로 최악의 상황을 맞고 있고, 혁명의 기운機運이 사회 전반에 팽배해 있다. 저자는 매년 20억 달러에 달하는 원조를 하는 미국이 무바라크 정부에 대해 개혁을 요구해야 하지만 '테러와의 전쟁'에 협력하고 있는 무바라크 정권에 대해 개혁을 요구하기란 현실적으로 어려울 것이라 말한다. 오히려 무바라크 정권은 팔레스타인과 레바논에서의 개혁이 결국 하마스와 헤즈볼라의 대두를 초래했다고 워싱턴에 경고를 하고 있는 형편이다.

저자는 2008년 4월 이집트 전역에서 벌어진 파업이 무바라크 정권에 대한 경고라고 말한다. 또한 무바라크가 아들을 후계자로 지정하는 순간 대규모 반정부 운동이 일어날 것이라고 본다. 저자는 미국 정부가 이라크와 아프가니스탄에 사로잡혀서 이집트 문제에 대해 손 놓고 있는 것은 대단히 위험하다면서, 카이로가 불타기 전에 워싱턴은 무언가 대책을 취해야 한다고 촉구한다.

이 책이 나온 후, 저자의 예상대로 이집트에서는 정치적 변혁이 일어났다. 2011년 1월 25일, 이집트 대도시에서 호스니 무바라크 대통령의 사임을 요구하는 시위가 발생한 것이다. 특히 카이로 도심에 위치한 타히르광장에서는 수만 명이 모여서 무바라크 퇴진을 요구하는 시위를 벌여 전 세계 언론의 주목을 샀다. 이는 2010년 12월 중순에서 2011년 1월 초 사이, 튀니지 전역에서 일어났던 시위로 인해 독재자 벤 알리Zein el-Abidine Ben Ali 대통령이 해외로 도피했던 시민혁명의 영향을 받은 것이다. 시위를 진압하기 위해 출동시킨 군대가 중립을 지키자, 2월 10일 무바라크는 자신의 권한을 부통령에게 이양했고, 부통령은 무바라크의 사임을 발표하며 정부 권한을 이집트 군사령부에 이양했다. 무바라크는 체포되었고, 부패 혐의로 기소되었다.

　2012년 6월에 열린 대통령선거에서 무슬림형제단의 지지를 얻은 무함마드 모르시Mohamed Morsy가 당선됐다. 하지만 모르시가 이슬람 율법에 기초한 헌법안을 채택하려고 하자 또 다시 시위가 발생했고, 2013년 6월 시위대는 모르시의 사임을 요구하였다. 모르시가 사임을 거부하자 7월 3일에 군부 쿠데타가 일어나서 모르시를 축출했다. 2014년 5월 선거에서 쿠데타를 주도한 압둘팟타흐 시시 Abdel Fattah el-Sisi 장군이 대통령으로 선출됐다. 시민혁명은 민주주의를 가져오지 못했고, 이슬람 근본주의와 쿠데타라는 악순환을 초래하고 말았던 것이다.

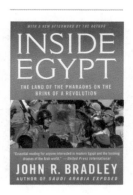

터키, 일어나다

스티븐 킨저Stephen Kinzer,
《초승달과 별: 두 세계 사이에 있는 터키
Crescent and Star: Turkey Between Two World》
(Farar, Straus and Giroux, 2008)

《뉴욕 타임스》 기자로 중동 관련 사건을 다루어온 스티븐 킨저는 1996년부터 2000년까지 이스탄불 주재원을 지냈다. 킨저는 당시의 경험을 중심으로 2001년에 이 책의 초판을 펴냈다. 킨저가 이스탄불에 머물 때 터키는 급격한 변화를 겪었고, 2002년에는 레제프 타이이프 에르도안Recep Tayyip Erdogan이 이끄는 정의개발당AKP이 총선에서 승리했다. 2008년에 나온 증보판은 에르도안 정부가 들어선 후 터키에 불어닥친 변화의 물결까지 잘 다루고 있다.

케말리즘에서 에르도안까지

터키에 있어 1차대전은 분기점이었다. 전쟁에 패배한 오스만제국은

공부하는 보수

막을 내렸고, 무스타파 케말Mustafa Kemal이 이끄는 군부 세력이 정권을 장악했다. 유럽의 사조思潮에 영향을 받은 케말은 터키를 근대화하겠다고 결심했고, 그 시작은 세속주의라고 생각했다. 이렇게 해서 터키에 케말주의Kemalism가 생겨났다.

1881년에 지금은 그리스 영토가 된 살로니카에서 태어난 케말은 군에 입대해서 빨리 승진을 했고, 트리폴리, 카이로, 다마스쿠스 등지에서 근무했으며 독일과 오스트리아를 여행했다. 프랑스어를 배운 그는 루소와 볼테르를 읽는 등 서유럽 사상에 심취했다. 터키에 돌아온 그는 군대 내에 비밀 조직을 만들었는데, 그 멤버들은 나중에 '젊은 터키인들Young Turks'이라고 불렸다. 케말은 1915년 다르다넬스해협을 바라보는 갈리폴리에서 처칠이 이끄는 영국군을 상대로 승리를 거두어서 영웅이 됐다. 하지만 1차대전에서 패배한 터키는 영토를 빼앗기는 등 굴욕적인 조건을 받아들여야 했다. 이런 분위기에서 터키의 자존심을 세워준 케말은 자연스럽게 지도자로 등장했다. 1922년 케말이 지휘하는 터키군은 에게해안에 주둔 중이던 그리스군을 몰아내고 다르다넬스해협을 다시 확보했다. 그해에 체결된 로잔조약은 터키에 원래 영토 대부분과 보스포루스해협 서쪽 땅을 인정했다.

1923년 터키 의회는 공화국을 선포하고 초대 대통령으로 케말을 선출했다. 케말은 "터키가 근대적이고 세속적이며 번창한 국가가 될 것"이라고 선언했다. 케말은 터키가 유럽 국가가 되어야 한다고 생각했고, 일부다처제 같은 이슬람 문화도 철폐했다. 그는 모든 터키인들이 성姓을 갖도록 했고 자신은 '터키의 아버지'라는 의미를 갖는 '아타튀르크Atarturk'라는 성을 가졌다. 1938년 케말이 사망하자 그의 후계자들은 그의 유지를 받들었고, 케말을 따르는 이들을 '케말 엘리트The Kemalist Elite'라고 부르게 되었다.

케말 엘리트들은 국민이 아닌 국가가 사회·정치적 변화를 이끌어가는 동력이라고 생각했다. 이들은 중앙집권적 정부를 약화시킬 수 있는 민주주의를 경계했다. 1950년대에 들어서야 자유로운 선거가 허용된 것도 이 때문이다. 케말 엘리트들은 선거 과정과 정치 상황을 예리하게 지켜보았고, 1960년, 1970년, 1980년 그리고 1997년 네 차례에 걸쳐 선거로 구성된 정부를 축출했다. 군부는 1980년 쿠데타 후에 3년간 직접적으로 통치를 했고, 국가안보회의라는 조직을 만들어놓고 나서야 민간에 정부를 이양했다. 국가안보회의는 대통령, 총리, 국방·외무·내무장관과 합참의장, 3군 총장, 그리고 헌병사령관이 참여하는 상설 기구로 정부 위에 군림했다.

1983년에 총리가 된 투르구트 오잘Turgut Ozal은 비효율적인 국영기업을 민영화하고 국가보조금을 삭감해서 군부 엘리트 계층의 영향력을 감소시키는 등의 개혁을 했다. 그는 군부에 대해 민간정부가 우위에 있음을 보여주었고, 쿠르드 등 소수민족 문제가 존재한다는 사실을 공식적으로 인정했다. 오잘은 대통령이던 1993년 4월 예순다섯에 심장마비로 돌연 사망했는데, 많은 사람들은 그가 암살당했다고 믿었다. 오잘이 사망한 후 터키의 정치는 다시 후퇴하고 말았다.

1990년대 터키는 암울한 시대였다. 군부는 민주화운동을 탄압하고 쿠르드족을 상대로 잔혹한 전쟁을 벌였다. 군부는 정부 비판자들을 무리하게 탄압했다. 이스탄불시장이던 타이이프 에르도안도 군부의 표적이 되어 기소됐고 유죄판결을 받았다. 그를 태운 호송차가 불가리아 국경 지역에 있는 교도소로 향하자 이스탄불부터 270킬로미터가 넘는 거리를 2,000대의 시위 차량이 호위하면서 군부에 항의했다. 에르도안은 4개

공부하는 보수

월간 복역한 후 석방되어 이스탄불로 돌아왔는데, 시민들은 그를 열렬히 환영했다.

에르도안과 그를 추종하는 세력은 이슬람 종교의 자유와 민주주의를 주창하는 결사체를 조직했고, 2002년 총선을 앞두고는 AKP을 만들었다. AKP는 자신들의 목적이 국민들에게 봉사하는 것이라 선언했고, 총선에서 과반수 의석을 확보하는 데 성공했다. 에르도안이 총리에 취임함에 따라 터키는 민주화의 길을 가게 됐으니, 케말 혁명 후 가장 큰 변화가 생긴 것이다.

터키를 병들게 한 종교 문제와 민족 문제

케말은 터키를 세속적인 국가로 만들었지만 터키 내륙 지방에서는 모스크가 신도들로 가득 차고, 여자들은 히잡을 하며, 이슬람 사제인 이맘은 여전히 도덕적 권위를 갖고 있다. 케말이 사망한 후에 이슬람의 영향은 점차 커지기 시작했다. 1950년에 총리가 된 아드난 멘데레스Adnan Menderes는 이슬람에 대해 관용적 태도를 취했는데, 1960년에 군부가 정부를 장악하자 멘데레스는 다른 각료 두 명과 함께 처형됐다. 1970년 네지메틴 에르바칸Necmettin Erbakan은 1970년에 이슬람 정치 운동을 이끌었는데, 복지당을 이끈 그는 곳곳에서 시장을 배출하여 에르도안이 이스탄불시장이 되는 길을 열었다.

1995년 선거에서 복지당은 제1당이 됐고, 이에 놀란 케말주의자들은 연립정권을 수립했지만 곧 붕괴했다. 에르바칸은 다시 정치의 중심에 섰고, 이슬람이 전면에 등장하자 여성주의자들이 반발하는 등 세속주의와 이슬람은 심각한 대립을 빚었다. 에르도안은 권위주의적 정치 세력에 대해 반기를 들고 집권에 성공했는데, 그가 총리가 된 후에 히잡을 두르는 여성이 많아지는 등 이슬람 풍조가 공공연하게 나타났다. 그러자 세속주의자들이 반발하면서 시위에 나서고 있어 터키 사회는 또 다시 혼란에 빠져들고 있다.

터키에서는 '아르메니아'라는 단어 자체가 금기 사항이다. 1915년까지 터키의 동쪽 끝 접경지역에는 아르메니아 사람들이 평화롭게 살고 있었다. 그해 봄, 아르메니아인들은 국경 넘어 정교회 동족들과 함께 '러시아-아르메니아 자치구'를 만들고자 했다. 오스만제국은 이를 반란으로 보고, 이런 움직임을 보인 아르메니아 주민들에게 추방령을 내렸다. 그러자 오스만 군대와 쿠르드 무장 세력이 아르메니아 마을을 유린하고 수십만 명을 학살했다. 당시 오스만 당국이 쿠르드족에게 아르메니아 주민들이 살고 있던 땅을 주겠다고 약속했다는 증언도 있다. 참혹한 대학살은 그 지역에 있었던 한 미국 외교관에 의해 기록되었으나, 터키 정부는 이 사건을 없었던 일처럼 지워버렸다. 학살을 기록한 박물관은 인접한 아르메니아공화국의 수도 예레반에 있다.

1970년대 들어서 자신들을 '아르메니아 대학살 특공대'라고 부르는 테러집단이 유럽과 미국에 있는 터키 외교관을 살해하고, 파리 오를리공항에 있던 터키항공사의 항공기를 폭파하는 일까지 일어났다. 1970년대는 이처럼 사회적 불안이 높았고, 그런 탓에 1980년에 쿠데타가 일어나자 안도하는 분위기마저 있었다. 오늘날 터키에는 아르메니아 주민이 수만 명 있지만 대학살에 의해 희생된 주민들의 후손은 대부분 프랑스와 미국에 살고 있다. 오늘날에도 터키에는 아르메니아 교회는 물론이고 아르메니아 학교와 신문이 있으며, 아르메니아 인종 대학살은 터키가 풀어야 할 숙제로 남아 있다.

쿠르드 문제 역시 터키의 숙제다. 수천 년 동안 쿠르드족은 메소포타미아 지역에 살아왔다. 오늘날 3,000만 명으로 추산되는 쿠르드족의 절반은 터키에 살고 있고, 25퍼센트는 이라크에, 15퍼센트는 이란에, 5퍼센트는 시리아에 살고 있으며, 나머지는 전 세계에 흩어져 있다. 쿠르드족이 '부족'이 아닌 '민족'으로 인식된 것도 비교적 최근이다.

터키 정부는 공식적으로 쿠르드를 차별하지는 않으며, 쿠르드 출신 중에서 성공한 사람도 많다. 하지만 대부분의 쿠르드 사람들은 자신들이 모여 살고 있는 터키 동남부의 가난한 지역을 떠나지 않고 살고 있다. 그러던 중 1978년에 압둘라 오칼란Abdullah Ocalan이라는 마르크스주의자가 쿠르드노동자당PKK이라는 비밀 조직을 만들었다. 1980년에 쿠데타가 일어나자 오칼란은 본거지를 시리아로 옮겼고, 시리아의 알아사드Hafez al-Assad 정권은 적대 관계에 있는 터키를 견제하기 위해 오칼란을 이용했다. 1984년 8월, PKK는 터키 동부에 있던 터키군 거점 두 곳을 로켓과 기관총을 동원해서 공격했다. 큰 피해를 본 터키 정부는 경악했다.

터키 정부는 쿠르드 지역에 군대를 파견해서 마을을 불사르는 등 가혹하게 대응했고, PKK는 게릴라 전투로 정부군에 맞섰다. PKK와 싸우다가 전사한 군인들의 장례식을 자주 보게 된 터키 사람들은 쿠르드가 아주 나쁜 집단이라는 인식을 갖게 됐다. 오늘날에도 쿠르드 지역인 디야바키르와 리세는 외지인의 접근을 군당국이 통제하고 있다.

오칼란은 쿠르드 지역을 독립된 사회주의 국가로 만들기를 원했다. 터키가 오칼란을 비호하지 말라고 시리아에 경고하자 오칼란은 모스크바 근처로 피신했는데, 러시아 정부는 그를 로마로 보내버렸다. 오칼란은 로마로 피신해서 케냐에 숨어들었으나 1999년 2월 드디어 신병이 확보되어 터키로 압송되었다.

오칼란이 사형선고를 받자 유럽의 지도자들이 구명 운동을 벌였고, 터키 총리 뷜렌트 에제비트Bülent Ecevit는 감형 처분을 내렸다. 그러자 수천 명에 달하는 PKK 무장전사들이 무기를 내려놓았고, 쿠르드와의 전쟁은 끝이 났다. 2005년, 에르도안 총리는 쿠르드 지역에서 가장 큰 도시인 디야바키르에 가서 "모든 문제를 민주주의로 풀겠다"고 약속했다. 이런 발언은 과거에 터키 지도자들에선 찾아볼 수 없던 것이었다.

터키의 변화

케말의 영향으로 터키 군부는 사회의 중추적 엘리트를 구성한다. 열네 살에 입학하는 터키사관학교는 자존심과 애국심이 충만한 장교를 길러내는 산실이다. 청소년 시기에 같이 생활하고 공부하고 훈련을 한 장교들은 결혼도 동료의 누이동생과 하는 경우가 많다. 이처럼 자기들만의 세상을 사는 이들은 일반 사회와 정서적으로 유리되어 있다.

터키는 아직도 징병제를 시행하고 있다. 젊은이들은 의무적으로 1년~2년씩 사병 복무를 해야 한다. 터키군 장교단은 50만 명이 넘는 군을 지휘한다. 50만 명이 넘는 터키군은 나토 회원군 중에서 미국 다음으로 큰 규모를 자랑한다. 터키가 고립된 사회였을 때 군은 젊은이들에게 세상을 알게 해주는 역할을 했다. 터키군은 한국전쟁에도 참전했는데, 터키군이 외국 군대와 함께 낯선 외국에서 전쟁을 한 그 경험은 터키 사회 전체에 신선한 충격을 주었다. 한국전 참전 용사들은 터키에서 '한국 사람'을 뜻하는 '코렐리'라고 불리면서 아직도 존경을 받는다. 하지만 근래 들어 젊은이들은 군복무 기간을 시간 낭비로 생각한다. 징병제는 시대착오적인 제도이고 국가 발전을 저해하는 것이라고 보는 시각이 늘어난 것이다.

오스만제국의 무분별한 해외 진출이 재앙을 불러왔음을 잘 알았던 케말은 터키가 다른 나라와의 관계보다는 국내 문제에 치중해야 한다고 생각했다. 케말은 소련과도 긴밀한 관계를 가졌고, 그리스, 유고슬라비아, 루마니아와도 우호적인 관계를 유지했다. 2차대전 후에는 소련의 팽창을 우려해서 미국과 우호적 관계를 맺었고 나토에도 가입했다. 투르구트 오잘은 터키가 이슬람권 국가들과도 우호 관계를 가져야 한다고 생각했지만 현실화되지는 못했다. 이처럼 터키는 80년 동안 독자적 외교 관계를 갖지 못했다.

2003년 미국이 이라크를 침공할 때 펜타곤의 전쟁 기획자들은 터키가 미국에 협력하는 것은 당연하게 생각하고, 터키를 통해서 이라크 북부로 미군을 들여보내려 했다. 하지만 새로 집권한 에르도안 총리는 이런 미국의 요청을 거부했다. 많은 터키인들은 미군이 자국 영토를 통해 이라크를 침공하려 한다는 발상을 알고서 경악했다. 에르도안 정부는 미군이 국경을 넘어서 이라크의 쿠르드 지역으로 침공하면 터키 내의 쿠르드족이 동요할 가능성을 우려했다. 터키는 1991년 걸프전쟁에 연합군으로 참전했다가 이라크와의 교역이 끊겨 경제적 타격을 입은 경험도 있다. 이라크전쟁을 계기로 미국에 대한 터키 내 여론은 나빠졌다.

터키와 유럽연합과의 관계에도 기복이 많았다. 그리스가 유럽연합에 가입 신청을 하자 유럽연합은 터키에도 가입을 권고했다. 하지만 당시 좌파 정부를 이끌던 에제비트 총리는 유럽연합 가입에 관심이 없었다. 터키의 엘리트 계층도 유럽연합 가입과 함께 수용해야 할 경쟁법 등 국제적 기준이 가져올 영향에 대해 좋아하지 않았다. 1995년에 유럽연합과 터키는 가입 문제를 재논의했고, 2004년에 가입 협상을 시작했다.

하지만 유럽연합 자체가 정체성 논쟁에 휩싸이면서 터키의 가입은 불확실해졌다. 유럽연합이 키프로스, 루마니아, 불가리아를 회원국으로 받아들이면서 터키에 대해서는 미온적인 태도를 보이자 터키 국민들은 유럽연합을 불신의 눈으로 보게 됐다. 오늘날 터키는 이스라엘과 외교 관계를 갖고 있지만 팔레스타인에 대해서도 공감을 하고, 러시아 및 중국과도 관계를 개선하는 등 미국 일변도 외교정책에서 탈피해나가고 있다.

레제프 타이이프 에르도안

제레프 타이이프 에르도안은 1954년 이스탄불 근교에서 태어났으며 부친은 터키 해안경비대원이었다. 그의 가족은 에르도안이 열세 살 되던 해에 이스탄불로 이주했고, 에르도안은 대학에서 경영학을 공부했다. 에르도안은 대학 시절 공산주의에 반대하는 학생단체에 가입하는 것으로 정치에 간여하기 시작했다. 1976년에는 이슬람구국당의 청년분과 위원장을 지냈고, 1980년에 쿠데타가 발생하자 에르바칸을 추종해서 이슬람복지당에 가입하기도 했다. 1991년에 국회의원에 당선됐으나 자격을 부인당했다.

1994년 3월, 에르도안은 이스탄불시장에 당선됐다. 시장으로서 그는 수돗물 공급을 늘리고, 쓰레기 재활용 시설을 확충하였으며, 천연가스 버스를 도입하는 등 많은 일을 했다. 하지만 그가 속한 이슬람복지당은 위헌 판정을 받아 폐쇄되었고, 에르도안 자신도 1997년 시르트에서 행한 연설 때문에 선동죄로 10개월 금고형을 선고받아 4개월 동안 복역했다. 자연히 에르도안은 시장직을 상실했고, 1999년 7월까지 피선거권도 박탈당했다. 하지만 에르도안은 이에 굴하지 않고 2001년에 정의개발당을 설립했다. 정의개발당은 2002년 선거에서 대승을 거두었지만, 에르도안은 시르트에서의 연설 때문에 선거에 나갈 수가 없었다. 2003년 2월, 시르트 보궐선거에 출마한 에르도안은 당선됐고, 따라서 총리가 되었다. 2007년 선거에서 정의개발당은 낙승했고, 2011년 선거에서도 승리해서 에르도안은 총리직을 계속 차지할 수 있었다.

에르도안이 이끄는 정의개발당은 이슬람의 성격을 강하게 띠었기 때문에 정치와 종교를 분리시킨 케말주의와 배치되는 면이 있다. 에르도안이 이끄는 정부가 권위주의적으로 흘러감에 따라 서구적 영향을 많이 받는 도시민들은 정부에 염증을 느끼게 되었다. 2013년에서 2014년 초까지 에르도안 정부에 반대하는 항의 시위가 열렸고, 정부는 경찰력을 동원해서 탄압했다. 에르도안 정부는 최루탄과 물대포를 동원해서 시위 군중에 강력하게 대처했다. 그가 부패에 연루되어 있다는 동영상이 SNS를 통해 유포되자 2014년 3월 터키 정부는 트위터 등 SNS를 폐쇄하는 등 강경 조치를 취했다. 하지만 터키 헌법재판소가 SNS 폐쇄는 헌법에 위반된다고 판결했고, 2주일 만에 SNS 폐쇄 조치는 해제되었다. 정권의 부침과는 달리, 2014년 3월 지방선거에서 에르도안이 이끄는 정의개발당은 예상을 뒤엎는 승리를 거머쥐었고, 에르도안의 통치 기반은 일단 안정을 되찾았다.

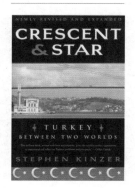

에르도안은 2014년 8월 21일에 실시된 대통령 직접선거에서 과반수 득표를 얻어 당선되었다.

021

중동에 부는
민주화 바람

월리드 파레스Walid Phares,
《시민혁명이 닥쳐온다: 중동에서의 자유를 향한 투쟁
The Coming Revolution: Struggle for Freedom in the Middle East》
(Simon and Schuster, 2010)

레바논에서 태어난 월리드 파레스는 변호사로 잠시 활동한 후 프랑스 리옹대학과 미국 마이애미대학에서 학위를 취득한 뒤 미국에 귀화했다. 현재 미국 국방대학에서 중동학과 테러리즘을 가르치고 있는 파레스는 중동 지역의 민주화를 촉구하고 이슬람 지하드를 경고하는 글을 많이 썼다. 2010년 12월에 이 책이 나온 후에 튀니지와 이집트에서 시민혁명이 일어났고, 리비아와 예멘 등지에서도 권력자의 퇴진을 요구하는 시위가 일어났다. 시민혁명의 기운이 아래서부터 끓어오르고 있다고 말한 그의 주장이 입증된 것이다. 하지만 저자의 기대와는 달리 2010년 말부터 시작된 '중동의 봄'은 그다지 성공적이지 못했다.

민주주의가 없었던 곳

1차대전이 끝나고 오스만제국이 해체되자 북아프리카에서 중앙아시아에 이르는 대중동권The Greater Middle East에서는 이슬람 신정神政을 세우려는 세력과 민주주의와 인권을 존중하는 현대화 세력 사이에 대립이 생겼다. 자유를 열망했던 사람들의 기대와는 달리 쿠데타가 빈발했고 냉전 체제하에서 자유를 원했던 사람들의 염원은 잊혀졌다. 소련과 동유럽이 붕괴하고 남아프리카공화국의 백인 체제가 무너졌지만 중동에는 아무런 변화가 없었다. 하지만 9.11 테러 이후 국제 정세가 격변함에 따라이 지역에서도 구질서를 타파하려는 움직임이 인권운동가, 언론인, 블로거 등을 중심으로 일어나고 있다.

대중동권은 이집트, 페르시아 등 고대 문명의 요람이다. 서기 632년 예언자 마호메트가 사망하자 그의 추종자들은 마호메트가 세운 종교와 국가를 이끌어갈 후계 체제를 모색해야만 했는데, 이런 후계자를 '칼리프Caliph'라고 불렀다. 칼리프들은 전쟁을 통해 아라비아반도를 이슬람으로 개종시켰고, 불과 100년 만에 방대한 제국을 이룩했다. 네 번째 계승자인 알리Ali에 대한 도전이 생겨서 알리의 추종자들은 시아파가 되었고, 반대파는 수니파가 되었다. 칼리프 왕조는 16세기 초까지 아랍 세계를 지배했다. 1517년 인종적으로 아랍이 아닌 터키가 아랍 지역을 점령하고 이슬람의 지도자 역할을 장악했다. 이렇게 해서 오스만 칼리프-술탄 제국은 대중동권을 장악했고, 그 지배권은 1차대전까지 계속됐다. 오스만 제국에서는 오스만 인종이 가장 높은 지위에 있었고, 그 다음에는 아랍, 발칸, 베르버 종족 중 이슬람으로 개종한 엘리트가 있었으며, 기독교인과 유대인은 하층 지위에 머물렀다.

1차대전이 끝나고 오스만제국이 해체되자 북아프리카에서 중앙아시아에 이르는 대중동권에서는 이슬람 신정을 세우려는 세력과 민주주의 및 인권을 존중하는 현대화를 추구하는 세력 사이에 대립이 생겼다. 1924년에 터키의 새로운 지도자로 등장한 케말은 칼리파-술탄 제국을 폐지했다. 하지만 아라비아 등 여러 곳에서는 칼리프가 다시 들어섰다. 서방식 민주주의를 대체해서 권위주의적 이슬람 정부가 들어섰으니, 자유를 열망했던 사람들의 기대는 사라져버렸다.

사우디아라비아에서는 1920년대 초에 와하비가 절대 권력을 장악하고 이슬람 외의 다른 종교를 금했으며, 시아파를 탄압하기 시작했다. 영국이 떠난 이집트에는 입헌군주제가 들어섰으나 1954년에 나세르가 이끄는 쿠데타가 일어나서 군부독재가 시작됐다. 이탈리아와 영국은 리비아에 입헌군주국을 세우고 철수했으나, 1970년에 무아마르 알 카다피 Muammar al Qaddafi가 이끄는 쿠데타가 일어났다. 시리아에서는 1945년에 프랑스가 철수하자 역시 쿠데타가 연거푸 일어났고, 1970년에 강경파인 하페즈 알아사드가 정권을 장악했다.

영국이 철수한 이라크에서도 1958년 쿠데타가 일어나서 바스당 일당독재가 시작되었으며 1979년에는 사담 후세인이 집권을 했다. 영국과 러시아가 철수한 이란에는 왕정이 들어섰고, 1953년 모하마드 모사데크 Mohammad Mosaddeq 총리가 주도한 개혁이 실패로 끝나자 전제적 왕정은 그대로 지속되다가, 1979년의 '호메이니 혁명'으로 근본주의 이슬람 정부가 수립됐다. 1958년에 프랑스 식민 통치에서 벗어나 독립한 알제리는 국민해방전선이 일당독재를 해오고 있다. 모로코에서 아프가니스탄에 이르는 다른 아랍권 국가도 대개가 비슷한 형편이었다. 저자는 중동권에 민주주의라는 것은 있어본 적이 없었고, 압제와 또 다른 압제가 계속되는 악순환이 지속되어왔다고 이야기한다.

자유주의의 불모지, 중동

1989년에 베를린장벽이 무너지고 동유럽과 구소련에도 자유가 찾아왔지만 중동은 그렇지 못했다. 중동의 집권자들은 그러한 조짐이 자신들의 체제 내에서 발생하지 않도록 가혹하게 탄압했고, 서방 또한 중동의 자유와 인권에 대해 큰 관심이 없었기 때문이다.

이라크, 수단 등의 독재자들은 동유럽 공산 체제가 무너지고 니콜라에 차우세스쿠Nicolae Ceausescu 등 구 공산 체제 지도자들이 처형되는 모습에 경악했다. 그러고는 자신들의 체제에 대한 도전을 사전에 예방하고자 했다. 1990년 8월, 사담 후세인의 군대가 쿠웨이트를 침공하고, 하페즈 알아사드의 군대가 동부 베이루트를 점령한 것도 자유의 확산을 차단하기 위해서였다. 아랍의 독재자들은 자국 내 소수파를 가혹하게 탄압했다. 동유럽의 자유화 물결에 잠시 고무되었던 이라크의 쿠르드족, 수단의 남부 흑인 부족, 알제리의 베르버족이 희생을 당했다. 이집트의 콥트교인들도 그러했다.

사정이 이러함에도 서방 언론은 이를 보도하지 않았다. 동유럽, 중남미, 남아프리카공화국의 인권 탄압을 크게 보도했던《가디언The Guardian》등 서방의 진보언론은 중동의 자유화 운동에는 침묵했다. CNN의 중동 문제 특파원 크리스티안 아만푸어Christiane Amanpour는 쿠르드 같은 중동 국가의 소수인종을 거의 인터뷰하지 않았다. 중동 국가에서의 인권 침해에 대해 침묵하기는 학계도 마찬가지다. 중동 소수인종의 인권을 다룬 논문은 학술지에 실을 수 없었고, 학술대회에서도 다루어지지 않았다. 그 이유는 단순하다. 중동 관련 학계는 중동의 산유국이 제공하는 자금으로 유지되기 때문이었다. 중동 문제를 다루는 학계가 돈을 받고 사상의 자유를 제약하는 형상이다.

서방 정치 지도자들도 중동의 인권 문제에 침묵했다. 이들은 중동 국가들의 인권 문제는 해당 국가의 국내 문제로 보았는데, 특히 이들은 이런 문제를 섣불리 거론하면 새로운 식민주의라는 비난을 들을 것을 우려했다. 서방국가들의 이런 태도의 배후에는 석유 문제가 있다. 이라크의 쿠웨이트 침공에 대해서는 전쟁도 불사했던 미국과 서유럽 국가들이 시리아의 레바논 침공에 대해서는 침묵했다. 레바논에서는 석유가 나지 않기 때문에 개입할 이유가 없었던 것이다. 사우디아라비아에서의 여성 인권 탄압 등에 대해 서방이 침묵하는 것도 석유가 아니면 달리 설명할 방도가 없다. 저자는 이 모든 것들과 관련하여 "중동에서는 자유주의자들이 설 땅이 없다"고 표현한다.

9.11과 새로운 도전

9.11 테러는 민주화를 염원하는 중동의 자유주의자들에게 기회를 제공했다. 근본주의 이슬람 세력을 제거해야 한다는 합의가 어렵게 이루어진 것이다. 사우디아라비아의 와하비 세력과 파키스탄의 근본주의자들은 탈레반과 알카에다를 향한 미국의 전쟁을 고통스럽게 받아들이는 수밖에 없었다. 아프가니스탄에 대한 전쟁이 초기에 순조롭게 진행되자 조지 W. 부시는 하마스, 이슬람 지하드 및 헤즈볼라가 테러집단임을 강조하고, 더 나아가 이라크와 이란 및 북한을 악의 축으로 지목했다.

이라크를 침공한 조지 W. 부시 행정부는 중동의 민주화를 외교정책으로 천명했다. 중동에서 '민주화'란 혁명을 의미하는 것이기에 중동의 압제자들은 미국의 새로운 정책을 숨죽이고 지켜보았다. 미국 내에서는 윌리엄 크리스톨William Kristol, 존 볼튼John Robert Bolton 같은 네오콘 이

공부하는 보수

론가들과 뉴트 깅리치Newt Gingrich 같은 공화당 정치인들이 부시의 이 같은 정책을 지지했다. 이라크전쟁 자체를 반대하는 데 관심이 있었던 미국의 진보세력은 부시의 '고상한 이상理想'을 무시해버렸고, 중동의 석유 로비 세력은 진보세력을 두둔했다. 산유국의 연구비에 길들여진 미국의 중동 학계도 부시의 정책을 비현실적 발상으로 치부했다. 2006년 중간 선거에서 공화당은 의회 지배권을 상실했고, 중동의 자유화를 주장했던 존 볼튼 유엔 주재 대사는 사임했다. 중동의 압제자들은 이런 변화에 안도했다.

9.11 테러 이후 미국은 아프가니스탄을 침공해서 구체제를 무너뜨렸지만, 알카에다와 탈레반의 지도부는 파키스탄 서북부로 피난하는 데 성공했다. 탈레반의 영향력은 오늘날까지도 아프가니스탄 전역과 파키스탄 국경지역에서 건재하다. 2009년 12월, 오바마 대통령은 미국 육군 사관학교에서 행한 연설에서 "미국은 알카에다와는 싸우지만 탈레반과는 대화를 하겠다"고 밝혔다. 저자는 탈레반이 민주주의와 여성의 권리를 탄압하는 체제라는 것을 생각하면, 자유를 향한 미국의 노력이 후퇴한 것이라 말한다.

부시 정부는 이라크 망명객 찰라비의 정보를 믿고 이라크에 침공해서 후세인 정부를 붕괴시키는 데는 성공했다. 하지만 찰라비는 이라크에 친시아파 이슬람 정부를 세우고자 하는 이란과 관련이 깊은 인물이라는 것이 밝혀졌다. 미군은 수니파 반군뿐만 아니라 이란이 지원하는 시아파 민병대와 끝없는 전투를 해야만 했다. 그런 와중에도 민주주의 운동이 싹을 피웠지만 이라크의 앞날은 극히 불분명하다.

2005년 2월, 레바논의 총리를 지낸 라피크 하리리Rafik Hariri가 암살되자 수천 명의 군중이 레바논을 점령 중인 시리아를 규탄하는 구호를 외치며 거리로 나왔다. 얼마 후 군중은 수만 명을 넘더니 수십만 명으로 불어났다. 이것이 '삼나무 혁명The Cedar Revolution'으로, 옆으로 자라는 삼나무는 레바논의 상징이다. 레바논은 프랑스의 영향으로 다원적이고 자유로운 사회를 일으킬 수 있었으나 1976년에 시리아 군대가 레바논을 침공한 후 압제가 시작됐다. 2005년 혁명은 30년 만에 자유를 되찾을 수 있는 기회를 제공했지만, 시리아와 이란이 조종하는 세력은 민주화 지도자들을 암살했고, 2008년에는 이란과 시리아가 배후에서 조종하는 헤즈볼라가 레바논을 장악해버렸다. 레바논에서의 민주화 운동은 실패한 것이다.

시리아에서는 하페즈 알아사드가 죽은 후 변화의 기회를 맞는 듯 했으나, 결국에는 압제가 지속되고 말았다. 1970년 알아사드가 쿠데타로 정권을 장악해서 2000년에 사망할 때까지 지배했고, 그 후로는 아들인 바샤르 알아사드Bashar al-Assad가 통치하고 있기 때문이다. 시리아에서는 기독교인, 쿠르드족, 그리고 자유를 원하는 소수 수니파가 알아사드의 압제에 반대했다. 알아사드의 사망은 민주화의 기회를 제공했으나, 반정부 운동을 이끌었던 아마르 압델하미드Ammar Abdelhamid는 망명해버렸고 또 다른 반정부 지도자 마이클 킬로 Michel Kilo는 투옥되고 말았다.

이란에서도 2005년 5월 대통령선거를 앞두고 대학생들이 중심이 되어 민주화운동을 전개했는데, 대통령에 당선된 아마디네자드는 대학생 단체를 탄압했다. 2009년 6월에도 테헤란에서 대규모 시위가 발생했으나 또 다시 진압되고 말았는데, 이 시위를 '녹색 혁명'이라고 부른다. 2009년에 이집트 카이로를 방문한 오바마는 "미국이 아랍권과 이슬람 세계를 존경할 것"이라고 천명했는데, 이는 중동 국가의 국내 문제는 미국의 관심사가 아니라고 선언한 것이어서 이란의 민주화 운동에도 부정적인 영향을 미쳤다.

이집트에서는 콥트교도에 대한 탄압이 문제가 되고 있다. 이집트에서 가장 박해받는 집단인 콥트교도는 1,400만 명이다. 이집트 북부에 자리 잡은 이들은 기독교 문명을 이루었으나 7세기에 이슬람 군대에 의해 정복된 후 탄압을 받으며 살아왔다. 콥트교도의 자유는 이집트가 프랑스와 영국의 지배를 받던 시절에만 허용됐다. 1954년에 나세르가 쿠데타를 일으켜 집권하자 콥트 정당은 해산되었고, 콥트 지도자들은 해외로 망명하거나 지하로 숨어야만 했다. 1973년 욤키푸르전쟁을 거쳐서 캠프데이비드협정이 체결됨에 따라 이집트는 이스라엘과 평화 관계를 유지하게 됐는데, 콥트교인들은 평화협정을 지지했다. 반면 무슬림형제단 등 이슬람 세력은 평화조약을 체결한 사다트 대통령에 반대했다. 이와 맥을 같이하여 1981년 6월, 카이로의 콥트교도 집단 거주지가 무슬림의 공격을 받았고, 그해 10월 사다트 대통령은 공식 행사장에서 무슬림형제단 대원들의 공격을 받고 사망했다. 1990년대 들어서 콥트교회 사제와 그 신도 및 주민들이 공격을 받아 사망하고, 콥트교회와 수도원이 파괴되는 일이 자주 일어났다. 이집트 당국은 가해자를 처벌하기보다는 콥트 주민들을 격리하고 콥트교회를 철거하는 등 콥트교도를 박해했다.

왕가 일족과 와하비 근본주의 세력과의 결탁 및 세력균형으로 유지되고 있는 사우디아라비아에서도 변화를 향한 움직임이 일고 있다. 사우디아라비아 동부 지역에 자리 잡은 시아파 주민들과 강경파 와하비 지도자들 사이의 대립이 심각해지고 있는 것이다. 사우디아라비아에서도 여성 인권과 시민적 자유를 주장하는 운동이 일고 있지만 사우디아라비아의 민주주의 문제는 서방의 주목을 받지 못하고 있다.

1994년에 통일되기 전, 남예멘은 공산정권이, 북예멘은 부족 엘리트가 지배해왔지만, 통일 후 예멘은 알리 압둘라 살레Ali Abduliah Saleh 대통령이 계속 집권해오고 있었다. 2008년에는 남부 예멘에서 지방자치를 요구하는 대규모 시위가 일어났다. 오늘날 예멘에는 보다 많은 자유를 원하는 근로자와 지식인, 그리고 세속적 민주주의를 신봉하는 사람들이 늘어나고 있다.

중동의 봄

이 책이 나온 후 중동 몇몇 나라에서는 민주화운동이 일어났다. 튀니지의 작은 도시에서 한 젊은이가 분신을 한 사건이 '중동의 봄'을 촉발시켰지만, 저자의 기대와는 달리 중동의 봄은 오래가지 못했고, 오직 튀니지에서만 성공했다.

2010년 12월 17일, 튀니지의 시디부지드라는 작은 도시의 거리에서 청과물 행상을 하던 스물여섯의 모하메드 부아지지Mohamed Bouazizi라는 젊은이가 경찰관에게 모욕을 당하자 분신을 한 사건이 발생했다. 이 소식이 전해지자 시디부지드에서는 정부에 항의하는 집회가 열렸고, 이듬해 1월 4일 그가 사망하자 튜니스를 포함한 여러 도시에서 반정부 시위가 열렸다. 1월 14일, 23년간 튀니지를 지배해온 벤 알리 대통령은 사우디아라비아로 망명했다. 2011년 10월에 열린 총선에서 그때까지 활동이 금지돼왔던 이슬람 근본주의 정당인 엔나다Ennahda Movement가 217석 중 90석을 차지하여 제1당이 되었고, 11월에는 인권변호사 출신의 몬세프 마르주키Moncef Marzouki가 대통령으로 선출되었다. 새 정부는 세속주의를 택했고 샤리아를 법으로 인정하지 않았다. 중동의 봄은 이렇게 튀니지가 첫 단추를 꿰는 것으로 시작했다.

2011년 1월 27일, 예멘의 산아에서 알리 압둘라 살레 대통령의 장기 독재에 항의하는 대규모 시위가 발생했다. 2월이 되자 시위는 산아뿐 아니라 에덴 등 여러 도시로 확산됐다. 시위대는 살레의 퇴진을 요구했고 정부군의 발포로 50여명이 사망했다. 5월 들어서 하시드부족연합의 수장이 살레의 사퇴를 요구하면서 시위는 과격해졌고 살레와 측근들이 부상을 입었다. 6월 4일, 살레는 사우디아라비아로 망명을 떠났고 부통령이던 압드라보 만수르 하디Abd-Rabbo Mansur Hadi가 임시 대통령에 취임했다. 2012년 2월 대선에서 하디는 대통령으로 선출됐다. 군출신이고 살레 아래에서 부통령을 지낸 하디가 대통령이 됨으로써 시민혁명은 사실상 실패한 것으로 평가됐다.

2011년 11월 25일, 이집트 대도시에서는 무바라크 대통령의 사임을 요구하는 시위가 일어났다. 카이로 도심에 있는 타히르광장에 수만 명이 모여 무바라크의 퇴진을 요구하는 시위를 벌인 것이다. 그 결과 2012년 2월 10일, 무바라크는 자신의 권한을 부통령에게 이양했고, 부통령은 정부 권한을 이집트 군사령부에 이양했다. 2012년 6월에 열린 대통령선거에서 무슬림형제단의 지지를 받는 무함마드 모르시가 당선되었으나, 새 정부가 이슬람 율법에 기초한 헌법안을 채택하려고 하자 또 다시 시위가 발생했다. 2013년 7월 3일, 군부 쿠데타가 일어나서 모르시를 축출한 뒤 치러진 2014년 5월 선거에서 쿠데타를 주도한 압둘팟타흐 시시 장군이 대통령으로 선출됐다. 이집트의 중산층은 이슬람 정권보다는 군부 정권을 선택한 것으로 해석되고 있다.

리비아에서도 2011년 2월 15일에 카다피 정부에 반대하는 시위가 일어났고, 2월 18일에 반정부 세력은 두 번째로 큰 도시인 벵가지를 장악했다. 2월 20일에는 수도인 트리폴리에서도 반정부 시위가 일어났고,

정부군과 반정부군 사이에 전투가 발생해서 수천 명이 사망했다. 그러자 3월 17일 유엔안보이사회는 리비아 개입을 결의했고, 미국, 영국, 프랑스의 전투기들이 리비아 정부군을 폭격하기 시작했다. 8월 들어 반정부군은 트리폴리를 장악했고, 카다피와 그를 지지하는 친위세력은 시르테와 사바 등 외곽으로 도피했다. 10월 20일, 반정부군은 시르테를 장악하고 카다피와 측근들을 사살했다. 이에 앞서 반카다피 세력은 연합체를 만들어서 새로운 리비아 정부는 민주적인 이슬람 국가를 지향한다고 발표했다. 2012년 7월 총선을 통해 국민연합이라는 회의체가 구성되어서 2014년 말까지 통치하도록 했다.

　아사드 부자가 철권통치를 해온 시리아에서도 시민혁명의 기운이 일었다. 2011년 3월, 시리아 남부의 다라에서 보안군이 정부를 비판한 청소년 열다섯 명을 체포하자 이에 항의하는 시위가 발생했다. 이어서 다마스쿠스, 알레포 등 전국에서 반정부 시위가 일어났다. 4월 18일, 10만 명의 시위대가 다마스쿠스 시내에서 바샤르 알아사드 대통령의 사임을 요구했다. 이 시위는 7월까지 계속되었고, 정부는 보안군을 동원하여 시위대를 탄압했다. 7월 31일, 시위가 벌어진 도시에 정부군 탱크가 진입해서 하루 동안 최소 136명이 사망한 사건이 발생했다. 그러자 알아사드 정권에 반대하는 자유시리아군Free Syrian Army이 조직되어 정부군과 곳곳에서 전투를 벌이는 내란이 일었다. 2012년 1월에는 자유시리아군이 다마스쿠스 외곽까지 진입해서 전투를 벌였으나 아사드가 공화국수비대를 보내서 다시 반격에 나섰다. 2월 3∼4일에는 정부군이 홈스에 대대적인 포격을 해서 민간인 수백 명이 죽고 다쳤다. 2012년 4월, 양측은 휴전에 들어갔으나 이후 전투가 다시 일어났다. 하지만 그해 5월 총선에서 바스당이 다수석을 차지하는 바람에 아사드는 권좌를 유지하는 데 일단 성공했다.

　반정부 시위에서 촉발된 시리아 내란은 2012년 여름부터 더욱 격화되었다. 친서방적인 자유시리아군 외에 친이슬람 반정부군 연합체인 이슬람전선Islamic Front이 정부군을 각기 공격하면서도, 동시에 서로를 공격하는 복잡한 양상이 나타난 것이다. 2012년 7월부터 2013년 4월까지는 반정부군이 대공세를 취해서 수도 다마스쿠스를 압박했다. 2013년 4월부터는 정부군이 헤즈볼라와 함께 반정부군에 대한 대대적인 반격에 나섰다. 이란과 러시아는 시리아 정부군에 무기를 공급했고 사우디아라비아, 카타르, 터키는 반정부군에 무기를 지원하는 대리전쟁의 모습을 띠게 됐다. 2013년 들어 IS가 시리아와 이라크에 세력을 확장하더니 시리아에서 다른 반정부군과 교전을 하기 시작했다. 2013년 7월 시리아 정부는 국토의 30~40퍼센트, 그리고 인구의 60퍼센트를 장악하는 데 그쳤다. 2014년 1월부터 반정부군과 IS 간의 전투가 치열해졌는데, IS가 전세戰勢를 장악하여 7월까지 시리아 전체 국토의 3분의 1을 점거하는 데 성공했다. 특히 IS는 시리아의 석유 생산 지역을 장악해서 전략적 우위를 확보했다. 2014년 7월까지 시리아 내란 사태로 사망한 사람은 19만 명이 넘는 것으로 추산되고 있다. 시민적 자유를 요구하는 반정부 시위로 시작된 시리아 사태는 이제 중동권 전체를 뒤흔드는 폭발력을 갖게 되었다.

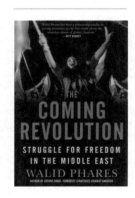

022

추락하고 있는
사우디아라비아

캐런 엘리엇 하우스Karen Elliott House,
《사우디아라비아: 사람들, 과거, 종교, 단층선, 그리고 미래
On Saudi Arabia: Its People, Past, Religion, Fault Lines-and Future》
(Alfred A. Knopf, 2012)

   석유 자원이 풍부해서 부자 나라로 알려져 있는 사우디아라비아가
스스로를 개혁하지 못한다면 '실패한 국가'가 되어 전 세계에 큰 영향을
미칠 것이라는 관측이 서서히 힘을 얻고 있다.

   《월스트리트 저널》의 특파원과 편집인으로서 지난 30년 동안 사우
디아라비아를 취재하고 관찰해온 캐런 엘리엇 하우스가 낸 이 책도 그
런 메시지를 담고 있다. 저자는 종교가 거대한 제약으로 작용하는 사회
에 살고 있는 사우디아라비아 사람들의 생각과 삶에서 시작하여, 한계
에 이른 사우디아라비아의 왕정 체제 및 그들과 미국과의 운명적 관계
에 이르는 많은 문제를 담담하게 풀어내고 있다. 오늘날 많은 사우디아
라비아 사람들은 인터넷 등으로 외부 소식을 접하고 있으며, 자기 나라
를 방탕한 왕자들과 근본주의 종교인들의 '불신성한 연합Unholy Alliance'

으로 보고 있다면서, 나이 많은 왕자들이 통치하는 사우디아라비아는 늙은 소비에트 정치국 위원들이 나라를 운영했던 1980년대 소련과 닮았다고 지적한다.

사우디아라비아 왕국을 창건한 이븐사우드Ibn Saūd는 영국의 힘을 빌려서 다른 부족을 장악하여 사우드 가문이 통치하는 나라를 세웠다. 이븐사우드 국왕과 그 후계자들은 왕국 내의 많은 세력을 분리해서 통치하고, 돈으로 충성을 사고, 종교를 통해 국민을 억압하는 방식으로 사우디아라비아를 지배해왔다. 사우디아라비아 왕가는 국민들에게 복종하고 살든가 반발에 대해 참혹한 보복을 당하든가 둘 중 하나를 선택하도록 강요했다. 사우디아라비아는 막대한 석유 수입을 기반으로 거대한 복지 국가를 건설했다. 국민들은 세금을 내지 않으며 무상으로 의료, 교육 등의 많은 서비스를 제공받고 있다. 하지만 국가가 제공하는 서비스는 부실하기 짝이 없는데, 특히 교육 서비스가 그렇다. 또한 이슬람 교리로 인해 여성은 교육을 받아도 할 일이 없다.

2009년과 2011년에 제다 지역을 강타한 홍수로 하천과 도시 하수가 범람하여 큰 피해가 나자 사우디아라비아 정부의 무능과 부패가 알려졌다. 1979년에 메카의 그랜드모스크에서 일어난 무력 점거 사건도 사우디아라비아 경찰이 진압하지 못해서 프랑스 특공대를 불러들여 진압했다. 사담 후세인이 쿠웨이트를 점거하자 불안한 사우디아라비아 정부는 미군을 영토 내에 주둔시켜야만 했다. 사우디아라비아 정부는 소련 치하에서 싸우던 아프가니스탄 민병대에 많은 지원을 하여 과격 이슬람 세력을 키웠는데, 이제는 이런 세력이 사우디아라비아 왕가를 위협하고 있는 셈이다.

사우디아라비아 국민들에게 깊숙이 파고들어 있는 이슬람의 힘은 외부인으로서는 이해하기 어렵다. 코란에 쓰여 있는 이슬람 교리와 실제 사우디아라비아 왕국에서 행해지는 이슬람의 관행 사이에는 큰 괴리가 있으며, 이로 인해 사우디아라비아 이슬람 체제의 신뢰성이 도전받고 있다. 사우디아라비아 왕가는 개혁을 희구하는 세력은 물론이고 이슬람 근본주의 세력으로부터도 도전을 받고 있다. 사우디아라비아는 전체 인구의 38퍼센트에 해당하는 980만 명이 인터넷을 이용하며, 25퍼센트에 해당하는 510만 명이 페이스북을 이용한다. 젊은 남성이 주된 사용자인 페이스북에는 주로 사적인 토론 내용이 많지만, 두 차례 홍수 피해 때처럼 어떤 사건이 발생하면 정치적이거나 사회적인 이슈에 불이 붙을 수 있다.

사우디아라비아는 서로를 의심하고 서로를 두려워하는 여러 부족, 여러 지역 그리고 여러 이슬람 분파의 연합체이다. 근본주의적인 와하비 이슬람이 사우디아라비아의 주축이지만 석유가 많이 나는 동부의 시아파, 제다 지역의 수피파, 그리고 빈곤한 남부의 이스말리파는 수니파 와하비의 패권을 싫어한다. 2006년 주식시장 폭락 이후 몰락한 사우디아라비아 중산층은 빈곤층과 부유층 사이에서 현실에 대한 불만과 공포를 갖고 있다. 여성 문제는 개화파와 수구파 사이의 갈등을 가장 잘 보여주고 있다. 1970년대부터 사우디아라비아 여성들은 고등학교와 대학교를 다니게 됐고, 오늘날 사우디아라비아 대학 졸업생의 60퍼센트는 여성이다. 하지만 대학을 졸업한 그 여성들 대부분이 집안에 머무는 것이 현실이다. 사우디아라비아는 여성을 보호한다는 명분으로 여성의 운전을 금지하고 있다. 1990년 말, 일단의 여성들이 차를 몰고 다닌 사건은 파문을 일으켰지만 이슬람교단의 "여성이 운전을 하면 사회가 파괴된다"는 종전 입장을 재확인했을 뿐이다.

이미 인터넷으로 외부 세계를 접한 사우디아라비아의 젊은이들은 희망도 없고 영화나 음악도 없는 지루한 생활에 염증을 느끼고 있다. 젊은이들이 차를 과속으로 모는 것도 이와 관련이 있는데, 그 결과 교통사고가 사망 원인 1위를 차지한다.

사우디아라비아왕국을 건립한 이븐사우드는 아들 마흔네 명과 셀 수도 없이 많은 딸을 낳았다. 그의 왕자들도 그 못지않게 많은 아들과 딸을 낳았고, 이로 인해 오늘날 사우디아라비아에는 이븐사우드의 아들, 손자, 증손자 등 수천 명에 달하는 왕자가 있다. 이븐사우드의 형제의 후손까지 합치면 그 숫자는 수만 명에 이른다. 지구 상에 이런 규모의 왕족을 거느린 나라는 없는데, 대규모 왕족은 국가에 부담을 주는 특권층이 돼버렸다. 왕자가 너무 많다 보니 정부나 정부 관련 기업에서 일자리를 얻지 못하는 경우도 많고, 3세대 왕자는 매월 1만 9,000달러를 생활비로 받고 있다. 수많은 왕자들 중 사우디아라비아 정보부장을 오랫동안 지낸 투르키 왕자 등 몇 명만이 서방에 잘 알려져 있다.

사우디아라비아는 1960년대에 들어서 공교육을 시작했다. 하지만 사우디아라비아의 교육은 종교의 비중이 크고 암기 위주로 이루어진다. 사우디아라비아 학생들은 학교에서 와하비 근본주의에 대한 세뇌를 받는다고 해도 과언이 아니다. 1980년대 초에 사우디아라비아는 많은 학생들을 미국 대학에 보냈지만 이슬람교단의 항의를 받고 그 규모를 축소했다. 석유 자원 이후의 국가 생존을 걱정한 압둘라 빈 압둘 아지즈Abdullah bin Abdul-Aziz 국왕은 2011년에 학생 10만 명을 미국, 유럽, 아시아 등지로 유학 보냈다. 그는 또한 압둘라과학기술대학Abdullah University of Science &Technology, KAUST을 설립하고 초대 총장에 싱가포르 국적의 학자를 초빙하기도 했다.

사우디아라비아에 살고 있는 세 사람 중 한 명은 외국인이며, 직업을 갖고 있는 세 사람 중 두 명은 외국인이다. 특히 사우디아라비아의 민간 부분에서 일하는 근로자 열 명 중 아홉 명이 외국인이다. 사우디아라비아의 가정에는 일하지 않고 또한 일에 관심이 없는 성인 남성이 많다. 사우디아라비아의 국민들은 마치 호텔에 투숙한 손님과 같다. 사우디아라비아 국적을 갖고 태어나는 순간 호텔에 투숙해서 방에 처박혀 있고, 외국인 노동자들에게 서비스를 요구할 뿐이다. 저임금 외국인 노동자가 없이는 사회가 돌아가지 않을 정도이고, 국내총생산의 60퍼센트는 아람코 등 국영기업으로부터 나온다. 이 나라에 경쟁이란 존재하지 않으며, 이곳 사람들은 시장경제를 알지 못한다. 사우디아라비아 국민 중에도 빈민이 많고, 그 숫자는 늘어가고 있으며, 전체 가정의 40퍼센트가 월 850달러 미만으로 살아가고 있다. 국가가 교육과 의료를 책임지고 휘발유 가격이 물값보다 싸더라도 월 850달러로 생활하기는 어려운 것이 현실이다. 남편이 없는 여성이 가장 빈곤한 층에 속한다.

9.11 테러범 중에 사우디아라비아 국적을 가진 이가 제일 많다는 사실은 미국은 물론이고 사우디아라비아 정부에도 충격을 주었다. 알카에다에 지원하는 사우디아라비아 젊은이들은 종교적인 이유 못지않게 너무나 지루한 생활에서 탈출하기 위해 그러는 경우가 많다고 한다. 정부는 관타나모 수용소에 잡혀 있다가 석방되어 본국으로 돌아온 이들을 교화시키기 위한 교육 프로그램을 운영했다.

오늘날 사우디아라비아에서 가장 큰 문제는 왕위 계승이다. 이븐사우드 국왕의 아들들이 순차적으로 왕위를 이어왔는데, 현 압둘라 국왕은 나이가 89세이다. 이븐사우드 국왕의 뒤를 이어 왕위에 오른 사우드Saud bin Abdul-Aziz Al Saud 국왕은 상상을 초월하는 사치와 낭비로 사우디아라비아를 파산으로 몰고갔고, 이를 보다 못한 왕자들이 현명한 파이살 왕자

　　　　　　　　　　　　　　　　　　　　　공부하는 보수

를 새 국왕으로 옹립했다. 파이살 국왕은 1973년에 석유 수출 금지 조치를 취해서 유명해졌는데, 1975년에 조카에게 암살당했다.

2011년 중동의 봄으로 이집트의 무바라크 정권이 붕괴하자 사우디아라비아 왕가는 충격에 빠졌다. 시아파인 이란이 이라크, 시리아, 레바논 등지에서 영향력을 확대해가고 있으며, 이란의 지원을 받는 하마스와 헤즈볼라의 세력이 커진 것도 사우디아라비아를 불안하게 하고 있다. 사우디아라비아의 생명줄인 유전은 동쪽에 있어서 이란과 가깝다. 이는 이란이 마음만 먹으면 48시간 내에 사우디아라비아의 유전 지대를 장악할 수 있다는 말이다. 사우디아라비아의 석유 생산은 아마도 이미 감소 추세에 들어갔을 것이며, 저장량에도 한계가 있다고 평가된다. 사우디아라비아가 국내에서 소비하는 석유량도 급격히 증가하고 있어서 사우디아라비아는 경제를 다변화해야 할 필요가 있다. 석유를 수입해야 하는 미국은 그들이 현상 유지해주기를 기대하지만, 사우디아라비아 내에서 급격한 변화가 일어날 가능성도 배제할 수 없기에 미국이 현상 유지에 매달리는 것도 현명치 못하다. 여러 가지 심각한 문제에 시달리고 있는 사우디아라비아가 추락을 면할 수 있을지는 알 길이 없다.

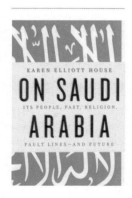

023

이스라엘 vs. 이란

야코브 카츠·요아즈 헨델Yaakov Katz·Yoaz Hendel,
《이스라엘 대 이란: 그림자 전쟁Israel vs. Iran: The Shadow War》
(Potomac Books, 2012)

만약 3차대전이 일어난다면 이는 이스라엘과 이란의 전쟁에서 촉발될 것이라는 관측이 적지 않다. 이란이 핵무기를 확보하게 되면 이스라엘은 이를 그대로 두고 볼 수 없기 때문에 두 나라 간 전면전이 벌어질 가능성이 있다는 것이다. 이스라엘의 군사 문제를 다루어온 기자와 연구자가 펴낸 이 책은 이스라엘과 이란 간의 적대 관계를 설명하고 있다. 두 나라는 '그림자 전쟁Shadow War'을 오래 전부터 해왔는데, 이제는 '최후의 전쟁'이 벌어질 가능성이 많다고 저자들은 조심스럽게 말한다.

레바논전쟁을 통해 알게 된 것

2000년에 이스라엘 군대가 남부 레바논에서 철수한 후 남부 레바논

공부하는 보수

은 헤즈볼라가 장악했다. 헤즈볼라는 이란으로부터 군사적·재정적 원조를 받았다. 2006년 7월, 이스라엘방위군은 남부 레바논 접경지대로 진입했는데, 그 과정에서 이스라엘 예비군 장병 두 명이 납치되고 이스라엘의 주력 전차인 메르카바탱크 한 대가 파괴됐다. 제2차 레바논전쟁에서 이스라엘방위군은 전과 달리 고전을 면치 못했다. 이스라엘방위군이 도시 게릴라 전투 등 대테러 전략에 치중하고 정규전 대비에 소홀했기 때문이다. 유엔의 중재로 휴전이 이루어진 후 올메르트 이스라엘 총리는 전쟁에 관한 조사를 벌이도록 지시했다. 비판적인 여론을 잠재우기 위해 아미르 페레츠Amir Peretz 국방장관이 사임하고 에후드 바라크가 새로이 국방장관이 됐다. 2006년 전쟁으로 인해 이스라엘은 그들이 이란을 상대로 전쟁을 하고 있다는 것을 알게 됐다.

이란은 2006년 전쟁의 결과에 대해 실망했는데, 그 이유는 이란이 헤즈볼라에 공여한 장거리미사일의 90퍼센트가 이스라엘 공군에 의해 파괴됐기 때문이다. 하지만 헤즈볼라가 입은 피해는 이란에 의해 곧 복구되었다. 이스라엘 정보 당국은 2012년에 헤즈볼라가 이스라엘을 타격할 수 있는 각종 로켓 5만에서 6만 기基, 전투원 3만 명을 남부 레바논에 배치하고 있다고 판단했다. 이란이 공급한 스커드미사일과 다연장 로켓인 카츄사로켓은 시리아를 통해 헤즈볼라의 본거지인 레바논 베카밸리로 유입되고 있었다. 이스라엘과 이란은 이미 전쟁 중이었다.

이스라엘은 미사일과 로켓 기지를 전쟁 초기에 공군력으로 섬멸하는 전략을 갖고 있었다. 이스라엘 공군은 2006년 전쟁에서도 개전 첫날 30분 만에 이란이 남부 레바논에 공급한 미사일과 로켓 포대의 대부분을 파괴한 전적戰績을 갖고 있다. 독자적인 군사위성을 통한 정밀한 GPS 정찰 기능, 그리고 정교한 스마트폭탄을 이용해서 미공군보다 몇 배나 정확하게 폭격을 했던 것이다. 오늘날 이스라엘을 위협하는 미사일과 로켓은 시리아에 가장 많이 배치되어 있다. 하지만 이스라엘에 대한 가장 큰 위협은 핵폭탄을 개발해서 장거리미사일에 탑재하려는 이란이다.

시리아 원자로 폭파 작전

1981년 6월, 이스라엘 공군의 F-16 편대는 이라크가 건설 중인 오시라크 원자로를 대담하게 폭격해서 파괴했다. 그리고 2000년 이후 이스라엘은 시리아가 건설 중인 원자로를 파괴하는 방안을 검토하게 되었다. 미국과 이스라엘의 정보기관은 평양과 시리아 동북부 알키바르 간 통화량 증가를 주의 깊게 보고 있었다. 이스라엘 정보부인 모사드Mossad는 런던 출장 중인 시리아 정부 요원의 노트북에 트로이 목마 프로그램을 심는 데 성공했다. 이렇게 해서 시리아 정부 내의 통신을 감청한 결과 이스라엘은 시리아가 원자로를 건설하고 있으며, 공사가 많이 진척되었다는 것을 알게 됐다. 북한은 시리아에게 중거리미사일 건조 기술을 전수한 것에 이어서 원자로 건설도 돕고 있었으며, 이란과 시리아 그리고 북한이 긴밀하게 협력하고 있었던 것이다. 시리아는 또한 생화학무기도 개발하고 있었다. 이스라엘은 이런 문제를 간과할 수가 없었다.

2005년에는 이란의 핵 과학자가 다마스쿠스를 방문했다는 소문이 돌았고, 이어서 이란 대통령 아마디네자드가 다마스쿠스를 공식 방문했다. 이에 모사드는 이란, 시리아, 그리고 북한 간의 커넥션을 최우선 문제로 생각하고 상황을 추적했다. 2007년 5월, 모사드의 메이어 다간Meir Dagan 국장은 비밀리에 백악관과 CIA 본부를 방문하여 "시리아의 원자로가 곧 가동에 들어가며 이를 중단시켜야 한다"고 미 당국자들을 설득했

공부하는 보수

다. 올메르트 총리는 부시 대통령에게 "이스라엘은 시리아 원자로를 폭파할 것이며, 이와 관련해 미국에 승인을 요청하지는 않는다"고 하면서, 공격에 대한 양해를 통보했다. 그리고 부시 대통령은 이를 수용했다.

이스라엘은 그들이 시리아의 원자로를 폭파하면 시리아 정부가 어떻게 대응할지에 대해 연구했다. 당시 시리아는 텔아비브를 공격할 수 있는 미사일 330기를 갖고 있었다. 이스라엘은 시리아의 원자로 건설에 대한 보다 확실한 증거를 필요로 했다. 이스라엘은 특공대를 원자로가 있는 알키바르에 침투시켜 토양 샘플을 채취하는 데 성공했다. 토양은 높은 방사능을 띠고 있었다. 2007년 9월 5일, 그간 극비리에 모의 폭격 연습을 마친 이스라엘 공군 F-15 전폭기 열 대가 발진했다. 사령부는 F-15 세 대는 회항해서 만일의 사태에 대비하도록 했고, 나머지 일곱 대는 시리아 영공에 진입하게 했다. 이들은 우선 레이더기지를 파괴했고, 이어서 네 대가 개당 0.5톤이나 되는 AGM-65 폭탄을 투하하여 원자로를 완전히 파괴했다. 작전에 참가한 전투기 열 대는 모두 기지에 무사히 돌아왔고, 사령부는 조용히 축배를 들었다. 골란고원에 배치된 이스라엘군은 만약의 사태를 대비하여 초비상 상태였지만 시리아 정부는 아무런 반응을 보이지 않았다. 백악관은 2008년 4월에야 침묵을 깨고 시리아 원자로 폭파 사실을 확인했다.

그림자 전쟁

이스라엘은 이란이 핵폭탄을 개발하면 이를 장거리미사일에 탑재하는 것 외에도 소형화하여 테러리스트들을 이스라엘에 침투시켜 폭파할 수 있다고 판단했다. 그래서 CIA와 모사드는 이란의 핵 무장을 지연시키기 위해 모든 수단을 동원했다. 1983년 레바논에서 일어난 폭탄테러의 범인으로 지목된 이마드 무그니에Imad Mughniyeh가 2008년 2월 다마스쿠스에 있는 이란 문화센터를 방문하던 중 차량 폭발로 사망했다. 그는 헤즈볼라에서 중요한 역할을 했기에 이 암살은 모사드의 개가로 여겨졌다. 2010년 1월에는 두바이를 방문 중이던 하마스의 고위급 간부인 마무드 알마부Mahmoud al-Mabhouh가 역시 모사드 요원에 의해 암살됐다.

모사드의 다간 국장은 "이란의 핵 무장을 막는 것이 최우선 과제"라고 선포했다. 그러더니 이란의 핵 과학자들이 별안간 사라지고 유럽의 창고 속에 보관되어 있던 이란행 화물이 불타는 일이 빈번하게 일어났다. 2010년 11월에는 이란에 침투한 모사드 요원들에 의해 이란의 가장 중요한 핵 과학자인 마지드 샤리아리Majid Shahriari가 테헤란 도심에서 차량 폭발로 사망했고, 또 다른 과학자가 간신히 폭발을 피해 도망간 사건이 발생했다. 또한 이스라엘은 고도의 사이버테러를 감행하여 이란의 핵 개발을 2년간 늦추는 데 성공했다. CIA와 모사드는 이란의 고위 장성을 포섭해서 정보를 빼내는 데도 성공했다.

이스라엘과 하마스

2006년 1월, 팔레스타인자치기구 선거에서 강경파인 하마스가 온건파인 파타를 누르고 의회의 다수석을 장악했다. 다음해 여름, 하마스는 가자지구를 장악하고 파타 당원들을 학살했다. 팔레스타인자치기구 대통령 마무드 아바스Mahmoud Abbas는 이스라엘에 하마스를 공격해달라고 비밀리에 부탁했다. 2008년 11월, 이스라엘방위군은 '납 주물 작전Operation Cast Lead'이라고 부르는 가자지구 침공 작전을 개시했고, 이스라엘방위군은 전격적으로 가자지구에 진입했다. 2005년 여름 이스라엘이 가자지구에서 일방적으로 철수한 후 3년 만에 다시 가자에 진입한 것이었다.

2005년에 이스라엘이 가자에서 철군하자마자 가자는 하마스의 수중에 들어갔다. 하마스는 가자에서 카쌈로켓을 조립하여 이스라엘 남부 지역을 위협했다. 하마스는 가자지구에서 파타가 갖고 있던 1만 명 규모의 경찰 조직을 장악했고, 또한 1만 명 규모의 중무장한 카쌈 여단도 확보할 수 있었다. 작전 개시 첫날 이스라엘 공군기들은 카쌈 여단과 가자 경찰의 주요 기지를 폭격해서 파괴했다. 하마스가 이집트 영토인 시나이반도에 로켓 부품 조제 시설을 만들어서 가자로 반입하여 조립했다는 사실도 드러났다. 또한 하마스는 이스라엘로 향하는 많은 터널을 민간 지역 지하에 건설해서 유사시에 사용할 수 있게 만들었다. 가자에 진입한 이스라엘방위군은 터널 곳곳에서 로켓, 부비 트랩, 그리고 대공미사일을 다량으로 노획해 두었다.

이처럼 하마스도 이란의 대리인으로서 이스라엘을 상대로 한 전쟁을 하고 있었다. 이란 정부는 테헤란에서 멀리 않은 곳에 테러리스트 훈련 시설을 상시 운영하면서 헤즈볼라, 하마스, 이슬람 지하드 대원 및 이라크 반군과 아프가니스탄 탈레반을 훈련시키고 있었다. 하마스가 이스라엘군에 로켓 공격으로 대응하자, 12월 27일 이스라엘 공군기들은 두 차례에 걸쳐 공습을 단행하여 미리 선정한 170개 목표물에 스마트폭탄을 명중시켰다. 이스라엘방위군은 이 공습으로 하마스 대원 270명이 죽고 700명 이상이 부상을 당했다고 발표했다. 이스라엘 공군의 정밀폭격으로 인해 이란이 하마스에 지원한 막대한 군사적 자산은 순식간에 파괴되고 말았던 것이다.

무기 공급을 끊어라

2002년 1월, 이스라엘 해군은 특공대를 실은 쾌속정단을 홍해로 보내서 항해 중인 화물선 카린 A호를 정지시키고 수색했다. 특공대는 화물로 위장된 무기를 수톤 발견하고 압수했다. 이 선박이 이란 항구에서 무기를 싣고 떠나 하마스에 전달하려 한다는 모사드의 정보가 맞았던 것이다. 2009년 11월에는 이집트를 출발해서 북쪽으로 향하던 화물선 프랑코호를 이스라엘 해군 특공대가 수색해서 카린 A호에 실려 있던 것보다 열 배나 많은 무기를 압수했다. 이스라엘 해군은 모사드와 협력해서 하마스와 헤즈볼라에 해상 루트로 공급되는 무기를 차단하고 있는데, 이 무기들은 대부분 이란에서 만들어진 것들이다. 헤즈볼라와 하마스는 2006년과 2008년 전쟁을 통해 상실한 무기를 신속하게 회복했는데, 이는 이란이 해상을 통해 무기를 공급하기 때문임이 밝혀진 것이다.

터키도 자국 항구나 공항을 거쳐 이란에서 레바논 혹은 이집트로 향하는 의심스런 화물을 묵인하고 있다. 에르도안 총리가 이끄는 친이슬람 정권이 들어선 후에 생긴 현상이다. 이란에서 수단과 에르트리아를 거치는 우회 수송로도 이용되고 있다. 2009년 1월, 이스라엘의 무인공격기는 수단을 지나는 수송 차량 행렬을 공격하여 파괴했는데, 이 차량들은 이란에서 이집트로 보낸 장거리로켓을 적재하고 있었다. 저자는 이스라엘 당국의 이 같은 노력에도 불구하고 이란이 헤즈볼라와 하마스에 보내는 무기의 일부만 적발되고 있을 뿐이라고 말한다.

이란은 경우가 다르다

1991년 걸프전쟁 전까지 이스라엘은 이라크를 자신들에 대한 가장 큰 위험으로 생각했다. 하지만 1993년 들어서 라빈 총리는 "이란은 이스라엘에 대한 가장 큰 위협"이라고 천명했다. 이스라엘은 이라크와 시리아의 원자로를 폭파하는 데 성공했는데, 이에 대해 이라크와 시리아는 보복 공격을 하지 않았다. 그러나 이란의 핵 시설을 공격하는 것은 이라크나 시리아의 경우와는 다르다. 이라크와 시리아의 핵 시설은 지상에 있었고 방공 시설이 없었다. 반면 이란의 핵 시설은 여러 곳의 지하에 설치되어 있고 방공 시설도 갖추고 있다. 이스라엘로서도 이란을 공격하기는 쉽지 않으며, 설혹 공격에 성공한다고 하더라도 이란이 가만히 있을 리도 없다. 그런 상황이 닥치면 이란은 헤즈볼라와 하마스로 하여금 이스라엘을 공격하라고 지시할 것이 분명하기 때문이다.

저자들은 이란이 핵무기를 손에 넣게 되면 어떻게 할 것인가에 대해서는 진단이 엇갈린다고 말한다. 우선 이란이 핵무기를 갖게 되면 결국 이스라엘을 파괴하기 위해 사용할 것이라고 보는 견해가 있다. 반면 핵무기를 갖게 된 이란은 이를 지렛대로 중동 전역에 자신들의 영향력을 증대시킬 것이라고 보는 견해가 있다. 이와 관련해 로버트 게이츠 전 미국방장관은 "핵무기를 갖고 있는 파키스탄, 러시아, 그리고 이스라엘에 포위되어 있는 이란은 자국의 핵무기를 억제력으로 사용할 것"이라고 말한 바 있다.

이스라엘은 이라크 핵 시설을 공격할 때 미국에 알리지 않았고, 시리아 핵 시설을 공격할 때에는 미국에 사전 통보를 했을 뿐 동의를 구하지는 않았다. 하지만 이스라엘이 이란을 공격하려 한다면 미국의 도움을 받지 않을 수 없다. 이스라엘은 2004년까지 F-16I 전투기 102대를 신규로 구입해서 이스라엘 공군은 F-16 기종을 362대나 보유하게 되었다. 장거리 폭격이 가능한 신형 F-16I은 기존의 F-15I와 더불어 이스라엘 공군의 주축을 이루고 있다.

이스라엘의 국방 전략가들은 조지 W. 부시가 이란에 대해 자신들의 견해에 부합하는 어떤 조치를 취하고 퇴임할 것이라 기대했지만 그들의 기대는 어긋났다. 부시는 이스라엘이 요청한 벙커버스터폭탄과 공중급유기를 이스라엘에 판매하기를 거부했을뿐더러 이라크 영공을 지나게 해달라는 요청도 거부했다. 하지만 부시는 최신형 방공 레이더 설치를 허락하여, 오늘날 네게브 사막에서는 이란이 쏜 미사일을 5분에서 7분가량 앞서 포착할 수 있게 되었다.

이스라엘 공군이 이란의 핵 시설을 파괴하려 한다면 큰 대가를 치를 것이라는 평가도 있다. 이스라엘 공군의 한 장성은 다섯 곳에 분산 배치되어 있으며 방공 시설로 보호받고 있는 이란의 핵 시설을 파괴하는 작전을 수행하면 이스라엘 공군기의 3분의 1을 잃어버릴 가능성이 있다고 말했다. 뿐만 아니라 그런 공격은 중동 전역에서 3차대전을 촉발할 수도 있다. 이란은 네게브 사막 한복판 디모나에 위치한 이스라엘의 핵 시설을 타격할 수 있는 탄도미사일을 보유하고 있다. 이스라엘이 이란을 향한 선제공격에 성공한다고 해도 이란은 이스라엘에 대한 미사일 공격을 감행하고, 헤즈볼라와 하마스 등 테러집단에 총동원령을 내릴 것이다.

저자는 이스라엘이 이란을 공격하지 않는다면 이란은 결국 핵무기를 보유하게 될 것이며, 이스라엘은 이란의 핵 위협하에 살아가야 할 것이라고 말한다. 이는 곧 이스라엘 국민들이 자신들의 안전에 대해 확신을 상실하는 것을 의미한다. 그렇게 되면 이스라엘의 경제는 취약해질 것이고, 고토故土에 유대 국가를 세운다는 시오니즘의 이상도 어두워지는 것이다.

국방과 정보 분야의 전문가인 저자들은 이란의 핵 무장을 제거하기 위해서는 대가를 지불할 준비를 해야 한다고 말한다. 그리고 그렇게 하지 않을 경우에는 더 큰 대가를 치르게 될 것이라고 경고하고 있다. 하지만 전쟁은 그리 간단한 문제가 아니고, 더구나 이라크전쟁에서 실패한 미국이 이란 문제에 대한 영향력을 상실해버린 이 상황에서 이스라엘이 과연 단독으로 이란을 공격할 수 있을지는 의문이다. 물론 이란에서 변화가 일어난다면 문제는 해결되겠지만 그럴 가능성은 희박하다.

024

무슬림형제단,
그들은 누구의 형제인가

에릭 스테이클벡Erick Stakelbeck,
《무슬림형제단: 미국의 다음번 큰 적
The Brotherhood: America's Next Great Enemy》(Regnery Publishing, 2013)

오늘날 세계에서 가장 강력하고 위협적인 정치적 조직을 꼽는다면 아마도 무슬림형제단이 될 것이다. 중동에서 일어난 시민혁명에서 야기된 혼란을 틈타 그 세력을 급속히 늘려나간 무슬림형제단은 단순한 정치적 조직이 아니라는 데 문제가 있다. 무슬림형제단을 해부한 이 책의 저자 에릭 스테이클벡은 2011년에《이웃의 테러리스트*The Terrorist Next Door*》를 펴내서 주목을 받았다. 그는 과격한 이슬람 세력이 미국에 급속하게 침투하고 있으며 오바마 행정부가 이를 조장하고 있다고 주장했다. 저자는 자신의 두 번째 책인 이 책에서 이집트, 튀니지, 리비아 등 북아프리카 국가에서 일어난 '중동의 봄'은 결국 무슬림형제단이라는 과격 단체의 영향력을 증대시켰을 뿐이며, 이 조직이 미국에서도 세력을 키워가고 있다고 경고한다.

저자는 유럽과 미국의 정책 결정자들이 이슬람 세력에 대해 너무 순진하다고 지적한다. 2011년부터 튀니지, 리비아 등에서 일어난 "중동의 봄으로 인해 알카에다가 쇠퇴할 것"이라든가, "무슬림형제단은 테러에 반대한다"고 말하는 사람이 많은데, 이는 냉엄한 현실을 보지 못한 것이라는 주장이다. 이집트, 튀니지, 모로코에서는 무슬림형제단 세력 정당이 집권을 했고, 리비아에서는 무슬림 세력이 중앙정부를 위협하고 있다. 2012년 9월 11일, 리비아 벵가지에서는 이들이 미국 영사관을 공격하여 미국 대사 등 미국인 네 명이 사망했다. 내전 중인 시리아에서도 바샤르 알아사드 대통령이 무너지면 무슬림형제단 세력이 집권할 것으로 예상되고 있다.

1928년 이집트의 항구도시 이스말리아에서 하산 알반나에 의해 창설된 무슬림형제단은 사우디아라비아의 와화비즘과 같이 '서방을 적대시하고 이슬람 교리를 그대로 시행하자'는 주장을 내세웠다. 이집트는 무슬림형제단을 불법 단체로 규정하고 탄압했지만 형제단은 지하조직으로 세력을 불렸고, 종교와 표현의 자유가 보장되는 유럽과 미국에도 지부를 세웠다. 특히 형제단은 북미이슬람협회ISNA, 무슬림학생회MSA 같은 합법적인 단체를 통해서 미국 정치권에 로비를 하고 대학에 진지를 구축하는 데 성공했다. 오바마 행정부가 들어선 후에 ISNA는 백악관과 접촉을 하는 등 영향력을 키웠다.

생부와 양부가 모두 무슬림인 오바마는 무슬림형제단을 온건하고 평화적인 종교 단체로 생각하고 있다. 오바마는 "토머스 제퍼슨Thomas Jefferson이 코란을 갖고 있었듯이 (…) 이슬람은 미국 역사의 일부"라고 말한 적이 있다. 하지만 제퍼슨 대통령은 북아프리카에 기지를 두고 대서양에 출몰하는 무슬림 해적을 진압하기 위해 해병대를 파견하면서 도대체 그들이 어떤 부류인가를 알아보기 위해 코란을 읽어보았을 뿐이다.

지난 수십 년 동안 무슬림형제단이 유럽과 미국에서 벌인 홍보전은 효과를 발휘했다. 알반나의 손자인 타리끄 라마단Tariq Ramadan은 옥스퍼드대학의 이슬람학 교수가 되어 유럽의 진보좌파들과 손잡고 영향력을 키워나갔다. 라마단은 이슬람이 평화적인 종교이며 유럽은 이슬람과 화합해서 지낼 수 있다는 메시지를 전하면서 일약 '문화의 아이콘'으로 등장했다. 이슬람을 홍보하는 책을 여러 권 써낸 라마단의 거짓말을 보다 못한 프랑스의 젊은 여성 언론인이자 페미니스트인 카롤린 푸레Caroline Fourest는 그의 위선을 폭로하는 책《형제 타리크Brother Tariq》를 펴내기도 했다.

무슬림형제단은 1930년대에 나치 독일과 결탁해서 연합군과 싸웠고, 2차대전 후에는 이스라엘 건국을 막기 위해 아랍 군대와 함께 유대인 민병대와 싸웠다. 그 후에도 형제단은 미국과 이스라엘을 사라져야 할 사탄으로 규정하고 테러를 조장해왔다. 그럼에도 이런 사실을 이해하고 문제의식을 가지는 정치인은 드물다. 무슬림형제단은 북미 곳곳에 모스크를 세웠고 많은 이슬람 성직자들이 설교를 하도록 했다. 이들의 설교는 적대감을 키우고 폭력을 조장하는 내용이 많지만, 종교의 자유가 두텁게 보장되는 미국에서는 이를 억제할 방도가 없다. 오마르 압델-라만이라는 앞을 못 보는 이슬람 지도자는 1993년 세계무역센터 폭발물 테러와 1995년 맨해튼 동시 폭파테러 시도 혐의로 종신형을 선고받고 복역 중이다. 그럼에도 오바마 정부의 국가정보국장 제임스 클래퍼James R. Clapper는 "형제단이 미국의 평화봉사단 같은 조직"이라고 2011년 의회 청문회에서 진술했다.

무슬림형제단에 대해 미국의 최고 정책 결정자들이 안이한 생각을 하는 이유는 분명하다. 알카에다가 과격한 테러에 의존하는 데 비해 형제단은 서서히 침투하는 전략을 구사하는 덕분에 위험에 대한 인식이 즉각적이지 않기 때문이다. 그러나 저자는 알카에다가 무슬림형제단이라는 토양에서 성장한 집단이기 때문에 이런 인식은 위험하다고 말한다. 오사마 빈라덴과 함께 알카에다를 이끌어온 이집트 출신의 아이만 알자와히리는 열네 살 때 무슬림형제단에 가입해서 활동하다가 이슬람 지하드라는 단체를 만들었고 나중에 빈라덴과 만나 알카에다에 합류했다. 9.11 테러를 직접 실행한 모하메드 아타 등도 무슬림형제단 출신이다. 이처럼 무슬림형제단은 테러리스트를 배출하는 요람인 셈이다.

이슬람 국가 중 세속주의를 지켜왔던 터키에서도 이슬람 근본주의는 세력을 키우고 있다. 에르도안이 이끄는 정의개발당이 집권에 성공해서 터키의 국내외 정책이 급격하게 변하고 있다. 이렇게 되면 터키가 나토 회원국으로서의 의무를 할지도 의문이고, 미국과의 관계에도 변화가 생길 것으로 우려되고 있다. 터키 출신의 펫훌라흐 귈렌Fethullah Gülen이라는 이슬람 성직자는 미국 펜실베이니아 산간 지역에 거대한 본거지를 마련하여 학교를 세우고 신문을 발행하는 등 세력을 늘려갔다. 귈렌은 전 세계에 걸쳐 수십억 달러 규모의 사업을 하고 있는 것으로 평가되고 있으며, 터키에도 큰 영향을 미치고 있다.

1993년 10월, 필라델피아국제공항 부근의 고급 호텔에서 미국에 본거지를 둔 무슬림 단체와 무슬림형제단의 팔레스타인지부 지도급들이 모여 미국-이슬람관계위원회CAIR라는 단체를 설립했다. FBI는 영장을 발부받아서 이들의 대화를 도청했는데, 이들은 놀랍게도 미국 내 활동을 확장할 것과 테러단체인 하마스를 후원하는 문제에 대해 논의하고 있었다. CAIR 설립은 미국에서 이슬람 세력이 뿌리를 내리는 계기가 되었다.

그 후 이슬람이 침투하기 어렵다고 생각되던 미국 남부와 중서부에도 이슬람 단체가 많이 진출했으며, 대학뿐 아니라 일반 주민들에게도 이슬람이 전파되기 시작했다.

미국에는 이슬람 사원인 모스크가 곳곳에 세워지고 있고, 신자가 줄어들어 폐쇄된 기독교회를 이슬람 단체가 사들이는 현상이 일어나고 있다. 이슬람 문화센터가 많은 도시에 문을 열었고, 보스턴 등 몇몇 도시에는 대형 모스크가 건설됐다. 심지어 9.11 테러가 일어난 뉴욕의 세계무역센터 자리에 모스크를 세우려 해서 논란을 빚기도 했다. 2000년 미국 전역에는 1,209개의 모스크가 있었는데, 2011년에는 2,106개로 늘어났고, 같은 기간 동안 미국 내 이슬람 인구는 67퍼센트 증가했다고 한다. 이슬람은 오늘날 미국에서 가장 빨리 성장하는 종교다.

유럽의 상황은 더욱 심각하다. 독일에는 터키인 350만 명이 살고 있고 오스트리아에도 터키인 22만 5,000명이 살고 있다. 유럽 곳곳에는 무슬림이 아닌 사람들은 들어갈 수 없는 지역이 생겼는데, 이 지역에서는 이슬람법의 체계인 샤리아가 법으로 통용되는 등 일종의 치외법권이 인정됐다. 2011년 영국의 무슬림 인구는 2001년에 비해 두 배가 증가해서 오늘날에는 270만 명에 달하는 것으로 추산되고 있는데, 이는 불법체류자를 포함하지 않은 숫자이다.

2011년 11월 18일, CAIR의 뉴욕지부와 미국 무슬림학생회 산하단체들은 맨해튼 주코티 공원에서 열린 '월가 점령 시위Occupy Wall Street'에 참여했다. 이날 시위에 무슬림 500명과 월가 점령 운동 단체 회원 50명이 참여해서, 과격 무슬림 세력이 미국 내 진보좌파세력과 보조를 같이하고 있음을 보여주었다. 무슬림 단체들은 역시 월가를 비판하는 티파티Tea Party의 집회나 시위는 지지하지 않았다. 티파티 회원들이 이민자들과 테러분자들을 좋아하지 않는다는 것을 알기 때문이다.

저자는 현재 벌어지고 있는 엄청난 문명적 대결에서 미국이 패배하고 있다고 말한다. 특히 오바마 대통령은 미국을 상대로 투쟁을 벌이는 무슬림 단체를 파격적으로 지원하고 있는데, 이는 몇 년 전에만 해도 상상할 수 없었던 일이라고 지적한다. 2013년 4월 보스턴 마라톤 대회에서 발생한 테러도 젊은이들이 모스크에 다니면서 반미주의에 젖어들어 일어난 것이 분명함에도 불구하고, 오바마는 이 사건을 이슬람과 연관시키기를 거부했다. 저자는 이 같은 태도가 문제라고 비판한다. 또한 미국 내에서 무슬림형제단 조직의 활동을 금지하고 이들의 자금을 조사해야 하며, 무슬림의 이민과 학생 비자 발부를 제한해야 한다고 주장한다.

이 책이 전달하는 메시지는 매우 절박하다. 하지만 테러단체와 연계되어 있다는 직접적인 증거가 있지 않는 한 이들의 미국 내 입국을 금지시키거나 활동을 금지시키기는 어렵다. 그렇다고 해서 '문화 다원주의'라는 미명하에 과연 이런 단체들의 활동마저 사회가 묵묵히 수용해야 하는지에 대해서는 깊이 생각해 보아야 할 것이다.

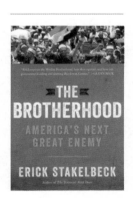

3장

—

미국 보수의
실패와
오바마 정부

025

진정한 보수의 깃발은
누가 들 것인가

패트릭 뷰캐넌Patrick J. Buchanan,
《우파는 어디서 잘못되었나: 네오콘은 어떻게 레이건 혁명을 전복시키고 부시 대통령을
납치했나Where the Right Went Wrong: How Neoconservatives Subverted the
Reagan Revolution and Hijacked the Bush Presidency》(St. Martin's, 2004)

리처드 닉슨 대통령의 보좌관과 로널드 레이건 대통령의 공보비서
를 지낸 패트릭 뷰캐넌은 종종 '극우Far Right'라는 말을 들을 정도로 보수
적인 평론가이다. 그는 1992년과 1996년에 공화당 대통령 예비선거에
출마했었고, 2000년 대선에서는 개혁당 후보로 독자 출마한 적이 있다.
그는 여러 권의 책을 썼고,《휴먼 이벤츠Human Events》지 등에 칼럼을 왕
성하게 기고하고 있다. 그는 이라크전쟁을 반대하고 세계무역기구World
Trade Organization, WTO 협정과 자유무역협정Free Trade Agreement, FTA에 반대
하는 등 공화당 주류와는 다른 입장을 취했다.

미국이 이라크와 아프가니스탄에서의 전쟁에서 실패하고 미증유
의 경제 위기에 봉착함에 따라 그의 입장이 다시 돋보이게 되었다. 그는
2008년 대선 때 오바마를 지지한 공화당 인사들은 매섭게 비판하는 데

서 그쳤지만, 최근에는 공화당에 미래가 있을지 의심스럽다는 비관적 의견까지 개진하고 있다. 2004년 대선 전에 나온 이 책은 오늘날 미국이 처해 있는 상황을 내다보는 내용을 담고 있어 흥미롭다.

1938년 워싱턴 D.C.의 독실한 가톨릭 집안에서 태어난 패트릭 뷰캐넌은 흔히 예수회라고 불리는 제수이트교단이 운영하는 곤자가고등학교와 조지타운대학을 졸업했다. 대학에서 ROTC 훈련을 받았으나 질병으로 현역 근무는 하지 못했고, 컬럼비아대학원에 진학해서 저널리즘으로 석사 학위를 받았다. 《세인트루이스 글로브St. Louis Globe》의 논설위원으로 활동하다가 1964년에 배리 골드워터Barry M. Goldwater의 선거운동을 도왔다. 1966년부터 닉슨의 선거운동 본부에서 참모로 일했고, 닉슨이 대통령에 당선되자 백악관에서 공보보좌관으로 일했다. 워터게이트 사건으로 닉슨이 사임하자 백악관을 나왔고, 그 후에는 시사 관련 방송 프로그램을 맡아서 명성을 얻었다. 1985년부터 1987년까지는 레이건 백악관에서 공보비서를 지냈다.

1992년 공화당 대통령 예비선거에서 뷰캐넌은 현직인 조지 H. W. 부시 대통령에 맞서서 파문을 일으켰다. 뷰캐넌은 부시 대통령이 세금을 인상하는 등 보수주의에서 이탈했다고 비판하면서 선거에 출마해 뉴햄프셔 예비선거에서 선전했다. 부시가 예비선거에서 승리하자 뷰캐넌은 전당대회에서 그를 지지하는 연설을 하면서, 클린턴이 대통령이 되면 낙태와 동성애를 정당화하고 여성을 전투부대로 배속시키는 등 미국을 급격하게 변화시킬 것이라고 경고했다. 그러면서 뷰캐넌은 미국 사회가 '문화 전쟁Culture war'에 직면해 있다고 주장했다. 1996년 공화당 예비선거에 다시 출마한 뷰캐넌은 당시 유력한 후보였던 밥 돌Bob R. Dole 상원의원을 뉴햄프셔 예비선거에서 누르고, 이어서 미주리, 루이지애나, 알

　　　　　　　　　　　　　　　　　　　　　공부하는 보수

래스카에서 승리하는 돌풍을 일으켰다. 뷰캐넌은 예비선거 과정에서 자유무역이 미국을 몰락시키고 있다고 주장하여, 블루칼라 계층의 지지를 획득했다. 하지만 여러 주에서 동시에 치러진 '슈퍼 화요일' 예비선거에서 뷰캐넌은 밥 돌에게 패했다.

2000년 대선에서 뷰캐넌은 공화당이 워싱턴 이익 단체의 포로가 되어 있다고 주장하면서, 진정한 보수주의를 내걸고 개혁당 후보로 본선에 출마했다. 그는 유엔에서 탈퇴하고 교육부, 에너지부, 주거도시계획부를 없애겠다는 등 파격적인 공약을 내걸었으나 일반 투표의 0.4퍼센트를 얻는 데 그쳤다. 그 후 뷰캐넌은 다시 방송 출연과 칼럼 기고라는 본업으로 돌아왔다.

2004년에 나온 이 책에는 "네오콘은 어떻게 레이건 혁명을 전복시키고 부시 대통령을 납치했나"라는 도발적인 부제가 달려 있다. 뷰캐넌은 네오콘이 미국을 망치고 있다고 신랄하게 비난했는데, 결과적으로 뷰캐넌의 말대로 되고 말았다고 본다. 뷰캐넌은 미국이 초강대국으로 남아 있을 수 있었던 이유가 20세기에 있었던 전쟁들에 간여한 기간이 다른 나라에 비해 짧았기 때문이라고 주장한다. 대영제국은 아프리카의 보어 전쟁, 1차대전, 그리고 2차대전으로 이어진 전쟁 때문에 몰락하고 말았지만, 미국은 전쟁에 참여한 기간이 상대적으로 짧았다는 것이다.

뷰캐넌은 부시 정부의 이라크전쟁이 어떤 면에서든 정당화될 수가 없다고 단언한다. 미국을 직접 공격한 적이 없는 이라크를 '예방 전쟁'이라는 이름을 붙여 침공한 것은 우드로 윌슨Thomas Woodrow Wilson의 망령에 이끌려들어간 꼴이라고 그는 비난한다. 미군은 미국의 헌법과 영토적 안전을 지키는 것이 본연의 임무이지, '세계 평화'라는 윌슨식의 이상을 추구해서는 안 된다는 것이다.

뷰캐넌은 보수주의를 천명하는 부시 대통령이 정부 지출법안에 대해 단 한 건의 거부권도 행사하지 않아서 연방정부가 비대해졌다고 비판한다. 그런 상황에서 부시 정부가 전쟁을 벌이는 덕분에 1990년대에 이루어놓은 재정 흑자는 순식간에 눈 녹듯 사라져버렸다. 뷰캐넌은 오늘날의 미국은 여러 인종들이 융화되어 사는 '용광로Melting Pot'가 아니라 '다인종多人種 기숙사' 꼴이 되고 말았다고 한탄한다. 또한 더 이상 미국 역사와 과학을 제대로 가르치지 않는 미국의 초·중등학교는 재앙 지대이고, 수입 상품으로 국내 기업을 도산시키고 아웃소싱으로 국내 일자리를 없애는 '경제적 반역 행위Economic Treason'가 세계화라는 이름으로 자행되고 있으며, 종교와 도덕은 아예 포기한 상태라고 진단한다. 그러고는 이를 바로잡을 생각을 하는 보수정당은 더 이상 워싱턴에 존재하지 않는다고 경고한다.

조지 W. 부시는 2000년 대선 도중 앨 고어Albert Al Gore와의 텔레비전 토론에서 "미국은 겸손한 국가가 될 것"이라고 말했다. 그러나 9.11 테러 후 부시는 세계를 선과 악으로 나누고, 모든 국가로 하여금 "미국의 편을 들 것인가 아니면 다른 쪽 편을 들 것인가를 결정하라"고 공언했다. 한순간에 '겸손Humble'이 '오만Hubris'으로 바뀐 것이다. 부시가 '부시 독트린Bush-Doctrine'을 내걸고 이라크 침공 준비를 진행하자 뷰캐넌은 부시 독트린이 미국판 '브레즈네프 독트린Brezhnev Doctrine'이며, '유토피아주의'이고 '민주적 제국주의Democratic Imperialism'라고 신랄하게 비난했다. 그는 부시 독트린이 미국을 파탄에 빠뜨리고 고립시킬 것이라고 주장했는데, 결과적으로 그렇게 되고 말았다.

뷰캐넌은 미국을 이렇게 만든 집단을 네오콘이라고 단언한다. 로널드 레이건과 조지 H. W. 부시는 나름대로의 경륜과 철학이 있었던 대통령이었지만, 조지 W. 부시는 대외 문제와 역사에 대해 흥미도 없고 지식도 없는 상태에서 대통령이 되었다고 말한다. 그러면서 뷰캐넌은 조지 W. 부시가 네오콘의 달콤한 유혹에 넘어가게 된 것도 이와 관련이 있다고 말한다.

뷰캐넌은 1세대 네오콘이 한때 트로츠키주의자였고 사회주의자이며 진보파였다고 지적한다. 이들은 프랭클린 루스벨트Franklin Delano Roosevelt와 존 F. 케네디John Fitzgerald Kennedy, 그리고 린든 존슨을 지지했으나 1972년에 민주당이 맥거번George Stanley McGovern과 그를 추종하는 60년대 운동권에 의해 장악되자 갈 곳이 없어졌고, 그래서 이들은 공화당의 문을 두드리게 되었다. 실제 세계에서 경험이 없는 이들은 잡지 평론 기고를 업으로 삼더니, 이런 저런 연줄로 미국기업연구소AEI 등 싱크탱크에 자리 잡고 들어갔다. 뷰캐넌은 이들 중 어느 누구도 골드워터의 선거운동에 간여하지 않았다면서, 이들이 보수주의를 표방하는 것은 단순히 기회를 잡기 위함이었다고 평가한다. 네오콘들은 미국의 이상을 전 세계에 전파하기 위해서 미국의 우월한 군사력을 적극적으로 사용해야 한다고 주장하지만, 정작 이들이 들어가본 탱크는 미육군의 주력 탱크인 '에이브럼스탱크'가 아니라 '싱크탱크'일 뿐이라고 꼬집는다.

뷰캐넌에 의하면, 네오콘의 대부 어빙 크리스톨Irving Kristol, 그리고 그를 이은 리처드 펄, 더글러스 페이스Douglas J. Faith, 그리고 폴 울포위츠는 '전쟁 몽상가War Dreamers'들이다. 네오콘은 미국으로 하여금 나머지 세계를 상대로 무한한 십자군전쟁을 하라고 요구하고 있다. 저자는 조지 W. 부시가 이들의 유혹에 넘어가서 냉전시대를 살아온 두 세대가 어렵게 이룩한 평화를 망쳐버리고 있다고 경고한다.

뷰캐넌은 또한 무모한 자유무역은 경제적 반역이라고 주장한다. 영국이 쇠퇴하고 만 것도 자유무역으로 인한 국내 산업 기반 몰락에서 비롯되었는데, 부시 대통령 부자父子가 캘빈 쿨리지Calvin Coolidge와 앤드루 멜런Andrew Mellon의 전통을 탈피하여 민주당의 자유주의 무역정책에 동참해서 미국 경제를 망쳐버렸다고 지적한다. 1950년대에는 미국인의 3분의 1이 제조업에 종사했지만, 21세기 들어서는 단지 11퍼센트만 제조업에 종사하고 있다. 금속, 기계, 컴퓨터 등 미국이 사용하는 중요한 자재의 대외 의존도는 갈수록 높아져가고 있고, 경공업 제품 생산은 멕시코와 중국에 완전히 자리를 내주고 말았다. 그러니 저자는 부시 행정부가 추진한 자유무역협정은 미국이 유명한 경주마競走馬인 시비스킷Seabiscuit을 내주고 상대방으로부터 토끼 한 마리를 받아온 격이라고 주장한다. 뷰캐넌은 또한 미국이 세계무역기구에게 주권을 내주어서, 이제 미국은 경제 문제에 대해서 독자적으로 의사 결정을 하지 못하게 됐다고 지적한다.

그러면서도 뷰캐넌은 조지 W. 부시가 본질적으로 '좋은 사람Good Man'이며, 부시 대통령과 부인 로라Laura Lane Welch 여사가 백악관의 품위를 되살려놓았다고 말한다. 또한 뷰캐넌은 부시가 훌륭한 연방 법관들을 많이 임명했고, 세금을 올리지 않았으며, 교토 의정서와 국제형사재판소 협약에 참여하기를 거부한 것이 잘한 일이라고 평가한다.

뷰캐넌은 2004년 대선에서 부시가 재선에 성공한 다음에 나온 이 책의 페이퍼백판을 통해 부시가 승리하게 된 주요 원인이 도덕적 가치Moral Value를 중시하는 유권자들이 그를 압도적으로 찍었기 때문이라고 분석했다. 또한 테러와의 전쟁을 염두에 둔 유권자들은 압도적으로 부시를 지지했지만 이라크전쟁을 생각한 유권자들은 압도적으로 민주당 후보 존 케리John Forbes Kerry를 지지했다는 여론조사 결과를 들어서 부시의 무

모한 전쟁에 경종을 올렸다. 뷰캐넌은 현재 공
화당에는 미국 건국의 아버지들의 지혜와 로
널드 레이건의 애국심에 뿌리를 둔 '진정한 보
수주의True Conservatism'가 실종되어 버렸다면
서, "진정한 보수주의의 깃발을 누가 들 것인
가"라는 말로 끝을 맺고 있다.

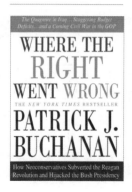

026

보수,
반작용으로 승리하다

토머스 프랭크Thomas Frank,
《캔자스가 웬일이지?: 보수는 어떻게 해서 미국 중심부를 자기편으로 만들었나
What's the Matter with Kansas?: How Conservatives Won the Heart of America》
(Henry Holt, 2004)

2004년 미국 대통령선거를 앞두고 나온 이 책은 베스트셀러가 됐고, 저자 토머스 프랭크는 단숨에 유명해졌다. 토머스 프랭크는 1965년에 미주리 주 캔자스시티에서 태어나서, 캔자스 주 캔자스시티의 부유한 교외인 미션 힐에서 자랐다. 사실 미주리 주 캔자스시티와 캔자스 주 캔자스시티는 주 경계만 마주보고 있을 뿐, 실질적으로는 하나의 도시권이다. 캔자스대학을 졸업하고 시카고대학에서 정치학 박사 학위를 취득한 프랭크는 이 책으로 전국적인 명성을 얻었다. 책의 부제는 "보수는 어떻게 해서 미국 중심부를 자기편으로 만들었나"인데, 여기서 '중심부the Heart'는 미국의 중서부를 의미하면서 동시에 심장, 즉 '마음'을 의미하기도 한다. 결국 저자는 이 책에서 "대체 무슨 일이 있었기에 미국의 중심부에 위치한 캔자스가 공화당으로 넘어갔는가"를 분석한 것이다.

오늘날 미국에서 가장 가난한 지역은 애팔라치아 산맥 지역도 아니고 최남부도 아닌 대평원 지역이다. 2000년 대통령선거에서 공화당의 조지 W. 부시는 이 지역에서 80퍼센트나 되는 득표율을 올렸다. 미국 중심부에 위치한 대평원 지역의 캔자스 출신인 저자는 피폐한 농장과 버려진 시골 마을이 즐비한 이런 지역 사람들이 어떻게 해서 자신들의 이해와는 상관없는 공화당을 지지하게 됐는지 이해하기 어려웠다. 이 책은 저자의 이러한 의문을 풀어가는 과정을 담고 있다.

저자는 한때는 진보정치의 고향이었던 대평원 지역이 공화당의 아성牙城이 되고 만 것은 보수진영의 '반작용反作用, Backlash' 때문이라고 본다. 실제로 캔자스는 19세기에서 20세기 초에 진보적 정치 운동이 성행했던 곳이었는데, 20세기 말에는 뉴욕 시의 대척점에 서는 보수정치의 아성이 되고 말았다. 재정 건전성 같은 원론적 주장을 강조했던 보수진영이 낙태, 동성애, 종교 같은 사회적 이슈를 들고 나와서 사람들로 하여금 민주당과 진보파를 의심의 눈초리로 보게 만들었다는 것이다. 그 결과 근로 계층을 옹호하는 정당은 분명히 민주당인데도, 공화당의 선전에 넘어간 근로 계층은 민주당원을 《뉴욕 타임스》나 보면서 카페라테를 마시고 유럽 자동차를 타고 다니는 인간들'로 보게 되었다. 하원의장을 지낸 공화당 정치인 뉴트 깅리치가 '민주당원은 보통 미국인의 적'이라고 몰아붙인 것이 효과를 발휘한 셈이다.

2000년 대선에서 가축 도살장 및 육가공업체가 많은 가든시티와 항공기 조립 공장이 있는 위치타의 근로자들은 모두 압도적으로 조지 W. 부시를 찍었다. "근로 계층이 민주당을 찍는 것은 닭이 샌더스 대령Harland David Sanders, KFC 창업자을 찍는 것과 같다"는 스티커가 성행한 것도 무리가 아니었다. 보수의 바람이 거세게 불다 보니 캔자스의 보수주의자들은 온건한 공화당원을 진보파라고 부를 정도였다. 저자는 이 같이 도저히 이해할 수 없는 사태가 앤 코울터Ann Coulter, 빌 오라일리Bill O'Reilly, 러시 림보Rush Limbaugh, 숀 해니티Sean Hannity 등의 보수논객들 때문에 초래된 측면이 많다고 본다. 저자는 특히 앤 코울터가 "진보파는 거짓말하는 사기꾼들이며, 진보파는 미국인을 세뇌하고 있다"는 식으로 보통 사람들을 세뇌했다고 비판한다. 저자는 또한 보수성향의 뉴스 채널 '폭스 뉴스 Fox News'가 "온 세상이 타락했다"는 조로 시청자를 고문하고 있다고 비난한다.

보수논객들과 보수언론의 끝없는 왜곡, 그리고 보통 사람들의 삶이 진보파로 인해 무너지고 있다는 망상을 심어준 '문화 전쟁' 때문에 캔자스의 평범한 유권자들이 공화당을 찍었다는 것이다. 보수진영은 진보파를 '음모적 집단'으로 몰아붙였고, 저자는 그것이 성공했다고 평가한다. 저자는 이런 결과에 대해 진보진영도 책임이 있다고 말한다. 지난 40년 동안 진보파들은 평범한 사람들이 살고 있는 캔자스 같은 전통적 지역을 돌보지 않았다는 것이다. 그 결과, 민주당이 집권하면 가정과 교회 같은 전통적 가치가 무너질 것이라는 공화당의 선전宣傳이 먹혀들고 말았다.

저자는 2004년 대통령선거가 끝난 뒤 나온 페이퍼백판에서 후기 형식을 빌려 공화당의 승리로 끝난 2004년 대선에 대해 나름대로의 평가를 내렸다. 저자는 2004년 미국 대선은 반작용을 성공적인 선거 전략으로 이용한 경우로, 정치학적 분석의 대상으로서도 의미가 깊다고 말한다. 공화당의 선거 전략가 칼 로브Karl Rove가 공화당 지지 세력들에게 이러한 전략을 쓴 것이 성공했다는 것이다. 민주당 후보 존 케리 상원의원이 요트 등 고급 취향을 가졌다고 말하고, 심지어 "케리는 프랑스 사람처럼 보인다"는 식으로 몰고가서 공화당은 결국 승리했다.

공부하는 보수

국내에서도 번역되어 좋은 반응을 얻은 이 책은 우리에게도 많은 시사점을 준다. 특히 한나라당과 그 후신인 새누리당이 의외로 저소득층과 저학력층에서 높은 지지를 받고 있다는 점에서 그러하다. 왜냐하면 선거에는 소득이나 계층 못지않게 문화적인 요소가 크게 좌우하기 때문이다. 하지만 보수정당이 이런 식으로 선거를 이기는 것도 한계가 있다고 본다. 미국은 2008년과 2012년 선거에서 공화당이 패배했기 때문이다.

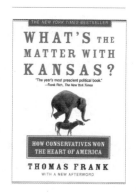

027

전통주의만이
미국의 살길이다

빌 오라일리Bill O'Reilly,
《문화 전사*Culture Warrior*》(Broadway Books, 2006)

《문화 전사》라는 공격적인 제목을 단 이 책의 저자 빌 오라일리는 보수성향의 뉴스 전문 채널인 폭스 뉴스의 진행자이자 해설가이다. 지난 10여 년 동안 폭스 뉴스의 시사 프로그램에서 오피니언 뉴스를 진행해온 빌 오라일리는 미국 보수의 아이콘으로 자리 잡았다. 그런 만큼 그는 진보세력으로부터 집중적인 공격도 받았다. 그를 비판하는 논평은 헤아릴 수 없이 많고, 그를 비방하는 웹사이트도 한둘이 아니다. 테러 협박도 심각해서 그와 그의 가족은 24시간 민간 경호원의 보호를 받고 있다. 하지만 그를 지지하는 사람들도 만만치 않다.

그가 진행하는 폭스 뉴스의 〈오라일리 팩터The O'Reilly Factor〉는 인기 좋은 토크쇼로 오래 전에 자리 잡았고, 그가 펴낸《오라일리 팩터*The O'Reilly Factor*》《노 스핀 존*No Spin Zone*》등은 각각 100만 부 이상이 팔린

메가 베스트셀러였다. 오라일리는 2006년 가을에 나온 이 책에서 미국은 현재 '전통주의자Traditionalists'와 '세속적 진보주의자Secular Progressives' 간의 심각한 문화 전쟁을 겪고 있다면서, 세속적 진보주의가 미국을 망칠 것이라고 경고하고 있다.

1949년 뉴욕에서 태어난 빌 오라일리는 가톨릭교회에 나가는 아일랜드계 근로계층 출신이다. 그의 할아버지는 1차대전에 참전한 후 뉴욕시에서 경찰관을 지냈고, 그의 아버지는 2차대전 시 해군 장교로 태평양 전쟁에 참가했다. 오라일리는 뉴욕 근교의 작은 대학교를 졸업한 후 마이애미의 고등학교에서 영어와 역사를 가르치다가, 보스턴대학에 진학해서 저널리즘 석사 학위를 땄다.

지방방송의 기자로 취직한 오라일리는 댈러스, 덴버 등지에서 일했고, 잠시 CBS에서 일한 후 1986년부터는 ABC에서 뉴스 보도 기자로 일했다. 1989년부터는 〈인사이드 에디션Inside Edition〉이라는 신디케이트 프로그램을 맡아 명성을 얻었다. 신디케이트 프로그램이란 일반적으로 프로그램 제작사에서 프로그램 판매권을 가지고 네트워크를 거치지 않은 채 공급하는 프로그램을 말한다. 1995년 방송을 그만둔 오라일리는 하버드대학의 케네디행정대학원을 다녔는데, 졸업할 무렵 개국을 앞둔 폭스 뉴스가 그를 스카우트해서 〈오라일리 팩터〉를 담당하게 됐다. 1996년 가을에 개국한 폭스 뉴스는 처음부터 보수성향의 시청자를 겨냥했는데, 예상을 뛰어넘는 대성공을 거두어서 몇 년 만에 시청률에서 CNN을 추월했고, 오라일리는 폭스 뉴스의 간판 진행자로 등극했다. 그는 특히《뉴욕 타임스》, CBS 등 진보미디어를 비판해서 진보적인 이념을 식상하게 여기는 대중의 뜨거운 호응을 얻었다.

이 책에서 오라일리는 미국 사회가 이대로 가다가는 세속적 진보주의에 빠져서 정체성을 상실해버릴 것이라고 경고한다. 오라일리는 미국인들이 유대-기독교 철학과 자유경쟁적 시장자본주의를 지켜야 한다면서, 이런 생각을 하는 사람이 '전통주의자'라고 화두를 던진다. 또한 미국인의 84퍼센트는 자기가 기독교인이라고 생각하는 등 국민의 절대 다수가 전통주의자들이지만, 여론을 주도하는 미디어가 세속적인 진보파에 점거당한 것이 큰 문제라고 지적한다.《월스트리트 저널》을 제외한 모든 주요 신문과 CBS 등 네트워크 뉴스가 세속적 진보주의에 넘어갔다는 것이다. 세속적 진보주의의 첨병은 시민적 자유를 지킨다는 민간단체인 미국민권연맹American Civil Liberties Union, ACLU인데, 이 단체는 종교와 국가를 분리한다는 명분으로 미국 사회에서 기독교를 추방하기 위해 온갖 소송을 제기하고 있다고 그는 주장한다.

오라일리는 국내에서도 번역 출판된《코끼리는 생각하지 마Don't Think of an Elephant!》의 저자인 UC버클리의 조지 레이코프George Lakoff 교수가 세속적 진보주의의 리더라고 지목한다. 저자는 인지과학을 전공한 레이코프가 교묘한 말장난으로 마르크스주의를 포장해서 대중에 전파하고 있다고 경고한다. 오라일리는 "세속적 진보주의의 신神은 인간을 심판하는 것이 아니라 인간에게 혜택을 주는 자비로운 존재"라고 한 부분을 인용하면서, 레이코프가 기독교 윤리마저 왜곡하고 있다고 맹렬히 비난한다. 또한 오라일리는 "도덕적 외교정책만이 미국을 보다 좋은 나라로 만든다"고 언급한 레이코프의 구절을 들어서, 세속적 진보주의자들은 미국이 나치 독일, 일본 제국주의, 그리고 공산주의 소련과 싸워서 어렵게 자유를 지켜온 사실을 무시하고 있다고 비판한다.

오라일리는 미국민의 압도적 다수는 자기와 같은 전통주의자이지만 교육 현장은 또 다른 세계라면서, 심각한 우려를 표시한다. 워싱턴 D.C.의 공립고등학교 졸업생의 대학 진학률은 40퍼센트이지만 가톨릭계 고등학교 졸업생의 대학 진학률은 98퍼센트인 것을 예로 들면서, 오라일리는 공립학교가 사실상 실패했다고 진단한다. 공립학교가 실패할 수밖에 없는 것은 교사들이 세속적 진보주의에 빠져서 학생들에게 자유와 자율을 강조한 탓이라고 비판한다. 대학의 경우는 문제가 더욱 심각해서 오랫동안 진보좌파로부터 안전하다고 여겨졌던 조지타운대학에서도 세속적 진보주의가 그 세력을 넓혀가고 있다고 지적한다. 실제로 한 연구 결과를 보면, 미국 대학교수의 18퍼센트 정도만 자기가 보수적이라 생각하고, 48퍼센트는 진보좌파, 그리고 나머지 34퍼센트는 중도라고 생각한다고 한다. 오라일리는 이 결과에서 중도란 결국 좌파의 또 다른 이름에 불과하다고 말한다.

흑인 사회가 세속적 진보주의의 포로가 되어버린 데 대해서도 오라일리는 크게 우려하고 있다. 그에 의하면 마틴 루터 킹Martin Luther King 목사는 가정과 지역 사회가 중요하다고 보았던 전통주의자였다. 하지만 근래에 흑인 청소년들은 마약과 범죄를 부추기는 가사를 읊조리는 래퍼들을 우상으로 여기고 있다. 이런 현상을 비판한 빌 코즈비Bill Cosby는 진보진영으로부터 인신공격에 가까운 비난을 들었다. 또한 오라일리는 바브라 스트라이샌드Barbra Streisand, 조지 클루니 등의 할리우드 스타들도 세속적 진보주의를 전파하는 데 앞장서면서 일반 대중에게 나쁜 영향을 끼친다고 지적한다.

결론적으로 오라일리는 세속적 진보주의와 싸우기 위한 문화 전쟁에 힘을 합쳐야 한다고 주장한다. 그는 미국의 개신교가 이런 문화 전쟁에 참여하고 있지만 가톨릭교단은 침묵하고 있다고 일침을 가한다. 그는 가톨릭교회의 침묵으로 인해 유럽이 세속적 진보주의에 백기를 들고

말았다면서, 미국 가톨릭교단의 결단을 촉구
하고 있다. 오라일리는 학교를 지키고 젊은 세
대를 지켜야만 문화 전쟁에서 이길 수 있으며,
미국이 고상한 국가라는 것을 인정해야만 전
통주의자로서 자격이 있다고 주장한다.

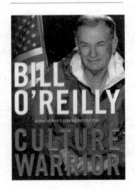

공부하는 보수

028

올바른 보수정책이
필요하다

에드윈 퓰러·더그 윌슨Edwin Feulner·Doug Wilson,
《미국을 바로 세우기 위해: 오늘날 우리나라에 필요한 진정한 보수적 가치
Getting America Right: The True Conservative Values Our Nation Needs Today》
(Crown Forum, 2006)

미국의 대표 보수성향 싱크탱크인 헤리티지재단은 1981년에 새로 들어선 공화당 행정부를 위해《리더십 과제*Mandate for Leadership*》라는 책자를 발간했는데, 이 책은 1980년대 '보수 혁명'의 지침이 됐다. 그 뒤로 20년이 넘게 흘렀지만 보수 혁명은 아직도 미완의 상태에 있다. 헤리티지재단의 에드윈 퓰너 이사장과 보수성향 정치 사이트 '타운홀닷컴town-hall.com'의 더그 윌슨 대표가 미국을 오른쪽으로 바로 세우기 위한 플랜을 이 책에 담았다. 책은 오늘날 미국에 요구되는 보수적 가치를 한눈에 알 수 있게 해준다.

21세기 들어서 미국은 공화당이 백악관과 의회를 장악했고, 대법원도 보수화하는 등 외관으로 보면 '보수의 전성기'로 보인다. 하지만 비대해진 연방정부가 예산을 낭비하고 있고, 기업은 불필요한 규제에 시달리

고 있으며, 불법 이민자 문제는 갈수록 악화되고 있고, 다양성이라는 이름 아래 미국의 정신은 상실돼가고 있다. 저자들은 공화당이 보수정책을 제대로 시행하지 않아서 이런 현상이 나타나고 있다면서, 미국이 나아가야 할 방향을 구체적으로 제시하고 있다.

저자들은 보수주의란 '중용과 전통, 그리고 합리성을 존중하며, 기존의 문화 시스템 안에서 사회를 발전시키고자 하는 생각'이라고 정의한다. 보수주의를 신봉하는 사람들은 진화적 변화를 추구하며, 유토피아를 약속하는 정부 정책을 의심한다. 따라서 보수주의 입장에서는 정부의 프로그램이 과연 정부의 영역인지, 그것이 개인의 자립을 조장하고 사람들을 보다 풍요롭고 안전하게 하는지 등을 따져보아야 한다는 것이다. 이 점에서 저자들은 부시 정부가 보수정책을 제대로 시행하지 못하고 있다고 비판한다.

저자들은 연방정부가 더 이상 관장할 필요도 없고 잘 하지도 못하는 분야를 아직도 많이 담당하고 있다면서, 대표적인 예로 교육과 고속도로 관리를 든다. 교육은 기본적으로 지방정부가 지역 사정에 맞게 관리해왔던 분야로서 연방정부가 간여할 필요가 없는 것이며, 고속도로 관리도 세금을 주에 돌려주고 주정부가 하도록 하는 것이 훨씬 효율적이고 수익자부담 원칙에 부합한다는 지적이다. 저자들은 정부에 대한 의존을 조장해서 개인의 자립심을 해치는 나쁜 복지 정책으로 공공주택 공급을 든다. 일단 공공주택에 들어가 살면 타성이 생겨서 그곳을 벗어날 수 없게 되는데, 그 결과 오늘날 미국 대도시의 공공주택단지는 강력 범죄가 판치는 매우 위험한 곳이 되고 말았다. 사람들은 자기 집을 갖고 살아야 책임 의식을 갖게 되는데, 정부가 가난한 사람들을 더욱 비참하게 만든 셈이다. 저자들은 사회보장제도란 사회적 약자들의 사회 복구를 돕는 데

공부하는 보수

의미를 두어야 한다고 말한다.

저자들은 부시 대통령이 취임 당시의 약속과 달리 예산을 축소하는 데 실패했다고 비판한다. 부시는 취임 초에 '책임 있는 예산Responsible Budget'을 수립해서 집행하겠다고 약속했지만, 의원들이 지역구를 챙기기 위해 내놓은 온갖 이상한 지출법안에 대해 단 한 번도 거부권을 행사하지 않았다. 그 결과 주민 50명이 사는 알래스카의 작은 섬을 육지와 잇는 금문교만한 다리를 건설하는 데 연방 예산이 들어가고 있다.

어떤 명목이든 정부가 기업을 지나치게 규제하면 부작용만 커진다는 것이 저자들의 판단이다. 엔론 사건 후에 주식 사기를 방지하기 위해 제정된 사베인스-옥슬리법Sarbanes-Oxley Act of 2002은 상장 기업으로 하여금 모든 이메일을 보관하도록 했다. 검찰이 주식 사기를 수사하는 데 도움이 된다고 그렇게 한 것이지만, 이로 인해 기업들은 큰 부담을 안게 됐다. 이 법은 또한 주식 사기를 조장한 데 책임이 있는 회계사들의 일감을 늘려줬으니, 책임이 있는 자들이 혜택을 본 셈이다. 저자들은 미국의 세법은 사업하는 데 매우 불리하게 되어 있다면서, 사업 승계를 불가능하게 하는 상속세를 폐지하고, 복잡한 공제 제도를 정비해서 동율세同率稅를 도입하자고 주장한다.

국가 안보에 관한 부분은 이슬람 테러와 북한과 중국이 야기하는 위험에 대해 주로 다루고 있다. 저자들은 '전체주의적 시대착오'인 북한이 지탱할 수 있는 것은 중국 때문이지만, 만일 북한이 핵 무장을 하게 되면 그로 인한 위협은 중국에도 미치는 것이기 때문에 중국은 북한을 다시 생각하게 될 것이라고 분석한다.

저자들은 미국이 비록 이민자들로 이루어진 나라라고 하더라도 미국인들은 미국적 가치를 공유해야만 무슬림 폭동으로 혼란을 겪고 있는 유럽의 전철前轍을 밟지 않을 것이라고 지적한다. 미국이 더 이상 용광로가 아니라 '샐러드 볼 Salad Bowl'이라는 생각은 위험하다는 것이다. 따라서 이민해 온 사람들이 자신들의 문화적 다양성을 유지하면서도 미국인으로서의 가치를 공유할 수 있도록 해야 한다고 이들은 주장한다.

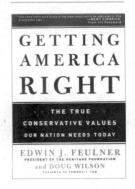

보수주의자들의 많은 기대를 안고 태어난 부시 행정부가 이라크전쟁과 막대한 재정 적자로 인해 실패한 것으로 평가될 무렵에 나온 이 책은 보주주의와 보수정책이 무엇인가에 대해 다시 한번 생각하게 한다.

029

보수의 지적 운동에
주목하라

데이비드 프럼David Frum,
《컴백: 보수는 다시 승리할 수 있다Comeback: Conservatism that Can Win Again》
(Doubleday, 2008)

부시 대통령의 스피치 라이터를 지낸 데이비드 프럼은 '악의 축'이라는 용어를 만들어낸 장본인으로 알려져 있다. 프럼이 2008년 대선을 앞두고 펴낸 이 책은 비록 부시 행정부는 실패했어도 보수주의는 미국에서 다시 승리할 것이라는 메시지를 담고 있다.

1960년 캐나다 토론토의 치과의사와 방송 캐스터 사이에서 태어난 프럼은 예일대와 하버드 로스쿨을 졸업했다. 그의 가족은 온통 기자와 저술가들이다. 어머니 바버라 프럼Barbara Frum은 캐나다 방송 CBC에서 최고의 인기를 누린 인터뷰어였으나, 1992년 쉰넷이라는 나이에 백혈병으로 사망했다. 그녀는 14년 동안 백혈병과 싸우며 방송을 했던 것으로 알려져서 캐나다 전 국민이 그녀의 죽음을 애도했다.

바버라 프럼은 세 아이를 두었는데, 큰 아들이 데이비드 프럼이고,

딸이 칼럼니스트인 린다 프럼Linda Frum이다. 데이비드 프럼의 아내 다니엘르 크리텐든Danielle Crittenden은 베스트셀러 작가이다. 크리텐든의 부모는 모두 기자였으며, 그녀의 계부繼父도 저명한 언론인이었다. 이러한 프럼 일가의 정치적 성향은 모두 보수였다.

데이비드 프럼은 로스쿨을 졸업한 후 《월스트리트 저널》의 논설위원과, 《포브스Forbes》 칼럼니스트로 일했고, 1994년부터는 맨해튼연구소에서 일했다. 부시 대통령의 임기 초 1년간 백악관에서 보좌관으로 일하면서 연설문 작성을 도왔고, 2002년 2월 백악관을 나와서는 미국기업연구소American Enterprise Institute, AEI의 연구위원 등을 역임했다.

프럼은 대단한 저술가이다. 서른넷이던 1994년에 펴낸 첫 책 《데드라이트Dead Right》는 소련과 동유럽의 공산 체제가 붕괴한 후에도 미국의 공화당과 보수진영이 좌절하고 있는 현실을 지적해서 호평을 받았다. 1994년 중간선거에서 공화당이 상하양원의 다수석을 차지하자 프럼은 두 번째 책 《우파는 무엇인가?What's Right?》를 냈다. 2000년에는 1970년대를 보수주의자의 시각으로 본 《우리는 어떻게 여기에 왔나: 1970년대 How We got Here: The 70's》를 출간했다.

프럼은 2003년 부시 행정부를 내부에서 본 최초의 책 《더 라이트 맨 The Right Man》을 펴내면서, 당시로서는 부시가 미국에 가장 적절한 지도자라고 평가했다. 그리고 2004년에 네오콘 외교 이론가인 리처드 펄과 함께 펴낸 《악에 종지부를》에서는 이라크뿐 아니라 이란과 북한에 대해서도 강경책을 취할 것을 주문했다.

프럼의 기대와 달리 부시 행정부는 이라크전쟁에서 실패했다. 재정적자는 눈덩이처럼 늘어났고, 작은 정부를 추구하던 보수주의의 원칙은 사라져버렸다. 보수주의는 부시 행정부와 더불어 침몰할 위기에 처한 것이다. 이 책《컴백》은 위기에 빠진 미국 보수주의에 대한 프럼의 진단이자 소망이다.

프럼은 2000년 대선에서 부시가 승리할 수 있었던 것이 그가 작은 정부를 주창하는 보수주의를 내걸었기 때문은 아니라고 지적한다. 부시는 2000년 선거에서 중도적 보수정부를 이끌겠다고 약속했다. 하지만 취임 후 9.11 사태를 겪게 된 부시는 큰 변화를 추구했다. 그 결과 부시는 2004년 재선에 성공했지만, 2008년에는 공화당을 전에 없던 위기로 몰아넣고 말았다.

프럼은 부시가 모순된 정책을 추구해서 이런 사태를 초래했다고 본다. 테러 국가와 전쟁을 하면서도 사우디아라비아, 파키스탄 같은 비민주적 국가를 지지했고, 세금을 줄이면서도 정부 지출을 늘렸다. 공화당의 기반인 중산층이 줄어들고 있는 등 사회·경제 여건도 공화당에 불리하다. 이런 현실 속에서 프럼은 공화당과 보수주의의 앞날이 현안 문제에 답을 낼 수 있느냐에 따라 결정될 것이라고 지적한다. 프럼은 여섯 가지를 제안하고 있다.

첫째, 중산층을 위한 정책을 개발해야 한다. 공화당은 소득 격차가 적은 지역에서 승리하기 때문에 교육, 의료 등 중산층의 관심 사항을 배려해야 한다는 것이다. 매사추세츠의 공화당 주지사 밋 롬니Mitt Romney가 의료보험 강제 가입을 제도화하고, 빈곤층은 보험료를 주정부가 보조하도록 한 것 같은 창의적 발상을 해야 한다고 프럼은 지적한다.

둘째, 미국이 경제성장을 지속해서 '2025년에는 중국이 미국을 젖히고 세계 제1의 경제 대국이 될 것'이라는 예측을 틀리게 해야 한다. 프럼은 단순하게 세금을 내리고 규제를 줄이는 방식으로는 지속적인 성장을 이루기 어렵다면서, 투자와 자본형성을 촉진할 수 있는 감세 정책이 이루어져야 한다고 주장한다. 이를 위해 법인세를 낮추고 자본이득세와 상속세는 폐지하며, 소송 남용을 방지하고, 대가족 가정을 지원해서 출산을 장려해야 한다고 주장한다.

셋째, 낙태 반대와 줄기세포 연구 금지에 대해 보다 유연한 태도를 취해야 한다. 생명운동은 낙태에 대한 시각을 바꾸는 데 성공했지만 미국인의 다수는 불가피한 낙태는 허용해야 한다는 입장을 갖고 있다고 프럼은 말한다.

넷째, 공화당은 환경보호주의에 대해 보다 적극적으로 대처해야 한다. 프럼은 환경보호주의자들의 위선과 가식에 대해 적절히 대처하지 못해서 공화당이 항상 곤란을 겪었다면서, 공화당은 원자력 등 실효성 있는 대체에너지를 개발하는 데 앞장서야 한다고 지적한다.

다섯째, 테러와의 전쟁에서 승리해야 한다. 비록 미국이 이라크에서는 실패했지만 프럼은 유럽 등 세계의 다른 지역과 달리 미국 본토에서는 9.11 이후 단 한 건의 테러도 없었다는 것이 부시 행정부가 이룬 성과라고 주장한다. 프럼은 이민법 집행을 강화하고, 호주, 인도, 싱가포르 등 테러와의 전쟁에 동참할 수 있는 나라와 연합할 것을 촉구하고 있다.

여섯째, 보수주의의 이상을 재발견해야 한다. 프럼은 미국의 보수주의 운동은 '지적 운동Intellectual Movement'으로 시작했다면서, 다시 한번 진보주의를 압도할 수 있는 지적 노력을 해야 한다고 주장한다. 진보주의가 주장하는 보호무역주의, 국가 주도 사회보장제도, 유엔을 중시하는 외교정책, 환경보호를 내세운 계획경제 체제가 제대로 굴러가지 않기 때문에 보수주의는 이 점에서 우위를 점하고 있다. 하지만 프럼은 아이디어 전쟁에서 승리하기 위해 보수가 더욱 분발해야 한다고 말한다.

저자의 제안은 수긍할 수도 있고 타당한 것이지만, 과연 공화당이 저자의 주장을 얼마나 받아들여서 2016년 대선을 준비할 수 있을지는 알 수 없다. 저자가 미국의 보수주의는 지적 운동에서 시작했다고 집어 낸 부분에 주목해야 한다. 미국 공화당이 민주당에 정권을 내주어도 지적 운동이 살아 있으면 보수는 미래를 기약할 수 있다. 이와 관련하여, 과연 박근혜 정부의 실패 후에 우리나라에 진정한 의미의 '보수'가 살아 있을지, 솔직히 그 점이 의심스럽다. 박근혜 정부가 부정부패와 권력 남용, 그리고 정경 유착으로 점철되어온 한국 보수의 어두운 과거를 청산할 수 있는 마지막 기회였기 때문이다.

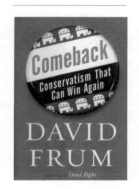

030

부시 행정부,
보수주의에서 이탈하다

미키 에드워즈Mickey Edwards,
《보수주의를 되찾는다: 위대한 미국의 정치적 운동은 왜 길을 잃었으며, 어떻게 다시 제 길을 갈 수 있을까Reclaiming Conservatism: How a Great American Political Movement Got Lost and How It Can Find Its Way Back》(Oxford Univ. Press, 2008)

미키 에드워즈는 오클라호마 출신으로 1977년부터 1993년까지 16년간 공화당 하원의원을 지냈다. 1992년 선거에서 당내 경선에서 낙선해서 정치 일선을 떠났고, 그 후 하버드대학의 케네디스쿨과 프린스턴대학의 윌슨스쿨에서 강의를 했고, 신문 기고와 방송 출연 및 강연 등 활발한 활동을 했다.

헤리티지재단의 창립이사와 미국보수연합The American Conservative Union의 전국의장을 지낸 저자는 여러 권의 책을 냈는데, 공화당 주류를 비판한 경우가 많았다. 정치학자인 그의 부인이 진보성향의 민주당원인 탓에 그가 공화당에 대해 비판적이라고 보는 사람도 있다. 2008년 선거를 앞두고 나온 이 책은 조지 W. 부시 행정부와 공화당 지도부가 보수주의 원칙에서 일탈했다는 저자의 강도 높은 비판을 담고 있다.

공부하는 보수

1937년생인 저자는 자신이 1963년에 배리 골드워터 상원의원을 대선 후보로 옹립하는 젊은 보수주의자들의 움직임에 참여한 후 40년 이상을 미국 보수주의 운동에 간여해왔다는 말로 책을 시작한다. 그는 골드워터가 주창한 보수주의란 개인의 자유와 기회 그리고 존엄을 존중하는 운동이라고 말한다. 그러나 조지 W. 부시 행정부를 거치는 과정에서 보수주의는 헌법을 무시하고 개인의 자유를 침해하는 이념으로 변질되고 말았다고 지적한다. 저자는 배리 골드워터가 새로 시작한 미국 보수주의 운동에 남부의 백인우월주의자 등 보수라고 할 수 없는 부류가 편승했다고 본다.

저자는 1996년 공화당 부통령 후보였던 잭 켐프Jack Kemp가 공화당을 이끌었더라면 공화당이 오늘과 같은 모습이 되지는 않았을 것이라고 지적한다. 2000년 대선을 기점으로 공화당은 골드워터와 레이건의 전통에서 일탈했고, 기독교 우파와 네오콘 그룹의 영향력이 커졌다는 것이다. 부시 행정부 기간 중 의회와 정부가 분리되어 견제해야 한다는 헌법 원칙이 파괴돼버렸으며, 의회는 자신의 고유 권한마저 대통령에게 줘버리는 어리석음을 저질렀고, 대통령과 행정부는 권력 남용과 월권을 공공연하게 자행했다고 비판한다. 또한 공화당은 대화와 타협, 그리고 관용이라는 덕목을 저버렸는데, 하원의장을 지낸 뉴트 깅리치가 이런 풍조를 만들었다고 말한다.

저자는 미국의 보수주의가 회복되기 위해서는 무엇보다 개인의 자유와 법의 지배를 존중해야 하며, 대외 개입을 자제해야 한다고 주장한다. 또한 미국인들은 종교적인 사람이지만 미국은 세속적인 국가임을 잊어서는 안 된다고 지적한다. 부시 행정부 시절에 기록적인 재정 적자가 발생한 것은 보수주의 정책이 실패했음을 보여준다면서, 재정 적자를 줄이기 위해 연방정부 지출에 상한선을 정하는 방안을 지지할 것을 촉구한다. 저자는 또한 정부에 대한 공화당의 시각을 고쳐야 한다고 주장한다. 레이건이 1980년 대선 때 "정부는 문제의 해결책이 아니라, 문제 그 자체"라고 연설한 이후 공화당이 정부 기능에 대해 부정적 고정관념에 사로잡혀 있는 것은 문제라고 지적한다. 그는 레이건의 그 말이 당시 상황에서 봤을 때 그렇다는 것이었다면서, 미국 정부는 미국민이 선출한 정부이기 때문에 정부와 정부의 역할에 대한 부정적 편견을 버려야 한다고 주장한다. 그리고 미국 헌법의 위대한 구도가 바로 보수주의 원칙이기 때문에 헌법 원칙을 준수하는 것이 무엇보다 중요하다고 덧붙인다.

저자는 부시 정부가 보수주의 원칙에서 일탈했지만 그래도 민주당은 답이 아니라고 말한다. 민주당은 보수주의에서 일탈한 공화당이 갖고 있는 문제를 그대로 갖고 있는 정당이기 때문에 대안이 될 수 없으며, 오직 공화당이 원래의 보수주의로 돌아가서 미국을 이끌어야 한다는 것이다.

이 책은 2008년 대선 후, 티파티 운동이 생기기 전에 나온 책이다. 조지 W. 부시가 일탈시킨 공화당은 티파티 운동까지 더해져서 혼돈이 가중되었다. 저자는 비록 2008년 대선에서 공화당의 패배가 불가피하더라도 원래의 보수주의로 돌아가면 2012년 대선에서 다시 정권을 장악할 수 있다고 믿었을 것이다. 하지만 2012년 대선에서 밋 롬니 공화당 후보는 저자의 권고와는 반대 방향을 갔고 결국 패배하고 말았다. 공화당의 주류가 다수 유권자의 요구에서 벗어나 있었던 것이다. 이 책에서 다룬 내용은 2016년 총선과 2017년 대선을 앞둔 우리나라 정치권에도 많은 점을 시사하고 있다.

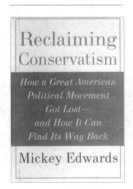

공부하는 보수

031

빌 클린턴의
황당한 행보

에밋 티럴R. Emmett Tyrrell, Jr.,
《클린턴 크랙업*The Clinton Crack-Up*》(Thomas Nelson, 2007)

2007년 초에 나온 이 책의 저자 에밋 티럴은 인디애나대학에 재학 중이던 1967년에 보수성향의 잡지《아메리칸 스펙테이터*American Spectator*》를 창간해서 오늘날까지 발간해오고 있는 정치 평론가이다.《아메리칸 스펙테이터》는 억만장자 리처드 멜런 스카이프Richard Mellon Scaife의 후원으로 클린턴과 힐러리의 비리에 대한 탐사 보도를 해서 클린턴을 탄핵으로 몰고가는 계기를 만들었다. 책 제목의 '크랙업'은 파열, 사고 등을 뜻한다. 티럿은《마담 클린턴*Madame Clinton*》등 클린턴 부부의 비리를 고발하는 책을 여러 권 출간했다. 이 책은 대통령 임기를 끝낸 클린턴의 기묘한 행보를 파헤친 것으로, 힐러리가 미국 대통령이 되는 사태가 발생해서는 안 되겠다는 그의 의지를 읽을 수 있다.

미국 대통령들은 임기가 끝나면 고향으로 돌아가서 조용한 생활을 했다. 그러나 클린턴은 전임 대통령들과 전혀 다른 삶을 살고 있다. 클린턴과 힐러리는 뉴욕 주에 주택이 있지만, 부부가 함께 그 집에 머무는 날은 거의 없다. 클린턴은 강연 등으로 미국 전역과 세계를 누비며 다니고 있다. 이렇게 해서 클린턴은 퇴임 후 4년 동안 생활비와 여행 경비를 제외하고 무려 4,300만 달러를 벌었다. 클린턴이 여행을 할 때마다 미국 정부가 경호원을 붙이기 때문에 이로 인한 세금 낭비가 엄청나다. 클린턴은 출장 중에 숱한 여성들과 관계를 맺었는데, 그럴 때면 경호실 요원들은 클린턴이 묵고 있는 호텔 방 앞을 지켜야만 했다고 한다.

클린턴은 대통령 임기 마지막 며칠 동안 중죄인들을 대거 사면했다. 힐러리의 남동생과 클린턴의 남동생이 돈을 받고 중죄인들의 사면을 중개한 이 스캔들은 '사면 게이트'라고 불린다. 그중에도 FBI가 수배 중인 금융 사기범 마크 리치Marc Rich를 사면한 조치는 논란이 많았다. 저자는 마크 리치의 전 부인인 데니스Denise Eisenberg Rich와 클린턴이 깊은 관계라고 지적한다. 대통령 퇴임 후에 클린턴의 건강이 나빠진 것은 데니스같이 돈 많은 이혼녀들이 클린턴을 유혹했기 때문이라고 한다.

저자는 클린턴과 가까웠던 사람들은 대부분 불행해졌기 때문에 클린턴에게는 '저주'가 따라다닌다고 말한다. 클린턴이 아칸소에서 주지사를 지낼 때 그와 가까이 지냈던 많은 사람들이 감옥에 가거나 자살하는 등의 큰 대가를 치렀다. 클린턴이 각종 선거에서 지원 유세한 민주당 후보들은 대부분 낙선했다. 2004년 대통령선거 때 클린턴은 과거 자신을 도왔던 참모 두 명을 민주당 후보인 존 케리에게 추천했지만, 이들은 도움이 안 되는 인물들이었기 때문에 클린턴이 케리의 당선을 원치 않는다는 말도 들었다고 한다.

클린턴의 자서전 출판에 얽힌 이야기도 재미있다. 출판사는 클린턴

공부하는 보수

에게 책이 출판된 후 인세 10만 달러의 지불을 보장했다. 여기저기 다니면서 강연을 해서 돈을 벌어들이는 데 바빴던 클린턴은 원고 마감일이 닥쳐왔지만 집필을 시작도 하지 않은 상태였다. 클린턴은 무엇이든 정리하는 데 소질이 없고, 더구나 컴맹이었다. 젊어서 아칸소 법무장관이 된 후 아칸소 주지사를 역임하고 대통령으로 8년을 보냈던 터라 컴퓨터 등의 사무기기를 만져볼 기회가 없었던 것이다. 결국 클린턴은 퓰리처상 수상 작가를 고용해서 원고를 받아쓰게 했다. 구술 원고를 넘겨받은 출판사는 에디터를 총동원해서 문장을 다듬고 의문점에 대한 질문서를 클린턴에게 산더미처럼 보냈다. 클린턴은 출판사의 질의에 응답하느라 석 달 동안 집에 갇혀 있어야 했다.

저자는 클린턴 부부가 현대 미국 정치사에 있어 가장 과대평가된 인물이라고 주장한다. 클린턴 부부가 이렇게 된 데는 1960년대에 대학을 다닌 급진 세력이 이들을 자신들의 대리인으로 내세우기 때문이라고 본다. 저자는 2008년 대통령선거가 '1960년대 급진 세력'이 또다시 백악관과 미국 정부를 장악할 수 있느냐를 판가름하는 결전이 될 것이라고 예견하며 책을 마무리했다.

이 책이 나온 배경에는 2008년 대선에서 민주당 후보로 나설 가능성이 높았던 힐러리 클린턴에 대한 견제가 있었다. 하지만 2008년 들어서 불어닥친 금융 위기로 공화당에는 패배의 기운이 감돌았고, 민주당은 힐러리 클린턴보다 더 진보적인 버락 오바마를 후보로 선출해서 본선에서 이겼으니, 이 책의 저자에게는 허무한 일이 되고 말았다.

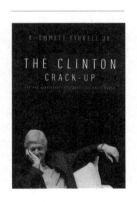

032

미국의 파괴 집단,
공화당

토머스 프랭크Thomas Frank,
《파괴 집단: 보수는 어떻게 통치하나*The Wrecking Crew: How Conservatives Rule*》
(Metropolitan Books, 2008)

사고나 고장으로 서 있는 자동차를 끌어가는 구난차 救難車를 '레커
Wrecker'라고 부른다. 그런가 하면 폐차해서 버리는 것도 영어로는 '렉
Wreck'이라고 말한다. 따라서 '레킹 크루Wrecking Crew'는 구난대를 의미
하기도 하고, 무엇이든 부셔버리는 파괴 집단을 의미하기도 한다. 2004
년 미국 대선을 앞두고《캔자스가 웬일이지?》를 펴낸 토머스 프랭크는
2008년 대선을 앞두고 낸 이 책《파괴 집단》에서 공화당과 보수파가 미
국을 구한다고 나서더니 결국은 나라를 파괴하고 말았다고 주장한다. 구
난대를 자처한 집단이 사실은 파괴자였다는 말이다.

저자는 보수성향의 사람들도 개인적으로는 좋을 수 있지만 보수주
의라는 철학을 가진 사람들이 집단을 이루어서 정부를 운영한 결과, 오
늘날 미국은 거의 파괴되고 말았다고 주장한다. 그리고 "보수주의가 미

국을 망쳤다"는 말로 책을 시작한다. 그는 오늘날 워싱턴 근교는 미국에서 가장 부유한 동네가 되었는데, 이는 연방정부에 로비를 통해 아웃소싱으로 정부 사업을 따내는 사람들이 워싱턴 부근에 모여 살기 때문이라고 한다. 또한 정부 지출에 의존하는 기업들도 워싱턴으로 이전해 와서 자리 잡았기 때문이라고 한다. 그 결과 미국 재정은 최악의 상태에 있지만 로비 집단과 정부 돈을 받아 정부 기능을 대신하는 기업들은 막대한 돈을 벌었다. 공화당 정권이 들어서자 로비회사들은 제철을 만난 듯이 번창했고, 그런 탓에 오늘날 성장률이 가장 높은 사업은 다름 아닌 '로비'라고 저자는 말한다.

정부 기능에 냉소적인 보수주의자들의 자세가 많은 부작용을 초래했다고 보는 저자는 "비즈니스에 대한 정부 간여는 줄이고, 정부 자체가 비즈니스를 많이 해야 한다"는 공화당의 철학이 근본적으로 잘못된 것이라고 주장한다. 또한 미국의 보수주의는 정부를 '시장에 불필요하게 개입하는 존재'로 인식하기 때문에 보수정권이 들어서자 정부의 규제가 필요 없다는 사람들이 정부 고위직에 대거 임명됐다고 말한다. 그리고 그 결과 해당 분야에서 공직 경험이 없는 사적 연고로 맺어진 무능한 집단이 정부 기관을 장악했다고 지적한다. 조지 W. 부시 행정부의 연방재난관리청Federal Emergency Management Agency, FEMA이 대표적인 경우인데, 그로 인한 문제점은 2005년에 허리케인 카트리나가 뉴올리언스를 덮쳤을 때 잘 드러났다는 것이다. 정치적 연고로 임명되었을 뿐, 관련 직무 경험이 없는 청장 때문에 FEMA 전체의 사기가 떨어져 있었고, 결국 비상사태에 적절하게 대응하지 못했다는 주장이다.

저자는 1981년에 워싱턴에서 열린 전국 공화당 대학생위원회 의장을 맡은 일을 계기로 부시 행정부 시절 잘 나가던 로비스트 행세를 하다가 불법 로비로 구속된 잭 아브라모프Jack A. Abramoff의 경우를 들어 보수의 부패상을 상기시킨다. 그는 또한 잭 아브라모프가 세운 국제자유기금IFF이 남아프리카공화국의 백인 정권으로부터 돈을 받아 보수주의 경제철학을 전파하는 단체를 지원했다면서, 보수성향 싱크탱크의 논리가 냄새 나는 돈줄과 연관이 있음을 지적한다.

저자는 레이건 행정부 8년 동안 재정 적자와 국가 부채가 엄청나게 증가했으며, 클린턴 행정부는 간신히 균형 예산을 유지하는 데 성공했지만 조지 W. 부시 행정부가 들어서자 또다시 적자로 돌아섰음을 지적한다. 그와 동시에 공화당이 '나라를 망치는 정당'이라고 강도 높게 비판한다. 저자에 의하면 진보주의는 좌파적 사회주의 운동과 기업의 이익이 타협하는 데서 발생했으나, 보수주의는 다른 생각을 갖고 있는 사람들을 아예 배척하고 있다는 것이다. 그 점에서 보수주의자들은 전통을 지키기는커녕 오히려 전통을 파괴하고 있다고 저자는 말한다. 공화당 8년 통치 끝에 미국 사회를 지탱하고 있던 기둥이 산산조각이 났다는 것이다. 저자는 돈과 공공선公共善 중에서 항상 돈을 선택했던 보수주의자들에게 책임을 물어야 한다는 말로 책을 끝맺는다. 기로에 서 있는 미국의 보수주의를 되돌아보게 하며, 또한 우리나라의 보수정당이 실제로 무슨 일을 하고 있는지 생각해보게 한다.

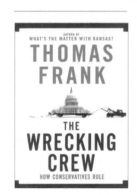

공부하는 보수

033

부시가 실패한 이유

루 캐넌·칼 캐넌Lou Cannon·Carl M. Cannon,
《레이건의 제자: 한 대통령의 유산을 추구하려 했으나 실패한 조지 W. 부시
Reagan's Disciple: George W. Bush's Troubled Quest for a Presidential Legacy》
(Public Affairs, 2008)

이제 조지 W. 부시는 실패한 대통령으로 자리 매김하고 말았다. 이라크전쟁에서 실패했고 경제 운용을 잘못해서 2008년 경제 위기를 초래했기 때문이다. 그러면 부시는 왜 실패했나? 이에 대한 답을 언론인 부자가 내놓았다.

루 캐넌은 캘리포니아 지방신문과《워싱턴 포스트》기자로 로널드 레이건을 36년 동안 취재했고, 레이건의 공식 전기를 집필했다. 그의 아들 칼 캐넌은《내셔널 저널*National Journal*》의 기자로 조지 W. 부시를 오랫동안 취재했다. 레이건과 부시를 각각 잘 안다고 생각하는 캐넌 부자는 이 책에서 레이건이 왜 성공했고, 레이건을 롤 모델로 생각한 부시가 왜 실패했나를 이야기한다.

조지 W. 부시는 대통령이 되기 전부터 경제정책과 세금 문제에 있어

서 부친 조지 H. W. 부시보다 로널드 레이건을 따랐다. 세금을 절대로 올리지 않겠다고 약속하고는 임기 중에 증세를 해서 재선에 실패한 아버지를 기억한 것이다. 오랫동안 레이건의 보좌관을 지낸 마이클 디버Michael K. Deaver는 '조지 W. 부시는 레이건의 세 번째 임기가 될 것'이라고 했다. 그러나 두 번째 임기의 중간을 넘기면서 공화당원들과 보수파들은 조지 W. 부시에게 비판적으로 돌아섰다. 보수평론가들은 부시를 '우익 이념주의자'라고 폄하하기 시작했다. 보수층이 부시로부터 돌아서게 된 원인은 전쟁과 재정 적자 때문이었다. 부시 정부에서의 재정 적자는 주로 전쟁 비용에서 초래된 것이기 때문에 결국 부시가 시작한 이라크전쟁을 두고 많은 비판이 제기되었다. 공화당원들은 '그런 상황에서 레이건이라면 이라크를 침공했을까?' 하고 의문을 제기한 것이다.

로널드 레이건은 학계와 언론보다는 국민과 대중에게 더 친숙한 정치인이었다. 레이건 자신도 자기는 미국민과 분리될 수 없는 사람이라고 생각했고, 그런 믿음이 그의 정치적 자신이었다. 레이건은 자기가 옳은 일을 하고 있다는 신념을 갖고 있었고, 그 점에서 프랭클린 루스벨트와 유사했다. 정치학자 더글러스 브링클리Douglas Brinkley는 "레이건보다 앞선 대통령은 루스벨트의 그림자에 가려졌고, 레이건 이후 대통령은 레이건의 그림자에 가려 있다"고 지적했다. 루스벨트와 레이건은 절망적인 시절에 미국민에게 희망을 주었다는 공통점을 갖고 있다.

레이건 노선에서 이탈하다

카터 행정부 시절이던 1979년부터 1980까지 미국의 실업률은 10퍼센트에 근접했고 인플레이션은 연평균 12.5퍼센트였으며 우량 대출금리도 두 자리 숫자였다. 당시 소련은 미국보다 국방비를 거의 두 배나 더 쓰면서 핵무기를 늘리고 있었고, 테헤란에서는 근본주의 이슬람 정부가 미국인들을 인질로 잡아두고 있었다. 1980년 선거에서 레이건은 현직 대통령인 카터를 상대로 압승했고, 공화당은 상원에서 다수석을 차지했으며 하원에서도 의석을 늘렸다.

레이건은 세금을 낮추고 예산을 감축하는 정책을 밀고나갔으나 국방비는 오히려 증액했다. 또한 인플레이션을 잡기 위해 고高이자율 정책을 주장하는 폴 볼커Paul Volcker 연방준비제도이사회The Federal Reserve Board 의장에게 힘을 실어주었다. 임기 첫 해에 레이건은 소득세 감축을 제안했고 의회는 이를 승인했다. 하지만 경기 침체와 감세로 세수가 줄자 1982년에는 감축했던 소득세의 3분의 1을 부활시켰다. 1986년에는 소득세 공제 제도를 감축해서 이것의 혜택을 많이 받던 부유층의 세금 부담을 늘렸다. 이러한 조정이 있었음에도 지속된 낮은 세금과 낮은 인플레이션은 레이건 경제정책의 상징이 됐다.

1983년 3월 레이건은 소련을 '악의 제국Empire of Evil'으로 부르는 등 소련과 대립했지만 1985년 11월에 제네바에서 미하일 고르바초프Mikhail Gorbachev를 만나서 핵무기 감축 협상을 시작했다. 레이건은 고르바초프를 모스크바와 레이캬비크에서 만났으며, 결국 1987년에 워싱턴에서 중거리 핵무기 협상을 타결시켰다. 이처럼 냉전이 안전하게 종식될 수 있었던 것은 레이건이 남긴 가장 위대한 유산으로 평가된다. 인류가 아마겟돈을 겪어서는 안 된다고 생각했던 레이건이 핵전쟁 악몽을 종식시킨 것이다.

조지 H. W. 부시가 1988년 선거에서 대통령에 당선됐을 때 사람들은 그가 3선에 나올 수 없었던 레이건을 대신했다고 생각했다. 레이건의 성공은 민주당에도 영향을 주었다. 클린턴은 중도적 입장으로 당선됐고, 그가 선을 넘었다고 생각한 유권자들은 1994년 선거에서 상·하원을 모두 공화당 지배하에 두도록 했다.

정치적 자산이 많지 않았던 대통령

조지 W. 부시는 2004년 선거에서 재선에 성공했다. 2004년 대선의 투표율은 61퍼센트로 전보다 높았다. 민주당 후보 존 케리는 4년 전에 앨 고어가 얻었던 표보다 800만 표를 더 얻었지만 패배했다. 부시는 2000년에 얻은 표보다 1,160만 표를 더 얻었다. 2004년 선거에서 공화당이 상원에 네 석을 추가하면서 상원의 구성비는 55대 45가 됐다. 공화당의 완벽한 승리였다. 그러나 부시의 성공 신화는 곧 무너지지 시작했다. 허리케인 카트리나와 정치 브로커의 부패가 부시와 공화당에 악재로 작용했기 때문이다. 유권자들은 공화당의 과잉을 유심히 지켜보았고, 그 결과 2006년 선거에서 공화당에 패배를 선물했다.

임기 초 부시는 민주당과 협의해서 자신의 공약이었던 교육개혁입법을 통과시켰다. 또한 세법 개정을 통해 소득 계층을 더욱 세분화하고 세율을 내렸다. 그리고 9.11 테러가 발생했다. 9.11은 부시를 단숨에 '전쟁 대통령'으로 바꾸어놓았다. 부시는 "우리는 지치지 않을 것이며, 주저하지 않을 것이고, 실패하지 않을 것"이라고 단호하게 말했다. 미군은 그해 겨울 아프가니스탄을 점령했고, 2003년 봄에는 이라크를 점령했다. 부시의 지지도는 70퍼센트를 웃돌았다.

부시의 백악관은 능률적으로 돌아갔다. 그의 백악관은 클린턴 시절과 달랐고, 레이건 시절과도 달랐다. 레이건 백악관에서는 제임스 베이

공부하는 보수

커 비서실장과 에드윈 미즈Edwin Meese 특별보좌관 사이에 대립이 있었던 반면, 부시의 비서실장 앤드루 카드Andrew Card는 백악관 참모들에게 오직 부시만이 있을 뿐이라고 강조했다. 2004년 재선 운동을 주도한 칼 로브 백악관 부실장은 부시에게 걸림돌이 되는 토머스 대슐Thomas Daschle 등 민주당 의원들을 선거에서 저격해서 낙선시켰다. 레이건은 민주당 지도자이던 팁 오닐Tip O' Neil 하원의장과 대화를 자주했으나 부시는 민주당을 상대하지 않았다. 이라크에 대한 공격을 준비할 때에도 부시는 민주당 지도자들에게 양자택일을 강요했다. 그랬던 부시는 2004년 재선후 자신을 너무 믿었다. 하지만 그는 정치적 자산을 별로 갖고 있지 않은 대통령이었다. 2006년 선거에서 공화당이 패배했고, 그러자 부시가 레이건에서 이탈했기 때문에 패배했다는 말이 나왔다.

이라크전쟁을 찬성했지만 훗날 부시 정권에 반대한 프랜시스 후쿠야마는 부시의 정책을 '신윌슨주의Neo-Wilsonian'라고 불렀다. 실제로 부시 정권에서 백악관 안보보좌관과 국무장관을 지낸 콘돌리자 라이스는 윌슨 대통령과 1차대전 후 잃어버린 평화의 기회에 관심이 많았던 학자 출신이었다. 여기서 말하는 윌슨주의란 '실패한 이상주의Failed Idealism'를 의미하는데, 부시의 이라크 정책이 바로 그런 것이었다. 윌슨과 부시가 살아온 과정 속에는 군 관련 배경이 없었고, 그런 탓인지 극소수의 참모에 의존해서 전쟁 결정을 내렸다. 미군은 이로 인해 전쟁터에서 많은 대가를 치렀지만 이루어진 것은 없었다.

레이건의 짧은 전쟁

1970년에 팔레스타인해방기구, 즉 PLO가 레바논으로 거점을 옮긴 후 레바논은 내란에 시달렸다. 1982년 6월, 영국 주재 이스라엘 대사가 PLO 최대 조직인 파타Fatah 소속 테러리스트에 의해 총상을 입는 사건이 발생했고, 이에 대한 보복으로 이스라엘은 베이루트에 있던 PLO 무기 저장소를 폭격했다. PLO가 이스라엘 북부 갈릴리 지역을 포격하자 이스라엘군은 레바논을 침공하고 시리아의 베카밸리에 있던 시리아 방공 미사일 기지를 포격했다. 레바논 전 지역이 전투에 휩싸이자 미국도 방관할 수 없게 됐다.

그 시점에 레이건은 알렉산더 헤이그Alexander M. Haig, Jr. 국무장관을 경질하고 후임으로 조지 슐츠George P. Shultz를 임명했다. 레이건은 백악관 참모들과 충돌을 빚어온 독단적인 성격의 헤이그를 교체함으로써 대외 정책을 조율할 수 있을 것이라고 생각했지만, 슐츠 장관이 캐스퍼 와인버거Casper W. Weinberger 국방장관과 사이가 좋지 않다는 것은 알지 못했다. 레이건은 메나헴 베긴 당시 이스라엘 총리에게 전화를 걸어서 베이루트에 대한 이스라엘군의 공습을 중단시켰다. 그러자 시리아군도 레바논에서 철수했다. 필립 하비브Philip Habib 중동 특사의 권고에 따라 프랑스 공정대와 이탈리아군이 레바논에 평화유지군으로 진주했고, 미해병대 800명도 레바논에 도착했다. PLO 전투부대와 시리아 군대가 웨스트 베이루트를 떠나자 레바논은 평화를 되찾는 듯 보였다. 레이건은 미해병대 병력을 해군 함정으로 철수시켰고, 프랑스 군대와 이탈리아 군대도 철수했다.

1982년 9월 14일, 레바논 기독교 민병대 본부에 폭탄테러가 발생해서 레바논 대통령으로 선출된 바치르 가마일Bachir Gemayel이 사망했다. 그러자 기독교 민병대가 팔레스타인 난민촌에 난입해서 700명이 넘는 사람들을 살해하는 사건이 발생했다. 레바논 사태가 다시 악화되자 레이건은 해병대를 레바논에 재상륙시키기로 결심했다. 당시 국방부와 합참은 미군을 레바논에 파병하는 데 부정적이었다. 레바논에 상륙한 미해병대 병력은 1,200명이었는데, 이들은 무장도 빈약한 상태였다. 1983년 4월 18일, 베이루트 주재 미국 대사관에 폭탄테러가 발생해서 CIA 중동지부장 등 미국인 열일곱 명이 죽었다. 미해병대는 베이루트공항 부근의 낮은 지대에 주둔하고 있었고 주변의 고지는 PLO가 차지하고 있는 위험한 상황이 계속되고 있었다. 이런 상황임에도 불구하고 백악관은 참모들끼리, 국방부는 국무부와 심각한 의견 대립을 보였고 레이건은 갈피를 잡지 못했다.

1983년 10월 23일, 강력한 폭발물을 탑재한 트럭이 미군 막사로 돌진해서 해병대원 241명이 사망하는 대참사가 일어났다. 얼마 뒤에는 프랑스군 막사에서 폭발물테러가 발생해 프랑스군 58명이 죽었다. 분노한 레이건은 테러의 배후가 시리아라면서 시리아에 대한 공습을 명했다. 그러나 레이건의 이러한 조치는 의회의 지지를 얻지 못했다. 합참도 미군이 레바논에 머물 이유가 없다고 생각했다. 1984년 2월 말, 레이건의 명령에 따라 미군은 베이루트에서 완전히 철수했다. 레바논 사건은 레이건에게 닥쳤던 가장 큰 시련이었다.

레이건은 국무부와 국방부, 그리고 참모진들이 의견 대립을 보이는 가운데 중심을 잡지 못했다. 레이건은 이 사건으로 큰 충격을 받았고, 그후에는 미군 병력을 해외에 파견하는 데 매우 신중했다. 베이루트 폭발 사건과 비슷한 시점에 있었던 그레나다 침공은 국무부, 국방부, 그리고 백악관 참모진의 의견 일치로 대통령에게 긴급한 군사개입을 요청해서 이루어졌다. 하지만 그레나다 침공도 사전 준비 부족으로 미군들은 불필요한 피해를 입었음이 나중에 밝혀졌다.

부시의 긴 전쟁

대통령이 된 조지 W. 부시는 레이건이 중동 지역에서 벌였던 작은 전쟁과 자신의 부친이 미완으로 남겨 놓은 이라크 정권, 그리고 클린턴 행정부 덕분에 기세가 등등해진 알카에다의 테러활동을 인수했다. 9.11 테러가 발생하자 부시는 "그들이 우리에게 전쟁을 선포했고, 나는 우리가 전쟁을 해야 한다고 결심했다"고 말했다. 부시는 전쟁에 이끌려간 것이다.

9.11 테러가 일어나자 알카에다에 대한 전쟁은 당연한 것으로 여겨졌다. 그때부터 국방부의 민간 수뇌부는 아프가니스탄 외에 다른 목표물을 향한 전쟁이 필요하다고 공공연하게 말했다. 도널드 럼즈펠드 국방장관, 폴 울포위츠 국방차관, 그리고 더글러스 페이스 국방차관보는 처음부터 아프가니스탄 외에 이라크를 침공해야 한다고 이야기했다. 딕 체니 부통령도 이에 가담했다. 반면 콜린 파월 국무장관과 리처드 아미티지 Richard Armitage 국무차관은 이라크 침공 이야기가 나오는 데 대해 경악했다. 부시는 당분간 아프가니스탄과 알카에다를 상대해야 한다고 말해서 이견을 정리했다.

더글라스 페이스 등 네오콘 그룹은 1998년에 이라크에는 레짐 교체가 필요하다면서 클린턴 대통령에게 공개 서신을 보낸 바 있었다. 부시도 이 그룹에 보조를 맞추었다. 부시는 이라크에 민주정권이 들어서면 이스라엘과 팔레스타인 간의 평화가 이루어질 것이라고 생각했다. 파월 국무장관은 이라크를 통치하기 어려우며, 이라크 국민은 민주주의 경험이 없다면서 신중론을 피력했다. 2002년 12월, 조지 테닛 CIA 국장은 이라크가 대량 살상 무기를 갖고 있는 것이 확실하다고 부시에게 보고했다. 2003년 3월 19일, 부시는 전 세계에 미국이 "대량 살상 무기로 평화를 위협하는 무법자 이라크를 좌시할 수 없다"면서 이라크 침공을 시작했다고 밝혔다.

침공 3주 만에 14만 명으로 구성된 미원정군은 바그다드를 장악했다. 그러나 그때부터 상황은 예상에서 빗나가기 시작했다. 이라크는 무법천지가 되었고, 군정장관으로 파견된 제임스 가너James W. Garner 중장이 이유 없이 경질되고 후임으로 부임한 폴 브레머는 이라크 상황을 전혀 알지 못했다. 브레머는 이라크 군대를 해산하는 실책을 범해서 일자리를 잃어버린 전직 군인들이 반군이 되는 상황이 벌어지기도 했다. 이라크 전역을 장악하고 국경을 통제하는 데 미군 병력은 절대적으로 부족했다. 럼즈펠드 국방장관과 그가 임명한 현지 지휘관들은 미군이 이라크에서 쉽게 철수할 수 있다고 생각했지만, 그것은 오산이었다.

럼즈펠드 국방장관은 오만하고 독선적이었으며, 콘돌리자 라이스 안보보좌관은 대통령에게 현실감 있는 정보를 제공하지 못했다. 2004년 선거 후 앤드루 카드 비서실장은 럼즈펠드를 교체해야 한다고 부시에게 조언했으나 체니 부통령이 반대해서 이루어지지 못했다. 부시는 2006년 중간선거에서 공화당이 참패한 후에야 럼즈펠드 국방장관과 이라크 주둔군 지휘관을 경질했다.

이라크전쟁이 이처럼 잘못되어가자 전쟁 자체에 대한 비판적 여론이 늘어났다. 레이건이라면 이라크에 침공했겠는가 하는 논의도 생겨났다. 레이건의 백악관 참모와 법무장관을 지낸 에드윈 미즈는 "레이건이라면 보다 많은 병력을 동원해서 침공했을 것이며, 보다 충분한 준비를 했었을 것"이라고 말했다. 이에 대해 이 책의 저자들은 "레이건이라면 아예 침공하지 않았을 것"이라고 반박했다. 저자들은 "레이건은 역사 공부를 많이 한 사람이기 때문에 군대를 보내서 다른 나라를 통치하는 것은 거의 불가능하다는 것을 잘 알고 있었을 것"이라고 주장했다.

관리자로서의 자질

부시는 MBA 학위를 가진 최초의 미국 대통령이었다. 하버드 경영대학원에 뒤늦게 들어간 부시는 공부를 열심히 하지 않았고, 하버드에서의 생활을 나중에 자랑하지도 않았다. 부시는 사업 경영자로서도 텍사스 레인저스 구단을 사기 전까지는 별다른 성과가 없었다. 부시는 대통령이 되고 난 후 결정적이고 대담하며 효과적인 의사 결정을 해서, 그 점에서 높은 평가를 받기도 했다. 이 같은 톱다운 의사 결정 방식은 GE의 잭 웰치Jack Welch와 닮았다는 평가를 들었다. 하지만 부시는 과도한 자기 확신을 갖고 있는 것이 결점이었다.

대통령으로서 부시는 자신이 믿는 사람을 철저하게 신뢰했고, 다른 소리를 듣지 않았다. 아버지 부시의 백악관에서 안보보좌관을 지낸 브렌트 스코크로프트는 이라크 침공에 반대하는 오피니언을 《월스트리트 저널》에 실었는데, 그것은 부시 대통령이 부친의 오랜 친구이자 안보 전문가인 자신에게조차 의견을 구하지 않았기 때문이었다. 부시 정부에서 체니 부통령과 럼즈펠드 국방장관의 지위는 너무나 확고했다. 조지프 나이Joseph S. Nye Jr. 교수는 "부시가 하버드에서 MBA를 했지만 그는 좋은 관리자가 아니었다"고 혹평했다. 콜린 파월이나 콘돌리자 라이스는 이 두 사람에 대해 할 수 있는 것이 없었다. 부시는 이라크전쟁과 관련한 어렵고 중요한 문제를 주변 누구에게도 심각하게 물어보지 않았다. 리더십에 필수적인 소통이 부재했던 것이다.

반면 레이건은 국민의 반응에 항상 귀를 기울였다. 레이건의 두 번째 임기 첫 2년은 실패였다. 그러나 레이건은 실패를 인정하고 회복했다. 레이건의 옆에는 상원의원을 지내다가 비서실장이 된 하워드 베이커Howard Baker 같은 쓴소리를 하는 사람들이 있었다. 반면 부시는 자신이 듣기 싫

공부하는 보수

어하는 소리를 아예 회피했고, 민주당을 설득하기는커녕 심지어 적으로 몰아세웠다. 이 점에서 부시는 레이건과 전혀 달랐다.

부시의 국내 정책

부시는 선거 때 "진보적인 법관을 신뢰하지 않으며, 엄격해석론자 Strict Constructionist를 연방법관으로 임명하겠다"고 약속했다. 그리고 그 약속을 지켰다. 그가 임명한 존 로버츠John G. Roberts, Jr. 대법원장, 새뮤얼 얼리토Samuel A. Alito, Jr. 대법관 그리고 연방고등법원과 연방지방법원 판사들의 성향은 레이건이 임명한 법관들보다 더 보수적이다. 부시는 또한 세금 문제에 있어서 레이건을 따랐다. 부시는 취임 첫 해에 세금을 향후 10년에 걸쳐 적게는 1조 3,000억 달러에서 많게는 1조 5,000억 달러까지 감축하는 괄목할 만한 조치를 취했다.

그러나 부시는 2005년 9월 카트리나 때 피해 지역을 곧바로 방문하지 않는 등 실책을 저질러서 지지도 하락을 초래했다. 2007년 4월 버지니아 공대에서 총격 사건이 일어나 많은 사람들이 죽자, 부시는 로라 여사와 함께 방문하여 유가족과 학생들을 위로했다. 카트리나 사태에 기민하게 대처하지 못한 데서 교훈을 얻은 것이다.

그가 남긴 유산

이라크전쟁은 부시에게 베트남전쟁이나 마찬가지였다. 이라크 상황이 악화되자 국민들은 부시로부터 더 이상 듣는 것을 거부했다. 부시는 국방장관, 합참의장, 이라크 주둔군 사령관을 교체했지만 국민들은 관심

보이기를 거부했다. 베트남전쟁의 실패는 세 명의 대통령에게 책임이 돌아갔지만, 이라크전쟁은 오직 부시의 책임이었다. 부시의 지지도는 레이건보다 허버트 후버Herbert Clark Hoover의 그것을 따라갔다. 부시는 재임 시에 제대로 평가받지 못하고 훗날 긍정적으로 평가받은 해리 트루먼Harry S. Truman을 생각하며 마음의 위안을 삼고자 했을지도 모른다. 한국전쟁이 오래가자 트루먼의 지지도는 바닥을 헤맸지만, 트루먼은 공산주의 팽창을 성공적으로 막아낸 대통령으로 평가된다. 레이건은 트루먼을 자기가 찍은 마지막 민주당 대통령이라고 했다. 한국전쟁에 관한 책을 쓴 데이비드 핼버스탬David Halberstam은 "이라크전쟁을 한국전쟁에 비교할 수는 없다"고 단언한다. 부시는 트루먼이 될 수 없다는 것이다.

레이건은 자신의 생각이나 정책이 잘못됐다는 생각이 들면 다른 사람의 의견을 듣고 반영하여 수정하는 사람이었다. 임기 첫해에 단행한 감세가 경제를 바로잡는 효과를 보이지 않자, 카터에 의해 임명된 폴 볼커 연방준비제도이사회 의장의 권고를 받아들여서 고이자 정책을 썼다. 공화당 내에서도 볼커의 정책을 두고 논란이 많았지만 레이건은 볼커를 지지했고, 그 결과 인플레이션을 잡을 수 있었다. 레이건은 민주당 소속 팁 오닐 하원의장과 부단하게 대화를 해서 타협을 이루어내고는 했다. 그와 동시에 문제가 있는 각료는 신속하게 교체했다. 알렉산더 헤이그 국무장관이 그러했고, 환경보호처장, 노동장관, 내무장관 등이 그러했다.

반면 부시는 지적 흥미는 높지만 제대로 결정을 하는 데 필요한 좋은 정보를 갖고 있지 못했다. 뒤늦게 기독교에 몰입한 탓인지 확신이 너무 강했고, 참모들에게 자신에 대한 충성을 강조해서 이너서클 내부에서도 토론이 적었다. 콜린 파월은 "부시는 자기가 믿고 싶은 것을 믿는다"고

공부하는 보수

말할 정도였다. 이라크 사태가 악화되고 있음에도 부시는 낙관적인 생각을 했는데, 이는 마치 스테로이드를 맞고 좋아질 것이라 생각하는 것과 같았다.

콜린 파월이 이라크 침공을 늦추어야 한다고 부시에게 말했을 때 파월은 단순히 국무부를 대표해서 말했던 것이 아니었다. 파월은 축적된 미군의 경험과 레이건 행정부 및 조지 H. W. 부시 행정부에서 얻은 경험을 바탕으로 했던 말이었는데, 부시는 경험에서 우러난 충고를 무시했다. 부시는 레이건의 제자이지만 레이건이 소련을 상대했을 때 동원했던, 원칙과 실용주의를 혼용하는 지혜를 따르지 않았다. 부시의 의도는 숭고했지만 의도가 숭고했다고 이라크전쟁과 국내 정책에서의 실패가 용서되지는 않는다. 무엇보다 부시는 자신의 실패에서 교훈을 얻기를 거부했기 때문이다.

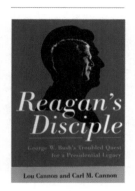

034

스스로를 돌아보다

조지 W. 부시|George W. Bush,
《결정의 시점들*Decision Points*》(Crown Publishing, 2010)

조지 W. 부시의 회고록 제목인 "Decision Points"를 번역하면 "결정의 시점時點들"이 되지만, 제목은 '중요Points'와 '결정Decision'이라는 두 단어를 함축하고 있다. 부시는 결혼과 금주禁酒, 주지사 출마와 대통령 출마, 그리고 아프가니스탄 침공과 이라크전쟁 등 그가 내린 모든 결정에 대해 일말의 후회도 없어 보인다. 그래서 자신은 매사에 옳은 결정을 했다고 믿는 것 같다. 책의 내용과 서술 방식도 그의 성격과 마찬가지로 직선적이고 솔직하다.

책 전반을 통해서 부시의 인간적 면모도 느낄 수 있다. 가족에 대한 무한한 사랑, 그리고 자기를 도와서 일한 사람들에 대한 감사는 대단하다. 그런 것들이 그를 대통령으로 만들었을 것이다. 외국 지도자에 대해서도 호불호가 분명하다. 자크 시라크Jaques Chirac 전 프랑스 대통령과 게르하르

공부하는 보수

트 슈뢰더Gerhard Schröder 전 독일 총리에 대한 평가는 아찔할 정도다.

부시는 자신에 대한 평가는 역사에 맡기겠다는 말로 책을 끝맺고 있지만 자신에게 불리한 부분에 관한 언급이 너무 없다. 이라크 침공이 정당화될 수 있다고 하더라도 그 결정에 이른 과정이 성급했고, 전쟁 계획이 서툴렀다는 비판에 대해서는 별다른 언급이 없다. 이라크전쟁에 좌절해서 국무장관을 그만둔 콜린 파월, 그리고 전쟁의 결과에 대해 책임을 지고 사퇴한 도널드 럼즈펠드 국방장관과 CIA 국장 조지 테닛에 대해서도 간단하게 언급했을 뿐이다. 이라크전쟁을 기획했던 폴 울포위츠 국방차관 등 네오콘에 대해서도 언급이 없다.

부시는 자신이 앤도버의 필립스고교와 예일대학을 다니게 된 이유가 가족의 전통이라고 고백한다. 반면 금연과 금주, 기독교로의 귀의歸依, 로라와의 결혼, 그리고 하버드 비즈니스스쿨은 자신의 결정이었다고 말한다. 부시는 자기 인생의 롤 모델은 아버지라고 했다. 부시는 아버지의 대통령선거를 도운 후에 다시 텍사스로 돌아가서 야구 구단인 '텍사스 레인저스'를 인수해서 운영했다. 1992년 대선에서 아버지가 빌 클린턴에게 패배하자 부시와 동생 젭Jeb Bush은 각기 텍사스와 플로리다 주지사에 출마해서 당선됐다. 부시는 아버지가 재선에 성공했더라면 자기가 텍사스 주지사와 미국 대통령이 되는 일은 없었을 것이라고 했다.

부시를 주지사로 만들고 나중에 대통령으로까지 만든 정치참모는 칼 로브였고, 홍보참모는 캐런 휴스Karen Hughes였다. 부시는 자신과 로라가 2000년 대선 출마를 두고 18개월 동안 고민했다고 말한다. 자신의 대통령 후보 지명 후 부통령 후보 지명 등에 얽힌 이야기가 나오는데, 10년이 지난 지금도 딕 체니를 부통령으로 지명한 데에는 후회가 없다고 했다. 콘돌리자 라이스는 아버지 소개로 알게 되어서 결국 안보보좌관으로 기용했고, 라이스의 추천에 따라 포드Gerald Rudolph Ford Jr. 행정부에서 젊은 나이에 국방장관을 지낸 럼즈펠드를 국방장관으로 지명했다고 한다. 콜린 파월이 사임한 후 라이스를 후임으로 임명한 부시는 안보부보좌관이던 스티븐 해들리를 안보보좌관으로 임명했는데, 해들리에 대한 부시의 신임이 매우 깊었다는 것은 책의 여러 군데에서 확인할 수 있다.

부시는 자신이 퇴임할 시기가 다가오자 여러 곳에서 사면을 요청하는 부탁이 많았다면서 자신은 법무부의 공식 채널을 통하지 않은 사면 부탁을 절대로 수용하지 않을 것이라고 했다고 한다. 실제로 부시는 체니의 비서실장을 지내던 중 '리크 게이트'에 연루되어 위증죄로 유죄판결을 받고 복역 중인 전 부통령 비서실장 스쿠터 리비Scooter Libby에 대한 사면을 거부했는데, 그때 체니는 "어떻게 전장에 쓰러진 동료를 그대로 두고갈 수가 있느냐?"며 정색하고 말했다고 한다. 부시는 체니가 자기에게 그렇게 정색을 하고 말했던 적은 그때 말고는 없었다고 했다. 이렇듯 부시는 퇴임 직전에 사면권을 남용해서 '사면 장사'를 했다는 비난을 들었던 빌 클린턴과 비교된다.

9.11 테러와 아프가니스탄 침공

9.11 테러는 오늘날의 부시를 있게 한 사건이다. 9.11 당일 초등학교에서 현장 수업을 참관하던 부시에게 세계무역센터에 비행기가 충돌했다는 소식을 알려준 사람은 칼 로브였다. 곧 이어 콘돌리자 라이스가 그것이 제트여객기였다고 알려주었다. 두 번째 비행기가 충돌하자 앤드루 카드 비서실장이 "미국이 공격받고 있다"고 알려주었다. 조지 테닛 CIA 국장은 그것이 알카에다의 소행이라고 보고했다. 부시는 9.11 후 의회가

통과시킨 애국법이 뉴욕, 버지니아, 오리건 및 플로리다에서 활동하던 잠재적 테러조직을 분쇄하는 데 기여했다고 본다. 부시는 아프가니스탄에서 포로로 잡힌 알카에다 대원은 제네바협정에서 말하는 포로가 아니며, 이들을 미국 영토가 아닌 관타나모 수용소에 가두고 군사법정이 재판하도록 한 조치는 2차대전 때 선례가 있던 것으로 합헌적이며 정당한 조치라고 강변한다. 또한 부시는 '워터 보드'라는 일종의 물고문을 통해 포로로 잡힌 알카에다 요원들의 진술을 얻어내서 테러를 예방할 수 있었다고 주장한다.

부시는 9.11 테러의 진원지인 아프가니스탄을 공격하는 문제를 다룰 당시의 상황을 전하고 있다. 합참의장 휴 셸턴Hugh Shelton 대장은 '바다에 면해 있지 않은 산악지대인 아프가니스탄에 미군을 보내는 데는 시간과 준비가 필요하다'고 했다. 해들리 안보부보좌관은 '전쟁이 파키스탄에까지 번지는 사태가 벌어지는 게 가장 걱정스럽다'고 했다. 조지 테닛은 '알카에다가 생화학무기를 가지고 있을 가능성이 높다'고 했다. 이때 울포위츠 국방차관이 '탈레반을 공격할 때 이라크도 같이 공격하자'고 제안했고, 럼즈펠드 국방장관은 '이라크를 다루어야만 테러와의 전쟁을 치를 수 있다'고 거들었다. 그러나 콜린 파월은 '이라크를 공격하면 유엔과 이슬람 국가들, 그리고 나토의 지지를 상실하게 된다'고 반대했고, 테닛은 '지금 이라크를 치면 실수할 것이다. 첫 타깃은 알카에다가 되어야 한다'고 했다. 딕 체니는 사담 후세인의 위협이 문제이지만 '지금은 그 일을 할 때가 아니다'고 마무리를 했다.

아프가니스탄 침공 계획에 분주할 때 푸틴Vladimir Vladimirovich Putin 러시아 대통령이 부시에게 전화를 걸어서 "러시아가 미국의 아프가니스탄 침공을 이해한다"는 뜻을 전해왔다. 부시는 자신이 아프가니스탄을 점령한 후에 민주적 체제를 세우기 위한 플랜을 세우라고 지시했다고 한다. 아프가니스탄 침공 작전은 순조롭게 진행되었다. 부시는 아프가니스탄 전선에서 최초로 전사한 CIA 요원 마이크 스팬Mike Spann의 가족에게 위문편지를 썼는데, 퇴임할 때까지 5,000번 가까이 이런 편지를 써야 했다. 아프가니스탄을 정상으로 되돌리기 위해서는 파키스탄과의 협력이 중요했다. 부시는 2006년 9월에 카르자이 아프가니스탄 대통령과 무샤라프 파키스탄 대통령을 백악관으로 초청했는데, 두 사람은 서로 악수도 거절하는 등 냉랭하기 짝이 없어서 회담을 괜히 주선했다는 생각이 들었다고 전한다.

운명적인 전쟁

부시는 이라크 침공을 명령한 2003년 3월 19일 아침의 상황을 담담하게 그리고 있다. 백악관 상황실에서 국가안보회의가 열렸고, 비디오 스크린에는 사우디아라비아 미군기지에 가 있는 토미 프랭크스 대장과 미군 수뇌부가 연결되어 있었다. 프랭크스 장군은 "대통령 각하, 군은 준비되어 있습니다"라고 보고했고, 부시는 럼즈펠드 장관에게 "장관, 세계 평화와 이라크 국민의 자유를 위해 '자유 이라크 작전Operation Iraqi Freedom'을 시행하도록 명합니다. 우리 군에 신의 가호가 있기를 빕니다"고 했다. 그러자 프랭크스 대장은 경례를 하면서 "대통령 각하, 신이 미국을 가호할 것입니다"고 했다. 중압감을 덜기 위해 부시는 홀로 백악관 남측 잔디 정원을 걸었는데, 정원에 나와 있던 애견 스팟이 반갑게 다가와주어서 마음에 위로가 되었다고 고백한다. 스팟은 아버지 부시가 대통령을 지낼 때 백악관에서 태어나서 조지 W. 부시를 따라 텍사스에서 살다가,

다시 백악관으로 따라 들어온 스파니엘 종의 개다.

부시는 이라크 침공을 정당하다고 확신한다. 비록 대량 살상 무기를 발견하지 못했다고 하지만 그전까지의 모든 정보는 후세인이 대량 살상 무기를 숨겨놓고 있었음을 확인해주었고, 후세인이 테러리즘을 조장하고 지원해온 것은 숨길 수 없는 사실이라는 것이다. 부시는 유엔안보이사회에서 이라크에 대한 제재에 반대한 푸틴, 시라크, 그리고 슈뢰더는 단지 미국의 영향력을 견제하기 위해서 그랬다고 본다. 부시는 총리를 그만둔 슈뢰더가 러시아 국영에너지회사 소유의 회사 이사회 의장이 됐다고 꼬집었다.

바그다드를 점령한 후 군정장관으로 파견된 폴 브레머에 대해서도 부시는 브레머와 그의 팀이 훌륭한 일을 했으며, 단지 이라크 군대를 해산해서 직장을 잃은 이라크 군인들이 수니파 민병대가 되어 미군을 공격하게 만든 조치는 경솔했다고 말할 뿐이다. 부시는 또한 바그다드를 점령한 후 성급하게 미군 병력을 축소했던 것이 큰 실수였다고 인정한다.

그가 이룬 것들

부시는 자신의 임기 중 내정에 관한 치적으로 '노 차일드 레프트 비하인드법'인 교육법 제정과 65세 이상의 노년층에 대한 연방정부 의료보장제도인 메디케어Medicare 관련법을 개정해서 처방 의약품 구매 비용을 경감시킨 것을 든다. 메디케어를 확장하는 것에 대해서는 공화당 의원들의 반대가 많아 자신이 이들을 설득했다고 말한다. 2004년 대통령선거에서 민주당 후보 존 케리는 자신보다 더 많은 정치헌금을 걷었고, 마이클 무어Michael Moore가 선거 캠페인 영화를 다큐멘터리 형식으로 만들었으며, 억만장자 조지 소로스George Soros는 케리에게 헌금을 많이 했고, CIA 내에서 정보가 새나가서 행정부를 곤란하게 만들었다고 쓰고 있다. 민주당의 그 같은 선거운동의 결과가 CBS 앵커 대니얼 래더의 오보 파동을 초래했다는 것이다.

2005년 9월, 루이지애나와 미시시피를 강타한 허리케인 카트리나는 부시 행정부에 타격을 주었다. 연방정부가 미증유의 재난에 적절하게 대처하지 못했다는 거센 비난이 인 것이다. 이에 대해 부시는 그 책임의 대부분이 당시 루이지애나 주지사 캐슬린 블랑코Kathleen Blanco에게 있다고 주장한다. 당시 상황을 수습할 책임과 권한은 뉴올리언스시장이 아니라 루이지애나 주지사에게 있었는데, 블랑코 주지사가 아무런 대책을 취하지 못한 채 사흘을 보냈다는 것이다. 전용기편으로 뉴올리언스에 내려간 부시는 블랑코 지사에게 상황을 해결하지 못할 거면 연방정부에 권한을 넘기라고 독촉했지만 그녀는 아무런 답을 하지 않았다고 한다. 결국 폭동과 약탈이 발생했기 때문에 대통령은 내란 통제법에 의해 주지사의 요청 없이 연방군을 투입할 수 있었다. 하지만 부시는 공화당 남자 대통령이 민주당 여자 주지사를 묵살하고 연방군을 흑인 거주 지역에 투입하게 되면 정치적 후폭풍을 맞게 될 것이 뻔했기 때문에 조기에 연방군을 투입하지 못했다고 말한다. 부시는 무능하다고 비난을 많이 받았던 연방재난관리청장 마이크 브라운Mike Brown이 2004년 6주 동안 네 개의 허리케인이 플로리다를 덮쳤을 때 동생인 젭 부시 플로리다 주지사와 협력해서 상황을 훌륭하게 극복했다고 반박한다. 또한 공화당원인 미시시피 주지사 할리 바버Haley Barbour와 빌록시의 시장 홀로웨이A. J. Holloway가 재난을 훌륭하게 극복했다고 평가한다.

공부하는 보수

이라크 병력 증파

2006년 가을이 되자 중간선거를 앞둔 공화당 의회 지도자들은 민심이 심상치 않음을 느꼈다. 이들은 부시에게 찾아와 이라크에서 병력을 부분 철수하자고 제안했다. 민주당이 전면 철군을 주장하고 있는 등 이라크전쟁에 대한 반대 분위기가 전국에 팽배해 있다는 것을 느꼈던 것이다. 2006년 2월에 이라크 사마라에 있는 시아파 이슬람의 성지인 골든모스크가 폭파된 다음 수니파와 시아파 사이의 분쟁은 내전으로 발전했다. 이라크는 무정부 상태에 빠져들었고 미군 전사상자 수도 늘어가기만 했다. 부시는 어떤 결정을 해야만 했다.

안보보좌관 해들리는 군사전문가인 프레더릭 케이건, 언론인 로버트 카플란, 전직 CIA 요원 등을 캠프데이비드로 초청해서 부시에게 브리핑을 하도록 했다. 이들은 한결같이 현지에 충분한 병력이 있는지를 물었고 비정규전에 치중할 것을 주문했다. 부시는 해들리를 통해 이라크 현지 지휘관들의 의견을 전달받았는데, 이라크 군대를 훈련시키고 철군해야 한다고 보는 이라크 주재 사령관 케이시 대장과는 달리 추가 병력 지원이 필요하다는 의견이 절대적으로 많았다고 전한다.

그중에서도 베트남전쟁 당시 현장 지휘관들의 견해가 대통령과 국방장관에게 전달되지 않았다는 내용을 담은《임무 포기Dereliction of Duty》라는 책을 쓴 바 있으며, 당시 북부 이라크에서 여단을 지휘하고 있었던 맥마스터Herbert R. McMaster 대령의 의견이 부시의 눈길을 끌었다. 부시는 비정규전을 전공한 데이비드 페트레이어스 소장과 스탠리 맥크리스털 소장의 성공에 깊은 인상을 받았다. 이런 과정을 거쳐서 부시는 이라크에 병력을 추가로 파견하기로 결정했다. 중간선거에서 공화당이 패배한 후 럼즈펠드가 물러나자 부시는 로버트 게이츠를 국방장관으로 임명했고, 이라크 주재 사령관에 페트레이어스 장군을 임명했다. 의회에서 존 매케인John McCain, 조지프 리버먼Joseph Lieberman, 린지 그레이엄Lindsey O. Graham 등이 병력 증강에 찬성했고, 결국 육군 5개 연대와 해병 2개 대대가 추가로 파견됨에 따라 이라크 상황은 안정을 찾게 되었다.

핵 문제와 핵보유국에 대해

부시는 자기 임기 중에 이란 문제를 해결하지 못한 것을 후회한다고 말한다. 그리고 그는 2007년에 있었던 시리아 핵 시설 폭파에 관한 숨은 이야기를 전하고 있다. 시리아에 북한의 영변 핵 시설과 똑같은 흑연 감속로 시설이 가동하고 있다는 것을 알게 된 것이다. 올메르트 이스라엘 총리는 부시에게 전화를 걸어서 미국이 이 시설을 폭격해줄 것을 요청했다. 부시는 CIA에 정보를 확인해보도록 지시하면서 올메르트 총리에게 '우리 정보에 의해 핵무기 시설임이 확인되지 않는 한 주권국가를 폭격할 수는 없다'고 답했다. 올메르트는 '시리아의 핵무기 개발 계획이 이스라엘에 야기하는 위험은 현존하는 것'이라면서, "솔직히 말하건대 당신의 전략을 이해할 수 없소"하며 전화를 끊었다고 한다. 그해 9월 6일, 이스라엘 전폭기들은 시리아의 이 시설을 폭파했다. 그 후 미국의 위성 정보는 시리아가 폭파된 시설의 잔해를 은폐하고 있었음을 보여주었다. 부시는 시리아 정부가 유엔에 아무런 항의도 하지 않은 것이 그 시설이 무엇인가를 알게 해준다고 했다. 부시는 또한 이 사건이 이스라엘이 미국의 동의 없이도 자국의 안보를 위해서는 필요한 조치를 취할 것임을 보여준다고 평가했다.

북한에 대한 부시의 평가도 흥미롭다. 부시는 북한이 어린아이 같다고 했다. 자기 딸 바버라와 제나가 어릴 때 주목을 받고 싶으면 음식을 일부러 바닥에 쏟고, 그러면 아내와 자기가 그것을 치우면서 애들의 요구를 들어주었던 것과 같다는 것이다. 부시는 김정일을 제네바협정을 위반한, 믿을 수 없는 존재로 본다. 중국의 장쩌민江澤民이 자신에게 '북한은 당신의 문제이지 내 문제가 아니다. 북한에 영향력을 행사하는 것은 복잡하다'고 말했다고 전한다. 부시는 6자 회담이 북한에 영향을 미칠 수 있는 유일한 방도이며, 궁극적으로는 북한 주민들이 자유로워지는 것이 해결책이라고 했다.

2008년 경제 위기와 선거

"대공황 이후 최악의 위기란 말이오?"라고 부시가 묻자, 연방준비제도이사회의 벤 버냉키Ben Bernanke 의장은 "그렇다"고 답했다. 부시는 상황이 이 지경에 이른 데 화가 났다고 했다. 부시는 주택 시장이 계속 활황일 것으로 생각한 소수의 금융가들이 문제를 만들었다며 분노했다. 부시는 자신의 경제정책이 건전했다고 주장한다. 자신의 감세 정책은 부자를 위한 것이 아니라 자본이득과 배당에 대한 세금을 경감해서 경제성장을 증진하기 위한 것이라는 이야기이다. 2003년 감세 법안이 통과되고 난 후 실업률이 줄어들었으며, GDP에 대비한 재정 부채도 이전 정부 시절에 비해서 나쁘지 않았다고 말한다. 그러면서도 자신이 처방약에 대한 메디케어 보장 등의 재정 지출을 늘려놓고 임기를 마치게 되었다는 점을 인정한다.

골드먼삭스의 최고경영자였던 행크 폴슨Hank Paulson을 재무장관에 기용하고 앨런 그린스펀Alan Greenspan의 후임에 벤 버냉키를 기용한 과정을 설명하면서 부시는 두 사람이 경제 위기를 잘 헤쳐나갔다고 스스로 위안한다. 이들이 만든 불량 자산 구제 프로그램인 TARP가 공화당의 반대로 무산되는 어려움을 겪는 과정에 러시아가 조지아를 침공하고 허리케인이 텍사스를 덮치는 등 임기 말에 나쁜 일이 연달아 생긴 것을 안타까워했다. 자신은 1979년에 카터 대통령이 크라이슬러에 구제금융을 준 것이 잘못됐다고 생각했지만, GM 등 'Big 3'가 파산할 위험에 처해서 구제금융을 주지 않을 수 없었다고 술회했다.

2008년 선거는 공화당에 불리하게 돌아가고 있었다. 부시는 자기가 존 매케인을 돕고 싶었으나 매케인이 사양했다면서, 그것은 매케인의 결정이라고 했다. 부시는 매케인이 훌륭한 정치인이었으나, 1992년에 자신의 아버지와 1996년에 밥 돌이 처했던 것처럼 젊은 후보가 유리한 '세대 정치Generational Politics'에서 매케인은 불리한 쪽에 서 있었다고 말한다.

귀향

임기 마지막 날인 2009년 1월 20일, 부시는 집무실 쪽인 웨스트윙을 돌아보고, 이라크 침공을 명하던 날 스팟과 함께 걸었던 남쪽 잔디 정원을 거쳐서, 주거 공간인 이스트룸에서 자신을 위해 일했던 스태프에게 인사를 했다. 그러고는 오바마의 취임식에 참석한 후 마지막으로 전용기에 올라 고향인 텍사스 미들랜드에 도착했다. 부시는 대통령직을 수행하면서 전쟁에서 희생한 장병의 유가족을 만나는 일이 가장 가슴 아팠지만, 많은 유가족들이 남편과 자식이 조국과 자유를 위해 목숨을 바쳤다고 생각하고 있는 데 위안을 받았다고 했다. 부시는 자신이 시작한 전쟁이 미국의 안전을 보장하는 데 기여했다고 확신하며, 자신의 결정은 훗

공부하는 보수

날 역사에 의해 평가를 받을 것이라고 했다.

부시는 원래 책을 좋아했는데, 대통령직을 수행하면서도 많은 책을 읽은 것으로 보인다. 그는 전시戰時 대통령에 걸맞게 링컨Abraham Lincoln과 트루먼의 전기를 감명 깊게 읽었다고 하는데, 참혹했던 남북전쟁을 이끌었던 링컨의 고뇌로부터 위안을 구했던 것으로 보인다. 그 외에도 시어도어 루스벨트Theodore Roosevelt의 전기인《황제 시어도어Theodore Rex》, 러시아 출신 이스라엘 정치인 샤란스키Natan Sharansky의《민주주의The Case for Democracy》, 북한 수용소를 탈출한 강철환의《평양의 어항 Aquariums of Pyungyang》을 읽은 소감을 언급하고 있다. 부시는 또한 재임 중 제럴드 포드와 로널드 레이건의 영결식에서 조사를 읽은 것이 영광이었다고 술회했다.

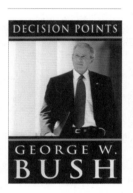

035

오바마에게 속지 말자

딕 모리스Dick Morris,
《사기 당하다*Fleeced*》(Harper, 2008)

클린턴 대통령의 정치 자문을 지낸 딕 모리스는 정치 컨설팅의 귀재로 알려져 있다. 클린턴이 아칸소 주지사를 지내던 시절부터 그를 알던 모리스는 클린턴에게 중도 실용주의 노선을 채택하도록 권해서 그를 대통령을 만드는 데 성공했다. 하지만 조지 W. 부시 행정부가 들어서자 모리스는 공화당을 지지하는 평론가가 되어 클린턴과 힐러리 부부를 비판하는 책을 연달아 냈다. 2008년 대선이 오바마의 승리로 굳어질 즈음에 나온 이 책에서 모리슨은 보통의 미국 사람들이 사기를 당하고 있으니, 현실을 직시하자고 호소한다.

모리스는 버락 오바마가 '변함없는 좌파의 소생Always a Child of the Left'이라고 단언하면서, 그가 대통령이 되겠다면서 내세운 아젠다는 세금을 인상해서 소득을 재분배하는 것이라고 주장한다. 모리스는 오바마가 불

공부하는 보수

법 이민자들을 사면하는 등 이민 문제를 안이하게 다룰 것인데, 이는 멕시코계 주민들이 선거에서 민주당을 찍는 것을 잘 알기 때문이라고 지적한다. 모리스는 또한 오바마가 테러리스트를 석방하고 도청을 제한해서 미국의 안보가 위험에 처하게 할 것이라고 주장한다.

모리스는 진보언론이 미국에 대한 테러 위협을 축소시켜 보도하고 있다고 비판한다. 미국 국가안보국이 도청을 통해 테러 시도를 미연에 방지하는 데 성공한 사례를 《뉴욕 타임스》가 보도하지 않은 경우가 그 대표적 사례이다. 모리스는 진보 미디어가 '공정성 원칙Fairness Doctrine'을 방송에 다시 도입해서 보수가 압도적 우위를 점하고 있는 라디오 정치 토크쇼를 아예 문 닫게 하려고 한다고 지적한다. 민주당은 러시 림보, 숀 해니티 등 보수논객이 장악하고 있는 라디오 정치 토크쇼 시장에서 진보가 보수를 도저히 상대를 할 수 없음을 알고, 1987년 레이건 대통령에 의해 폐지된 '공정성 원칙'을 다시 도입해서 인기 좋은 보수 토크쇼를 아예 없애려고 한다는 것이다.

모리스는 외국 기업과 미국의 각종 연기금年基金이 이란과의 거래와 이란에의 투자를 통해 이란의 핵 무장을 돕고 있다고 주장한다. 모리스가 언급한 외국 기업 중에는 우리나라의 현대도 포함되어 있다. 모리스는 또한 로비스트들의 활동 때문에 의회가 미국보다 외국 정부와 외국 기업의 이익을 우선하기도 한다고 지적한다. 모리스는 "미국이 두바이화하고 있다"고 말한다. 두바이는 미국에 투자를 늘리고 있고, 그런 두바이를 위해 클린턴 전 대통령은 거액을 받고 강연을 하는 등 두바이 로비에 앞장서고 있지만, 두바이의 미래가 밝기만 한 것은 아니라고 비판하는 것이다.

보통 미국인에게 가장 큰 문제를 두 가지 고르라고 하면 흔히 공립학교와 건강보험을 이야기한다. 미국 공립학교 교육의 큰 문제는 교원 노조가 성과급을 반대하는 탓에 능력 있는 교사들이 학교를 떠나는 것이다. 모리스는 이를 지적하며 대책을 촉구한다. 학업 성취도가 상승한 학교에 대한 성과급 지급 같은 제도가 필요하다고 역설하는 것이다.

그 외에도 모리스는 헤지펀드의 심각한 부작용, 서브프라임 융자 미끼에 속아넘어가서 파산하는 중산층, 군인들이 목숨을 걸고 전투를 하는 동안 장삿속을 챙기기에 급급한 핼리버튼 같은 전쟁 용역회사, 노인들을 기만해서 돈을 사취한 데이터베이스 메일링회사인 인포아메리카의 비리 및 이와 관련된 클린턴 전 대통령을 다루고 있다.

036

오바마 정권은 대재앙

딕 모리스·아일린 맥건Dick Morris·Eileen McGann,
《대재앙*Catastrophe*》(Harper, 2009)

클린턴 대통령의 정치자문이었다가 이제는 공화당의 전략가로 활동하는 딕 모리스는 이 책을 통해 오바마 정권이 '대재앙'이라고 규정한다. 그리고 오바마 정부와 민주당이 지배하는 의회가 미국 경제를 파탄으로 몰아가고 미국을 '사회주의 국가'로 만들어가고 있다고 고발한다. 모리스의 주장을 정리하면 다음과 같다.

오바마는 경제 위기를 십분 이용해서 대통령에 당선되었다. 오바마가 경제 위기를 극복하겠다고 의회에 제출한 '경제 부흥법안The Stimulus Bill'은 1,071쪽에 달한다. 이를 전부 읽은 의원은 없을 테지만, 이 법안은 7,870억 달러를 지출하는 어마어마한 내용을 담고 있다. 저자는 이러한 대규모 정부 지출이 2년에서 3년 내에 심각한 인플레이션을 야기하는 등 새로운 문제를 만들어낼 것이라고 예측한다. 저자의 말에 따르면 오바마의 경제정책은 1990년대 일본에서 시행하여 실패했던 것과 같다. 케인즈 정책이 1930년대에 미국에서 실패했고, 1990년대에 일본에서도 실패한 것처럼, 오바마 행정부에서도 실패할 것이라는 말이다.

오바마는 조지 W. 부시의 감세 정책이 부유층을 이롭게 했다고 비난하지만, 2001년부터 2002년까지 부시가 행한 감세 정책은 불황을 극복하는 데 도움을 주었다. 부시의 감세로 인해 상위 10퍼센트 부유층의 세금 부담이 줄어들었지만, 결과적으로 본다면 이들의 담세율은 2001년에 64.98퍼센트에서 2006년에 70.79퍼센트로 늘어났다. 오늘날 미국 전체 가구의 3분의 1은 연방 소득세를 전혀 내지 않는다. 그럼에도 오바마는 미국 사회를 세금을 내는 사람들과 세금을 내지 않는 사람들로 나누어서 서로 대립시키는 방향으로 여론을 이끌어가고 있다.

오바마가 집권한 이후 진보좌파는 미국을 유럽 모델로 이끌어가려고 한다. 1981년 프랑스에 프랑수아 미테랑François Mitterrand이 이끄는 좌파정권이 들어서자 프랑스의 자본이 영국과 미국으로 빠져나갔고, 미테랑은 집권 2년 만에 국유화 같은 좌파정책을 수정하지 않을 수 없었다. 유럽 좌파들은 높은 세금과 복지 수준, 연 8주나 되는 휴가 같은 노동자의 권리 등 그들이 이상적으로 생각하는 사회 모델을 유럽연합의 표준으로 채택되도록 하는 데 성공했다. 오바마와 그 측근들은 미국이 미국적 전통을 버리고 이런 유럽 모델을 따라야 한다고 주장한다.

오바마는 의료개혁을 내세우고 당선됐다. 오바마는 의료보험의 혜택을 받지 못하는 4,700만 명에게 의료보험을 제공하고 보험의 혜택을 받는 사람들은 의료 비용을 1인당 연간 2,500달러 내리겠다고 공언했다. 그렇다면 의료보험의 혜택을 받지 못하는 4,700만 명은 누구인가?

65세 이상의 노년층이 연방정부의 메디케어로 관리된다면, 빈곤층은 메디케이드Medicaid라는 연방정부 프로그램에 따라 무상으로 의료 서비스를 받는다. 메디케이드의 혜택을 받지 못하면서도 연 소득이 5만 달러 이하인 가정의 자녀는 주정부가 운영하는 아동 건강보험 프로그램SCHIP의 혜택을 받는다. 건강보험에 들어있는 미국인의 70퍼센트는 자신의 고용주가 가입한 보험에 들어 있다.

의료보험이 없는 4,700만 명 중 4분의 1은 메디케이드의 혜택을 받을 수 있지만 현재는 건강하기 때문에 메디케이드를 신청하지 않은 빈곤층이다. 이들이 아프면 메디케이드의 혜택을 입을 수 있다. 4,700만 명의 6분의 1은 불법 이민자들이다. 그 나머지인 약 2,700만 명은 빈곤층이 아니라 직업은 갖고 있지만 의료보험에 가입되어 있지 않은 사람들이다. 오바마는 이들에게 의료보험을 제공하겠다는 것인데, 이들에게 의료보험을 제공하는 방법은 두 가지가 있다. 첫째는 보험에 들어 있지 않은 사람들의 고용주에게 보험을 들도록 강제하는 것이고, 다른 하나는 새로운 연방정부 프로그램을 만들어서 이들에게 보험을 제공하는 것이다.

오바마는 의료보험 확장에 향후 10년간 6,000억 달러가 소요될 것이라 추정했다. 오바마는 세금을 올리거나 세금 공제를 줄여서 이 돈을 마련해야 하지만, 이 역시 쉬운 문제가 아니다. 문제는 돈만이 아니다. 미국은 의료 서비스를 제공하는 의사와 간호사가 이미 심각하게 부족한 상황인데, 저자는 의사와 간호사를 확충하는 계획이 없이 서비스 대상만 확장해서는 재앙을 초래할 것이라고 말한다.

오바마는 캐나다의 의료보험 시스템을 모델로 제시하는데, 캐나다의 의료보험은 이미 실패한 것으로 판명났다. 국가 의료보험을 운영하고 있는 캐나다에서는 중앙정부가 어떤 의료 서비스는 보험 혜택에 속하고 어떤 것은 속하지 않는가를 결정한다. 캐나다에서는 보다 좋은 의료 서비스를 얻기 위해 자기 돈을 쓰는 것이 금지되어 있다. 그 결과, 캐나다의 의료 서비스는 대단히 낙후되어 있다. 예를 들어서, 1인 당 MRI 기기가 미국은 캐나다보다 327퍼센트 많고, CT 기기는 183퍼센트 많다. 입원 환자에 대한 수술은 미국 의사가 캐나다 의사에 비해 두 배나 더 한다. 1인 당 의사 수는 미국이 캐나다보다 14퍼센트, 간호사 수는 19퍼센트 많다.

미국에서 새로운 항암제가 시판되어도 캐나다에서는 정부가 그 약품의 가격을 정하지 못해서 투약하지 못하는 일이 비일비재하다. 한 캐나다 여인이 자궁암 수술을 하겠다고 신청했지만 보험 당국이 이를 거부하자 할 수 없이 국경을 넘어 미시건 주로 가서 수술을 했다. 수술을 집도한 미국의 의사는 무려 18킬로그램이 넘는 암 덩어리를 제거했다. 뇌종양을 의심한 어느 캐나다 여인은 MRI 검진을 하려 했으나 보험 당국이 기약도 없이 기다리라고만 해 자비를 들여 애리조나 주로 가서 검사를 했다. 결과는 뇌종양이었다. 그럼에도 캐나다 당국은 이 여인에게 수술을 기다리라고만 하여 결국 다시 애리조나로 가서 자비로 수술을 해 간신히 생명을 건졌다. 캐나다 의료 제도의 난맥상을 보여주는 이런 사례는 너무나 많다. 오늘날 캐나다에서조차 자국의 국민 의료는 실패했다는 평가가 나오고 있는데, 오바마는 바로 그런 제도를 도입하려고 하는 것이다.

저자는 오바마가 취임하자마자 '테러와의 전쟁'을 이미 지나간 일처럼 치부해버렸다고 평가한다. 오바마는 콜호 테러를 주도한 테러리스트에 대한 기소를 포기해버렸다. 해외에 있는 CIA 심문 시설도 폐쇄했고, 관타나모 수용소도 폐쇄하기로 했다. 국토안보부 장관으로 임명된 재닛 나폴리타노Janet Napolitano는 국가 안보 업무와 관련한 경험도 없는 데다가, 테러나 9.11 같은 단어를 입에 올리는 것조차 피한다고 한다. 법무장

공부하는 보수

관에 임명된 에릭 홀더Eric Holder는 클린턴 행정부의 법무부에 있을 때 푸에르토리코 테러리스트들을 사면하는 데 앞장섰던 인물이다. 오바마는 가자지구에서 활동하는 유엔 구호기구에 거액을 지원하기로 했는데, 이 기구는 사실상 하마스와 공조하는 단체로 밝혀졌다. 미국민의 세금으로 테러단체를 지원하는 셈이다.

오바마 행정부의 금융기관에 대한 구제금융과 관련해 의회에서 가장 중요한 위치에 있는 의원은 상원 재정금융위원장인 크리스토퍼 도드Christopher Dodd 민주당 의원과 하원 세입세출분과위원장인 찰스 랜젤Charles Rangel 민주당 의원이다. 이들은 자신들이 규제해야 하는 금융업계와 밀착되어 특혜 융자와 정치헌금을 받은 것으로 밝혀져서 현재 윤리위원회의 심사를 받고 있다. 입으로는 개혁을 한다고 떠들었지만 부패한 기업인들과 어울려서 자기들 배를 채웠고, 부실한 금융기관을 관리하지도 못했으면서도 국민의 세금으로 이들의 이익을 도모해준 이 정치인들이 오바마 정권의 진면목을 보여주고 있다.

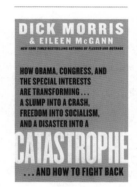

037

그의 친구들을 보라

미셸 말킨Michelle Malkin,
《부패 문화Culture of Corruption》(Regnery Publishing, 2009)

오바마 정권 핵심 인물들의 진면목을 적나라하게 파헤친 이 책은 나오자마자 베스트셀러 1위를 차지했다. 저자 미셸 말킨은 보수성향의 블로거이자 칼럼니스트로, 이 책은 그녀의 네 번째 책이다.

필라델피아의 필리핀 부모 사이에서 태어난 말킨의 결혼 전의 성姓은 마그탈랑Magtalalng이었다. 그녀의 아버지가 미국에 수련의로 와서 자리를 잡은 뒤, 미셸은 뉴저지에서 자라났으며 오벌린대학에서 영문학을 전공했다. 그녀는 오벌린대학의 학보사 기자로 일했는데, 학보사 편집장이던 제씨 말킨Jesse Malkin과 알게 되어 졸업 후 결혼했다. 제씨 말킨은 미국의 유명 싱크탱크인 랜드연구소 등에서 일을 했다.

대학 다닐 때부터 소수인종에 대한 우대 조치를 좋아하지 않았던 미셸 말킨은 자연스럽게 진보주의를 혐오하게 됐다. 대학 졸업 후 몇몇 신문사에 칼럼을 썼는데, 9.11 테러 후에 펴낸 첫 책《침입Invasion》으로 유명해졌다. 이 책에서 미셸은 미국이 테러리스트 같은 범죄인들에 문호를 개방하고 있다고 신랄하게 비판했다. 2004년에는 미국 내 무슬림들을 격리할 수 있다고 주장한《강제 수용을 옹호하며In Defense of Internment》를 펴내서 물의를 일으켰다. 2005년에는 진보세력을 비판한《고삐 풀리다 Unhinged》를 펴냈으나 큰 반향은 일으키지 못했다.

오바마와 그의 주변 인물들의 과거 행적을 파헤친 미셸 말킨은 이 책에서 그들이 '세금 사기꾼과 잡범이며 패거리Tax Cheats, Crooks and Cronies'라고 거침없이 몰아세운다. 먼저 오바마 대통령의 부인 미셸 오바마Michelle Obama는 시카고 태생인데, 그녀의 아버지는 오랫동안 시카고시장을 지낸 리처드 J. 데일리Richard J. Daley의 '정치 머신Political Machine'의 멤버였다. 프린스턴대학을 졸업한 미셸 오바마는 졸업 논문으로 '흑인 공동체'에 대해 쓸 정도로 자신이 흑인임을 유감으로 생각했으나, 하버드 로스쿨을 졸업하고 시카고의 큰 로펌에 취직한 후에는 승승장구했다.

1960~70년대에 시카고시장을 지낸 리처드 J. 데일리의 아들이자 시카고시장인 리처드 M. 데일리Richard M. Daley와 오바마 부부를 연결시킨 사람은 데일리 시장의 비서실 차장이었던 밸러리 재럿Valerie Jarrett이었다. 나중에 부동산 투자회사를 경영한 재럿은 시카고 정치 머신의 은밀한 실력자로, 오바마 부부와 가장 가까운 인물이다. 하지만 재럿의 자질은 은밀하게 정치적 고리를 연결하는 것뿐이다. 재럿이 위탁받아 운영했던 남부 시카고의 아파트 단지는 연방정부의 지원으로 건설되었는데, 경영 실패로 완전히 폐허가 되고 말았다. 미셸 오바마는 재럿의 도움으로 시카고대학병원의 커뮤니티 센터장이 되어 많은 봉급을 받았다. 오바마가 주의회 의원이 되는 데에도 재럿의 도움이 결정적이었다. 주의회

의원이 된 버락 오바마는 '웨더 언더그라운드Weather Underground' 멤버로 1960년대의 정부 건물 폭파 혐의로 유죄 판결을 받았던 극좌파 빌 아이어스Bill Ayers와 가깝게 지냈다.

오바마는 2008년 대선 선거운동 중에 자신의 러닝메이트인 조지프 바이든 상원의원을 '근로 계층 출신의 보통 사람'이라고 내세웠다. 하지만 말킨은 이것이 사실과 전혀 다르다고 반박한다. 델라웨어 주 출신으로 오랫동안 상원의원을 지낸 바이든은 의회에 출근할 때 철도를 이용해서 친근한 인상을 주었다. 그러나 바이든 부통령이야말로 특혜성 대출로 돈을 빌려서 300만 달러나 되는 호숫가 고급 주택을 구입하여 호화롭게 살고 있다.

바이든은 20년간 살아오던 낡은 집을 1996년에 크레디트회사인 MBNA에 팔았는데, MBNA의 부사장인 존 코크런John Cochran은 바이든의 집을 시가보다 비싸게 매입한 것으로 밝혀졌다. 바이든의 아들인 헌터가 MBNA에 취직한 것도 코크런 덕분이었다. 헌터는 2002년에 워싱턴에 로비회사를 열고 인터넷 도박회사와 아버지의 지역구에 있는 대학들을 위해 거액의 돈을 받아 로비 활동을 했다. 바이든은 델라웨어 주에 있는 윌밍턴에서 워싱턴까지 암트랙의 아셀라 특급열차를 타고 출퇴근했는데, 그는 자신의 열차 경비를 선거운동 비용으로 간주해서 처리했다.

오바마 행정부의 CIA 국장으로 임명된 리언 패네타는 안보 문제를 다루어본 경험이 전혀 없는데, 그는 2008년부터 강연과 컨설팅으로 120만 달러를 벌어들인 것으로 밝혀졌다. 오바마 행정부의 법무장관 에릭 홀더는 클린턴 행정부에서 법무차관을 지낸 후 코빙턴 앤드 벌링Covington & Burling이라는 로펌에 취직해서 연봉 200만 달러를 받았다. 코빙턴 앤드 벌링이 대리했던 의뢰인 중에는 관타나모에 연금되어 있었던 테러 혐의자도 있었다. 홀더는 시카고에 카지노를 허가하려던 일리노이 주지사 로드 블라고예비치Rod Blagojevich를 도왔다. 홀더가 대리한 카지노 업자는 나중에 유죄판결을 받은 블라고예비치의 측근인 토니 레즈코Tony Rezko의 동업자인 것으로 밝혀졌다.

오바마 정부의 환경보호처장 리사 잭슨Lisa Jackson은 뉴저지 주의 환경처장을 지냈다. 문제는 뉴저지 주의 환경처가 최악의 성적표를 받았다는 데 있다. 환경보호처Environmental Protection Agency, EPA는 뉴저지 주 환경처가 연방 환경법이 규정한 의무를 이행하지 않고 있다는 내용의 감사 결과를 발표했고, 지난 2008년 연방 법무부는 뉴저지 주 환경처와 계약을 맺은 업체를 부패 혐의로 기소한 바 있다.

오바마는 정부조직법에 없는 '차르Czar'라고 불리는 대통령 특보 자리를 여러 개 만들어서 민주당 인맥으로 메웠다. 저자는 이런 자리 때문에 해당 부처 장관과 백악관 차르 사이에 '누가 과연 정책을 책임지는지'를 두고 혼란을 야기하고 있다고 말한다. 클린턴 행정부에서 8년 동안 환경보호처장을 지낸 캐롤 브라우너Carol Browner는 에너지 차르로 임명됐는데, 그녀는 '지속가능한 세계 사회Commission for a Sustainable World Society'라는 사회주의 국제조직에 속해 있었다. 브라우너는 '캡 앤드 트레이드Cap and Trade' 정책이 이산화탄소 방출을 줄일 수 있다면서 이를 밀고나가고 있는데, 그 비용은 2,000억 달러에 달할 것으로 예상되고 있다. 브라우너는 클린턴 행정부에서 환경보호처장을 지낼 때 법원의 명령을 무시하고 공문서를 파기하도록 지시해서 환경보호처 자체가 법정모욕죄로 기소되기도 했다.

보건 차르로 임명된 낸시 드팔Nancy De Parle은 클린턴 행정부에서 메디케어와 메디케이드를 관장하는 보건재정관리국장을 지냈다. 드팔은

행정부를 떠난 후 J. P. 모건과 보건 관련 기업에서 이사를 지냈으니, 전형적인 회전문 인사인 셈이다. 테크놀로지 차르로 임명된 34세의 천재라는 비벡 쿤드라Vivek Kundra는 백화점에서 옷을 훔쳐 달아나다가 잡혀서 유죄판결을 받은 적이 있는 전과자다.

2008년 경제 위기를 수습할 장본인으로 오바마가 임명한 티머시 가이트너Timothy Geithner 재무장관은 4년 동안 세금 4만 3,000달러를 미납한 것이 상원 인준청문회를 거치면서 드러났다. 오바마의 측근이자 대통령 비서실장으로 발탁된 람 이매뉴얼Rahm Emanuel은 클린턴 행정부 시절 주택금융을 제공하던 정부 기구인 프레디 맥Freddie Mac의 이사를 지냈다. 프레디 맥과 패니 매Fannie Mae의 부실은 2008년 경제 위기를 초래한 주된 원인이었다. 저자는 이 외에도 클린턴기념도서관과 대통령에서 물러난 빌 클린턴의 강연 및 자문 활동을 둘러싼 의혹 등을 다루고 있다.

2008년 미국 대선 후에 나온 책이지만, 그렇다면 도대체 어떻게 해서 오바마가 승리할 수 있었나 하고 묻는 사람도 있을 것이다. 사실 공화당 후보였던 존 매케인은 본인이나 주변에 이런 스캔들이 전혀 없었고, 베트남전쟁에 해군 전투기 조종사로 참전해서 포로 생활을 하고 상원의원을 오래 지낸 경륜을 갖춘 인물이었다. 하지만 2008년 대선은 장승을 깎아서 내도 민주당이 승리하게 돼 있던 선거였다. 2007년 우리나라 대선에서 온갖 의혹과 창피한 문제가 많았던 이명박 후보가 당선됐던 것도 비슷한 맥락이었다.

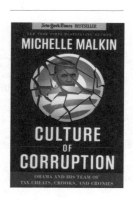

공부하는 보수

038

미국에 미래는 있는가

파리드 자카리아Fareed Zakaria,
《포스트-아메리카 세계*The Post-American World*》(Norton, 2008)

　　파리드 자카리아는《뉴스위크》국제판 편집인을 역임한 언론인으로, 우리에게는 2004년에 나온《자유의 미래*The Future of Freedom*》의 저자로 잘 알려져 있다. 그는 유력한 정치인이던 라피크 자카리아Rafiq Zakaria의 아들로 1964년 인도 뭄바이에서 태어났다. 런던대학에서 박사 학위를 따고 영국의 법정변호사인 배리스터Barrister가 된 당대의 지식인 라피크 자카리아는 뭄바이 검사장과 국회의원을 지냈고 여러 개의 사립학교를 세워서 운영했는데, 그는 무슬림이었다.

　　라피크 자카리아의 막내아들로 태어난 파리드 자카리아는 인도의 특권 계층 자녀들이 다니는 사립학교를 나온 후 미국으로 건너가서 예일대학을 졸업한 뒤 하버드에서 정치학 박사 학위를 땄다. 미국의 국제 관계 평론 잡지인《포린 어페어스*Foreign Affairs*》의 편집자로 일하다가 2000

년에《뉴스위크》국제판의 편집자가 되었고, 2003년에 나온《자유의 미래》가 베스트셀러가 되면서 유명해졌다.

자카리아는 '미국과 외국의 비자유주의적 민주주의'라는 부제를 붙인《자유의 미래》에서 "입헌적 자유주의가 확립되어 있는 나라에서만 민주주의가 제대로 기능하며, 경제적 자유와 법치주의가 확립되어 있지 않은 나라에서 민주주의는 비자유주의적 민주주의로 전락한다"고 주장했다. 이 책으로 인해 그를 자유주의자 또는 보수주의자로 보기도 하지만, 이라크전쟁 등 대외 관계에 관한 그의 칼럼은 전형적인 다원주의와 국제주의를 강조하는 중도적 진보성향을 띤다.

2008년 5월에 나온 파리드 자카리아의 이 책은 제목만 보면 이라크전쟁 후의 '다극화된 세계Multi-Polarized World'를 다룬 것으로 보인다. 그러나 실제 책 내용은 그와 거리가 멀다. 같은 해 10월《흔들리는 세계의 축》이라는 제목으로 우리나라에서 번역 출간되었는데, '대단히 훌륭한 책'이라는 좋은 평가를 받았다. 미국발發 경제 위기로 세계가 휘청거리는 데다가, 미국 대통령선거에서 오바마가 당선될 것으로 보이던 시기에 그럴싸한 제목을 붙인 책이 나왔으니 좋은 서평들이 나온 것이다.

하지만 이 책을 제대로 읽게 되면 자카리아가 닥쳐오는 미증유의 경제 위기를 예상하지 못했다는 것을 알 수 있다. 또한 이라크 사태와 과격 이슬람에 대한 그의 생각이 지나치게 낙관적이라는 것도 알 수 있다. 2008년 11월 26일부터 29일까지, 자카리아의 고향인 인도 남부 붐바이에서 이슬람 테러조직의 공격으로 거의 200명이 사망하고 300여 명이 부상당한 사건이 발생했다. 그 후 자카리아는 인터뷰에서 "인도 사회에서 무슬림이 여러 가지로 차별받고 있기 때문에 외부의 과격 세력이 내부의 불만 세력과 연계하여 테러를 일으켰을 가능성이 있다"고 말했다.

그러면서도 그는 "인도는 테러의 충격에서 곧 회복할 것이고, 이를 계기로 인도의 정치가 새로 태어나야 한다"고 했으니, 이슬람 테러에 대한 인식이 부족한 것이다.

저자는 15세기에서 18세기 말에 이르는 유럽의 등장, 19세기 말에 시작한 미국의 등장에 이어 다른 나라들이 등장하는 세 번째 권력 이동이 진행 중이라고 화두를 던진다. 즉 미국이 세계를 이끌던 시대는 저물었고, 세계의 많은 나라들이 국제 질서에서 중요한 행위자로 등장했다는 것이다. 저자는 경제성장과 그로 인한 글로벌 경제의 확대, 자본의 자유로운 이동으로 인해 강해진 금융, 그리고 시장경제 체제를 채택함에 따라 중국, 러시아, 브라질, 인도, 동아시아 국가 등 많은 국가들이 비약적으로 발전한 것을 그 근거로 제시한다. 그는 9.11 테러, 스페인의 열차테러, 영국의 지하철테러 같은 위기 상황에서도 활력 있는 경제활동으로 인해 주식시장이 곧 회복했다면서 시장경제의 힘을 강조한다.

저자는 유럽이 이슬람 지배 아래 들어갈 것이라는 보수진영의 우려는 과장이라고 말한다. 근본주의 이슬람은 극히 일부이며, 이슬람 세계도 근대화의 길을 가고 있다는 것이다. 그는 지난 20년 동안 각국의 정부가 마치 규제 기관과 중앙은행처럼 되어버렸고, 개발도상국에서도 자본주의와 민주주의로 무장한 대중에 의해 전통 질서가 무너지고 있다고 본다.

저자는 미국의 입장에서 이라크전쟁이 19세기 말에 영국이 남아프리카에서 싸웠던 보어전쟁과 비슷하다고 말한다. 그리고 보는 사람에 따라 이라크전쟁은 비극일 수도 있고 고상한 노력일 수도 있지만, 이라크전쟁 때문에 미국이 파산하지는 않을 것이라고 본다. 이라크전쟁과 아프가니스탄전쟁에 든 비용이 미국 국내총생산GDP의 1퍼센트 미만을 차지하지만 베트남전쟁의 비용도 1.6퍼센트를 차지했다고 지적한다.

또한 미국의 강점은 대학 교육, 특히 공학 교육에 있다고 말한다. 중국과 인도에 비해 미국이 배출하는 엔지니어의 수가 적다고 하더라도 공학 발달 수준에 있어서 다른 나라는 미국을 따라잡을 수 없다는 것이다. 그는 미국이 유럽은 물론이고 아시아 국가보다도 인구 성장률이 높은 것도 장점인데, 이는 외국에서 미국으로 들어오는 인력 때문이라고 평가한다.

미국 정부의 재정 적자와 개인 부채에 대한 저자의 평가는 낙관적이다. 비록 미국의 적자가 위험스럽기는 하지만 미국은 투자에 안전하고 매력적인 장소로 남아 있기 때문에 세계 다른 지역에서 발생하는 저축이 미국으로 흘러든다는 것이다. 그러면서도 세계 저축의 80퍼센트를 빌려서 소비하는 미국의 경제는 도전을 받고 있다고 조심스럽게 관측한다.

저자는 미국이 결코 약한 국가이거나 퇴폐적인 사회는 아니지만 정치가 기능 마비 상태에 있다고 주장한다. 즉 정치의 과정이 돈, 이익 단체, 선정적 언론, 이념적 비판 그룹으로 인해 마비되어 있다는 것이다. 그는 특히 조지 W. 부시 행정부에 들어서 미국 정책 결정자들이 자신들만의 누에고치 속에 갇혀 있고, 그 결과 미국은 다른 나라들과 소통하지 못하고 있다고 지적한다. 그러면서 그는 새로운 시대의 미국은 새로운 태도를 가져야 한다고 주장한다. 구체적으로 그는 미국이 대외 정책에서 우선순위를 정할 것, 폭 넓은 원칙을 조성할 것, 조정자의 역할을 할 것, 다자 외교에 치중할 것, 비대칭적 사고를 할 것, '정통성Legitimacy'이 힘의 원천임을 인식할 것 등을 제안했다. 또한 그는 공화당 정치인들은 경직된 사고를 하는 데 비해 버락 오바마는 논리적이라고 평가했다.

오바마는 선거운동 중에 이 책을 읽었다고 한다. 그래서 한때는 자카리아가 국무장관이 될 것이라는 소문도 있었다. 이 책을 읽다 보면 저자가 자신의 정체성을 정당화하는 데 많이 노력했다는 것을 느낄 수 있다. 그는 미국의 경제성장이 중국과 인도 같은 나라가 열강으로 등장할 수 있게 했다고 하면서, 미국은 좋은 나라이자 강한 나라라고 했다. 미국이 세계의 다른 나라들과 협력해야 한다고 하면서도, 이라크전쟁과 이슬람 세력의 위험은 하찮게 취급하기도 했다. 미국의 금융 산업과 자동차 산업에 대한 진단 역시 피상적이다.

이 책은 인도의 부유한 이슬람 가정에서 태어나, 미국에서 대학 교육을 받고, 미국 언론계에서 성공한 저자가 자신이 걸어온 과정을 합리화한 내용이다. 하지만 출간 후 몇 달 만에 미국의 대형 금융기관이 파산 위기에 몰리는 등 세계 경제는 앞을 볼 수 없게 되어버렸고, 자신의 조국 인도에서는 과격 이슬람 집단이 대형 테러를 일으켰다. 안타깝게도, 세상은 그가 생각하듯 그렇게 친절하지만은 않아 보인다.

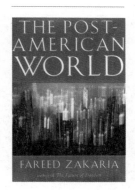

039

미국이여, 분발하라

토니 블랭클리Tony Blankley,
《미국이여 분발하라: 21세기에 생존하고 승리하기 위해 무엇을 해야 하나
American Grit: What It Will Take to Survive and Win in the 21st Century》
(Regnery Publishing, 2008)

로널드 레이건 대통령의 스피치 라이터와 뉴트 깅리치 하원의장의 공보비서, 그리고 《워싱턴 타임스*The Washington Times*》의 주필을 지낸 토니 블랭클리는 지난 2005년 이슬람 과격주의가 야기하는 위협을 경고한 《서방의 마지막 기회*The West's Last Chance*》를 펴내서 좋은 평을 얻었다. 이 책 《미국이여 분발하라》는 오바마 정부 출범에 즈음해서 미국의 앞날을 걱정하고 앞으로 미국이 나아갈 길을 제시한 것이다.

블랭클리는 오바마 대통령과 민주당이 잘못된 길을 가고 있다고 단언한다. 그러면서 그는 자신을 '미국이 강한 나라가 되어야 한다'고 믿는 '국가주의자Nationalist'라고 소개한다. 그는 미국이 보다 강하고 안전한 나라가 되어야 하는데, 오바마는 반대 방향으로 가고 있다고 걱정한다. 그는 미국 대통령은 이념적 도그마를 배제하고 미국의 국익을 가장 중요하

공부하는 보수

게 생각해야 하는데, 오바마 정권은 그렇지 않을 것이라고 본다. 블랭클리는 이 책을 통해 미국이 다음과 같은 길을 가야 한다고 주장한다.

첫째, 그는 병역 의무를 다시 도입해야 한다고 말한다. 미군의 인적 기반이 위험스러울 정도로 취약해졌기 때문에 징병제를 다시 실시하지 않을 수 없다는 것이다. 베트남전쟁 시절의 징병제는 대학생에 대한 유예 등으로 불공평하게 운영돼서 반대의 표적이 됐다고 지적하면서, 그러한 문제점을 보완하여 징병제를 다시 실시하자고 주장한다. 국가 서비스 의무를 도입해서 미국의 모든 젊은이들이 국토안보부의 보안 업무와 양로원 등에서의 사회복지 업무에 봉사하도록 하고, 희망자는 군 현역 복무를 하도록 하며, 현역 지원자가 군의 인적 수요에 미달하면 필요한 만큼 강제적으로 차출하도록 하자는 주장이다.

둘째, 저자는 에너지 자급도를 높여서 중동 석유에 포로로 잡혀 있는 신세에서 탈피해야 한다고 주장한다. 이란은 물론이고, 러시아의 푸틴과 베네수엘라의 차베스Hugo Chavez 역시 석유를 무기로 미국과 게임을 벌이고 있기 때문에 에너지 자급이 시급하다는 것이다. 에타놀이나 태양에너지 같은 대체에너지는 비현실적 발상이며, 알래스카의 석유와 멕시코 만의 천연가스를 개발해야 한다고 말한다. 저자는 환경주의자들의 과도한 주장과 무리한 소송이 에너지 자급을 지연시키고 있다고도 주장한다.

셋째, 국가 안보를 무시하는 언론에 대한 조치가 필요하다고 말한다. 그는 진보언론이 미국의 정책을 깎아내리는 것은 물론이고, 이제는 국가 안보를 위협하는 보도마저 서슴지 않는다며 개탄한다. 2006년에 《뉴욕 타임스》 등 진보언론은 미국 정부의 새로운 테러 대책 프로그램을 공개했다. 미국 정부는 그런 정보 공개는 테러 대책을 위협할 것이라고 보도하지 않을 것을 간청했지만 《뉴욕 타임스》는 이를 거절했다. 2007

년 10월에는 ABC 방송이 미국 정보 당국의 알카에다 인터넷 통신망 침투 성공을 알리는 보도를 했고, 이 보도가 나가자 알카에다는 이 통신망 사용을 중단해버렸다. 2007년 12월에는 《LA 타임스*LA Times*》가 미국 정보 당국이 이란의 핵 기술자들을 망명시키려는 작전을 하고 있다고 보도했다. 블랭클리는 언론사와 기자들이 국가 안보를 지키기 위해 필요한 최소한의 자제를 하지 않는다면 새로운 법률 제정이 필요하게 될 것이라고 주장한다.

넷째로 저자는 새로운 전시戰時 규범이 필요하다고 말한다. 2008년 6월 미국 대법원은 5대 4의 판결로 관타나모 수용소에 수용된 적군 전투원들도 자신이 처한 포로 상태의 적법성을 민간 법원에서 다툴 수 있는 권리가 있다고 판결했다. 이로써 미군에 잡힌 테러리스트들은 미국법이 허용하는 끝없는 소송 절차를 이용할 수 있게 됐다. 자유세계의 법질서가 자유를 부정하는 세력에 의해 남용되는 셈이다. 자신들의 나라에서는 언론 자유를 허용하지 않는 이슬람 과격 세력은 해외에서 이슬람을 비판하는 책이 나오면 출판 금지 요구 소송을 제기하여 출판사를 곤경에 빠뜨린다. 심지어 영국과 캐나다에서도 이런 소송 때문에 출판의 자유가 위협받고 있다. 유럽의 무슬림들은 자신들에게는 자신들의 법인 '샤리아 법'이 적용되어야 한다는 주장을 공공연하게 내세우고 있지만, 유럽의 식자층은 이슬람의 위세에 눌려서 아무 말도 못하고 있다며 저자는 개탄한다.

저자는 또한 오바마의 진보적 외교정책뿐만 아니라 2008년 공화당 대통령 후보 경선에 출마했던 론 폴Ron Paul 전 하원의원의 고립주의 외교정책을 모두 경계해야 한다고 지적한다. 진보정치인들은 미국의 안보적 이익을 위한 해외 미군 파견을 대단히 꺼리는데, 오바마 대통령이 바로 그 대표적인 경우라고 저자는 말한다. 오바마는 자신이 갖고 있는 매력으로 미국이 직면해 있는 대외정책에서의 도전을 해결할 수 있다고 생각하고 있지만, 그것은 매우 아리석은 생각이라는 것이다.

실제로 오바마는 이라크에서 미군을 철수하면 "이라크의 지도자들이 그들의 미래를 책임질 것"이고, 이라크 사람들로 하여금 "그들의 문제를 타협으로 해결하게 할 것"이라고 자신 있게 말했다. 오바마는 "이란을 상대로 아무런 조건 없이 강력하고 직접적인 대통령 외교를 수행할 것"이라고도 했다. 이스라엘과 팔레스타인 간의 문제에 대해서는 "2개 국가 해결 방안Two State Solution에 근거한 평화를 달성하기 위해 지속적으로 밀고나가겠다"고 했다. 저자는 그 어떤 대통령도 중동 문제를 이렇게 쉽게 생각하지는 않았다면서, 오바마는 지미 카터 이래 가장 순진한 대통령이라고 비꼬았다.

그러면서도 저자는 해외 주둔 미군을 전면적으로 감축하고, 군사 예산과 정보 예산을 대폭 감축하자는 공화당 일각의 고립주의적인 주장에 대해 우려를 표명하고 있다. 론 폴 전 하원의원이 이런 주장을 하는 대표적인 인물인데, 미국이 거대한 스위스가 되자는 이런 주장은 미국의 국익을 결코 보호하지 못한다고 반박한다. 저자는 미국의 외교는 미국의 국익을 최우선적으로 고려하는 실용적인 국제주의 노선을 따라야 한다고 결론 내린다.

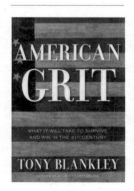

그 외에도 미국 정부가 미국의 정책을 다른 나라에 제대로 홍보하는 방법을 강구하여야 하며, 다문화주의와 허망한 자기 존중, 반군사 문화에 빠져 있는 미국의 교육 현장에 대해 관심을 가져야 한다고 주장한다.

040

오바마 시대에
당신은 누구인가

빌 오라일리Bill O'Reilly,
《멍청이와 애국자: 오바마 시대, 당신은 어디에 서 있나
Pinheads and Patriots: Where You Stand in the Age of Obama》
(William Morrow, 2010)

"오바마 시대, 당신은 어디에 서 있나"라는 부제가 보여주듯이 폭스 뉴스의 빌 오라일리가 펴낸 이 책은 2010년 중간선거를 염두에 둔 것이다. 2010년 11월 초에 치러진 중간선거에서 오바마의 민주당이 크게 패배한 것은 공화당의 승리라기보다는 티파티 운동The Tea Party Movement과 폭스 뉴스의 승리라고 할 만하다.

폭스 뉴스의 간판 앵커인 오라일리는 오바마 정권에 대해 대단히 비판적이다. 오라일리는 자신의 출신에 걸맞게 전통적 가치에 기반을 둔 보통 사람들의 정서를 잘 대변하고 있어, 반엘리트 성향의 티파티 운동과 맥을 같이 하고 있다. 책의 제목 "멍청이와 애국자"는 자신이 진행하는 폭스 뉴스의 프로그램 〈오라일리 팩터〉 중 좋은 일을 하는 자를 '애국자', 바보 같거나 나쁜 일을 하는 자를 '멍청이'로 지칭하는 부분에서 따

온 것이다.

오라일리는 폭스 뉴스에서 같이 일했던 토니 스노Tony Snow에 대한 이야기로 책을 시작한다. 스노는 켄터키 주의 작은 도시에서 태어나 신시내티에서 성장하여 데이비슨대학을 졸업한 뒤 시카고 대학에서 공부했다. 그는 작은 도시의 신문사에서 기자 생활을 시작하여 직장을 몇 군데 옮긴 후에 폭스 뉴스의 진행자로 자리를 잡아 명성을 얻었다. 스노는 2006년 5월에 부시 백악관의 공보비서로 자리를 옮겼다. 그는 자신의 백악관행에 대해 고민하면서 오라일리에게 의견을 물었고, 오라일리는 "부시를 좋은 사람이라고 믿는다면 그를 도와야 한다"고 말했다. 스노가 공보비서가 된 시점은 부시 정부가 이라크전쟁 등으로 어려운 때였지만, 그는 유머를 잃지 않고 기자들을 대했다. 하지만 스노는 2007년 봄, 2년 전에 수술했던 대장암이 재발해서 치료를 받아야 했고, 결국 그해 9월 공보비서직을 사임했다. 백악관을 나온 스노는 자신이 죽은 뒤에 남게 될 아내와 어린 세 자녀를 위해 무리하게 강연을 해서 돈을 벌었다. 오라일리는 그런 스노와 이따금씩 통화를 했는데, 그럴 때마다 스노는 "나는 잘 있다"고 말해서 오히려 자신이 가슴 아팠다고 술회한다. 2008년 7월, 스노는 쉰셋의 나이로 사망했다. 오라일리는 스노를 아는 친구들에게 그는 훌륭한 사람이고 애국자로 기억될 것이라고 이야기했다.

오라일리는 오바마를 링컨 이후 미국 사회를 가장 분열시킨 대통령으로 평가한다. 2008년 경제 위기 속에서 미국인들은 막연한 희망만 바라며 검증되지 않은 오바마를 대통령으로 뽑았지만, 지나고 보니 그가 보통 미국인들과는 유리된 외계인 같다는 것이다. 오바마는 '사회 정의'를 세우겠다고 나섰는데 그것은 정부가 개인의 모든 생활에 간여하는 '내니 국가Nanny State, 보모를 상징하는 '내니'라는 이름을 붙인 것으로 '보모 국가'를 뜻한다'를 추구하는 꼴이라는 주장이다. 오바마 정부는 자신들에 대한 지지율이 떨어지는 것이 폭스 뉴스 때문이라고 보고 폭스 뉴스를 흠집내기 위한 공작을 했는데, 폭스 뉴스의 시청률은 오히려 상승했다.

저자는 오바마 정권이 저지른 대표적인 '멍청이 짓'으로 9.11 테러를 주도한 할리드 세이크 모하메드와 다른 네 명의 알카에다 테러리스트를 뉴욕의 연방법원에서 재판하겠다고 결정한 조치를 든다. 모하메드는 《월스트리트 저널》의 대니얼 펄 기자를 직접 참수한 장본인으로 파키스탄에서 체포되어 관타나모 기지에 구금되어 있었는데, 오마바 정부의 에릭 홀더 법무장관이 '테러리스트도 헌법의 보호를 받는다'면서 뉴욕으로 데려온 것이다. 그러나 전투에서 사로잡힌 적敵 전투원을 민간 법원에서 재판한 적은 없었다.

오라일리는 NBC 등 진보매체가 티파티 운동에 참가하는 사람들을 모욕적으로 표현해서 그 운동을 심하게 폄하했는데, 사실은 이렇게 티파티를 모욕한 언론인들이 멍청이라고 지적한다. 오라일리는 존 매케인 상원의원이 "이란의 이슬람 독재에 항거하는 이란인들을 국제사회가 지지해야 한다"고 한데 반해, 오바마는 "미국은 이란의 주권을 존중하며 이란의 내정에 간섭하지 않겠다"고 말했다면서, 이점에서 매케인은 애국자이며 오바마는 멍청이라고 말한다.

오라일리는 미국인들이 비판적으로 생각하는 능력을 상실해가고 있고, 그에 따라 여론을 조작하는 카리스마적 정치인이 권력을 장악하기 쉬워지고 있다고 강조한다. 그러면서 미국의 청소년들이 텔레비전, 비디오게임, 음악 등에 빠진 채 책을 읽지 않는 풍조를 우려했다. 오라일리 자신은 책, 잡지, 신문 등 많은 것을 읽으며 숲이나 해변을 걸으면 정신이 맑아지고, 그러면 강력한 생각이 머리에 들어온다고 했다.

공부하는 보수

오라일리는 로널드 레이건은 강하고 전통적인 미국을 주창해서 성공했으며, 대통령으로서 그는 세부 사항을 챙기지는 않았으나 미국의 기본적 가치인 선善을 상징했다고 본다. 레이건이 추구했던 가치는 오바마가 추구하는 가치와는 정반대라면서 "당신은 레이건의 사람인가, 아니면 오바마의 사람인가"를 생각해보라고 말한다. 또한 2010년 1월에 있었던 매사추세츠 주 상원의원 보궐선거에서 티파티의 지지를 얻은 공화당 후보 스콧 브라운Scott Philip Brown이 당선된 것은 큰 의미가 있다고 했다. 오바마가 민주당 후보 마샤 코클리Martha Coakley를 위해서 선거 이틀 전에 보스턴을 방문까지 했으나, 스콧 브라운이 큰 표 차이로 민주당의 텃밭인 매사추세츠에서 당선된 것이다. 오라일리는 브라운이 오바마에 대항해서 이긴 것이라고 평가했다.

책의 마지막 장에서는 중요한 인사들을 오라일리 자신의 기준으로 애국자와 멍청이로 구분해서 설명했는데, 오라일리는 그것이 지극히 주관적이라는 전제를 달았다. 오라일리에 의하면, 앤드루 잭슨Andrew Jackson은 멍청이고 링컨은 애국자이며, 로널드 레이건과 로버트 케네디는 애국자, 지미 카터, 조지 소로스, 존 에드워즈 등은 멍청이라고 한다.

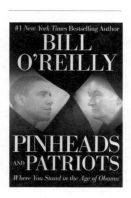

041

강력한 제3의 힘,
티파티

스콧 라스무센·더글러스 쉔Scott Rasmussen·Douglas Schoen,
《정말 화난다: 티파티 운동이 어떻게 우리의 양당 체제를 근본적으로 변화시키고 있나
*Mad as Hell: How the Tea Party Movement Is Fundamentally Remaking Our Two-Party
System*》(Harper, 2010)

　'라스무센 리포트'라는 정치 여론조사회사를 운영하는 스콧 라스무
센, 그리고 역시 '펜, 쉔 앤드 벌랜드'라는 정치 여론조사회사를 운영하
는 더글러스 쉔이 같이 집필한 이 책은 '티파티 운동이 어떻게 우리의 양
당 체제를 근본적으로 변화시키고 있나'라는 부제를 달고 있다. 저자들
은 이 책에서 미국의 정치 지평이 티파티 운동으로 인해 뿌리부터 변하
고 있다고 진단한다. 라스무센은 정당에 속해 있지 않은 무당파이고 쉔
은 민주당원인데, 이들이 운영하는 두 회사 모두 정치 관련 여론조사로
두각을 나타내고 있다.

　책의 원제목 "Mad as Hell"은 티파티 집회에 나온 어느 시민이 한 말
에서 따온 것인데, 이 경우에 'Mad'는 '미쳤다'는 의미보다는 '화났다'는
의미로 해석해야 하고, 'as Hell'은 그대로 번역하면 '지옥처럼', 즉 '정말

공부하는 보수

로'라는 의미이니까 'Mad as Hell'은 '정말 머리꼭지까지 화가 났다'는 의미가 될 것이다. 이 책은 저자들의 전공인 정치의식 여론조사를 토대로 현재 미국에서 벌어지고 있는 티파티 운동을 분석하고 있다. 이들은 티파티 운동이 풀뿌리 대중운동으로 미국의 정치 지평을 크게 바꾸고 있다면서, 주류 언론은 이런 사실을 호도하고 있다고 비판한다.

2009년 4월 15일, 세금의 날을 기념하여 전국 곳곳에서 오바마 정부의 지출과 세금 정책에 반대하는 시위가 발생했는데, 이들은 자신들을 '티파티'라고 명명했다. 하지만 워싱턴의 정치 엘리트와 미디어 엘리트는 이를 무시했다. 낸시 펠로시Nancy Pelosi 하원의장은 "부자들이 뒤에서 조종하는 쇼"라고 폄하했고, 상원의 민주당 원내대표 해리 리드Harry Reid는 "거짓말, 루머, 선동"이라고 비난했다. CBS 등 공중파 네트워크 방송은 이를 보도하는 데 인색했고, 오직 폭스 뉴스만 상세하게 보도했다. 티파티 운동이 갈수록 커지자 주류 언론은 이것이 '극단적 우익'이라고 몰아붙였다. 하지만 티파티는 대중으로부터 폭넓은 지지를 얻고 있으며, '오마바 행정부가 편협하고 이념적인 성향을 보이는 것에 대한 반작용으로 생겨난 비非이념적 운동'이라는 평가가 뒤늦게 나오고 있다.

주류 언론은 티파티가 인종주의자 집단이라고 비난하기도 한다. 하지만 저자들은 사우스캐롤라이나 주에서는 티파티의 지지를 받은 흑인 등 유색인종 후보가 공화당 예비선거에서 승리했고, 많은 시위 현장에서 소수인종도 함께하고 있기 때문에 이 같은 비난은 사실이 아니라고 말한다. 티파티가 내세우는 어젠다는 재정적 책임, 제한된 정부, 그리고 재정 적자 감축이다. 티파티를 구성하는 집단은 다음의 세 부류이다. 첫째는 이제까지 정치에 관심이 없었던 사람들이 화가 나서 참여하는 경우이다. 둘째는 민주당과 공화당이 모두 무책임한 정부 지출과 재정 적자에 앞장서고 있다고 보는 무당파이며, 셋째는 상실감에 빠진 골수 공화당원들이다. 저자들에 따르면 티파티 운동에 참여하고 있는 사람들의 4분의 1에서 3분의 1은 2008년 대선에서 오바마를 찍었고, 이들의 40에서 50퍼센트는 공화당원이 아니며, 3분의 1은 자신들이 진보적이거나 중도적이라고 주장한다고 한다. 따라서 이들이 공화당 외곽 조직이니 극우집단이니 하는 주장은 사실이 아니라는 것이다.

티파티 운동은 2008년 금융 위기라는 미증유 사태와 이로 인한 대량 감원 등 실업 문제, 그리고 이에 대해 부시와 오바마 행정부가 취한 금융 기관과 자동차회사에 대한 구제금융과 막대한 재정지출에 대한 환멸에서 시작되었다. 티파티는 민주당뿐만 아니라 공화당의 지도층도 한통속이라고 비판하고 있으며, 티파티의 위력을 실감한 공화당 리더들은 티파티의 눈치를 보게 됐다. 오바마 대통령 역시 2010년 3월에 가진 인터뷰에서 "티파티 운동이 심각하고 정당한 관심사를 갖고 있다"며 인정하기에 이르렀다. 티파티 운동은 주류 언론의 무관심과 폄하 그리고 공격을 이겨내고 이제 당당한 지위를 구축한 것이다.

티파티 운동가들은 오바마가 선거운동을 할 때는 중도적 입장에 서 있다가 취임하자마자 진보좌파 쪽으로 돌아서서 기성 체제와 결탁한 데 대해 배신감을 표출하고 있다. 이처럼 티파티 운동이 대중에 뿌리를 둔 포퓰리즘 운동, 즉 대중운동인 것은 분명한데, 사실 미국은 이제까지 여러 차례의 전국적 포퓰리즘 운동을 경험했고, 그런 과정을 거쳐 사회가 발전해왔다. 앤드루 잭슨 대통령을 지지한 세력이 주도한 대중 민주주의 운동이 그러했고, 대공황 시절에 뉴딜 정책을 가져온 과정도 그러했다. 1980년 대통령선거에서 로널드 레이건이 대승을 거둔 것도 그가 내건 메시지가 대중을 움직였기 때문이다. 티파티 운동이 일어난 것은 직장과 집을 잃어버리는 사람들이 많음에도 불구하고, 오바마 정부가 큰 은행과 보험회사, 자동차회사 등에 구제금융을 주는 데에만 관심이 있고 일반 국민에 대한 배려가 없는 것에 대한 분노가 크게 작용했다.

오늘날 연방정부의 재정 적자는 GDP의 10퍼센트를 상회하고, 불완전고용률Underemployment Rate은 17.5퍼센트에 달하고 있다. 실업은 단순히 제조업 분야에 국한되는 것이 아니고 로펌과 회계법인, 미디어 등 화이트칼라 직종에까지 확대되고 있다. 2000년대에 들어서 10년 동안 미국에서는 제조업 일자리 500만 개가 사라졌다. 상황이 이런데도 워싱턴 정부의 불통에는 변함이 없자, 국민들의 분노가 티파티 운동으로 발전한 셈이다. 티파티 운동은 진보와 보수, 민주당과 공화당을 떠나서 국민 스스로가 자신의 문제를 결정해야 한다는 자치정부Self-Government를 요구하고 나선 것이다.

티파티 운동이 생겨난 또 하나의 토양은 엘리트주의에 대한 저항감이다. 많은 미국민들은 오바마 행정부가 금융기관과 자동차회사에 대해 천문학적 구제금융을 주는 것을 보고서 자신들의 나라가 정치·경제·싱크탱크·미디어 등 각계에 포진한 엘리트들에 의해 좌우되고 있으며 자신들은 영향력이 없다는 것을 알게 됐다. 특히 금융 섹터가 향유하고 있는 막대한 부와 영향력에 대해 놀라고 분노했다. 이들은 엄청나게 비싼 엘리트 교육을 받은 자들만이 이런 세계에 진출해서 자신들은 상상할 수도 없을 만큼의 많은 수입을 올리면서 세금으로 지원받는 것에 대해 특히 분노했다. 오바마 정부의 핵심 멤버인 람 이매뉴얼, 티머시 가이트너, 로런스 래리 서머스Lawrence Larry Summers 같은 기성 체제를 움직이는 엘리트가 걸어온 길과 이들이 향유하는 특권은 티파티 운동에 참여하는 이들에게 좌절과 분노를 안겨주었다. 동시에 이들은 오바마 정권을 그들과 다른 세계에서 사는 집단으로 보게 됐다.

저자들은 티파티 운동이 오늘날 미국은 국민 대다수의 보통 사람들과 엘리트로 분열되어 있음을 확인시켜 주었다고 평가한다. 보수와 진보로 분열되어 있는 줄 알았던 미국이 실상은 보통 사람들과 엘리트로 구분되어 있음을 알게 된 것이다. 이런 사실을 일깨워준 사람은 2008년 대선 때 공화당 부통령 후보였던 세라 페일린Sarah Palin이었다. 페일린은 '맥주 캔 팩을 들고 다니고Joe Six Pack' '아이들의 학교 하키시합에 따라가는 Hockey Mom' 보통의 미국인들이 미국의 진정한 주류임을 깨우쳐주었다. 그들이 대선 당시 메인 스트림 미디어와의 인터뷰에서 망신을 당한 페일린을 좋아하는 것은 페일린을 통해 자신들과의 동질성을 확인하고 자부심 또한 갖게 되었기 때문이다. 알래스카 주지사를 그만둔 페일린이 펴낸 자서전이 발간 일주일 만에 70만 부가 팔린 것도 그런 인기를 반영한다. 이들은 워싱턴에 자리 잡은 연방정부에 대해 '압제Tyranny'라는 말을 서슴지 않으면서 권력 엘리트에 대한 분노를 분출하고 있다. 보수성향의 방송 진행자 러시 림보와 글렌 벡Glenn Beck이 진행하는 라디오와 텔레비전 토크쇼는 진보성향의 엘리트에 대한 분노를 증폭시켜서 티파티 운동을 확산시키는 데 기여했다.

이제 티파티 운동은 공화당에 직접적인 영향을 미치고 있다. 2009년 11월에 있었던 뉴욕 주 제23구역 하원의원 보궐선거에서 공화당이 노조에 우호적이고 오바마의 건강보험법에 반대를 표명하지 않은 후보를 선출하자 티파티의 지지를 확보한 더그 호프먼Doug Hoffman이 제3당 후보로 출마했다. 호프먼의 거센 인기에 눌린 공화당 후보는 선거운동을 중도에 포기했고, 호프먼은 본선에서 민주당 후보에게 3퍼센트인 4,300표로 패배했다. 이 사건은 공화당 지도부에 큰 충격을 주었다. 티파티와 공조하지 않으면 공화당 후보가 낙선한다는 교훈을 주었기 때문이다. 2010년 1월에 에드워드 케네디Edward Kennedy 상원의원의 사망으로 생긴 공석을 메우기 위한 상원의원 보궐선거가 시행되었다. 그런데 민주당의 아성인 이곳에서 그다지 알려지지는 않았지만 티파티의 지지를 확보한 공화당 후보 스콧 브라운이 당선되는 이변이 발생해서 민주·공화 양당 지도부를 충격에 빠뜨렸다. 민주당은 브라운이 티파티 운동과 연계되어 있다는 것을 공격했다. 하지만 그가 티파티의 지지를 받고 있다는 사실이 알려지자 오히려 지지도는 상승했고, 브라운은 지난 60년 동안 민주당이 차지했던 상원의원 자리를 여유 있게 쟁취했다. 민주당과 공화당 양당은 이제 티파티 운동이 정말로 미국을 움직이고 있다는 것을 인정해야만 했다.

티파티는 물론 공식적인 정당이 아니다. 티파티는 워싱턴에 사무실을 두고 있지도 않다. 이들은 '프리덤 워크스', '티파티 네이션', '티파티 패트리어트' 등 전국에 산재한 크고 작은 단체들의 느슨한 연합일 뿐이다. 이들은 주로 인터넷과 트위터 같은 온라인을 통해 소식을 전하고 모임을 주도하고 있다. 저자들은 2010년 선거가 티파티의 영향력을 가름할 수 있는 기회가 되었다고 본다. 공화당 후보로서 티파티의 지지를 받는 전 하원의원 팻 투미Pat Toomey는 공화당에서 민주당으로 당적을 바꾼 알렌 스펙터Arlen Specter 상원의원에게 도전장을 내밀었다. 플로리다 상원의원 공화당 예비선거에서는 오바마의 개혁 법안을 지지했던 중도파인 찰리 크리스트Charlie Crist 주지사가 티파티의 지지를 확보한 젊은 마르코 루비오Marco Rubio에게 밀려서 선거를 중도에 포기했다. 뿐만 아니라 위스콘신 출신 하원의원 폴 라이언Paul Ryan은 티파티의 강력한 지지를 받고 공화당의 차세대 리더로 부각되고 있다.

저자들은 티파티 운동과 함께 주목해야 할 점이 신문과 네트워크 방송 같은 주류 언론이 미국인들의 신뢰를 급속하게 상실하고 있다는 사실이라고 말한다. 이런 사실은 여론조사를 통해 확연하게 드러나고 있다. 주류 언론이 정치 엘리트 계층과 일치했다는 사실을 감안하면, 이런 움직임은 티파티 운동이 힘을 얻는 현상과 직결된다. 55퍼센트의 미국인은 미디어의 편향이 대기업의 정치자금 헌금보다 더 큰 문제라고 보고 있다. 이제 주류 미디어는 도덕적 권위를 상실하고 말았다. 또한 이제는 미디어가 성향을 갖고서 오피니언을 전달하고 있다는 현상 역시 주목해야 할 중요한 변화다. 보수성향인 폭스 뉴스에선 빌 오라일리와 숀 해니티가, 진보성향인 MSNBC에서는 키스 올버만Keith Olbermann이 의견이 강한 토크쇼를 진행하고 있다. 빌 오라일리가 진행하는 프로그램의 시청률은 CNN, MSNBC, CNBC의 톱 시사 프로그램 시청률을 합한 것보다 더 높으며, 폭스 뉴스의 빌 오라일리와 숀 해니티, 글렌 벡이 진행하는 프로그램의 시청률을 합하면 CBS, NBC, ABC의 모든 뉴스 프로그램을 합한 시청률보다 높다. 저자들은 이런 미디어 환경의 변화가 티파티 운동에 힘을 보태고 있다고 분석한다.

오바마는 2008년 대선에서 미국에는 두 개의 엄청난 적자가 있다면서 자신이 그것을 정상화하겠다고 약속했는데, 그 첫째는 재정 적자이고 둘째는 '신뢰의 적자Deficit of Trust'였다. 결과적으로 오바마는 이 두 개의 적자를 해소하겠다는 약속을 지키지 못했다. 중도우파성향의 유권자들은 이런 약속을 믿고 오바마를 찍었지만, 오바마는 당선되자마자 그 약속을 저버린 것이다. 저자들은 '신뢰의 적자'는 워싱턴 정가가 인정하기 어려울 정도로 심각하다고 지적한다. 미국인들은 2006년, 2008년, 2009년, 그리고 2010년까지 계속해서 집권한 정당에 대해 반대 투표를 하고 있는데, 이러한 불신의 표시는 앞으로도 상당한 기간 동안 지속될 것이다. 그렇다고 해서 현재 야당인 공화당이 지지를 얻는 것도 아니다. 오바마와 민주당에서 이탈한 유권자들은 공화당과도 거리를 두고 있다. 여론조사는 오직 21퍼센트의 유권자만이 정부가 피치자被治者인 국민의 동의를 얻고 있다고 생각하고 있음을 보여준다. 저자들은 티파티 운동이 '반체제적이고 반엘리트적'이기 때문에 높은 지지를 얻고 있다고 말한다.

2010년 중간선거를 앞두고 실시한 여론조사 결과에서는 전체적으로 공화당 후보들이 39퍼센트의 지지를 얻어 31퍼센트 지지를 얻은 민주당 후보들을 앞서고 있었다. 하지만 설문지에 티파티 후보를 추가하면 공화당의 지지표를 잠식해서 민주당 후보가 당선될 것임을 보여준다. 티파티는 공화당에게 드림이 될 수도 있지만 악몽이 될 수도 있음을 보여주는 것이다. 2010년 중간선거를 앞둔 시점에서 티파티는 공화당에게 주사를 놓는 효과를 보이고 있다. 즉, 티파티의 지지를 얻는 공화당 후보가 사실상 당선을 확보하는 듯한 효과가 나타나고 있는 것이다.

저자들은 이제 티파티가 전국적 호소력을 가지고 있는 카리스마를 갖춘 리더를 찾아야 한다고 말한다. 집회에 나타나서 네오 나치 깃발을 흔들어대는 극렬한 소수 집단도 정리해야 한다고 한다. 티파티가 강령으로 채택한 구제금융 반대, 연방준비제도이사회에 대한 국민 감사, 이산화탄소 강제 감축 반대, 정부지출 삭감, 시장 친화적 건강보험제 도입, 세금 인상 중단 등은 이제 어느 정치인들도 무시하지 못할 원칙이 되었다. 이러한 요구가 기성 정치권에 의해 수용되지 않는다면 티파티가 기성 체제를 부인하는 새로운 제3의 정당을 만들어낼 가능성도 배제할 수 없다. 저자들은 미국 정치란 원래 예측 불가능하지만 2010년의 시점에서는 그야말로 예측 불가능이고 또 불안정해서 앞으로 어떤 일이 일어날지 예단하기 어렵다는 말로 책을 마무리한다.

이 책이 나온 후 치러진 2010년 중간선거에서 티파티는 막강한 영향력을 행사했다. 공화당 하원의원 후보 129명과 상원의원 후보 아홉 명이 티파티의 지지를 받아서 출마했다. 딘 머레이Dean Murray, 마이크 리Mike Lee 등이 공공연하게 티파티를 표방하며 하원에 입성했다. 마르코 루비오와 랜드 폴Rand Paul도 티파티를 내걸고 상원의원에 당선됐다. 미네소타주 출신 하원의원 미셸 바크먼Michele Bachman은 '하원 티파티의원협의회'를 결성해서 회장을 맡았다.

2012년 선거에서 티파티의 위력은 2년 전에 비해 현저하게 떨어졌다. 하지만 밋 롬니 공화당 대통령 후보는 티파티의 지지를 받은 폴 라이언 의원을 러닝메이트로 지명했다. 롬니는 티파티의 지지가 필요했던 것이지만, 폴 라이언은 부통령 후보로서 롬니 후보의 부족한 점을 그다지 채워주지 못했다는 평을 들었다. 2014년 중간선거와 2016년 선거에서 티파티의 영향력이 건재할지 어떨지는 두고 볼 일이다.

공부하는 보수

042

미국은 허물어지고 있다

토머스 소웰Thomas Sowell,
《미국 허물기Dismantling America》(Basic Books, 2010)

2008년 미국 대통령선거를 앞두고 조지 W. 부시에게 실망한 몇몇 공화당 저명인사들이 버락 오바마를 지지해서 파문을 일으켰는데, 국무장관을 지낸 콜린 파월과 존스홉킨스대학의 프랜시스 후쿠야마, 보스턴대학의 앤드루 바세비치Andrew Bacevich가 그들이다. 하지만 후버연구소의 연구위원인 토머스 소웰은 오바마의 당선이 재앙을 가져올 것이라고 경고했다. 이 책은 여든을 넘긴 나이에도 정열적으로 글을 발표해온 소웰이 최근 몇 년 동안 발표한 글을 모아서 엮은 책이다.

1930년에 태어난 흑인인 토머스 소웰은 고난에 찬 젊은 시절을 보냈다. 노스캐롤라이나의 흑인 동네에서 태어난 그는 어릴 적에 백인을 거의 보지 못하고 자랐다고 한다. 아버지는 그가 태어나기 전에 죽었고, 소웰은 어머니의 누이동생을 따라 뉴욕 시의 할렘으로 이사했다. 그는 자서전에 자기를 뉴욕으로 데리고 간 어머니의 누이동생이 자신의 생모로 추측된다고 썼다. 맨해튼의 명문 공립학교인 스터비전트고등학교에 들어갔지만, 열일곱 살 때 가정 사정으로 그만두었다. 그 후 생계를 위해 여러 가지 막일을 했고, 한국전쟁이 발발하자 징집되어 해병대 사진병으로 한국에서 복무했다. 그러고는 전역한 뒤 흑인들이 다니는 하워드대학을 다니다가 하버드로 전학을 했다. 하버드에서 경제학 전공으로 우등 졸업한 그는 다시 뉴욕으로 돌아와 컬럼비아대학에서 경제학 석사 학위를 받았고, 자유주의 경제학의 본산인 시카고대학에서 조지 스티글러George Joseph Stigler 교수의 지도로 경제학 박사 학위를 받았다. 브랜다이스대학과 UCLA에서 교수 생활을 했고, 1980년 이후 스탠포드대학의 후버연구소에서 연구위원으로 있으면서 많은 책을 썼다.

자유주의적인 성향이 강한 소웰은 경제뿐 아니라 사회, 문화, 정치, 인종 문제 등에 대해서도 많은 칼럼을 기고했다. 2008년 대선 때에는 오바마 대통령의 등장이 재앙을 불러온다면서 그의 당선을 경고했다. 소웰은 특히 2008년 경제 위기에 대해 대중이 너무 패닉하고 있고 그런 분위기에 편승해서 검증되지 않은 버락 오바마라는 신출내기 연설꾼 정치인을 대통령으로 선출하려고 한다며 유권자들의 각성을 촉구했다. 소웰은 오바마 정부가 들어선 후에도 오바마의 경제·사회 정책이 미국을 파멸시킬 것이라고 경고하는 글을 써왔다.

소웰은 오바마 정부가 의회의 인준을 받지 않은 차르 특보를 경제, 에너지 등 각 분야에 두어서 정책을 총괄하게 한 조치는 "오늘날 공무원들은 국민의 공복Public Servant이 아니라 공적 주인Public Master"임을 잘 보여주는 것이라고 했다. 9.11 테러를 기획한 파키스탄 출신 알카에다 조직원을 미국의 민간 법원에서 재판하기로 한 오바마 정부의 조치에 대해서는 "테러리스트는 제네바협정이나 미국 헌법의 보호를 주장할 수 없다" 고 단호하게 말한다. 헌법에 보장된 기본권을 해외 테러리스트한테 보장할 수는 없다는 것이다. 경제 분야 정책에 대해서도 그는 단호한 입장을 표한다. 주택을 구매했다가 은행 융자금을 갚지 못하게 된 사람들에 대해 연방정부가 구제금융을 주도록 한 조치에 대해서는 "아파트에 월세를 내고 사는 성실한 사람들이 자기 분수에 어긋난 큰 집을 산 사람들을 보조하는 격"이라고 비난한다.

소웰은 금융기관이 융자를 상환할 수 없는 사람에게 대출을 해준 뒤 그들이 대출금을 잃어버려도 예금보험공사와 연방주택청이 그것을 대신 내주게 되면 결국 은행이 부담해야 할 위험을 납세자가 부담하게 된다면서, 금융기관과 정부의 무책임을 비난한다. 또한 국민을 규제하는 법률이 그 목적을 달성하지 못하는 경우가 많다고 지적한다. 임대료 통제를 하고 있는 뉴욕과 샌프란시스코의 주택 임대료가 가장 비싸고, 총기 규제가 가장 강력한 워싱턴 D.C.에서 살인 사건이 가장 많이 발생하고 있는 것이 대표적 경우다.

저자는 오늘날 미국이 처한 가장 큰 도전은 이란의 핵 무장이라고 단언한다. 그러면서 그는 오바마 대통령이 이란과 대화도 하고 거래도 하면 문제를 해결할 수 있으며, 심지어 미국이 핵무기를 가진 이란과도 같이 지낼 수 있다고 믿고 있어서 참으로 한심하다고 말한다. 저자는 오바마 정부가 경제 촉진책이라는 이름으로 돈을 푼 조치가 1930년대 루스벨트 행정부가 실행한 뉴딜 정책과 같은 성격이라면서, 뉴딜이 대공황을 연장시켰듯 오바마의 경제 촉진책도 경기회복을 가져오지 못할 것이라고 보고 있다.

소웰은 이 책에서 자신이 살아온 길도 잠시 언급하고 있다. 그는 인종차별이 심했던 남부에서 태어난 뒤 고아가 돼 입양되어 갔지만, 그 집안은 자신을 잘 보살폈고, 자기가 다닌 뉴욕의 고등학교는 자신을 잘 가르쳤으며, 그런 시대에 그런 환경에서 자란 자기가 행운이었다고 말한다. 그가 하워드대학에서 하버드로 전학을 가게 됐다고 했을 때, 하워드대학의 스털링 브라운Sterling Brown 교수가 "다시는 이곳에 돌아오지 마라. 백인들이 나쁘게 대해주어서 공부를 하지 못했다고 결코 나에게 말해서는 안 된다"고 격려하며 자신이 후퇴할 수 있는 다리를 끊어버렸다고 회고한다. 브라운 교수의 말을 새겨들은 소웰은 배수의 진을 친 군대가 죽기 살기로 전투하듯이 열심히 공부했다고 회고한다. 그러면서 사회가, 특히 정부가 패배한 약자를 돕게 되면 이들은 항상 자기들은 도움을 받게 되어 있다고 생각하게 되고, 더 나아가서 자신들에게 주어진 기회는 생각하지 않은 채 자신들이 겪고 있는 문제만 생각하고 자신의 불행을 다른 사람들에 대한 적대감으로 풀게 된다고 지적한다.

오바마 대통령보다 훨씬 어려운 환경에서 태어나서 흑인이라는 장벽을 극복하며 자유주의 경제학자로 성공한 저자가 '오바마의 당선은 재앙을 초래할 것이다'라고 비난한 점은 특기할 만하다. 오바마 대통령이 마치 미국을 구해낸 '위대한 지도자'인 양 생각하는 한국의 진보세력과 자신들의 부와 영향력을 증대하기에 급급한 한국의 이른바 보수진영 모두에게 매우 '불편한 메시지'를 전달하고 있는 책이다.

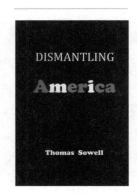

공부하는 보수

043

오바마 정부를
이끄는 이들은 따로 있다

리처드 미니터Richard Miniter,
《배후에서 이끈다: 우유부단한 대통령과 그를 위해 결정을 하는 보좌관들
Leading from Behind: The Reluctant President and the Advisors who Decide for Him》
(St. Martin's, 2012)

2012년 1월 미국 대선을 몇 달 앞두고 탐사 전문 기자 리처드 미니터가 펴낸 이 책은 오바마가 중요한 결정을 하지 못하는 등 리더십에 문제가 많다고 주장해서 주목을 샀다. 오마바가 빈라덴 살해 작전에 대해 우유부단했으며, 여기에도 밸러리 재럿 보좌관이 개입했었다는 주장에 대해 백악관은 이례적으로 사실이 아니라고 반박하는 성명을 내기도 했다.

저자는 오바마를 '이해하기 어려운 리더'라고 본다. 2004년 민주당 전당대회에서 찬조 연설원으로 각광을 받은 그는 젊은 나이에 자서전을 써서 유명해졌다. 대통령 예비선거에서 힐러리 클린턴을 꺾고 대통령에 당선된 오바마는 진정으로 워싱턴 정치를 혐오했었다고 한다. 또한 자신은 "더 이상 '새로운 친구'가 필요하지 않다"고 말했을 뿐만 아니라 대통령이 된 후에는 선거 과정에서 자신을 도운 많은 사람들을 외면하기도

했다. 이와 같은 오바마를 대리해서 외부에 나서고 또 오바마를 움직여온 단 한 명의 사람은 밸러리 재럿 보좌관이다.

'고립'이야 말로 오바마를 적절하게 표현하는 단어다. 그나마 오바마와 가까운 사람들은 오바마와 같은 흑인들이며, 오바마의 정치적 고향인 시카고와 연결되어 있다. 오바마는 백악관에서도 공식 집무실보다는 3층에 임시로 만들어놓은 자신만의 사적 공간에 머물기를 좋아한다. 이같은 고독은 그가 지금껏 살아온 삶의 패턴이기도 하다. 그의 생부는 오바마가 태어나자 사라져버렸고, 그의 어머니는 오바마를 고독하게 키웠다. 인도네시아에서 새아버지와 살았을 때도 오바마는 외톨이였고, 나중에 대학에서 학생들을 가르칠 때도 그러했으며, 일리노이 주의회 의원과 상원의원을 지낼 때도 그러했다. 대통령이 된 후에도 오바마는 혼자 모든 것을 결정했기 때문에, 누구와 의논하여 어떤 과정을 거쳐 그런 결정이 내려졌는지에 대해서는 아는 사람이 없다.

오바마는 어머니의 영향을 많이 받았다. 그의 어머니 스탠리 앤 던햄Stanley Ann Dunham은 강한 여인이었다. 그녀의 부친은 일정한 직업이 없었지만 모친은 말단 은행 직원으로 일해서 간부직에 오른 의지의 여인이었다. 책을 좋아하고 진보적 사회운동에 관심이 많았던 그녀는 하와이대학에서 러시아어를 공부했는데, 케냐에서 온 유학생 버락 오바마를 만나결혼하고 오바마를 낳았다. 오바마의 부친 버락은 소련의 경제 체제와마오쩌둥에 관심이 많았다는 점에서 스탠리 앤과 공통점이 있었다. 그러나 버락은 곧 하버드로 옮겨 갔고 거기서 다른 미국 여인과 결혼하여 케냐로 돌아갔다. 케냐에서 공무원 생활을 하며 사회주의를 주창하던 오바마의 아버지는 교통사고를 당해 두 다리를 절단하게 됐고, 20년 후에 가난하게 사망했다.

홀로 된 오바마의 어머니는 하와이대학에서 공부하던 인도네시아 학생과 결혼해서 어린 오바마를 데리고 인도네시아에 가서 살았다. 인도네시아에서 학교를 다닐 때에도 오바마는 외톨이였다. 아버지는 인도네시아 사람이고 어머니는 백인 미국인인데 오바마는 흑인 아이였으니 학교와 동네에서 어떤 취급을 받았을지는 보지 않아도 알 만한 일이다. 오바마의 어머니는 다시 이혼한 뒤 오바마를 데리고 하와이의 친정으로 돌아왔다. 그녀는 하와이대학에서 석사 학위를 받은 뒤 박사과정을 밟던 중 연구 자료를 수집하러 인도네시아에 혼자 돌아갔다. 오바마의 어머니는 아들인 오바마와 떨어져서 살기 위해 인도네시아로 갔다고 추측되는데, 이렇게 해서 오바마는 외조부모 슬하에서 자랐다. 어린 시절 따뜻한 가정환경을 경험하지 못했던 오바마는 아내 미셸과 아이들에게 각별한데, 특히 미셸의 어머니는 함께 백악관에서 살고 있을 정도다.

이렇게 성장한 오바마는 속마음을 털어놓을 수 있는 친구나 동료를 가지지 못했다. 대통령이 된 후에도 이 같은 성격은 변하지 않아서, 오바마는 어느 누구도 믿지 않는다고 한다. 유일한 예외는 부인 미셸과 그녀의 멘토인 밸러리 재럿이다. 밸러리 재럿의 공식 명칭은 '고위보좌관'에 불과하지만, 그녀는 백악관에서 열리는 모든 회의에 참석할 수 있는 특권을 갖고 있다. 시카고의 영향력 있는 흑인 가정 출신인 재럿은 스탠포드와 미시건 로스쿨을 졸업한 이혼녀인데, 시카고 정치에 깊숙이 간여했었다. 오바마와 미셸을 시카고 정치에 닿게 해준 장본인도 다름 아닌 재럿이었다.

백악관에 입성한 재럿의 영향력은 막강했다. 오마바 행정부에서 초대 대통령 비서실장을 지낸 람 이매뉴얼은 재럿의 영향력을 배제하려 했다가 오히려 자신이 밀려서 2010년 10월에 비서실장을 그만두고 시카고

시장 선거에 출마했다. 오바마는 2016년 올림픽을 시카고로 유치하기 위해 미국 대통령으로서는 이례적으로 코펜하겐에 가서 국제올림픽위원회를 압박했는데, 이 역시 재럿이 강력하게 주장했기 때문이라고 한다. 재럿을 신경 쓰지 않을 수 없는 백악관 직원들의 사기는 침체되어 있다.

오바마가 자신의 가장 큰 업적으로 말하는 것은 건강보험과 의료 체계 개혁이다. 그래서 이 개혁을 흔히 '오바마케어ObamaCare'라고 부르지만 실제로 의료 체계 개혁 법안이 통과되는 데 가장 큰 역할을 한 사람은 낸시 펠로시 하원의장이다. 오바마는 의료 체계 개혁에 관심을 둔 적이 없다. 오바마는 공화당이 반대하는 의료 체계 개혁을 강행할 생각이 없었던 것이다. 백악관에서도 이매뉴얼 비서실장은 의료 체계 개혁이 정치적 부담이 될 것을 우려했지만, 캐스린 시벨리우스Kathleen Sebelius 보건장관과 펠로시 하원의장은 의료 체계 개혁안을 막후에서 조정하여 밀어붙였다. 이렇게 해서 결국 의회를 통과한 것이 '환자 보호 및 적정한 의료에 관한 법률The Patient Protection and Affordable Care Act'인데, 이 과정에서 오바마는 방관자 같은 태도를 보였다. 이렇게 법안은 통과됐지만 2010년 11월 중간선거에서 민주당은 패배했고 하원은 다시 공화당 지배하에 들어갔다.

오바마는 2008년 경제 위기를 극복한다는 공약을 내걸고 당선됐다. 하지만 2년이 지난 2010년 미국의 정부 부채는 부시 행정부 마지막 해이던 2008년에 비해 50퍼센트가 증가했다. 9조 달러이던 정부 부채가 13조 5000억 달러로 늘어나서, 미국의 GDP인 15조 달러에 육박하는 수준에 도달한 것이다. 연방정부 부채에 주정부와 지방정부의 부채를 합치면 GDP의 170퍼센트에 달하고 있어 유럽과 다를 것이 없는 상황이다. 2010년 미국의 실업인구 역시 2008년에 비해 200만 명이나 늘어났다. 오바마의 경제 진흥책이 제대로 작동하지 않았던 것이다. 그럼에도 오바마는 연방 예산을 축소하려 하지 않았고, 오히려 부채 상한선을 두려는 예산 법안에 거부권을 행사하겠다고 공언했다. 공화당이 지배하는 하원과 백악관은 충돌했고 2년 동안 연방정부는 하원의 동의 없이 임시 예산으로 운영되었다. 대통령의 덕목은 자신과 견해가 다른 정치 지도자들과도 함께 일을 하는 것인데, 오바마에게서는 그런 모습을 찾아보기 어렵다.

오바마의 각료 중 가장 문제가 많은 인물은 에릭 홀더 법무장관이다. 반대로 오바마가 가장 총애하는 각료도 역시 에릭 홀더인데, 그가 흑인이기 때문이기도 하다. 오바마의 최측근인 밸러리 재럿도 홀더 장관과 가깝다. 홀더는 클린턴 행정부에서 법무부 차관을 지내면서 클린턴 대통령 후원자인 마크 리치를 사면하는 작업을 해서 공화당으로부터 많은 비난을 받았다. 그러나 클린턴 부부는 무리한 사면을 추진한 홀더에게 고마움을 표하지 않았다. 그런 구원舊怨 때문에 2008년 민주당 경선 때 홀더는 오바마를 지지했고, 오바마는 그를 법무장관에 임명했다.

홀더가 지휘하는 법무부는 '신속과 분노 작전Operation Fast and Furious' 이라는 스팅 작전을 실시했다. 법무부는 애리조나 등 국경지대 총포상에 현금으로 총기를 사고자 하는 의심스러운 경우에도 총기를 팔라고 지시했다. 이렇게 총기를 구매한 자를 감시하는 것이 이 작전의 주 내용이었다. 그러나 스팅 작전은 처음부터 실패했다. 총기를 사 간 사람을 추적하지 못했기 때문이다. 오히려 이렇게 팔려간 총기가 멕시코 갱단들에 의해 이용될 가능성이 높아졌다. 2010년 12월 14일 밤, 애리조나 주의 멕시코 국경지대에서 국경경비대 요원 브라이언 테리Brian A. Terry가 멕시코 쪽에서 발사한 AK-47 총탄에 맞아 사망했다. 테리를 죽게 한 총은 한 사람이 현금 4만 8,000달러를 주고 애리조나의 총기상에서 구입한 총기와 탄약 중 하나였다는 게 확인됐다. 통상적인 경우라면 총기 판매가 거부되었을 거래였으나 법무부의 스팅 작전 때문에 판 것인데, 이것이 오히려 연방정부의 요원을 죽게 한 것이다.

현지 요원들은 이구동성으로 법무부가 이렇게 말도 안 되는 스팅 작전을 하는 이유를 알 수 없다고 말했다. 2011년 2월에는 텍사스 국경지대에서 미국 이민국 요원이 역시 멕시코 갱단의 AK-47 총격으로 사망했다. 공화당 의원들은 홀더 장관을 상임위원회에 출석시켜서 질문했으나 홀더는 책임을 부인했다. 오바마는 자신이 이 작전을 명령한 적이 없으며, 홀더도 이런 명령을 받은 적이 없다고 말했다. 일각에서는 오바마와 홀더가 총기 규제법을 통과시키기 위해서 이렇게 위험한 스팅 작전을 승인했을 것이라는 말도 돌았다.

이 책에서 저자가 제기한 문제 중 논쟁이 많았던 부분은 오사마 빈라덴 살해 작전에 관해서였다. 오바마가 오사마 빈라덴을 살해하도록 한 명령은 가장 인기 있었던 결정이었다. 그러나 저자는 그 내막을 보면 딴판이라고 말한다. 오바마는 2010년에서 2011년 초에 이르는 기간 동안 작전 명령을 세 번이나 취소했다. 오바마의 이 같은 무결정Indecision과 침묵은 위험할 정도였다. 오바마가 이렇게 망설이게 된 데는 이 작전이 실패할 경우에 있을 수 있는 정치적 부담을 재럿이 강조했기 때문이라고 한다. 이 같은 망설임과 무결정 때문에 리언 패네타 CIA 국장, 로버트 게이츠 국방장관, 힐러리 클린턴 국무장관은 자신들이 이 계획을 밀고나가야만 했다. 오바마는 결국 이 작전을 승인했고, 작전이 성공하자 그 공로를 자신의 것으로 돌렸다.

오사마 빈라덴을 잡기 위한 작전은 부시 행정부 시절부터 CIA와 국방부가 추진해왔다. 상원의원 시절에 오바마는 오사마 빈라덴을 잡기 위한 군과 정부 당국의 조치를 반대하고 비난했었다. 게이츠 국방장관과 클린턴 국무장관은 무인 공격기와 미사일 공격으로 오사마 빈라덴이 머무는 곳이라 여겨지는 지점을 파괴하려 했지만 그때마다 재럿이 반대해서 무산됐다. 저자는 재럿이 헬기를 통한 지상군 투입에 찬성한 뒤에야 오사마 빈라덴 살해 작전이 실행에 옮겨지게 됐다고 말한다.

　빈라덴 사살 작전에 관한 저자의 서술에 대해 백악관은 '재럿은 오사마 빈라덴 작전에 간여한 적이 없으며, 이 작전은 안보 관계자 외에는 아는 사람이 없었다'고 반박했다. 게이츠 전 장관 역시 이 작전은 대통령이 직접 지시한 것이라고 반박했다. 백악관과 국방장관이 매우 이례적으로 책의 내용에 대해 이의를 제기한 것인데, 이에 대해 저자는 재럿이 군사 작전에 대해서도 일정한 역할을 했으며 진실은 결국 밝혀질 것이라고 재반박했다. 빈라덴 살해 작전을 접어두더라도, 일개 보좌관이 오바마 백악관에서 과다한 영향력을 행사해오고 있다는 것은 사실로 인정되고 있다. 박근혜 대통령의 청와대에서 일하고 있는 이른바 실세 보좌관 논란과도 닮은 점이 있어 보인다. 오바마 대통령은 고독이 체질화되어 있는 사람이며, 그런 연유로 재럿과 같은 보좌관에게 지나치게 의존하고 있어서 문제라는 점도 우리와 무관하지 않은 흥미로운 지적이다.

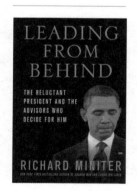

044

아마추어 대통령

에드워드 클라인Edward Klein,
《아마추어: 백악관에서의 버락 오바마The Amateur: Barack Obama in the White House》
(Regnery Publishing, 2012)

케네디가家에 관한 책을 여러 권 쓴 에드워드 클라인이 2012년 대통령선거를 앞두고 이 책을 펴낸 목적은 오바마의 재선을 막기 위해서였다. 하지만 저자의 바람과는 달리 미국인들은 오바마를 또다시 대통령으로 선출했다.

저자는 오바마가 전에 보지 못한 아마추어 대통령이며, 그로 인해 미국 경제는 침체할 것이고 미국 안보는 취약해질 것이라 단언한다. 오바마에 대한 저자의 비판은 직설적이다. 오바마는 현재 미국이 당면하고 있는 문제가 자신이 동의하지 않는 사람들 때문이라고 책임을 전가하면서, 대통령직에 대한 자기도취에 빠져서 대통령으로서 지켜야 할 미국적 가치에 대해 반란을 꾀하고 있다는 것이다. 저자는 빌 클린턴이 힐러리에게 2008년 대선에 출마하라고 권하면서, "오바마는 대통령이 무엇인지 모르는 '아마추어'다"라 했다고 전한다.

오바마는 하버드 로스쿨 학생들이 발행하는 《하버드 로 리뷰*Harvard Law Review*》의 발행인이 되어서 유명해졌다. 흑인 학생으로서는 그가 처음으로 그런 명예로운 직위를 가졌기 때문이었다. 그 소식을 들은 시카고대학 로스쿨 학장이 오바마에게 전화를 걸어 시카고 로스쿨에서 강의를 하겠냐고 물었고, 오바마는 그 제안을 기꺼이 받아들였다. 오바마는 12년 동안 시카고 로스쿨에서 강사, 그리고 나중에는 시니어 강사Senior Lecturer, 우리나라 대학의 객원교수 혹은 대우교수 같은 직위로 강의를 했다. 학교는 사무실과 건강보험을 제공했고 연봉으로 6만 달러를 주었다. 오바마의 강의는 인기가 있었지만, 그는 다른 교수들과 전혀 어울리지 않았기 때문에 대학에 그가 존재하는지조차 알 수 없을 정도였다.

2000년 오바마는 시카고의 흑인 밀집 지역인 사우스사이드의 4선 하원의원 보비 러시Bobby Rush에게 도전했으나 예비선거에서 패배했다. 오바마는 재정적으로 곤란해졌고 부인 미셸과 사이도 멀어졌다. 그러던 중 시카고의 부유한 흑인 사회에서 영향력이 있는 짐 레이놀드Jim Reynolds가 오바마를 찾아왔다. 이렇게 해서 시카고의 영향력 있는 흑인들이 오바마를 유망주로 키우게 됐다.

오바마가 30세 되던 해에 미셸과 결혼하기 전까지 가장 깊은 인간관계를 가졌던 사람은 제레미아 라이트Jeremiah Wright 목사다. 라이트는 트리니티 교회를 이끌면서 흑인 해방 신학Black Liberation Theology을 전파해온 급진적 성향의 목사이다. 라이트는 오바마에게 정치를 하도록 권했고, 자신의 교회에 나오는 부유하고 영향력 있는 흑인 신도들을 연결해주었다. 저자는 부친을 모르고 자란 오바마가 라이트 목사를 통해 부서진 자아를 재건했을 것이라 본다. 2004년 민주당 전당대회에서 찬조 연설자로 나선 오바마는 순식간에 전국적 명성을 얻었다. 알려지지 않았던 오바마의 책은 베스트셀러가 되었고, 오바마는 백만장자가 됐다.

대통령에 취임하자 오바마는 자신이 이 세상의 모든 문제를 해결할 수 있는 것처럼 행동했다. 그는 이스라엘과 팔레스타인을 협상 테이블에 앉게 하고, 이란과 북한과도 대화를 하겠다고 말했다. 그는 이처럼 자신이 모든 이슈를 이해하고 있으며, 협상과 대화로 모든 것을 풀 수 있다고 생각했다. 2008년 미국민들은 경제 위기와 이라크전쟁에 지쳐서 오바마를 선택했는데, 정작 오바마는 자신을 지지한 사람들의 정서를 이해하지 못하고 있었던 것이다.

저자는 오바마를 패거리, 뇌물, 부패로 얼룩진 '시카고 스타일 정치 Chicago-Style Politics'의 산물이라고 말한다. 1972년 이후 시카고가 속해 있는 일리노이의 주지사를 지낸 일곱 명 중 네 명이 부패로 유죄판결을 받았다. 오바마의 부인 미셸은 리처드 데일리 시카고시장을 위해 일했고, 오바마의 보좌관인 밸러리 재럿도 그러했다. 오바마는 선거에 강한 정치적 감각을 갖고 있지만 정작 정부를 운영하는 데에는 서툰 스타일이다. 오바마는 취임 초기부터 람 이매뉴얼 비서실장의 권고를 무시한 채 관타나모 기지를 폐쇄하고, 9.11 테러 주모자에 대한 재판을 뉴욕 시에서 열게 해서 많은 논란을 불러일으켰다. 오바마의 백악관은 비서실장이 대통령의 스케줄을 모르는 경우가 많을 정도로 조직과 운영이 난맥상이라고 한다.

오바마 백악관에서 실세는 밸러리 재럿이다. 재럿은 백악관 웨스트 윙에서 가장 좋은 사무실을 차지하고 있으며, 백악관에서 열리는 모든 회의에 마음대로 참석할 수 있는 권한을 갖고 있다. 성공한 흑인 혼혈 가정 출신인 재럿은 오바마 부부와 함께 휴가를 갈 정도로 대통령과 가깝

공부하는 보수

다. 재럿은 미셸을 리처드 데일리 시카고시장과 연결시켜주었고, 그 후 오바마 부부는 시카고 정치에 발을 디딜 수 있었다. 하지만 정작 재럿의 경력은 초라하다. 재럿은 시카고 공공주택단지 재건 사업을 다루다가 실패해서 해임된 적이 있다.

실용적이고 정치적 센스가 있던 람 이매뉴얼 비서실장은 재럿과 빈번하게 충돌했다. 이매뉴얼은 오바마에게 코펜하겐에서 열릴 국제올림픽위원회 총회에 가지 않는 것을 권했다. 하지만 오바마는 올림픽을 시카고로 유치하기 위해 코펜하겐에 갔다. 2016년 올림픽은 리우데자네이루로 결정되었고, 시카고는 4위에 그쳤다. 그러자 오바마를 움직이는 사람은 이매뉴얼 등의 공식 채널이 아니라 미셸과 재럿이라는 소문이 일었다. 저자는 2000년 민주당 경선에서 승리한 오바마가 힐러리를 러닝메이트로 정하려고 했는데, 미셸이 반대해서 바이든을 부통령 후보로 정했다고 전한다. 또한 미셸은 이매뉴얼 비서실장을 불신했고, 재럿을 통해서 백악관의 의사 결정에도 개입했다고 한다. 오바마는 2010년 에드워드 케네디의 사망에 따른 보궐선거에서 민주당 후보를 위해 직접 유세를 했지만 티파티의 지지를 받은 공화당 후보에게 패배했다. 미셸은 이 선거 패배가 이매뉴얼의 책임이라고 비난했다고 한다.

오바마는 매우 어려운 경제 상황에서 대통령에 당선되었다. 그럼에도 퍼스트레이디 미셸은 호화판 여행을 자주했다. 2010년 여름, 초호화판 스페인 여행으로 구설수에 오른 미셸은 그런 비난에도 개의치 않으며 잦은 휴가 여행을 국민의 세금으로 즐겼다. 오바마 부부가 매사에 비싼 취향을 갖고 있다는 것은 알려져 있다. 2011년 1월, 이매뉴얼이 사임하고 시카고시장을 지낸 데일리 가문의 윌리엄 데일리William M. Daley가 비서실장에 임명됐다. 재럿은 새 비서실장 데일리에 대해서도 나쁜 소문을 냈고, 그 결과 오바마는 비서실장을 거치지 않은 채 중요한 결정을 했다. 데일리 비서실장은 재럿과 자주 충돌했고, 좌절을 느낀 그는 임명된 지 1년 만인 2012년 1월에 사표를 제출했다. 오바마는 백악관 예산실장이던 제이컵 루Jacob J. Lew를 비서실장에 임명했다.

오바마는 토론을 즐기고 또 잘하지만 남의 말을 듣는 성격은 아니다. 존 베이너John A. Boehner 하원의장이 오바마에게 "세금, 온실가스 규제, 의료 서비스에서의 불확실성 때문에 경제가 문제다"고 했더니, 오바마는 정색을 하고 "당신이 틀렸다"며 덤벼들었다고 한다. 베이너 의장은 나중에 "누군가 오바마에게 그와 다른 의견을 내면 그는 화를 내고 죽일 듯이 쏘아본다"고 말했다. 베이너는 "오바마 백악관에서는 누가 결정을 하는지 도무지 알 수 없다"고 했다.

오바마가 힐러리를 꺾고 민주당 대선 후보가 되어 결국 대통령이 된 데는 오프라 윈프리Oprah Winfrey의 도움이 컸다. 오프라 윈프리는 자기 쇼의 시청률이 감소할 위험을 감수하고 오바마를 적극적으로 지지했다. 그러나 오바마가 백악관 주인이 된 후에 오프라와 오바마 사이는 멀어졌다. 재럿은 오프라를 자신의 권한에 대한 위험 요소로 파악했고, 미셸은 오프라를 질시했기 때문이다. 오프라는 백악관 방문 시 홀대당했고, 미셸은 불성실한 인터뷰로 오프라를 실망시켰다.

2008년 대선에서 케네디가는 오바마를 열성적으로 지지했다. 존 F. 케네디의 딸 캐롤라인 케네디Caroline Kennedy는 오바마를 지지한 대가로 무엇인가를 기대했지만 백악관은 응답도 하지 않았다. 로버트 케네디의 미망인 에셀Ethel Kennedy은 오바마 부부를 하이애니스포트에 있는 케네디 본가로 초청했으나 백악관은 아무런 반응을 보이지 않았다. 화가 치민 에셀은 오바마를 저주하면서 가구를 부숴버렸다고 전해진다. 캐롤라인 케네디는 2013년 11월에 주일 미국 대사로 임명됐다.

저자는 오바마가 외교정책에서도 아마추어였다고 평가한다. 오바마는 이스라엘이 1967년 전쟁 전 국경선으로 돌아가야 한다는 목표를 갖고 백악관에 입성했다. 오바마는 이스라엘 총리 베냐민 네타냐후를 공공연하게 모욕했다. 네타냐후 총리는 오바마를 만난 후, 오바마의 반유대적인 편견과 국제 관계에 있어서 그의 무지에 대해 놀랐다고 한다. 한 언론인은 오바마가 자신이 모든 국제 분쟁을 해결할 수 있다는 착각 속에 살고 있다고 지적했을 정도다.

오바마 백악관에서 가장 탁월한 경력을 갖추었던 사람은 초기 안보 보좌관을 지낸 제임스 존스James Jones 예비역 해병대장일 것이다. 베트남 전쟁에 참전하고 해병대 사령관을 지낸 존스는 오바마 백악관의 첫 안보 보좌관을 지냈다. 그는 이미 65세로 대부분의 백악관 참모보다 스무 살가량 많았지만 취임하자마자 다른 참모들에게 철저히 무시당한 채 소외되었다고 한다. 군대에서 익힌 대로 업무를 하부 담당자에게 위임하고, 조직적으로 일할 줄 아는 전문가였던 존스는 오전 7시에 출근해서 오후 7시에 퇴근했는데, 오바마를 따라 시카고에서 워싱턴으로 입성한 참모들은 '존스가 퇴근이 너무 빠르고 일을 하지 않는다'는 악성 루머를 퍼뜨렸다.

제임스 존스는 조지 마셜George Catlett Marshall과 맥스웰 테일러Maxwell Davenport Taylor의 전통을 이은 군 출신 전략가였지만, 오바마가 시카고에서 데려온 참모들은 미국이 세계를 이끌어가야 한다고 믿었던 군 출신을 믿지 못했다. 존스에게 가장 모욕적이었던 점은 자신이 자신의 보좌관을 선택할 수 없었다는 사실이라고 한다. 오바마는 카터의 보좌관과 워싱턴에서 로비스트를 한 뒤 주택 모기지 공기업인 패니 매의 임원을 지낸 토머스 도닐런Thomas Donilon을 안보부보좌관에 임명했다. 오바마는 존스를 젖히고 안보 문제에 문외한인 도닐론을 통해서 일을 처리하거나 지시하곤 했다. 좌절한 존스는 취임 19개월 만에 사표를 냈고, 존스가 사임하자 오바마는 도닐런을 안보보좌관에 임명했다.

오바마 행정부는 국가안보 전략을 작성해서 발표했는데, 이는 흔히 '오바마 독트린Obama Doctrine'이라고 불렸다. 오바마 독트린의 내용은 미국의 군사력은 좋은 일을 하기보다는 나쁜 일을 더 많이 했다고 인정하며, 조지 W. 부시 행정부의 일방주의를 비판하고 미국은 미국의 우방국에 보다 많이 의존해야 한다고 주장한 것이었다. 저자는 오바마 독트린이 기껏해야 웃음거리이고 완전히 바보 같은 대외 정책일 따름이라고 평한다.

하버드대학 교수인 서맨사 파워Samantha Power가 쓴 《지옥으로부터의 문제A Problem from Hell》는 오바마에게 가장 큰 영향을 주었다고 한다. 파워는 아프리카에서의 대량 학살을 미국과 유럽 국가들이 방치했다고 신랄하게 비판했다. 파워는 힐러리를 '괴물'이라고 불러서 파문을 일으키기도 했다.

저자는 오바마가 닉슨과 닮은 점이 많다고 지적한다. 자신의 패거리만을 신뢰한 채 언론과는 차가운 관계이고, 국민을 분열시키며, 자신에 동조하지 않는 사람을 적으로 간주하는 성향을 갖고 있다는 것이다. 저자는 2012년 선거에서 오바마를 낙선시켜서 그를 단임 대통령으로 만들어야 한다고 주장한다. 하지만 저자의 이 같은 강력한 소망에도 불구하고 2012년 선거에서 공화당 후보 밋 롬니는 오바마를 꺾기에 역부족이었다.

이 책을 통해 알려진 오바마 백악관의 사정은 공식 채널보다 비공식 채널이 오히려 영향력 있으며, 경험이 부족한 인사들이 백악관의 요직에 포진되어 있다는 것인데, 이런 점도 박근혜 정부의 청와대와 많이 비슷해 보인다. 오바마의 백악관에서는 비서실장이 대통령의 스케줄을 모르는 경우가 많다는 이야기도 우리에게 친숙하게 들린다.

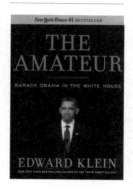

045

민주당에 희망을 건다

데비 워서먼 슐츠Debbie Wasserman Schultz,
《다음 세대를 위하여For the Next Generation》
(St. Martin's, 2013)

이 책의 저자 데비 워서먼 슐츠는 1966년에 뉴욕에서 나고 자란 사람으로, 플로리다주립대학에서 공부하면서 플로리다와 인연을 맺었다. 대학을 졸업한 후 플로리다 주의원인 피터 도이치Peter Deutsch의 보좌관으로 일했고, 1992년에 도이치가 하원의원에 출마하자 도이치의 주의원 지역구에 출마해서 당선되었다. 플로리다 주의회 역사상 가장 젊은 여성 의원이 된 그녀는 8년간 재임한 후 연임 금지 조항 때문에 더 이상 출마할 수 없게 되자 대학에서 정치학을 가르쳤다. 2004년 피터 도이치 하원의원이 은퇴를 선언하자 지역구를 이어받은 그녀는 무난하게 당선되었고, 계속 연임에 성공해서 4선 의원이 되었다.

그녀는 2004년 선거에서 민주당 대선 후보인 존 케리를 도와 플로리다 전역을 누볐고, 선거 자금을 잘 모으는 의원으로 이름을 날렸다. 2011

공부하는 보수

년, 버락 오바마 대통령은 데비 슐츠를 민주당 전국위원회 의장 후보로 지명했고 전국위원회 대의원 회의는 이를 추인했다. 유대인이자, 세 자녀의 어머니이고, 유방암을 수술로 이겨낸 데비 슐츠는 민주당의 차세대 리더로 주목을 받고 있다. 건강보험, 낙태, 총기 규제 등에서 전형적인 진보 민주당원의 입장을 따르고 있는 그녀는 자신이 걸어온 길과 앞으로 미국이 해결해야 할 문제에 대한 자신의 생각을 이 책에 담았다.

저자는 플로리다 주의원시절, 수영장에서 어린이 사고를 막기 위한 입법을 제안하여 통과시킨 적이 있다. 그녀는 아이들의 권익을 대변하는 것이 정치인으로서 가장 중요한 의무라고 강조한다. 그러면서 공교육의 수준을 향상시키고, 누구나 적절한 건강보험에 가입할 수 있도록 하며, 정부로 하여금 국민의 요구에 부응하게 하는 것이 지난 20년 동안 자신이 플로리다 주의회와 하원에서 추구해온 바라고 설명한다. 저자는 2009년에 오바마 행정부가 시행한 경제 촉진책이 긍정적인 효과를 가져왔다면서, 이를 반대한 공화당 보수파를 비판한다. 그녀는 당시 GM과 크라이슬러에 구제금융을 주지 않았더라면 두 회사가 파산했을 것이라고 지적한다.

저자는 2001년 후에 급격하게 늘어난 미국의 공공 부채가 부시 대통령의 감세 정책과 이라크전쟁, 그리고 부시 임기 말에 발생한 재정 위기에 대한 불가피한 대응 때문에 야기된 것이라고 강변한다. 공화당 일각에서 사회보장제도를 무상 시혜라고 폄하하는 데 대해, 사회보장은 앞으로도 지속되어야 할 국가적 사회 안전망이고, 베이비붐 세대의 은퇴로 사회보장 기금이 어려움을 겪겠지만 그것을 감내해야 하며, 그러다 보면 새로운 세대가 경제 활동을 시작해서 사회보장 기금에 기여할 것이라고 말한다. 이와 같은 맥락에서 저자는 노년층 무상 의료 복지인 메디케어를 1인당 총액으로 제한하려는 공화당 일각의 제안에 반대한다. 저자는 물론 오바마케어를 지지한다. 오바마케어는 의료보험 혜택을 누리지 못하던 많은 사람들을 보호할뿐더러, 기존 질병에 대해서도 보험이 적용되게 했으며, 특히 어린이들에 대한 보험 적용을 2010년부터 시행하도록 했다고 지적한다.

저자는 미국의 도로, 철도, 항공 등 교통 인프라가 매우 낙후되어서 2035년까지 2,620억 달러를 투자해야 한다는 전문가들의 평가를 바탕으로 인프라 예산을 축소하려는 공화당을 비판한다. 부시 대통령이 입법화한 교육법No Child Left Behind Act은 현재 다니고 있는 공립학교의 교육 여건이 미흡하다고 생각하는 학생은 다른 공립이나 사립 또는 차터학교Charter School로 이전을 요구할 수 있으며 이때 추가로 소용되는 비용을 연방정부가 부담하도록 했다. 그런데 이 제도는 학생들뿐 아니라 교사들의 사기에도 나쁜 영향을 주었다. 부시 정부는 교육의 질을 높이기 위해서 정부 예산을 지원받지만 운영은 독자적으로 할 수 있게 한 차터학교를 양산했는데, 이 역시 공립학교에 부정적인 영향을 끼쳤으며 그 자체로도 성공하지 못했다고 주장한다. 그리고 교원 노조는 결코 교육개혁에 대한 걸림돌이 아니라면서, 교원 노조를 부정적으로 보는 공화당의 주장을 반박한다.

저자는 공화당 여성 의원들도 사석에서는 낙태 등 여성과 관련된 사안에 대해 자신과 의견이 다르지 않지만 소속 당내 정치적 분위기 때문에 소신대로 표결하지 못한다고 말한다. 또한 오바마케어에 찬성했다가 당내 반발 때문에 2012년 선거에 불출마를 선언하고 은퇴한 올림피아 스노우Olympia Snowe 전 상원의원, 그리고 낙태 자유와 줄기세포 연구에 찬성했다가 당내 예비선거에서 탈락한 리사 머코우스키Lisa Murkowski 전

상원의원은 보기 드문 소신파 공화당 여성 의원들이었다고 말한다.

2012년 대선에서 오바마 대통령은 전체 유권자의 54퍼센트를 차지하는 여성 유권자로부터 밋 롬니 공화당 후보를 18퍼센트 앞지르며 승리했다. 저자는 이를 보더라도 여성 문제에 소극적인 공화당은 선거에서 승리하기가 어렵다고 충고한다. 저자는 2012년 대선에서 오바마가 히스패닉 유권자의 74퍼센트 지지를 획득했음을 예로 들면서, 이민 규제를 완화하여 우수한 외국 인력을 받아들여야 한다고 주장한다. 오늘날 공화당은 선거에 이기기 위해 노력하는 것이 아니라, 이념 중심적인 티파티 노선을 지키면서 정부 부채 한도, 불법 이민자 문제 등에 있어 지나치게 경직된 태도를 견지하기 때문에 스스로 패배하고 있다고 경고한다. 미국의 보수와 공화당에 대한 저자의 비판은 우리로서도 경청할 만하다고 생각된다.

4장

미국 사회는
어디로 가나

046

진보주의자들의
숨겨진 실생활

피터 스와이저Peter Schweizer,
《내가 말한 대로 해: 진보의 위선적 모습
Do As I Say (Not As I Do): Profiles in Liberal Hypocrisy》
(Doubleday, 2005)

　　진보주의자들은 자신들이 가난한 사람과 소수인종과 여성을 진정으로 생각하는 정의로운 집단이라고 주장한다. 그러면서 보수주의자들이 탐욕스럽고 환경을 파괴하며 비윤리적이라고 비난한다. 그렇다면 이런 고상한 주장을 하는 진보주의자들은 스스로를 어떻게 관리해왔을까?

　　피터 스와이저가 펴낸 이 책은 에이브럼 놈 촘스키Avram Noam Chomsky, 에드워드 케네디, 글로리아 스타이넘Gloria Steinem 등 진보주의자 열한 명의 진면목을 파헤치고 있다. 책 제목 "내가 말한 대로 해"는 진보주의자들은 남들에게 자기들이 말하는 대로 따라 하라고 하지만 정작 자신들은 말과 다른 행동을 한다는 의미를 담고 있다. 저자가 전하는 유명한 진보주의자들의 진짜 모습을 보면 다음과 같다.

　　미국은 자본가와 군대가 움직이는 '불량배 국가'이고 이스라엘은 '중동의 악'이라고 비난해서 명성을 얻은 MIT 명예교수 놈 촘스키는 전 세계 진보좌파에게 영웅과 같은 인물이다. 그러나 촘스키는 40년 동안 국방부가 MIT에 지원한 암호 개발 프로젝트로 연구비를 받아왔다. 촘스키는 자기가 자본주의의 희생자인 가난한 민중을 대변한다고 주장해왔지만 사실 그 자신은 매우 영악한 자본주의자다. 강연료와 인세 수입으로 인해 그는 소득이 전체 미국민의 상위 2퍼센트 안에 들 정도로 부자이다. 그는 보스턴 근교 렉싱턴이라는 부자 동네의 85만 달러가 넘는 호화 주택에 살고 있으며, 케이프코드에 별장도 갖고 있다. 촘스키는 흑인과 여성이 차별을 당하고 있다고 평생토록 주장해왔지만 정작 자신의 연구 스태프로는 백인 남성만 고용했다. 그는 9.11 테러 후 강연 요청이 많아지자 9,000달러 받던 1회 강연료를 1만 2,000달러로 올렸고, 변호사를 고용해서 자기가 낼 세금을 줄이기에 여념이 없었다고 한다.

〈화씨 9/11〉이라는 황당한 영화를 제작해서 유명해진 영화 제작자 마이클 무어는 부시 대통령과 공화당이 노동자 계층과 소수인종을 착취한다고 열을 올리는 진보주의자이다. 그는 자신은 주식 투자를 하지 않는다고 말했으며, 부시와 체니를 석유회사와 방위산업체의 꼭두각시라고 비난했다. 그러나 정작 무어는 석유회사, 제약회사, 방위산업체 주식에 투자를 해서 많은 돈을 벌었고, 부유한 백인들이 사는 교외의 큰 저택에서 살고 있다. 그는 출장 갈 때에 항상 최고급 호텔에 묵지만 기자회견은 허름한 모텔에서 하는 등의 쇼를 연출했다고 한다.

민주당 상원의원 중 가장 진보적 인사는 에드워드 케네디다. 그는 부자들에 대한 세금을 인상해서 평등한 사회를 만들어야 하며, 석유회사가 지구 환경을 망치고 있다고 비난해왔다. 하지만 케네디가 살아가는 모습은 자신의 말과는 거리가 멀다. 케네디 의원이 편안하게 사는 것은 그의

공부하는 보수

아버지 조지프 케네디Joseph Patrick Kennedy I가 세운 '머천다이스 마트'라는 신탁회사 덕분인데, 이 회사는 미국의 높은 세금을 피하기 위해 피지에 서 설립됐다. 그런 탓에 조지프 케네디가 사망했을 때 자식들은 3억에서 5억 달러에 달하는 재산을 상속했지만 상속세는 13만 5,000달러만 냈다. 케네디 의원은 석유회사가 탐욕스럽고 환경을 더럽힌다고 주장하지만 정작 케네디가는 석유탐사회사를 갖고 있다. 그는 평소 환경을 보호하기 위해 태양열이나 풍력 같은 대체에너지를 사용해야 한다고 목청을 높였 다. 하지만 케네디가의 대저택에서 10킬로미터 떨어진 곳에 풍력발전 시 설을 세우려 하자 그는 인근의 부호들과 힘을 합쳐 이 계획을 취소시켰 다. 풍력 터빈이 시끄럽고 자연 경관을 해한다고 생각해서였다.

소비자 운동의 대부로 뽑히는 랠프 네이더Ralph Nader는 '공공시민Pub-lic Citizen'이라는 시민 단체를 창설해서 소비자 보호, 환경보호 등을 주창 해왔다. 하버드 로스쿨을 나온 변호사인 랠프 네이더는 로펌에서 큰돈을 벌 수 있는 기회를 버리고 시민운동에 앞장서서 연봉 2만 5,000달러를 받으면서 자동차도 소유하지 않은 검소한 생활을 하고 있는 것으로 알려 져 있다. 그러나 네이더의 실제 모습은 알려진 바와는 전혀 딴판이다.

네이더는 오래 전부터 부동산과 주식 투자에 일가견을 가지고 있었 다. 강연장에 허름한 양복을 입고 나타나는 네이더는 주최 측에 항상 고 액의 강연료와 최고급 호텔 투숙을 요구했다. 네이더는 순회강연을 하 면서 많은 강연료를 챙겼는데, 2000년 대통령선거에 후보로 나서면서 자신이 책과 강연료로 무려 1,400만 달러 이상을 벌었다는 사실을 인정 해야만 했다. 그는 대기업의 탐욕을 강도 높게 비난했지만 그의 재산 관 리 수법은 대기업의 그것을 빼닮았다. 더구나 그는 소비자 운동을 자신 의 부를 축적하는 수단으로 이용했다. 네이더는 1960년대에 GM의 스포츠카 코르베어가 위험하다고 문제를 제기했는데, 그에 앞서 그는 포드의 주식을 대거 사들였다. 1973년에 자동차회사들이 에어백을 설치해야 한다고 주장할 때에는 에어백회사의 주식을, 그리고 1976년 타이어회사인 파이어스톤이 위험하다고 폭로할 때에는 경쟁사인 굿이어 타이어의 주식을 미리 사들였다가 차액을 남기고 팔아치웠다.

할리우드 스타 중 가장 정치적인 인물은 단연 바브라 스트라이샌드이다. 그녀는 민주당 기금 조성 운동에 적극적이며 부시 대통령을 비난하는 데 앞장섰다. 환경단체에 거액을 기증하고 노동자의 인권 문제에도 관심이 많다. 그렇다면 그녀의 실생활은 어떨까? 남편과 둘이서 살고 있는 왕궁 같은 그녀의 저택에는 많은 하인들이 있는데, 그녀는 하인들의 처우에 대해 너무 인색해서 소문이 날 정도라고 한다. 인종차별에 반대하는 시위에 참가하는 그녀이지만 정작 자기가 운영하는 영화사에는 흑인이 없다. 그녀는 석유회사가 지구온난화를 일으킨다고 비난했지만 석유회사 주식을 갖고 있다. 2001년 여름 캘리포니아에 전력 위기가 닥치자 그녀는 에어컨을 끄고 빨래를 햇볕에 말려야 한다고 주장했다. 어떤 기자가 그녀의 대변인에게 '바브라가 정말 에어컨을 끄고 사느냐'고 물었더니 "당신은 바브라가 정말 그러리라고 기대하느냐"고 반문을 했다.

여성운동가로 명성이 높은 글로리아 스타이넘은 대단히 매력적인 외모를 갖춘 여성이기도 하다. 그녀는 여성은 결혼을 하는 순간에 이미 인간임을 반쯤 포기하는 것이며 "여성이 남자를 필요로 하는 것은 물고기가 자전거를 필요로 하는 것과 같다"고 갈파했다. 그녀는 남녀 간에 로맨스는 존재하지 않는다고 주장했으며, 자기가 발행했던 페미니스트 잡지《미즈_Ms_》에 〈나는 왜 결코 결혼하지 않을 것인가〉라는 논문도 발표했다. 하지만 스타이넘은 몇 년 동안 부동산 갑부인 모티머 주커먼Mortimer

Zuckerman과 깊이 교제했다. 주커먼은 스타이넘에게 비싼 보석을 선물해서 그녀의 마음을 사로잡았고, 스타이넘은 임신을 하고 싶어서 불임 클리닉을 드나들었다. 스타이넘은 주커먼과 헤어진 후 남아프리카공화국 출신의 사업가 데이비드 베일David Bale과 사랑에 빠져 2000년 9월에 결혼했다. 스타이넘은 항상 돈 많고 잘 생긴 남성을 선택했던 것인데, 그녀는 베일과 사귀면서도 "여성에게 있어 결혼은 정당하지 않은 선택"이라고 말하고 다녔다.

저자는 미국의 급진세력을 대표하는 이들이 평등, 정의, 소비자 보호, 환경보호, 여성 해방 등을 내걸었지만 정작 자신들의 사생활에서는 철저하게 개인적 이익을 챙긴 위선자들이라면서, 이제 이들의 시대에 종지부를 찍어야 한다고 주장한다.

노무현 정부 시절, 이와 비슷한 논지의 이야기를 어느 보수신문이 종종 게재했고, 당시 야당이던 한나라당 정치인들도 비슷한 주장을 편 적이 있다. 하지만 이명박 정권 이후, 적어도 보수 쪽에서는 그런 말을 할 수 없게 되었다. 보수 쪽 사람들의 윤리 수준이 더욱 낮기 때문이다.

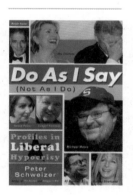

047

흑인 문제에 대한
불편한 진실

토머스 소웰Thomas Sowell,
《블랙 레드넥과 화이트 리버럴*Black Rednecks and White Liberals*》
(Encounter Books, 2005)

스탠포드대학 후버연구소의 연구위원인 토머스 소웰은 자유주의 경제학자이자 보수성향의 평론가로 많은 책을 썼다. 초창기 저서인《인종과 경제학*Race and Economics*》(1975)은 현재 연방대법원의 흑인 대법관인 클래런스 토머스Clarence Thomas에 큰 영향을 준 것으로 알려져 있다. 그는 《마르크시즘*Marxism*》(1985)《인종과 문화*Race and Culture*》(1995)《개인적 오디세이*A Personal Odyssey*》(2002)《응용경제학*Applied Economics*》(2003)《기초 경제학*Basic Economics*》(2004) 등 30여 권의 책을 썼다. 소웰은 복지가 흑인들을 망쳤으며, 소수인종에 대한 '우호적 처우Affirmative Action'가 흑인들을 열등하게 만들고 있다는 입장을 취하고 있다.

2005년에 나온 이 책의 제목 "블랙 레드넥과 화이트 리버럴"을 우리말로 번역하면 '흑인 무식쟁이와 백인 진보파' 정도가 될 것이다. 제목 못지않게 내용도 직설적이고 도발적이지만, 논거를 갖고 쓴 책이다. 책에는 〈블랙 레드넥과 화이트 리버럴〉 등 여섯 편의 글이 실려 있다. 인종, 노예 등 웬만한 사람 같으면 감히 다루기도 어려운 테마를 직설적으로 다루고 있어 미국의 인종 문제를 이해하는 데 도움이 되는데, 여기서는 그중 두 편만 소개한다.

블랙 레드넥과 화이트 리버럴

'레드넥Redneck'이란 '변방에 살고 있는 무식하고 공격적인 촌놈'을 뜻하는데, 미국의 애팔레치아 산간 지역, 오자크 산간 지역, 남부 지역과 중부 캘리포니아 및 캐나다 서부에 살던 배우지 못한 백인들을 부르는 용어다. 소웰은 미국 백인 레드넥의 유래와 그들의 문화가 흑인에게 전파된 경위를 분석하고 있다.

소웰은 미국 남부의 하층 백인들 사이에 만연되어 있는 저속, 무식, 게으름, 비위생 같은 풍조가 영국에서 유래했다고 본다. 식민지 미국에 이주해 온 영국인들은 영국에서 살았던 지역에 따라 집단으로 모여서 정착했는데, 매사추세츠에 정착한 사람들은 이스트앵글리아 출신이었고, 버지니아에 정착한 사람들은 잉글랜드 남부와 서부 출신이었다. 이들은 당시 영국에서도 교육받은 점잖은 계층이었다. 반면 미국 남부에 정착한 영국인들은 잉글랜드 북부와 스코틀랜드 고원 지대, 그리고 아일랜드의 얼스터카운티 출신이었다.

당시 잉글랜드와 스코틀랜드의 경계 지역이던 북부 잉글랜드는 중앙정부의 치안권이 미치지 못하던 무법천지 세상이어서, 이 지역 출신 사람들을 '셀틱 변방인Celtic Fringe'이라고 불렀다. 이들과 스코틀랜드의 시골에 살던 사람들은 가축과 함께 움막집에서 생활하는 등 지저분한 삶을 살았다. 18세기 중반 들어서야 이들에게 영국 문화가 전파되었는데, 미국으로 이주한 이곳 출신 사람들은 자신들의 고향에 영국 문화가 전파되기 전에 영국을 뜬 사람들이었다. 그래서 이들은 자기들의 고향에서는 이미 없어져버린 저속하고 야만적인 문화를 고스란히 아메리카로 가져온 셈이 되었다. 이들은 주로 남부에 정착했지만 펜실베이니아, 인디애나 등 북부에도 집단 주거지를 이루고 살면서 자신들의 저속한 행동과 습성이 마치 자랑거리나 되는 듯 행동하며 살았다. 자연히 북부 백인들은 이들을 아주 싫어할 수밖에 없었다.

화이트 레드넥들은 툭하면 결투를 해서 서로 죽이고 죽었으며, 목숨을 거는 싸움을 예사로 했다. 흑인에게 가해졌던 것으로만 알려진 린치 Lynch도 원래는 이들이 자행하던 풍조였는데, 흑인들이 노예에서 해방되자 흑인들이 린치의 대상이 된 것이다. 백인 우월주의 단체인 KKK가 십자가를 불태우는 것도 스코틀랜드에서 반목하는 가문 간의 집단 결투 때 사용되던 풍습이었다. 이 같은 저속한 문화는 미국 남부에 나쁜 영향을 미쳤다. 무엇보다 남부인들은 물건을 만들거나 장사를 하지 못했다. 남부에서 상점을 연 사람들은 대개 북부 출신 백인이거나 외국인이었다. 남부의 농장에서도 젖소를 많이 길렀지만 이들은 버터와 치즈를 만들지 못했기 때문에 버터와 치즈가 귀했다. 독일계 이민자들이 자리 잡은 위스콘신에서는 버터와 치즈가 많이 생산되었던 것과 비교되는 대목이다.

남부 백인들은 투기와 오락을 즐겼다. 투계鬪鷄는 흔했고, 그중에서도 배웠다는 버지니아의 농장주들 역시 분수에 넘친 사치를 해서 빚이 많았다. 남부에서는 강을 건너기 위한 다리를 만들지 않고 여울목을 만들어서 말을 타고 건너 다녔기 때문에 교통이 불편했다. 조지 워싱턴

공부하는 보수

Georges Washington 같은 버지니아의 농장주들은 책을 많이 소장했지만 이는 예외적인 것으로, 남부에는 보통 사람들이 책을 접할 수 있는 서점이 거의 없었다. 남부에 들어선 교회도 북부와는 달랐다. 남부를 여행한 북부 사람들은 주로 침례교파와 감리교파인 남부 목사들의 저속한 웅변 조調 설교에 혐오감을 느꼈다고 한다. 멜로드라마 조의 설교는 민권운동 전성기의 흑인 교회와 북부 게토의 흑인 교회에서 지금도 볼 수 있다.

소웰은 이 같은 남부 백인 레드넥의 저속한 문화 패턴이 남부의 흑인들에게 그대로 전수되었다고 본다. 스웨덴의 정치가이자 외교관인 뮈르달Gunnar Myrdal은 인간 생명을 존중하지 않는 흑인들의 문화가 노예제도에서 기인했다고 주장하지만, 소웰은 그 같은 문화는 노예 생활을 한 적이 없는 백인들에게서도 찾아볼 수 있다고 반박한다. 흑인들의 지능지수가 전체 미국인 평균의 85퍼센트 수준밖에 미치지 않는 이유도 노예제도 때문이라는 주장에 대해, 소웰은 오래전 북부에 정착한 흑인들의 지능지수가 남부 출신 흑인보다 높은 것으로 보아 인종보다는 문화가 지능지수에 미치는 영향이 더 크다고 반박한다.

1920년대부터 뉴욕의 할렘에서 장사를 한 흑인들은 남부 흑인이 아니라 카리브 지역에서 이민해 온 흑인들이었다. 카리브 지역 출신 흑인들도 선대에는 노예 생활을 했기 때문에 '흑인들의 조상이 노예였기 때문에 그들 문화가 저속할 수밖에 없다'는 이론도 성립하지 않는다고 소웰은 지적한다. 카리브와 아프리카에서 직접 미국으로 건너온 흑인들은 남부 백인의 레드넥 문화에 오염되지 않았기 때문에 성공할 수 있었다는 것이다.

소웰은 대다수 미국 흑인들에게 만연해 있는 이 같은 레드넥 문화가 20세기 후반기의 복지국가병病, 그리고 느슨한 법 집행으로 더욱 악화되었다고 본다. 1960년대를 기점으로 해서 미국 전체 살인 사건의 건수는 줄어들었지만 흑인이 저지른 살인은 늘어났다. 1960년 전에 15세부터 55세까지 흑인 여성의 51퍼센트는 결혼을 해서 가족과 함께 살았지만 20년이 지나서는 단지 31퍼센트만 그러했고, 1994년에는 56퍼센트가 결혼을 하지 않고 25퍼센트만 결혼해서 남편과 살고 있었다. 1960년에 흑인 아동의 3분의 2가 부모와 함께 살고 있었지만 1994년에는 3분의 1만 부모와 함께 살고 있었다. 1960년에는 흑인 아동의 22퍼센트가 결혼하지 않은 여성에게서 태어났지만 1994년에는 70퍼센트의 흑인 아동이 결혼하지 않은 여성에게서 태어났다. 남북전쟁 후에 노예에서 해방된 흑인 남성들은 다른 곳으로 팔려나간 자기 가족을 찾기 위해 곳곳을 헤매고 다녔는데, 노예에서 해방된 지 한 세기가 지난 뒤 흑인 남성들이 자식을 버리고 집을 떠나는 현상이 보편화된 것은 '복지병'과 결부시키지 않고선 설명할 방도가 없다.

아프리카에서 노예가 대거 수입되기 전 미국 남부에는 이미 자유 흑인이 상당수 있었고, 그들의 후예 중에 두 보아W. E. B. Du Bois, 서굿 마셜Thurgood Marshall 같은 흑인 지도자가 많이 배출되었다. 오벌린대학 등 초창기에 대학을 다닌 흑인들 중에는 백인 아버지와 흑인 어머니 사이에서 출생한 혼혈인 물라토가 많았는데, 물라토들은 나중에 흑인 엘리트 계층을 이루었다. 1차대전 즈음해서 남부의 백인과 흑인들이 함께 북부로 이주했는데, 그러자 북부에서 자리 잡고 살던 흑인들마저 백인들의 인종차별이 갑자기 심해진 것을 느끼게 됐다. 저속한 흑인들이 늘어나자 백인들의 인종차별 의식이 증가한 것이었다.

1960년대 들어 복지국가 시대가 열리자 흑인들의 저급한 문화가 별안간 정당한 것처럼 대우를 받게 되고, 흑인들의 문제점이 모두 다른 사람들의 책임인 것으로 여겨지는 풍조가 팽배해졌다. 소웰은 이런 풍조

공부하는 보수

를 백인 진보주의자들 즉, '화이트 리버럴'이 조장한 것이라고 본다. 1960년대 말 대도시에서 흑인 폭동이 일어나도《뉴욕 타임스》등 진보언론은 경찰의 과잉 진압을 탓했다. 반면 흑인들이 한국인 같은 다른 소수인종을 상대로 집단적 적대 행위를 하면 진보언론은 모르는 척했다. 소월은 흑인들 사이에 만연한 레드넥 문화가 1960년대에 들어 유행하기 시작한 '다문화 풍조'에 의해 정당한 것으로 대우받게 되어 오늘날에 이르렀다고 말한다.

노예에 관한 진실된 역사

사람들은 '노예'라고 하면 미국 남부 목화 농장에서 일했던 흑인 노예를 연상하지만 노예는 지구 어디에서나 보편적으로 있었던 현상이다. 노예는 이집트, 아랍 등 많은 지역에 있었고, 1500년부터 1800년까지 적어도 100만 명의 유럽인이 북아프리카에 노예로 잡혀 가서 거래되었다. 알렉스 헤일리Alex Haley의 소설《뿌리Roots》는 백인들이 아프리카에서 노예를 잡아 북미 대륙까지 강제로 실어 온 것으로 묘사하고 있지만 그것은 사실이 아니다. 아프리카에서 흑인을 노예로 잡은 사람은 그들보다 더 강력한 흑인 부족이었고, 이들은 누구에게나 돈을 받고 그들이 잡은 노예를 팔았다.

노예제도를 없애자는 운동은 유럽의 종교 단체가 처음 시작했다. 유럽에 제국주의가 등장하자 노예 거래가 쇠퇴하기 시작했다. 영국은 일찍이 노예를 금지했을뿐더러 자국 해군으로 하여금 공해 상에서 노예선을 보면 포획하도록 하였다. 영국은 또한 오스만 터키가 노예제도를 폐지하도록 압력을 가하기도 했다. 미국은 남북전쟁이라는 엄청난 비극을 거쳐서 노예를 폐지했는데, 전쟁을 통해 노예제를 폐지한 것은 이례적인 경우다. 세계의 많은 나라들은 점진적 과정을 거쳐 노예제도를 폐지했기 때문이다. 노예제도가 도덕적으로 나쁘다고 미국에서 최초로 규정한 집단은 퀘이커교회였다.

소웰은 노예를 다루었던 태도 또한 시대와 장소에 따라 차이가 많았다고 말한다. 서아프리카와 남미의 마야에서는 노예를 제물祭物로 사용했다. 북아프리카 노예들은 선박에서 노 젓는 중노동을 했다. 아랍에서는 주로 젊은 여자 노예를 성적 노리개로 썼고, 남자 노예는 거세한 뒤 가사를 돌보게 했다. 사막을 이동하고 또 거세되는 과정에서 많은 노예들이 죽어갔다. 아랍이나 북아프리카에서는 노예가 가정을 이루고 살면서 자식을 낳는 경우란 있을 수 없었고, 노예 가정은 오직 미국 남부에서나 볼 수 있었던 모습이었다.

미국 건국의 아버지들이며 버지니아의 농장주였던 조지 워싱턴, 토머스 제퍼슨, 제임스 매디슨James Madison 등도 "노예제도가 악이며, 언젠가는 사라질 제도"라고 생각했다. 남북전쟁 당시 남군 사령관이었던 로버트 리Robert E. Lee 장군도 그렇게 생각했다. 남부의 지도자들은 노예제도가 언젠가는 없어져야 하지만 흑인들이 일시에 해방되면 큰 혼란이 일어나서 모두에게 좋지 않을 것이라고 생각했다. 남부를 여행한 프랑스의 정치가 알렉시스 드 토크빌Alexis de Tocqueville도 노예가 해방되면 남부에서 인종 전쟁이 일어날 것이라고 했다. 북부에서 노예 해방론자들이 생겨났을 때 이들에 반대하는 분위기가 팽배했었다.

남부의 농장은 노예와 함께 거래되었기 때문에 조지 워싱턴, 토머스 제퍼슨 등도 모두 노예를 소유했었다. 하지만 이들은 자기들이 갖고 있던 노예들에게 최대한의 자유를 선물하고 세상을 떠났다. 자식 없이 사망한 조지 워싱턴은 유언장에 자기 부인이 죽으면 자신의 농장인 마운트 버넌에 살던 노예들을 해방시키라고 썼다. 워싱턴은 특히 병들고 장애가 있는 노예를 자기 유산으로 돌보게 해서 그의 유산이 소진되게 하는 원인을 만들었다. 워싱턴은 대통령직을 마치면서 대통령 관저에서 일하던 노예들이 북부 지역에 그대로 남아 자유인이 되도록 했다. 평생 독신으로 살았던 존 랜돌프John Randolph는 자기가 죽은 후에 노예들이 자신의 재산을 나눠 갖고 자유롭게 살라는 유언을 남겼다. 토머스 제퍼슨은 대통령을 지낼 때 앨라배마, 미시시피 등 서쪽에 새로 편입되는 영토에서는 노예를 금지하고자 했지만 실패했다.

소웰은 노예가 도덕적으로 나쁠뿐더러 경제적으로도 별 도움이 되지 않았다고 분석한다. 남부의 목화 농장이 아닌 다음에야 노예는 오히려 경제적 부담으로 작용했다는 것이다. 미국에서의 노예제도는 흑인에게는 모멸감을, 그리고 백인에게는 죄책감을 심어주었다. 그러나 미국에서 '노예제도의 유산Legacy of Slavery'이란 용어가 등장한 것은 남북전쟁이 끝나고 100년이 지난 후였다. 즉, 흑인들이 갖고 있는 모든 문제점을 '노예제도의 유산'으로 둘러대는 풍조가 뒤늦게 생긴 것이다. 소웰은 남북전쟁이 끝나고 흑인들이 자유의 몸이 된 뒤 한 세대가 지났을 때에는 흑인사회에 오늘날 같은 범죄나 가정 상실 같은 문제가 없었는데, 1960년대 후 그런 문제가 급증하자 이것을 '노예제도의 유산'이라고 둘러대는 것은 비논리적이라고 지적한다.

048

서방의 마지막 보루,
미국을 지켜라

마크 스타인Mark Steyn,
《미국 혼자서: 우리가 아는 세계의 종말*America Alone: The End of the World As We Know It*》(Regnery Publishing, 2006)

캐나다 출신으로 미국 뉴햄프셔 주에 거주하면서 정치 칼럼과 방송 토크쇼로 인기를 누리고 있는 마크 스타인은 독특한 이력을 갖고 있다. 대학도 가지 않고 디스크자키를 하던 중 영국에서 발행되는 보수성향의 시사 주간지《스펙테이터*The Spectator*》에 뮤지컬과 연극 평론을 게재하다가,《데일리 텔레그라프》등에 정치 평론을 발표해서 인정받았다. 그의 특기는 유럽의 이슬람화와 다문화주의의 위험성을 강조하는 것인데, 신랄한 비유와 유머가 돋보인다. 캐나다의《매클린스*Maclean's*》와《내셔널 포스트*National Post*》, 미국의《뉴욕포스트*New York Post*》등 보수성향의 신문과 잡지에 칼럼을 연재했으며, 여러 권의 책을 냈다. 그중 2006년에 나온 이 책은 베스트셀러가 됐다.

책의 제목이 의미하는 바는 이슬람화의 물결에서 미국만 예외로 남아 있으며 따라서 미국이 서구 문명을 지킬 수 있는 마지막 보루라는 것이다. 이 책이 나온 후 캐나다 이슬람협회는 스타인의 칼럼이 '이슬람 혐오증Islamophobia'을 조장한다는 이유로 스타인의 글을 게재한《매클린스》를 캐나다 인권위원회에 제소했다. 2008년 4월, 캐나다 인권위원회 조사위원이 "스타인의 글에 적대성이 있으며, 이런 글은 자유를 침해하고 범죄를 야기할 수 있다"는 공개서한을 보내서 파문을 일으켰다.《내셔널 포스트》가 "언론의 자유를 침해하는 조치"라고 강력한 반론을 제기하자 캐나다 인권위원회 전체회의는 "스타인의 글은 논평이며, 토론을 위한 것"이라는 이유로 이슬람협회의 신청을 기각했다.

"우리가 아는 세계의 종말"이란 부제를 달고 있는 이 책은 유럽의 출산율 감소와 이로 인한 급격한 이슬람화, 그리고 이런 풍조에 무력하게 동조하고 있는 진보세력을 비판한 것이다. 그러면서도 미국이 그나마 그런 압력에 버티면서 갈 길을 간다고 보는 것이다. '블랙유머'라는 평을 들을 정도로 신랄한 그의 글을 읽다 보면 간간히 웃게 되지만, 그가 전달하고자 하는 메시지는 결코 가벼운 것이 아니다.

유럽에서의 출산율 감소는 심각한 상태에 있다. 인구학자들은 출산율여성 1인이 평생 낳는 아이의 숫자 1.3이 그 사회를 유지할 수 있는 최소한의 기준이라고 보는데, 한때 대가족의 전통을 자랑했던 그리스는 1.3, 이탈리아는 1.2, 그리고 스페인은 1.1에 불과하다. 유럽의 평균은 1.38이고, 일본은 1.32, 러시아는 1.14이다. 반면 미국은 2.1, 그리고 캐나다는 1.48로 비교적 건전한 편이다. 저자는 이런 추세로 가다 보면, 22세기 말에는 지옥에 가 있는 히틀러Adolf Hitler, 괴벨스Paul Joseph Goebbels, 히믈러Heinrich Himmler만이 독일어를 말하게 될 것이라고 비꼰다. 지구온난화로 몰디브가 해수면 아래 2미터에 잠기기 전에 이탈리아와 스페인 사람들은 모두 땅속 2미터 아래에 묻힐 것이라고도 한다.

저자는 무슬림들이 출산을 많이 해서 유럽의 인종 구성이 급속하게 바뀌고 있는 게 큰 문제라고 본다. 보스니아에서 비극적인 내란이 일어난 것도 인종 구성의 변화와 관련이 있다. 30년 전 보스니아의 인종 구성은 세르비아계가 전체의 43퍼센트, 무슬림이 26퍼센트였지만, 지금은 세르비아계가 31퍼센트, 무슬림이 44퍼센트로 반전되었다. 세르비아계가 소수가 되자 이들이 무슬림을 속죄양으로 삼아 내란을 일으킨 것이다.

네덜란드 로테르담시 주민 중 무슬림의 비중은 40퍼센트에 이른다. 벨기에에서 태어나는 남자아이의 이름 중 가장 흔한 것은 '모하메드Mo-hammed'이다. 이런 경향은 서유럽 전체로 번져가고 있다. 오늘날 유럽과 북미에서 가장 급속히 세력을 늘리고 있는 종교는 물론 이슬람이다. 프랑스의 출산율은 1.89로 높은 편이지만, 오늘날 프랑스에서 태어나는 아이의 3분의 1은 무슬림이다. 그 비율은 갈수록 높아지고 있다.

유럽 국가들이 이슬람의 위협에 대처하는 방식은 한마디로 백기를 드는 것이다. 2004년 3월 11일, 알카에다가 스페인의 고속 열차를 폭파해서 200명 이상이 죽었다. 그러자 스페인 유권자들은 이라크 파병에 반대하는 사회당을 지지해서 보수정권을 내쫓았다. 2005년 남부 태국에서는 무슬림들이 폭동을 일으켜서 불교를 믿는 온순한 태국인들이 집을 버린 채 피난해야 했지만 서방 언론은 이를 외면했다. 유럽의 종교인 기독교는 급속히 쇠락하고 있고, 성공회가 동성애자를 사제로 임명했다거나 동성 부부를 인정하기로 했다는 뉴스가 간혹 언론을 장식할 뿐이다.

저자는 오늘날 유럽인들도 자신들의 미래를 밝게 보지 않고 있다고 전한다. 과다한 사회복지로 인해 일하지 않고 사는 사람들이 너무나 많아졌다. 2005년에 프랑스 마르세유에서는 94세로 사망한 어머니의 시신을 집에 그대로 두고 5년 동안 매달 700유로씩 나오는 어머니의 연금을 타먹은 중년의 아들이 적발되었다. 유럽을 받쳐주던 농촌은 인구가 줄어서 귀신이 나올 법한 마을이 곳곳에 생기고 있다. 독일 여성의 30퍼센트가 아이를 낳지 않고 있는데, 대학을 나온 여성의 경우는 그 비율이 40퍼센트에 달한다.

미국과 영국, 그리고 영국의 영향을 받은 캐나다와 호주는 그나마 이슬람의 압력을 견뎌내며 무슬림의 확산을 견제하고 있다. 하지만 영국의 대도시에는 이미 무슬림 게토가 생겨서 일종의 무법지대를 이루고 있다. 미국에서도 진보세력이 퍼뜨린 '정치적으로 옳은 운동Politically Correct Movement'으로 인해 이슬람을 우호적으로 보는 현상이 나타나고 있다. 캘리포니아의 한 가톨릭계 고등학교는 축구팀의 이름을 '크루세이더Crusaders, 십자군'에서 '라이온즈Lions'로 바꾸었다. 반면 캘리포니아의 어바인시에서 열린 무슬림 주민들의 축구 토너먼트를 보면, 참가한 팀의 명칭이 '인티파다' '무자헤딘' '사라센' '알라의 검' 등이었다. 기독교 문명에 기초를 둔 미국에서 '십자군'은 무슬림을 자극하는 용어이기 때문에 사용해서는 안 되지만, 공격적인 이슬람을 상징하는 '무자헤딘' '알라의 검' 등은 사용해도 아무런 문제가 없다는 이중 기준이 성행하고 있는 것이다.

9.11 테러는 미국인들에게 중요한 교훈을 주었다. 거대한 연방정부의 막강한 규제는 미국민을 보호하는 데 실패한 것이다. 세계무역센터가 공격을 받고 난 후 즉시 대응한 기관은 뉴욕 시의 경찰과 소방대였다. 자신들이 살 수 없음을 알고도 테러범들과 싸워서 비행기를 펜실베이니아 산속에 추락하게 유도한 유나이티드항공 93편의 평범한 승객들이 가장 용감했다. 토드 비머Todd Beamer라는 평범한 승객은 같이 탑승한 승객들을 향해 "이제 행동에 옮깁시다!Let's roll!"고 외치면서 납치범과 싸움으

로써 비행기가 백악관에 추락하는 참사를 막았다.

저자는 서유럽 엘리트들이 주창한 다문화주의는 모든 문화를 존중하는 것이 아니라 자신의 문화를 부인하는 자폭 행위나 마찬가지라고 말한다. '모든 문화가 동등하다'는 다문화주의의 핵심은 거짓말이라고 저자는 강변한다. 다문화주의가 허상이라는 것은 식민지 시대 인도에 주둔했던 영국 장군 찰스 내피어Charles Napier의 일화에서도 볼 수 있다.

영국이 인도를 식민지로 다스릴 때, 인도에는 남편이 죽으면 아내를 산 채로 같이 화장하는 풍습이 있었다. 인도인들은 그것이 그들의 관습이라면서 영국인들이 간여할 바가 아니라고 했다. 그러자 당시 인도 주둔군 사령관이던 찰스 내피어 장군은 다음과 같은 유명한 말을 남겼다. "미망인을 같이 화장하는 것이 당신네들의 관습이라고 말했나? 그러면 우리의 관습도 있다네. 남자들이 여자를 태워 죽이면 우리는 그들의 목에 로프를 감아 매다는 것이지. 화장을 준비하시오. 그 옆에 나의 목수들이 교수대를 만들 것이오. 당신은 당신들의 관습을 따르시오. 우리는 우리의 관습을 따를 테니." 남편이 죽으면 부인을 태워 죽이던 인도의 문화는 이렇게 해서 사라졌다.

저자는 유럽은 이제 막을 내렸고, 미국과 미국의 용감한 사촌인 호주만이 서방 문화를 지킬 수 있다고 본다. 그러기 위해서 미국인들은 자립정신을 가져야 하며, 가정이 매사의 중심임을 깨닫고 미국이 이 세계의 마지막 희망이라는 것을 인식해야 한다고 지적한다.

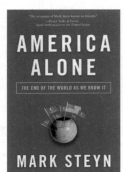

공부하는 보수

049

권력을 국민에게

로라 잉그러햄Laura Ingraham,
《권력을 국민에게*Power to the People*》(Regnery Publishing, 2007)

미국의 보수성향 방송 토크쇼 진행자로 유명한 로라 잉그러햄이 2007년에 펴낸 이 책은 진보 엘리트가 장악하고 있는 권력을 국민에게 돌려주어야 한다는 메시지를 담고 있다. 1964년생인 로라 잉그러햄은 코네티컷 출신으로 다트머스대학과 버지니아대학 로스쿨을 졸업했다. 다트머스대학 재학 시 보수성향 학생 모임에 열심이었으며, 강의 중 엉터리 마르크스주의를 전파하는 교수를 동문회에 고발해서 옷을 벗겨버리기도 했다. 보수성향 학생들이 펴낸 대학 내 신문인《다트머스리뷰*Dartmouth Review*》에서 일했고, 4학년 때는 편집장을 지냈다.

1991년에 버지니아대학 로스쿨을 졸업한 후 연방항소법원 판사의 서기와 연방대법원의 클래런스 토머스 대법관의 서기를 지냈다. 잠시 로펌에서 변호사로 일하다가 MSNBC의 토크 프로그램 사회를 본 것을 계기로 일반에 알려졌다. 잉그러햄은 세 권의 책을 펴냈다. 2000년에 나온 《힐러리 트랩*The Hillary Trap*》과 2003년에 낸《닥치고 노래해라*Shut Up & Sing*》는 모두 베스트셀러 리스트에 올랐다. 짧게 소개하자면 앞의 책은 힐러리를 비판한 책이고, 뒤의 책은 엔터테인먼트, 미디어, 그리고 아카데미를 장악한 진보세력을 비판한 책이다.

2001년부터 자신의 이름을 딴 방송〈로라 잉그러햄 쇼Laura Ingraham Show〉를 진행하고 있는 저자의 세 번째 책인 이 책도 출간과 동시에 베스트셀러가 되었다. 저자는 이 책에서 가정과 윤리의 중요성을 강조하고, 파워 엘리트가 부당하게 장악하고 있는 권력을 국민에게 되돌려주어야 한다고 주장한다.

전통적 가정이 미국의 미래를 담보하며, 전통적 가정에서 성장한 아이들이 건전하게 성장한다고 보는 저자는 전통적 중산층 가정에 불리하게 되어 있는 세금 제도를 개선해야 한다고 강변한다. 저자는 국민의 힘으로 정부를 바꾸어놓을 수 있다면서, 불법 이민자를 막기 위한 장벽을 건설하도록 한 시민운동을 좋은 사례로 든다. 2006년 의회는 불법 이민자들을 사면하는 법안을 논의하고 있었다. 이에 불만을 느낀 평범한 주부와 여대생이 '센드어브릭닷컴Send-A-Brick.com'을 만들어서 국회의원들에게 벽돌 보내기 운동을 전개했다. 그러자 순식간에 1만 개의 벽돌이 상원의원 사무실로 배달되었다. 메시지는 분명한 것이었다. 불법 이민자들을 사면하지 말고 벽돌로 국경을 쌓으라는 것이다. 2006년 11월 초, 의회는 선거를 앞두고 미국과 멕시코 사이 국경에 1,100킬로미터가 넘는 장벽을 쌓기 위한 법안을 통과시켰고 부시 대통령은 이에 서명했다.

저자는 부시 대통령이 백악관 법률보좌관이던 해리엇 마이어스Harriet Miers를 대법관으로 지명했던 처사는 경솔했으며, 그 다음에 지명한 새뮤얼 얼리토는 훌륭한 선택이라고 평가한다. 저자는 미국 사법부가 낙태의 자유를 지지함으로써 생명을 경솔하게 다루고, 종교와 국가와의 분리를 이유로 반종교적인 판결을 하고 있어 문제라고 말한다. 또한 교육 문제야말로 지방정부에 맡겨야 할 사안이고, 흔히 잊히고 있는 수정헌법 10조인 "헌법에 의해 연방정부에 부여되지 않은 권한은 주와 국민에 속한다"가 강조되어야 한다고 주장한다.

저자는 미국이 당면하고 있는 큰 문제 중의 하나가 젊은 계층이 포르노 문화에 물들고 있는 현상이라고 말한다. 그에 더해 공교육이 교원 노조에 의해 좌우되고 있고, 대학이 필수 과목을 최소화하고 학점 취득을 용이하게 하는 등 좋지 않은 풍조에 빠져 있는 것 역시 심각한 문제라고 지적한다.

저자는 미디어에 있어 최근의 가장 큰 변화가 블로거들의 활동이라고 말한다. 이라크전쟁에 참전했던 용사들은 그들이 이라크에서 겪은 실제 상황이 《뉴욕 타임스》《워싱턴 포스트》 등의 주요 신문과 CBS 같은 네트워크 뉴스인 '기성 미디어Establishment Media'에게 외면되고 있음에 분노해서 자신들의 이야기를 전하기 위한 블로그를 만들었다. 2004년 대선에서는 존 케리 민주당 후보가 베트남전쟁 당시 받은 공훈이 부당한 것이라는 주장이 블로그를 통해 세상에 알려졌다. 기성 미디어는 케리의 이런 문제를 다루지 않았기 때문에 블로그가 없었다면 존 케리의 상훈 문제는 묻혀버렸을 것이다. 이 같은 문제 제기에 존 케리는 반론을 하지 못했다. 저자는 이처럼 기성 미디어가 그간 독점해왔던 미디어 권력이 이제는 국민들에 의해 무너지고 있는 것은 고무적인 현상이라고 말한다.

저자는 공화당 지지자이면서도 월가 엘리트에 의해 지배되는 공화당을 비판했는데, 2009년에 등장한 티파티 운동은 저자가 기대한 현상이었다. 저자는 실제로 방송에서 티파티를 열렬히 지지했다. 하지만 이제는 티파티 때문에 2016년 대선에서 공화당의 집권 가능성이 옅어지고 있다는 분석마저 나오고 있으며, 과연 티파티가 주류 보수운동인가 하는 의문도 제기되고 있다.

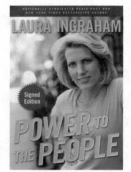

명문대 로스쿨을 졸업하고 연방대법관의 서기를 지낸 엘리트인 저자가 성공이 보장된 법조 직업을 뒤로하고, 미국이 전통적 가치를 수호해야 하며 정치는 국민과 대중을 대변해야 한다는 보수운동을 하고 있는 점은 우리에게 시사하는 바가 많다.

050

보수 칼럼니스트가
보는 세상

조지 윌George Will,
《한 남자의 미국: 특별한 우리나라의 즐거움과 도전
One Man's America: The Pleasures and Provocations of Our Singular Nation》
(Crown Forum, 2008)

　　조지 윌은《워싱턴 포스트》와《뉴스 위크》에 고정 칼럼을 쓰는 보수 성향의 언론인이다. 1941년에 저명한 철학 교수의 아들로 태어난 조지 윌은 트리니티대학을 나와 옥스퍼드에서 석사, 그리고 프린스턴에서 정치학 박사 학위를 받았다. 1972년부터 1978년까지 윌리엄 버클리가 발행하는《내셔널 리뷰*National Review*》의 에디터로 일했다. 1976년부터《뉴스 위크》에 칼럼을 쓰기 시작했고, 1979년에《워싱턴 포스트》로 자리를 옮겨서 오늘날까지 칼럼을 쓰고 있다.

　　로널드 레이건과 윌리엄 버클리의 보수주의를 따르는 조지 윌은 우아한 문체와 해박한 지식이 넘치는 칼럼으로 명성이 높다. 옷 잘 입는 언론인으로도 꼽히는 그는 야구와 미식축구를 좋아하는 스포츠 팬이기도 하다.《내셔널 리뷰》의 에디터로 있을 때 닉슨 대통령의 권력 남용을 비판해서 진보적 언론인들로부터 칭찬을 들었다. 조지 W. 부시 대통령이 두 번째 임기에 들어선 후에는 부시 행정부가 이라크전쟁에 대해 솔직하지 못하다고 비판했고, 2008년 대선에서는 공화당의 존 매케인과 세라 페일린 후보를 신랄하게 비판했다.

조지 윌은 몇 년에 한 번씩 그동안 쓴 칼럼을 모아서 책을 펴냈는데, 2008년 여름에 나온 이 책은 2002년 후에 쓴 칼럼을 수록한 것이다. 이 책에는 이라크에 관한 칼럼은 없는데, 별도의 책으로 나올 것이라 생각된다. 조지 윌은 이 책을 타계한 윌리엄 버클리에게 헌정하고 있다. 또한 책에 실린 처음 글 두 편도 윌리엄 버클리에 관한 것이다. 버클리가 저자에게 미친 지적 영향을 짐작하게 해준다.

미국에서 보수주의가 생명력을 갖고 있는 것은 윌리엄 버클리와 조지 윌 같은 지식인들이 포진하고 있기 때문이라고 생각한다. 책의 서문에서 저자는 지난 40여 년 동안 미국의 보수주의는 정치적 힘이나 '지적 화력Intellectual Firepower'에서 이제 진보와 대등한 힘을 겨룰 만큼 성장했다고 평가한다. 그와 동시에 보수주의가 분열을 일으키고 정체성의 위기를 가져올 만큼 커졌다고도 지적한다.

각 장별로 살펴보자면 우선 1장은 사람에 관한 글로 채워져 있다. 윌리엄 버클리, 데이비드 브링클리, 배리 골드워터, 유진 매카시Eugene Joseph McCarthy, 대니얼 패트릭 모이니핸Daniel Patrick Moynihan, 로널드 레이건, 교황 요한 바오로 2세 등 동시대 인물을 회고한 글과 조지 워싱턴, 존 마셜John Marshall, 제임스 매디슨 등 역사적 인물에 대해 새로 나온 책에 관한 글이다.

2장은 미국이 오늘에 이르기까지의 역사적 에피소드를 다루고 있는데, 저자의 위트 넘치는 표현을 통해 미국 사회의 모습을 볼 수 있다. "대공황을 후퇴시킨 것은 뉴딜이 아니라 2차대전이었다" "루스벨트가 워싱턴을 방문한 처칠을 만날 때 타고 갔던 검은 리무진은 재무부가 알 카포네Al Capone로부터 몰수한 차였다" "1953년에 프레드 빈슨Fred M. Vinson 대법원장이 심장마비로 갑자기 죽어서 아이젠하워Dwight David Eisenhower 대통령이 얼 워렌Earl Warren을 후임으로 임명한 사건은 미국 역사상 가장 운명적인 심장마비였다" "드와이트 아이젠하워 대통령이 주간州間 고속도로를 건설해서 남북전쟁 후 남부와 북부가 가졌던 상처는 비로소 치유될 수 있었다" "지구온난화가 북극곰에게 미치는 영향을 연구하기 위해 북극을 방문하려던 과학자들은 북극에 심한 눈보라와 얼음 폭풍이 몰아쳐서 방문 계획을 연기해야만 했다" "2007년에는 라틴계 이름인 가르시아Garcia와 로드리게스Rodriguez가 미국에서 가장 흔한 이름 열 개에 속하게 됐다" 등의 문장은 저자의 위트와 미국의 사회상을 한마디로 정리한 것이라 할 수 있을 정도다.

3장과 4장은 주로 미국 사회의 모순을 지적한 글로 구성되어 있다. "진보논객 토머스 프랭크가 쓴 책《캔자스가 웬일이지?》는 평범한 미국인들의 관심을 읽지 못하는 좌파의 장애를 보여준다. 실제로 캔자스에는 아무 일도 생기지 않았다" "뉴욕과 미니애폴리스/세인트폴 같은 진보적 도시에는 아직도 택시 면허가 총괄적 숫자로 제한되어 있어 신규 진입이 어려우니, 이는 규제로 인한 재산권 수용과 같다" "미국 동물권 단체의 대표가 예루살렘에서의 폭탄테러에 항의하는 서한을 야세르 아라파트에게 보냈는데, 당나귀에 폭탄을 실어서 폭발시킨 행동은 동물 학대라는 것이었다" 등 저자는 이런 문장들로 미국 사회에서 일어나는 모순들을 꼬집은 것이다.

5장은 "미국 대학교수들의 정치 성향은 진보가 보수보다 열 배 내지

스무 배 많다.""비싼 등록금을 받으면서 진보적 실험에 앞장섰던 안티오크대학은 결국 신입생을 충분히 확보하지 못해 대학을 폐쇄하기에 이르렀다"와 같은 내용으로, 교육 현장에서 일어나는 일에 대한 것이다. 6장과 7장은 저자가 좋아하는 미식축구와 야구에 관한 글이고, 마지막 장에서는 다운증후군을 타고난 자신의 아들과 아흔여덟으로 타계한 어머니, 앞서 세상을 뜬 아버지에 대한 생각을 풀어냈다.

저자의 칼럼은 수려할 뿐만 아니라 지적 해학으로 충만해 있다. 보수든 진보든, 무릇 글이란 이처럼 격이 있어야 한다. 저자가 "미국의 보수는 이제 비로소 진보에 대적할 만한 지적 화력을 갖추었다"고 스스로 평한 부분도 주목할 만하다. 유럽은 물론이고 미국의 지성계 역시 진보가 항상 주류였던 것이고, 윌리엄 버클리와 조지 윌 같은 논객 덕분에 미국에 '보수'라는 지적 흐름이 생겨날 수 있었기 때문이다.

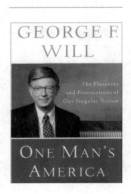

공부하는 보수

051

대학교수들이 이상하다

데이비드 호로비츠David Horowitz,
《교수들: 미국에서 가장 위험한 교수 101명
The Professors: The 101 Most Dangerous Academics in America》
(Regnery Publishing, 2006)

9.11 테러로 미국이 '테러와의 전쟁'을 하고 있을 때 콜로라도대학의 워드 처칠Ward Churchill 교수는 세계무역센터에서 희생된 사람들을 '작은 아이히만Little Eichmans'으로 지칭해서 큰 논란을 일으켰다. '처칠 망언 사건'을 계기로 데이비드 호로비츠는 '미국에서 가장 위험한 학자 101명'이 란 부제를 붙인 이 책을 펴냈다. 호로비츠는 1960년대에 신좌파 운동에 몸담았다가 전향한 후 진보세력의 위선을 폭로하는 데 앞장서면서《과 격한 아들*Radical Son*》(1997)《좌파의 환상*Left Illusions*》(2003) 등 여러 권의 책을 펴냈다.

뉴욕 주 북부에 자리 잡은 해밀턴대학은 학부 중심 사립대학으로, 동 북부 대학이 그러하듯이 진보성향이 강하다. 이 대학의 '성, 사회 및 문화 에 관한 커클랜드 프로젝트'의 책임자인 낸시 라비노위츠Nancy Rabinowitz

교수는 2004년 가을 학기에 수전 로젠버그Susan Rosenberg를 방문 교수로 초청했다. 문제는 로젠버그가 급진좌파 지하 조직 웨더 언더그라운드의 멤버로 1981년 10월 뉴욕 주 나누엣시에서 발생한 현금 수송 차량 강도 사건에 가담했다는 것이다. 그녀는 1984년 11월 뉴저지 주 체리힐에서 폭발물과 무기를 비밀 창고에 옮기던 중 체포되어 58년 징역형을 선고받고 복역하다가 클린턴 대통령의 사면으로 풀려났다. 1981년 강도 사건에선 호송원 한 명과 경찰관 두 명이 사망했다.

수전 로젠버그를 초청한 라비노위츠 교수는 공산주의자 변호사로 주로 좌익 폭력 세력을 변호했던 빅터 라비노위츠Victor Rabinowitz의 딸이다. 수전 로젠버그를 방문 교수로 초청한다는 소식이 들리자 1981년 현금 차량 강도 사건이 일어난 마을 출신의 한 학생이 문제를 제기해서 외부에 알려지게 되었다. 뉴욕 주의 경찰관 단체가 항의를 했고, 해밀턴대학의 동문회까지 경찰관 살해범이 교수가 될 수는 없다고 나서자 대학 당국은 로젠버그 초청 계획을 취소했다. 그러자 라비노위츠 교수는 콜로라도대학의 과격한 좌파성향 교수인 워드 처칠을 공개 강연 연사로 초빙했다.

처칠 교수는 9.11 테러가 일어나자 세계무역센터에서 죽은 사람들이 "트윈타워의 성역에 숨어 있던 작은 아이히만들로서, 이들에게는 이보다 더 효과적인 징벌이 없다"고 썼다. 처칠에 의하면, 미국은 나치 독일 같은 존재이고 세계무역센터에서 일하는 민간인들은 미국 시스템의 기술 관료이기에 죽어 마땅하다는 것이다. 해밀턴대학의 몇몇 교수들이 처칠 초청에 대해 문제를 제기했지만 라비노위츠 교수는 표현의 자유라면서 초청을 강행했다. 그러나 당시 그 대학 2학년 학생이던 매튜 코포Matthew Coppo는 처칠의 강연 초청에 반대할 개인적인 이유를 갖고 있었다. 그의 아버지가 9.11 테러로 세계무역센터에서 죽었기 때문이다. 코포는 처칠

공부하는 보수

교수 초청 계획을 폭스 뉴스에 제보했고, 그러자 빌 오라일리는 처칠과 해밀턴대학을 뉴스에서 정면으로 규탄했다. 해밀턴대학에는 엄청난 항의가 몰려왔고 결국 대학은 처칠의 강연을 취소했다.

폭스 뉴스의 보도로 이제는 콜로라도대학이 주목을 받게 되었다. 처칠은 이 대학의 '인종학과Ethnic Studies'이라는 특이한 학과의 정교수로 연봉 12만 달러를 받고 있었다. 그럼에도 그는 박사 학위도 없고 학술 논문도 발표한 적이 없었으며, 그가 받았다는 석사 학위도 1970년대에 생긴 한 실험대학에서 받은 것으로 확인됐다. 그럼에도 그는 체로키 인디언이라는 이유로 소수인종 우대 정책에 의해 교수가 됐다. 처칠은 미국이 인디언 부족과 지하 좌익단체를 박해하고 전복하려 했다는 황당한 주장을 엮은 책을 여러 권 썼다. 콜로라도의 신문도 처칠의 책과 논문에는 표절한 부분이 많다고 폭로했다. 처칠은 인디언 단체의 명예회원일 뿐이고 인디언 혈통이 아니기 때문에 그의 교수 임용이 부정이라는 주장도 제기됐다. 빌 오라일리는 처칠이 파면되어야 한다고 주장했고, 콜로라도 주지사도 대학이 처칠을 파면해야 한다고 말했다.

그러자 진보적인 교수들은 이런 여론의 압력이 대학의 자유를 침해한다고 주장하면서 연판장을 돌렸다. 콜로라도대학은 교수의 표현의 자유는 보장되어야 하지만 처칠 교수의 학문적 정직성에는 문제가 있다고 보고 조사에 들어갔다. 2006년 5월, 대학의 조사위원회는 전원 일치로 처칠의 저술이 사실 왜곡과 표절 등으로 인해 학문적으로 부적절하다고 판정했다.

문제는 미국에 처칠 같은 교수가 한둘이 아니라는 것이다. 저자는 현재 미국 대학교수 중 진보성향 교수가 보수성향 교수에 비해 다섯 배나 많다면서, 미국 사회가 보수화하고 있는 데 비해 교수 집단이 좌경화한 데는 다음과 같은 사정이 있다고 분석한다. 베트남전쟁 시절에 반전운동을 했던 급진파들은 병역을 회피하기 위해 대학원에 진학했고 1970년대에 대학생 인구가 늘자 이들이 대학교수로 대거 진출할 수 있었던 것이다. 저자는 이들이 대학을 학문과 진리의 전당으로 보지 않고 자기들의 정치적 어젠다를 전파하는 장소로 생각했다고 본다. 이들은 흑인학, 여성학, 평화학, 세계정세 연구 같은 독특한 학제學際 연구 과목을 많이 개설했다. 정해진 틀이 없는 이런 과목을 통해 이들은 학생들에게 자신들의 이념을 전파했던 것이다. 저자는 이런 교수들이 인사권을 장악해서 오늘날 인문·사회 과학 계열은 진보좌파 일색이 되고 말았고, 보수성향을 띤 학자는 교수로 임용되기 어렵게 되었다고 말한다.

호로비츠는 미국에 교수가 61만 7,000명이 있는데, 그중 2만 5,000명에서 3만 명이 급진좌파라고 평가했다. 그는 개인을 총체적으로 판단하는 기법을 이용해서 미국에서 가장 위험한 좌파 교수 101명을 선정해 이 책에 담았다. 전공과 무관하게 과격한 정치적 선전을 하는 교수, 교실에서 정치적 이야기를 하는 교수, 유대인이나 기독교인 및 백인에 대해 공공연하게 차별적 언동을 하는 교수들이 포함되어 있다. 처칠 교수를 포함하여 호로비츠가 선정한 좌파교수들의 면모를 보면 다음과 같다.

콜럼비아대학의 노골적인 공산주의자 에릭 포너Eric Foner, MIT의 반미·반유대주의자 놈 촘스키,《미국민중사*A People's History of United States*》라는 수정주의 역사책을 쓴 보스턴대학의 하워드 진Howard Zinn, 9.11과 오클라호마 연방정부 건물 폭파를 미화한 펜실베이니아대학의 마이클 다이슨Michael Eric Dyson, 마오쩌둥毛澤東 찬양자인 듀크대학의 프레더릭 제임슨Frederic Jameson, 9.11 테러는 미국의 압제에 대한 정당한 저항이라고 한 조지타운대학의 존 에스피스토John Esposito와 이본느 하다드Yvonne Haddad,

페미니즘과 비판인종이론을 법학에 도입한 조지타운 로스쿨의 마리 마쓰다Mari Matsuda 등 유명한 급진좌파 교수들이 모두 포함되어 있다. 자기가 공산주의자이며 레즈비언 행동가임을 자랑스럽게 여기는 캘리포니아주립대 산타크루스 캠퍼스의 베티나 애프테커Bettina Aptheker, 과격한 페미니스트인 뉴욕시립대학의 벨 후크Bell Hooks,《네이션*The Nation*》의 편집자이자 컬럼비아대학의 교수인 빅터 나바스키Victor Navasky, 평화학을 연구한다는 퍼듀대학의 해리 터그Harry Targ, 평화학을 가르치면서 반정부 시위를 조직해온 코넬대학의 매튜 에반겔리스타Matthew Evangelista 등도 명단에 포함돼 있다.

특히 눈에 띄는 것은 캘리포니아주립대학 산타크루스 캠퍼스의 앤젤라 데이비스Angela Davis이다. 1960년대에 마르쿠제Herbert Marcuse의 신좌파이론에 깊이 빠진 앤젤라 데이비스는 독일에서 박사 학위를 받고 UCLA의 교수로 채용되었으나, 공산당 가입 사실이 알려져서 해고되었다가 소송 끝에 복직했다. 1970년에 그녀는 감옥에 갇힌 블랙 팬서Black Panther Party, 흑표당 동료를 구하기 위해 법원을 습격한 혐의로 체포되었다가 재판을 받았지만 증거 불충분으로 풀려났다. 데이비스는 그 후에도 쿠바가 가장 이상적 국가라는 등 사회주의 혁명을 주창했는데, 지금은 캘리포니아주립대학의 교수로 '양심사良心史'라는 괴상한 과목을 가르치고 있다.

052

지식인들이 문제다

토머스 소웰Thomas Sowell,
《지식인과 사회*Intellectuals and Society*》(Basic Books, 2009)

 토머스 소웰은 이 책을 통해 지식인들이 사회에서 차지하는 비중과 그것이 사회에 미치는 해악을 여러 분야의 사례를 들어 잘 설명하고 있다. 우리가 흔히 알고 있는 상식의 허구와 그러한 허구를 만드는 데 지식인들이 기여했음을 잘 보여주고 있다. 소웰은 '지식인'의 정의로 책을 시작한다. 의사, 엔지니어, 그리고 투자 전문가는 고도의 전문 지식을 갖고 이를 실제에 적용하지만 이들을 지식인으로 부르지는 않는다. 저자는 '지식인'이라는 개념의 핵심은 이들이 '생각을 거래하는 사람들'이라는 데 있다고 말한다. 즉, "지식인의 작업은 생각에서 시작하여 생각으로 끝난다"는 말이다. 따라서 빌 게이츠Bill Gates는 지식인이 아니지만 마르크스Karl Heinrich Marx는 지식인이라는 것이다.

 지식인은 책으로 자기 생각을 나타내며, 그 책은 사람들에게 큰 영향을 미친다. 마르크스와 프로이트Sigmund Freud의 책을 읽는 사람은 많지 않지만, 세상에 엄청난 영향을 주었다. 지식인들의 주장은 이들이 지식인이라는 이유만으로 사회에 영향을 미치지만, 이들의 주장은 지나고 보면 황당한 것들이 많다. 1930년대 독일이 재무장을 서두르고 있을 당시, 버트런드 러셀Bertrand Russell은 영국이 일방적으로 비무장할 것을 주장했다. 1930년대에 조지 버나드 쇼George Bernard Shaw는 "독재를 해야만 정부가 무언가를 할 수 있다"면서 "히틀러가 유럽을 얼마나 잘 정돈하는지 두고 보자"고 했다.

앤드루 카네기Andrew Carnegie, 헨리 포드Henry Ford, 그리고 존 D. 록펠러John D. Rockefeller는 그들이 생산하는 제품의 가격을 내려서 보다 많은 사람들이 그들의 제품을 살 수 있게 했고, 이러한 '시장 과정Market Process'을 통해 삶의 질은 향상됐다. 러셀과 버나드 쇼는 이 같은 시장 과정을 '강도짓'에 비유했다. MIT의 경제학자 레스터 서로Lester Thurow는 1980년에 출간된《제로섬 사회The Zero-Sum Society》로 유명해졌는데, 그는 미국이 실업과 관련해 최악의 기록을 가진 산업국가라고 진단했다. 서로는 1980년대 미국의 불황을 예고했는데, 1970년대 스태그플레이션의 후유증으로 불황이 생기는 것은 결코 이상한 일이 아니었다. 하지만 서로 교수의 진단과는 정반대로 미국에서는 그 후 20년 동안 호황과 저抵인플레이션이 지속되었다.

존 스튜어트 밀John Stuart Mill은 "오직 지식인 집단만이 사회를 보다 나은 방향으로 이끌어갈 수 있다"고 보았다. 장 자크 루소Jean-Jacques Rousseau는 "사회제도가 인간 불행의 모든 근원"이라고 보는 비관론을 퍼뜨렸다. 이들로 대표되는 지식인들이 보는 세상은 이처럼 온통 불행과 비극뿐이었다. 이들은 사람들을 변화를 추구하는 집단과 그렇지 않은 집단으로 나누어서 후자를 매도했다. 하지만 보수사상가로 평가받는 에드먼드 버크Edmund Burke와 애덤 스미스Adam Smith는 미국 식민지 독립과 노예제 폐지를 일찍이 주장한 개혁주의자였다. 애덤 스미스의《국부론An Inquiry Into the Nature and Causes of the Wealth of Nations》은 결코 현상 유지를 주창한 책이 아니었다. 20세기 후반기 자유주의 경제학과 보수주의 정치철학을 주창한 프리드리히 하이에크Friedrich August von Hayek, 밀턴 프리드먼Milton Friedman, 윌리엄 버클리 등도 현상 타파를 주장한 사람들이었다.

전형적인 지식인들은 진보적인데, 저자는 이들이 세상을 볼 때 자기들이 보고 싶은 현실만 필터로 걸러내서 보는 능력이 있다고 한다. 1930년대에《뉴욕 타임스》의 소련 주재 특파원을 지낸 월터 듀런티Walter Duranty는 당시 "소련에 기근이 없었다"고 보도해서 퓰리처상을 받았다. 하지만 당시 우크라이나를 방문했던 영국의 작가 맬컴 머거리지Malcolm Muggeridge는 "우크라이나에서 농부들이 굶어 죽고 있다"고 본국 언론에 기고했는데, 이상하게도 당시에는 진실을 보도한 머거리지가 오히려 비난의 대상이 되었다.

총기와 범죄와의 관련에 관한 지식인들의 연구도 대부분 자료를 왜곡한 것이다. 멕시코의 총기 소지율은 미국의 그것에 비한다면 낮지만, 멕시코의 살인율은 미국의 두 배에 이른다. 스위스, 이스라엘, 뉴질랜드는 총기 소지를 엄격하게 통제하지 않지만 이들 나라에서의 살인율은 총기를 엄격히 통제하는 일본 및 영국과 다르지 않다. 그럼에도 지식인 집단은 총기 보유가 살인율 증가에 책임이 있다는 식의 논리를 펴고 있다.

뉴딜주의자들이 허버트 후버 대통령을 비난했던 것도 비슷한 맥락이다. 후버는 흔히 아무 일도 하지 않아서 대공황을 악화시켰다고 비난받고 있지만 그것은 사실이 아니다. 상무장관으로서 노동시간 단축을 주장했던 후버는 대통령이 된 후에 연방 예산 적자를 줄이기 위해 세금 인상을 추진해서 관철시켰다. 그러나 후버의 조치는 대공황의 충격을 다스릴 수 없었다. 루스벨트 대통령은 부유층에 대한 세금을 인상하는 등 후버의 정책을 더욱 더 강화했는데, 그럼에도 뉴딜주의자들은 후버가 실패한 대통령이라고 몰아세웠다.

1961년 미국의 살인율은 1933년의 그것에 비해 절반 수준으로 떨어졌다. 그리고 1960년대에 지식인 집단이 주장한 법률 개혁이 이루어졌다. 하지만 1974년의 살인율은 1961년의 두 배가 되고 말았다. 지식인 집단은 범죄의 근본 원인이 빈곤과 기회 박탈이라고 했지만 미국과 영국에서 범죄가 급증한 시기는 빈곤과 기회 박탈이 사라져가고 있던 1960년대였다. 1960년대 미국 대도시를 휩쓴 폭동은 흑인들의 경제적 수준이 상대적으로 좋았던 북부에서 많이 일어났다.

2차대전 후에 독립국가가 된 싱가포르의 총리 리콴유李光耀는 법과 질서가 존중되고 있던 영국을 모델로 삼아 국가를 이끌어갔는데, 그의 정책은 지식인 집단이 가장 경멸하는 것들이었다. 하지만 오늘날 싱가포르는 어느 면에서나 성공한 나라로 평가되고 있다. 지식인 집단이 범하는 또 다른 오류는 범죄를 야기하는 문화나 하부 문화를 변화해나가기보다는 그것을 '다문화'라는 이름으로 정당화하는 것이다.

전쟁과 평화에 관한 지식인들의 태도는 매우 패배적이다. 1차대전으로 엄청난 인명 손실을 경험한 프랑스에서는 반전주의와 평화 운동이 일었다. 베스트셀러가 된《서부 전선 이상 없다Im Westen Nichts Neues》는 그와 같은 반전 무드를 한껏 북돋아주었다. 해롤드 라스키Herold Laski 등 영국과 미국의 지식인들은 모든 국가가 전쟁을 포기하자는 운동을 전개했고, 허버트 웰스Herbert G. Wells, 버트런드 러셀 등 당대의 지식인들이 이런 운동을 지지하고 나섰다. 프랑스에서는 치열했던 베르당 전투에서 전사한 군인들을 애국자로 묘사하기보다는 전쟁이라는 비극 때문에 사망한 불쌍한 사람들로 묘사되기 시작했다. 프랑스의 교사들이 이런 움직임에 앞장서자 학생들도 반전 무드에 젖어들었다.

프랑스에서는 군대마저 그러한 평화운동에 희생이 되었다. 히틀러의 독일군이 폴란드를 침공하고 있을 때 프랑스 국경지대에는 독일군이 별로 없었다. 평화주의에 빠진 프랑스 군대는 독일군을 상대로 선제공격할 생각은 하지 못하고 태만하게 있다가 갑자기 들이닥친 독일군 탱크 부대에 힘없이 무너지고 말았다. 정신적 무장해제가 그런 결과를 초래한 것이다. 영국도 다를 것이 없었다. 네빌 체임벌린Nevile Chamberlain 총리가 뮌헨에서 히틀러를 만나고 돌아오자 언론은 그를 열렬히 지지했다. 미국에서는 존 듀이John Dewey, 업턴 싱클레어Upton Sinclair, 제인 애덤스Jane Addams 등이 청년들에 대한 군사훈련을 폐지하자는 선언을 했다. 2차대전에서 영국과 미국이 선제공격을 당한 것은 이 같은 도덕적 무장해제도 원인이 됐다.

1960년대 들어서 베트남전쟁이 지루하게 지속되자 그런 분위기가 다시 소생했다. 군사적으로 볼 때에 미국은 베트남에서 결코 패배하지 않았으나, 본국의 여론 전쟁에서는 북베트남에게 패배하고 말았다. 1968년 초, 북베트남군과 베트콩이 펼친 구정 대공세는 미군의 효과적인 반격으로 궤멸되었지만 미국 언론은 이를 미국의 패배로 묘사했다. 이로 인해 존슨 대통령은 북폭北爆을 중지시켰고 대통령 재선에 나서지 않겠다고 발표했다. 닉슨 대통령은 베트남전쟁에 대해서 체면을 유지하는 패배를 선택하고 만 것이다.

로널드 레이건 대통령은 지식인 집단이 하던 방식과는 정반대의 길

공부하는 보수

을 택했다. 그는 공산 체제에 대한 경멸을 숨기지 않았고, 1985년에 제네바에서 고르바초프를 만났을 때도 "우리는 당신들이 군사적 우위를 유지하도록 보고 있지만은 않을 겁니다. 상호 군축을 하든가 아니면 군비 경쟁을 하든가 둘 중 하나인데, 당신들이 군비 경쟁에서 우리를 이길 수 없다는 것은 잘 알 것입니다"고 퉁명스럽게 말했다. 소련을 향한 그러한 자세가 결국 소련을 무너뜨린 것이다.

애국심은 국가라는 공동 운명과 그에 대한 공동 책임을 인식하는 것인데, 지식인 집단은 1920년대부터 베트남전쟁과 이라크전쟁에 이르기까지 시종일관 애국심을 경멸하는 태도를 보여왔다. 저자는 이들의 이러한 태도로 인해 베트남전쟁, 이라크와 아프가니스탄의 전쟁에서 전사하거나 부상당한 미군 장병을 애국자로 보기보다는 전쟁의 희생자라고 보는 경향이 팽배해 있다고 말한다.

또한 저자는 사회 전체에 영향을 미치는 이러한 지식인 집단을 '공공 지식인Public Intellectuals'이라고 부를 수 있는데, 이들은 원래 자기 전공 영역을 벗어난 주제에 대해 영향을 미치는 것이 특징이라고 이야기한다. 원래는 언어학자였지만 자신의 영역을 훨씬 벗어난 분야에 대해 논평을 하는 촘스키가 대표적인 경우이다. 공공 지식인으로서 미디어를 통해 유명 인사가 된 이들 중 많은 이들은 학문 연구자로서의 업적이 보잘 것 없는 경우가 많다. 밀턴 프리드먼, 게리 베커Gary Becker, 로버트 보크Robert Bork, 리처드 포스너Richard Posner 등은 전공 분야 학자로는 물론이고 공공 지식인으로서도 두각을 나타냈지만 이들은 오히려 예외적인 경우이다.

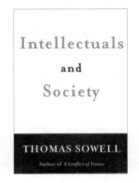

053

보수는 없다

샘 태넌하우스Sam Tanenhaus,
《보수주의의 죽음*The Death of Conservatism*》(Random House, 2009)

　《뉴욕 타임스》의 서평 편집자인 샘 태넌하우스는 이 작은 책을 통해 미국의 보수와 진보에 관한 담론을 펼치면서, 미국에서 보수주의는 사망했다고 단언한다. 보수주의자들은 저자의 이런 주장에 동의하지 않겠지만, 저자의 관점을 통해서 보수주의 운동을 다시 생각해보는 계기는 충분히 될 것이다.

　저자는 오바마 행정부가 들어서자 공화당 의원들도 오바마 행정부가 마련한 경제 부흥 계획The Stimulus Plan에 동의해야만 했다면서, 자신들의 정치·경제적 신조를 저버려야만 하는 공화당은 자신들의 실패를 인정한 것이라는 내용으로 책을 시작한다. 저자는 오늘날 보수주의가 폼페이 유적을 닮은, 이미 사멸한 이념이라고 주장한다. 보수주의는 중도–실용–현실주의에 입각했을 때엔 융성했지만, 보복주의Revanchism에 집착함

　　　　　　　　　　　　　　　　　　　　　　공부하는 보수

으로써 스스로 변방으로 밀려나고 말았다는 것이다.

저자는 오늘날 미국의 보수주의가 프랑스혁명의 후예처럼 보인다고 꼬집는다. 보수주의의 원조인 아일랜드 출신 정치가 에드먼드 버크는 미국 혁명을 긍정적으로 보았는데, 정작 미국의 보수주의는 버크가 비난한 프랑스혁명을 닮아갔다는 지적이다. 저자는 미국의 진보주의는 '컨센서스Consensus', 즉 총의에 입각해서 세상을 보지만, 보수주의는 '정통 교리Orthodoxy'를 강조한다고 지적한다. 보수논객들이 오바마 정권을 '진보파시즘' '사회주의' 등으로 비난하는 것을 저자는 '보복주의'라고 지칭한다. 1952년에 공화당은 아이젠하워를 내세워서 20년 만에 정권을 탈환할 수 있었는데, 이는 공화당 내의 온건파 덕분이었다면서, 오늘날 공화당은 그런 과거를 망각하고 있다고 주장한다.

저자는 1950년대 미국에서 보수주의가 일어난 것을 '역사적 사고事故'라고 한 아서 슐레진저Arthur M. Schlesinger Jr.의 표현을 인용하면서, 윌리엄 버클리와 그의 매부인 브렌트 보젤Brent Bozell이 주도한 보수주의 운동은 폭력 운동으로 발전해서 대중의 지지를 상실한 좌파운동과는 달리 통상적인 정치의 테두리를 벗어나지 않았다고 긍정적으로 평가한다. 저자는 공화당이 온건한 노선을 따랐을 때 성공했다고 분석한다. 새로운 보수주의를 주장한 버클리와 보젤은 배리 골드워터를 앞세웠지만 1964년 대선에서 참패했고, 반면 1966년 중간선거에서는 온건주의를 내세운 공화당 신인 정치인들이 원내로 대거 진출했으며, 1968년에 당선된 닉슨 대통령은 진보적 사회·경제정책을 그대로 답습했다. 저자는 1964년 대선에서 골드워터를 지지했던 로널드 레이건이 중도적 공화당원의 이탈을 비난했지만, 캘리포니아 주지사가 된 그는 큰 규모의 예산을 짜지 않을 수 없었다면서 그가 결코 원리주의자는 아니었다고 지적한다. 1968년 대선은 미국의 유권자들 다수가 보수도 아니고 진보도 아님을 다시 한번 잘 보여주었고, 대통령에 당선된 닉슨은 소련과 데탕트를 지속하고 중국과의 수교에 나서는 등 큰 업적을 남겼지만 워터게이트가 모든 것을 삼켜 버렸다고도 말한다.

저자에 의하면, 레이건은 그를 추종했던 사람들이 생각하는 원리적 보수주의자가 아니었다. "정부가 문제"라면서 워싱턴에 입성한 레이건이었지만, 정작 정부 프로그램 가운데 없앤 것은 거의 없었고, 오히려 레이건 시절에 연방정부의 적자는 더 늘었다고 한다. 이런 레이건에 실망한 보수주의 원리론자들은 그의 후계자인 조지 H. W. 부시에 대해 더욱 실망했다. 이때 등장한 인물이 뉴트 깅리치와 톰 딜레이Tom Delay인데, 이들은 클린턴 대통령을 탄핵으로 몰고갔다. 클린턴 행정부 시절에 우파 지식인들은 '문화 전쟁'이라는 이름으로 진보주의에 대한 전쟁을 선포했다. 1984년에 보수주의를 대변했던 인물이 《워싱턴 포스트》의 조지 월이었다면 1994년에는 러시 림보가 그런 역할을 했다면서, 이처럼 저자는 보수가 에드먼드 버크의 정신을 버리고 마르크스주의를 거꾸로 동원했다고 힐난한다.

저자는 이라크전쟁이야말로 고전적인 보수주의 철학에서 가장 크게 이탈한 것이라 주장한다. 저자는 보수주의자들의 운동Movement Conservatives은 국내와 국외에서 그들이 원하는 전쟁을 벌이는 결과는 낳았지만, 2008년 대선에서 이 시대 어느 우파인사보다 보존과 교정을 중시하는 대통령이 당선됨에 따라 처절하게 패배했다는 것이다. 저자는 오늘날 대부분의 미국인들이 진보와 보수 두 가지 측면을 모두 갖고 있지만 보수주의 운동은 그것을 이해하지 못했고, 그 결과 비타협적인 보수주의 운동은 종말을 맞았으며, 오늘날 보수주의는 과거와의 연결을 규명하는 정도의 의미만 갖고 있을 뿐이라고 말한다.

이 책에 대해 '보수주의에 대한 사망 선고는 아직 이르다'는 반론이 제기되기도 했다. 그러나 이라크전쟁 실패와 금융 위기가 보수주의의 입지를 매우 좁혀놓은 것은 부인하기 어렵다. 거기다가 '티파티 운동'이라는 새로운 보수주의가 등장해서 보수주의의 정체성마저 흔들고 있다. 티파티 운동은 보통 사람들을 파고들었다는 점에서는 긍정적이지만, 건강보험 도입, 낙태 문제 같은 국내 문제에서 너무 경직적이고 대외 정책에 있어서 지나치게 고립주의적이기 때문이다.

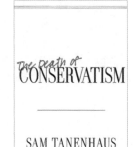

054

진보는 각성해야 한다

크리스 헤지스Chris Hedges,
《진보계층은 죽었다*Death of the Liberal Class*》(Nation Books, 2010)

　　책 제목만 보면 진보의 몰락을 다룬 보수성향의 책 같으나 내용은 전
혀 그렇지 않다. 이 책은 이제 진보마저 인간의 삶과 정의를 잊어버리고
있다면서, 진보계층을 신랄하게 비판하고 있다. 저자 크리스 헤지스는
1956년생으로 하버드 신학대학원을 졸업했다.《크리스천 사이언스 모
니터*The Christian Science Monitor*》기자를 거쳐 1990년부터 2005년까지《뉴
욕 타임스》특파원으로 중동과 발칸의 분쟁 및 전쟁을 취재했다. 2003
년 5월, 그는 일리노이 주 록포드대학 졸업식에서 이라크전쟁을 비난하
는 연설을 해서 물의를 일으켰고,《뉴욕 타임스》는 그에 대해 경고 조치
를 했다. 이에 환멸을 느낀 그는 신문사를 사직하고 미국 진보 지식인의
진지인 네이션연구소로 소속을 옮겨 독자적으로 기고를 해오고 있다. 저
자는 여러 권의 책을 썼는데, 2007년에 나온《아메리칸 파시스트*American*

Fascists: The Christian Right and the War on America》는 미국의 기독교 우파를 비판한 것이고, 2008년에 낸《부수적 피해*Collateral Damage*》는 이라크의 민간인 희생에 대한 것으로 큰 반향을 일으켰다. 그 후 2010년에 펴낸 이 책에서 저자는 민주당 등 미국의 진보진영도 이제는 체제에 순응하여 정의가 아닌 것에 동조하고 있다고 신랄하게 비판하고 있다.

저자는 "전통적인 민주 체제하에서 진보계층은 안전판으로 기능한다"는 말로 이야기를 시작한다. 진보계층은 점진적 개혁을 가능하게 하고, 변화에 대한 희망을 갖게 한다. 그러나 '민주국가Democratic State'에 대한 '기업 국가Corporate State'의 공격으로 진보계층까지 함락되고 말았다"고 저자는 단언한다. 전통적으로 진보진영이던 미디어, 교회, 대학, 민주당, 예술계, 그리고 노조가 기업의 돈으로 무너졌다는 것이다. 저자는 언론이 이라크전쟁을 지지하는 홍보 역할을 자원하고 나섰고, 대학은 스스로를 취업학교로 전락시켰으며, 노조는 자본가들과 적당하게 타협하는 협상가가 되고 말았다고 말한다. 클린턴 행정부는 북미자유무역협정 NAFTA을 통과시켜서 근로 계층을 배반했고, 복지를 축소했으며, 1999년에는 상업은행과 투자은행 사이에 있던 장벽을 헐어서 은행 시스템을 투기장으로 만들어버렸다. 대선 자금 6억 달러를 기업으로부터 모금한 오바마는 기업 이익을 위해 미국의 국고를 탕진했지만 그럼에도 어려움에 처한 근로 계층은 외면했다.

진보는 레이건 행정부 이래 진행되어온 '기업 국가화' 현상에 저항하지 않고 야합해버렸으며, 진보지식인들은 '정치적으로 올바른 운동' 같은 부티크 운동에 안주해버렸다. 무엇보다 진보계층은 파워 엘리트와 야합해서 진정한 양심적 세력을 침묵시켜버렸다. 조지 W. 부시와 딕 체니가 저지른 전쟁에 민주당의 진보정치인들도 그대로 따라가고 만 것이다.

진보정치인들의 이런 모습은 결코 최근의 일이 아니다. 진보층의 지지를 받으며 대통령이 된 우드로 윌슨이 독일에 대한 전쟁을 선포하자 윌리엄 잉글리시 월링William English Walling, 업턴 싱클레어 등 당시 대표적인 진보지식인들이 전쟁을 지지하고 나섰다. 윌슨은 전쟁 반대자들을 침묵시키기 위해 방첩법防諜法을 제정했고, 이에 유진 데브스Eugene V. Debs 등 수천 명이 방첩법 위반으로 체포되고 기소됐다.

1960년대 들어 진보계층은 다시 한번 큰 변화를 겪게 됐다. 베트남 전쟁에 반대하는 과격한 운동에 대해 정작 자식들을 베트남에 많이 보낸 근로층은 반전운동을 하는 중산층을 의심으로 눈초리로 보았다. 베트남 전쟁이 한창이던 1965년부터 1966년까지 고등학교를 졸업한 근로계층의 젊은이들 중 20~30퍼센트가 베트남에 갔지만, 대학을 졸업하고 베트남전쟁에 참가한 장병은 전체 참전 용사의 2퍼센트가 안 되었다. 조지 미니George Meany가 이끄는 미국노동총동맹산업별회의AFL-CIO는 베트남 전쟁에 반대하는 젊은이들을 백안시했다. 이때 생겨난 신좌파단체들은 근로 계층을 적대시하고 보다 폭력적인 방법으로 세상을 바꾸려고 했으니, 블랙 팬서와 웨더 언더그라운드 같은 조직이 그런 경우였다. 신좌파는 신기루로 끝나고 말았으나 조지 맥거번과 유진 매카시는 새로운 희망을 주었다. 1972년 선거에서 민주당의 기득권층은 오히려 닉슨을 지지했고, 정당 규칙을 개정해서 다시는 맥거번 같은 인물이 대통령 후보가 되지 못하게 했다.

오늘날 미국 대학에서 정년을 보장받은 교수들의 비중은 갈수록 줄어들어, 이제 교수들도 사회적으로 민감한 문제에 대해 발언을 하지 않고 있다. 언론인들은 이미 언론 기업에 예속되어서 고용주의 관심을 거스르지 못하게 되었다. 《뉴욕 타임스》 기자로 크메르루즈의 대학살을 취

공부하는 보수

재해서 영화 〈킬링 필드The Killing Fields〉를 만들게 한 시드니 샌버그Sydney Schanberg, 유대인 로비의 역사 왜곡을 고발한 노먼 핑클스타인Norman Finkelstein은 언론계와 학계에서 추방되고 말았고, 베트남전쟁에 반대해서 징병 서류를 소각한 대니얼 베리건Daniel Berrigan 신부도 교계에서 소외되었다.

대기업은 진보계층을 완전히 장악했다. 오바마는 자신이 가장 존경하는 기업인으로 페덱스FedEX 대표인 프레더릭 스미스Frederick W. Smith를 들었는데, 노조가 없는 기업인 페덱스는 근로자를 소모품처럼 다루기로 악명이 높다. 프레더릭 스미스는 그러한 자신의 경영 방식을 유지하기 위해 민주당과 공화당에 막대한 헌금을 하고 있다. 저자는 2008년 대선에서 오바마의 당선이 환상을 선택한 것이라면서, 오바마는 기업 권력의 꼭두각시에 불과하다고 단언한다. 또한 저자는 인터넷이 이미지에 근거한 저급한 문화를 전파해서 대중의 판단을 무디게 하고 있으며, 인터넷 사이트를 운영하는 몇몇 기업들의 영향력이 과다하게 커지는 부작용을 초래했다고 본다. 저자는 기업을 움직이는 극소수 엘리트들이 대중에게 "다른 대안이 없다"고 세뇌시키고 있다면서, 거기에 속지 말고 진정한 자유와 인간성 회복을 위해 '반란Rebellion'을 하자고 주장한다.

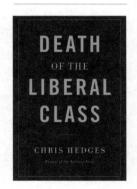

당신의 상식은
비상식이다

게리 베커·리처드 포스너Gary Becker·Richard A. Posner,
《비상식Uncommon Sense》(Univ. of Chicago Press, 2009)

미국을 대표할 만한 경제학자와 법률가인 게리 베커와 리처드 포스너가 자신들이 공동으로 운영하는 블로그에 실렸던 글을 엮어서 펴낸 이 책의 제목은 "비상식"이다. 일견 일반적 상식과 다른 주장이지만 오히려 통상적인 상식이 잘못되었다는 말이다. 이들은 특히 정부가 나서서 모든 것을 해결해야 한다는 주장을 경제학적 분석을 통해 적절하게 반박하고 있다. 시장을 중시하는 생각이 오히려 상식에 부합한다는 메시지를 주는 것이다. 두 사람은 자유주의자라는 점에서 공통점이 있지만 경제학자와 법률가라는 그들의 차이점을 여러 곳에서 볼 수 있어 흥미롭다.

1930년에 태어난 게리 베커는 시카고대학에서 경제학 박사 학위를 받고 컬럼비아대학 교수를 거쳐 시카고대학 교수로 자리를 잡아 왕성하게 활동했다. 1992년에 노벨 경제학상을 수상한 베커는 '시카고학파The

Chicago School'라고 불리는 자유주의 경제학파의 일원이다. 베커는 인종, 범죄 등 사회학 분야에 경제학적 접근을 해서 유명해졌다. 그는 10여 권의 책을 썼는데, 2014년 5월 향년 83세로 타계했다.

1939년생인 리처드 포스너는 예일대학과 하버드 로스쿨을 졸업하고 연방대법관 서기 등을 하다가 1959년부터 시카고대학 로스쿨 교수를 지냈다. 1981년에 레이건 대통령에 의해 시카고에 소재한 제7연방항소법원 판사로 임명됐으며, 1993년부터 2000년까지는 제7연방항소법원장을 지냈고, 지금은 다시 판사로 일하고 있다. 판사로 있으면서도 활발한 저술 활동과 강의를 한 그는 약 30권의 책을 펴냈다. 포스너는 낙태, 동물권權, 장기이식, 마리화나 합법화 등 예민한 사안에 관해 거침없는 의견을 내서 논쟁을 일으키기도 했다.

두 사람은 2004년 12월, 웹상에 '베커-포스너 블로그Becker-Posner Blog'를 열고 매주 한 주제에 대해 한 사람이 글을 쓰고, 다른 한 사람이 논평을 올리는 식으로 운영하기 시작했다. 이들의 글에는 댓글이 수없이 달리는 등 대단한 인기를 누렸다. 이 책은 2007년 3월까지 이들이 올린 글을 모아놓은 것인데, 다양한 주제에 대한 논쟁을 담고 있다. 책은 '성과 인구' '재산권' '대학' '인센티브' '직업과 고용' '환경과 재해' '범죄와 처벌' '테러' 그리고 '세계'라는 주제로 구성되어 있다.

포스너는 성혁명이 발생한 경제학적 이유는 성적 방종放縱에 요구되던 비용이 항생제와 피임 도구 등으로 줄어들었기 때문이라고 말한다. 이에 대해 베커는 인간의 성적 관계에는 내면적 측면이 있기 때문에 반드시 경제학적으로 풀 수만은 없다고 지적한다. 베커는 미국과 유럽에서 일부다처에 대한 저항감이 강한 것을 이해하기 어렵다고 말하는 데 비해, 포스너는 일부다처제는 국가의 정치적 권력을 위협하며 2세 교육을

등한시하고 여성 배우자의 불륜을 조장하는 등 폐단이 많다고 반박한다.

베커는 장기이식을 활성화하기 위해 장기 판매를 허용해야 한다고 주장하며, 포스너 역시 프랑스가 운영하고 있는 '옵트아웃 시스템Op-Out System, 생시에 사망 후 장기 적출에 반대한다고 명문으로 선언하지 않았다면 사망 후 장기를 적출해서 다른 사람에게 이식할 수 있는 제도'에 문제가 많다면서 장기이식에도 경제적 접근 방식이 필요하다고 덧붙인다. 베커는 패스트푸드의 트랜스지방 함량을 줄이기 위해 지방 성분을 많이 함유한 식품에 지방세Fat Tax를 부과하자는 뉴욕 시의 제안에 대해 비판적이다. 포스너도 이에 동조하면서 정크푸드는 건강에 나쁘지만 그것을 즐기는 것도 개인의 취향이자 권리이며, 사람들이 건강하게 오래 산다고 해서 그 사회가 감당해야 하는 총체적 의료 보건 비용이 줄어드는 것은 아니라고 지적한다.

베커는 소득 격차가 커지고 있는 문제에 대해 그것은 전 세계적으로 교육을 받고 기술을 가진 인력에 대한 수요가 늘어나는 현상에 따른 것이라고 분석한다. 또한 미국에서는 대학을 졸업한 여성과 유색인종의 소득이 괄목하게 증가했기 때문에 그 점에서는 소득 격차가 오히려 줄었다고 말한다. 반면 포스너는 소득 격차 문제와 빈곤 문제를 혼동해서는 안 되지만, 미국에서는 소득 격차가 큰 문제는 아니라고 덧붙인다.

베커는 기업이 '사회적 책임Social Responsibility'을 져야 하느냐 하는 것에 대해 단호하게 '그렇지 않다'고 말한다. 기업이 주주의 이익을 희생시키면서 환경보호 같은 사회봉사에 나서는 것은 부당하다는 주장이다. 베커는 기업이 사회적 책임 문제에 우호적으로 접근하는 것은 그렇게 함으로써 기업의 가치를 높여 주주의 이익을 도모하기 때문이라고 지적한다. 이에 대해 포스너는 기업이 수익을 창출하지 못하는 순수한 기부를 함으로써 주주들에게 이익을 줄 수도 있는데, 주주들도 어느 정도의 자선은

공부하는 보수

필요하다고 생각하며 세법도 그런 경우에 혜택을 주어 자선을 권장하고 있다고 말한다.

2004년에 동남아를 휩쓴 쓰나미와 2005년에 미국 뉴올리언스를 파괴한 카트리나 같은 자연재해와 관련하여, 포스너는 드물게 발생하는 재해에 대해 정치인들은 관심이 적으며 빈곤한 국가들은 그러한 재해에 대처할 수 없기 때문에 그런 큰 피해가 났다고 설명한다. 베커는 아무리 대비를 해도 자연재해는 발생하기 때문에 재해에 대해 교육을 시키고 정부가 보조를 하더라도 각자가 재해보험에 들도록 하는 것이 보다 현실적이라고 평한다.

유럽이 사형 제도를 폐지한 데 비해 미국의 많은 주는 사형 제도를 존치시키고 있다. 이에 대해 포스너는 사형은 범죄 예방 효과가 있으며 경제학적 측면에서 볼 때 사형 판결을 보다 신속하게 확정해서 집행하는 것이 사형제가 갖고 있는 범죄 예방 효과를 극대화하고 납세자의 돈을 절약한다고 본다. 베커도 사형 제도가 범죄를 예방하는 효과가 있다면서, 사형이 비도덕적이라는 주장에 대해서는 국가가 흉악한 범죄인의 생명을 빼앗지 않는다면 국가는 선량한 시민들의 생명을 빼앗기게 하는 결과를 초래할 것이라고 반박한다. 또한 그는 사형을 폐지한 유럽에서 범죄가 늘어나고 있다는 것도 지적한다. 백인을 죽인 경우보다 흑인을 죽인 경우에 사형 집행을 당하는 경우가 적다는 점을 들어 사형 집행이 인종차별적이라는 주장에 대해, 포스너는 흑인이 흑인을 살해하는 경우가 많기 때문에 사형 제도는 오히려 흑인 범죄인에게 유리하게 운용되고 있다고 반박한다.

냉전체제가 해체된 후 유럽에서 많은 국가들이 새로 분리 독립하는 추세와 관련하여 베커는 국가의 규모가 국가 발전에 미치는 영향은 미약하다고 분석했다. 오히려 작은 국가가 발전할 수 있다면서 타이완, 한국, 홍콩, 싱가포르 그리고 칠레의 경우를 예로 든다. 베커는 동독이 서독에 통합되지 않고 개별 국가로 남아서 무역과 교통이 자유로운 시장경제 국가로 변모했더라면 경제적으로 훨씬 더 좋았을 것이라고 말한다. 이에 대해 포스너는 남북 베트남이 합쳐졌고 홍콩이 중국에 편입됐으며 남북한도 종국에는 한 나라가 될 것이라면서, 경제학적인 측면에서는 동서독이 분리되는 것이 나을 뻔했지만 인종·문화·역사 등의 이유로 국가가 합쳐지거나 흡수되기도 한다고 지적한다.

공부하는 보수

056

과연 공공주택이 필요한가

하워드 후석Howard Husock,
《미국의 실패한 1조 달러 주택정책*America's Trillion-Dollar Housing Mistake*》
(Ivan R. Dee, 2003)

2005년 가을, 허리케인 카트리나가 미국 남부 루이지애나 주를 강타했을 때 뉴올리언스시가 큰 피해를 입었다. 당시 주로 흑인들이 살고 있는 거대한 공공주택단지가 물에 잠겼는데, CNN 등을 통해 그곳의 모습을 본 사람들은 경악했다. 도무지 미국에 그런 곳이 있다고 믿기가 어려웠기 때문이다. 물에 잠겨버린 뉴올리언스의 공공주택단지는 린든 존슨 대통령의 '위대한 사회' 프로그램에 따라 빈곤한 계층에게 값싼 주거지를 제공하기 위해 건설된 것이다. 하지만 그곳은 범죄와 마약이 난무하고 입주한 사람들을 빈곤과 좌절에 빠뜨리는 함정이 되고 말았다. 정부가 국민의 세금으로 대도시 곳곳에 건설한 이 같은 공공주택단지는 도시의 정상적인 발전을 저해하는 등 심각한 부작용을 야기하고 있다.

맨해튼연구소에서 주택정책을 오랫동안 연구해온 하워드 후석이

2000년 전후에 발표한 논문들을 모아 펴낸 이 책은 공공주택이 처음부터 필요하지도 않은, 그리고 실패할 수밖에 없는 정책이라는 것을 잘 보여준다. 우리나라에도 공공 분야가 주택 공급을 늘려야만 주택난이 해소되며 정부는 저소득층에게 임대주택을 제공해야 복지국가가 된다고 믿는 정치인과 관료 및 학자가 많은데, 그런 사람들이 꼭 읽어야 할 책이다.

캐서린 바우어Catherine Bauer는 1936년에 펴낸 《현대 주택Modern Housing》에서 "시장은 빈곤한 미국인들에게 적절하고 위생적인 주택을 공급할 수 없다"고 주장했다. 루스벨트 행정부는 바우어의 주장을 받아들여서 1937년에 국가 주택법The National Housing Act을 제정했다. 그 후 미국은 정부 재정을 투입해 공공주택을 지어서 공급했고, 또 그런 주택을 관리해왔다. 그러나 미국의 도시 곳곳에 지어진 공공주택단지는 예외 없이 범죄와 마약으로 물든 슬럼이 되고 말았다.

시장이 저렴한 주택을 공급할 수 없다는 전제 그 자체가 잘못된 것인데, 실제로 주택업자들은 남북전쟁 후 1937년까지 저렴한 주택을 개발해서 많이 공급했다. 시카고에서는 2가구용 주택두 가구가 가운데 벽을 공유하는 형태의 주택 21만 1,000채가 건설되었고, 뉴욕 브루클린에는 1층은 상가이고 상층은 2가구용으로 설계한 저가 주택 12만 채가 건설되었다. 보스턴 역시 전체 인구의 40퍼센트가 저렴하게 건설된 3층 주택에 살았다. 이런 주택에는 노동자 계층이 살았으며, 거주민의 3분의 2는 주택을 소유하고 있었다. 가난한 이민자들이 모여 살던 맨해튼 이스트사이드의 주거 사정은 매우 열악했지만 이런 곳에서 살던 노동자들은 점차 브루클린이나 브롱크스로 옮겨 갔다.

연방정부와 주정부는 주거 환경을 개선한다는 좋은 뜻을 갖고 주택 기준을 강화해서 새로운 저가 주택 공급을 차단했다. 대신에 정부가 재정 보조를 해서 보다 나은 주택을 건설하기 시작했다. 하지만 빈곤층은 이런 주택의 임대료와 관리비를 낼 수 없기 때문에 정부는 또 다시 보조를 해야만 했다. 주택을 개인이 소유하면 유지 관리를 잘하지만, 정부가 공공주택을 관리하면 비용은 많이 들고 관리 자체가 제대로 되지 않는다. 정부가 보조하는 값싼 공공임대주택에 살게 되면 타성이 생겨서 빈곤이 체질화되고 마는 것이다. 정부 보조는 성과에 대해 주어지는 것이 아니라 빈곤이라는 필요에 의해 주어지기 때문에 빈곤을 탈출하려는 사람들의 사기를 꺾기 마련이다. 공공임대주택 말고는 살 집이 없는 가난한 사람들 중에는 미혼모, 알코올중독자 등 혼자 힘으로는 살아갈 수 없는 사람들이 많다. 이들의 근본적인 문제를 해결하지 않으면 빈곤을 떨칠 수 없기 때문에, 그들이 저렴한 주택에서 산다고 해서 문제가 해소되지는 않는다.

2차대전 후에 미국 경제가 좋아지자 노동자 계층은 다른 단지로 나가고 흑인 빈곤층, 특히 아이를 혼자 기르는 흑인 미혼모들이 공공주택단지에 모여 살게 됐다. 이런 분위기에서 성장한 아이들은 학교를 다니지 않고 마약과 알코올에 빠져서 공공주택단지는 위험한 우범지대가 되고 말았다. 2000년 기준으로 미국 전체 저소득 편부모 가정의 40퍼센트가 130만 채에 달하는 공공주택 중 50만 7,000채에, 그리고 주택바우처 같은 보조금을 받는 주택 270만 채 중 100만 채에 거주하고 있다. 대부분 흑인 편모가 혼외 자식을 데리고 사는 이들 결손 가정은 미국 전체 빈곤 가정의 26퍼센트를 차지한다. 흑인 편모의 혼외 자식은 학교를 그만두고 마약과 각종 범죄에 빠져들어서 교도소를 들락날락하는 악순환에 빠질 가능성이 매우 높다.

공공주택단지는 일종의 게토Ghetto가 되어서 주민들의 발전을 제약할뿐더러 도시 발전 자체를 제약하게 되었다. 미국 전역에 있는 공공주택 100만 채 중 20만 채가 뉴욕 시 맨해튼의 이스트할렘 등에 있는데, 이로 인해 맨해튼에는 새로운 주택을 공급할 수 있는 토지가 고갈되어버렸다. 이런 현상은 시카고, 샌프란시스코 등 모든 미국의 대도시에서 찾아볼 수 있다.

정부가 주택을 시장가격보다 싼값으로 공급해야 한다는 주장도 근거가 박약하다. 부부가 각각 직업을 갖고 일을 하면 그 부부는 스스로의 힘으로 주택을 마련할 수 있다. 정부가 시장가격보다 싼 가격에 주택을 공급해야 한다는 신화는 끈질기게 오래갔다. 존슨 대통령이 만든 '도시 주택에 관한 카이저 위원회Kaiser Commission on Urban Housing'도 그런 신화에 사로잡혀 있었다. 공공주택단지의 관리가 방만하다는 여론이 비등하자 닉슨 행정부는 이를 개선하기 위한 주택바우처 제도를 도입했다. 주택바우처란 빈곤층이 민간 주택에 세 들어 사는 경우 월세의 일정 부분을 정부가 보조하는 제도이다. 시장 개입이 적다는 이유로 공화당 의원들도 바우처 제도에 찬성했지만 곧 심각한 문제를 일으켰다.

오래되어 낡거나 주변 환경이 열악한 일반 주택 소유자들이 바우처를 갖고 오는 세입자를 환영하고 더 나아가 이들을 유치하기 시작하자 공공주택에 살고 있던 빈곤한 흑인들이 일반 주택가로 넘어오게 됐다. 그러자 그 지역에 살고 있던 직업을 가진 일반 세입자들이 그 곳을 대거 탈출했고, 그 결과 그 지역이 슬럼화되면서 도시의 슬럼 지역이 확장되는 효과를 초래했다. 바우처 때문에 시카고의 남쪽 교외 지역, 메릴랜드 주의 프린스 조지 카운티 등 대도시 주변이 슬럼으로 변했고, '바우처 세입자'라는 단어는 경멸하는 말로 쓰이게 되었다. 빈곤 계층이 마땅하게 주거할 곳이 없는 것은 주거의 문제가 아니라 학교 중퇴, 마약, 알코올,

근로 의욕 상실 등 근원적인 데에 문제가 있는 것이었다. 따라서 바우처로는 이들의 문제를 해결할 수 없으며, 오히려 다른 문제를 야기해서 이들의 상황을 악화시켰다.

클린턴 행정부는 카터 행정부 때 제정된 커뮤니티 재투자법The Community Reinvestment Act을 강화해서 도시 주택정책에 큰 영향을 주었다. 클린턴 행정부는 저소득층도 주택을 소유할 수 있어야만 도시 공동체가 발전한다면서, 금융기관이 저소득층에게 주택 구입 자금을 융자하도록 했다. 금융기관은 소수인종에게 융자를 우선적으로 제공했고, 재무부는 은행의 이런 실적을 신용등급 평가에 포함시켰다. 당시는 은행 합병이 왕성하게 이루어지던 시기였는데, 합병을 추진하는 은행은 소수인종에 대한 주택자금 융자 실적이 좋아야 정부 당국의 승인을 얻을 수 있다고 생각해서 이런 융자를 방만하게 했다. 이런 분위기에 편승하여 '공동체재투자전국연합The National Community Reinvestment Coalition'이라는 흑인 단체가 탄생해서 막강한 영향력을 행사했다. 급진적 흑인 운동가들이 주축이 된 이 단체는 은행에 압력을 넣어서 그들이 직접 융자금을 분배하고 자신들의 조직을 운영했다. 이들은 또한 다운페이먼트Down Payment가 없이 은행이 소수인종에게 융자하도록 했다. 그러자 정상적으로 주택을 구매할 수 없는 흑인들이 대거 주택을 구입해서 나중에 더 큰 문제를 야기했다.

1996년에 의회가 통과시킨 복지개혁법The Welfare Reform Act은 복지 수당을 감축하는 등 복지병에 걸린 빈곤층에 근로 동기를 불어넣어 주었지만 공공주택이 안고 있는 문제는 건드리지 못했다. 오늘날 미국의 빈곤층이 안고 있는 문제의 뿌리는 게토가 되어버린 공공주택단지이기 때문에, 공공주택 문제를 손보지 않는 복지개혁은 공허할 뿐이다. 하지만 공공주택을 비판하면 흑인 시민운동가들로부터 '인종주의자'라는 비난을 듣기 때문에 감히 나서는 정치인이 없다.

　이런 상황에서 노스캐롤라이나 주 샬롯시가 공공주택 문제의 개선에 나서 의미 있는 성공을 거두었다. 뉴욕이나 시카고에 비하면 작은 도시인 샬롯도 공공주택단지가 도시 발전에 장애물이 되어 있기는 마찬가지였다. 샬롯시 당국은 낙후된 공공주택에 거주하는 주민들에게 보다나은 공공주택으로 이전하기를 권하면서, 그 대신 새 주택 주거 기간은 5년이며 그 기간 동안 고등학교에 다니거나 직업학교에서 직업 훈련을 받아야 한다는 조건을 내걸었다. 그 결과 공공주택이라는 게토에 살던 주민 중 상당수가 사회로 복귀하는 데 성공했

다. 샬롯시의 성공에 힘입어 델라웨어 주가 공공주택 주거 기간을 3년으로 제한하는 조치를 취했다. 샬롯시와 델라웨어 주에 있는 공공주택은 미국 전체 공공주택의 1퍼센트 밖에 안되지만 두 지역의 시도는 공공주택이라는 실패한 정책에 종지부를 찍는 의미 있는 시도로 평가된다.

057

위독한
미국 의료 체계

도널드 밸릿·제임스 스틸Donald L. Barlett·James B. Steele,
《위독한 상태: 미국에서 헬스케어가 큰 사업이 되고 나쁜 의료가 된 이유Critical Condition:
How Health Care in America Became Big Business and Bad Medicine》(Doubleday, 2004)

2008년 미국 대통령선거 때 의료 체계와 건강보험 문제는 큰 쟁점
이 됐다. 민주당 후보 버락 오바마는 자기가 당선되면 전 국민이 의료보
험을 들도록 하겠다고 약속해서 이 문제에 소극적이었던 공화당 후보 존
매케인을 몰아붙였다. 대통령에 당선된 오바마는 이 문제를 자신의 중요
한 정책 과제로 삼았고 우여곡절 끝에 '오바마케어'라고 부르는 건강보
험법안이 의회를 통과했다. 이 책은 오바마의 개혁이 있기 전에 미국의
의료 체계가 어떤 상태에 있으며 어떤 문제를 갖고 있는지 잘 보여준다.

미국의 의료 체계는 심각한 정도가 아니라 위독한 상태에 있다는 것
이 2004년에 나온 이 책의 결론이다. 저자들은 의료를 시장경제에 맡겨
놓은 결과 보험회사와 기업형 병원 그룹이 미국인의 건강을 좌우하고 있
고, 이에 따라 많은 미국인들의 건강이 위협받고 있다고 주장한다.

미국 의료에 있어 가장 큰 문제는 같은 서비스에 대한 지불 비용이 사람에 따라 크게 다르다는 점이다. 많은 사람들은 직장이나 학교 등을 통해 집단적으로 민간 보험회사의 건강보험에 가입하는데, 이 같은 그룹 보험 계약자들은 병에 걸려서 병원에 가는 경우 병원에 내는 진료수가가 상대적으로 저렴하다. 반면에 의료보험에 들지 않았거나 들지 못한 사람은 터무니없이 높은 진료비를 내야 한다. 노령자와 빈곤자의 경우, 메디케어와 메디케이드라는 연방정부 차원의 의료 혜택을 받는다. 그 외의 보통 사람들은 민간 의료보험을 들어야만 보험 혜택을 볼 수 있다.

직원이 많은 직장이나 학교는 보험회사와 협상을 통해 그룹보험을 들기 때문에 보험료가 상대적으로 싸다. 반면 자영업자와 자유업 종사자들은 각자가 의료보험에 들기 때문에 비싼 보험료를 내야 한다. 의료보험이 우리나라처럼 강제적으로 가입하는 의무보험이 아니기 때문에, 경제적인 이유 등으로 아무 의료보험도 없는 미국인이 무려 4,400만 명이나 된다. 이들은 의료의 사각지대에 방치되어 있는 셈이다. 의료 기술이 가장 앞선 미국에 이런 기막힌 일이 벌어지고 있다.

병원과 의료사업이 경쟁 체제에 맡겨진 탓에 미국 의료의 질은 낮아지고 있고, 이윤을 추구하는 보험회사가 병원과 의사, 그리고 환자 위에 군림하는 결과를 초래했다. 최근 상황은 부쩍 더 나빠져서 적절한 의료 서비스를 받지 못하는 사람이 갈수록 많아지고 있다.

미국 병원은 보험을 들지 않은 환자에게 높은 수가를 적용하고, 보험회사와 의료보장기구인 HMOHealth Maintenance Organization 및 메디케어 환자에게는 저렴한 수가를 적용한다. HMO는 사전에 계약된 병원 진료를 보장하는 집단보장제도를 관장하는 기구로 25인 이상 고용 사업장은 이 제도를 유지해야 하며, 메디케어는 65세 이상 노령자 및 장애가 있는 미성년자에 대한 연방정부의 의료보장제도이다. 이런 제도와 그것을 적용하는 데에는 형평성 차원의 문제도 심각하지만, 제도 자체가 복잡해서 운영에 필요한 행정 비용이 많이 들어간다. 병원과 보험회사, 그리고 환자가 의료비를 두고 벌이는 신경전과 소송은 심각한 수준이다.

트루먼 대통령은 모든 국민에게 적용할 수 있는 단일한 의료보험 체계를 제안했는데, 미국의료협회American Medical Association, AMA의 반대에 봉착해서 실패했다. 아이젠하워 행정부가 들어서면서는 이런 논의 자체가 사라져버렸다. 그러다가 1965년, 존슨 대통령은 65세 이상 노령자의 의료비를 연방정부가 부담하는 메디케어와 빈곤 계층의 의료비를 연방정부가 부담하는 메디케이드를 도입했다. 취약 계층의 의료비를 정부가 부담함에 따라 전 국민을 상대로 한 의료보험 문제는 일단 사라져버렸다. 하지만 1980년 의료보험에 들지 않은 사람이 전체 인구의 12.6퍼센트에 해당하는 2,660만 명이라는 보고서가 나오자, 의료 체계 문제가 다시 거론되기 시작했다. 기존 시스템에 심각한 문제가 있다는 것도 드러났다. 보험 가입 환자들이 응급실을 불필요하게 많이 드나들고, 의사들은 소송이 무서워서 필요하지도 않은 고가의 장비 검사를 환자에 강요하며 의료비를 증가시켰다. 보험회사는 보험료 지급을 줄이기 위해 까다로운 조건을 병원에 요구했고, 병원은 보험회사의 요구를 충족시키기 위해 많은 행정적 비용을 지출해야만 했다. 병원은 병원대로, 보험회사는 보험회사대로 그리고 환자는 환자대로 기존 체제에 대한 불만이 커지면서 1980년대 들어 의료도 경쟁을 해야 서비스가 향상된다는 논리가 팽배해졌다. 하지만 다른 상품이나 서비스와 달리 의료는 서비스를 많이 제공하는 것이 목적이 될 수는 없다. 오히려 사람들이 병원을 덜 가고, 병원에 비용을 적게 지불하는 상태를 추구해야 한다. 의료 체계에 경쟁 개념을 도입하는 것 자체가 틀린 것이다.

경쟁 체제가 갖고 있는 문제점은 처방 약품 비용의 급격한 증가가 잘 보여준다. 1980년 처방 약품에 대한 지출은 120억 달러였는데, 2002년에는 1,620억 달러로 열세 배나 증가했다. 제약회사들은 보다 많은 사람들에게 보다 오랫동안 약을 판매하고 있는 것이다. 파이자 등의 대형 제약회사들은 해마다 막대한 이익을 내고 있는데, 미국에서 시판되는 약품들은 캐나다나 멕시코에서 그 반값 이하로 살 수 있다. 처방받은 약을 저렴하게 사기 위해 캐나다와 멕시코로 가는 사람들이 늘고 있고, 미네소타 같은 접경지역 주에서는 주정부가 보다 싼 값으로 캐나다에서 약을 살 수 있는 방법을 주민들에게 홍보하고 있다. 환자들이 약을 보다 싸게 사기 위해 캐나다와 멕시코로 단체 여행을 하는 모습은 익숙한 풍경이 되었다.

많은 병원이 상업적 대형 의료기업으로 넘어가자, 이들은 병원도 기업이라면서 비용을 줄이기 위해 병석과 직원을 감축했다. 실제로 1980년부터 2001년까지 미국의 전체 병석은 29퍼센트가 감소했다. 응급실의 경우는 상황이 더욱 심각해서, 어느 병원이든 응급실이 항상 포화 상태라 응급 환자가 응급실을 찾지 못해 사망하는 경우가 늘고 있다. 생명이 위급한 환자를 태운 응급차가 대형 병원 응급실을 찾아 헤매는 일은 이제 통상적인 일이 되었다. 월가 출신의 투자 전문가들이 운영하는 의료기업들은 병원이 기대했던 만큼 수익이 나지 않자 회계 조작을 서슴지 않아서 증권거래위원회가 몇몇 대형 업체를 사기 혐의로 기소하기도 했다.

1973년 의회는 의료보장기구법The HMO Act을 통과시켜서 정부가 비영리병원 단체에 보조금을 줄 수 있도록 했는데, 당시에는 이 시도가 매우 신선한 것으로 받아들여졌다. 이 법으로 인해 1970년 30개에 불과하던 HMO가 불과 10년 만에 300개가 되었고, 이에 따라 연방정부가 지원하는 예산도 대폭 증가했다. 레이건 행정부가 들어서자 HMO에 대한 지원금이 감축되었고, 경영이 어려워진 HMO는 영리병원으로 탈바꿈했다. 이렇게 해서 많은 병원들이 의료기업에 인수 합병되었는데, 그 결과 의료 서비스는 더욱 나빠졌다.

1980년대 이후 미국 의료에서 가장 두드러진 특징은 행정적 사무가 엄청나게 늘어난 것이다. 환자를 어느 병원에 보내느냐, 수가를 어떻게 정하고 환자 부담을 어떻게 하느냐 등을 결정하는 과정이 매우 복잡해졌다. 의료 서비스에 있어서 의사와 간호사보다 사무직원이 차지하는 비중이 커졌다. 보험회사와 병원의 경영진이 보다 중요한 역할을 하게 됐고, 전체 의료비의 3분의 1이 행정 비용으로 들어가게 된 것이다.

심각한 상태에 와 있는 미국의 의료 체계를 어떻게 바로잡을 것인가? 저자들은 연방준비제도이사회 같은 독립적인 의료 관리 기구를 설치하자고 제안한다. 모든 미국인들에게 기초적인 의료 서비스를 보장하고 암 등 중증 질환에 대한 진료비를 정부가 보장하도록 하며, 보험회사가 아니라 환자가 병원과 의사를 선택할 수 있도록 해야 한다고 주장한다.

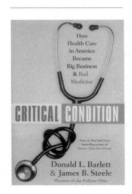

058

'오바마케어'가 케어할 수 있을까?

스콧 아틀라스Scott W. Atlas,
《미국 의료 체계 개혁: 오바마케어의 잘못된 비전
Reforming America's Health Care System: The Flawed Vision of ObamaCare》
(Hoover Institution Press, 2010)

　　스탠포드대학의 후버연구소가 펴낸 이 책은 오바마 행정부의 의료 체계 개혁을 비판하는 여러 전문가들의 글을 담고 있다. 책은 미국의 의료 체계가 심각한 상태에 있다는 통상적 관념이 잘못이며, 이를 바로 잡겠다는 오바마 행정부의 개혁안은 문제를 해결하기보다는 상황을 더욱 악화시킬 것이라는 주장을 담고 있다.

　　2010년 3월, 민주당이 다수석을 점한 미국 의회는 '환자 보호 및 적정한 의료에 관한 법률'을 통과시켰다. 공화당이 반대한 이 법안은 미국의 의료 체계를 급격하게 변화시켰다. 흔히 '오바마케어'라고 부르는 이 의료개혁법은 연방정부가 개인 건강과 의료에 깊숙이 간여하도록 했다. 미국인들은 이제 그들이 원치 않더라도 건강보험에 가입해야 하며, 사업장은 연방정부가 정하는 기준에 부합하는 보험 혜택을 근로자에게 제공하지 않으면 벌금형을 받게 된다. 연방정부는 건강보험의 수혜 범위를 정하고, 보험회사는 이 기준에 부합한 보험 상품을 팔아야 하며, 병원은 연방정부 관료가 정하는 수가를 받아야만 한다. 또한 이 법안은 메디케이드같이 이미 재정적으로 위험한 상태에 빠져 있는 공적 의료보험에 가입할 수 있는 사람의 범위를 확대해서 연방 재정에 큰 부담을 안겨주고 있다.

이러한 오바마케어의 가장 큰 문제는 지금까지 확인된 미국 의료에 대한 평가를 무시하고 있는 것이라고 지적된다. 미국은 암 환자 생존율이 세계 어느 다른 나라보다 높으며, 고혈압이나 고지혈증 같은 질환에 대해 가장 효과적인 치료법을 갖고 있고, 또한 백내장 수술이나 엉덩이뼈 교체 수술 같은 중요한 수술을 위한 대기 기간이 어느 나라보다도 짧다. 또한 미국인은 최신 약품과 최신 의료 장비에 대한 접근성, 그리고 전문의에 대한 접근성에 있어 가장 훌륭한 혜택을 받고 있다. 따라서 의료체계를 개혁하려면 이 같이 우수한 의료 혜택을 유지하면서 이를 향유하는 데 드는 비용을 낮추는 것에 주안점을 두어야 한다. 그러나 오바마케어는 이런 문제점을 시정하기보다는 의료에 관한 개인의 결정권을 연방정부의 관료 체제에 넘겨주어서 더 큰 문제를 야기하고 있다. 오바마케어는 문제도 많을뿐더러 미국이 재정적으로 감당할 수 없는 기득권 제도 Entitlement를 도입하고 있다.

미국의 기존 의료 체계를 비판하는 사람들은 국가가 전적으로 건강보험을 운영하는 캐나다, 영국 등의 예를 들어 미국의 시스템을 비판하지만 현실은 이와는 반대다. 저소득층의 경우도 캐나다보다는 미국의 저소득층이 오히려 더 건강하다. 자기 나라의 의료 체계를 개혁해야 한다는 주장은 미국에만 있는 것이 아니라 선진국 어디에나 있다. 하지만 기술적인 측면에서 본다면, 미국은 의료 기술에 있어서 가장 앞서 있을 뿐만 아니라 그 혁신을 선도해나가고 있다.

체계적인 측면에서 본다면 미국 의료 체계도 개선해야 할 부분이 많은데, 무엇보다 보험에 가입하지 않은 인구를 줄여야 한다. 그러기 위해서는 건강보험의 문턱이 낮아져야 하는데, 이를 위해서는 건강보험에서의 경쟁을 증진시켜야 한다. 또한 정부는 의료 체계를 보다 투명하게 변화시켜야 한다. 연방정부가 명령하고 강제하기보다는 많은 주에서 도입한 강제적인 건강보험제도를 정비해서 시장 왜곡을 시정해야 한다. 본인 부담률이 높고 중대 질병에 대한 보장을 강화한 보험 상품을 의료 소비자가 선택할 수 있도록 해야 한다. 정부는 의료비 인상 요인인 의료 책임 소송과 이를 남발하는 변호사 집단을 통제해야 한다. 하지만 저자는 오바마케어가 이런 개혁은 뒤로 한 채 환자와 의사의 영역이었던 의료를 국유화해서 방대한 의료 관료 시스템을 구축하려는 것으로 보고, 이는 재앙을 불러올 것이라 예측한다.

오바마케어는 개인에게 건강보험 가입을 강제하고 있는데, 새롭게 보험에 가입하고자 하는 사람은 이미 질병에 걸려 있거나 건강 고高위험군에 속하는 사람이다. 이런 사람들이 대거 보험에 가입하면 보험회사는 보험료를 인상해야 하고, 그러면 젊은 사람들 같은 저위험군에 속한 사람들이 보험 가입을 더욱 회피하는 악순환이 발생한다. 이런 현상을 막기 위해 보험업계는 위험을 분석하고 그에 따른 보험료를 부과하는데, 이를 '언더라이팅Underwriting'이라고 부른다. 그런데 의료보험에서는 언더라이팅이 분노와 의구심의 대상이 되어 있다. 오바마 정부는 이에 대한 대안으로 지역 요율Community Rating과 가입 보장Guaranteed Issue을 내놓았다.

지역 요율은 보험료를 산정할 때 나이나 성별을 제외한 여하의 건강 요소를 배제한 채 동일한 보험료를 부과하는 것이며, 가입 보장은 가입 대상자가 어떠한 질병에 걸려 있거나 그런 위험에 처해 있는가에 관계없이 보험 가입을 거부하지 못하게 하는 것이다. 이런 제도를 시행하면 보험료가 전반적으로 올라가게 되며, 건강한 젊은이들이 보험료 납부를 거부하게 되고, 가난한 사람들은 높은 보험료를 낼 수 없게 되어 보험 제도 밖으로 떨어져나가게 된다. 이런 제도를 도입한 몇몇 주에서는 이미 위와 같은 결과를 경험하고 있는 데도 오바마케어는 이를 미국 전체로 확대시켰다. 오바마케어가 시행되면 나이든 사람들과 질병이 있는 사람들은 보험료를 적게 내고 건강하고 젊은 사람들은 높은 보험료를 내게 된다. 이는 부를 재분배하는 결과를 가져온다. 말하자면 건강보험을 일종의 사회복지 제도로 변화시키는 꼴이다.

　　오바마케어는 연방정부에 의료를 다룰 새로운 기구와 위원회를 여러 개 만들어서 어떤 의료 서비스를 허용하고 그 가격을 어떻게 할 것인가 등 모든 것을 결정하게 하고 있다. 이러한 규제로 인해 미국이 자랑하는 의료 분야에서의 혁신은 후퇴할 것으로 우려된다. 정부 관료들이 신약의 효능과 가격을 판단하는 시스템 속에서는 신약 개발을 위한 과감한 투자가 이루어지지 않기 때문이다. 오바마 행정부는 오바마케어로 인해 향후 10년간 재정 적자가 1,430억 달러 감축될 것이라고 주장하지만, 새 제도 시행에 들어가는 비용과 숨어 있는 비용을 감안하고, 고소득 보험 가입자에 대해 부과하고자 하는 보험세가 현실적으로 불가능하다는 것을 생각할 때 연방정부의 재정 적자는 더욱 커질 것이다.

　　오바마케어는 비슷한 제도를 도입했다가 실패한 주 의료 체계를 답습하고 있다. 1993년에 워싱턴 주는 메디케어에 가입하지 않은 모든 주민들을 의료보험에 가입하게 하고 보험료에 상한선을 두어 보험 가입을 보장하도록 했다. 그러자 열네 개 대형 보험회사가 아예 워싱턴 주를 떠났고, 값싼 보험료의 혜택을 보기 위해 다른 주에 살던 아픈 사람들이 워싱턴 주로 이사해 왔다. 불과 한 해 만에 새 제도가 작동할 수 없는 것임을 알게 된 주민들은 투표장에서 불만을 표출했고, 주민 소환을 걱정한 주지사는 자신이 1년 전에 서명한 법률을 폐지했다. 비슷한 현상은 오리건, 테네시 등 보험 가입을 의무화한 주에서 일어났다. 매사추세츠 주는 2006년에 의료개혁법을 통과시켜서 보험에 가입되어 있지 않던 55만 명을 보험으로 흡수하고 의료에 관한 주정부 지출을 줄여보고자 했다. 매사추세츠 주는 연방 기준으로 빈곤층은 보험료를 주정부가 전액 부담하고, 빈곤층 기준 소득보다 세 배 이내의 소득이 있는 주민은 소득 구간에 따라 주정부가 보험료를 보조하기로 했다. 그 결과로 의료보험에 들지 않은 주민이 대폭 감소했는데, 이는 주정부의 보조금으로 보험료를 낼 수 있게 된 주민이 늘었기 때문이었다. 그 후 매사추세츠 주에서는 병원을 찾는 환자가 급증했고, 의사가 부족해져서 병원 진료를 받기 위한 대기 기간이 길어졌다. 오늘날 매사추세츠 주는 건강보험료가 가장 비싼 주가 되었지만 보험회사들은 그래도 손해를 보고 있다. 오바마케어는 매사추세츠 제도와 유사하기 때문에 매사추세츠의 경험은 오바마케어의 앞날을 예고하는 것으로 볼 수 있다.

캘리포니아 주는 2007년에 메디케어와 메디케이드에 가입되어 있지 않은 모든 주민이 건강보험에 들도록 하고, 사업주는 근로자에게 건강보험을 들어주거나 그렇지 않은 경우 10퍼센트 법인세를 추가로 내는 법안을 마련했다. 보험회사로 하여금 가입자의 질병 유무에 관계없이 보험에 가입시키도록 하고, 추가 재정 소요를 감당하기 위해 근로소득에 추가로 6퍼센트, 의사에게 2퍼센트, 병원에 4퍼센트 세금을 부과했다. 담배 구매에도 추가로 세금을 내게 했다. 이 법안은 주의회 하원에서 민주당의 지지로 통과되었지만 상원은 이를 거부했다. 반면 플로리다 주는 건강보험에 가입해 있지 않은 주민이 20퍼센트나 된다는 점을 고려해서 저비용 건강보험 상품을 판매하도록 했다. 그러자 보험회사 사이에 경쟁이 발생해 주정부는 무보험자를 줄이는 데 성공했다. 플로리다 주는 보험 가입을 강제하지 않고 무보험자로 하여금 보험을 들 수 있도록 유도했다는 데 특징이 있다.

민간보험에 의존하는 미국의 시스템을 비판하는 사람들은 정부가 건강보험을 운영하는 캐나다를 거론하곤 한다. 하지만 캐나다 사람들은 의료를 정부가 관장하는 시스템의 부작용을 매일매일 경험하고 있다. 캐나다에서는 주정부가 건강보험을 독점적으로 운영하고 또한 연방정부와 주정부가 세금에서 할당한 재정으로 병원을 지원한다. 다만 치과 진료와 조제약은 공적 보험을 적용하지 않는다. 캐나다 주정부는 의료비 지원에 너그러워서 주정부의 재정 지출 가운데 의료가 차지하는 비중이 크다. 캐나다에서는 전문의의 치료를 받으려면 평균적으로 16.1주를 기다려야 하는 등 의료 서비스가 열악하다. MRI 검사를 하기 위해서는 평균 8.9주, CT 검사를 하기 위해서는 4.6주, 초음파 검사를 하기 위해서는 4.7주를 기다려야 하는 등 기기에 대한 접근도 매우 열악하다. 게다가 캐나다 병원에 있는 이런 장비들은 대부분이 수명을 지난 노후한 것들이다. 정부가 의료를 통제하기 때문에 의사와 의료 서비스의 공급이 원활하지 않은 것이다. 캐나다는 원래 인구에 비해 의사가 가장 많은 나라였는데, 공적 보험 제도를 도입하면서 의사가 너무 많다는 이유로 의과대학 정원을 줄이는 등 공급을 줄였다. 그 결과 오늘날에는 선진국 중 의사가 가장 적은 나라가 되고 말았다. 오늘날 캐나다는 사람들이 아파도 의사의 진료를 받기가 어려운 형편이다.

이 책에서 제기하는 많은 문제점에도 불구하고 오바마 정부는 오바마케어의 시행에 들어갔다. 초기에는 시행착오도 있었지만 그보다는 과연 이 제도가 연방정부의 재정으로 감당할 수 있나 하는 문제가 관건이 될 것이다. 전 국민에게 건강보험을 제공하는 우리나라의 경우는 건강보험 재정 악화가 불 보듯 빨해서 문제가 되고 있다. 공공 의료보험제도를 운영하는 유럽 국가들에서도 갈수록 노인들이 아파가면서 오래 살뿐만 아니라 젊은 인구가 줄어들고 있기 때문에, 의료보험 재정이 큰 문제가 되고 있다. 미국에서 오바마케어가 어떤 성적표를 거둘지는 몇 년을 더 두고 보아야 할 것 같다.

공부하는 보수

059

각성이 필요한 것은
지배 계층이다

앤젤로 코드빌라Angelo M. Codevilla,
《지배 계층: 그들은 어떻게 미국을 부패시켰고, 우리는 무엇을 할 수 있나
The Ruling Class: How They Corrupted America and What We Can Do About It》
(Beaufort Books, 2010)

이 책에는 '그들은 어떻게 미국을 부패시켰고, 우리는 무엇을 할 수 있나'라는 부제가 붙어 있다. 이런 제목만 보면 진보성향의 저자가 쓴 책 같지만 이 책의 저자는 보수성향의 국제정치학자로 근래에 보스턴대학에서 은퇴한 앤젤로 코드빌라이다. 앤젤로 코드빌라는 교수가 되기 전에는 해군 장교와 국무부 외교관으로 일했고, 역사적 관점에서 국제정치 문제를 다룬 여러 권의 저서를 냈다. 저자는 본문이 87쪽에 불과한 이 얇은 책에서 현재 미국 사회와 정치 현실에 대한 직설을 분출해내고 있는데, '티파티 선풍'과 더불어 많은 것을 생각하게 한다.

저자는 오늘날 미국이 두 계층으로 나누어져 있다고 본다. 그 하나는 정부의 높은 곳을 차지하고 있는 소수 계층이다. 이들은 많은 미국인의 경제활동과 일상생활에 대해 이래라저래라 하는 식으로 통제를 하는 계

층이다. 다른 하나는 자신이 프라이팬에서 서서히 끓여지고 있음을 뒤늦게 깨닫고 빠져나오기 위해 애를 쓰는 개구리 같은 처지의 대다수 보통 사람 계층이다. 오늘날 미국인 네 명 중 세 명은 미국이 잘못된 방향으로 나아가고 있으며, 다섯 명 중 한 명만 정부가 국민에게 해악을 끼치기보다는 좋은 일을 하고 있다고 믿고 있다. 저자는 정부에 대한 신뢰가 이렇게 된 데는 미국이 소수의 '지배 계층The Ruling Class'과 다수의 '컨트리 계층The Country Class'으로 양분되어 있는 데다, 정부를 장악한 지배 계층이 신뢰를 상실했기 때문이라고 주장한다.

2008년 9월 공화당과 민주당의 지도자들이 정부 돈 7,000억 달러를 풀어서 금융기관의 부실 자산을 사들이기로 합의했을 때, 미국민의 80퍼센트는 이에 반대했다. 이처럼 이제 대다수 미국민은 자신들을 대변해 줄 정당을 가지고 있지 못한 실정이다. 다음 대통령선거에서 민주당 후보와 공화당 후보 중 누구에게 투표를 하겠냐고 물어보면 공화당 후보에 투표하겠다는 사람이 더 많다. 하지만 민주당과 공화당 외에 '결정한 후보가 없음' '민주당이나 공화당 외의 후보' 또는 '티파티 후보' 항목을 설문에 추가하면 여기에 표시하는 유권자가 가장 많고 다음이 민주당 지지자, 그리고 공화당 지지자 순서가 된다고 한다. 민주당 지지자들은 대체로 민주당이 자신들을 대변하고 있다고 생각하는 데 비해 공화당 지지자들 중에는 4분의 1 정도만 공화당이 자신들을 대변하고 있다고 생각하고 있다. 따라서 약간의 민주당 지지자, 대부분의 공화당 지지자, 그리고 두 정당을 모두 싫어하는 미국민을 합치면 전체 국민의 3분의 2에 달하는데, 이들은 자신들을 제대로 대변하는 정당이 없다고 생각하고 있다.

그러면 오늘날 지배 계층은 어떻게 생성됐을까? 저자는 이들이 동일한 생각과 동일한 취향과 습관을 주입하는 교육 시스템에 의해서 형성되었으며, 이들은 정부에서 커리어를 시작해서 그 경력을 지렛대 삼아 민간 분야로 진출하는 특성을 공통적으로 갖고 있다고 지적한다. 지배 계층은 대도시의 부유한 지역이나 교외에 모여 살고, 돈이 많이 모이는 공익단체나 자선기구, 그리고 공공정책 분야를 맴도는 습성이 있다. 지배 계층으로 진입하기 위한 관문인 '톱스쿨Top School'은 학과 성적의 우수성인 수월성Excellency보다는 자신들과의 동질성에 입각해서 신입생을 선발한다. 톱스쿨의 학점에 인플레가 심하다는 것은 잘 알려진 사실이다. 지배 계층은 과거에 사회주의와 전체주의에 매력을 느끼고 미국적 가치를 멸시하곤 했다. 이들은 대의민주주의를 무시하는 경향이 있는데, 소수의 전문 고문단인 브레인 트러스트Brain Trust를 중용했던 프랭클린 루스벨트가 대표적인 경우다. 이들은 미국이 잘못했다면서 다른 나라에 대해 툭하면 사과하기를 좋아한다. 한마디로 이들은 그들 외의 미국인을 좋아하지 않는 것이다.

이러한 지배 계층의 어젠다는 항상 권력 그 자체이다. 지배 계층은 일종의 조직과 같아서 구성원에게 항상 무언가 보상을 준다. 이들은 정부가 모든 문제를 해결할 수 있다면서 정부의 권한을 증가시키는 것을 우선과제로 삼고 있다. 이들은 미국인이 생산하는 전체의 3분의 1 이상을 규제를 통해 거둬들이고, 또 이를 자기들 마음대로 배분함으로써 미국민의 생활에 깊이 간여하고 있다. 2008년에 공화당 정부는 베어스턴스Bear Stearns를 구제하고 리먼브라더스The Lehman Brothers는 파산시키더니 골드먼삭스The Goldman Sachs Group는 구제해주었다. 뒤를 이은 민주당 정부도 재량적 권한을 노골적으로 행사해서 자동차업계를 구제해주었다. 저자는 이들에게 법이나 원칙은 존재하지 않으며 오직 재량이 있을 뿐인데, 이것은 미국 헌법의 기본정신에 배치된다고 지적한다. 이런 것이 '패거리 자본주의Crony Capitalism'를 조장하고 있는 것인데, 결국 '패거리 자본주의'가 조장한 거품이 터지자 지배 계층과 관련된 집단만 정부의 지원을 받았고 대중은 오히려 세금을 내서 그들에게 돈을 대는 형상이 되고 말았다는 것이다.

2010년에 나온 의료보험법안은 지배 계층의 경제적 논리가 잘 반영된 것이다. 정부는 또다시 세금을 부과해서 의료 비용을 지급하고, 시민들에게 의료보험을 사라고 강요하는 것이기 때문이다. 미국 사법부도 그런 지배 계층의 일환이다. 이들은 '적법절차' '주제 통상' 같은 헌법에 있는 단어를 확장시켜 적용해서 그들이 지켜야 할 헌법을 침해해왔다. 2010년에 한 연방법원 판사는 결혼은 남자와 여자 사이의 결합이어야 한다고 캘리포니아 주민들이 주민 투표를 통해 채택한 캘리포니아 주헌법 수정 조항을 위헌이라고 판결했다. 지배 계층은 미국의 가정과 정신적 생활을 허무는 데 관심이 많다. 결혼은 가정을 탄생시키는 씨앗이기 때문에 지배 계층은 결혼이라는 제도를 공격해왔다. 그런 결과로 오늘날 다섯 가구 중 한 가구는 여성 혼자 살거나 여성이 혼자 아이들을 데리고 살고 있다. 미혼모는 정부의 서비스에 의존할 가능성이 많기 때문에 이들이 민주당 지지 유권자인 것은 너무나 당연하다. 지배 계층은 정부가 육아를 책임져야 한다는 논리로 정부와 아이들을 직접 연결시키려고 하는데, 힐러리 클린턴도 그런 취지의 논문을 썼다.

컨트리 계층은 지배 계층과 완연하게 비교된다. 컨트리 계층은 다양한 부류의 사람들로 구성되어 있는데, 이들은 결혼, 육아, 종교에 대한 자세에서 지배 계층과 확연하게 구분된다. 이들은 또한 정부와 관련을 맺고 있지 않다는 점이 특징이다. 내부자에 항거하는 외부인, 거대한 조직과 대립하는 작은 조직을 운영하는 사람들, 관료주의와 관련이 없는 사람들, 대기업과 큰 정부가 전에 없이 밀착되어 있다고 생각하는 사람들이 이에 속한다.

지배 계층은 미국이 유럽을 닮아가야 하며 '세계적 기준Global Standards'에 부합되어야 한다고 믿는 데 비해 컨트리 계층은 미국적 기준에 대해 자부심을 갖고 있고, 세계가 미국의 기준을 따라야 한다고 생각한다. 컨트리 계층은 미군의 주축으로, 사병은 물론이고 준사관과 장교의 대부분이 이에 속한다. 이들은 민주당에 거의 표를 주지 않는다. 이들은 지배 계층이 주도하는 교육 시스템을 좋아하지 않으며, 홈스쿨링을 하는 가정의 대부분이 컨트리 계층이다. 컨트리 계층은 가정을 허물어뜨리려는 지배 계층의 공격적인 세속주의에 대해 강력하게 저항한다.

그렇다면 이러한 대립은 미국 정치에 어떤 영향을 줄 것인가? 저자는 2010년과 2012년 선거에서 공화당을 찍을 유권자들 가운데 공화당의 견해와 기준이 좋아서 공화당을 찍을 유권자는 별로 없을 것이라고 지적했다. 공화당을 찍는 유권자들은 달리 찍을 정당이 없어서 공화당을 찍는 것이라는 말이다. 저자는 로널드 레이건 이전과 그 이후에 공화당은 컨트리 계층의 기대에 부응한 적이 없었기 때문에 컨트리 계층을 대변하고 싶은 공화당 정치인들은 공화당을 근본적으로 개혁하거나 아예 새로운 정당을 만들어야 한다고 주장한다.

저자는 컨트리 계층을 대변해야 할 정당이라면 지배 계층이 점유하고 있다고 주장하는 도덕적·지적 우위성에 정면으로 도전하여야 한다고 강조한다. 또한 대부분의 미국인들이 저항감을 갖고 있는 세금을 줄이고 정부 지출, 특히 정부가 여기저기 주는 보조금을 줄여나가야 하며, 교육부 같은 연방정부 부처와 정부가 출연한 많은 기관들이 정말 필요한 존재인지를 살펴볼 것을 제안한다. 그러면서 저자는 '지방을 빼는 것은 쉽지만 근육을 재건하는 것은 어렵다'는 비유를 들어, 컨트리 계층이 선거에서 승리하는 것은 오히려 쉬운 과제이며 더 어려운 일은 파당적 정부를 피하면서도 또 한편으로는 지배 계층을 이겨나가는 것이라고 주장한다. 이렇게 해서 반세기에 걸쳐 축적된 나쁜 버릇을 고쳐나가는 것이 필요하다는 것인데, 이런 혁명을 이룩하면서도 그것을 미국인에게 강요하지 않는 것이 중요하다고 결론을 내린다.

　코드빌라 교수가 기대하는 대로 컨트리 계층이 '티파티' 같은 정치적 움직임을 통해 기성 정치를 바꿀 수 있을지는 알 수 없지만, 그런 움직임에 코드빌라 교수 같은 지식인이 동조하고 나선 것만으로도 큰 의미가 있다. 저자가 제기하는 문제는 충분히 공감이 가지만, 지나치게 사안을 양분화하고 단순화해서 설명하고 있는 것은 이 책의 약점이라고 볼 수 있다.

060

미국은
제3세계가 되어가나?

아리아나 허핑턴Ariana Huffington,
《제3세계 미국: 우리의 정치인들은 어떻게 중산층을 배신하고 아메리칸 드림을 배신하나
Third World America: How Our Politicians Are Abandoning the Middle Class and Betraying the American Dream》(Crown, 2010)

중산층이 몰락한 미국은 제3세계나 마찬가지라고 주장하는 이 책의 저자는 미국의 진보성향 인터넷 신문인《허핑턴 포스트*The Huffington Post*》의 창업자 중 1인인 아리아나 허핑턴이다.《허핑턴 포스트》는 대단히 성공한 인터넷 신문이고, 이로 인해 아리아나 허핑턴은 매우 영향력 있는 인사로 평가된다.

그리스 출신인 아리아나 허핑턴은 이혼한 전 남편 때문에 유명해진 인물이다. 부유한 집안에서 태어나서 케임브리지대학을 나온 아리아나는 자유분방한 생활을 했다. 빼어난 외모까지 갖춘 그녀는 동거하던 중견 언론인과 헤어진 후 미국으로 건너와 억만장자인 마이클 허핑턴Michael Huffington을 만나 결혼했다. 마이클은 1992년에 공화당 후보로 캘리포니아 하원의원 선거에 출마해서 당선된 뒤, 1994년에 상원의원 선거

에 출마했다. 이 과정에서 남편을 도왔던 아리아나 역시 언론에 알려졌다. 공화당은 낙태, 정부 예산 등 사회문제에서 보수적 입장을 표방한 아리아나를 적극적으로 홍보했으나, 마이클 허핑턴은 상원의원 선거에서 근소한 차이로 낙선했다. 이들은 1997년에 이혼했으나 아리아나는 전 남편의 성을 그대로 쓰고 있다.

아리아나는 자신을 유명하게 만들어준 남편과 이혼한 후 에너지 문제, 유고연방 문제 등에서 진보적인 입장으로 선회하였다. 그리고 2003년에 캘리포니아 주지사 특별선거에서 공화당의 아널드 슈워제네거 Arnold Schwarzenegger 후보에 맞서 출마했으나, 별다른 지지를 얻지 못하고 후보직을 사퇴했다. 2004년 대선에서는 민주당의 존 케리 후보를 지지했고, 2005년에 인터넷 신문 《허핑턴 포스트》를 창간했다. 《허핑턴 포스트》는 조지 W. 부시와 공화당을 공격해서 단기간에 급성장했다. 아리아나는 여러 권의 책을 썼지만 마리아 칼라스Maria Callas와 파블로 피카소 Pablo Picasso의 생애에 관한 책은 노골적인 표절이라는 비판을 들었다.

2008년 경제 위기와 주택금융 파탄으로 중산층이 무너져내리는 시점에 나온 이 책에서, 아리아나는 미국이 극소수만 부유하고 대부분 국민은 빈곤한 브라질이나 멕시코 같은 제3세계를 닮아가고 있다고 주장한다. 그녀는 금융 위기 후에 많은 기업이 문을 닫고 일자리가 줄어서 중산 근로 계층이 몰락하고 있음을 여러 사례와 통계를 들어 설명하고 있다. 아리아나는 미국 기업이 창출하는 이윤의 40퍼센트가 금융 분야로 돌아가는 등 금융 분야의 비중이 비정상적으로 커졌고 그 결과 "열심히 일하면 성공한다"는 '아메리칸 드림'이 무너졌다고 말한다. 또한 제조업 기반이 무너지고 엔지니어링 분야의 고급 학위 취득자가 줄어든 것도 미국의 앞날을 어둡게 한다고 주장한다. 그녀는 부시 행정부에 들어서 정부 재정이 급속히 나빠졌다는 것도 지적하면서 불필요한 이라크전쟁과 과도한 군비가 주요 원인이라고 지적한다. 이러한 이유로 평균적인 미국인들은 미래에 대한 자신감을 상실한 채 하루하루를 공포 속에서 살아가고 있다는 것이다.

그러면 그 이유는 무엇인가? 한때 열렬한 공화당원이었던 아리아나는 레이건 행정부에서 시작된 '자유시장 근본주의Free-Market Fundamentalism'에 그 책임을 묻는다. 즉 정부 규제가 나쁜 것이라면서 시장에 적용될 규칙을 없애버린 것이 큰 문제라고 보는 것이다. 아리아나는 이런 추세가 빌 클린턴 행정부에 들어와서도 지속되었고, 조지 W. 부시 행정부에 들어서는 극대화되었으며, 그 결과 부자는 더욱 부유해지고 중산층은 불공평한 부담을 지게 됐다고 말한다.

은행에서 대출을 받아서 집을 샀다가 직장을 잃자 대출금을 갚지 못해서 집도 잃고 갈 곳이 없어진 중산층을 그들이 자신의 상황을 잘 알지 못하고 무리하게 집을 사서 그렇게 되었다고 보는 견해가 있다. 아리아나는 이에 대해 중산층에게 그렇게 하라고 권한 금융기관이 더 나쁘다고 주장한다. 아리아나는 금융기관이 자신들의 이익을 위해서 중산층에 덫을 놓았고 그 덫에 빠진 중산층이 빈곤층으로 몰락하게 되었다고 보는 것이다. 또한 주택금융 못지않은 위기는 신용카드 위기인데, 이 역시 빚을 진 사람들보다는 온갖 불리한 조건을 숨겨놓고 중산층을 카드 빚의 함정에 빠뜨린 금융기관이 더 나쁘다고 주장한다.

아리아나는 미국이 제3세계가 되어가고 있는 또 하나의 유력한 증거가 열악한 사회 인프라라고 주장한다. 그녀는 현재 미국의 철도, 도로 등 기간 교통망이 유럽에 비해 뒤떨어져 있고, 미국 전역에 걸쳐 있는 댐과 교량은 너무 낡아서 안전하지 않은데, 오바마의 경제 촉진 정책도 사회 인프라에 대한 투자는 인색하다고 지적한다. 또한 미국의 민주주의가 월가와 워싱턴 정가의 회전문 내통內通 관계로 무너지고 있다고 경고한다. 클린턴 행정부 시절에 재무장관을 지낸 월가 출신 로버트 루빈Robert Rubin과 핼리버튼이라는 군수업체를 일으켜서 경영하다가 부통령이 되어 전쟁을 지휘한 딕 체니의 경우는 월가가 정부를 직접 장악했다는 것을 보여준다고 말한다. 이런 분위기가 팽배한 가운데서 기업을 감독하는 규제 기관은 허수아비로 전락하여 여우가 닭장을 지키는 형상을 초래했다는 것이다. 그 결과 2008년에 금융 대란이 발생했는데, 정부와 의회는 대란을 일으킨 금융기관에 돈을 주어 이들을 살리는 처방을 했다고 비판한다.

그렇다면 이런 문제에 대한 대책은 무엇인가? 아리아나는 우선 선거를 완전히 공영화하고, 잘 가르치는 교사에게 인센티브를 주는 등 학교 교육을 쇄신하며, 의료비 때문에 빈곤층이 되는 경우가 없도록 정부 의료보험을 도입할 것을 주장한다. 일자리 만들기에 대해서는 연방정부가 주정부와 지방정부에 자금을 공급해서 주정부와 지방정부가 필요한 공공사업을 할 수 있도록 하고, 태양열 같은 환경 친화적 기술에 대한 투자를 늘리며, 숙련된 고급 기술을 가진 외국 인력이 미국에 들어오는 창구를 넓히자고 주장한다. 금융기관에 대해서는 모든 파생 상품과 변종 금융수단을 규제하고 상업은행과 투자은행을 다시 분리하도록 하며, 큰 은행을 분산시켜서 대마불사大馬不死, Too Big To Fail를 원천적으로 봉쇄하자고 제시한다. 마지막으로 아리아나는 커뮤니티에 봉사하는 미국 고유의 미덕을 살려서 다 같이 함께하는 사회를 만들자고 주장한다.

이 책은 내용보다도 아리아나 허핑턴이라는 '화제의 인물'이 저자라서 주목을 받았다. 《허핑턴 포스트》로 대성공을 거둔 저자는 2011년 2월

《허핑턴 포스트》를 3억 1,500만 달러를 받고 AOL에 매각했다. 그러면서 자신은 '허핑턴 포스트 미디어그룹'의 대표와《허핑턴 포스트》편집장으로 남도록 협상하는 데 성공했다. 그러자 보수를 받지 않고《허핑턴 포스트》에 글을 올려온 블로거들은 아리아나가 배신을 했다면서 수백만 달러의 손해배상을 요구하는 소송을 제기했다. 하지만 연방법원은 블로거들이 보수를 받기로 약정한 적이 없다면서, 이들이 제기한 소송을 기각했다. 아리아나 허핑턴은 수많은 블로거들이 일으켜놓은《허핑턴 포스트》를 금전적 가치로 환산하여 매각함으로써 큰돈을 거머쥔 셈이다. 이 책에서 자신이 비난했던 '극소수만 부유해지는 미국적 병폐'를 자신이 이용한 것이다.

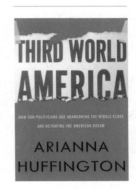

061

미국은 몰락하는가

마크 스타인Mark Steyn,
《미국 이후: 아마겟돈을 준비하라After America: Get Ready for Armageddon》
(Regnery Publishing, 2011)

　《미국 혼자서》에서 서유럽 문명의 몰락을 그린 마크 스타인은 이 책을 통해 미국의 몰락이 불가피하고 그 과정은 더 빠를 것이라고 주장한다. 스타인은 미국 몰락의 주된 원인으로 막대한 재정 적자를 꼽고 있다. 2020년이 되면 미국 정부는 전체 세입의 15퍼센트에서 20퍼센트를 부채 이자로 지불하게 될 것인데, 그러면 미국은 부채 이자로 국방비보다 더 많은 돈을 지출하게 된다. 이렇게 지출하는 이자의 많은 부분이 외국으로 나가고 있다는 데 더 큰 문제가 있다. 2010년 기준으로 미국이 지고 있는 부채의 절반은 외국인에 대한 것이며, 중국에 대한 부채가 전체 부채의 4분의 1에 달한다.

　저자는 미국이 몰락에 이르게 된 데는 여러 원인이 있다고 말한다. 패니 매와 프레디 맥 같은 독점기업, 큰 정부와 비대해진 관료제 등 때문이라는 것이다. 먼저 2008년 가을 경제 위기 후에 정부 부채가 큰 문제로 대두되었는데, 웨스트버지니아 파커스버그에 위치한 미국 공공부채국 U.S. Bureau of the Public Debt은 늘어나는 정부 부채 문제를 다루기 위해 신규 공무원을 대거 채용했다. 부채를 감축하려면 공무원 수를 줄여야 하는데 오히려 공무원 일자리를 늘린 것이다. 저자는 미국의 법률과 규칙이 갈수록 증가해서 미국의 주권자는 국민이 아니라 규제자Regulators라고 할 만하다고 말한다. 정부 기관의 회계는 우스울 정도로 제멋대로 이루어지고 있어서 예산 낭비가 심각하다. 정부 기관 공무원들은 업무 시간이 짧고, 일찍 은퇴해도 연금을 받게 되어 있다. 정부뿐 아니라 미국민도 빚에 허덕이고 있다. 2007년 기준으로 가계는 평균 소득의 170퍼센트에 달하는 부채를 지고 있다.

저자는 미국 경제에서 차지하는 제조업의 비중이 1947년 25.6퍼센트에서 2008년 11퍼센트로 떨어졌고 회계나 보험 등의 전문 서비스업 종사자는 같은 기간에 13.9퍼센트에서 33.5퍼센트로 늘어났는데, 전문 서비스업 종사자가 증가하게 된 이유가 주로 정부 규제에 부응하기 위해서였다고 분석한다. 또한 오늘날 미국에는 실수요보다 훨씬 많은 주택이 있기 때문에 향후에 주택 수요가 늘어날 리 없고 주택 가격 역시 다시 올라갈 가능성은 없다고 보고 있다.

미국이 서유럽을 닮아가고 있다며 한탄하는 저자는 오늘날 그리스가 서유럽의 말로를 잘 보여준다고 말한다. 그리스의 부채율은 GDP의 125퍼센트이고, 이탈리아는 117퍼센트에 달한다. 2030년이 되면 그리스의 65세 이상 인구 비율은 25퍼센트가 될 것이다. 서유럽 다른 나라들도 그리스가 가는 길을 따를 것이고 다음은 일본과 미국이 그 길을 갈 것이다. 재정이 건전하다는 독일도 인구 감소가 불가역적으로 일어나고 있다. 독일 여성 셋 중 한 명은 아예 아이를 갖지 않는다. 그 결과, 독일의 노동 인력은 수십 년 내에 30퍼센트 감소할 것이다.

젊은 세대가 부모에 의존해서 사는 기생 현상이 유럽과 캐나다에서 일어나고 있다. 이탈리아에서는 18세에서 39세에 이르는 이들 중 열에 일곱이 부모와 같이 살고 있으며, 캐나다에서는 25세에서 29세 사이 남성의 31퍼센트가 부모와 같이 살고 있다. 부모 세대보다 교육을 잘 받은 자식 세대가 직장을 찾지 못하고 나이 서른이 되도록 부모에 매달려 사는 경우가 흔한 것이다.

저자는 미국이 안고 있는 또 다른 문제로 교육을 꼽는다. 1940년 미국 국민의 다수는 중학교 졸업도 제대로 하지 못했다. 하지만 오늘날 18세에서 24세 인구의 40퍼센트는 대학에 등록을 하고 있다. 대학 교육의 만연으로 인해 젊은이들의 사회 진출이 늦어지고, 이로 인해 결혼도 늦어지면서 자식을 갖지 않거나 늦게 갖는 현상이 심해지고 있다. 남성이 여성화하는 현상도 심해지고 있다. 타이타닉이 침몰할 때 성인 남성들은 여성을 구명정에 태우고 자신들은 배와 함께 바다 깊이 사라졌다. 1994년에 침몰한 에스토니아 호에는 승객 1,051명이 타고 있었는데, 구조된 139명의 대부분은 젊은 남성이었다. 서유럽 문명에 자리 잡고 있었던 기사도 정신은 이미 사라져버린 것이다.

이민자들이 야기하는 문제도 심각하다. 미국으로 들어온 불법 이민자들은 영주권을 얻기 위해 출산을 하고, 이로 인해 공립병원들은 이들의 출산을 돌보느라 적자가 늘고 있다. 이렇게 출산한 아이들이 학교에 들어가게 되면 그 비용은 지방정부가 감당해야 한다. 적잖은 작은 지방정부들이 이미 파산을 선언했고, 그 여파가 어디까지 갈지 현재로써는 알 수가 없다. 미국과 남쪽 국경을 마주하고 있는 멕시코에서 벌어지는 마약 거래와 이로 인한 살인 등 중대범죄도 미국에 직접적인 영향을 주고 있다. 멕시코는 미국에 또 하나의 수렁이 되어가고 있는 것이다.

저자는 미국의 쇠락이 불가피하고 불가역적인 것이라고 본다. 농업 생산력은 좋아졌지만 농업 종사자의 수는 대폭 줄어들었다. 한때 세계 자동차 산업의 중심이었던 디트로이트는 죽은 도시가 되고 말았다. 미국의 주축이던 농업과 제조업은 더 이상 미국인들에게 일자리를 제공하지 못하고 있는 것이다.

'문화 다양성'이라는 이념의 포로가 된 유럽에서는 이슬람화 현상이 진행되고 있다. 한때 동성애자들의 숙소로 유명했던 암스테르담의 '레인보우 팰리스'라는 호텔은 경영난 끝에 이슬람 여행객을 위한 숙소로 바뀌고 말았다. 이는 동성애와 마약을 합법화하는 데 앞장섰던 네덜란드의 이슬람화 현상을 잘 보여주는 사례이다. 저자는 이런 일련의 사례를 들어 미국이 몰락한 후의 세계는 바로 이런 세계가 될 것이라면서, 미국이 정부 기관을 축소하고 규제를 줄이며 경쟁을 촉진하는 등 미국의 원래 덕목을 되찾는 담대한 개혁을 시급하게 해야 한다고 주장한다.

저출산과 이로 인한 인구 감소, 노령 인구 증가와 복지 부담 증가, 공공 부채와 개인 부채의 증가, 제조업의 쇠퇴와 지방정부의 적자 등 저자가 미국의 중대한 병폐라고 지적한 문제는 우리도 이미 겪고 있다. 더구나 우리는 그 문제들을 깨닫지 못하고 있으니 사태의 심각성이 더 크다고 생각된다.

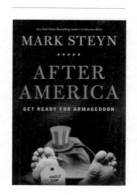

062

우리가 알던
미국이 아니다

패트릭 뷰캐넌Patrick J. Buchanan,
《초강대국의 자살: 미국은 2025년까지 살아남을 것인가?
Suicide of a Superpower: Will America Survive to 2025?》
(St. Martin's, 2011)

　　레이건 대통령의 공보비서를 지낸 패트릭 뷰캐넌이 펴낸 이 책은 '미국은 2025년까지 살아남을 것인가?'라는 부제를 달고 있다. 저자는 미국이 인종적으로, 문화적으로, 도덕적으로, 그리고 정치적으로 와해되어가고 있어서 더 이상 우리가 알았던 과거의 미국이 아니라고 말한다. 또한 미국이라는 초강대국은 스스로 패망의 길을 선택했다고 보고 있다.

　　2000년에 미국은 재정 흑자를 유지했는데, 2010년에는 1조 4,000억 달러의 적자를 기록했다. 감당하기 어렵고 정당화하기 어려운 이라크전쟁 때문에 이 같은 재정 적자가 난 것이다. 무역 적자 또한 심각하다. 2008년에 미국은 제조업 분야에서 4,400억 달러 무역 적자를 기록했는데, 이는 자유무역이 가져온 결과이다. 국가는 경제적 국가주의에 서 있을 때 부강해지고, 자유무역을 받아들이면 쇠퇴하는 것이 역사의 경험이다.

미국은 '부채 왕국'이 되고 말았다. 개인과 은행, 그리고 국가 자체가 모두 엄청난 빚에 시달리고 있다는 것이다. 사회보장, 의료보장, 군인 연금 등 정부가 항구적으로 지출해야 할 부담은 천문학적이다. 1929년 초 쿨리지 대통령이 물러날 때 미국 정부는 GNP의 3퍼센트를 지출했다. 그러나 오바마 대통령 취임 첫해에 미국 정부는 GDP의 25퍼센트를 지출했으며, 재정 적자는 GDP의 10퍼센트에 달했다. 이러한 연방정부 예산 지출 항목 중 가장 큰 다섯 개는 사회보장, 메디케어, 메디케이드, 국방, 그리고 부채에 대한 이자였다.

미국의 정신인 독립성과 자조自助는 온데간데 없어져버렸다. 2010년 4,180만 명의 미국 국민이 연방정부가 빈곤층에 식비를 지원해주는 이른바 푸드 스탬프Food Stamp에 의존해 살고 있다. 2011년에 푸드 스탬프에 소요된 예산이 770억 달러에 달한다. 오늘날 미국 아이들의 41퍼센트가 정상적인 결혼 관계 외에서 태어난다. 흑인의 경우는 이 비율이 71퍼센트에 달한다.

미국은 종교의 자유를 찾아 대서양을 건너온 사람들이 세운 나라이다. 오늘날 원래 미국의 종교이던 개신교는 쇠퇴 일로를 걷고 있고, 성공회도 역시 그러하다. 상대적으로 가톨릭 인구는 유지되고 있지만, 이는 이민자들의 유입에 힘입은 것이다. 한 나라의 문화적 기반인 종교가 급속히 무너지고 있는 것이다.

저자는 2040년이면 미국에서 백인이 소수인종이 될 것이라고 예측한다. 급속히 늘어나는 라틴계 미국인들은 갈수록 흑인을 닮아가고 있다. 흑인 및 라틴계 주민들이 많이 사는 지역과 인디언 보호구역에서는 범죄가 급격히 늘어가고 있다. 전통적 미덕을 지키며 살아온 백인들은 티파티가 조직한 '타운 홀 미팅Town Hall Meeting'에 쏟아져나와서 분노의 목소리를 내고 있다. 반면, 기독교 윤리에서 해방된 유럽과 미국의 젊은 이들은 자식 갖기를 원하지 않는다. 자식을 키우고 교육시키는 데 너무나 많은 돈이 들어가고, 좋은 교육을 받은 여성들은 자신들이 만족스러운 삶을 누리기를 원하기 때문에 구태여 아이들을 양육하려고 하지 않는 것이다.

미국 사회는 갈수록 평등과 다양성을 강조하고 있다. 정치인들은 유색인종의 표를 의식해서 '다양성이 미국 사회의 강점'이라고 말하고 있지만, 저자는 오늘날 미국이 '다양성의 저주Diversity Cult'에 걸려 있다고 한다. 미국은 원래 정직하고 청렴한 유럽의 기독교인들이 세운 나라라는 사실마저 잊히고 있다. 단일 인종으로 이루어진 일본과 한국이 강한 국가가 되었고, 인종 구성이 복잡한 아프리카 국가들은 내란과 학살로 시름하고 있다. 이는 다양성이 결코 강점이 아니라는 것을 잘 보여주는 사례가 아닐 수 없다. 엘리트 계층은 다양성을 추상적인 의미에서 좋아하지만, 현실 세계에서 다양성을 좋아하는 사람은 없다. 한쪽에서는 말로만 그럴싸한 '문화의 다양성'을 이야기하고 있고, 세계 곳곳에서는 '부족주의Tribalism'가 다시 일어나고 있다. 동유럽, 아프리카, 중동 등 세계 각지에서는 부족주의가 부흥하고 있으며, 이로 인한 정치적 불안은 심화되고 있는 것이다.

미국은 흑인 등 소수인종 인구가 급증해서 이제 백인이 소수자로 전락하고 있다. 저자는 이 같은 인종 구성비의 변화가 공화당에 어두운 그림자를 던져주고 있다고 말한다. 1964년에 민주당이 민권법을 통과시키고 공화당이 배리 골드워터를 대통령 후보로 지명한 후 흑인들은 링컨의 정당인 공화당에 등을 돌리게 됐다. 오늘날 공화당이 흑인 유권자들 사이에서 얼마나 인기가 없는가는 2008년 대통령선거 결과를 보면 알 수 있다. 당시 출구조사에 의하면 공화당 존 매케인 후보는 백인 유권자의 55퍼센트, 히스패닉 유권자의 31퍼센트, 그리고 흑인 유권자의 4퍼센트를 차지했다. 매케인은 이 선거에서 18세에서 29세 사이의 젊은 유권자들에게 66 대 32로 오바마에 패배했다. 오늘날 공화당은 흑인, 히스패닉, 그리고 젊은 층에서 심각한 수준으로 지지 기반을 잃어가고 있다. 미국 사회의 주류였던 백인 기독교인은 여전히 공화당을 많이 지지하지만, 이제는 백인 기독교인 자체가 소수로 전락해가고 있다. 세라 페일린이 말하는 '원래의 미국'은 사라져가고 있는 것이다.

공화당은 소수인종 유권자가 많은 뉴욕, 일리노이, 캘리포니아에서 패배하기 마련이고, 이런 주들은 선거인단이 많기 때문에 공화당은 대통령을 배출하기가 어렵다. 한국, 베트남, 중국계의 나이 많은 유권자들은 공산주의에 대한 혐오 때문에 공화당을 지지했지만, 이들의 자식 세대는 부모들과는 다른 기준에서 투표를 하고 있다.

사이렌 여신의 유혹에 넘어가서 시작한 이라크전쟁과 아프가니스탄 전쟁은 미국에 치명적인 손실을 입혔다. 주택 가격 버블에서 비롯된 재정 위기와 자유무역으로 인한 제조업 기반 소실은 미국 경제에 회복할 수 없는 손실을 입혔다. 따라서 이제 미국은 제국주의의 환상을 버리고 이슬람 세계에서 빠져나와야 한다. 미국은 한국과 일본에 지상군을 주둔시킬 필요가 없다. 저자는 미국이 미국 스스로를 구하기 위한 마지막 노력을 기울여야 한다면서, 정부를 축소하고 제조업을 부흥시키며 이민을 억제하고 보수주의에 입각한 문화전쟁을 벌여야 한다고 주장한다.

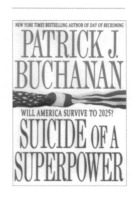

063

새로운 양극화의 등장

찰스 머레이Charles Murray,
《분열: 백인의 미국, 1960년부터 2010년까지
Coming Apart: The State of White America, 1960~2010》(Crown Forum, 2012)

　　찰스 머레이는 현재 미국기업연구소 연구위원인데, 사회 현상에 관한 논쟁적인 책을 여러 권 낸 사람이다. 저자는 1984년에 발표했던《근거가 없다*Losing Ground*》에서 사회복지가 전체 사회에 마이너스 효과를 가져오며 도움을 주고자 하는 사람들을 오히려 더 불행하게 만든다고 주장했다. 이 같은 주장은 사회복지가 도덕적 해이를 초래한다는 레이건 행정부의 입장을 뒷받침했으나 반론이 제기되는 등 파문을 일으켰다. 1994년에는 하버드대학의 리처드 헤른슈타인Richard Herrnstein 교수와 함께《벨 커브*Bell Curve*》를 펴냈는데, 인지능력이 개인과 사회의 성취력에 결정적 역할을 한다고 주장해서 역시 논란을 일으켰다.

　　저자는 일흔을 넘긴 나이에 펴낸 이 책에서 1960년 이후 반세기 동안 미국 백인 사회가 신상류층New Upper Class과 신하류층New Lower Class으

　　　　　　　　　　　　　　　　　　　공부하는 보수

로 분열되었고, 이 두 계층이 각자 전혀 다른 사회를 이루고 있어서 심각한 문제가 되고 있다면서, 이를 해결하기 위해서는 신상류층이 '공적 의무Civic Duty'를 이행해야 한다고 주장한다. 이에 대해 이런 현상이 미국에 국한된 것이 아니라는 등 반론이 제기되었다.

《성공의 미래The Future of Success》로 유명한 로버트 라이시Robert Reich 교수는 1991년에 미국의 직업을 통상적 생산직, 대인 서비스직, 그리고 상징분석Symbol-Analytic 서비스직으로 분류하고, 상징분석 직종이라는 새로운 계층은 관리자, 엔지니어, 과학자, 교수, 변호사, 언론인, 컨설턴트 등 지능을 이용해서 정보를 처리하는 근로자를 의미한다고 주장했다. 머레이는 라이시 교수가 말하는 상징분석 직장인들 같은 중상류층을 신상류층으로 부르면서, 이들이야말로 미국의 경제·정치·문화 기구를 움직이는 계층이라고 지적한다. 저자는 과거와 달리 지난 50년 동안에 형성된 이 신상류층은 성장 배경부터가 서로 공통점이 많다는 특징을 갖고 있다고 본다.

50년 전의 부자와 보통 사람은 재산이 많고 적다는 차이를 가질 뿐이었지만, 이제는 향유하는 문화 자체가 다르다. 신상류층은 더 좋은 대학을 나왔고, 휴가를 보내는 방식도 보통 사람들과 다르며, 음식과 의복 등 일상생활에서의 문화 역시 보통 사람들과 다르다. 신상류층은 자식을 갖지 않거나, 갖더라도 늦게 갖고, 또 자식을 키우는 방식도 보통 사람들과 다르다. 신상류층 자식들은 끼리끼리만 교류하고 결혼도 그들 사이에서만 한다. 따라서 신상류층은 사회 경제적으로 대다수 미국인과 분리되어 있다.

신상류층은 고액 연봉을 받는 금융과 테크놀로지 관련 직업 또는 고급 관리직에 종사하고 있으며 신경제로 인한 효과를 누리고 있다. 반면 보통 사람들의 삶은 과거와 별로 달라진 것이 없다. 신상류층은 그들만 모여 사는 부유한 동네에 거주한다. 이들은 뉴욕, 보스턴, 워싱턴, 샌프란시스코 등 대도시의 특정 고급 거주 지역에 산다. 다른 지역과 달리 이런 지역에는 백인과 동양인의 구성비가 매우 높다. 이들은 조깅, 요가 등 건강에 관심이 많고 쓰레기 분리수거도 잘한다. 이들은 자신들의 거주 지역에 관한 사안에 민감하게 반응하며 주민 상호 간에 유대 관계도 강하다. 하지만 이들은 보통 미국인의 삶을 잘 알지 못하고 또 알려고 하지도 않는다.

원래 미국의 주류는 근로자였고, 근면과 검약은 미국의 미덕이었다. 하지만 1970년대부터 이 같은 주류는 서서히 사라져버렸다. 고임금이 보장되던 숙련 노동직이 사라져갔고, 그 대신 고용 안정이 보장되지 않는 비숙련 노동직이 늘어났다. 이에 따라 미국의 주류이던 백인 남성은 근로 의욕을 상실해가고 있고, 그 결과 이들의 소득이 줄어들고 있다. 이로 인해 결혼을 하지 않거나 결혼 후에도 이혼하는 경우가 늘어가고 있으며, 결손 가정과 미혼 자녀가 늘어가고 있다. 결손 가정이 많아져서 청소년이 범죄에 빠지는 경우가 늘고 있는데, 실제로 교도소에 수감된 백인들은 대부분 신하류층 출신이다. 이들은 자신들이 모여 살고 있는 지역에 대해 관심도 없고, 이웃과 유대 관계도 없다. 미국 사회의 주축이었던 보통 사람은 사라졌고, 대신에 자신감을 잃어버린 신하류층이 미국의 다수가 되고 말았다.

저자는 미국의 엘리트 신상류층이 '공허하다Hollow'고 지적한다. 이들은 자신의 재능을 달러로 환산해서 경제적으로 번창하는 데에만 관심을 갖고 있다는 것이다. 이들은 자신의 취향에 따라 선거에서 민주당이나 공화당을 찍지만 정치에 간여할 생각을 하지 않는다. 이들은 세금을

공부하는 보수

납부함으로써 자신들의 의무를 다했다고 생각한다.

저자는 신상류층이 자신들의 삶에만 관심을 갖는 이 같은 현상이 계속되면 미국이 유럽의 길을 가게 될 것이라고 경고한다. 또한 유럽의 복지국가 모델은 이미 파산 상태에 접어들었으며, 미국은 결코 이를 따라가서는 안 된다고 주장한다. 미국은 유럽과 달리 공공성을 강조하면서 태어난 나라이기 때문에 포스트모던한 평등주의에 빠져서 도덕적으로 파산한 유럽의 전철을 밟아서는 안 된다는 것이다. 그러기 위해선 신상류층이 자신들의 삶을 냉정하게 돌아보아야 한다고 말한다. 즉, 왜 미국이 특별한 국가였는지, 신상류층은 이를 다시 생각하고 그 책임을 다해야 한다는 것이다.

이와 같은 저자의 우려는 미국에 국한된 것만은 아닐 것이다. 우리나라도 근래에 들어 이 같은 현상이 심화되고 있기 때문이다. 강남 3구 등에 모여 사는 부유층은 단순히 경제적으로 부유한 사람들이 아니라, 보통의 국민들과는 문화적으로 다른 특징을 보이고 있다. 경제적 양극화 못지않게 심각한 문화적 동질성의 상실에 대해 우리도 관심을 가져야 한다는 생각이 든다.

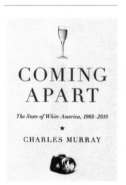

5장

초강대국의
길 잃은
외교

064

미국은
어떤 제국이 될 것인가

앤드루 바세비치Andrew J. Bacevich,
《아메리카 제국: 미국 외교의 현실과 결과
American Empire: The Realities and Consequences of U.S. Diplomacy》
(Harvard University Press, 2002)

20세기가 끝나갈 무렵, 사람들은 21세기가 '미국의 세기'가 될 것이며 미국은 유일한 '수퍼 파워'가 될 것이라 생각했다. 우리나라에도 이를 두고 미국의 패권주의를 비난하는 사람이 있는가 하면, 초강대국 미국을 기정사실화하고 그런 질서하에서 우리의 국익을 챙겨야 한다고 보는 현실주의자들도 있다. 미국 조야朝野에서는 미국이 제국이 되어가는 것을 불가피한 기정사실로 보면서, '미국이 어떠한 제국이 될 것인가' 하는 점이 실질적으로 더욱 중요하다는 이야기가 나왔다. 21세기를 여는 시점에 나온 이 책에서 앤드루 바세비치 교수는 그러한 문제를 솔직하게 다루면서 주목을 샀다.

앤드루 바세비치는 육군사관학교를 나와서 임관한 후 1970년부터 1971년까지 베트남전쟁에 참전했고, 1990년대 초에 대령으로 예편했다.

군복무 중 프린스턴대학에서 박사 학위를 취득했고, 모교인 육군사관학교와 존스홉킨스대학에서 가르쳤으며, 1998년에 보스턴대학 교수로 부임해서 오늘에 이르고 있다. 바세비치는 자신을 보수주의자로 규정하면서도 조지 H. W. 부시와 클린턴 행정부의 대외 정책을 예리하게 비판하여 학계에서 두각을 나타냈다.

조지 W. 부시 정부가 이라크를 침공하자 바세비치 교수는 이라크전쟁이 또 다른 베트남전쟁이 될 가능성이 크며 미국의 국익에 도움이 되지 않는다고 주장해서 파문을 일으켰다. 그의 아들도 육군사관학교를 나왔는데, 존 바세비치John Bacevich 중위는 2007년 5월에 이라크에서 반군의 급조폭발물 때문에 전사했다. 바세비치 교수는 공화당원임에도 2008년 대선에서 오바마를 지지하여 프랜시스 후쿠야마, 콜린 파월 등과 보조를 함께 했다. 이 책에는 미국의 대외 정책에 관한 바세비치 교수의 생각이 잘 정리되어 있으며, 마지막 부분에는 당시 발생한 9.11 테러에 대한 대응 방향에 관해 의미 있는 언급도 하고 있다. 2002년에 나온 책이지만 10여 년이 지난 오늘날에 읽어보면 저자의 경고가 대체로 정확했다는 것을 알게 된다.

저자는 1990년대가 미국이 목표와 의지를 갖고 대외 관계를 이끌 수 있었던 좋은 기회였는데, 그만 낭비하고 말았다는 말로 이야기를 시작한다. 냉전 시대의 '봉쇄 정책'의 틀에 갇혀서 위기를 관리해오는 데 그쳤고 '큰 생각Big Idea'이 없었다는 것이다. 미국의 팽창적인 대외 정책은 '미국은 외국에 개입하고 싶지 않았지만 사정이 불가피해서 개입했다'는 초강대국 신화The Myth of the Reluctant Superpower를 벗어나지 못했다. 이러한 신화는 미국이 현재 의문의 여지가 없는 글로벌 강대국임을 부인하는 것이다.

클린턴 행정부에서 국무장관을 지낸 매들린 올브라이트Madeleine Albright는 "미국은 역사를 만들어나가야 하는 의무가 있다"고 말했고, 1999년에 콘돌리자 라이스는 "소련의 몰락과 자본주의의 승리로 인해 미국은 역사의 올바른 쪽에 서 있다"고 단언했다. 그러나 베트남전쟁에서의 실패는 미국의 대외 정책 전문가들로 하여금 보다 신중한 자세를 갖도록 하였다. 레이건 행정부에서 국방장관을 지낸 캐스퍼 와인버거는 "미국의 매우 중요한 국익이 걸린 경우에만 군사적으로 개입한다"는 '와인버거 독트린Weinberger Doctrine'을 천명했다. 1990년부터 1991년까지 있었던 쿠웨이트 위기는 와인버거 독트린의 시금석이었다. 와인버거 독트린의 신봉자이기도 한 콜린 파월 합참의장은 걸프전쟁을 성공적으로 이끌었고, 나중에 조지 W. 부시 행정부에서 국무장관이 되었다. 그의 이름을 딴 '파월 독트린Powell Doctrine'은 와인버거 독트린과 유사한 것이었지만, 보스니아에서 미국이 개입을 주저함으로써 파월 독트린은 시련을 겪었다.

조지 H. W. 부시 대통령과 그의 외교 안보팀은 검증된 인물들이었지만, 냉전 시대의 틀을 그대로 갖고 있었다. 걸프전쟁은 성공적이었다고 평가되지만 그 성과는 매우 과장된 것이었다. 미국은 일방적으로 승전을 선언했지만, 사담 후세인이 건재했기 때문에 승리가 갖는 의미는 퇴색하고 말았던 것이다. 부시 행정부는 베를린장벽의 붕괴라는 대사건에 대해서도 역사적 상상력과 도덕적 감각을 가지지 못했다. 전후 세대인 클린턴 대통령은 전임 부시가 가지지 못한 장점을 갖고 있었는데, 그는 미국 사회와 세계를 바꾸고 있는 힘을 주의 깊게 관찰한 인물이었다. 또한 클린턴은 외교가 국내 정치와 밀접하게 관련되어 있다는 것을 잘 알았던 정치인이었다. 그러나 클린턴과 그의 외교팀은 소말리아에 섣부르게 개입했다가 큰 대가를 치렀다.

저자는 클린턴 시대에 밀어붙인 자유무역 정책이 미국 경제에 좋은 영향을 준 성공작이었다고 말한다. 하지만 미국이 자랑하는 개방성은 1990년대에 미국이 테러의 대상이 되는 부작용을 초래했다. 1993년 세계무역센터, 1995년 오클라호마시티 연방청사, 1996년 사우디아라비아 코바르타워, 1998년 케냐 및 탄자니아 주재 미대사관, 그리고 2000년 미해군 함정 콜호 등을 상대로 한 테러가 계속 일어났던 것이다. 미국이 자랑하는 개방성은 테러와 같은 위험을 야기하고 있지만 개방성을 제약하려는 시도는 결코 지지를 받지 못했다. 클린턴 행정부는 과거에 군함을 앞세웠던 외교의 현대판이라고 할 수 있는 크루즈미사일과 항공 전력을 십분 활용했는데, 몇몇 경우에는 성공을 거두었다. 미국인들은 미국이 글로벌 리더이기를 원하지만 이런 목적을 피와 땀과 눈물이 없이, 최소한의 비용으로 달성하기를 원하고 있다.

콜린 파월은 미국에서 새로운 부류의 '총독들의 전성시대'를 열었다. 걸프전쟁에서의 성공으로 인해 미국인들은 베트남전쟁에서 입은 정신적 상처를 치유할 수 있었다. 걸프전쟁을 지휘한 콜린 파월은 은퇴하자마자 워싱턴에서 영향력 있는 지도자로 부상했다. 클린턴 행정부에서 합참의장을 지낸 다른 4성 장군 두 명은 파월과는 달리 직무에만 전념한 군인이었으나, 중부군 사령관이던 앤서니 지니 장군은 잦은 언론 인터뷰로 백악관과 충돌을 빚었다. 세르비아를 상대로 한 공습 작전을 지휘한 웨슬리 클라크Wesley Clark 대장도 언론에 많이 노출됐다. 전쟁을 지휘한 장군들이 매스컴에 자주 등장함에 따라 미국인들은 자신들의 군사력과 지휘관들을 사랑하게 됐다.

2000년 대통령선거에서 외교정책은 선거 이슈가 되지도 않았다. 조지 W. 부시는 클린턴의 외교정책 기조에 대해 이의를 제기하지 않았다.

대통령에 당선된 부시는 콜린 파월을 국무장관에, 도널드 럼즈펠드를 국방장관에 임명했고, 리처드 아미티지를 국무차관에, 폴 울포위츠를 국방차관에 임명했다. 럼즈펠드는 이미 포드 행정부에서 국방장관을 지냈고, 울포위츠와 아미티지는 아버지 부시 행정부에서 고위직을 지냈던 인사다. 부시는 역시 아버지 시절 백악관 안보보좌관실에서 일했던 콘돌리자 라이스를 안보보좌관으로 임명했다. 파월이 국무장관이 되었기 때문에 미국은 자국의 중요한 국익이 위협받는 경우, 꼭 필요한 경우에만 압도적인 군사력으로 대외 개입을 할 것이란 파월 독트린이 새로 들어선 부시 행정부의 외교정책으로 이해됐다.

부시 대통령은 임기 초에 교토 의정서를 거부해서 일방주의라는 비난을 받았다. 하지만 교토 의정서는 그 자체가 비현실적이어서 그것을 이유로 부시 행정부의 대외 정책이 일방적이라고 비난하는 것은 온당치 않다. 부시 행정부 외교팀의 정책은 클린턴의 그것과 별로 다를 것이 없었다. 부시 행정부는 초기에 다음의 네 개 원칙을 대외 정책의 기본으로 받아들였다. 첫째는 글로벌 질서에서 우세를 유지하여 역사의 수호자가 되려는 미국의 사명이고, 둘째는 개방성과 일관성의 유지이며, 셋째 전략적으로 가치 있는 지역에서 미국의 우위를 유지하여 글로벌 리더십을 확보하는 것이며, 넷째는 군사적 우위를 전 세계적으로 그리고 항구적으로 확보하는 것이다.

2001년 5월, 파월 국무장관은 "낙관주의를 피하기가 어렵다"면서, 냉전 시대처럼 "진영으로 분열된 세상을 걱정하던 시대는 지나갔다"고 말했다. 그러나 그해 9월 11일, 모든 것은 바뀌고 말았다. 9월 11일에 시작된 전쟁은 개방성을 지키고 증진하기 위한 전쟁이었다. 9월 14일, 의회는 9.11 공격에 가담한 자들에 대하여 필요하고 적절한 조치를 취할 수 있는 포괄적 권한을 대통령에게 위임했다. 그리하여 9월 20일, 부시 대통령은 이른바 '부시 독트린'을 발표했다. 부시는 세계를 자유 진영과 압제 진영으로 구분한 뒤, "자유 그 자체가 공격을 받았다"고 단언했다. 이렇게 해서 미국은 악을 상대로 전쟁을 시작하게 됐다.

2001년 10월 7일, 아프가니스탄 탈레반 정권과 알카에다를 상대로 한 '항구적 자유 작전Operation Enduring Freedom'이 시작됐다. 군사 전략가들은 미사일과 공군력을 최대한 이용하고 지상군을 최소한 사용했다. 지상전은 아프가니스탄 북부연맹의 군벌 병력이 주로 담당했다. 9.11은 또한 미국인들에게 엄청난 애국심을 불러일으켰다. 1990년대를 통해 입증된 미국의 우세한 군사력에 애국심이 가해져서 미국인들은 전에 없이 군사력에 의존하려는 성향을 갖게 됐다. 부시 대통령은 미국의 방어선이 지구 전체를 포함한다고 천명했다. 이렇게 해서 미국은 사실상 '제국Empire'이 되었다.

20세기 초에 찰스 베어드Charles A. Beard는 유럽에서의 전쟁에 미국이 참전하는 것을 반대하며 "미국은 로마가 될 수 없다"고 했다. 하지만 저자는 이제 현실에서의 미국은 로마가 되고 말았다고 말한다. 이를 부정할 수는 없지만, 그렇다고 제국이 된 것을 결코 축하할 수만도 없다며 경각심을 일깨운다. 제국은 정치적·경제적·군사적으로만 유지할 수는 없다. 제국을 유지하기 위해서는 도덕적 기반이 있어야 하고 지도자에게는 혜안과 일관성과 자각이 있어야 한다. 제국은 사소한 불편과 중대한 위협을 구별할 줄 알아야 하고, 꼭 있어야 하는 필수적인 것과 있으면 좋고 편리한 것을 구분할 수 있어야 한다. 포스트모던한 민주주의 사회에서 제국 구실을 하기란 무척 어렵다. 미국이 제국이 되어야 하는가 혹은 아닌가 하는 문제보다 더 중요한 것은 '어떤 제국이 되어야 하는가' 하는

문제다. 저자는 여기서 판단을 그르치면 제국
으로서 미국이 소멸될 뿐만 아니라 공화국으
로서 미국도 위험에 처하게 될 것이라고 경고
한다. 부시의 이라크전쟁과 오바마의 아프가
니스탄전쟁이 실패로 귀결된 오늘날의 상황
에서 바세비치 교수의 판단이 무척 정확했다
는 생각이 든다.

065

포스트모던 국가와
세계 질서

로버트 쿠퍼Robert Cooper,
《국가들의 분열: 21세기의 질서와 혼돈
The Breaking of Nations: Order and Chaos in the Twenty-First Century》
(Atlantic Monthly Press, 2003)

　　로버트 쿠퍼는 옥스퍼드를 졸업한 영국의 외교관으로, 2002년부터는 유럽연합 이사회 사무국에서 일했다. 쿠퍼는 1996년에《데모스 *Demos*》지에 발표한〈포스트모던 국가와 세계 질서The Post-Modern State and the World Order〉라는 논문으로 유명해졌다. 2003년에 나온 이 책의 1부는 이 논문을 보완한 것이고, 2부는 9.11 테러 후 토니 블레어Tony Blair 영국 총리에게 제출한 보고서를 보완한 것이며, 3부는 자신을 비판한 로버트 케이건에 대한 반론이다. 쿠퍼의 '포스트모던 국가' 이론은 많은 논쟁을 일으켰고, 특히 미국의 보수이론가인 로버트 케이건은 자신의 책《천국과 힘*Of Paradise and Power*》에서 쿠퍼를 반박하여 대서양 양쪽에서 이를 두고 열띤 논쟁이 일어났다.

　　쿠퍼는 1989년이 유럽에 있어서는 냉전 종식 이상의 큰 의미를 갖는 해라고 본다. 유럽에 있어서는 냉전 종식과 더불어 3세기 동안 지속되어온 '세력균형Balance of Power'과 '제국이 되고자 하는 충동Imperial Urge'에 기초를 둔 정치 체제가 종지부를 찍었기 때문이다.

쿠퍼는 냉전이 끝난 후 모든 국가는 다음 세 개의 세계로 분열하고 있다고 말한다. 첫째는 '프리모던 세계Pre-Modern World'로, 소말리아나 아프가니스탄, 라이베리아공화국 등이 이에 속한다. 러시아 연방의 체첸, 중남미의 마약 생산 지역, 미얀마 북부 등 많은 지역이 프리모던 세계로 퇴행하고 있다. 둘째는 '모던 세계Modern World'인데, 여기서 말하는 모던이란 국가주권과 대외 관계와 국내 통치가 엄격히 분리되어 있는 근대적 국가를 의미한다. 중국과 인도가 이에 속한다. 셋째는 '포스트모던 세계Post-Modern World'인데, 근대국가 시스템이 발전적으로 붕괴하고 생겨난 체제다. '포스트모던 세계'에서는 국경의 의미가 쇠퇴하고, 이런 국가들은 정복을 하거나 전쟁을 하는 데 관심이 없다. 저자에 따르면 유럽연합 국가들은 명백히 포스트모던 국가들이다. 일본 역시 기본적으로는 포스트모던 국가이지만 중국의 태도에 따라서는 국방 모더니즘으로 변모할 여지를 갖고 있다고 말한다.

그렇다면 저자의 관점에서 볼 때 미국은 어디에 속할까? 쿠퍼는 미국이야말로 독자적인 글로벌 전략을 갖고 있는 세계 유일의 국가이고, 나머지 국가들은 미국에 반응하고 미국을 두려워하며 미국의 보호 아래에 있다고 본다. 그러나 미국이 세계적 헤게모니를 장악하려고 해도 그런 시도는 결코 평화롭게 이루어지지 않을 것이며, 미국 자체도 예측하기 어려운 측면이 많다고 지적한다.

포스트모던 국가들은 포스트 산업화 단계의 서비스 경제를 주축으로 하고 있기 때문에, 그런 측면에서 본다면 미국은 포스트모던 세계에 속할 것이다. 하지만 글로벌 강대국인 미국은 국가주의 색채를 많이 띠고 있는 데 비해 유럽은 국가주의를 탈피했다고 쿠퍼는 말한다. 쿠퍼는 포스트모던한 유럽은 자신들의 정치적 문화를 전파하고 개방성과 초국가적 협력을 통해 안보를 확보할 수 있지만, 헤게모니를 통해 안보를 확보하려는 미국적 접근 방법은 아무리 강한 미국이라 할지라도 많은 위험을 수반한다고 지적한다.

9.11 테러가 발생하고 미국이 테러와의 전쟁에 나서자 영국은 어떠한 대외 정책을 취해야 하는가 하는 문제가 대두되었는데, 책의 2부는 그에 대해 다루고 있다. 쿠퍼는 21세기에 세계를 위협하는 위험은 테러와 대량 살상 무기이지만, 이에 대해 세력균형과 헤게모니로 대응하는 것은 적절하지 않다고 보고 있다. 쿠퍼는 변화된 시대에 영국의 대외 정책이 고려해야 할 격언이 다섯 개 있다고 했다. 첫째, 외국인은 우리와 다르고, 둘째, 대외 정책도 결국은 국내 정치에 의해 좌우되며, 셋째, 외국인들에게 영향을 미치기는 어려우며, 넷째, 대외 정책이 항상 이익을 두고 결정되는 것도 아니며, 다섯째, 문제 해결이 어려우면 문제의 범위를 확대시키는 것이 낫다는 것이다.

쿠퍼는 우리가 살고 있는 세계가 상호 간에 이익을 스스로 조정할 수 있는 '세계 공동체World Community'가 아닌 것은 분명하지만 그렇다고 그런 공동체가 전혀 존재하지 않는다고 말할 수는 없다고 말한다. 또한 기술발전으로 인해 '정글의 법칙Rule of Jungle'에 호소하다가는 그 결과가 참혹해질 것이라고 지적한다. 따라서 군사력 사용은 그것이 보다 질서 있고 정당한 세계를 가져올 수 있는 경우에만 정당화된다고 결론 내린다.

책의 3부는 2003년에 나온 로버트 케이건의《천국과 힘》초판에 대한 반론이다. 쿠퍼는 서유럽 국가의 군사력은 미국의 그것에 비하면 미약하지만 보스니아전쟁에서 영국·프랑스·독일군은 일정한 역할을 했다면서, 미국 군사력의 절대적 우위를 주장한 케이건을 반박한다. 쿠퍼는 서유럽 국가들이 군사적 능력이 없어서 비겁해졌다는 케이건의 주장에 대해 서유럽 국가들은 힘의 세계보다는 법의 세계에서 살기로 선택했다고 반박한다. 쿠퍼는 "미국에 좋은 것은 세계에도 좋다"는 명제가 미국의 행동 원칙이었지만, 9.11 후에 보여준 미국이 택한 강력한 의지는 우방국들마저 우려하게 만들었다고 말한다. 그러고는 유럽과 미국은 능력에서만 차이가 있는 것이 아니라 의지 자체가 다르다고 반박한다.

결론적으로 쿠퍼는 미국의 이익이 유럽의 이익과 항상 일치하는 것이 아니며, 유럽은 자신의 방위를 미국에 의존하는 데서 탈피해야 한다고 주장한다. 쿠퍼는 또한 포스트모던 세계를 확장시켜 국가 간의 관계에 있어서 법과 협상이 지배하는 세계의 규범이 되게 해야 하고, 국내 정책과 대외 정책이 융화되는 국제 공동체를 건설해야 한다고 말한다.

조지 W. 부시 정부가 이라크전쟁을 개시할 즈음 나온 이 책에는 미국을 보는 유럽의 시각이 잘 녹아 있는데, 이 책이 전달하는 메시지는 책이 나온 후 10년이 지난 오늘날에 의미가 더 크다고 생각한다. 미국의 군사력은 북서태평양에서 빠져나가고 있고, 일본의 자위대가 그 공백을 메워가고 있으며, 프리모던한 북한은 계속 평화를 위협하고 있기 때문이다. 우리는 모던에 머물러야 하는지 아니면 우리도 포스트모던을 지향해야 하는지, 많은 것을 생각하게 한다.

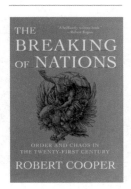

066

미국은 유럽과 다르다

로버트 케이건Robert Kagan,
《천국과 힘: 세계 질서에서의 미국과 유럽
Of Paradise and Power: America and Europe in the New World Order》
(Alfred A. Knopf, 2003)

로버트 케이건은 예일대학의 저명한 전쟁사학자 도널드 케이건Don-ald Kagan의 아들로, 예일대학을 졸업한 뒤 아메리칸대학에서 박사 학위를 취득했다. 레이건 행정부 시절에 국무부에서 일했으며, 카네기 국제평화연구소 연구위원을 오래 지냈다. 1997년부터 10년 동안 '새로운 미국의 세기 프로젝트Project for the New American Century'를 이끌었고 그 일환으로 2000년에 '미국 국방력 재건Rebuilding America's Defenses' 선언문을 발표했다. 로버트 케이건이 주도한 이 선언문에는 부친인 도널드 케이건, 동생인 프레더릭 케이건이 모두 서명을 해서 화제가 되었다.

유대인인 그의 부친 도널드 케이건은 원래 민주당 지지자였으나 1960년대 말 신좌파 운동을 보고서 공화당 지지자로 돌아섰는데, 그는 지난 2000년에 작은아들 프레더릭 케이건과 함께《미국이 잠자고 있을 때*While America Sleeps*》란 책을 펴내서 미국의 군사력 증강을 촉구했다. 이 책과 '미국 국방력 재건' 선언문은 네오콘의 입장을 지지한 것으로 조지 W. 부시의 대외 정책에 큰 영향을 주었다. 프레더릭 케이건의 부인 킴벌리 케이건Kimberly Kagan은 전쟁연구소Institute for the Study of War라는 작은 싱크탱크를 이끌고 있는데, 이들 부부는 이라크에 대한 병력 증강을 주장해서 관철시킨 바 있다.

로버트 케이건은 2008년 대통령선거 때 존 매케인 공화당 후보를 지지했는데, 오바마 정부가 들어서자 힐러리 클린턴 국무장관은 그를 국무장관 자문으로 발탁해서 주목을 샀다. 그는 2010년에 친민주당 성향의 브루킹스연구소로 직장을 옮겼다. 그의 부인 빅토리아 눌런드Victoria Nuland는 직업외교관인데 조지 W. 부시 행정부에서 나토 주재 대사를 지냈고 오바마 정부 들어서는 국무부 대변인을 거쳐서 2013년에 유럽 담당 차관보가 됐다. 워싱턴에서는 힐러리 클린턴이 대통령이 되면 케이건 부부가 중요한 역할을 하게 될 것으로 보기도 한다.

로버트 케이건이 2003년 초에 펴낸 이 책은 이라크전쟁을 앞두고 미국과 유럽 사이에서 벌어진 대립을 명쾌하게 설명하여 큰 반향을 일으켰다. 케이건은 100쪽 남짓한 이 얇은 책을 '유럽과 미국이 세계에 대해 공통된 의견을 갖고 있다는 가식을 이제는 벗어던져야 한다'는 강력한 메시지가 담긴 말로 시작한다. 케이건은 유럽은 이미 '힘Power의 세계'에서 벗어나 스스로 정해놓은 법과 원칙의 세계에서 평화와 상대적 번영을 누리고 있는 '역사 후의 천국Post-Historical Paradise'에 들어가 있는 반면, 국제법과 원칙을 신뢰하지 못하는 미국은 오직 군사력만을 믿을 수밖에 없는 '무정부적 홉스의 세계Anarchic Hobbesian World'라는 역사 속에 갇혀 있다고 분석한다. 그러면서 미국인과 유럽인은 이제 서로가 다르다는 사실을 인정해야 한다고 주장한다. 즉, 미국인은 화성에 왔고, 유럽인은 금성에서 왔다는 것인데, 미국은 세상을 선과 악, 친구와 적으로 나누어 보는 데 비해 유럽은 세상을 보다 더 복잡하게 보며, 미국은 대외 정책에 있어서도 인내심이 적어서 쉽게 무력에 호소하는 경향이 있다는 것이다.

유럽인들은 냉전이 종식되자 골치 아픈 전략 문제로부터 휴가를 얻은 것이라 생각하고, 1990년대 들어 국방비를 국민총생산의 2퍼센트 미만으로 제한했다. 반면 미국은 군사기술에 대한 투자를 계속했고, 양면兩面 전쟁을 수행할 수 있는 능력을 포기하지 않았다. 1990년대에 미국과 유럽은 국제 안보에 있어서 감내할 수 있는 위험이 어느 정도인가를 두고 견해의 차이를 보였다. 유럽인들은 미국이 지나칠 정도로 완전한 안보를 추구한다고 생각했던 것이다. 오늘날 유럽인들은 미국인들에 비해 위험에 대한 인내가 큰데, 이는 그들이 상대적으로 약하기 때문이다. 단지 칼만 갖고 있는 사람은 주변 산간에서 출몰하는 곰을 감내해야 할 위험으로 생각한다. 칼만 갖고 곰을 상대하는 것은 곰이 출몰하도록 그냥 놔두는 것보다 훨씬 위험하기 때문이다. 그러나 만일 그 사람이 총을 갖고 있다면 생각을 달리 할 수 있다. 총을 가지고 곰을 사냥할 수 있기 때문이다. 유럽은 칼만 갖고 있지만 미국은 총을 갖고 있기 때문에 곰이라는 위험을 대하는 태도가 다른 것이다.

사담 후세인이 야기하는 위험에 대해 유럽과 미국이 다른 평가를 내리는 것은 바로 이런 차이 때문이라고 케이건은 명쾌하게 설명한다. 대부분의 유럽인들은 사담 후세인이 야기하는 위험보다 사담 후세인을 제거하는 데 따르는 위험이 더 크다고 생각한다. 9.11 후에도 대부분의 유럽인들은 그들이 다음 타깃이 될 것이라고 생각하지 않았는데, 그들은 중동에서 더 이상 중요한 플레이어가 아니기 때문이다.

1999년 봄, 나토군은 코소보에 대한 공습을 감행했다. 그러나 유럽 공군은 도무지 어디를 폭격할지에 대해 알지 못했고, 결국 미군이 지시하는 대로 폭격을 하는 수밖에 없었다. 코소보 사태는 유럽의 한심한 군사적 능력을 노정露呈하고 말았다. 충분한 힘을 갖고 있지 못하는 유럽은 유엔안보이사회가 중요하다고 주장하기 마련이다.

유럽인들은 오늘날 자신들이 더 이상의 세력균형이 필요하지 않은, '포스트모던'한 체제에 살고 있다고 생각한다. 미국의 현실주의자들은 이런 유럽을 비웃는다. 유럽 통합이라는 기적은 세력균형이나 군사적 억제력에 기초해서 이루어지지 않았다. 유럽 통합은 오히려 군사력을 포기함으로써 이루어졌다. 군사력을 적극적으로 구사하려는 미국에 대해 유럽이 위협을 느끼는 것은 이상한 일이 아니다.

미국인들은 미국 없이는 유럽인들이 평화를 누릴 수 없다고 생각한다. 반면 유럽인들은 자신들을 자유롭게 만들어준 미국의 군사력과 전략적 문화가 시대착오적이고 위험하다고 생각한다. 그리고 9.11 테러가 발생했다. 9.11은 미국이 이미 들어선 길을 가속화했을 뿐이지, 결코 미국이 가는 길을 바꾸어놓은 것은 아니다. 물론 유럽과 미국이 세계를 보는 관념의 차이를 좁히는 것은 어려울지도 모르나, 그렇다고 불가능한 것도 아니다. 하지만 그러기 위해서는 유럽과 미국이 모두 미국의 헤게모니라는 새로운 현실을 받아들여야 한다.

오늘날 유럽은 그들이 그렇게 희구해왔던 평화라는 천국을 달성했다. 미국은 그러한 평화를 달성하는 데 결정적 역할을 했다. 그러나 이제 유럽은 미국을 '불법자Outlaw'이며 '거대한 불량배Rogue Colossus'로 여기고 있다. 그렇다면 이제 충분히 강력한 미국은 유럽을 두려워할 이유가 없다. 노끈에 묶인 거인 걸리버와 같이, 미국의 지도자들은 이제 그들을 억제할 수 있는 것은 없다는 사실을 인식해야 한다. 유럽 역시 그들이 미국을 억제할 수 없다는 사실을 인식해야 한다.

케이건은 미국이 다자주의多者主義와 법의 지배를 존중해야 하며, 다자주의를 통한 합의 달성이 불가능해서 일방주의에 호소해야 할 경우에 대비하여 어느 정도의 국제정치적 자산을 축적할 필요가 있다고 말한다. 미국이 유럽의 물질적·도덕적 지지를 얻는다면 그것은 도움이 되겠지만 이것은 본질적으로 작은 문제일 뿐이고, 오늘날 미국과 유럽 사이에 놓인 깊은 문제점을 해결하지는 못한다.

케이건은 이라크 침공 후에 나온 2004년 페이퍼백판에 50여 쪽에 달하는 후기를 추가했다. 이 부분은 로버트 쿠퍼가 자신에게 제기한 반론에 대한 재반론을 겸한 것이며, 미국이 이라크를 침공한 후에 집필한 것이라서 중요한 의미를 갖고 있다.

케이건은 그 후기를 이라크전쟁을 두고 벌인 미국과 유럽 간의 논쟁이 세계 질서에 대한 미국과 유럽의 다른 시각을 여실히 보여주었다는 것으로 시작한다. 대다수의 미국인들은 후세인이 심각한 위협을 야기하며, 전쟁은 후세인을 제거할 수 있는 방안이라고 생각했지만 절대 다수의 유럽인들은 이에 동의하지 않았다. 독일의 사민당 소속 게르하르트 슈뢰더 총리는 "미국은 유럽과 다르다"고 말했는데, 이 말에 동의하지 않을 사람은 없다. 2차대전 후 처음으로, 유럽은 미국이 갖고 있는 힘과 글로벌 리더십의 정당성Legitimacy에 의문을 제기한 것이다.

2차대전 후 미국이 향유했던 이 같은 정당성은 유엔안보이사회 같은 국제기구에서 나온 것이 아니다. 유엔안보이사회는 40년 동안 냉전으로 인해 마비되어 있다. 미국은 대외 군사행동을 할 때 안보이사회의 동의가 필요하다고 생각하지 않았다. 유럽도 과거에 그들이 중동, 동남아시

공부하는 보수

아, 그리고 남대서양에서 군사행동을 취할 때 안보이사회의 동의를 구하지 않았다. 미국의 군사력이 갖고 있던 정당성은 동유럽에 배치되어 있었던 소련의 군사력에서 나왔다.

냉전 시대에 미국과 유럽은 소련에 대해 군사적으로 그리고 이념적으로 공동 대응했다. 하지만 냉전 종식과 더불어 미국의 정당성은 베를린장벽처럼 무너지고 말았다. 냉전 후 동유럽 여러 지역에서 발생한 위협은 결코 냉전 시대의 소련의 위협에 비할 수 있는 것은 아니었다. 유럽은 이라크, 이란, 그리고 북한이 갖고 있는 대량 살상 무기에 대해 미국이 갖고 있는 우려에 동감하지 않는다. 유럽은 이 국가들이 갖고 있는 무기가 자신들을 겨냥하고 있다고 생각하지 않는 것이다.

냉전 종식 후에 미국이 향유하고 있는, 전에 없이 강력한 글로벌한 힘이 새로운 이슈로 부각되는 것은 불가피하다. 오늘날 유럽은 한때 누렸던 영향력의 대부분을 상실했다. 유럽은 이제 파트너가 되기에는 너무 약하고, 희생물이 되기에는 너무나 안전하다. 그래서 유럽은 통제받지 않는 미국의 힘을 두려워하는 것이다. 1999년, 유럽은 그들의 뒷마당인 코소보에서 분쟁이 발생했을 때에도 미군 지휘관이 하는 대로 따라갈 수밖에 없었다.

좌절을 느낀 유럽은 이제 유엔안보이사회가 정당성의 원천이라고 말하고 있다. 대다수의 미국인들은 이라크를 침공하는 데 있어 유엔안보이사회를 거칠 필요가 없다고 생각한다. 반면에 유럽인들은 유엔안보이사회가 국제적 정당성을 부여하는 성배聖杯라도 되는 듯 생각한다.

1991년 조지 H. W. 부시 대통령은 걸프전쟁을 시작하기 전에 유엔안보이사회의 동의를 받았다. 그러나 당시는 이미 50만 대군을 준비시켜둔 다음이었다. 부시 대통령은 안보이사회의 동의가 있든 없든 간에 군사행동을 시작하기로 결정했었다. 클린턴 대통령은 1998년에 '사막의 여우 작전Operation Desert Fox'이라 불리는 이라크 공습을 할 때 안보이사회의 동의를 구하지 않았다. 1999년에 유럽 국가들은 그들의 뒷마당인 코소보에 개입할 때에 안보이사회의 동의를 구하지 않았다. 당시 독일의 외무장관이던 녹색당 소속의 요제프 피셔Joseph Martin Fischer도 "대량학살을 막기 위한 무력 개입은 정당화된다"고 주장했다. 미국도 안보이사회를 거치지 않고 코소보에 군대를 파견했다.

유럽이 이라크 침공에 앞서 안보이사회의 동의가 있어야 한다고 주장하는 것은 일종의 이중기준이다. 코피 아난 유엔사무총장과 자크 시라크 프랑스 대통령은 미국의 이라크 침공이 불법이라고 비난했다. 하지만 4년 전에 유럽과 미국이 합동으로 코소보를 침공했을 당시에는 이들은 그런 말을 하지 않았다.

단일한 국제법 기준을 갖고 있지 않은 세계를 도덕성이나 정의가 결여된 세계라고 말할 수는 없다. 그러나 국제법 원칙을 너무 경직적으로 적용하는 것은 도덕과 정의를 추구하는 데 장애가 될 수 있다. 유럽인들은 미국이 일방적으로 이라크를 침공함으로써 국제 질서를 갈기갈기 찢었다고 주장하지만, 유럽인들이 1999년에 코소보 사태를 다룰 때에도 똑같이 그렇게 했다.

이제 유럽은 '영구평화론永久平和論'을 주창한 칸트의 기적을 달성했다. 유럽은 웨스트팔리아조약하의 평화 체제를 넘어서 '포스트모던한 초국가적 질서'에 이르렀다. '포스트모던한 유럽의 새로운 질서New Post-Modern European Order'는 유엔이 세워진 당시의 배경과는 전혀 다른 기초에 서 있다. 반면 미국은 웨스트팔리아 체제의 섬세함보다는 자유주의적 원칙을 더 중시하고 있다. 냉전 시대에도 미국은 결코 소련이 정당성을 갖

공부하는 보수

고 있다고 생각하지 않았다. 미국은 항상 압제적 외국이란 언젠가는 사라질 존재라고 생각해왔다. 대량 학살 무기를 갖고 있는 제3세계의 압제자를 축출하자는 데 대해서는 해리 트루먼, 딘 애치슨Dean Acheson, 존 F. 케네디, 로널드 레이건, 심지어 시어도어 루스벨트나 우드로 윌슨도 동의할 것이다.

예방적 전쟁은 새로운 현상이 아니다. 1960년대 초 쿠바 미사일 위기 당시에도, 1980년대 초 레바논에서의 미군기지 폭파 사건 때에도 그런 논의는 있었다. 대량 살상 무기가 사용될 수 있는 경우라면 그런 필요성은 더욱 증가한다. 세력균형론을 지지했던 헨리 키신저Henry Alfred Kissinger도 "냉전 이후 시대에 성행하는, 국가를 뛰어 넘는 테러활동에 대해서는 예방적 전쟁이 정당화된다"고 했다. 따라서 '예방적 전쟁 자체가 정당한가?'보다는 '누가 예방적 전쟁을 할 것인가?'하는 문제가 중요하다. 케이건은 "유일한 초강대국은 통제될 수 있을 것인가?"라는 말로 책을 끝맺었다.

문제는 물론 이 같은 미국의 일방주의가 어떤 결과를 가져왔나 하는 점이다. 미국은 이라크에서도, 그리고 아프가니스탄에서도 실패했다. 그렇게 실패함으로써 미국의 국력은 중대하게 손상을 입었고 세계는 전보다 더 위험해졌다. 아무리 총을 갖고 있는 사냥꾼이라고 하더라도 곰이 너무 많다면 모든 곰을 다 잡을 수 없으며, 동료를 잃어버린 곰들은 한층 난폭해지기 때문이다.

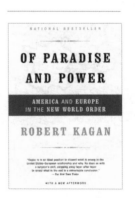

067

유엔은 쓸데없는 기구일 뿐이다

도리 골드Dore Gold,
《쓸데없는 말의 탑: 유엔은 어떻게 세계의 혼란을 조장했나
Tower of Babble: How the United Nations Has Fueled Global Chaos》
(Crown Forum, 2004)

오늘날 우리는 유엔을 단순히 국가 간의 토의 장소가 아닌, 국제 문제에 있어 도덕적 정당성을 가지는 국제기구로 보는 경향이 있다. 하지만 유엔의 실체를 잘 아는 사람들은 그런 말을 하지 않는다. 미국인으로 이스라엘에 귀화하여 유엔 주재 이스라엘 대사를 지낸 도리 골드가 펴낸 이 책은 오늘날 유엔의 실상을 잘 알 수 있게 해준다. 이 책을 비판하는 사람들은 저자가 이스라엘의 시각에서 유엔을 본 것이라고 하지만, 구체적으로 이 책에서 틀린 부분을 찾기는 어렵다. 그만큼 유엔에 대한 저자의 비판은 정확한 것이고 아픈 것이다.

"쓸데없는 말의 탑"이라는 제목은 유엔을 '쓸데없는 말이나 하고 있는 존재'로 비유한 말이면서 동시에 구약성경에 나오는 '바벨탑The Tower of Babel'을 연상시키기도 한다. 하지만 "유엔이 어떻게 세계의 혼란을 조

장했나"라는 부제에서 알 수 있듯이 '유엔은 쓸데없는 정도가 아니라 유해한 존재'라는 것이 저자의 결론이다.

저자는 오늘날 유엔이 실패한 주된 이유가 도덕적 판단을 하는 데 실패했기 때문이라고 본다. 즉 '도덕적 등가성Moral Equivalence'에 빠져 있다는 것이다. 창설 당시의 유엔은 전체주의 압제에 대항해서 싸운 나라들이 세운 기관이었다. 그러나 저자는 이제 유엔이 압제에 대해 도덕적 판단을 내리기를 포기하고, 제3자 입장에서 분쟁을 엄정하게 조정하겠다는 안이한 태도를 보여서 스스로 그 존재 의미를 포기했다고 말한다.

저자는 유엔의 평화 유지 활동의 꽃인 '평화유지군Peacekeeping Force'이 평화를 달성하기는커녕 무능과 부정부패로 인해 오히려 사태를 악화시키고 있다고 비판한다. 유엔의 도덕적 파탄은 2003년에 유엔인권위원회가 리비아를 의장국으로 선출하고, 2001년 말에 시리아가 유엔안보이사회 비상임이사국으로 선출된 사실에서 가장 극적으로 나타난다.

창설 당시 51개였던 유엔 회원국은 1993년에 무려 184개국으로 늘어났다. 하지만 184개국 중 민주국가라고 할 수 있는 회원국은 75개국뿐이니, 유엔에 속한 다수의 국가가 독재 국가인 셈이다. 그 결과 오늘날 유엔 회원국들에는 공유하는 가치가 존재하지 않으며, 따라서 유엔의 기능 역시 완전히 마비되고 말았다.

저자는 유엔의 역사를 들추어내서 유엔이 평화 유지와 전쟁 방지에 얼마나 무능했나를 잘 보여주고 있다. 1948년 이스라엘 독립 직후에 벌어진 요르단과 이집트의 팔레스타인 지역 침공, 1948년과 1965년 두 차례에 걸쳐 카슈미르를 둘러싸고 일어난 인도와 파키스탄 간의 전쟁, 1950년에 일어난 중국의 티베트 점령 등 많은 경우에 유엔은 전적으로 무기력했다. 1950년 한국전쟁에서 미국 정부는 유엔총회 결의를 통해 유엔군 파병이라는 명분을 얻어냈지만, 한국을 구한 것은 트루먼 대통령의 결단이었지 유엔이 아니었다. 1956년 헝가리에서 반소反蘇 시위가 일어나자 소련군이 개입해서 무자비한 탄압을 했지만 유엔은 아무런 조치도 취할 수 없었다.

냉전이 끝나자 잠시 유엔이 제 기능을 발휘하는 것처럼 보인 적이 있었다. 1990년 8월, 이라크가 쿠웨이트를 침공해서 점령하자 유엔이 긴급회의를 열어서 이라크를 규탄했던 것이다. 그러나 유엔은 걸프전쟁 후에 벌어진 쿠르드족 대량 살상 등에서는 무기력하게 대처했다. 저자는 유엔이 걸프전쟁 후 무기 사찰에서도 무능했는데, 이에 대해서는 코피 아난 사무총장에게 큰 책임이 있다고 말한다.

가나 출신으로 유엔 관료로 성장한 아난은 1997년에 사무총장이 되었다. 저자는 아난이 호주 출신의 이라크 무기 사찰단장 리처드 버틀러 Richard Butler의 임무 수행을 지속적으로 방해했다고 지적한다. 나중에 밝혀진 바에 의하면, 아난은 아들 등의 친지를 내세워 이라크에 대한 '석유 식량 교환 프로그램Oil for Food Program'을 통해 후세인으로부터 많은 뇌물을 챙겼다고 한다.

또한 유엔은 1990년대에 아프리카와 구유고연방에서 벌어진 대량 학살을 그대로 방치했다. 1994년에 르완다에서 후투족이 투치족 80만명을 학살할 때에도 현지에 파견된 유엔평화유지군은 모른 척했다. 유엔평화유지군 소속의 가나군 파견대는 투치족인 르완다의 대법원장 요세프 코바루간다Josheph Kovaruganda를 후투족 군인들에게 넘겨주어 처형되도록 했다. 더구나 평화유지군 소속 가나 군인들은 코바루간다를 처형한 후투족 군인들이 그의 아내와 딸을 강간하고 죽이는 것을 보면서도 태연하게 맥주를 마시며 웃었다고 한다. 이는 유엔평화유지군이 대량 학살에 동조한 셈인데, 당시 유엔평화유지군을 지휘한 책임자는 가나 출신인 코피 아난이었다.

1995년에 세르비아 군대가 보스니아의 무슬림 주민들을 학살할 때에도 유엔평화유지군은 속수무책이었다. 유엔평화유지군은 무슬림 주민들이 세르비아 군대에 넘겨지면 학살당할 것을 뻔히 알면서도, 무슬림 주민들을 세르비아군에게 넘겨주었다. 세르비아 사태는 미국이 본격적으로 공습에 나섬으로써 해결의 기미를 잡게 되었다.

저자는 유엔이 테러와의 전쟁을 돕기는커녕, 오히려 테러를 조장하고 있다고 비판한다. 1980년대 말에 레바논에 근거를 둔 헤즈볼라는 유엔평화유지군 소속의 미군 중령을 납치해서 교살했다. 2002년에도 유엔평화유지군 장병 네 명이 레바논에서 헤즈볼라에게 심하게 구타를 당했다. 하지만 유엔은 헤즈볼라를 제재하기는커녕 규탄하지도 않았다.

2002년 3월, 이스라엘의 해안 도시 네타냐의 파크호텔에서 자폭테러가 발생해서 스물한 명이 죽고 140여 명이 부상한 사건이 발생했다. 이어서 발생한 테러로 그해 3월 한 달 동안에만 132명의 이스라엘인이 사망했다. 참다못한 이스라엘은 '사막의 방패' 작전을 펴서 라말라, 예닌 등지에서 아라파트의 군대 및 하마스 조직원들과 전투를 벌였다. 이스라엘군은 팔레스타인 민간인 피해를 줄이기 위해 공중 공격을 삼가고 보병을 보내 시가전을 벌였다. 이스라엘은 테러에 대응하여 군대를 동원했는데도 코피 아난은 이스라엘의 공격이 '심각한 인권침해'라면서 이스라엘만 비난했다. 오늘날 팔레스타인 테러단원들이 유엔평화유지군 마크가 있는 백색 차량을 몰고 다니면서 공공연하게 테러를 하고 있음에도 불구하고 유엔은 오직 이스라엘만 비난하고 있는 것이 현실이다.

오늘날 유엔의 진면목은 수단의 다푸르 지역에서 벌어진 참극이 상징한다. 수단 중앙정부는 자신들을 지지하는 수단 내 아랍계 부족 게릴라와 함께 다푸르 지역의 120만 비非아랍계 주민을 몰아내는 데 성공했다. 유엔의 자체 보고에 따르면, 이로 인해 2004년 중반까지 3만 명이 학살되었고 10만 명이 차드로 도피했다고 한다. 그럼에도 코피 아난은 2004년 7월까지 다푸르를 방문하지 않았다. 2004년 4월, 다푸르 학살의 원흉인 수단은 3년 임기의 유엔인권위원회 이사국으로 선출되었다. 유엔인권위원회가 툭하면 이스라엘과 미국에서 인권유린이 심각하다고 떠드는 것은 그럴 만한 이유가 있는 것이다.

저자는 우리가 흔히 사용하는 '국제 공동체International Community'라는 용어가 잘못이라고 한《워싱턴 포스트》의 조지 윌의 말을 인용한다. 조지 윌은 "어떤 집단을 '공동체'라고 부르기 위해서는 그 공동체가 '공통된 정치적 이해관계와 가치Shared Political Interests and Values'를 가져야 하는데, 유엔은 그러하지 못하다"고 지적한 바 있다.

저자는 오늘날 유엔이 자신들에 대한 비판을 마치 인류 전체에 대한 비판인 것처럼 몰아세우고 있다고 지적한다. 오늘날 유엔은 자신들이 '정치적으로 옳다'는 주장을 내세우고 스스로의 위치를 유지하는 데 급급하지만, 침략을 저지하고 평화를 유지해야 한다는 유엔 본연의 취지는 오래 전에 망각해버렸다는 것이다.

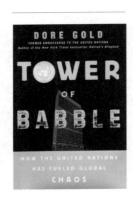

공부하는 보수

068

유엔을 폭로하다

에릭 숀Eric Shawn,
《유엔을 폭로한다: 어떻게 유엔은 미국의 안보를 저해하고 세계를 실패로 몰아갔나
*The U.N. Exposed: How the United Nations Sabotages America's Security and Fails the
World*》(Sentinel, 2006)

　　유엔 등 국제기구에서 일하는 사람들은 출근해서 하루 종일 '내일 무엇을 할 것인가'를 생각한 뒤에 퇴근한다는 유머가 있다. 많은 사람들은 유엔이 세계 평화를 담보하는 중요한 국제기구라고 생각하지만, 정작 유엔을 지근거리에서 관찰한 사람들은 유엔이 비생산적이고 무능하며 부패한 조직이라고 보기도 한다. 오랫동안 유엔을 취재해온 폭스 뉴스의 에릭 숀 기자가 쓴 이 책은 후자의 입장에서 유엔이 어떻게 미국의 안보를 위협하고 세계 평화를 저해하는지 잘 보여준다.

　　저자는 유엔이 나르시시즘에 빠져서 스스로의 중대한 결함을 직시하기를 거부하는, 완전히 실패한 조직이라고 진단한다. 유엔이 무의미한 존재라는 사실은 1999년 유엔안보이사회가 아프가니스탄의 탈레반 정부에 대해 오사마 빈라덴의 신병을 인도하라고 결의해놓고, 이를 달성하

기 위해 아무런 조치도 취하지 않은 것만 보더라도 분명하다. 유엔은 테러 규탄 결의와 테러 방지 협정을 많이 만들어냈지만 이들은 휴지 조각에 불과하다. 유엔은 오히려 시리아, 후세인의 이라크, 이란 등 테러를 지원하는 국가들의 입장을 옹호해서 테러를 조장했다.

한 나라의 정부가 유엔처럼 무능하고 부패하면 언론으로부터 심한 비판을 받는다. 하지만 유엔에 대해서는 그런 비판을 찾아보기 어려운데, 저자는 유엔을 취재하는 기자들마저 유엔과 한통속이 되어버렸기 때문이라고 설명한다. 특별히 하는 일도 없는 유엔 직원들과 유엔에 파견된 회원국 대표단의 사치스러운 생활상은 기가 막힐 정도다. 가난한 나라에서 유엔에 파견된 대표단은 대개 부패한 정권의 일가친척들이다. 가나 출신인 코피 아난 사무총장은 정작 가난한 자기 조국에 대해서는 관심도 없고, 맨해튼의 최고급 주택가에 자리 잡은 호화 관저가 주는 안락한 생활을 즐기는 데 몰두했다.

유엔사무국에는 2만 3,000명의 직원이 있고, 산하기관에는 2만 명의 직원이 있다. 유엔본부는 오전 10시나 되어야 출근 인파로 붐비며, 오후 4시 30분이면 썰물 같은 퇴근이 시작된다. 유엔의 직원들은 높은 임금, 유급 휴가, 면세 등 온갖 특혜를 향유하고 있다. 또한 이들은 철저하게 연줄과 배려로 임용되고 있어서 능력 있는 사람은 배척당하기 마련이다. 세계 여러 곳에서 유엔이라는 최고의 직장을 찾아 뉴욕에 입성한 이들은 미국인 직원들을 질투와 적대 감정으로 대하고 있다.

맨해튼 한복판에서 외교관의 특권을 누리고 사는 유엔 주재 대표단들은 틈만 나면 미국을 비난하고 있기 때문에, 유엔본부가 미국 내 반미운동의 거점으로 전락했다고 해도 과언이 아니다. 저자는 미국의 한 외교관은 공식석상에서는 미국을 비난하는 데 목소리를 높이면서도 자기

　　　　　　　　　　　　　　　　　　　　　　공부하는 보수

아들의 미국 영주권 신청에 힘써달라고 부탁하는 외국 대표단의 위선에 진저리가 쳐진다고 말했다고 전한다.

저자는 유엔의 부패와 무능이 세계와 미국의 안전을 위협한 대표적인 예로 후세인의 이라크에 대해 시행했던 석유 식량 교환 프로그램을 든다. 1996년부터 2003년까지 지속된 이 프로그램은 유엔 감독하에 이라크가 원유를 수출하고 그 대금으로 식량을 수입하도록 해서, 무역 제재로 인해 생기는 이라크 국민들의 어려움을 덜어주자는 것이었다. 석유 수출이 허용되자 후세인은 7년 동안 100억 달러 상당의 원유를 불법으로 수출했고, 그는 이렇게 벌어들인 돈으로 무기를 사들이며 자신의 권력 기반을 강화했다. 이를 감시해야 할 유엔 직원들은 저마다 이권을 챙기는 데 급급했을 뿐이다.

코피 아난의 아들도 이 거래에 간여해서 커미션을 챙겼던 것으로 밝혀졌다. 후세인은 러시아, 프랑스, 중국으로부터 많은 전략물자를 몰래 사들였고, 테러단체를 지원했다. 팔레스타인 젊은이가 자폭테러를 하고 죽으면 그 가족은 후세인이 보낸 현상금을 받았다. 2003년 이라크전쟁 초기에 프랑스와 러시아가 이라크에 불법으로 판매한 미사일에 의해 미군의 전폭기와 탱크가 피격되는 일도 발생했다. 저자는 프랑스, 중국, 러시아가 이라크전쟁에 반대한 것은 이와 관련이 있다고 본다.

유엔은 빈곤한 나라들을 더욱 빈곤하게 만들었다. 유엔은 선진국이 빈곤국을 도와야 한다고 하지만, 정작 유엔의 부패한 관료들은 빈곤국 지원 프로그램을 관장한다면서 막대한 간접 경비를 챙겼고, 조악한 물자를 보내서 남는 차액을 착복했다. 무상원조에 길들여진 빈곤국들이 자립할 생각을 하지 않는다는 것도 큰 문제다. 이로 인해 가난한 나라들은 계속 빈곤의 악순환 속에 갇혀 있으니, 유엔의 정책이 빈곤한 국가들을 더

욱 빈곤하게 만든 셈이다. 저자는 과연 유엔이
더 이상 존재할 이유가 있는지 모르겠다고 말
한다.

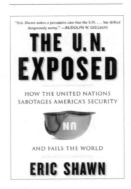

069

군사력이 모든 것을
해결할 수는 없다

앤드루 바세비치Andrew J. Bacevich,
《미국의 신군사주의: 미국인들은 어떻게 전쟁으로 이끌려갔나
The New American Militarism: How Americans Are Seduced by War》
(Oxford Univ. Press, 2005)

보스턴대학 정치학 교수인 앤드루 바세비치는 2005년에 나온 이 책에서 미국이 대외 정책에 있어 군사력에 의존하는 경향은 잘못이라면서 이라크전쟁을 비판하여 주목을 받았다. 서문에서 저자는 자신을 보수주의자로 규정하면서 클린턴 행정부의 바보짓과 위선을 비판했다. 그렇지만 조지 W. 부시 행정부도 재정적으로 무책임하고 해적과 같은 대외 정책을 취했기 때문에 보수정권에 대해서도 환멸을 느꼈다고 말한다. 저자는 우드로 윌슨 대통령이 '세계 평화를 위해 모든 전쟁을 끝내겠다'면서 1차대전에 참전했던 허망하기만 '윌슨의 야망Wilsonian Ambition'이 냉전 종식 후 세계 유일의 초강대국이 된 미국을 지배하고 있다고 화두를 던진다.

에이브럼스 장군의 유산

미국은 오늘날 막강한 군사력을 유지하고 있는데, 미군의 임무는 글로벌 패권을 유지하는 것이다. 냉전이 종식된 뒤 미국은 빈번하게 군사력을 해외에 투입했는데, 이제 미국인들은 이런 현상에 익숙해져 있다. 오늘날 미국인들은 군을 지지하는 것을 도덕적 의무로 생각하고 있다. 1960년대부터 1970년대까지 베트남전쟁으로 반전 정서가 팽배했던 것을 생각하면 이런 현상은 큰 변화이다. 1991년 초, 걸프전쟁을 승리로 이끈 '사막의 폭풍 작전Operation Desert Storm'은 미군이 국민적 신뢰를 회복한 정점이었다.

미군이 이런 성과를 올리는 데 기초를 놓은 사람은 크레이튼 에이브럼스Creighton Williams Abrams Jr. 장군이다. 에이브럼스는 육군사관학교를 졸업하고 2차대전 중 유럽에서 조지 패튼George S. Patton 장군 휘하에서 싸웠다. 1968년에 웨스트모얼랜드William C. Westmoreland 장군의 후임으로 베트남 주둔 미군 사령관이 되어 전쟁의 후반부를 지휘한 그는 1972년에 육군참모총장이 됐다. 에이브럼스는 참모총장으로서 민간 정책 결정자들이 전쟁이라는 수단을 선택하는 것을 매우 어렵게 만들었다. 그는 육군참모총장이 된 후 2년 만에 폐암으로 사망해서 개혁을 완수하지는 못했지만, 미군 장교단에 큰 영향을 미쳤다. 미군 장교단은 존슨 대통령과 로버트 맥나마라Robert McNamara 국방장관이 북부 베트남에 대한 폭격을 제한하고 '점진적 확전擴戰'이라는 바보 같은 정책을 폈던 일을 기억하고 있었다.

레이건 행정부의 캐스퍼 와인버거 국방장관은 "미국의 중요한 국익이 걸려 있고, 정치적·군사적으로 달성할 수 있는 목표가 있으며, 국민과 의회의 지지를 얻고 있고, 승리할 수 있는 경우 최후 수단으로 군사력을

공부하는 보수

사용한다"는 와인버거 독트린을 발표했는데, 이는 미군 장교단의 소망을 반영한 것이었다. 와인버거 독트린은 에이브럼스 장군이 남겨놓은 유산인데, 이 원칙을 충실하게 신봉한 사람이 콜린 파월이다.

　1991년 걸프전쟁 당시 합참의장이던 콜린 파월은 '와인버거 독트린'을 충실하게 따랐다. 합참의장이 작전에 대한 정치적 간여를 최대한 억제했기 때문에, 작전 사령관 노먼 슈워츠코프H. Norman Schwarzkopf 장군은 지휘관으로서 최대한의 재량을 누렸다. 하지만 파월과 슈워츠코프는 후세인의 정예부대인 공화국수비대가 온전하게 철수하는 것을 허용해서 후세인이 재기할 수 있게 하는 실책을 범했다. 그럼에도 파월은 걸프전쟁이 향후 미군의 대외 군사개입에 있어 기준이 될 것으로 생각했다. 파월은 "미군이 개입할 때에는 출구가 있어야 하며, 압도적 군사력을 동원해야 한다"고 말했는데, 이를 '파월 독트린'이라고 불렀다. 파월 독트린은 '와인버거 독트린'이 발전한 것인데, 이는 미국의 대외 군사개입을 촉진하기보다는 억제하려는 의도였다.

　걸프전쟁은 미국의 막강한 군사력을 세계에 알린 역사적 사건이었다. 군사적 행동을 정치로부터 격리시켜 큰 성공을 거둔 사막의 폭풍 작전은 미국 군부가 염원했던 바가 이루어진 성공적인 작전이었다. 하지만 그 후 미군은 인종 청소, 제노사이드, 실패한 국가, 내란 등 여러 상황에 개입하게 되었다. 미군은 세르비아를 상대로 공습을 해야 했고, 코소보 내란에도 개입했다. 그리고 9.11 테러라는 최악의 악몽이 발생했다. 국방장관은 미군 총사령관인 대통령을 위해서 국방부에 대한 민간 통제를 하는 자리인데, 럼즈펠드 국방장관은 처음부터 전쟁을 할 의도를 갖고 장관직에 취임했다. 2003년 미군의 이라크 침공 당시 합참의장이었던 리처드 마이어스 공군대장은 '이라크에서 미군이 군사적으로 패배할 수가 없다'고 했다. 하지만 2004년이 되자 '미군이 이라크에서 승리할 수 없다'는 것은 너무나 분명해졌다.

네오콘과 레이건

미군이 베트남전쟁의 교훈을 잊어버리고 이라크에 개입하게 된 데는 네오콘의 영향이 컸다. 어빙 크리스톨, 노먼 포도레츠Norman Podhoretz 등 소수의 논객들이 시작한 이 지적 운동은 점차 영향력을 키워갔다. 이들은 1930년대에 영국, 프랑스, 미국이 나치의 팽창을 방관해서 2차대전이라는 비극을 초래했다면서 '선제적 전쟁Preemptive War'이 필요하다고 주장했다. 이들은 "미국적 가치가 보편적 가치"라고 주장하는 등 윌슨주의에 취해 있었다. 1980년 대선에서 로널드 레이건이 당선되자 이들은 레이건이 그들의 철학을 실천해줄 것으로 기대했다. 하지만 이들은 자신들의 구상을 실천에 옮기지 않은 레이건에게 실망했다. 1995년에 윌리엄 크리스톨은《위클리 스탠더드The Weekly Standard》를 창간했고, 로버트 케이건 등 새로운 이론가들이 영향력을 발휘하기 시작했다. 로버트 케이건은 "실용주의자들은 항상 비관주의자들"이라고 비난하면서, 이라크에 제한적 공습을 하는 데 그친 클린턴 행정부를 비난했다. 이들의 주장은《워싱턴 포스트》와《월스트리트 저널》같은 주류 언론에 등장했다. 이들은 9.11 테러가 발생하자 '테러와의 전쟁이 미국에 주어진 소명'이라고 주장하는 등 제국주의적 비전을 전파했다.

네오콘 이론가들은 군사력 사용에 미온적이던 레이건 대통령에게 비판적이었지만, 네오콘이 활동할 수 있는 조건은 레이건 시대에 조성되었다. 레이건 대통령은 연설에서 과거 어느 대통령보다 군대에 대한 언급을 많이 했고, 취임 초부터 대대적으로 군비를 확장했다. 레이건은 2차 대전 후에 퇴역했던 전함을 재무장해서 취역시켰는데, 이를 본 미국인들은 선대先代가 치른 전쟁을 상기하면서 애국심을 갖게 되었다. 1980년대 들어 할리우드는 〈사관과 신사An Officer and a Gentleman〉〈람보Rambo〉〈탑건Top Gun〉 등 군을 주제로 한 영화를 많이 제작했는데, 모두 흥행에 성공했다. 톰 클랜시Tom Clancy의 소설《붉은 10월을 찾아라The Hunt for Red October》《패트리어트 게임Patriot Games》 등은 베스트셀러가 되었고, 영화로 만들어져서 큰 성공을 거두기도 했다. 전쟁과 군대를 비판하던 영화를 만들던 할리우드가 불과 10년 만에 대변신을 한 것이다.

부시 독트린

조지 W. 부시 대통령은 "억제력Deterrence이 무의미하고 봉쇄Containment도 불가능하다면 미국은 선제공격이라는 특권을 행사할 것"이라고 천명했다. 예방적 전쟁이라는 '부시 독트린'을 선언한 것이다. 선제적 전쟁은 압도적인 힘을 가해서 결정적인 효과를 가져와야 하는데, 역사는 전쟁이 항상 그렇게 되지는 않음을 잘 보여주었다. 그럼에도 불구하고 부시는 이라크를 침공함으로써 그 방아쇠를 당겼다.

부시 독트린의 뿌리를 찾다 보면 '미국 예외주의American Exceptionalism'에 군사력을 결부시킨 레이건을 보게 된다. "미국이 더 이상 경제적 번영을 구가할 수 없다"고 말했던 카터를 누르고 대통령이 된 레이건은 "미국인은 번영을 누려야 한다"고 설파했고, 아프가니스탄의 무자헤딘을 지원해서 소련군에 맞서 싸우도록 했다. 소련군이 물러난 아프가니스탄에는 권력의 공백이 생겼고, 그 공백을 과격 이슬람 세력이 차지했다. 조지 H.

W. 부시는 걸프전쟁이 문제를 해결할 것으로 기대했지만, 그렇게 되지 못했다. 뒤를 이은 클린턴 정부는 임기 내내 후세인 정권을 상대로 봉쇄정책을 수행해야만 했는데, 봉쇄정책은 사실상 끝없는 준準전쟁이었다.

9.11 테러에 대한 대응책으로 시작한 이라크전쟁은 무의미했고 역생산적Counter-Productive이기도 했다. 부시와 그의 측근들은 거대한 십자군전쟁을 생각했다. 9.11 테러라는 전에 없던 비극으로 인해 이들은 잠시역사적 기억상실에 빠져버렸던 것이다. 이들은 미군의 능력과 미군의 무기에 무한한 신뢰를 가졌다. 이들은 신군사주의에 너무 심취했고, 미국은 끝이 안 보이는 무한 전쟁에 빠져버렸다.

신군사주의를 버리기 위하여

저자는 이 같은 신군사주의에서 벗어나기 위해서는 의회와 행정부가 서로 견제하는 권력분립의 원칙을 재건하고, 부시 독트린을 폐기하며, 군사력은 최후의 수단으로 동원하는 것임을 분명히 해야 한다고 말한다. 미군은 국가 방위를 위해 존재하는 것이기에 유럽, 일본, 한국 등에주둔하고 있는 미군을 철수해야 한다고 주장한다. 해외에 미군 기지를두게 되면 미군이 해외 분쟁에 휩쓸려갈 가능성이 많기 때문이다. 또한저자는 미국이 국민 개병皆兵주의를 되살려야 한다고 말한다. 지원자로구성된 오늘날의 미군은 마치 프랑스 외인부대와 같다고 지적한다. 99퍼센트의 국민은 전쟁과 관계없는 생활을 하고 있고, 1퍼센트 직업군인들만이 전쟁을 하는 제도가 있는 한 신군사주의를 향한 유혹은 커질 수밖에 없다는 것이다. 미국은 이제 항구적 전쟁을 치르고 있는 중이니, 신군사주의를 초래한 여건이 그대로 있는 셈이라고 저자는 지적한다.

공부하는 보수

2008년 대통령선거에서 바세비치 교수는 민주당 후보인 버락 오바마를 지지했다. 공화당원인 보수학자가 오바마를 지지한 것이다. 대선 과정에서 오바마는 이라크에서 철군하고 그 대신 아프가니스탄에서 테러와의 전쟁을 하겠다고 약속했다. 하지만 아프가니스탄에서 벌인 오바마의 전쟁은 무의미했고 미군은 많은 사상자들과 함께 철군하고 있는 실정이다.

이러다가는 미국이 아예 글로벌 강대국의 역할을 포기하는 게 아니냐는 말마저 나오고 있다. 공화당 내에서도 티파티를 지지하는 세력은 고립주의적인 성향을 보이고 있다. 말하자면 바세비치 교수와 같은 성향이 오바마 정부와 공화당 내 일각에서 동시에 나타나고 있는 것이다. 이런 흐름은 동북아 정세에도 영향을 줄 것으로 생각된다.

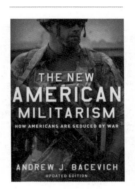

070

기로에 선 미국

프랜시스 후쿠야마Francis Fukuyama,
《기로에 선 미국: 민주주의, 힘, 그리고 네오콘의 유산
America at the Crossroads: Democracy, Power, and the Neoconservative Legacy》
(Yale Univ. Press, 2006)

《역사의 종언*The End of History*》의 저자로 유명한 존스홉킨스대학의 프랜시스 후쿠야마 교수가 2006년 미국 중간선거를 앞두고 낸 이 책은 큰 관심을 끌었다. 후쿠야마 교수는 네오콘이라고 부르는 신보수주의 계열에 속하는 학자로 부시 정부의 중동 정책을 지지했었다. 그런 후쿠야마가 이 책에서 "신보수주의는 더 이상 자기가 찬성할 수 없는 정치철학이 되고 말았다"고 선언했다.

후쿠야마는 "부시 행정부가 네오콘이라고 부르는 '외래 종자外來種子'의 포로가 되어 미국을 전쟁의 수렁으로 이끌어갔다"는 항간의 비판에 대해, 네오콘은 결코 그런 무리가 아니라고 반박하면서도 자신이 심경의 변화를 갖게 된 과정을 담담하게 설명하고 있다.

네오콘은 1930년대 말에서 1940년대 초 뉴욕시립대학에서 공부했

던 어빙 크리스톨 등 일단의 유대인 학자들에 의해 자연스럽게 형성되었다. 이들은 마르크스와 트로츠키Leon Trotsky에 탐닉했던 좌파였지만, 2차 대전이 끝날 즈음에는 공산주의가 원래의 이상을 파괴하는 것임을 인식한 뒤 강력한 반공 노선으로 선회했다. 공산주의를 외부의 위협으로 보았던 전통적 반공 보수세력과 달리, 이들은 공산주의가 그 자체로서 모순이며 실패라고 생각했다. 이들은 공부하고 토론하기를 좋아했고, 활발한 저술 활동과 자신들만의 저널 출간을 통해 네오콘으로 불리는 하나의 부류를 형성했다.

네오콘은 한 국가의 내부 체제의 성격이 그 국가의 대외적 행동을 이해하는 데 중요하다고 생각했다. 이들은 미국이 도덕적 목적을 위해 무력을 사용할 수 있어야 한다고 믿게 되었고, 기능장애에 빠져버린 기존 국제법과 국제기구를 불신했다. 동유럽 공산 체제가 민주주의를 향한 내부적 욕구로 붕괴되었다고 본 이들은 자신들의 가설이 어디서나 타당할 것이라고 생각하게 되었다. 2001년 9.11 테러 후 이들은 아프가니스탄과 이라크의 레짐Regime, 체제을 바꾸는 것이 미국에 대한 위협을 가장 확실하게 제거하는 방법이라고 주장하기 시작했다. 부시 행정부에는 폴 울포위츠 등 네오콘 멤버들이 핵심 안보 정책 부서에 포진하고 있었고, 체니 부통령과 럼즈펠드 국방장관은 이들의 논리에 동조했다. 그런데도 미국은 이라크에서 실패한 것이다.

후쿠야마는 부시 정부가 이라크에서 실패한 가장 큰 이유로 구레짐을 제거하는 데에만 신경을 썼고, 새로운 레짐을 건설할 준비를 하지 못했던 것을 든다. 그러면서도 부시 정부가 후세인이 생화학무기를 갖고 있으며 핵무기를 개발할 것으로 판단한 것은 비난하기 어렵다고 말한다. 당시 여러 가지 정황이 그런 판단을 하도록 했기 때문이다. 그러나 저자는 부시 정부가 미국의 일방적 대외 정책이 다른 나라로부터 얼마나 큰 저항감을 불러일으키는지를 이해하지 못했다고 지적한다. 특히 네오콘이 주창한 '자비로운 헤게모니' 독트린, 즉 "미국은 보다 평화롭고 민주적인 세계 질서를 위해 군사력을 행사해야 한다"는 정책에 대해 유럽 국가들이 얼마나 경악하고 있는지를 알지 못했고, 유럽과 중동, 아르헨티나와 한국에 이르는 세계 곳곳에서 반미 감정이 위험 수위에 달해 있다는 사실도 깨닫지 못했다는 것이다.

후쿠야마는 군사개입을 통해 민주적 레짐을 건설하려는 시도가 불확실할뿐더러 큰 희생을 요구한다는 것을 이라크 사태가 잘 가르쳐주었다고 지적한다. 또한 부시 정부는 조지프 나이 교수가 말하는 '소프트 파워'를 통한 대외 정책에 소홀했다고도 말한다. 그럼에도 불구하고 후쿠야마는 이라크 사태가 유엔이 완전한 실패한 조직임을 다시 한번 확인시켜주었다고 강조한다. 비민주적 국가들이 회원국으로 참여하고 있는 유엔은 정당성을 결여한 기구라는, 네오콘의 입장을 고수하고 있는 것이다.

그러면 이라크의 실패는 미국의 대외 정책에 어떤 영향을 줄 것인가? 많은 사람들은 미국의 대외 정책이 다시 한번 헨리 키신저식의 현실주의 노선으로 바뀌어갈 것으로 예상한다. 그러나 후쿠야마는 부시와 네오콘을 지지했던 보수층 유권자들이 '고립주의Isolation'를 요구할 가능성이 크다고 본다. 후쿠야마는 미국이 다시 고립주의로 빠져들거나 편협한 '현실주의'에 집착하는 것은 불행하다고 본다. 그는 미국이 다른 나라의 내부에서 생기는 문제가 세계 질서에 미치는 영향을 인식하고, 민주적 목적을 달성하기 위해 사용 가능한 수단을 동원할 수 있어야 한다고 주장한다. 후쿠야마는 이러한 자신의 제안을 '현실적 윌슨주의'라고 이름지었다. 그러면서도 그는 미국이 포로 학대 등으로 아랍 세계에서 신뢰성과 도덕성을 상실해버렸다고 지적한다.

후쿠야마는 2006년에 이 책을 냈고, 2008년 대통령선거에서 민주당 후보 버락 오바마를 공개적으로 지지했다. 그러면서 후쿠야마는 '미국의 보수는 광야에 가서 수행을 해야 한다'고 말했다. 동시에 그는 공화당을 지지한 보수층에서 고립주의적 성향이 등장할 가능성에 대해 경고했다. 2009년 미국에는 티파티 운동이 거세게 불었고, 자유주의자인 론 폴 공화당 소속 하원의원이 유엔과 나토에서의 탈퇴 등 고립주의적 대외 정책을 내걸고 2012년 대통령선거 공화당 예비선거에 나가서 선전했다. 그의 철학을 이어받은 그의 아들 랜드 폴은 2010년 선거에 공화당 후보로 나와 켄터키 주의 상원의원이 되었다. 2012년 대선을 앞두고, 밋 롬니 공화당 대통령 후보는 티파티의 지지를 받는 폴 라이언 하원의원을 부통령 후보로 지명했으나 본선에서 패배했다. 이런 추세가 계속돼서 2016년 대통령선거에도 고립주의적인 인물이 공화당 대통령 후보로 나서고 민주당은 힐러리 클린턴 상원의원이 출마한다면, 후쿠야마 교수는 미국이 고립주의의 길을 걸어서는 안 된다는 이유로 힐러리 클린턴을 지지할 가능성이 있어 보인다. 21세기가 '미국의 세기'가 될 것이라면서 공화당을 지지했던 후쿠야마 교수의 지적知的 그리고 정치적 오디세이가 남의 일 같아 보이지 않는다.

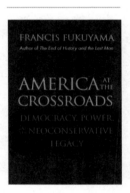

071

외교 위기,
두 번째 기회는 있는가

즈비그뉴 브레진스키Zbigniew K. Brzezinski,
《두 번째 기회: 세 명의 대통령과 초강대국 미국의 위기
Second Chance: Three Presidents and the Crisis of American Superpower》
(Basic Books, 2007)

즈비그뉴 브레진스키는 폴란드 태생으로, 폴란드의 외교관이던 부친을 따라 캐나다에서 소년 시절을 보내던 가운데 2차대전을 겪었다. 조국 폴란드가 독일과 소련에 의해 무참하게 유린되는 것을 본 브레진스키는 전후 조국에 돌아갈 수 없게 되어 캐나다 맥길대학에서 공부했고, 하버드에서 소련의 대외 정책을 연구하여 박사 학위를 받았다. 하버드에서 교수 생활을 시작했으나 종신재직권Tenure을 받지 못해 컬럼비아대학으로 직장을 옮겼다. 브레진스키는 동유럽 공산국가들을 봉쇄할 것이 아니라 그들과 교섭해야 한다는 주장을 폈다. 1968년 대선에서 민주당 후보이던 휴버트 험프리Hubert H. Humphrey를 도왔으며, 닉슨 대통령과 헨리 키신저의 데탕트 정책에 반대했고, 민주당 진보파인 맥거번 상원의원의 평화주의에도 반대했다. 그는 현실에 근거를 둔 대화와 협상을 통해 동유

럽 공산체제를 완화시킬 수 있다고 주장했다.

지미 카터가 1976년 대통령선거에 후보로 나서자 브레진스키는 외교정책에 대해 자문을 했고, 당선된 카터는 브레진스키를 백악관 안보보좌관으로 임명했다. 브레진스키는 국무부의 반대를 무릅쓰고 폴란드 등 동유럽의 민주화와 인권에 대하여 관심을 보였다. 카터 대통령의 임기 마지막 해인 1980년, 브레진스키는 폴란드 자유노조를 지지하는 등 동유럽 민주화에 힘을 보탰다. 그 후에는 존스홉킨스대학 교수를 지내면서 대외 정책에 대해 활발한 의견을 개진해오고 있다. '세 명의 대통령과 초강대국 미국의 위기'라는 부제를 달고 있는 이 책에서 브레진스키는 냉전이 끝난 후부터 이라크전쟁이 실패로 귀결된 시기에 걸쳐 대통령을 지낸 조지 H. W. 부시, 빌 클린턴, 그리고 조지 W. 부시의 대외 정책 리더십을 평가하면서 미국이 심각한 외교적 위기에 빠져 있다고 경고한다.

1990년경부터 미국은 세계 유일의 초강대국이 되었는데, 역사상 한 국가의 영향력이 이렇게 커진 적은 없었다는 말로 저자는 이 책을 시작한다. 초강대국으로서 미국은 보다 협력적인 글로벌 체제를 조성하고, 대량 살상 무기와 테러에 의한 위협을 저감시키며, 심각한 불평등 등 인류의 조건을 개선해야 할 의무를 띠고 있는데, 이런 목적을 얼마나 달성했느냐가 미국이 진정한 글로벌 리더가 될 수 있는가를 판단하는 리트머스 테스트가 될 것이라고 저자는 말한다.

저자는 조지 H. W. 부시가 '새로운 세계 질서New World Order'를 천명했지만, 실용적 정치와 통상적 외교를 신봉한 그가 비전을 갖춘 사람은 아니었다고 평가한다. 부시는 위기를 극복하는 데는 탁월했으나 전략적 비전은 가지지 못했다. 중국 주재 대사와 CIA 국장을 지낸 부시는 오랜 친구인 예비역 공군장성 브렌트 스코크로프트를 안보보좌관에, 레이건 행정부에서 백악관 비서실장과 재무장관을 지낸 제임스 베이커를 국무장관에 임명했다. 부시 시절 미국의 대외 정책은 대통령과 안보보좌관, 그리고 국무장관과 국방장관에 의해 '톱다운Top-Down' 방식으로 결정됐다. 대통령이 대외 관계에 정통했기 때문에 백악관 안보회의도 효율적으로 운영됐다.

폴란드 자유노조 운동에서 촉발된 동유럽의 민주화 운동에 대해 부시는 스코크로프트와 같이 펴낸 회고록에서 '동유럽 상황이 1953년, 1956년, 또는 1968년의 재판再版이 되어서는 안 되겠다'고 확신했으며, 고르바초프가 독일 통일과 관련해서 프랑스와 영국을 미국으로부터 격리시키려고 시도할 가능성을 우려했다'고 밝혔다. 그러나 부시 행정부는 소련의 붕괴와 유고연방의 분열에 대해 상황을 제대로 파악하지 못했다. 부시 대통령과 베이커 장관은 소련의 분할이 혼란을 야기할 가능성을 우려했고, 오직 딕 체니 국방장관만이 소련의 분할을 긍정적으로 보았다. 현상을 유지하고 싶어 하는 부시 행정부의 기대와는 달리 소련에서는 쿠데타 시도가 발생했고, 결국 소련은 분할되고 말았다. 부시 행정부는 소련이 갖고 있던 핵무기가 유출될 가능성에 촉각을 세웠고, 러시아의 옐친Boris Nikolaevich Yel'tsin 정부를 안정시키기 위해 막대한 경제원조를 제공했다. 하지만 이때 미국이 러시아에 제공한 많은 돈은 도중에서 없어져 버렸고, 러시아에서 부패한 세력이 대두하는 계기를 조성했다.

부시 행정부는 유고연방의 분할과 그에 따른 혼란에 대해서 별다른 관심과 대책이 없었고, 소련군이 철수한 아프가니스탄에 대해서도 마찬가지였다. 이러한 소극적 대응으로 인해 미국은 나중에 더 큰 대가를 치르게 됐다. 1990년 8월 1일 사담 후세인은 쿠웨이트를 침공했고, 부시는 훗날 자신과 그의 행정부가 동유럽에 관심을 쏟느라 중동 상황에 신경을 쓰지 못했다고 고백했다. 1991년 1월부터 2월까지 걸프전쟁에서 미군이 주축이 된 연합군은 쿠웨이트를 탈환하고 이라크의 군사력을 파괴하는 데 성공했다. 미국민은 신속한 승리를 기뻐했지만, 후세인은 정예부대를 포함한 20만 군대를 가진 채 권좌를 유지할 수 있었다. 저자는 만일 걸프 전쟁이 이렇게 미완으로 끝나지 않았다면, 나중에 다시 이라크를 상대로 전쟁하는 일은 생기지 않았을 것이라 말한다.

　1991년에서 1992년에 이르는 기간에도 부시 행정부는 이스라엘과 팔레스타인 간의 평화협정을 촉구하고, 한국에서 핵무기를 철수해서 북한이 국제원자력기구와 안전협정을 체결하도록 하는 성과를 올렸다. 부시에게 두 번째 임기가 있었더라면 미완으로 남겨진 이라크, 팔레스타인, 북한 등에 대하여 보다 진전한 정책을 펼 수 있었을 것이나, 1992년 선거에서 그는 전후 세대인 빌 클린턴에게 패배했다. 부시는 4년간 재임하는 동안 많은 업적으로 존경 속에 퇴임했으나, 그가 대외 관계에 대해 보다 확실한 비전을 가졌었더라면 그 후의 세계는 많이 달라졌을 것이다. 저자는 부시가 글로벌 리더로서 미래를 그릴 수 있는 기회를 포착하지 못했고, 미국이 앞으로 나아갈 길을 제시하지도 못했다고 평가한다.

　그 뒤를 이은 빌 클린턴은 글로벌 비전을 가진 대통령이었다. 하지만 클린턴에게 대외 정책은 국내 정치의 연장이었다. 클린턴은 1992년 선거에서 부시 대통령이 국내 문제에 관심이 적은 것을 알고 충격을 받았다고 밝혔다. 클린턴의 외교팀은 진보적 성향의 민주당원들이었다. 클린턴은 외교 문제에 대해서는 자신의 외교팀 토론에 참여하는 참가자였다. 클린턴은 백악관에 국가경제자문위원회를 설치했는데, 이 위원회는 국가안보위원회보다 더 효율적으로 기능했다. 클린턴은 세계화를 과신한 측면도 있지만, 미국이 맞고 있는 새로운 기회를 잘 알고 있었다.

클린턴 행정부는 냉전 이후 세계의 안전을 담보해야 했다. 미국은 구소련이 남긴 핵무기와 핵 물질을 관리하는 데는 성공했으나 북한의 핵 개발을 저지하는 데는 실패했다. CIA는 이미 1993년에 북한이 핵무기를 제조할 수 있는 플루토늄을 확보하고 있다고 평가했다. 클린턴 행정부는 인도와 파키스탄이 핵무기를 개발하도록 방치했다. 저자는 미국의 이런 애매한 태도가 이란으로 하여금 핵 개발에 나서게 했다고 평가한다. 클린턴 행정부는 르완다에서 벌어지고 있는 엄청난 비극을 방치했고, 소말리아에 성급히 개입했다가 영화 〈블랙 호크 다운Black Hawk Down〉으로 잘 알려진 참사를 초래했다.

클린턴 행정부는 이스라엘과 팔레스타인이 오슬로협정을 맺도록 하는 데는 성공했으나, 이스라엘의 라빈 총리가 암살되고 강경파인 베냐민 네타냐후가 집권하게 되자 이 협정은 유명무실해지고 말았다. 클린턴이 8년간의 임기를 마칠 즈음 이스라엘과 팔레스타인의 관계는 더 악화되었고, 중동의 정세는 한층 위험해졌다. 클린턴은 위험으로 가득 찬 국제정세를 다루기 위한 체계적인 전략을 수립하지 못했다. 캐주얼하고 정치적으로 기회주의적인 그는 분명한 전략적 사고를 하지 못했다. 클린턴은 그보다 훨씬 원리주의적인 후임자에게 불안하고 위험한 유산을 넘겨주고 퇴임했다.

2000년 대선에서 조지 W. 부시는 대외 정책을 크게 중요하게 생각하지 않았고, 그의 발언은 세계 문제에 대한 무지를 보여주기에 충분했다. 그러나 9.11 테러는 모든 것을 바꾸어 놓았다. 9.11을 계기로 그는 새로운 대통령으로 태어났다. 부시의 외교팀은 경험 많은 노장들로 구성되어 있었다. 부친의 행정부에서 국방장관을 지낸 딕 체니는 부통령이고, 걸프전쟁으로 알려진 콜린 파월이 국무장관이며, 포드 행정부에서 국방장관을 지낸 도널드 럼즈펠드가 국방장관이었다. 이들은 연령과 경험 면에서 대통령을 능가했다. 콘돌리자 라이스 안보보좌관, 스쿠터 리비 부통령 비서실장, 그리고 폴 울포위츠 국방차관은 2선에서 역할을 했다.

부시의 국내 정책 참모들은 9.11을 국내 정치에 있어 호재로 생각했다. 부시 자신도 여러 차례에 걸쳐 9.11이 그에게 특별한 소명을 주었다고 말했다. 부시는 이라크, 이란, 그리고 북한을 악의 축으로 지칭했다. 콜린 파월은 테러와의 전쟁을 이라크로 확대시키는 데 반대했지만 그의 의견은 묻혀버리고 말았다. 부시의 외교팀은 이라크 문제에 몰입되어버렸다. 이라크 침공을 시작하고 불과 3주 만에 바그다드가 함락되자 백악관은 환호했다. 그러나 2006년이 되자 전쟁에 들어간 비용과 희생은 그로 얻어낸 결과보다 훨씬 크다는 것이 확실해졌다.

이라크전쟁은 글로벌 리더로서의 미국의 위상을 손상시켰다. 관타나모와 아부 그라이브 수용소에서 일어난 일은 미국의 도덕적 권위를 중대하게 훼손했고 이슬람 세계 전체를 적으로 돌려놓았다. 이라크전쟁은 또한 지정학적 재앙이었다. 테러리스트의 위협으로부터 손을 잠시 뗀 사이에 아프가니스탄에서는 탈레반이 살아났고, 파키스탄의 정치적 불안이 커졌다. 미군이 입은 인명 피해도 엄청나게 컸고, 전쟁 비용으로 인해 미국 재정은 심각한 위험에 처했다. 이라크전쟁은 이슬람 세력이 미국에 반대하는 세력으로 뭉치는 결과를 초래했다.

저자는 이라크전쟁이 무력에 주로 의존하는 대외 정책의 한계를 잘 보여주었다고 말한다. 오늘날 수에즈에서 중국 신장新疆에 이르는 지역은 새로운 '글로벌 발칸Global Balkan'이 되고 말았다. 이 지역에는 각종 인종 5,000만 명이 살고 있는데, 미국은 과거 영국과 프랑스가 해외 식민지에서 값비싼 희생을 치르고 철수한 경험에서 배워야 하며, 민주주의는 오래 걸리는 과정이고 인권은 경제적 자유에서 시작하여 정치적 자유로 발전되어갔음을 이해해야 한다고 저자는 강조한다.

콘돌리자 라이스는 부시의 2기 행정부에서 국무장관이 됐다. 다른 지역에 대한 부시 행정부의 정책은 분명한 목표도 없고 전략도 없이 슬로건을 바꾸는 식으로 표류했다. 부시 행정부는 이스라엘과 아랍권 사이에서 중재자의 지위를 포기하고 이스라엘을 일방적으로 지지했다. 미국은 이란에 대해 아무런 대책도 갖고 있지 못했다. 북한 문제와 관련한 6자 회담을 시작해서 그나마 대외 관계의 중요성을 인식하고 있음을 보여주었다. 미국이 전쟁과 경제 악화로 시름할 때 중국은 경제 대국으로 성장했고 러시아도 경제를 회복했다. 이제 중국과 러시아는 북한, 이란, 중동, 중앙아시아 등지에서 이해관계를 같이하고 있다. 부시 행정부는 국제형사재판소와 교토 의정서에서 세계의 다른 나라들과 다른 길을 갔다.

저자는 조지 W. 부시가 역사적 계기를 오해했고, 불과 5년 만에 미국의 지정학적 위상을 심각하게 훼손시켰다고 평가한다. 그러고는 다음 미국 대통령은 미국의 정당성을 재건해서 미국이 글로벌 안보를 담보하는 역할을 회복시켜야 할 것이라고 말한다. 또한 저자는 미국은 특히 유럽과의 협력이 세계를 안정시키는 데 있어서 결정적임을 인식해야 한다고 충고한다.

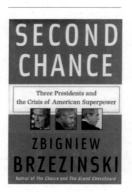

공부하는 보수

072

역사는 돌아왔다

로버트 케이건Robert Kagan,
《돌아온 역사와 끝나버린 꿈*The Return of History and the End of Dreams*》
(Alfred A. Knopf, 2008)

　　1992년 당시 조지메이슨대학 교수이던 프랜시스 후쿠야마는《역사의 종언》이라는 책을 펴냈다. 후쿠야마는 냉전 종식과 더불어 자유 민주주의는 최종적으로 승리했고, 더 이상 이념적 진화는 없다고 선언했다. 2003년 미국의 이라크 침공을 앞두고 당시 카네기평화연구소 연구위원이던 로버트 케이건은《천국과 힘》이라는 얇은 책자를 펴내서 '미국은 미국의 길을 갈 것이고, 또 가야 한다'고 주장했다. 그러나 이라크전쟁은 사실상 실패로 귀결됐고, 미국이 주도하는 세계 질서는 한계에 도달했다는 것이 분명해졌다. 후쿠야마는 2006년에《기로에 선 미국》를 펴내서 자신의 견해를 수정해야만 했다.

　　2008년 봄에 나온 로버트 케이건의 이 책 제목은 후쿠야마의 1992년 책 제목을 바꾸어 붙인 것이다. "끝난 줄 알았던 역사가 돌아왔다"는 것이다. 현실주의 국제정치학자인 케이건의 통찰력이 번뜩이는 이 책을 읽다 보면 닥쳐올 미래가 두려워지기도 한다.

로버트 케이건은 "이 세상이 다시 정상Normalcy으로 돌아왔다"는 말로 서두를 연다. 그가 말하는 '정상'이란 전쟁, 내란, 폭력으로 얼룩진 현실 세계다. 냉전이 끝나면 이념이 사라지고, 모든 국가가 자유롭게 소통하고 다같이 번영하는 새로운 국제 질서가 탄생할 것이라고 기대했지만, 그것은 신기루였던 셈이다. 미국은 아직도 유일한 초강대국이지만, 러시아와 중국, 유럽, 일본, 인도, 이란 등 열강이 지역의 패권을 놓고 서로 경쟁하는 시대가 다시 오고 말았다. 전제적專制的인 러시아와 중국이 상승세에 있고, 과격 이슬람 세력이 투쟁을 벌이는 상황에서 민주주의 세력은 분열되어 있다. 케이건은 "역사는 돌아왔으며, 민주주의가 돌아온 역사를 만들어나가지 못하면 다른 세력이 민주주의를 주무를 것"이라고 경고한다.

냉전이 끝난 후 유럽연합을 모델로 한 새로운 세계 질서가 생길 것이라는 희망찬 구상이 있었지만, 그 구상은 생기자마자 몰락하고 말았다. 러시아야말로 역사가 가장 극적으로 돌아온 나라다. 오늘날 러시아는 가장 강력한 열강 중 하나로 꼽힌다. 1998년부터 2006년까지 러시아의 경제 규모는 50퍼센트나 증가했고, 1인당 국민소득은 65퍼센트가 증가했다. 유럽은 에너지에 대해 중동보다 오히려 러시아에 많이 의존하고 있다. 러시아는 근래 들어 매년 군비를 20퍼센트씩 증가시키고 있고, 핵무기를 현대화하고 있으며, 100만이 넘는 상비군도 두고 있다. 이런 변화는 1990년대 러시아에 수십억 달러 규모의 원조를 주었던 서방의 기대와는 전혀 다른 것이다.

러시아는 유럽이 가는 길과는 정반대의 길을 가고 있다. 유럽의 악몽이 1930년대였다면, 러시아에게 악몽은 1990년대였다. 케이건은 유럽이 국가와 힘을 초월함으로써 1930년대의 악몽을 씻으려 하는 데 비해, 러시아는 국가와 힘을 복원함으로써 1990년대의 악몽을 씻으려 한다고 본다. 러시아는 친서방 성향의 조지아, 우크라이나, 라트비아 등 과거 그들의 영향권 내에 있던 나라들을 경제제재를 통해 압박하고 있다.

중국도 번영하는 경제와 강력한 군대를 가지고 지정학적 및 경제적으로 거인이 됐다. 중국의 정책 결정자들과 사상가들은 동아시아에서 중국 패권 시대가 다시 시작되고 있다고 본다. 중국의 급속한 군비 확장에 대해 미국과 중국의 주변 국가는 물론이고 심지어 유럽까지 우려하고 있다. 중국은 냉전 종식 후 미국이 구상했던 세계 질서가 미국이 지배하는 질서였다는 것을 잘 알고 있었다. 중국은 1989년의 '톈안먼天安門 사건'에 대해 미국이 국제적 규탄을 주도했음을 기억하고 있다. 유사시 중국의 군사력은 타이완을 둘러싸고 미국과 전쟁을 하는 경우도 대비하고 있다.

아시아에서는 중국과 미국 외에 일본과 인도도 주역으로 등장했다. 일본은 매년 GDP의 1퍼센트만 국방비로 지출하고 있지만, 그럼에도 그 액수는 연간 400억 달러에 달한다. 일본은 핵무기를 가지고 있지 않지만 유사시에 신속하게 핵 무장을 할 수 있는 능력을 가지고 있다. 인도는 아시아에서 세 번째로 강한 국가이며 인도 대륙의 패자覇者이다. 서아시아에서는 이란이 핵 무장을 통해 패자로 군림하고자 한다.

케이건은 '문제는 미국'이라고 말한다. 이론적으로 미국은 주변 세계를 형성하는 일을 포기할 수 있다. 하지만 실제에 있어 미국은 잠시도 그러하지 않았다. 미국은 자신의 요구대로 세상을 형성하고자 하는 욕구와 이에 따르는 비용을 회피하려는 욕구를 조정해왔다. 미국의 보수주의자들에게 냉전은 공산주의에 대한 이념적 투쟁이었지만, 많은 진보주의자들이 바랐던 바는 그런 것이 아니었다.

이제 세계는 '민주주의의 축Axis of Democracy'과 '전제주의의 연합Association of Autocrats'으로 구성되어 있다. 러시아와 중국은 전제적일 뿐만 아니라 전제주의를 신봉하고 있다. 오늘날 러시아와 중국은 공동보조를 취하고 있다. 1999년 유럽과 미국이 코소보 사태에 군사적으로 개입하자 러시아와 중국은 유럽과 미국을 비난했다. 러시아와 중국은 국가주권을 중시하는 국제 질서를 고양高揚하고 있다. 양곤, 카르툼, 평양, 그리고 테헤란은 그들에게 적대적인 이 세계에서 자신들이 종국적으로 의존할 수 있는 나라는 러시아와 중국이라고 생각하고 있다.

과격 이슬람은 현대를 거부하고 있지만, 그렇다고 해서 이들이 이슬람 세계를 1400년 전으로 되돌릴 수는 없다. 그러나 과격 이슬람이 야기하는 위협에 대해 미국, 유럽, 러시아, 그리고 중국은 통일된 입장을 갖고 있지 않기 때문에 그러한 위협에 적절하게 대응하지 못하고 있다. 평양, 테헤란, 카르툼에서 버티고 있는 전제주의 세력을 러시아와 중국이 보호하려고 한다면 테러리스트와 핵무기가 연계되는 상황을 초래할 수 있다.

케이건은 이런 세계에서 미국의 역할이 무엇인가에 대해 질문을 던지고 있다. 세계는 미국의 역할이 줄어들기를 기대하고 있다. 이라크전쟁의 여파로 세계는 '미국 문제'에 봉착해 있다. 미국 문제는 분명히 존재하고 있다. 미국은 일방주의를 선호하고, 국제기구를 불신하며, 주권에 집착하고, 국제 문제를 해결하기 위해 군사력을 사용하려는 경향이 있다. 이런 성향은 부시 행정부에서 처음 생긴 것이 아니기 때문에 부시 행정부가 사라진다고 해서 그런 성향이 사라지지는 않을 것이다.

하지만 케이건은 세계의 주요 분쟁 가능 지역에서 미국의 역할이 아직도 중요하다고 지적한다. 동아시아, 유럽, 그리고 중동에서 미국은 아치의 주춧돌이며, 주춧돌이 빠지면·아치는 붕괴하기 마련이다. 저자는 강력한 전제국가와 이슬람 과격 세력이 대두함에 따라 국제 질서가 취약해지고 있기 때문에 미국은 다른 민주주의 세력들과 함께 이에 대처해야 한다고 본다. 하지만 민주주의 세력이 과연 이런 도전에 어떻게 맞설 수 있는가는 의문이라고 말한다. 케이건은 미국이 이런 도전에 대처할 의무를 지고 있다면서, 미래의 국제 질서는 힘과 의지를 갖고 있는 국가에 의해 형성될 것이라고 이야기한다.

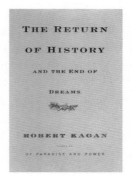

073

선택적 전쟁의 대가

리처드 하스Richard N. Haass,
《필요적 전쟁, 선택적 전쟁: 두 개의 이라크 전쟁에 대한 회고
War of Necessity, War of Choice: A Memoir of Two Iraq Wars》
(Simon & Shuster, 2009)

리처드 하스는 조지 H. W. 부시 행정부 시절 대통령 안보부보좌관을, 조지 W. 부시 행정부에서는 국무부 정책실장을 지냈으며, 2003년부터는 외교협의회 대표를 지내고 있다. 하스는 아버지 부시 행정부에서 브렌트 스코크로프트 안보보좌관을 도와서 걸프전쟁을 준비했으나, 아들 부시 행정부에서는 콜린 파월 국무장관과 함께 이라크 침공에 반대했었다. 하스는 이 책에서 아버지 부시 정부의 걸프전쟁은 정당한 필요적 전쟁이었지만, 아들 부시 정부의 이라크전쟁은 정당화할 수 없는 선택적 전쟁이라고 규정한다.

오바마 행정부가 들어선 2009년에 이 책이 나오자 큰 반향을 일으켰다. 저자는 2010년에 나온 페이퍼백판에서 책에 대한 반응을 소개하며 자신의 입장을 밝혔다. 자신은 이라크가 대량 살상 무기를 갖고 있었다

고 생각했지만 그럼에도 전쟁은 '졸렬한 선택Poor Choice'이었다고 말한다. 9.11 테러 후에 미군이 아프가니스탄을 침공한 것은 필요적 전쟁이었지만, 오바마 정부가 아프가니스탄에 미군을 증파하고 전쟁을 확대한 것은 선택적 전쟁이라고 지적한다. 한국전쟁 당시 북한의 침공에 대해 트루먼 대통령이 미군을 파병한 조치는 필요적 전쟁이었으나, 미군이 38선을 넘어서 북상했을 때 한국전쟁은 선택적 전쟁으로 성격이 바뀌었다고 본다. 저자는 조지 H. W. 부시 대통령이 트루먼 대통령의 실수를 교훈 삼아서 바그다드 진격을 중단하고 전쟁을 종료시켰다고 말한다.

두 개의 이라크전쟁

저자는 1990년 여름에 이라크가 쿠웨이트를 침공했을 당시 백악관 안보부보좌관으로서 브렌트 스코크로프트 안보보좌관과 함께 조지 H. W. 부시 대통령을 만나 상황을 의논했던 일을 떠올린다. 2002년 여름, 저자는 국무부 정책실장으로서 이라크 침공이 현명하지 못하다고 생각하고 콘돌리자 라이스 안보보좌관에게 그런 의견을 피력했다. 그러자 라이스는 "대통령은 이미 침공하기로 결정했다"고 답했다고 회고한다. 하스는 전쟁과 관련해서 아버지 부시 대통령과는 논의를 했고, 아들 부시 대통령으로부터는 일방적인 통보를 받은 것이다. 이라크 침공에 회의적이었던 콜린 파월 국무장관도 대통령이 이미 결정을 한 이상 다른 방법이 없었다고 저자는 전한다.

저자는 이라크를 상대로 벌였던 두 개의 전쟁은 성격이 다르다고 지적한다. 첫 번째 전쟁은 쿠웨이트에 대한 이라크의 침략 행위를 되돌려서 현상 회복을 하기 위한 전통적 전쟁으로, 자위自衛 전쟁에 관한 보편적 원칙에 부합하며 유엔안보이사회 결의를 거치는 등 국제적 합의를 모은 다국적 노력이었다. 반면 두 번째 전쟁은 이라크 정권을 추방하기 위한 예방적 전쟁으로, 국제사회의 동의를 거치지 않은 미국의 일방적 전쟁이었다. 첫 번째 전쟁을 시작할 때에는 국내에서 지지가 약했지만 전쟁이 끝난 후에 광범한 지지를 받았고, 전쟁 비용 역시 1,000억 달러가 소요됐지만 동맹국의 재정 분담으로 미국은 재정 부담이 거의 없었다. 두 번째 전쟁은 시작할 때는 국내 여론의 지지를 받았으나 전쟁이 장기화됨에 따라 국내에서 반대하는 여론이 갈수록 커졌고, 미국은 전쟁 비용으로 1조 달러 이상을 지출했다. 첫 번째 전쟁에서 미군 전사자 수는 수백 명에 불과했으나, 두 번째 전쟁에서는 미군 4,000명 이상이 전사했다.

필요적 전쟁

1991년 1월 16일, 사막의 폭풍 작전이 시작됐다. 일단 전투가 시작되자 합참의장 콜린 파월이 주도권을 잡았고, 민간인 정책 담당자들은 정책적 이슈가 제기되지 않는 한 2선에 머물러 있었다. 이라크가 이스라엘에 스커드미사일을 발사했지만 미국은 이스라엘에 자제를 요청했다. 조지 H. W. 부시는 베트남전쟁 당시 백악관에서 폭격 지점을 결정했던 존슨 대통령의 우를 범하지 않겠다는 확고한 생각을 갖고 있었다. 콜린 파월은 '압도적 군사력을 동원해서 제한된 목표를 단기간에 달성해야 한다'는 자신의 소신 즉, '파월 독트린'을 그대로 실천했다.

2월 말, 전쟁이 막바지에 접어들자 사담 후세인 정권을 어떻게 처리할 것인가 하는 문제가 제기됐다. 제임스 베이커 국무장관은 바그다드까지 가지 말고 공격을 끝내자고 주장했고, 딕 체니 국방장관은 후세인으로부터 항복을 받아내야 한다고 주장했다. 이란이 중동 지역에서 패권을 장악하는 것을 막기 위해 이라크가 건재해야 한다는 전략적 고려와 미군 전사상자를 줄여야 한다는 판단에 근거하여, 부시 대통령은 승리를 선언한 뒤 미군의 작전을 중지시켰다.

전쟁의 양상이 후퇴하는 이라크군을 미군이 첨단 무기로 살육하는 형상이 되고 만 데 대해서도 부시 행정부는 부담을 느꼈다. 이라크에서 쿠르드 지역이 분리해 나오면 미국의 우방국인 터키에 불안을 조성할 가능성이 있다는 것도 고려했다. 미군이 작전을 중단하자, 후세인에 충성하는 공화국수비대가 시아파 지역을 유린했고, 후세인은 독가스 공격으로 쿠르드 주민들을 학살했다. 이런 상황을 방치한 부시 행정부는 많은 비판을 받았으며, 전쟁은 어려운 숙제를 남긴 채 미완으로 끝맺었다.

클린턴의 '사막의 여우' 작전

1992년 대선에서 조지 H. W. 부시는 재선에 실패했다. 클린턴 행정부가 들어서자 저자는 워싱턴에 있는 몇몇 싱크탱크에서 대외 정책 연구를 했다. 클린턴 행정부 기간 동안 이라크는 골칫거리였다. 이라크는 유엔의 제재에 따라 주권을 제약받았으나 후세인 정부는 유엔사찰단과 끊임없는 숨바꼭질을 하면서 클린턴 행정부를 괴롭혔다. 그러자 1991년 걸프전쟁 당시, 후세인을 제거할 수 있었는데 왜 그대로 두었느냐는 비난이 일게 되었다.

1995년 4월, 유엔은 이라크의 '석유 식량 교환 프로그램'을 승인했다. 그해 8월에는 후세인의 사위가 요르단으로 망명했고, 이 사건을 계기로 이라크 정부는 유엔사찰단과 협력하기 시작했다. 이라크 정부는 이

즈음 남아 있던 생화학무기를 폐기한 것으로 나중에 알려졌다. 그럼에도 사담 후세인은 유엔사찰단에게 무엇인가를 숨기는 듯한 인상을 주었다. 이러한 후세인에 분노한 미국 의회는 1998년에 이라크 해방법을 통과시켰다. 이 법은 사담 후세인을 교체하는 것이 미국의 정책이라는 것을 천명한 것이었다. 하지만 클린턴 행정부는 이 법을 실천에 옮길 생각이 없었다. 중부군 사령관 앤서니 지니 대장은 의회에서 "후세인에 대한 반대 세력이 약해서 레짐 교체Regime Change가 현실성이 없다"고 증언했다. 클린턴 행정부는 이라크에 대한 봉쇄정책을 유지했다. 유엔사찰단의 현지 조사가 후세인에 의해 방해받자, 클린턴 대통령은 1998년 12월 16일 이라크에 대한 대대적인 공습을 명령했다. 사막의 여우 작전은 사흘 동안 지속됐는데, 미군은 이라크의 대량 살상 무기가 숨겨져 있다고 의심되는 시설을 크루즈미사일과 전폭기 폭격으로 파괴했다. 이 후 후세인은 유엔사찰단과 협력을 중단했다.

아들 부시 행정부의 선택

2001년 1월, 퇴임하는 빌 클린턴은 조지 W. 부시에게 미국이 당면한 안보 문제를 우선순위에 따라 간단하게 설명했다. 클린턴은 오사마 빈라덴과 알카에다, 중동 문제, 인도와 파키스탄, 파키스탄과 탈레반 및 알카에다, 북한, 그리고 이라크 순서로 열거했다. 빈라덴이 가장 긴급한 위험이고 이라크는 우선순위에서 가장 끝이었다.

조지 W. 부시는 클린턴 대통령의 스캔들에 식상한 미국민들의 정서를 파고들어 선거에서 간신히 승리했다. 그럼에도 부시는 마치 자신이 국민의 압도적 지지를 얻은 것처럼 행동했고, 주변 인물들은 권력을 행

공부하는 보수

사하는 데 머뭇거림이 없었다. 하스는 조지 W. 부시가 후보 시절일 때 대외 정책 자문팀에 합류했는데, 콘돌리자 라이스가 팀을 이끌었고 폴 울포위츠 등 많은 네오콘들이 참여하고 있었다고 전한다. 콜린 파월이 국무장관이 되자 하스는 국무부 정책실장이 되었지만 그 자리는 그다지 역동적이지 않은 자리였다. 콜린 파월 국무장관은 대중적이고 온건하며 독립적인 인물이어서 백악관 참모들은 처음부터 그를 좋아하지 않았다고 한다. 체니 부통령, 럼즈펠드 국방장관, 그리고 라이스 안보보좌관은 대통령을 싸고돌면서 파월을 소외시켰다. 그러던 중 9.11 테러가 발생했다.

9.11 테러가 일어나게 된 원인으로 흔히 CIA와 FBI 사이의 협조가 부족했다는 점을 든다. 그러나 저자는 더 큰 원인이 부시 정부의 안보 정책 담당자들이 테러를 심각한 위험 요소로 생각하지 않은 데 있었다고 평가한다. 9.11 테러가 발생하자 부시 대통령은 사담 후세인이 연루되었을 가능성을 찾으라고 지시했다. 9월 14일 캠프데이비드에서 열린 회의에서 폴 울포위츠 국방차관은 세계무역센터에 대한 공격은 테러집단이 독단적으로 하기에는 규모가 너무 크다고 말했다. 9.11 직후 열린 고위급 안보 회의에서 럼즈펠드 국방장관은 확신에 찬 목소리로 자기주장대로 몰고 갔고, 파월 국무장관은 대체로 침묵했다. 유엔을 중심으로 한 다자주의 접근을 불신하는 의견이 팽배했다. 탈레반이 패퇴한 후에 더 이상 아프가니스탄에 미군을 주둔시킬 필요가 없다는 의견이 압도적이었다.

부시 행정부가 이라크에 주목하자 아프가니스탄에서는 다시 군벌들이 부활했고, 아편 재배가 늘어났으며, 탈레반이 부활했다. 이스라엘은 이란이 진정한 위협이라면서 '미국이 이라크를 공격하는 데 반대한다'는 뜻을 전달해왔다. 이런 과정을 통해 이라크를 통제하면 충분하다고 생각했던 콜린 파월과 이 책의 저자 하스는 정책 결정 과정에서 소외되었고,

백악관 안보팀은 이제 이라크를 어떻게 공격하는가를 다루게 되었다. 이라크 침공은 기정사실화되어 가고 있었다.

이런 분위기에 제동을 건 사람은 조지 H. W. 부시 백악관에서 안보보좌관으로 걸프전쟁을 기획했던 브렌트 스코크로프트였다. 2002년 8월, 그는 방송 출연과 신문 기고를 통해 "이라크를 상대로 하는 전쟁은 테러와의 전쟁을 위험에 빠뜨리는 불필요한 전쟁이며 나쁜 선택"이라고 주장했다. 그는 이런 주장을 하기에 앞서 조지 H. W. 부시와 의논하지 않았지만, 아버지 부시가 아들 부시에게 불편한 심기를 전한 것이 아니냐는 관측이 돌았다. 그러나 체니 부통령과 럼즈펠드 국방장관은 이미 전쟁을 하기로 마음을 굳힌 상태였다. 알카에다와 이라크 정부와의 관계에 대해서는 분명한 증거가 없었지만, 당시 이들은 후세인이 생물 무기와 화학 무기를 비축하고 있었다고 믿었다. 이렇게 해서 미국은 베트남전쟁 후에 처음으로 재량적 판단에 의한 전쟁을 시작하게 되었다.

선택적 전쟁의 결과

2003년 3월 19일, 이라크에 대한 미국의 공격이 시작됐다. 표면적 이유와 달리 이라크가 알카에다와 연계되어 있거나, 또는 이라크가 생화학무기를 갖고 있었는가는 문제가 되지 않았다. 럼즈펠드는 2001년 12월에 이미 합동참모본부에 이라크에 대한 공격 준비를 지시했고, 울포위츠는 이라크가 미국에게 전략적 기회가 될 것이라고 공공연하게 말했다. 전쟁이 시작된 후 3주일이 지난 뒤 저자는 파월 장관과 함께 부시 대통령을 만난 적이 있었는데, 부시는 전쟁 진행에 만족했고 전쟁이 가져올 수 있는 많은 복잡한 문제에 대해서는 관심이 없는 듯했다고 한다.

미군은 어렵지 않게 바그다드를 함락했다. 하지만 대량 살상 무기는 발견되지 않았다. 상황이 이렇게 된 데는 후세인도 기여를 했다. 후세인은 생화학무기를 폐기했음에도 국내 통치를 위해 마치 생화학무기를 갖고 있는 것처럼 허풍을 떨어서 전쟁을 자초한 것이다. 이라크를 해방시키기 위해 들어간 미군은 점령군 태세를 갖추고 있지 않았다. 이라크 정부가 무너지자 곳곳에서 약탈이 자행됐고 미군은 이런 상황에 대해 준비가 되어 있지 않았다. 군정장관으로 부임한 폴 브레머는 이라크 군대를 해산했는데, 그 결정이 워싱턴에서 이루어졌는지 이라크 현지에서 이루어졌는지조차도 불분명했다. 상황이 혼란스러워지자 백악관과 국방부는 서로 자기 소관이 아니라고 책임을 회피하기 시작했다.

이라크 사태가 혼돈에 빠지자 국내 여론도 나빠졌고, 부시 정부는 이라크 전장에서는 물론이고 국내 여론에서도 밀리게 되었다. 2007년에 미군 3만 명을 증파하자 비로소 이라크 상황은 진정됐다. 2008년까지 이라크에서 미군 4,000명 이상이 전사했고, 2만 명 이상이 부상을 당했다. 미국은 약 1조 달러를 전쟁 비용으로 지출했는데, 전사상자에 대한 복지와 진료 비용을 합한다면 그 액수는 훨씬 늘어날 것이다. 이란을 견제했던 이라크가 사라졌을 뿐만 아니라 이라크 내부에 대한 이란의 영향력이 증가해서 미국의 국익을 위협하고 있다. 이라크전쟁은 선택적 전쟁War of Choice이었을 뿐만 아니라 미국 최초의 예방적 전쟁Preventive War이었지만, 미국이 선택할 수 있는 가능성을 좁혀 버린 전쟁이었다.

뼈아픈 교훈과 전쟁의 대가
부시 부자는 각기 다른 이유로 이라크와 전쟁을 했다. 아버지 부시가했던 전쟁은 필요적 전쟁이었고 대체로 성공한 전쟁이었다. 만일 당시 미국이 이라크의 쿠웨이트 점령을 묵인했더라면 냉전 종식 후 세계 질서 재편 과정에서 매우 나쁜 선례가 됐을 것이다. 아들 부시가 행한 두 번째 전쟁은 필수적인 것이 아니었다. 아들 부시는 미국이 분명히 다른 정책 대안을 갖고 있었음에도 전쟁을 선택했다. 두 번째 전쟁이 과연 치를 만한 가치가 있는 전쟁이었는지, 성공 가능성이 있었는지, 또 그 전쟁이 정당화되었는지는 모두 불분명했다.

아들 부시는 전임자로부터 건강한 경제와 흑자 재정, 그리고 안정적인 군을 넘겨받았다. 8년 후 부시는 막대한 재정 적자와 부채, 기진맥진한 군, 그리고 반미 감정으로 팽배한 세계를 후임자에게 넘겨주었다. 이라크전쟁으로 인해 미국의 대외적 영향력은 전보다 줄어들었다. 부시가 안보에 관한 결정을 너무 쉽게 하는 덕분에 미국은 큰 대가를 치렀다. 이라크전쟁 중 가장 성공적인 결정이었던 2007년 병력 증강Surge은 보다 신중하고 사려 깊은 정책 결정의 산물이었다. 미국 역사상 또 다른 아들 대통령이었던 존 퀸스 애덤스John Quincy Adams는 "미국은 모든 나라의 자유와 독립을 기원하지만 그렇다고 해서 이 나라가 외국의 괴물Monster을 찾아가서 파괴해서는 안 될 것"이라고 했다. 사담 후세인은 분명히 괴물이다. 하지만 그렇다고 해서 그를 추방하기 위한 전쟁이 정당화되는 것은 아니다. 대체로 이야기해서, 선택적 전쟁이란 해서는 안 되는 것이다.

이 책을 읽다 보면 전쟁을 결정하는 사람들에 대해 다시 생각해보게 된다. 아버지 부시 대통령은 2차대전 당시 해군 조종사로 태평양전쟁에 참전했다가 일본군에 피격되어 태평양 바다 위에 떠 있던 중 지나가던 미군 잠수함에 의해 기적적으로 구조된 전쟁 경험이 있었다. 그의 안보 보좌관이던 브렌트 스코크로프트는 예비역 공군중장으로 닉슨 행정부

공부하는 보수

에서도 백악관 안보부보좌관을 지냈다. 군 경험을 가졌던 대통령과 안보보좌관이었기에 이들은 전쟁에 신중했던 것이다. 반면 아들 부시 대통령은 주 방위군으로 병역을 이행했고, 딕 체니 부통령은 베트남전쟁이 한창이던 1960년대 후반기에 대학원 재학 등 징집 연기를 통해 병역을 면제받았다. 아들 부시의 안보보좌관이던 콘돌리자 라이스는 여성으로 러시아 정치를 전공한 학자였다. 전쟁을 모르는 지도자들이 무모한 전쟁을 일으킨 셈이다.

지나간 일이지만 조지 W. 부시가 콘돌리자 라이스가 아닌 리처드 하스를 안보보좌관으로 발탁했더라면 세계는 이렇게 되지 않았을 것이라는 생각이 든다. 조지 H. W. 부시의 백악관에서 리처드 하스는 안보부보좌관을 지냈고, 콘돌리자 라이스는 안보보좌관실에서 동유럽 문제를 담당했었다. 베를린장벽이 무너지던 날에도 라이스는 사태를 전혀 알지 못한 채 "우리 CNN을 봅시다"라고 말했다고 한다.

074

워싱턴의 지배에서
벗어나라

앤드루 바세비치Andrew J. Bacevich,
《워싱턴 법칙: 항구적 전쟁으로 가는 미국
Washington Rules: America's Path to Permanent War》
(Metropolitan Books, 2010)

앤드루 바세비치 교수는 육군사관학교 출신으로 공화당원이면서도 이라크전쟁에 반대했고, 2008년 대선에선 오바마를 지지해서 주목을 샀다. 그는 군사력에 의존하고 또 군사력에 이끌려가는 미국을 비판한《미국의 신군사주의》(2005)와《강대국의 한계*The Limits of Power*》(2008)를 연거푸 펴냈다. "항구적 전쟁으로 가는 미국"이라는 부제가 붙은 이 책에는 바세비치 교수의 생각이 잘 정리되어 있다.

바세비치는 베를린장벽이 무너지고 얼마 지나지 않아 다른 미육군 장교들과 함께 옛 동독 지역을 여행했다. 그러면서 그는 자신이 '철의 장벽' 건너편에 대해 너무 무지했다는 것을 깨달았다. 저자는 "미국이 강대국으로서 세계를 이끌어가야 하고, 미국이 실수를 했다 하더라도 그것은 선의였다"는 그때까지의 자신의 생각이 흔들리기 시작했다는 고백으로 서두를 연다. 저자는 2차대전 후 미국은 군사력이 그 정체성의 중심으로 자리 잡았는데, 이제 그런 사고를 버려야 한다고 논지를 편다.

지난 60년 동안 미국은 국제 평화와 세계 질서를 유지하기 위해 '군사력을 세계에 유지해야 하며Global Military Presence, 그 군사력을 글로벌 파워로 투사하고Global Power Projection, 현존하거나 예상되는 위험에 대처하기 위해 대외적으로 개입해야 한다Global Interventionism'는 확신을 갖게 되었는데, 이 세 가지 신념은 '신성한 삼위일체Holy Trinity'가 되었다. 이런 신념하에서 워싱턴은 통치를 해왔고, 이런 합의가 트루먼에서 오바마에 이르기까지 워싱턴을 지배해왔으니 이를 '워싱턴 법칙Washington Rules'이라고 부를 수 있다고 바세비치는 말한다. 여기서 말하는 '워싱턴'은 백악관과 연방정부뿐만 아니라 엘리트 언론, 워싱턴에 자리 잡은 싱크탱크와 로비스트 등을 함께 지칭하는 것이다. 그러나 저자는 워싱턴 법칙은 미국의 영향력과 국력이 최고점에 달했을 때 나온 것으로 이제는 폐기되어야 한다고 주장한다. 미국은 더 이상 세계를 구할 수 있는 능력을 가지고 있지 못하다는 것이다.

아이젠하워 대통령은 퇴임하면서 미국에서의 군산 복합체Military-Industrial Complex를 경고했다. 하지만 1950년대에 CIA 국장을 지낸 앨런 덜레스Allen Welsh Dulles와 전략공군사령관을 지낸 커티스 르메이Curtis Emerson LeMay는 CIA와 공군을 전 세계를 상대로 한 거대 조직으로 키웠고, 아이젠하워가 퇴임할 무렵 이에 입각한 워싱턴 법칙은 이미 확고하게 자리를 잡은 후였다. 케네디 행정부는 피그스만 침공이 실패로 돌아가는 낭패를 맛보았지만 해외에서의 비밀 작전을 오히려 증가시켰다. 케네디는 쿠바 미사일 위기 때 군사적 대응을 주장하는 맥스웰 테일러 합참의 장과 커티스 르메이 공군참모총장의 주장을 배척하고, 소련과 막후 협상

을 통해 위기를 해소했다. 하지만 케네디는 응오딘지엠Ngo Dinh Diem, 吳
廷琰 남베트남 대통령 암살을 승인하는 등 베트남전쟁을 보다 복잡하게
만들어서 후임자에게 인계했다. 케네디-존슨 행정부 시절에 로버트 맥
나마라 국방장관, 맥스웰 테일러 베트남 주재 대사, 맥조지 번디McGeorge
Bundy 안보보좌관 등은 워싱턴 법칙을 추종했는데, 그 결과는 대재앙이
었다. 1970년대 들어서 앨런 덜레스와 커티스 르메이가 남긴 거대한 유
산은 심각한 손상을 입고 말았다. 닉슨 대통령은 징병제를 포기해야만
했고, 의회는 '전쟁권 결의The War Powers Resolution'를 통과시켰으며, 상원은
CIA의 비밀 작전에 관한 청문회를 열었다. 10년 전만 해도 상상할 수가
없었던 일이 일어난 것이다. 그리고 1960년대 미국 사회를 흔들었던 젊
은 운동권은 대학에 자리 잡아서 이른바 '정년 보장 급진파Tenured Radicals'
가 됐다.

　　1980년이 되자 베트남전쟁의 교훈은 잊혀졌다. 로널드 레이건은
"동남아에서의 미국의 군사적 실패는 '고상한 목적'이 있었고, 오랫동
안 우리는 베트남증후군과 함께 살아왔다"고 말했다. 1980년대에 미국
은 베이루트, 그레나다, 파나마 등에 군사개입을 했다. 이런 추세는 조지
H. W. 부시 행정부를 거쳐서 클린턴 행정부로 이어졌다. 클린턴 행정부
에서 국무장관을 지낸 매들린 올브라이트는 단지 미국이 특별한 나라라
는 점을 강조했을 뿐, 냉전 이후 세계에 부응하는 대외 정책을 제시하지
못했다. 21세기 들어서서 '신성한 삼위일체'는 전에 없이 더욱 강하고 비
대해졌다. 미군은 중남며, 페르시안 걸프, 발칸 등 세계 곳곳에 나가 있게
되었다. '전쟁권 결의'는 사문화됐고, 9.11 테러 후 부시 대통령은 '예방
전쟁'이라는 부시 독트린까지 만들어냈다.

　　1991년에 쿠웨이트를 해방시킨 사막의 폭풍 작전은 콜린 파월과 미

국 장교단의 작품이었다. 이들은 장기전은 그 자체가 재앙이기 때문에 무슨 일이 있어도 피해야 한다고 생각했다. 걸프전쟁은 산업화 시대 전쟁의 결정판이라기보다는 그 종말을 알리는 사건이었다. 미국 군부는 정보화 시대에 부응한 새로운 전략이 필요하다고 보았고, 도널드 럼즈펠드 국방장관은 9.11 테러 후 이런 새로운 전략을 실제 운영하기에 이르렀다.

아프가니스탄을 침공한 항구적 자유 작전이 눈부신 성공을 거두자 미국은 이라크를 다음 타깃으로 정했다. '자유 이라크 작전'에서 미군은 한 달 만에 바그다드를 점령했다. 하지만 미군은 점령 후 플랜을 갖고 있지 못했고, 이라크 전역에서 내전과 테러가 발생했으며 미국이 의도한 '테러와의 전쟁'은 미궁에 빠져들었다.

테러와의 전쟁은 무한정 계속되는 장기전이 되고 말았다. 미국인에게 이제 전쟁은 새로운 정상 상태가 된 것이다. 2006년 중간선거에서 공화당이 패배하자 부시는 럼즈펠드를 경질하고, 이라크에 병력 증강을 결정했다. 증원군이 파견되었고, 전쟁의 양상은 반비정규전Counterinsurgency으로 바뀌었다. 전쟁의 주역이 군복을 입은 현역 장군들로 바뀌었고, 데이비드 페트레이어스 대장이 언론의 큰 주목을 받았다. 그러나 반비정규전은 인내를 요구하기 때문에 전쟁은 신속해야 한다는 상식에 반하는 것이다. 2008년 대선에서 민주당 후보 오바마는 "이라크전쟁은 재앙이지만, 아프가니스탄전쟁은 꼭 승리해야 하는 전쟁"이라고 강조했다. 이렇게 해서 워싱턴 법칙은 오바마 정부로 그대로 계승되었다.

10년이 지난 오늘날 이 같은 장기전으로 인해 미국은 재정과 국가부채가 악화되었고, 전사한 장병들의 가족들이 상처를 입었으며 장병들은 부상과 정신적 손상에 시달리고 있다. 그럼에도 불구하고 워싱턴 법칙은 그대로 있다. 바세비치는 워싱턴 법칙의 대안은 분명히 존재하며,

이제 그 대안을 실천해야 한다고 주장한다. 다른 나라 문제를 생각하기에 앞서 미국의 문제를 해결해야 한다고 한 조지 케넌George Frost Kennan과 윌리엄 풀브라이트J. William Fulbright를 본받아야 한다는 것이다.

따라서 바세비치는 이제 필요한 바는 '새로운 삼위일체'라면서 다음과 같이 주장한다. 첫째, 미국의 군사력은 악과 싸우거나 새로운 세계를 만들기 위해서가 아니라 미국을 방어하고 미국의 중요한 국익을 위해서 사용해야 한다. 둘째, 미군의 주된 주둔지는 미국이 되어야 한다. 셋째, 미국은 마지막 수단으로 그리고 자위를 위해서만 군사력을 사용해야 한다. 저자는 이렇게 해서 국방비는 점차 줄이고, 워싱턴 주변의 세금 도둑들은 문을 닫도록 해야 한다고 말한다. 미국은 바그다드와 카불을 재건할 것이 아니라 클리블랜드와 디트로이트를 재건해야 한다는 것이다. 특히 바세비치는 번영과 평화를 약속했던 '워싱턴 법칙'이 미국을 파산과 영원한 전쟁으로 몰아넣었다는 것을 잊지 말아야 한다고 강조하고 있다.

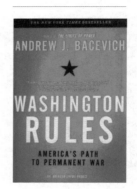

075

미국이 만든
세계를 기억하라

로버트 케이건Robert Kagan,
《미국이 만든 세계*The World America Made*》(Alfred A. Knopf, 2012)

　　이라크와 아프가니스탄에서의 실패, 그리고 경제 위기로 인해 미국은 더 이상 글로벌 리더가 될 수 없고 그래서도 안 된다는 분위기가 미국 내에 팽배해 있다. 이에 대해 로버트 케이건은 미국이 오늘날의 세계를 만드는 데 결정적 역할을 했으며, 미국은 그러한 역할을 포기해서는 안 된다고 이 책을 통해 주장하고 있다.

　　케이건은 오늘날 세계 여러 나라가 누리고 있는 민주주의와 경제적 번영, 그리고 평화는 미국의 힘과 영향력에 힘입은 바가 크다고 말한다. 하지만 미국은 대외 정책에 있어 어느 다른 민주국가보다 전쟁을 정당하고도 필수적인 수단으로 보아왔기 때문에 제국주의자로 보인다. 그렇다고 하더라도 미국은 '내키지 않아 하는 양심적인Reluctant, Conscience-Ridden 제국주의자'이다. 미국 국민은 2차대전 후에야 비로소 자국이 글로벌 리더의 역할을 하는 데 동의했다. 미국은 머뭇거리다가 공격적이고, 조용히 있다가 갑자기 행동을 취하는 등 변화가 심한 나라다. 윈스턴 처칠은 "미국은 거대한 보일러 같아서 조용하다가도 불이 붙으면 갑자기 분출한다"고 지적했다.

미국은 여러 나라에 민주주의를 뿌리내리게 했다. 1970년대 말부터 1990년대 초까지 120개 국가가 민주주의를 시행하게 되면서 전 세계 인구의 50퍼센트가 민주주의를 향유하게 되었다. 1980년대에 미국은 민주주의를 지키기 위해 그레나다와 파나마를 침공했고, 중남미 국가와 한국에 영향력을 행사해서 민주주의를 증진시켰다. 민주국가는 다른 민주국가와 전쟁을 하는 경우가 거의 없으며, 민주국가는 자유경제 체제를 선호할 가능성이 많다. 발전된 국가들 사이의 전쟁은 쌍방을 파괴하기 때문에 강대국 간의 전쟁은 그 자체가 비합리적이다. 미국은 종종 외국에 군사적 개입을 했지만 그럴 때마다 다른 나라에 비해 폭 넓은 동의를 얻었다. 요컨대 미국이 군사력을 사용하는 경우는 자신의 편협한 이익을 지키기 위함이 아니라 다른 민주국가들이 공유하는 질서를 지키기 위함이었던 것이다.

미국이 쇠퇴한다면 그 후의 세계는 어떤 모습이 될까? 케이건은 냉전 종식 후 미국이 헤게모니를 행사했던 시대가 끝난다고 해도 어느 한 나라가 미국이 했던 역할을 대신할 수는 없다고 주장한다. 포스트아메리카 시대는 대등한 여러 나라가 장악하는 다극화 시대가 될 것이라고 보는 사람이 많지만, 미국의 지배가 '다극화된 조화Multipolar Harmony'로 대체된다고 해서 세상이 보다 더 평화롭고 안전해지지는 않을 것이라고도 지적한다. 미국이 약화되면 러시아와 중국은 지금과는 다른 러시아와 중국이 될 것이라고 그는 경고한다.

냉전이 끝난 1990년대에는 자유주의적 국제 질서의 승리를 구가했고, 이를 두고 프랜시스 후쿠야마는 "역사 발전은 끝났다The End of History"고 말했다. 혹자는 미국이 지배하던 시대가 끝나고 국제법과 국제기구가 지배하는 세계가 온다고 말하기도 했다. 그러나 미국을 대체할 국제법과 국제기구는 세계 질서를 지키기에는 너무 약하다. 유럽연합은 이 점에 있어서 하나의 경고가 될 수 있다. 유럽연합은 칸트의 항구적 평화론에 가장 근접한 조직이지만, 스스로 무장을 해제한 포스트모던한 유럽이 규칙에 의해 움직이지 않는 현실 세계에서 얼마나 잘 해낼지는 알 수 없다.

　　과연 미국은 쇠퇴하고 있는가? 미국의 쇠퇴가 불가피하다면 미국과 다른 나라들이 이에 대비할 수 있는가? 9.11 테러 이후의 잘못된 대응과 이로 인한 세계 여론의 악화, 이라크와 아프가니스탄에서의 힘든 전쟁, 막대한 재정 적자 등으로 미국은 어려운 입장에 처해 있다. 미국의 영향력은 중국, 아랍 국가들, 그리고 북한에 대해 현저하게 떨어져버렸다. 그럼에도 불구하고 케이건은 어느 나라가 쇠퇴의 길에 접어들었는가를 판단하기란 쉽지 않다고 말한다. 무엇보다 강대국은 결코 하루아침에 쇠퇴하지 않기 때문이다. 대영제국이 쇠퇴하는 데에도 수십 년이 걸렸다. 2008년 경제 위기 후 미국 경제가 쇠퇴기에 접어들었다는 주장이 힘을 얻고 있지만, 미국 경제는 1890년대, 1930년대, 그리고 1970년대에도 길고 깊은 경제 위기를 경험했다. 1969년에 미국은 전 세계 경제적 생산의 4분의 1을 차지했는데, 지금도 그 점은 다르지 않다. 중국, 인도, 그리고 동아시아 국가의 경제성장은 괄목할 만하지만 이들은 유럽과 일본이 쇠퇴한 부분을 차지한 것이다.

　　강대국의 조건은 강력한 군사력이다. 미국은 아직도 가장 강력한 군사력을 유지하고 있다. 오늘날 미국은 연간 6,000억 달러를 군사비로 지출하고 있는데, 이는 미국을 제외한 다른 모든 나라들이 군비에 쏟는 비용보다 더 많은 액수이다. 이 액수는 미국 전체 GDP의 4퍼센트인데, 1950년대에는 그것이 10퍼센트, 그리고 1980년대에는 7퍼센트였다. 미국의 군사적 능력은 전면전을 벌였을 때 어느 나라를 상대로든 승리할 수 있다는 사실 또한 중요하다.

강력한 군사력을 갖고 있음에도 미국이 세계에서 영향력을 잃어가고 있다는 비판도 있지만 이는 잘못된 향수鄕愁에 근거한 것이다. 돌이켜 보면 미국이 세계에서 영향력을 상실할 것이라는 우려는 언제든 있었다. 미국의 노력에도 불구하고 중국은 공산화되었고, 미국은 서유럽에 대해서도 뜻대로 영향력을 행사하지 못했다.《추악한 미국인The Ugly American》 같은 베스트셀러 소설이 있었듯이 미국에 대한 비난은 언제든지 있었지만 그럼에도 미국 문화는 세계에 영향을 주었다.

케이건은 미국의 영향력이 최저점에 처했던 시기를 1979년이라고 분석한다. 카터 행정부는 에너지 위기와 이란 사태에 무력했다. 1987년에 폴 케네디Paul Kennedy는 "무리하게 넓혀서 제국이 된Imperial Outstretch 강대국은 쇠퇴한다"면서 미국이 그 첫 케이스가 될 것이라고 단언했다. 1995년에 찰머스 존슨Chalmers Johnson은 "미국이 냉전에서 승리했지만 그 과실은 일본이 거두어갔다"고 했다. 하지만 찰머스 존슨 책의 잉크가 마르기도 전에 일본 경제는 끝없는 쇠퇴의 길로 빠져들어 갔고, 미국은 세계 유일의 초강대국이 되었다. 그렇다고 해서 미국이 세계에 뜻한 대로 영향을 미칠 수 있는 것은 아니었다. 클린턴 행정부가 시도했던 중동 평화협상은 실패했고 중동에는 반미 감정이 팽배해졌다. 새뮤얼 헌팅턴 Samuel Huntington은 미국이 세계에서 비난받는 '외로운 초강대국'이라고 지적했다. 오늘날 미국은 많은 문제를 해결할 능력을 가지고 있지 못하

공부하는 보수

지만, 그렇다고 해서 모든 부분에서 실패하고 있는 것도 아니다.

케이건은 오늘날 미국이 겪고 있는 어려움은 거대하지만, 냉전 시대에 겪었던 어려움에 비할 것은 아니라고 말한다. 오늘날 GDP의 4퍼센트인 국방비는 감당하기 불가능한 비용은 아니다. 군사력은 분쟁을 억제해서 위험 발생을 감소시키기 때문에 저축과 같은 성격을 가지고 있으며, 오늘날 미국이 당면한 경제적·사회적 문제를 해결할 수 있는가가 더 큰 과제라고 말한다. 2011년 조사에 의하면 미국인 중 단지 11퍼센트만이 오늘날 상황에 만족한다고 답했는데, 1992년과 1979년에도 그 비율은 각각 14퍼센트와 12퍼센트에 불과했다. 과거에도 미국은 어려운 시절이 많았으며, 이를 극복함으로써 더욱 강해지고 건강해졌던 것이다.

결국 케이건은 미국의 앞날은 미국인들에게 달려 있다고 지적한다. 미국은 미국을 뒷받침해온 정치·경제·안보의 세 축을 강화해야 하며, 최근 소프트 파워와 스마트 파워가 더 중요해졌다고는 하지만 군사력 같은 하드 파워는 여전히 중요하고, 미국인들은 파워와 인간의 본성, 그리고 신념이 국제 질서에 영향을 미친다는 변치 않는 진실을 직시하여야 한다는 것이다. 미국인들이 과거에 얽매여서는 안 되지만 역사를 알아야 하며, 많은 결점에도 불구하고 미국이 만든 세계는 인류 역사에 있어서 뛰어난 이변이라고 할 정도로 성공적이었다는 것을 기억해야 한다. 언젠가는 그런 세계가 허물어져가고 미국은 속수무책이 될 수도 있겠지만 오늘날 미국은 선택을 할 수 있다는 것을 잊지 말아야 한다고 당부하는 것이다.

2012년 대통령선거를 앞두고 출판된 이 책에서 케이건은 미국의 공화·민주 양당에 팽배한 고립주의적 성향을 경고했다. 2014년 들어 발생한 우크라이나 사태와 이스라엘군의 가자지구 공격, 그리고 IS라는 대단히 위험한 이슬람 급진 세력에 대해 오바마 정부가 아무런 영향력도 행사하지 못하고 있는 것을 보면서 케이건의 경고를 생각하게 된다. 2016년 대통령선거를 앞두고 케이건은 또 어떤 책을 낼지, 또 그 후에 케이건 자신은 어떤 행보를 할지 그것이 궁금해진다.

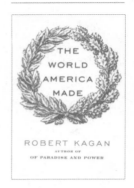

공부하는 보수

076

미국은 균형·조정자가 돼야 한다

즈비그뉴 브레진스키Zbigniew K. Brzezinski,
《전략적 비전: 미국과 글로벌 파워의 위기
Strategic Vision: America and the Crisis of Global Power》
(Basic Books, 2012)

　　이라크전쟁으로 인해 군사력이 피로 상태에 빠진 미국은 일본이 북서태평양에서의 공백을 메꾸어주기를 기대하고 있다. 하지만 일본의 우경화로 인해 우리나라와 일본의 관계는 전에 없이 불편한 상태에 있다. 한편 중국은 이런 상황을 이용해서 우리나라에 우호적인 제스처를 보내고 있고, 우리 정부 또한 친중국 성향을 노골적으로 피력하고 있다. 반면 이를 바라보는 미국의 심기는 불편하기만 하다. 지난 수십 년 동안 동북아 지역의 지정학적 균형이 흔들리고 있는 것이다. 카터 행정부에서 백악관 안보보좌관을 지낸 대외 정책 분야의 존경받는 원로 즈비그뉴 브레진스키가 2012년에 낸 이 책은 급변하는 지정학적 변화의 시대를 살고 있는 우리에게 많은 시사점을 주고 있다.

　　지정학을 강조하는 국제정치학자인 브레진스키는 이 책에서 유럽의 퇴조와 미국의 쇠퇴는 국제적인 재앙이 될 것이라면서, 미국이 심기일전해야 한다고 주장하고 있다. 브레진스키는 지정학적 안정성 없이는 글로벌 협력을 추구하려는 노력이 실패할 것이며, 미국은 점차 불안해지는 전 세계 인구의 점증하는 욕구를 수용하면서 글로벌 협력을 위한 광범위한 지정학적 기반을 조성해야 한다고 말한다. 저자는 국제 문제에 관한 원로로서 미국이 나아갈 길에 대해 다음과 같이 충고한다.

1991년 소련이 붕괴되자 미국이 유일한 초강대국으로 세계 질서를 주도할 것이라 생각되었지만 21세기에 접어든 오늘날 미국은 붕괴 직전의 소련과 여러 면에서 놀랄 만큼 닮아 있다. 브레진스키는 오늘날 글로벌 파워와 경제적 동력의 중심은 대서양에서 태평양으로 옮겨졌으며, 이런 상황에서 미국이 쇠퇴하게 되면 유럽의 정치적 자립과 국제적 영향력은 훼손되고 말 것이라고 경고한다.

브레진스키는 오늘날 미국이 엄청난 국내 문제를 극복하고 또 표류하는 대외 정책을 바로잡아서 국제사회로부터 존경을 받아야 하지만 실상은 매우 심각한 여섯 가지 문제를 안고 있다고 지적한다. 먼저 심각한 국가 부채이다. 2010년 기준 미국의 국가 부채는 GDP의 60퍼센트에 달한다. 115퍼센트에 달하는 일본, 100퍼센트에 달하는 그리스와 이탈리아에 비할 바는 아니지만 문제는 부채 비율에 개선의 기미가 없다는 것이다. 둘째는 투기자들에 의해 좌우되고 있는 미국의 취약한 금융 시스템이다. 셋째는 갈수록 벌어지고 있는 빈부 격차와 사회적 이동성의 결여이다. 2007년 통계에 의하면 미국은 상위 1퍼센트 국민이 전체 국부의 33.8퍼센트를 차지하고 있고, 하위 50퍼센트는 단지 2.5퍼센트를 차지하고 있어 선진국 중 부의 편중이 가장 심한 나라다. 넷째는 미국의 사회 인프라가 노화하고 있다는 것이다. 중국은 초고속 열차 노선을 5,000킬로

공부하는 보수

미터나 깔았으나 미국은 초고속 열차 노선이 아예 없다. 2009년에 미국 토목학회는 미국의 인프라가 D학점 수준이라고 판단했다. 다섯째는 미국의 대중이 세계에 대해 무지하다는 점이다. 2006년 미국의 젊은 성인들을 상대로 한 조사에 의하면 중동 지도를 보고서도 이들의 63퍼센트는 이라크가 어디에 있는지 지적하지 못했고, 이란은 75퍼센트가, 그리고 아프가니스탄은 88퍼센트가 정확한 답을 주지 못했다. 미국의 지역신문과 방송은 국제 뉴스를 거의 싣지 않아서 오늘날 미국의 대중은 세계 문제에 대해 무지하다. 여섯째, 미국 정치는 지나치게 당파적이고 갇혀 있어서 재정 적자 삭감과 같이 긴급하게 필요한 조치를 택하는 데 있어 대단히 비생산적이다.

위와 같은 심각한 문제로 인해 미국의 쇠퇴는 불가피하다고 보는 견해가 힘을 얻고 있지만, 그럼에도 불구하고 브레진스키는 미국이 다음과 같은 저력을 갖고 있다고 말한다. 첫째, 아직도 미국은 세계 제1의 경제 강국이며, 둘째, 경제 동력인 기술혁신에 있어서 미국은 아직 우수하고, 셋째, 유럽과 달리 미국은 인구학적 기반이 건실하며, 넷째, 미국은 위기에 처하면 국민들이 단합하는 능력을 갖고 있고, 다섯째, 미국은 안정적인 천연자원을 갖고 있고, 여섯째, 미국은 인권과 민주주의 같은 가치를 지키고 있다는 것이다.

미국이 급격한 실패로 인해 미국뿐 아니라 전 세계를 심각한 경제 침체로 빠뜨릴 가능성은 크지 않다. 하지만 미국인의 삶과 사회 인프라, 그리고 경쟁력이 서서히 쇠퇴하고 이로 인해 미국의 대외 정책이 실패할 가능성, 그리고 미국이 국내 문제는 간신히 극복하지만 대외적 영향력을 상실할 가능성은 충분히 존재한다. 그리고 이 중 한 가지 경우만 현실이 된다 하더라도 미국은 세계에서 주도적 역할을 상실하게 된다는 점이 중요하다.

　미국의 영향력이 국제사회에서 쇠퇴하는 2025년 후에는 중국이 미국의 자리를 차지하게 될 것이라고 말하기도 하지만, 브레진스키는 중국이 미국과 달리 지정학적으로 유리하지 않다고 본다. 중국의 빠른 경제적 성장은 미국이 주도한 국제 경제 체제에 힘입은 것이라서 미국이 쇠퇴하면 중국의 경제도 안심할 수 없다. 만약 미국이 쇠퇴한다면 매우 위험해지는 나라가 여럿이 있다. 조지아, 벨라루스, 그리고 우크라이나는 러시아에 예속될 것이고, 타이완은 중국의 영향력에 취약해질 것이다. 미국이 쇠퇴하면 한국은 중국의 지역적 패권을 수용하거나 일본과 보다 긴밀한 관계를 유지해야만 하는 선택을 해야 할 것이며, 아프가니스탄, 파키스탄, 그리고 이스라엘과 사우디아라비아 등 걸프 연안 국가들도 위태로워질 것이라고 그는 예측한다.

　브레진스키에 의하면, 포스트아메리카 시대에 국제분쟁에 가장 취약해지는 지역은 동아시아와 남아시아이다. 중국과 인도가 부상하고 있는 데다가, 미국마저 이 지역에서 철수하면 작은 나라들은 지정학적인 선택을 하지 않을 수 없다는 것이다. 브레진스키는 중국 내부에서 '미국을 동아시아 지역에서 후퇴시켜야 한다'는 목소리가 커지고 있는 데다 북한은 공개적으로 핵 무장을 추구하고 있기 때문에 동아시아 지역이 매우 불안해지고 있다면서, 한국의 안보는 미국과 일본에 주둔해 있는 미군에 의존하는 수밖에 없다고 말한다. 그러면서도 만일 한국이 단계적 통일을 추구한다면 중국의 도움이 필요하고, 한국이 중국의 도움을 받아 통일을 하기 위해서는 미국 및 일본과의 안보적 관계를 상당 정도 저감시켜야 한다고 이야기한다.

　브레진스키는 미국이 스스로를 재생하고 서방을 증진시켜야 하며,

　　　　　　　　　　　　　　　　　　　　공부하는 보수

동시에 동방의 복잡한 균형을 유지해야 한다고 말한다. 즉, 미국은 글로벌 파워로 대두하는 중국을 긍정적으로 수용해서 글로벌 무질서를 회피해야만 하고, 스스로가 국내 문제를 재건할 의지를 갖고 있다는 것을 세계에 보여주어야 한다. 또한 미국과 같이 군사적으로 강력하고 정치적으로 영향력을 끼치는 나라라고 할지라도 한 나라가 세계를 좌지우지할 수는 없음을 알아야 한다. 미국은 아직 로마가 아니고 중국은 아직 비잔티움이 아니기 때문에, 미국이 자신을 재생해서 서방 세계를 증진하고 보호하며, 동방 세계에서 균형자와 조정자의 역할을 해야만 글로벌 질서는 안정될 것이라고 브레진스키는 결론을 내린다.

미국이 쇠퇴하면 한국은 중국의 지역적 패권하에 들어가든가 일본과 긴밀한 관계를 유지하든가 하는 선택을 해야 하며, 또한 한국이 통일을 원한다면 미국과의 안보적 유대를 줄이고 중국에 보다 더 의존해야 한다고 한 브레진스키의 분석은 차가울 정도로 현실적인 판단이다. 박근혜 정부 들어서 일본과의 외교 관계는 빙하기 상태가 되어버렸고, 중국과의 관계에서는 우리가 일방적으로 구애 求愛를 하는 게 아닌가 싶다. 오바마 정부는 존 F. 케네디의 딸 캐롤라인 케네디를 주일 대사로 임명하고, 일본 자위대의 집단적 자위권을 지지하는 등 전에 없는 친일 편향을 보이고 있다. 일본의 집단적 자위권을 도저히 받아들일 수 없는 박근혜 정부는 대미 외교에서도 큰 딜레마에 봉착해 있는 셈이다.

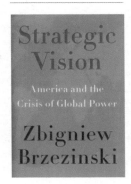

077

오바마 외교는
실패했다

발리 나스르Vali Nasr,
《필수적이지 않은 나라: 미국, 대외 정책에서 쇠퇴하다
The Dispensable Nation: American Foreign Policy in Retreat》
(Doubleday, 2013)

　　오바마 대통령은 2012년 대선에서 재선에 성공했다. 하지만 그의 대외 정책은 실패했다는 평가가 우세하다. 친민주당 성향의 발리 나스르 교수는 이 책에서 오바마 대통령이 대외 관계에서 완전히 실패했다고 진단한다. 화려한 언변과는 달리 오바마 대통령은 외교 문제에 대한 지식이 없으며, 오바마 1기 행정부에서 힐러리 클린턴 국무장관 덕분에 외교가 굴러갔다는 이야기이다.

　　존스홉킨스대학 국제학대학원장인 발리 나스르는 이란 출신으로 중동 문제에 대한 많은 저술을 발표해서 좋은 평가를 받았다. 1979년 이란에서 이슬람 혁명이 일어나자 가족과 함께 미국에 정착한 그는 터프트대학에서 공부하고 MIT에서 박사 학위를 땄다. 그는 2006년에 펴낸《시아파의 부활*The Shia Revival*》에서 이라크전쟁으로 인해 시아파 종주국인 이

란의 영향력이 커지고 있음을 경고했다.

대통령에 당선된 오바마는 힐러리 클린턴을 국무장관에 임명했고, 카터 행정부와 클린턴 행정부에서 국무차관보와 독일 주재 대사를 지낸 리처드 홀부르크Richard Holbrooke를 아프가니스탄-파키스탄 문제 특임대사로 임명했다. 홀부르크와 아는 사이인 나스르는 홀부르크를 도와서 오바마 정부의 중동 정책에 간여하게 되었다. 홀부르크 대사는 아프가니스탄-파키스탄 지역에 대한 평화 구상을 끝내고 오바마와의 면담을 기다렸으나, 건강을 해쳐서 2010년 12월 갑자기 사망했다. 특임대사실은 폐쇄되었고 나스르도 하던 일을 그만두었다.

나스르 교수는 이 책을 통해 홀부르크의 때 이른 죽음으로 미국은 이 지역의 문제를 해결할 기회를 상실했으며, 오바마 정부가 아프가니스탄, 이란, 이라크 문제를 미숙하게 다루는 바람에 세계 속에서 미국의 지위가 훼손되고 말았다고 주장한다. 이 책의 부제인 "미국, 대외 정책에서 쇠퇴하다"가 잘 보여주듯이, 외교의 실패로 미국이 세계 질서에서 필수적이지 않은 국가로 전락했다는 것이다.

나스르 교수는 오바마 1기 행정부 기간 동안 대중동 지역에서의 미국의 국익은 훼손됐다는 말로 서두를 연다. 대외 정책에 무지한 백악관 참모들이 중동 문제를 오직 국내 정치 관점에서 보았고 클린턴 국무장관은 이들과 싸워가면서 외교를 이끌어갔다는 것이다.

빌 클린턴 대통령은 "미국은 세계의 크고 작은 문제를 풀어야만 하는 운명을 타고난 필수불가결한 나라Indispensible Nation"라고 말한 적이 있다. 오바마는 국내 여론에서는 대외 정책으로 높은 점수를 얻었는데, 이는 그가 여론을 만족시키는 데 주력했기 때문이다. 하지만 오바마는 전략적 사고 없이 대외 정책을 이끌어서 세계를 이끌던 역동적인 미국은 사라져버렸고, 세계 각지에서 일어나는 일에 지쳐서 도망가는 강대국으로 남아 있을 뿐이다.

아프가니스탄과 파키스탄, 그리고 미국

부시 행정부는 아프가니스탄과 파키스탄에서 활동하는 알카에다를 섬멸하기 위해 두 나라에 수십억 달러에 달하는 원조를 했다. 하지만 아프가니스탄 사태는 나아지지 않았다. 아프가니스탄에 주둔 중인 나토군 사상자가 늘어나서 2006년에는 그 수가 최고에 달했고, 2008년 들어서는 탈레반이 다시 아프가니스탄을 장악할 것이라는 이야기가 돌았다. 탈레반은 파키스탄 접경지대에 근거지를 두고 활동했다. 파키스탄은 탈레반으로 인해 아프가니스탄이 인도의 영향력으로부터 차단된다고 판단했기 때문에 탈레반의 활동을 방조해왔다. 카르자이 대통령이 이끄는 아프가니스탄 정부는 마약 거래로 돈을 버는 부족장들과 부패한 거래를 하고 있었고, 정부의 영향력은 수도 카불에 국한되어 있었다. 언론은 카르자이 대통령을 카불시장이라고 비꼬았다.

2008년 대선 당시 오바마는 아프가니스탄전쟁을 "알카에다에 승리하기 위한 필요적 전쟁"이라고 불렀다. 취임 후 오바마는 아프가니스탄에 미군 병력을 증강해서 이라크에서 했던 것 같은 비정규전을 확대했다. 광활한 아프가니스탄에 미군을 보내자 탈레반은 다른 지역으로 신속히 숨어버렸다. 비정규전이 성공하기 위해서는 국가 재건이 필수적인데, 그것은 너무나 많은 돈을 필요로 했다. 전쟁이 장기화함에 따라 미국 내에서 부정적 여론이 일자 오바마는 '아프가니스탄전쟁에서 미국이 승리했다'면서, '2014년에 철군하겠다'고 발표했다. 2012년 1월, 오바마는 국방 예산 축소를 발표하면서 "군사력을 동원한 국가 재건을 중단하겠다"고 발표했다. 대외 정책이 이렇게 금방 바뀌니까 미국은 장기적 전략을 갖고 있지 못한, 신뢰할 수 없는 나라로 비쳐지고 있다.

홀부르크는 군사적 해결에 의존하려는 오바마 대통령이 실패한다고 확신했다. 홀부르크는 카르자이 정부와 탈레반 사이에 화해를 가져와야만 아프가니스탄에서 미군이 철수할 수 있다고 믿었다. 하지만 국방부와 CIA는 탈레반과의 대화는 테러를 용인하는 것과 같다고 보았다. 클린턴 장관만 외교적 해결을 주장했고, 백악관 참모들은 아프가니스탄 문제를 논의할 때 클린턴 장관과 홀부르크 대사를 소외시켰다. 클린턴 장관의 인기가 올라갈 가능성을 경계한 백악관은 클린턴 장관을 소외시킨 채 현지 대사들에게 직접 지시를 했다. 클린턴 장관은 아프가니스탄 문제를 이란과 협의하자고 했으나, 백악관은 핵 문제가 걸려 있는 한 이란과의 협의는 불가능하다고 잘라버렸다.

탈레반은 2008년부터 2010년까지 아프가니스탄에서 대공세를 폈는데, 파키스탄은 탈레반의 공격 준비 기지 역할을 했다. 쿠데타로 정권을 장악한 후에 파키스탄 대통령이 된 무샤라프는 탈레반을 키운 장본인이지만, 9.11 테러 후에는 미국과 협력하지 않을 수 없었다. 무샤라프에 이어서 대통령이 되고자 한 베나지르 부토는 탈레반을 공공연하게 비판했는데, 결국 파키스탄 내 탈레반에 의해 암살됐다. 파키스탄 관리들은 인도에서 공부한 카르자이 대통령을 친인도 성향으로 판단하여 좋아하지 않았다.

백악관, 국방부, 그리고 CIA는 파키스탄이 탈레반과 관계를 끊고 테러와의 전쟁에 동참하기를 원했다. 하지만 홀부르크는 아프가니스탄과 파키스탄이 관계를 정상화하기 전에는 그것이 불가능하다고 생각했다.

파키스탄 사람들은 미국이 파키스탄 영토에서 군사작전을 하거나 무인 항공기를 동원해 공격하는 것을 매우 싫어한다. 2011년 11월 26일, 탈레반을 쫓던 미군과 아프가니스탄 정부군이 파키스탄 국경에 도달하자, 파키스탄 국경수비대가 아프가니스탄 정부군을 향해 사격을 시작했다. 그러자 미군기와 헬기가 파키스탄 진지를 맹폭해서 파키스탄 군인 스물네 명이 사망했다. 이 사건으로 파키스탄과 미국의 관계는 악화되고 말았다. 오바마 정부는 아프가니스탄과 파키스탄에서 완전히 실패한 것이다.

오바마의 한마디가 부른 내분

이란의 핵 문제에 대한 미국의 정책은 과장된 위협, 잘못된 전제, 그리고 지나치게 협소한 논리로 점철되어 있는데, 미국이 베트남전쟁과 이라크전쟁에 빠진 것도 바로 이런 논리 때문이었다. 지난 30년 동안 미국은 이란을 적대적으로 무시하는 전략을 써왔다. 이란은 이라크에서 미군을 상대로 한 공격을 지원했고, 과격한 팔레스타인 집단을 지원해서 이스라엘을 위협해왔다. 이란이 핵무기를 갖게 되면 미국은 이란을 공격할 수 없게 된다.

9.11 테러 후 미국이 아프가니스탄을 침공할 때 이란은 미국을 잠시 도운 적이 있었다. 이란은 미국이 북부연합군을 지원해서 탈레반을 공격할 때 힘을 보탰고, 추락한 미군기 조종사의 구조를 돕기도 했다. 하지만 부시 대통령은 이란을 '악의 축'이라고 선언했다. 2003년 들어서 이란은 미국에 대해 양국 간 모든 문제를 다룰 협상을 제안했다. 하타미 이란 대통령은 헤즈볼라에 대한 지원도 중단할 수 있다면서 대화를 제의했으나, 부시 정부는 이를 간단하게 거부했다. 부시 정부의 강경파들은 이란이

취약하다고 생각했다. 하지만 미국의 이라크전쟁은 잘못되어갔고, 이란은 오히려 강해졌다.

오늘날 이란의 핵 개발은 미국에게 큰 고민이 되어버렸다. 이란은 핵무장을 통해 사우디아라비아를 포함한 전 아랍권의 패자가 되어 이스라엘과 미국을 견제하고자 한다. 미국은 이란의 핵 무장을 절대적으로 수용할 수 없다는 자세를 견지해왔다. 2005년에 하타미의 후임으로 강경파인 아마디네자드가 대통령이 되었다. 부시 정부는 이란이 핵 개발을 포기하지 않으면 대화를 하지 않겠다는 입장이었는데, 이는 이란으로 하여금 항복하라는 요구나 마찬가지였다. 사우디아라비아와 아랍에미리트는 미국이 이란을 파괴해주기를 희망했지만 미국이 동원할 수 있는 수단은 경제제재밖에 없었다.

2009년 이란 대통령선거에서 아마디네자드가 재선에 성공했다. 테헤란 등 대도시에서는 수백만 군중이 거리로 나와 부정선거에 항의를 표시했다. 체제에 위협을 느낀 이란 정부는 진압에 나섰고 시위는 잦아들었다. 그리고 그해 9월 제네바에서 미국, 유럽 국가, 그리고 이란이 회의석상에 자리를 같이했다. 미국은 이란이 갖고 있는 저농축우라늄 물량의 80퍼센트에 해당하는 1.2톤을 러시아에서 처리한 뒤 제3국에서 연료봉으로 사용하도록 하는 방안을 제안했으나 이란은 이를 거부했다. 오바마 정부는 경제제재에 기대는 수밖에 없었지만, 유엔에서 이란에 대한 경제제재를 이끌고가기 위해선 미국은 러시아와 중국의 협력이 필요했다. 오바마가 조지아에 대한 러시아의 군사개입에 침묵하고, 러시아가 서유럽에 천연가스 공급을 늘리며, 중국이 중동 석유에 대한 접근을 늘릴 수 있게 된 것은 미국이 이란에 대한 형식적인 경제제재를 유지하기 위해 이들에게 양보했기 때문이다. 미국은 실효성도 없는 이란 제재를 위해 더 큰 라이벌인 러시아와 중국을 도운 것이다.

오바마 정부의 아마추어 외교는 2010년에 또 다시 그 모습을 드러냈다. 오바마는 브라질의 룰라Luiz Inácio Lula da Silv 대통령과 터키의 에르도안 총리에게 이란과의 조정을 부탁했다. 두 사람은 테헤란을 방문해서 "이란은 저농축우라늄 1.2톤을 반출하고 그 대신 20퍼센트 농축된 우라늄을 받아들인다"는 내용의 테헤란선언을 얻어내는 데 성공했다. 그러나 오바마는 이 제안을 거부했다. 미국은 룰라와 에르도안이 이란과 협상을 이루어내리라고 생각하지 않았던 것이다. 미국의 태도에 불쾌해진 터키와 브라질은 유엔안보이사회 결의에서 미국의 입장에 반대표를 던졌다. 이란에 대한 오바마 정부의 정책은 실패한 것이다.

2007년 부시 정부는 이라크에 병력을 증파해서 상황을 안정시키고 시아, 수니, 그리고 쿠르드가 골고루 대표된 이라크 정부를 탄생시켰고, 2008년 대선에서 오바마는 2011년까지 이라크에서 미군을 철수하겠다고 약속했다. 2011년 12월 18일, 군 지휘관들의 반대에도 불구하고 오바마는 이라크에서 미군을 완전히 철수시켰다. 이에 앞서 알말리키 이라크 총리는 백악관을 찾아가서 오바마를 만났다. 알말리키는 수니파를 대표해서 내각에 참여한 알하세미Tariq Al-Hashemi 장관이 테러조직과 연계되어 있다면서 오바마에게 의견을 구했다. 오바마는 "그것은 이라크의 국내 문제"라고 답했다. 알말리키는 그것을 미국의 동의로 해석했다.

리언 패네타 국방장관이 바그다드공항에서 미군 철수를 기념하는 행사를 하던 순간에 이라크군 병력이 알하세미 장관의 집을 포위하고 급습했다. 하지만 낌새를 알아차린 알하세미는 북쪽 쿠르드 지역으로 피신한 후였다. 그러자 이라크의 수니 지역은 자치권을 주장하면서 반발을 시작했고, 알카에다는 그 후 몇 달 동안 이라크 전역에서 폭탄테러를 감

행하여 수백 명이 죽었다. 오바마 대통령의 섣부른 한마디로 인해 2007
년에 부시 정부가 어렵게 이룩한 이라크 내 파벌 간 조정이 무너져버렸
고, 이라크는 다시 혼돈 속으로 빠져들었다.

이라크 국민들은 알말리키가 시아를 대표해서 총리가 된 것은 미국
의 선택이라고 생각하지만, 알말리키는 이란이 선택한 인물이었다. 이란
최고 지도자 하메네이가 이라크 내의 시아파 지도자들에게 알말리키를
지지하도록 지시했던 것이다. 오바마는 "이라크에서 목적을 달성하고 철
군한다"고 밝혔지만, 헤즈볼라 대표 하산 나스랄라 Hassan Nasrallah는 "미국
이 이라크에서 패배하고 후퇴했다"고 주장했다. 바그다드를 탈출한 알하
세미는 쿠르드 지역에서 환영을 받았고, 터키 정부는 이스탄불을 방문한
알하세미를 환대했다. 이라크는 이제 시아, 수니, 쿠르드로 분할되어가
고 있다.

대중동의 미래

2011년 1월 튀니지의 한 젊은이가 분신을 함으로써 시작된 '중동의
봄'은 튀니지와 이집트에 정권 교체를 가져왔다. 이러한 변화가 아랍권
에 민주주의를 가져올지, 또는 장기적 불안정을 가져올지에 대해 오바마
는 전혀 인식이 없었다. 오바마 정부는 아랍 사태에 대해 미국이 개입하
지 않는다는 생각뿐이었다.

중동의 봄은 민주주의를 가져오기보다는 이슬람 근본주의 세력의
대두를 초래했다. 1979년 이란 샤 정권의 붕괴가 호메이니의 신정神政을
초래했던 역사적 교훈을 떠올리게 하는 것이다. 오바마는 아랍의 민주화
운동에 대해 수사만 늘어놓았고 아무런 대책도 취하지 않았다. 동유럽

공산권이 붕괴하고 나자 서방국가들이 10년 동안 동유럽 국가들에 1,000억 달러를 제공했던 것과 비교되는 부분이다. 이집트에서 무바라크 정권이 무너지고 난 후 무슬림형제단의 지지를 받는 모르시가 대통령으로 선출되는 등 급격한 변화가 이루어지고 있음에도 오바마 정부는 아무런 전략을 가지고 있지 못했다. 리비아에서는 국가 붕괴 현상이 생겼고, 시리아는 내란에 시달리고 있으며, 이집트는 예측할 수 없는 미래로 향하고 있다. 이런 상황이 미국의 장기적 국익을 해할 것이 분명함에도 오바마 정부는 아무런 대책이 없다.

파키스탄에서 이집트에 이르는 대중동 지역은 인구가 너무 많고 자원은 너무 부족하다. 파키스탄, 이집트, 예멘 등 많은 나라들이 전기, 물, 식량 부족에 시달리고 있다. 파키스탄, 아프가니스탄, 이라크, 시리아로 실패한 국가들의 벨트가 생길 수도 있다. 압제적 정부가 자유를 원하는 국민 위에 군림하고 있는 이란은 앞날이 불안하다.

에르도안 총리가 이끄는 터키는 유럽연합 가입이 좌절된 후 관심을 동쪽과 남쪽으로 돌려서 이라크 내 쿠르드 지역과도 교류를 늘려가고 있다. 앙카라-리야드-도하를 잇는 수니 벨트가 있다면, 테헤란-바그다드-베이루트를 잇는 시아 벨트가 있는 셈인데, 미국은 수니 벨트에 엮여 있는 형상이다. 터키의 다수 국민은 수니 무슬림인데, 이들은 과거에 터키를 지배했던 알레비파, 그리고 같은 계열이자 시리아의 지배 계층인 알라위츠파를 진정한 무슬림으로 보지 않는다. 에르도안 총리는 발칸에서 중동에 이르는 수니 세계를 이끌어가려는 야심을 갖고 있다. 수니 세계에서 터키의 라이벌은 사우디아라비아인데, 메카와 이스탄불이 이슬람 세계의 패권을 두고 다투었던 과거를 떠올리게 한다.

사우디아라비아는 이집트에 민주정부가 들어서는 것도, 이슬람 정부가 들어서는 것도 불편해하고 있다. 사우디아라비아로서는 무바라크 같은 권위주의적인 정부가 이집트에 있는 것이 가장 편하다. 페르시아 만 연안의 작은 왕국들도 중동의 봄 같은 민주주의 운동에 취약한 상태에 있다. 아랍 경제는 근본적인 개혁 없이는 아무 것도 이루어지지 않는다. 미국과 캐나다에서는 프래킹 기술수압 파쇄 기술에 힘입어 석유 생산이 늘고 있기 때문에 석유 가격이 떨어진다면 사우디아라비아 등 전 아랍 국가가 파멸적 상황에 처할 것이다. 미국이 몇몇 압제자들과 관계를 유지하면서 중동 지역에서의 이익을 지킬 수 있던 시대는 지나갔다. 힘은 통치자에서 대중으로, 세속적 엘리트에서 이슬람 도전자로, 아랍 중원에서 걸프 지역과 터키로 옮겨가고 있다. 미국 외교도 광범위한 지역 전체를 고려해야 하며, 통치자뿐만 아니라 국민을 상대로 해야 한다.

중국의 도전과 미국의 역할

미국은 이라크, 아프가니스탄, 파키스탄으로부터 출구전략을 쓰고 있는데, 그 공백은 중국이 메워가고 있다. 에너지 수요가 급속하게 증가하고 있는 중국은 중동 산유국과 긴밀한 관계를 구축했다. 파키스탄 대도시에서는 중국 사업가들을 자주 볼 수 있다. 터키와 중국도 급속하게 가까워지고 있다. 에르도안 총리는 중국을 방문했고, 시진핑習近平 중국 주석은 터키를 방문했다. 중국이 터키에 원전과 항구를 건설하기로 하는 등 두 나라의 경제협력은 공고해지고 있다. 중국과 이란과의 관계도 깊어가고 있다. 중국은 이란이 수출하는 에너지의 최대 수입국이며, 이란은 중국에 에너지를 가장 많이 공급하는 나라이다.

미국은 결코 쇠퇴하지는 않지만, 그럼에도 미국의 영향력은 감소해가고 있다고 본다. 미국이 자신의 힘을 잘못 사용하고, 또 세계 속에서의 자신의 역할을 잘못 보고 있기 때문이다. 오바마 정부 4년 동안 미국은 대외 관계에 가급적 적게 간여하려고 했다. 앞선 10년 동안 미국은 세계 곳곳을 이끌려고 했지만 이제는 어느 곳에도 간여하지 않으려 하는 것이다.

나스리는 오바마가 무슨 일이 생기면 말만 잘하지 행동은 하지 않는다고 비난한다. 중동의 봄 시위가 중동 각지에서 발생하자 오바마는 미국이 민주주의를 선물할 것처럼 말했지만, 실제로는 아무 일도 하지 않았다. 미국이 중동 지역에 개입하지 않으면 스스로 세력균형을 맞출 능력이 없는 그 지역의 질서는 와해되고 말 것이다. 저자는 미국이 중동에서 리더십을 발휘하지 못하면 중국과 러시아가 그 공백을 차지하고 말 것이니, 미국은 국제사회에서 필수불가결한 국가가 되어야 한다고 주장한다.

번지르르하게 말은 잘 하지만 대외 관계에서 아무 것도 해내지 못한 오바마를 비판한 이 책의 저자는 2016년 대선에서 힐러리 클린턴을 지지할 것으로 보인다. 이 책은 대외 정책에 식견이 없는 대통령을 뽑으면 어떻게 되는지를 잘 보여준다. 중국, 일본, 미국 사이에서 길을 잃어버린 박근혜 정부가 그 점에서는 오바마 정부를 닮았다는 생각이 든다.

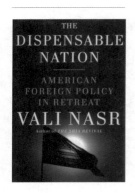

　　　　　　　　　　　　　　　　　공부하는 보수

078

내정이 없으면
외교도 없다

리처드 하스Richard N. Haass,
《대외 정책은 국내에서 시작한다:미국은 자기 집부터 정리해야 한다
Foreign Policy Begins at Home: The Case for Putting America's House in Order》
(Basic Books, 2013)

옥스퍼드에서 공부한 외교관인 리처드 하스는 조지 H. W. 부시 대통령 시절 백악관 안보보좌관실에서 일했다. 그가 백악관에서 근무하던 때, 미국은 걸프전쟁을 치러야 했다. 그 후에는 연구소와 대학에서 강의와 저술 활동을 했고 지금은 외교협회Council on Foreign Relations 대표를 맡고 있다. 그가 2009년에 펴낸《필요적 전쟁, 선택적 전쟁》은 호평을 얻었다.

저자는 오늘날 미국의 안보와 번영에 가장 큰 위협은 외부에서가 아니라 내부로부터 온다고 주장한다. 통제할 수 없는 재정지출, 인적 및 물적 자원에 대한 투자 부족, 피할 수 있었던 금융 위기, 지연되고 있는 경기 회복, 처음부터 잘못된 이라크전쟁과 잘못되어간 아프가니스탄전쟁, 심각한 재정 적자, 그리고 깊은 정치적 간극으로 인해 미국은 세계를 이끌어갈 수 있는 능력을 위협받고 있다는 것이다. 그러면서 미국이 대외

적으로 성공하기 위해서는 국내 기초를 회복해야 하며, 대외 정책은 지금이나 앞으로나 항상 국내에서 시작하는 법이라고 지적한다.

저자는 이라크전쟁과 2009년부터 확대된 아프가니스탄전쟁은 필요적 전쟁이 아니며, 정당한 선택적 전쟁도 아니라고 단언한다. 미국은 1990년대에 세계를 변화시킬 수 있는 좋은 위치에 있었음에도 망설이다가 기회를 놓쳤고, 2000년대에는 잘못된 전쟁을 하느라 미국과 글로벌 질서를 위협하는 경제적·안보적 위험에 대처하지 못했다는 것이다. 그러니 이제라도 미국은 대외적으로 무엇을 할 수 있는지를 다시 생각해야 하며, 바람직한 것과 중요한 것, 그리고 가능한 것과 불가능한 것을 구분할 줄 알아야 한다고 주장한다.

우선 저자는 효과적인 대외 정책을 추구하기 위해서 국내 문제를 제대로 정리해야 한다고 말한다. 국가 안보는 결코 싸지 않기 때문에 결국 자원이 핵심이다. 미국은 매년 8,000억 달러를 국방비로 사용하는데, 이는 전체 연방정부 지출의 20퍼센트를 차지하며 연간 GDP의 5퍼센트에 해당한다. 미국 정부는 현재 16조 달러에 달하는 부채를 지고 있기 때문에, 이를 감당하기 위해서 매일 10억 달러의 자금이 연방정부로 유입되어야 한다.

베를린장벽이 허물어지자 이제 '역사는 끝났다'는 낙관론이 일었다. 하지만 불과 20년 만에 그런 낙관론은 사라졌다. 냉전이 끝나자 이라크는 쿠웨이트를 침공했고, 소말리아, 옛 유고연방, 르완다 등지에서는 인권 보호를 위한 서방국가들의 군사개입이 이루어졌다. 또한 미국은 이라크와 아프가니스탄에서 전쟁을 시작했는데, 이로 인해 많은 미국인들은 해외에 대한 군사개입을 부정적으로 보게 됐다. 이 기간 중 미국 경제는 급격히 나빠졌다. 연방정부 부채는 냉전이 종식됐을 때 3조 5,000억 달러이던 것이 2012년에는 16조 달러로 급증했다. 미국 정부의 부채는 미국의 연간 GDP에 해당한다. 이라크전쟁과 아프가니스탄전쟁에 들어간 비용은 2001년 후 누적되어온 미국 정부 부채의 15퍼센트에 달한다. 2008년 경제 위기 후 미국은 '양적 완화Quantitative Easing'라는 이름으로 화폐 공급을 늘렸는데, 이는 달러를 갖고 있는 외국 정부의 이익을 저해하는 것이다.

냉전이 종식되어 미-소 양극 체제는 해소됐지만 이제는 중국이 미국에 대응하는 양극 체제의 당사자로 등장할 것으로 예측된다. 중국 정부가 국민들의 민주화 욕구를 얼마나 수용할 수 있는지도 중요하다. 유럽 국가들에게는 국가재정과 복지 비용이 가장 큰 쟁점이다. 미국과 유럽이 재정 위기에 빠져 있는 상황에서 세계를 위협하는 가장 위험한 국가는 북한과 이란이다. 북한은 핵무기를 갖고 있으며 핵폭탄을 장착하기 위한 장거리미사일을 개발하고 있다. 핵무기를 개발하고 있는 이란은 북한보다 더 위험하다.

저자는 미국의 대외 정책 독트린을 세 가지로 설명하고 있다. 첫째는 민주주의이다. 그러나 민주주의를 추구하라고 압박하기는 쉽지만 민주주의를 실현하기는 어렵다면서, 중동 지역에 있어 민주주의는 미국이 추구할 하나의 가치일 뿐이지 유일한 가치는 아니라고 지적한다. 미국은 중동에서 대량 살상 무기의 확산을 막고, 이스라엘과 주변 국가 간에 평화를 증진하며, 산유국들이 석유와 천연가스를 수출할 수 있도록 보장하는 등 여러 가지 가치를 추구해야 하는 것이다. 둘째는 인권 보호다. 클린턴 행정부는 인권 보호를 내걸고 소말리아, 보스니아, 코소보 등에 군사 개입을 했다. 인권 보호는 고상하게 들리지만 그것을 실현하기 위해서는 그 나라의 국내 기반이 민주적으로 바뀌어야 하는데 이를 미국이 지원하기란 쉽지 않은 일이다. 리비아 벵가지 소재의 미국 영사관 피습 사건과 시리아 내란은 인권이라는 기준을 어느 일방에게 적용하기가 쉽지 않음을 보여준다. 세속적 독재 정권이 인권을 침해했다고 해서 거기에 반기를 든 이슬람 세력을 지원할 수는 없기 때문이다. 셋째는 테러 방지다. 테러가 발생하는 근본 원인에는 여러 가지가 있는데, 아프가니스탄에서 미국이 시도하고 있는 것은 그런 근본 원인을 제거하려는 것이다. 하지만 테러의 원인이 되는 사회적·경제적 난제를 미국이 해결해야 한다는 것은 일종의 사치라고 말한다. 테러는 전술적 차원에서 접근해야 하는데, 테러를 100퍼센트 방지하기는 불가능하더라도 무인비행기와 특수부대를 이용한 작전은 테러 위험을 상당히 줄일 수 있다. 넷째는 통합이다. 통합은 냉전 시대에 추구했던 봉쇄와 달리 가능한 한 많은 나라를 설득하는 전략이다. 오바마 정부는 이런 정책을 쓰고 있는데, 그렇다고 해서 통합 전략만으로 세계 질서를 이끌어갈 수 있는 것도 아니다.

저자는 대외 정책에 있어서도 회복이 중요하다고 본다. 미국은 대외 정책을 적극적으로 추구해야 하지만 이라크나 아프가니스탄에서와 같이 한 나라의 질서를 회복하기 위해 대규모 군사적 모험을 벌이는 일은 없어야 하며, 무엇보다도 미국 자체를 복구하는 것이 중요하다고 강조한다. 미국은 재정 적자와 정부 부채, 에너지 자급, 교육, 사회 인프라, 이민 규제, 경제성장, 그리고 정치에 이르는 많은 국내 문제를 정상으로 회복해야 하며, 외국 문제에 지나치게 개입해서는 안 되고, 무엇을 성취할 수 있고 또 성취해야만 하는가에 대한 한계를 수용해야만 한다. 말하자면 대외 정책에 있어서도 우선순위를 정하고 선택을 해야 한다는 것이다.

리처드 하스의 이 책은 미국의 외교를 이야기한 이번 장을 마무리하기에 적합한 책이다. 하스는 평생 대외 정책과 함께 살아온 사람이다. 공화당 정권이 들어서면 정부에서 일을 했고, 민주당 정권이 들어서면 워싱턴의 싱크탱크에서 연구를 하고 여론을 이끌어갔다. 그런 그가 대외정책보다는 국내정책이 더 급하다는 이야기를 한 것이다. 사실 미국 입장에서 본다면, 대외 문제에 개입하여 세계 질서를 이끌어가기에는 국내 사정이 너무 좋지 않다. 연방정부, 주정부, 지방정부의 부채는 천문학적이고 개인 부채도 또한 그러하다. 도시가 파산하는 일이 줄을 잇고 있으며 개인들 역시 그러하다. 오바마 대통령이 밀어붙인 건강보험개혁도 연방정부의 재정에 큰 부담을 줄 것이다. 금융 위기를 거치면서 부유층과 빈곤층 사이의 소득 격차는 더욱 크게 벌어졌고, 이런 와중에 멕시코에서 넘어오는 불법 이민자 처리도 심각한 상황이다.

조지 W. 부시는 성급하고도 오만한 전쟁을 벌여서 미국의 국력을 손상시켰고, 오바마는 뒷수습을 제대로 하지 못한 채 다음 대통령에게 정권을 물려줄 것으로 예상된다. 미국이 대외 관계에서 소극적으로 돌아선다면 이 세상 많은 곳이 보다 불안해지겠지만 그렇다고 해서 미국이 세계를 책임지는 '자비로운 제국Benevolent Empire' 행세를 하는 것도 한계가 있다. 하지만 너무나 분명한 것은 미국이 더 이상 세계 유일의 초강대국이 아니라는 점이다. 그런 점을 고려해서 우리나라를 둘러싼 서북태평양의 정세와 미국의 영향력을 생각해보고, 또 우리나라 외교가 나아갈 길을 새삼 다시 생각해보았으면 한다.

RICHARD N. HAASS
FOREIGN POLICY BEGINS AT HOME
The Case for Putting America's House in Order

6장

유럽의
쇠락과 미래

079

서유럽에 팽배해진
반유대주의

가브리엘 쉔펠드Gabriel Schoenfeld,
《돌아온 반유대주의*The Return of Anti-Semitism*》(Encounter Books, 2004)

2차대전 때 유대인은 대규모 학살을 당했고, 그런 이유에서 유대인을 박해하거나 폄하는 것은 일종의 금기가 되어 왔다. 하지만 1990년대 들어서 유대인 혐오증이 서유럽에서도 다시 일고 있다. 이 책의 저자 가브리엘 쉔펠드는 유대인으로, 하버드대학에서 정치학 박사 학위를 취득하고 《코멘터리*Commentary*》지의 편집인을 지냈다. 저자는 근래에 들어 전 세계적으로 팽배해지고 있는 반유대주의를 분석하고 그 위험성을 경고한다. 과거에는 유럽의 극우세력이 반유대주의를 선동했지만, 이제는 이슬람권이 자신들의 낙후성과 불행에 대한 구실로 나치를 무색하게 하는 반유대주의를 주창하고 서방의 진보좌파가 이에 동조하고 있다고 지적한다.

반유대주의는 원래 유럽에서 발달해서 히틀러의 홀로코스트를 초래했다. 미국은 반유대주의와는 무관했었지만 이제는 그것도 옛날 말이 되었다. 미국에서도 대학 캠퍼스와 미디어 엘리트 사이에서 반유대주의가 고개를 들고 있다. 이슬람 국가와 아랍권의 반유대·반이스라엘 선동은 광적인 집착이 되고 말았다. 말레이시아의 총리를 오래 지낸 마하티르 모하맛Mahathir Mohamad같이 교육받은 지도자들도 이스라엘과 유대인에 대한 저주를 퍼붓고 있는 것이 오늘의 현실이다.

이란의 근본주의 이슬람 정부는 나치가 저지른 홀로코스트는 존재하지 않은 사실이고 유대인들이 꾸며낸 거짓이라고 주장하면서, 핵무기로 이스라엘을 지도에서 아예 지워버리겠다고 공언하고 있다. 이스라엘과 평화협정을 체결한 이집트에도 반유대주의가 팽배해 있어서, "나는 이스라엘을 저주해"라는 가요가 유행할 정도이다. 많은 아랍인들은 9.11 테러가 "유대인이 지배하는 미국과 이스라엘이 꾸민 자작극"이라고 믿고 있다.

저자는 이 같은 현상은 아랍권이 그들의 좌절을 외부의 탓으로 돌린 데서 비롯됐다고 본다. 오늘날 아랍권은 비민주적 체제 아래서 대부분의 국민들이 빈곤한 생활을 하고 있고, 문화 교육 및 과학 기술의 수준도 한심할 정도로 미미하다. 이 같은 내부 문제에 대한 불만을 '외부의 적'인 유대인과 이스라엘로 돌리고 있는 것이다. 이스라엘과의 몇 차례 전쟁에서 번번이 완패한 아랍권 정권은 이스라엘과 미국을 한데 묶어서 비난함으로써 자신들의 무능을 감추려 하고 있다.

유대인과 유대교를 상대로 한 폭력적 행동이 유럽은 물론이고 미국에서도 증가하고 있다. 뉴욕 한복판에서 유대교 성직자가 살해되고, 서유럽에서는 유대인 묘지와 유대교 사원인 시너고그가 파괴되어도 정부와 언론이 제대로 된 조치조차 취하지 못하고 있다. 유대인 묘지와 시너

고그에 나치를 상징하는 십자를 스프레이로 뿌리는 야만스러운 행동이 유럽에서 일어나고 있다. 서유럽에 무슬림 인구가 늘어나서 정부와 언론은 오히려 무슬림의 눈치를 보고 있다. 오늘날 서유럽의 지식인과 언론인들은 이슬람을 비판하면 테러의 위협을 감수해야 할 정도가 됐다.

저자는 유럽의 반유대주의가 기독교 문명에 뿌리 깊이 박혀 있다고 본다. 유대인들이 예수를 골고다의 십자가에 못 박아 죽였다고 생각하기 때문이다. 유럽의 종교개혁을 이끈 마틴 루터Martin Luther도 반유대주의를 선동했고, 그런 연유로 루터교에는 반유대 정서가 아직도 남아 있다. 가톨릭교회는 나치의 홀로코스트에 대해 보다 적극적인 조치를 취하지 못한 데 대해 사과했지만, 개신교는 이에 대해 별다른 책임을 표명한 적이 없다.

프랑스의 《르몽드Le Monde》와 영국의 《가디언》 같은 유럽의 진보언론은 과거 히틀러가 가졌던 것과 똑같은 시각에서 중동 문제를 바라보고 있다. 이들은 중동 분쟁은 전적으로 이스라엘 때문이라고 쓰지만, 아랍 테러단체의 반인간적 잔인함에 대해서는 침묵하고 있는 것이다. 유럽의 이른바 지식인 중에는 은연중에 홀로코스트를 부인하는 경향을 가진 이들도 있다.

미국에서도 반유대주의가 번져가고 있다. 아랍 이민자들이 증가한 데다가, 이슬람으로 개종하는 흑인이 늘어나기 때문이다. 저자는 미국의 교도소가 이슬람이 번져가는 온상 역할을 하고 있다고도 말한다. 루이스 파라칸Louis Farrakhan이 이끄는 '네이션 오브 이슬람The Nation of Islam'이라는 단체는 폭력적 반유대주의를 부추기고 있다. 특히 흑인 정치인이나 시민운동가가 유대인을 비난하는 데 대해서는 아무런 비판도 가해지지 않는다. 그러다 보니 '무슬림의 바다에 작은 유대인 국가를 세운 것이 20

세기 최대의 실책'이라는 주장마저 대두되고 있다.

저자는 세이트루이스호 사건을 상기시킨다. 1930년부터 40년대에 걸쳐 미국은 유럽의 유대인 난민 수용을 거부했고, 덕분에 세인트루이스호를 타고 탈출한 유대인 979명은 다시 유럽으로 돌려보내져 수용소에서 모두 죽었다. 저자는 아랍권의 반유대주의는 하나의 현실이지만, 이를 경계해야 할 서유럽의 정치적·도덕적·지성적 장벽이 무너지고 있는 것이 더 큰 문제라고 지적한다.

공부하는 보수

080

크렘린, 일어서다

피터 베이커·수전 글래서Peter Baker·Susan Glasser,
《크렘린 일어서다: 블라디미르 푸틴의 러시아와 혁명의 종말
Kremlin Rising: Vladimir Putin's Russia and the End of Revolution》
(Scribner, 2005)

　　2001년 초부터 4년간《워싱턴 포스트》의 모스크바 지국에서 같이 근무한 기자 부부가 쓴 이 책은 푸틴의 등장과 푸틴이 이끄는 러시아의 향방을 가늠할 수 있게 해준다. 책 제목이 말해주듯이 KGB 요원 출신인 푸틴은 러시아에 국가주의를 불러일으켜서 민주개혁을 후퇴시키고, 자신을 새로운 러시아 제국의 황제로 만들고 있다.

　　저자들은 푸틴의 러시아는 공산 체제는 아니지만 자본주의 체제도 아니고, 독재는 아니지만 자유로운 체제도 아니라고 규정한다. 1952년에 태어난 블라디미르 푸틴은 대학 졸업 후 그가 원하던 KGB 요원이 됐다. 1989년, 그는 동독의 드레스덴 주재원으로 있으면서 무력하게 무너지는 공산 체제를 지켜보았다. KGB의 중령이던 그는 자신의 미래에 대해 심각하게 고민했는데, 대학 은사이기도 한 레닌그라드 시위원회의 아

나톨리 소브차크Anatoly Sobchak 위원장의 보좌관이 되어 현실 정치에 간여하게 됐다.

1991년 8월, 일단의 KGB 장교들이 고르바초프 정부를 전복하기 위해 쿠데타를 시도했다. 소브차크는 보리스 옐친을 지지하는 시위를 레닌그라드에서 조직하려 했다. 푸틴은 무장 요원들을 대동하고 소브차크의 시위를 도왔다. 수만 명이 참가한 레닌그라드 시위는 옐친이 승리하는 결정적 계기가 됐다. 얼마 후 소브차크는 레닌그라드의 시장이 되었고, 도시 이름을 상트페테르부르크로 바꾸었다.

1996년에 푸틴은 모스크바 중앙정부로 옮겨서 옐친의 비서실 차장 등 요직을 거쳤고, 1998년에는 KGB의 후신인 FSB의 국장이 되었다. 1998년에 러시아 화폐는 폭락했고 경제는 곤두박질쳤다. 1999년 들어서는 체첸에서 반군이 대공세를 폈다. 건강이 나빴던 옐친은 이런 위기 상황을 헤쳐나갈 수가 없었다. 더구나 옐친과 그의 가족을 둘러싼 비리 의혹까지 나돌았다. 퇴임 후 자신을 지켜줄 수 있는 후계자로 푸틴을 지명한 옐친은 1999년 8월 푸틴을 총리에 임명했다. 그해 12월31일 옐친이 대통령직을 사임하자 푸틴은 대통령직을 계승했고, 2000년 3월의 대통령선거에서 푸틴은 손쉽게 승리를 거두었다.

당시 마흔여덟의 KGB 중령 출신이 러시아의 대통령이 된 배경에는 보리스 베레조프스키Boris Berezovsky, 블라디미르 거신스키Vladimir Gusinsky 등 옛 소련의 국영기업을 불하받은 억만장자 재벌의 후원이 있었다. 그러나 푸틴은 일단 대통령이 되자 자신의 통치에 걸림돌이 될 이들을 과감하게 제거했다. 푸틴은 거신스키, 베레조프스키 등 재벌이 러시아의 국부를 약탈했다고 보고 이들의 재산을 국유화했다. 거신스키와 베레조프스키는 모든 재산을 버리고 국외로 탈출했다. 저자들은 여기서 더욱 중요한 사실은 푸틴이 이들이 갖고 있던 미디어 왕국을 국유화해서 장악한 것이라고 지적한다.

푸틴은 체첸의 이슬람 반군을 가혹하게 진압해서 국제적 비난을 샀다. 그러던 중 9.11 테러가 발생했다. 푸틴은 부시 대통령에게 전화를 걸어 위로했다. 더 나아가 푸틴은 이 사건을 계기로 미국과의 관계를 개선할 수 있다고 보았다. 푸틴은 미국의 아프가니스탄 침공을 지지했고, 미군이 중앙아시아의 옛 소련군 기지를 사용할 수 있도록 했다. 그러나 미국과의 밀월은 오래가지 않았다. 부시가 이라크에 침공하려 하자 푸틴이 반대의 뜻을 분명히 한 것이다.

푸틴은 러시아 사람들이 안정을 희구하고 있다는 것을 간파했고, 또 그런 욕구를 충족시켜 주었다. 또한 푸틴은 실추한 국가적 위신을 회복하고자 했다. 경제는 차츰 안정되어 갔지만 모스크바 등 대도시와 농촌과의 격차가 커지는 등 새로운 문제가 발생했다. 2003년 가을, 푸틴은 러시아에서 가장 부유한 미하일 호도르콥스키Mikhail Khodorkovsky를 체포하고 그의 재산을 압류하도록 지시했다. 러시아 최대 석유 회사인 유코스를 소유한 호도르콥스키는 푸틴에게 맞섰다가 전 재산을 잃고 형식적인 재판을 거쳐 감옥에 갇힌 것이다. 푸틴은 그가 러시아 국민의 부를 부당하게 가로챘으며, 지나치게 큰 영향력을 갖고 있다고 보았다.

푸틴이 이끄는 러시아통합당은 2003년 의회선거에서 압승을 거두었고, 2004년 대통령선거에서 푸틴은 손쉽게 재선에 성공했다. 러시아 정부는 선거 과정이 공정했다고 주장하지만, 정부에 장악된 미디어가 일방적 홍보를 했다는 점은 고려해야 할 것이다. 그러나 무엇보다도 러시아 국민들이 푸틴의 '합법적 독재'를 지지하고 있다는 데 주목해야 한다. 옐친의 어설픈 민주주의가 빈곤과 혼란을 가져왔다고 생각하는 사람들이 푸틴식 통치를 기꺼이 받아들인 것이다. 안정을 위해서는 자유를 어느 정도 희생해야 한다는 생각이 공감대를 얻고 있다는 말이다.

책은 이외에도 의료 서비스, 군대, 사법제도 등 러시아의 각 분야에서 야기되고 있는 심각한 문제점을 상세하게 다루고 있다. 저자들은 2000년 8월 핵 잠수함 쿠르스크호 침몰 사건, 2004년 9월 베슬란학교에서 체첸 반군이 벌인 인질극 등을 설명하면서, 푸틴 정부의 비밀주의와 인명 경시가 엄청난 비극을 초래했다고 비판한다.

저자들은 오늘날 푸틴의 주변에는 과거 KGB에서 일했던 사람들이 자리 잡고 있으며, 여당인 러시아통합당은 장기 집권에 성공한 일본의 자민당과 멕시코의 제도혁명당을 닮아가려 한다고 지적한다. 저자들은 2004년 말에 모스크바를 떠났는데, 그때도 이미 푸틴의 임기 연장 문제가 조심스럽게 거론되고 있었다고 말한다. 러시아 헌법에 따르면 대통령은 3선이 불가능하며, 푸틴의 임기는 2008년에 끝나게 되어 있었다. 푸틴역시 자신의 임기는 8년뿐이라고 언급했지만, 푸틴의 지지자들은 그의 장기 집권이 가능하도록 개헌을 조심스럽게 논의하고 있었다는 것이다.

저자들은 푸틴이 3선 개헌을 할 가능성을 점쳤지만 개헌은 이루어지지 않았다. 2008년 3월 선거에서 3선에 나서지 못하는 푸틴은 부총리였던 드미트리 메드베데프Dmitry A. Medvedev를 대통령 후보로 내세워서 압도적인 표 차이로 당선시켰다. 푸틴은 대통령 임기가 끝나기 직전에 지역정부가 대통령이 아닌 총리에게 보고하도록 행정 체계를 바꾸어놓았다. 대통령에 취임한 메드베데프는 푸틴을 총리로 임명했고, 이렇게 해서 푸틴은 총리로서 실제 국정을 관장할 수 있게 되었다. 그러고는 2012년 3월 선거에서 푸틴은 압도적 지지를 얻어 대통령에 당선됐다. 부정선거라고 비난하는 시위가 산발적으로 있었지만, 러시아 국민 대다수가 푸틴을 지지했던 것은 분명했다. 2000년대 고유가에 힘입어 러시아 경제가 호전된 데다가, 푸틴의 강력한 통치로 사회가 안정을 되찾았기 때문에 그는 대통령으로 다시 돌아올 수 있었던 것이다.

2014년 2월 우크라이나 수도 키예프에서 대규모 시위가 일어나자 빅토르 야누코비치Viktor Yanukovych 대통령이 러시아로 도피하는 사태가 발생했다. 2004년부터 2005년까지 있었던 오렌지혁명을 이끌고 총리를 지냈던 율리아 티모셴코Yulia Tymoshenko는 감옥에서 석방되었다. 러시아 정부는 이 사태를 쿠데타로 규정하고, 러시아계 주민들을 보호한다는 명목하에 군대를 보내서 크림반도를 장악했다. 이어서 우크라이나 동부 지역에서도 러시아계 주민들이 민병대를 조직하여 우크라이나 중앙정부에 저항하는 등 혼란이 계속되고 있다. 새로운 러시아 제국을 꿈꾸는 푸틴의 야심이 실현되고 있는 것이다. 1990년대, 미국은 초강대국이었으나 러시아는 심각한 위기를 겪었다. 하지만 2000년대 들어서 고유가와 푸틴의 철권통치에 힘입은 러시아는 위기를 극복해냈다. 반면 이라크전쟁으로 미국은 국력이 쇠약해졌고 서유럽 국가들은 국가 부채로 허덕이고 있다. 이제 서방이 위기에 처해 있는 형편이다.

081

프랑스는 병들었다

데니스 보일스Denis Boyles,
《더러운 프랑스: 공포, 이중성, 비겁함, 그리고 치즈
Vile France: Fear, Duplicity, Cowardice and Cheese》
(Encounter Books, 2005)

홍세화 전 진보신당 대표의《나는 빠리의 택시운전사》라는 책이 있다. 프랑스에 대한 저자의 애정 덕분인지, 이 책을 보면 프랑스가 세상에서 가장 살기 좋고 정의로운 나라처럼 보인다. 과연 프랑스가 그렇게 좋은 나라일까?

이 책의 저자 데니스 보일스는 미국 중서부 농촌에서 태어나서 존스홉킨스대학을 나온 시인이며 저술가이다. 저자는 오랫동안 프랑스에 살면서 프랑스 사회와 문화, 미디어에 관한 평론을 쓰고 있다. 저자는 '공포, 이중성, 비겁함, 그리고 치즈'라는 부제가 달려 있는 이 책에서 프랑스가 오래 전부터 미국과 감정이 좋지 않았다고 말하면서, 많은 사례를 들어 오늘날 프랑스 사회는 깊이 병들어 있다고 진단한다.

저자는 오늘날 두개의 프랑스가 있다는 말로 책을 시작한다. 하나는

공부하는 보수

프랑수아 미테랑과 자크 시라크 같은 속물적이고, 엘리트적이며, 자기 집착적이면서, 파리에 살고 있는 지배 계층의 프랑스이다. 또 다른 프랑스는 지나치게 세금을 많이 내고, 지나치게 규제를 받으면서, 미래에 대해 별다른 기대 없이 살아가는 보통 사람들의 프랑스다. 저자는 솔직히 자기가 보통 프랑스 사람들을 싫어하는 것이 아니라 위선적이고 교활한 프랑스 엘리트 계층을 싫어한다고 고백한다.

신생 독립국 미국이 처음 치렀던 선전포고 없는 전쟁은 프랑스를 상대로 한 것이었다. 프랑스가 미국과 영국 간의 교역을 방해하기 위해 미국 상선을 무차별 나포하자 존 애덤스John Adams 대통령은 미국 선박에 무장을 지시했다. 하지만 프랑스를 좋아했던 토머스 제퍼슨 당시 부통령은 프랑스와의 전쟁에 반대했다. 제퍼슨은 프랑스 대혁명 후 일어난 광란의 폭동과 피비린내 나는 처형을 보고서야 비로소 프랑스에 대한 환상에서 깨어났다. 대통령이 된 제퍼슨은 광활한 프랑스령領 루이지애나를 프랑스로부터 구매하고 난 후 프랑스와 사이가 나빠지자 프랑스 군대의 상륙에 대비하여 군사력을 증강해야만 했다.

1차대전 때 미국은 원정군을 보내서 프랑스를 도왔다. 당시 프랑스에 파견된 미군 장병들은 걸핏하면 하극상 반란을 일으키는 프랑스 군대와 후방에서 반전 폭동을 일으키는 프랑스의 사회주의자들을 보고 의아해했다. 혼자 힘으로는 결코 승리할 수 없었던 프랑스 군대는 존 퍼싱John Joseph Pershing 장군이 이끄는 미군 덕분에 간신히 독일군을 물리쳤다. 저자는 유럽에서 일어난 유럽 국가들 사이의 전쟁인 1차대전에 미군을 참전시킨 조치가 우드로 윌슨이 저지른 수많은 바보짓 중 하나였다고 꼬집는다.

프랑스 사람들에게 2차대전은 아주 짧았다. 프랑스군은 마지노 방어선을 구축하고 들어가 있었는데, 독일군이 마지노 방어선을 돌아서 침공하는 바람에 한 달 만에 항복하고 말았다. 그러자 프랑스의 지식인들은 나치 독일에 기꺼이 협력했다. 《르몽드》의 설립자인 위베르 뵈브메리Hubert Beuve-Méry와 나중에 대통령이 된 프랑수와 미테랑은 비시 정부에 협력했다. 장 폴 사르트르Jean-Paul Sartre는 연합군이 노르망디에 상륙했다는 소식을 듣고 비로소 나치에 반대하기 시작했다. 수정주의에 물든 프랑스의 역사가들은 이 같이 수치스런 부분을 피해가면서 근거 없는 프랑스 우월주의를 전파시켰다.

저자는 프랑스 언론이 정부 지원금이 없으면 당장 쓰러지게 되어 있다고 말한다. 또한 그 대가로 모든 프랑스 언론은 프랑스의 근거 없는 우월주의와 예외주의를 지지하는 뉴스만 게재한다고 덧붙인다. 가톨릭계 신문인 《라크로아La Croix》의 알랭 에르또그Alain Hertoghe는 "이라크 문제에 대한 프랑스 언론의 보도가 진실을 외면하고 있다"는 내용을 담은 책을 2003년에 펴냈다가 반역자 같은 취급을 받고 신문사를 그만두어야 했다. 저자는 가장 권위가 있다는 《르몽드》도 독자적인 언론 정신을 갖고 있지 못하며, 좌파적인 풍자 신문 《르 카나르 앙셰네Le Canard Enchaîne》가 그나마 사실을 쓰는 편이라고 평한다.

프랑스 사람들은 신문을 잘 읽지 않는다. 인구가 6,000만인 나라에서 제일 많이 팔리는 《르몽드》가 40만 부, 그 다음으로 많이 팔리는 《리베라시옹Liberation》이 20만 부를 찍고 있다. 프랑스의 기자들은 노조의 영향을 받고, 프랑스의 신문 가판대는 독점 체제로 운영되고 있기 때문에 경쟁이 아예 존재하지 않는다. 오늘날 르몽드는 심각한 경영난에 빠져 있고 다른 신문의 사정도 비슷하다. 그 결과, 이들의 살길은 오직 정부 보조금뿐이다.

자크 시라크 정부가 미국의 이라크 침공을 그토록 반대한 이유 중 하나는 프랑스가 무기 등 판매 대금으로 후세인에게 받을 돈이 4억 달러나 됐기 때문이다. 시라크는 후세인의 군대가 미영 연합군에 의해 그토록 무력하게 무너질 것이라고는 생각하지 못했다. 프랑스는 과거 그들의 식민지였던 아프리카 국가에 대해 특별한 권한이나 있는 듯이 행세하고 있다. 하지만 저자는 프랑스가 식민 종주국으로 간여했던 지역은 완전한 지옥으로 변해버린 것이 엄연한 현실이라고 말한다. 80만 명이 희생된 르완다 내전도 프랑스가 학살을 감행한 정부군에 무기와 자금을 원조했기 때문에 발생할 수 있었다. 부족 간에 내란이 일어난 코트디부아르의 경우도 마찬가지다. 프랑스는 이 나라가 과거에 그들의 식민지였다는 이유로 유엔의 승인을 얻어 군대를 보냈지만, 프랑스 군대는 부족 간 내란의 와중에서 아무 역할도 하지 못했다. 유엔평화유지군으로 콩고에 파견된 프랑스 군대는 현지 청소년들과 매춘을 즐겼다는 것이 영국 신문을 통해 뒤늦게 폭로됐다.

　프리드리히 하이에크가 말하는《예종의 길Road to Serfdom》이 적절하게 들어맞는 나라가 바로 프랑스이다. 프랑스의 지배 계층 엘리트가 이끄는 관료제는 근로자가 내는 많은 세금으로 유지되고 있다. 전후에 세워진 국립행정대학원ENA은 프랑스 지배 계층의 내적 네트워크의 초석이다. ENA 출신은 프랑스의 관료 사회와 공기업의 노른자위를 장악하고 있다. 거대한 관료제는 거대한 프랑스식 사회복지 제도를 운영하고 있는데, 문제는 프랑스인들의 출산율이 떨어져서 뒷감당을 할 수 없다는 데 있다. 그나마 오늘날 아이를 낳는 프랑스인은 아랍계 무슬림 프랑스인들이다. 기독교 국가라는 프랑스에서 일요일에 성당이나 교회에 나가는 프랑스 사람은 고작 2퍼센트 밖에 안 되지만, 프랑스 사람들은 100퍼센트가 피임과 가족계획을 한다. 반면 무슬림 프랑스인들은 100퍼센트가 매주 금요일 모스크에 나가고, 그들의 2퍼센트만 피임을 할 뿐이다. 21세기 말이면 프랑스는 무슬림 국가가 되어 있을 것이고, 그러면 미국을 향한 프랑스의 전쟁은 양상을 달리 할 것이다.

오늘날 프랑스 전체 인구 중 무슬림이 차지하는 비중이 얼마나 되는지는 아무도 모른다고 한다. 대략 인구의 15퍼센트 또는 1천만 명이 무슬림일 것으로 추정할 뿐이다. 프랑스 사람들은 "프랑스에는 미국과 같은 인종차별이 없고 프랑스에는 프랑스인만 있다"고 주장하지만, 무슬림 프랑스인은 도무지 프랑스인처럼 생기지가 않았으니 그것이 문제다. 프랑스 정부가 무슬림 여학생들이 학교에 올 때 머리에 히잡을 착용하는 것을 금지하면서 온 나라가 호들갑을 떨었던 웃기는 일이 있었다. 저자는 이것이 프랑스 정부가 항상 중요하지 않은 일을 중요하게 생각한다는 사실을 잘 보여준다고 말한다.

무슬림 여학생과 여성들이 머리에 히잡을 두르고 학교와 직장에 나오는 문제는 오랫동안 수면 아래에서 논란을 야기해왔다. 그런데 2003년, 언론이 이 문제를 다루면서 별안간 큰 문제가 생긴 것같이 온 프랑스가 시끄러워졌다. 무슬림에게 문제가 되는 것은 머리 위에 두른 히잡이 아니라 머릿속인데도, 시라크 대통령은 "무슬림의 베일은 공격적인 측면이 있다"고 선언했고, 그러자 여권주의자들이 "베일은 여성의 예속을 상징한다"고 나섰다. 프랑스 정부는 위원회를 만들어서 이 어려운 문제를 다루었고, 결국 히잡을 금지하는 결정을 내렸다. 중요하고 복잡한 문제를 가장 피상적인 측면에 초점을 맞추어 해결하는 프랑스 정부의 탁월한 능력이 다시 한번 발휘된 셈이다.

가족은 프랑스 문화에 있어 더 이상 중요한 조직이 아니다. 프랑스에서는 아이가 두 살만 되어도 탁아소라는 공립학교를 가고, 일곱 살이 되면 하루 중 11시간에서 12시간을 공립학교에서 보낸다. 프랑스에서 부모 노릇은 이제 관념적인 일이 되고 말았지만, 프랑스 정부는 국민들로 하여금 아이를 갖도록 설득하지 못하고 있다. 유난히 더웠던 2003년 여름은 프랑스의 가정이 어떤 상태에 있는지를 잘 보여주었다.

파리 사람들은 8월이 되면 파리를 외국 관광객에게 넘겨주고 파리보다 더 더운 남부 프랑스로 긴 휴가를 떠난다. 프랑스인들은 일주일에 36시간 일한다고 하지만, 3일 연속 휴일이 많고, 휴가가 길어서 일 년 내내 휴가를 지내다가 간간히 일을 하는 셈이다. 2003년 7월 28일, 무더위가 닥칠 것이라는 일기예보를 접한 프랑스 응급의료협회장은 여름휴가 중에 응급실의 환자 수용 능력이 평소보다 25에서 30퍼센트 감소할 것이라고 경고했다. 그러나 시라크 정부의 장 프랑수아 마띠Jean François Mattéi 보건장관은 그런 경고를 무시한 채 본인부터 휴가를 가버렸다. 8월 1일, 열파熱波가 파리를 덮쳤고, 8월 4일에는 파리의 최고기온이 섭씨 40도를 넘어섰다. 이날 하루 동안 300명 이상이 더위로 사망했다. 사망자의 대부분은 80세가 넘은 노년층이었다.

8월 5일, 열파는 프랑스 전역으로 확산되었고, 의식 잃은 노인들을 실은 응급차가 병원으로 몰려들었다. 하지만 에어컨이 없어 더 더운 병원 응급실에서 노인들은 죽어나갔다. 8월 8일 하루에만 1,000명 이상이 더위로 죽고 말았다. 8월 10일, 마띠 보건장관은 화를 내면서 프랑스의 사망률은 전과 다르지 않다고 주장했다. 또다시 8월 12일 하루에만 2,200명이 죽어서 희생자는 총 1만 명을 넘어서게 되었다. 야당인 사회당이 정부의 무대책을 비난하자, 장피에르 라파랭Jean-Pierre Raffarin 총리는 남부의 휴가지에서 기자회견을 갖고 그런 주장은 '정치 공세'라고 반박했다.

8월 13일에 2,000명이 사망하자 마띠 장관은 비로소 휴가를 중단하고 파리로 올라왔다. 8월 14일, 마띠 장관은 이제까지 더위로 죽은 사람은 3,000명뿐이라고 주장했다. 하지만 그때까지 더위로 죽은 사람은 1만 2,000명을 넘어섰다. 8월 16일이 되자 기온이 떨어졌다. 8월 17일, 마띠 장관은 상황이 수습됐다고 발표했고, 8월 20일 라파랭 총리는 정확한 희생자 숫자를 파악해서 한 달 내에 발표하겠다고 했다.

8월 21일, 긴 휴가를 다 보낸 시라크 대통령이 검게 탄 몸매를 자랑하며 텔레비전 방송에 나와서 이런 일이 재발하지 않도록 과감한 조치를 취하겠다고 말했다. 파리 시장은 방송에 나와서 병원 안치실에 보관되어 넘쳐나는 시체들을 연고자들이 찾아가달라고 애타게 호소했다. 프랑스 정부는 그로부터 반년이 지나서 1만 5,000명이 죽었고, 희생자의 대부분은 80이 넘은 노인들이었다고 인정했다. 프랑스 정부는 또 다시 그런 열파가 오면 노인들은 응급실이 아니라 에어컨이 있는 영화관으로 가게 하겠다고 약속했다.

저자는 프랑스는 그 자체가 위선과 반역의 역사이고, 21세기에 프랑스는 자신의 역사와 정치에 의해 침몰되어 사라질 것이며, 실제로 잘 살펴보면 프랑스는 이미 항복했다는 것을 알게 된다고 결론 내린다.

082

프랑스의 친아랍
반유대주의

데이비드 프라이스 존스David Pryce-Jones,
《배신: 프랑스, 아랍, 그리고 유대인Betrayal: France, the Arabs, and the Jews》
(Encounter Books, 2006)

9.11 테러 후 미국과 프랑스는 심각한 갈등을 겪었다. 이스라엘과 아랍권을 보는 두 나라의 시각이 판이하게 다른 데서 비롯된 것이다. 하지만 미국과 프랑스 간 갈등의 뿌리는 오래 전으로 거슬러 올라간다. 이 책의 저자는 소설 쓰는 영국인 부친과 프랑스계 모친 사이의 아들로 비엔나에서 태어난 영국의 소설가이자 평론가인 데이비드 프라이스 존스다. 저자는 이 책에서 프랑스에서의 반유대주의와 친이슬람 성향의 뿌리와 현재의 모습을 적나라하게 파헤치고 있다. 프랑스를 막연하게 자유와 평등 정신이 살아 숨 쉬는 나라로 알고 있는 사람들에게는 다소 충격적일 수 있는 내용을 담고 있다.

1936년생인 저자는 나치가 프랑스를 점령할 당시 네 살이었는데, 어머니의 시아주버니인 에두아르도 드 칼레용Eduardo Propper de Callejon 덕분에 나치 치하의 프랑스를 탈출할 수 있었다. 당시 프랑스 주재 스페인 대사관의 참사관이었던 드 칼레용은 프랑스인 아내가 소유한 성城을 스페인 외교 건물로 선포해서 소중한 예술품들을 나치로부터 지켰고, 3만 명에 달하는 유대인들에게 통과 비자를 발부해서 이들이 스페인을 거쳐 포르투갈로 탈출할 수 있게 해주었다. 1972년 드 칼레용이 사망하자 이러한 사실이 알려졌고, 모계가 유대인 혈통인 저자는 자기가 어릴 때 드 칼레용 덕분에 살아났다고 술회했다.

책은 2005년 10월에 파리 북동쪽 근교에 위치한 끌리시 수 보아라는 작은 도시에서 시작되어 프랑스 전역을 휩쓴 폭동으로 시작한다. 이 도시에서 두 명의 아프리카계 10대 소년이 담장을 넘어 변전소에 뛰어들어서 감전사한 사건이 발생했다. 이들이 왜 그곳에 들어갔는지는 밝혀지지 않았지만, 두 소년의 죽음에 항의하는 폭동이 발생하여 다음해 초까지 프랑스 전역에서 자동차 1만 대가 파괴됐고, 건물 230동이 불탔으며, 5,000명이 체포되어 그중 800명이 유죄판결을 받았다. 언론은 열악한 주거환경, 소외감, 실업 등이 이런 상황을 초래했다면서, 폭동을 일으킨 집단을 일종의 희생자로 묘사했다. 언론은 폭동을 일으킨 집단을 '아프리카계 흑인 이민자들'이라고 지칭했고 이들을 아랍계 무슬림이라고는 부르지 않았다. 하지만 폭동을 일으킨 집단은 아랍 무슬림들이었다.

20세기 초만 해도 프랑스에 무슬림은 살지 않았다. 하지만 아랍과 이슬람 세계에 대한 프랑스의 관심은 오래 전으로 거슬러 올라간다. 나폴레옹은 1798년에 군대를 이끌고 이집트를 침공했다. 1830년에 프랑스군은 오스만제국이 통치하던 알제리를 침공했다. 영국이 인도를 지배하자 프랑스는 지중해 건너편 북아프리카의 아랍 세계를 자신의 영역으로 만들고자 한 것이다. 나아가 프랑스는 자신들이 오스만제국 내의 가톨릭

신도를 보호할 권리가 있다고 선언했다. 북아프리카 출신 아랍인들은 1차대전과 프랑스의 식민지에서 벌어진 전쟁에서 프랑스를 위해 싸웠고, 프랑스 정부는 이에 대한 감사의 표시로 파리에 이슬람대사원大寺院을 건립했다.

1962년에 알제리가 독립하자 프랑스 식민 통치에 협력했던 알제리인 10만 명이 박해를 피해 프랑스로 이주해 왔다. 프랑스의 식민 통치는 가혹했기 때문에 프랑스 식민 당국에 협력했던 현지인들 중 그대로 남아 있던 사람들은 새로 들어선 알제리독립정부 아래에서 보복을 당했다. 프랑스의 식민지였다가 독립한 다른 나라에서도 똑같은 현상이 발생했다. 프랑스는 그들이 통치했던 나라에서 프랑스에 협력했던 식민지 현지인들이 이주해 오는 것을 승인해야만 했고, 1974년에는 이들에게 영주권과 공민권을 인정하는 법률을 제정했다.

프랑스는 인구조사를 할 때 종교를 묻는 것을 법으로 금지하기 때문에 프랑스에 무슬림이 얼마나 살고 있는지는 알 수 없다. 최소한으로 추측하더라도 프랑스 내의 무슬림 인구는 500만 명에서 600만 명에 달한다고 한다. 프랑스 전체 인구의 4분의 1이 무슬림과 아랍인이라는 추산도 있다. 프랑스에는 약 1,600개의 모스크가 있는데, 소규모의 비공식적인 종교적 장소는 이 숫자에 포함되어 있지 않다. 프랑스에는 현재 이슬람 사제인 이맘이 약 1,500명이 있는 것으로 추산되고 있다. 프랑스 정치인들은 이같이 막강한 세력을 형성한 무슬림의 영향력을 무시할 수 없게 됐다.

프랑스인들은 전통적으로 유대인을 싫어했다. 19세기 말에 일어난 드레퓌스 사건에서 보듯이 기회만 있으면 유대인을 속죄양으로 삼으려고 했다. 그럼에도 프랑스인들은 자국 내의 유대인들과 큰 마찰이 없이 지내왔다. 하지만 급증한 북아프리카계 아랍인들은 프랑스에서 오랫동안 살아온 유대인들을 그대로 두지 않았다. 프랑스 내에서의 유대인과 유대인 단체에 대한 아랍인의 공격은 1999년에 69건에서 2002년에는 932건으로 늘어났다. 유대교 사원에 대한 공격 등 반유대 폭력이 프랑스에서 특히 빈발하는 것은 프랑스 정부가 이를 유대인에 대한 인종적 또는 종교적 박해로 보지 않고 단순한 폭력 사안으로 치부하기 때문이다. 2003년 11월에는 한 아랍 소년이 이웃에 살던 유대인 청년을 지하실로 끌고 가서 칼로 살해하고 눈알을 포크로 찍어 자기 어머니한테 가지고 가 "유대인을 죽였다"고 자랑하는 끔찍한 일이 벌어졌다. 2006년 초에는 아랍인들이 유대인 청년을 납치해서 3주 동안 폭행한 뒤 끝내 산채로 휘발유를 부어 태워 죽인 일도 발생했다.

프랑스의 대외 정책은 파리의 센 강 서안에 위치한 르 케 도르세에 자리 잡은 외무부에 의해 좌우된다. 엘리트 의식이 충만한 외무부 관리들은 전통적으로 폐쇄적이고, 반유대적이며, 반개신교적이면서 반의회적이다. 프랑스가 1940년에 나치 독일에 점령당한 후에 들어선 비시 정부가 유대인의 공민권을 박탈하는 칙령을 자발적으로 제정해서 선포한 사례가 그런 성향을 잘 보여준다.

1945년 5월, 유럽이 나치로부터 해방되자 알제리에서 폭동이 일어나서 100명 이상의 프랑스인이 피살됐다. 이에 대한 보복으로 프랑스 군대는 현지인 6,000명 이상을 살해했다. 시리아와 레바논에서도 비슷한 폭동이 일어나서 프랑스 군대가 상황을 장악하지 못하자 영국군이 주둔하여 치안을 담당해야만 했다. 같은 해 5월, 예루살렘의 이슬람 대사제로서 나치와 협력하고 유대인 절멸을 주창했던 하즈 아민 알후세이니 Haj Amin al-Husseini와 그의 추종자들은 독일이 패망하자 스위스에서 입국을 거부당한 후에 프랑스로 왔다. 프랑스 당국은 그를 파리 근교의 빌라에 연금시켰지만 그는 방문객을 만나는 등 자유로운 생활을 했다. 그는 자기가 유대인 학살에 대해 아는 바가 없다고 변명하다가, 1946년 5월에 가짜 신분증을 갖고 오를리공항을 통해 이집트로 탈출했다. 그는 프랑스 체류 중에 프랑스 정부가 베푼 환대에 감사하다고 밝히고, 얼마 후 레바논으로 가서 반유대 선동과 공작을 계속했다.

2차대전 후 프랑스 외무부 관료들은 유대인들이 팔레스타인에 국가를 세울 능력이 없다고 생각했다. 1948년에 이스라엘이 유엔으로부터 독립을 인정받자 프랑스는 마지못해 이스라엘을 승인했다. 1952년에 이집트에서 군부 쿠데타가 일어나서 나세르가 이끄는 청년장교단이 정부를 장악했다. 나세르가 프랑스와 싸우던 알제리해방전선에 무기와 자금을 공급하자 프랑스 군부는 이스라엘에 무기를 판매해서 이집트를 억제하려고 했다. 프랑스 외무부는 이스라엘에 대한 무기 판매에 반대했지만 이번에는 국방부와 군부가 외무부를 누른 것이다. 1956년 10월에서 다음해 3월까지 영국군과 프랑스 군대는 이스라엘군과 함께 수에즈운하를 점령했다. 1957년, 프랑스는 이스라엘의 디모나에 원자력발전소를 건설해주기로 했다. 그러나 프랑스와 이스라엘 사이의 이 같은 밀월은 오래 가지 않았다.

1960년대에 들어서 미국은 이스라엘을 중요한 전략적 가치가 있는 동맹으로 보기 시작했고, 미국을 좋아하지 않는 드골Charles de Gaulle 대통령은 이스라엘을 멀리하게 됐다. 1967년 봄, 중동에 전운이 감돌자 드골은 이스라엘에게 선제공격을 하지 말라고 요구했다. 하지만 이스라엘은 드골의 말을 귀담아듣지 않고 선제공격을 가해서 이집트 군대를 단숨에 궤멸시켰다. 드골이 이스라엘에 대한 프랑스 무기 판매를 금지시키자,

1969년 말에 이스라엘 첩보원들은 프랑스 남부 세르부르 항에 정박해 있던 미사일을 적재한 경비정 열두 척을 탈취했다. 이스라엘이 주문한 이 군함들은 대금까지 지불되었지만, 프랑스 정부가 인도하기를 거부했던 것들이었다. 그 결과 프랑스의 체면은 형편없이 구겨지고 말았다.

지스카르 데스탱Valéry Giscard d'Estaing이 대통령을 지낸 1974년에서 1981년까지 프랑스와 이스라엘의 관계는 더욱 나빠졌다. 1972년 뮌헨 올림픽에서 이스라엘 선수단을 살해한 '검은 9월단Black September'의 수괴 아부 다우드Abu Daoud가 법망을 벗어나게 된 과정은 프랑스 정부가 테러 단체와 한통속이라는 느낌을 준다. 아부 다우드는 베이루트 주재 프랑스 대사관이 발부한 비자를 갖고 1979년 1월 1일에 파리에 도착해서 버젓이 프랑스 외무부를 방문했다. 몇 시간 후 인터폴은 아부 다우드를 체포했다. 독일 정부가 인터폴을 통해 그를 수배해놓았기 때문이다. 하지만 나흘 후 프랑스 법원은 아부 다우드를 풀어주었고, 그는 알제리로 출국했다. 그리고 프랑스 외무부는 팔레스타인해방기구에 정중한 사과의 뜻을 전했다.

프랑스 외무부는 아라파트 휘하의 테러집단인 파타가 파리에 연락 사무소를 열도록 허용했다. 그 결과, 파리는 피비린내 나는 암살의 무대가 되었다. 팔레스타인해방기구와 다른 테러단체 사이의 살인과 보복 살인이 백주에 파리에서 일어났다. 1975년 여름, 자칼이라고 불리는 일리치 라미레스 산체스Illich Ramirez Sanchez는 파리 한복판에서 프랑스 경찰관 두 명을 살해하고 베이루트로 달아났다. 20년이 지나서야 자칼은 수단에서 체포된 후 다시 프랑스로 넘겨져서 재판을 받고 복역하게 되었다. 1976년 6월에는 에어프랑스 여객기가 우간다 엔테베공항에서 납치되는 사건이 발생했는데, 이스라엘 특공대의 눈부신 작전으로 인질들은 무사

공부하는 보수

히 석방되었다. 아랍을 그렇게 옹호했음에도 프랑스는 이처럼 번번이 테러의 대상이 되었고, 자국 항공기가 납치되어도 속수무책이던 프랑스 정부는 그들이 싫어하는 이스라엘의 특공대가 승객을 구해내는 것을 가만히 보고 있어야만 했다.

아랍을 향한 프랑스 정부의 구애는 끝을 몰랐다. 1979년 11월, 지스카르 데스탱은 프랑스를 공식 방문한 야세르 아라파트를 위해 엘리제궁에서 성대한 파티를 열어주었다.

프랑수아 미테랑이 대통령으로 있던 1981년부터 1995년까지 프랑스 외무부는 강력한 반이스라엘 로비 단체로 자리를 잡았다. 1982년에 레바논을 장악한 이스라엘 군대는 팔레스타인해방기구의 사무실에서 텔아비브와 다마스쿠스에 있는 프랑스 외교관들이 팔레스타인해방기구에 정보를 제공하고 있었다는 증거물을 확보했다.

지스카르 데스탱과 프랑수아 미테랑 아래에서 총리를 지내고 1995년에 대통령이 된 자크 시라크는 이라크를 중무장시킨 장본인이다. 그는 사담 후세인과 각별한 관계를 유지했고, 그 덕분에 1980년대 초부터 프랑스는 이라크에 각종 무기와 항공기 및 자동차를 팔고, 공항과 식수 플랜트 건설을 수주하기도 했다. 프랑스는 150억 프랑에 달하는 대對함정 미사일 에그조세Exocet를 이라크에 판매했다. 이라크는 이란과의 전쟁이 절정에 이르자 프랑스에 전폭기 판매를 요구했고, 프랑스는 자국 공군이 사용 중이던 슈페르 에땅드르Super Étendard 다섯 대를 이라크에 급하게 팔아먹었다. 사담 후세인이 1990년에 쿠웨이트를 점령하자 미테랑은 이라크의 쿠웨이트에 대한 영토적 주장은 정당한 측면이 있다는 식으로 말했다. 미국이 쿠웨이트 해방을 위한 다국적군을 구성하고 유엔이 군사력 사용을 허용하자 프랑스는 마지못해 항공모함 한 척을 파견했다. 그러나 그 항공모함에는 평소에 싣고 다니던 슈페르 에땅드르 전폭기가 한대도 없었다.

1977년 10월 6일, 아야톨라 호메이니는 그의 추종자들과 함께 파리에 도착했다. 이란의 국왕 샤 팔레비Shah Mohammad Reza Pahlavi를 싫어하는 프랑스의 좌익진영은 호메이니의 입국을 반겼고, 그를 위해 파리 근교에 저택을 마련해주었다. 1963년에 이란을 떠난 호메이니는 터키를 거쳐 이라크의 시아파 근거지인 나자프에서 오랫동안 망명 생활을 했다. 파리에 정착한 호메이니는 방송 녹화를 하고 인터뷰를 하는 등 선전 활동을 할 수 있었다. 호메이니는 프랑스에 체류하는 동안 10만 명 이상의 방문객을 맞았고, 많은 헌금을 받았다. 하지만 호메이니는 프랑스에 대해서 일말의 관심도 없었고 파리에서 집 밖으로 나가지도 않았다. 프랑스 정부가 호메이니를 파리에 입국시킨 것은 호메이니가 조만간 이란을 통치하게 될 것으로 예측했기 때문이라고 보기도 한다.

1979년 1월, 호메이니는 이란에서의 이슬람 혁명이 성공했다고 선언했고, 2월 1일 그와 그의 추종자들은 에어프랑스 전세기편으로 테헤란에 도착했다. 이란에서 호메이니가 취한 첫 조치는 이란 국민들의 시민적 자유를 제한한 것이었다. 팔레비 국왕 정부의 마지막 총리였던 샤푸르 박티아르Shapour Bakhtiar는 파리로 망명했는데, 1980년 7월 일단의 이란인들이 그를 암살하려다가 경비를 서고 있던 프랑스 경찰관과 행인을 죽인 사건이 발생했다. 범인들은 재판을 받았으나 이란 정부의 요청을 못 이긴 미테랑은 이들을 석방했다. 그리고 1991년 8월, 박티아르는 파리의 자택에서 누군가에 의해 결국 살해됐다.

1980년 9월, 이라크의 사담 후세인이 이란을 공격해서 이란·이라크 전쟁이 발생했다. 프랑스는 이란에도 무기를 팔아서 양측은 똑같은 프랑

공부하는 보수

스제 무기로 싸웠다. 1981년부터 1985년까지는 프랑스 자체가 중동 테러의 대상이 됐다. 베이루트 주재 프랑스 대사가 암살되고, 프랑스의 평화유지군 58명이 자폭테러로 사망하는가 하면, 프랑스 곳곳에서 호메이니에 반대하는 운동을 하던 이란인 17명이 암살됐다.

1996년 시라크 대통령은 이스라엘의 공격으로 곤궁에 빠진 아라파트를 지원하기 위해 이스라엘 방문을 강행했다. 파리 주재 팔레스타인해방기구 대표를 동반한 시라크는 예루살렘의 킹 데이비드호텔에 머물면서 이스라엘 경찰의 경호를 거부했다. 시라크는 예루살렘을 점령했던 십자군이 세운 성聖안나교회를 방문한 후, 프랑스 영사관에 팔레스타인 사람들을 초대해서 축하 연회를 열었다. 그 다음날 시라크는 헬기편으로 팔레스타인해방기구의 본거지인 라말라에 도착해서 아라파트와 그의 각료들을 만나 "팔레스타인의 민주주의가 아랍 세계에 전파되기를 바란다"고 연설했다.

사담 후세인은 유엔이 인도적 견지에서 허용한 '석유 식량 교환 프로그램'을 이용해서 불법 거래를 하고 돈을 빼돌렸는데, 저자는 거기에 프랑스가 깊숙이 관련되어 있다고 이야기한다. 2003년 초, 미국이 이라크를 침공하려고 하자 시라크와 그의 외무장관 도미니크 갈루조 드빌팽Dominique Galouzeau de Villepin은 이를 막기 위해 혼신의 노력을 다했다. 2004년 여름에 팔레스타인이 이스라엘을 상대로 봉기를 일으키자 프랑스 외무장관 미셸 바르니에Michel Barnier는 라말라를 방문해서 아라파트를 격려했다. 그해 10월, 쇠약해진 아라파트가 치료차 파리로 오자 시라크는 그를 군병원에 입원시켜 치료하도록 했다. 하지만 결국 아라파트는 사망했고, 시라크는 국가원수의 예를 갖추어 그의 시신을 라말라로 운구하게 했다. 이 과정을 지켜본 이스라엘의 아리엘 샤론 총리는 프랑스에 살고 있는 유대인들에게 차라리 이스라엘로 이주해 오라고 했다.

　저자는 유대인과 이스라엘에 대한 프랑스의 적대심이 아랍과 이슬람 세계의 그것과 똑같다고 평가한다. 팔레스타인과 이슬람의 자폭테러에 대해서는 침묵하고 이스라엘의 군사행동에 대해선 노골적으로 비난하는 이중적 자세를 취하는 자크 시라크가 이스라엘을 지도에서 지워버리겠다는 이란의 아마디네자드와 다를 게 없다는 것이다. 저자는 프랑스가 사담 후세인과 아라파트를 지지함으로써 도덕적 권위를 포기했다고 강력하게 비난한다.

083

이슬람의 천국, 런던

멜라니 필립스Melanie Phillips,
《런더니스턴*Londonistan*》(Encounter Books, 2006)

이 책의 저자 멜라니 필립스는 영국의 대표적인 보수논객으로 꼽힌
다. 그렇다고 저자가 원래부터 보수성향이었던 것은 아니다. 그녀의 부
모는 각각 폴란드와 러시아에서 영국에 건너온 유대인으로, 평생 세일즈
맨과 작은 옷가게로 생계를 유지했고 노동당 지지자였다. 저자는 옥스퍼
드를 졸업하고 지방신문 기자로 활동하다가 1977년에《가디언》의 기자
가 되어서 주로 사회문제에 대한 기사를 썼다. 1984년에 뉴스 부장이 됐
고 1987년부터는 기명 칼럼을 연재해서 명성을 얻었다. 이렇게 잘나가
던 그녀는 1993년《가디언》을 떠났다. 그 후로는《선데이 타임스*The Sun-
day Times*》《데일리 메일*Daily Mail*》《스펙테이터》등에 칼럼니스트로 글
을 썼고, 현재는 독자적인 칼럼니스트로 활동 중이다.

멜라니 필립스는《가디언》을 떠날 때부터 우파성향으로 돌아섰다.

진보논객들은 그녀가 '배신'했다고 비난했지만 멜라니는 자신을 "현실에 의해 불가피하게 움직여진 진보주의자Liberalist"라고 말한다. 그녀는 이란 의 핵 무장 위험성에 대해 경고했고 이라크전쟁을 지지했다. 동성 결혼 등 진보적 어젠다가 가족과 결혼이라는 전통적 제도를 손상시킨다면서 반대하고 있다. 그녀는 책을 여러 권 썼는데, 영국이 과격한 이슬람의 본 거지로 전락했다면서 이 지경에까지 이르게 된 원인을 여러 각도에서 파 헤친 이 책이 주목을 받았다.

2005년 7월 7일 아침, 운행 중이던 런던 지하철 네 개 노선과 런던의 명물인 2층 버스에서 동시다발적으로 폭발이 일어났다. 52명이 사망하 고 수백 명이 부상을 당했는데, 이는 네 명의 무슬림이 저지른 자폭테러 라는 것이 밝혀졌다. 특히 이들의 배후가 영국 내에서 자생적으로 자라 난 과격한 이슬람 세력으로 밝혀져서 큰 충격을 주었다. 멜라니 필립스 는 이 사건이 빙산의 일각에 불과할 뿐, 진짜 문제는 한층 더 심각하다고 말한다.

책 제목 "런더니스탄"이란 런던이 아프가니스탄 같은 테러가 판치 는 이슬람 국가가 되어가고 있음을 비유하는 용어인데, 이 책으로 인해 보편화됐다. 저자는 사실상 런던이 유럽에서의 이슬람 무력 투쟁의 진앙 震央이라고 지적한다. 저자는 특히 다른 유럽 국가에서 불법으로 금지된 '히즈 우트-타흐리르Hiz ut-Tahrir' 같은 과격 이슬람 단체가 영국에서는 합 법적 조직으로 인정받고 있고, 아부 카타타Abu Qatada, 오마르 바크리 무 하마드Omar Bakri Muhammad 등 과격한 이슬람주의자들이 런던에서 자유 롭게 폭력을 설교하고 지냈다. 오마르 바크리 무하마드는 20년간 런던 에서 도피 생활을 하다가 2005년 런던 지하철 폭파 사건 후에 레바논으 로 도피했고, 아부 카타타는 2013년에야 비로서 요르단으로 추방되었다.

공부하는 보수

저자는 영국의 국내 정보를 책임지고 있는 MI5마저 과격 이슬람이 야기하는 위험을 이해하지 못하고 방치해온 결과 2005년 테러를 초래했다고 비난한다.

저자는 '런더니스턴' 현상은 이제 런던을 넘어서 영국 전체에 퍼져가고 있다고 경고한다. 저자는 이런 현상이 생기는 원인으로 두 가지를 든다. 첫째, 영국이 이슬람 국가로부터 많은 이민자를 받아들여서 오늘날 총 인구 6,000만 중 이슬람 인구가 200만 명에 달하게 되었고, 이들은 출산을 많이 하기 때문에 이들의 인구 증가율이 매우 빠르다는 점이다. 보다 중요한 두 번째 이유로는 영국 사회가 도덕적·철학적 공백 현상을 겪고 있기 때문에 약탈적 이슬람주의자들의 손쉬운 표적이 되고 있다는 점이다. 영국인들은 더 이상 교회를 나가지 않지만, 이슬람의 교세教勢는 급격히 증가해서 이제 이슬람은 사실상 영국 제1의 종교가 되었다. 신자가 없어서 버려진 교회가 이슬람 단체에 팔려 모스크로 바뀌는 등 이슬람 사원이 영국 전역에 걸쳐서 부쩍 늘어났다.

영국에 무슬림 인구가 급속히 늘어난 것은 영국 이민국이 정치적 망명을 너그럽게 허용하기 때문이기도 한데, 이렇게 입국한 무슬림들은 사회복지 수당을 받으면서 과격 이슬람주의를 전파하고 있다. 아부 함자 Abu Hamza al-Masri 등 과격한 이슬람주의자들이 런던에서 테러를 주창했지만 영국 정부는 이들이 표현의 자유를 행사하고 있다는 이유로 오랫동안 방치했다. 아부 함자는 미국 구축함 콜호 폭파 등 여러 건의 테러에 연루된 혐의를 받고 있었지만 영국 당국은 모스크에 숨어서 이슬람 성전을 설교하던 그를 2003년에야 힘들게 체포한 후 미국에 인도했다. 신발창에 폭약을 장치해서 항공기를 폭파하려 했던 리처드 레이드Richard Reid, 9.11 테러를 모의한 자카리아 무사위 등 많은 테러리스트들이 런던에 기반을 두고 활동을 했으니 런던은 이슬람 테러의 메카인 셈이다. 실제로 이스라엘뿐 아니라 인도, 사우디아라비아, 알제리, 이집트 등 많은 나라들이 영국에 테러 혐의자들을 비호하지 말라고 항의를 했다.

저자는 영국이 이 지경에 이른 것은 영국이 유럽인권규약에 가입하고 인권법을 제정하고 나서부터라고 지적한다. 진보주의에 빠진 영국의 법원은 인권을 절대적 가치로 수용해서 테러리스트에게도 자유를 보장하고 말았다. 영국 경찰은 '이슬람 테러리스트'라는 용어가 차별적이라면서 그런 용어 사용 자체를 꺼리고 있다. 영국은 많은 문화로 구성되어 있고 모든 문화는 동등하다는 다문화주의가 영국의 국가정책으로 채택되어서 영국의 정체성은 상실되고 말았다. 교육 현장에서 영국의 국가적 정체성을 말하면 그것은 마치 근본주의이며 제국주의적 발상인 것처럼 여겨지고 있다. 비非서방 문명은 선량한 것으로 가르치고 서방 문명은 압제적인 것처럼 가르치는 것이 오늘날 영국의 현실이다.

영국은 국교가 성공회이고 국왕은 국교를 수호하도록 되어 있다. 하지만 찰스 황태자부터 국왕이 종교를 수호할 필요가 없다고 말할 정도로 영국은 자신의 정신적 뿌리인 기독교를 망각해가고 있다. 주일에 교회를 가는 사람들은 갈수록 줄어, 세속화된 엘리트 계층은 교회를 거의 가지 않는다. 진보적 정치인들이 동성 부부를 인정하자고 주장하는 등 영국은 포스트크리스천 사회가 되어가고 있다.

무슬림들은 영국 내에서 자기들만의 공동체를 이루고 살기 때문에 '국가 안의 국가' 같은 지역이 영국 곳곳에 있다. 이런 곳에서는 영국법이 아닌 샤리아법이 통용되고 일부다처제가 묵인되고 있다. 무슬림 인구가 증가함에 따라 자신감을 갖게 된 이슬람 단체들은 일부다처제를 인정해 줄 것을 공식적으로 요구하고 있다. 하지만 이런 곳에 모여 사는 무슬림

공부하는 보수

들도 영국 정부가 베푸는 사회보장 혜택은 골고루 받고 있다. 테러를 저지른 무슬림 젊은이들도 사회복지 수당을 받았던 것으로 밝혀졌다.

2005년 7월에 런던에서 테러가 일어나자 영국 언론은 무슬림들이 빈곤하고 사회적으로 고립되어 있는 것이 원인이라고 했다. 그러나 힌두교 등 다른 소수 종파를 믿는 이민자들은 문제가 없는데 유독 무슬림들만 빈곤과 소외의 수렁에 빠져서 폭력에 호소한다고 말할 수는 없다. 저자는 이슬람 자체가 폭력과 복수를 부르는 종교라서 무슬림들이 이러는 것인데도 영국의 지식인들과 언론은 이슬람의 위협 때문에 침묵하고 있다고 비판한다.

오늘날 대다수 영국인들은 중동 분쟁이 이스라엘 때문이라고 생각하는 등 유대인 혐오증이 심각한데, 저자는 이것도 이슬람의 영향 때문이라고 본다. 좌편향이 심각한 BBC,《가디언》등 영국의 주요 언론과 지식인들은 이스라엘이 유대-기독교 문명을 지키는 최전선이라는 것을 이해하지 못한 채 거의 맹목적으로 아랍을 지지하고 있다. 미국에서는 좌편향 미디어에 대항해서 보수언론과 논객들이 문화 전쟁을 벌이고 있지만 영국에는 보수세력 자체가 없는 것도 문제이다.

오늘날 영국 정치에는 좌파와 이슬람이 연합 세력을 구축하는 현상이 나타나고 있다. 2000년부터 2008년까지 런던시장을 지낸 노동당 소속 켄 리빙스턴Ken Livingstone은 극좌파이며, 후세인과 아라파트를 지지하여 노동당에서 제명된 조지 갤러웨이George Galloway는 무슬림과 좌파의 지원으로 다시 하원의원에 당선됐다. 노동당 정권 하에서 외무장관을 지낸 잭 스트로Jack Straw 등 노동당 간부들도 지역구 내 무슬림들의 눈치를 보지 않을 수 없는 실정이다. 몇몇 무슬림 지식인들이 이슬람 근본주의를 비판하고 나서도 영국인들 자체가 이런 용기 있는 양심적인 무슬림을 보호할 수 없는 것이 현실이다.

저자는 이제 영국을 구할 수 있는 시간이 별로 없다고 본다. 저자는 인권법을 폐지하고 유럽인권규약에서 탈퇴하며, 이슬람 과격 단체와 모스크를 폐쇄하고, 이슬람 이념주의자들은 해외로 추방해야 한다고 말한다. 또한 대학에 스며든 이슬람 극단주의를 감시하고, 무슬림 학교들의 교육 내용을 정부가 규제하여, 궁극적으로는 영국의 문화적 정체성을 다시 찾을 것을 제안한다.

오늘날 영국의 풍조에 비추어 볼 때, 멜라니 필립스 같은 여성 칼럼니스트가 이런 목소리를 내는 것은 그 자체가 매우 용기 있는 행동이다. 프랑스 등 유럽 대륙에는 멜라니 필립스 같은 논객이 존재하지 않는다. 무릇 지식인이란 좌고우면左顧右眄하지 않고 자기 생각을 소신 있게 말할 수 있어야 하는데, 멜라니 필립스가 바로 그런 사람이다. 하지만 이미 대세가 기울어진 유럽을 이슬람주의로부터 구할 수 있을지는 알 수 없다.

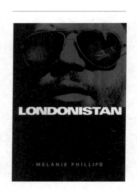

공부하는 보수

테오 반 고흐 살해 사건

이안 부루마Ian Buruma,
《암스테르담에서의 살인: 진보적 유럽, 이슬람, 그리고 관용의 한계
Murder in Amsterdam: Liberal Europe, Islam, and the Limits of Tolerance》
(Penguin Books, 2006)

2004년 11월 2일 이른 아침, 암스테르담의 거리에서 영화감독이며 무슬림 비판자이던 테오도르 반 고흐Theodor van Gogh, 화가 빈센트 반 고흐의 동생의 증손자가 모로코 태생의 네덜란드 사람에게 무참하게 피살당했다. 네덜란드 사회는 이 사건을 계기로 이슬람 근본주의에 대해 경각심을 갖기보다는 사건의 중요성을 애써 축소해버리는 길을 택했다. 네덜란드의 평론가이며 저술가이고 바드칼리지의 교수인 이안 부루마는 이 사건을 계기로 네덜란드 사회가 갖고 있는 문제점을 이 책에서 다루고 있다.

1957년생인 테오 반 고흐는 영화감독이면서 민감한 사회문제에 대한 직설적인 언급으로 이름이 난 논객이었다. 그는 한동안 유대인을 비하하는 언급으로 물의를 일으켰는데, 소말리아 태생의 아얀 히르시 알리Ayaan Hirsi Ali를 알게 된 후로는 그녀에 매료되어서 무슬림 여성 전반에

관심을 갖게 되었다. 그는 무슬림 여성이 겪는 학대와 예속을 다룬 〈굴종 Submission〉이라는 10분 분량의 영화를 만들었다. 이 영화가 텔레비전에 방송된 후, 고흐와 알리는 살해 위협을 받았다. 2004년 11월 2일 아침, 당시 26세이던 모하메드 부에리Mohammed Bouyeri는 자전거를 타고 가던 고흐에게 총격을 가해 쓰러트리고, 부상을 당한 고흐가 길옆으로 기어가자 다시 몇 발을 더 쏜 뒤 주머니에서 칼을 꺼내 고흐의 목을 거의 잘라냈다. 그런 다음 고흐의 가슴에 칼을 꽂고 또 다른 작은 칼을 꺼내서 미리 써 온 메모지를 그의 몸에 꽂았다. 지나가던 사람들은 이 충격적인 모습을 그대로 보고 있었다. 부에리는 경찰과 총격전 끝에 다리에 부상을 입고 체포되었다.

저자는 테오 반 고흐와 알고 지내던 사이였다. 고흐는 방송 프로그램을 진행하고 있었는데, 그는 무슬림에게 상스러운 욕을 하는 등 거친 표현으로 인기를 끌었다. 고흐가 백주에 무참하게 살해되자 암스테르담시장은 정보국이 필요한 정보를 암스테르담 경찰에 주지 않았다면서 중앙정부를 비난했다. 살해된 테오 반 고흐와 아얀 히르시 알리는 논쟁적인 영화를 만들어서 불필요하게 무슬림을 자극했다는 비난에 시달렸다. 고흐의 팬클럽인 '테오의 친구들'이 정부는 무책임하고 암스테르담시장은 비겁하다고 비난하자 이들에 대해 "공포를 팔아먹고 있다"는 비난이 거꾸로 일었다. 하지만 정작 고흐를 죽게 한 이슬람에 대해서는 별다른 말이 없었다.

네덜란드, 특히 암스테르담은 외국인을 받아들이는 데 있어 매우 관용적이었다. 스페인에서의 종교 탄압을 피해 유대인들이 암스테르담에 대거 흘러들어 왔는데, 이들은 네덜란드가 나치 독일에 의해 점령되기 전까지 어떠한 박해도 받지 않았었다. 그런데 최근 수십 년 동안에 이주

공부하는 보수

노동자들이 암스테르담에 대거 유입되었다. 1999년 통계에 따르면 암스테르담 인구의 45퍼센트가 외국 출신인데, 2015년이 되면 그 비율이 52퍼센트에 달할 것이라고 한다. 이런 이민자들의 대다수는 무슬림이다.

이란 태생으로 1989년에 네덜란드로 망명해 와서 형법 교수가 된 아프신 엘리안Afshin Ellian, 그리고 소말리아 태생으로 에티오피아와 케냐를 거쳐 1992년에 네덜란드로 망명해 와서 여성 운동가로 변신한 아얀 히르시 알리는 이슬람을 비판해서 이슬람권을 분노하게 했다. 네덜란드에는 이들에게 동조하는 사람도 있었지만, 이들이 공연히 분란을 일으킨다고 생각한 사람들이 더 많았다. 문제는 이슬람이 이제 유럽의 종교가 돼버렸다는 사실이었다. 유럽인들은 더 이상 교회를 나가지 않지만 북아프리카와 중동에서 이주해 온 무슬림들은 유럽의 문화에 동화되기를 거부한다. 그뿐만 아니라 그들의 종교와 관습을 고수하며 자신들에게 비판적인 유럽인들을 적대적으로 보게 되었다.

2002년 5월 6일, 이슬람과 외국인 이민자들을 비판해서 파란을 일으킨 우익성향의 논객이자 정치인인 핌 포르튀원Pim Fortuyn이 살해됐다. 네덜란드는 큰 충격에 빠졌는데, 얼마 후에 데오 반 고흐가 또 살해된 것이다. 두 경우 살인범들은 확신을 갖고 살해했다는 점에서 공통점이 있었다. 인종적·정치적·문화적 다양성을 장점으로 생각하고 있었던 네덜란드 사람들에게 포르트윈과 고흐의 피살은 큰 충격이었다.

2차대전 중 유대인들이 많이 죽었다는 이유로 네덜란드인들은 유대인을 우호적으로 생각했다. 하지만 1973년 제4차 중동전쟁 이후 그런 태도는 바뀌었다. 네덜란드인들 사이에 반유대 정서가 퍼진 것이다. 테오 반 고흐는 방송에서 유대인과 기독교인들을 모욕하는 발언을 했고, 그런 발언으로 인해 유명해졌다. 그는 예수를 '나사렛에서 온 썩은 생선'이라고 불러서 기독교인들에 의해 피소되기도 했다. 그랬던 고흐가 알리를 알게 된 후에 무슬림을 비난하기 시작한 것이다.

모로코, 터키 등에서 네덜란드로 이주해 온 무슬림들은 백인들이 하기 싫어하는 저급한 노동을 하며 자신들만의 거주 지역에서 생계를 이어가고 있다. 네덜란드 정부는 자국 내에 외국인 출신 무슬림이 얼마나 살고 있는지조차 파악하지 못하고 있다. 무슬림 남성들은 생계를 위해서 일하고, 부인들은 집 안에서만 살고 있으며, 이들은 위성 텔레비전을 통해 아랍 방송을 보면서 지낸다. 네덜란드에서 태어난 2세 무슬림들은 두 문화 사이에서 갈등을 겪는데, 그런 갈등을 해소하지 못하고 나이가 들어감에 따라 근본주의 이슬람 교리에 빠지는 현상이 일어나고 있다.

아얀 히르시 알리가 과격 이슬람의 위험성을 말하고 다니며 유명해지자 우익정당인 자유민주인민당은 그녀를 영입했고, 알리는 2003년 국회의원에 당선되어서 센세이션을 일으켰다. 하지만 알리는 이슬람을 비판한 탓에 생명의 위협을 받게 되었고, 알리가 이동을 하면 네덜란드 경찰이 호위해야만 했다. 고흐가 피살된 후, 알리는 군대 막사와 안가安家를 옮겨 다니며 살아야만 했다.

고흐는 영화 〈굴종〉을 제작해서 알자지라 통신에 팔고자 했는데, 저자는 그것이 순진한 생각이었다고 말한다. 고흐는 〈굴종〉에 아랍 여인의 벗은 몸에 코란을 적어 놓은 장면을 포함시켜서 무슬림들의 분노를 샀고, 결국은 대가를 치르고 만 것이다. 유럽 나라들은 복지국가임을 자랑해왔고, 또 자유로운 출입국을 보장해왔다. 그런 면에서 네덜란드는 가장 진취적이었다. 네덜란드는 매춘, 안락사, 동성애, 마리화나 흡입 등을 허용하는 것으로 자유스러운 사회적·문화적 다양성에서 선두를 달려왔다. 코스모폴리탄이 되어버린 네덜란드에서는 국가를 이야기하는 것이

공부하는 보수

일종의 터부로 여겨질 정도였다. 네덜란드인들이 국기를 흔드는 경우는 월드컵이나 유로컵 같은 축구 시합을 할 때뿐이다.

2005년 여름에 열린 재판에서 고흐 살해범 부에리는 변호사의 도움을 거절한 채, 자신은 알라의 이름으로 알라를 모욕하는 사람을 죽였다고 당당하게 말했다. 재판부는 부에리에게 무기징역을 선고했다. 2006년 4월, 아얀 히르시 알리는 살고 있던 헤이그의 집을 떠나 미국으로 향했다. 알리가 살고 있던 아파트의 주민들이 알리 때문에 자신들도 위험을 느낀다고 항의했기 때문이다. 자유를 위협하는 세력과 싸우기보다는 그 세력을 자극하지 않는 것이 현명하다고 판단한 것이다. 알리가 네덜란드를 떠난 후에 네덜란드 정부는 이민자들을 보다 엄격하게 심리하기 시작했다. 네덜란드가 자랑으로 삼던 자유와 관용을 더 이상 허용할 수 없게 된 것이다. 저자는 "아얀 히르시 알리가 떠나버린 내 조국이 작아 보인다"는 말로 끝을 맺었다.

네덜란드가 전과 같은 관용적인 정책을 철회한다고 하더라도, 네덜란드가 '이슬람화'의 길을 피하는 것은 불가능해 보인다. 특히 암스테르담은 서방 대도시 중 가장 먼저 이슬람화할 것으로 예상되고 있다. 암스테르담은 유럽의 미래를 내다볼 수 있는 실험장이 될 것이다.

085

무슬림과 복지의
함정에 빠진 유럽

월터 라커Walter Laqueur,
《유럽의 마지막 날들: 구대륙을 위한 묘비명
The Last Days of Europe: Epitaph for an Old Continent》(St. Martin's, 2007)

유럽은 여행자들이 가장 선호하는 곳이다. 발길 닿는 곳마다 역사 유적이 즐비하고 잘 꾸며진 정원이 있는 궁전과 대저택, 그리고 볼거리가 많은 박물관과 미술관 등이 있기 때문이다. 하지만 파리나 로마 등 유럽의 대도시를 가면 원래 그곳에서 살아왔던 백인보다는 북아프리카 등지에서 건너온 유색인종과 외국인 관광객이 더 많은 것 같은 기분이 든다. 그런가하면 유럽 사람들이 사용하는 컴퓨터, 카메라, 스마트폰 등의 첨단기기는 한결같이 미국, 일본, 그리고 한국산이다. 이런 유럽 사회가 과연 정상일까? 이 책의 저자 월터 라커는 유럽이 비정상적인 정도가 아니라 아예 종말을 향해가고 있다고 말한다.

월터 라커는 1921년 폴란드에서 태어났다. 유대인인 그는 열일곱 살 때인 1938년 영국령 팔레스타인으로 이주해 나갔기 때문에, 나치 수용소에서 죽은 그의 부모와는 달리 홀로코스트를 피할 수 있었다. 히브리대학을 1년 다니다가 키부츠Kibbutz, 이스라엘의 농업 및 생활 공동체에서 농업 노동을 한 그는 스물세 살에 다시 예루살렘으로 가서 기자 생활을 시작했다. 1955년에 영국으로 옮긴 그는《현대사저널Journal of Contemporary History》이라는 역사 평론 잡지를 창간해서 편집하면서, 역사에 관한 많은 글을 썼다. 1957년에 미국으로 간 후 존스홉킨스, 브랜다이스 등 여러 대학에서 초빙교수로 강의를 하면서 유럽과 중동에 관한 책을 20여 권 냈다. 2007년에 나온 이 책은 유럽 문명이 사실상 멸망 단계에 들어갔다고 선언함으로써 잔잔한 파문을 일으켰다.

저자는 유럽의 인구가 줄어들고 있기 때문에, 이제는 존립 자체가 위협받고 있다고 말한다. 2050년까지 우크라이나, 불가리아, 러시아는 지금에 비해 인구가 각각 43퍼센트, 34퍼센트, 22퍼센트 감소할 것으로 보이며, 다른 동유럽 국가들도 20퍼센트 내외로 감소할 것이라고 한다. 독일, 이탈리아, 스페인, 그리스에는 60세 이상 인구가 20세 이하 인구보다 많다. 스웨덴과 프랑스에서는 정부가 출산 장려 정책을 강화하자 잠시 출산율이 늘다가 도로 감소해버렸다.

유럽에 사는 유럽계 주민은 줄어들고 있지만 무슬림 주민은 갈수록 늘어나고 있다. 2006년 기준으로 프랑스에는 무슬림이 550만 명, 독일에는 360만 명, 영국에는 160만 명, 네덜란드에는 100만 명, 이탈리아에는 90만 명, 스페인에는 100만 명가량 살고 있다. 무슬림 주민은 1980년대 이후 급증했는데, 불법 체류자들까지 포함하면 공식 통계보다 실제로는 훨씬 많을 것이라 추정되고 있다. 무슬림 이주자들은 2대, 3대를 가더라도 그들이 거주하는 사회에 동화되지 않고 그들만의 집단 주거지에서 자신들끼리만 살아간다. 무슬림 청년들의 실업률은 유럽 모든 나라에서 심각하다. 중등 교육을 중도에 포기하는 비율이 높아서 자연히 취업률이 낮고, 이로 인해 할 일이 없는 무슬림 청년들 사이에 갱 문화가 급속히 번져가고 있다. 오늘날 유럽 도시의 무슬림 거주 지역에서는 마약과 성범죄가 성행하고 있고, 유럽의 밤거리는 더 이상 안전하지 않다. 프랑스 감옥에 수감되어 있는 죄수의 50퍼센트 이상이 무슬림일 정도다.

정치적 박해를 이유로 한 망명을 너그럽게 허용하고, 값싼 노동 인력을 도입하는 등 1970년대 들어서 유럽 국가들은 좋은 의도로 무슬림 이주민들을 받아들였고, 이들에게도 교육, 의료, 복지 등 많은 혜택을 부여했다. 하지만 유럽인들이 출산을 기피하고 무슬림들은 다산을 하다 보니 이런 사태에 이른 것이다. 이제 무슬림은 정치인들이 존중해야 하는 유권자 그룹이 되었고, 멀지 않아 유럽 곳곳에서 무슬림 시장이 통치하는 지역이 속출할 것이다. 과격한 무슬림 집단마저 옹호해서 물의를 일으켰던 켄 리빙스턴 전 런던시장의 경우가 무슬림의 정치적 영향력을 보여준다.

2004년 3월에 있었던 마드리드 철도테러는 과격한 모로코 출신 무슬림 그룹이 저지른 것이다. 그 외에도 프랑스와 이탈리아에서는 알제리 출신들이, 그리고 독일에서는 아랍계 무슬림들이 중심이 된 자생적인 집단이 테러를 저지를 가능성이 있다. 저자는 9.11 테러를 저지른 알카에다와 관련이 없으면서도 이들을 모방한 자생적 테러집단이 자라나고 있다고 이야기한다. 하지만 그에 대한 대비는 미미할 정도이다. 프랑스가 그나마 테러 집단에 대항하는 시스템을 갖고 있을 뿐, 대부분의 유럽 국가들은 이에 대한 대비가 전혀 되어 있지 않기 때문이다.

한동안 유럽인들은 통합된 유럽이 보다 강해질 거라고 생각했었다. 그러나 오늘날 유럽 통합에 대해 회의적으로 생각하는 사람들이 부쩍 많아졌다. 2005년에 행한 여론 조사에 의하면 유럽인의 48퍼센트만이 유럽연합 회원국이 된 데 긍정적으로 생각한다는 답을 했다. 영국의 경우는 그 비율이 28퍼센트에 불과하다. 유럽연합에 대한 회의적 태도가 갈수록 증가하고 있는 것이다. 저자는 이에 더해 유럽의 군사적 능력도 갈수록 쇠퇴하고 있어서 미국의 도움이 없으면 유럽은 아무런 군사 조치도 할 수 없게 됐다고 분석한다.

19세기 말 독일의 철혈재상 비스마르크Otto von Bismarck가 시작한 사회보험과 공적 의료보험 제도는 2차대전 후 영국 정부가 베버리지위원회의 권고를 따라 복지개혁을 함으로써 전 유럽에 확산됐다. 그래서 한동안 미국 학자들도 유럽의 사회복지 모델을 부러워했다. 오늘날 유럽 국가의 사회복지 지출은 그 나라 GDP의 20에서 30퍼센트에 달한다. 유럽인들은 주 35시간 근무와 연 5주 혹은 6주의 유급휴가를 즐기고 있는데, 미국인들은 이런 생활을 꿈도 꾸지 못한다. 하지만 사람들의 수명은 갈수록 길어지고 동시에 노인에 대한 의료 비용이 급격하게 증가해서 유럽형 복지는 심각한 위기에 봉착했다. 정부는 이런 위기를 타개하기 위해 연금 지급을 줄이려고 하지만 그때마다 심각한 반대가 일어나서 개혁하고자 하는 정권을 위협했다. 저자는 유럽 국가들의 경제 상황이 급격히 좋아지지 않는 한 지금 같은 복지 모델을 유지하기 어렵지만, 유럽의 경제가 나아질 가능성은 보이지 않는다고 말한다.

그래도 유럽 국가 가운데 독일은 아직 제조업이 살아 있어서 수출을 하고 있다. 프랑스는 전 국토가 마치 박물관이 되어버린 형상이다. 1970년대에 영국은 '유럽의 병자病者'로 불렸지만, 마거릿 대처의 개혁으로 활력을 되찾았다. 하지만 오늘날 영국은 낮은 저축률과 높은 개인 부채, 그리고 부동산 거품 때문에 곤란을 겪고 있다. 유럽연합 가입 후 높은 성장률을 기록했던 스페인도 영국과 비슷한 문제를 안고 있다. 오늘날 유럽 국가들은 서로 연계가 되어 있기 때문에 다른 나라의 몰락에 자유로울 수 없는 상황이다.

이런 가운데 저자는 유럽의 경제가 좋아질 가능성이 없다는 데 문제가 있다고 말한다. 결국 유럽은 서서히 가라앉느냐, 또는 급격하게 추락하느냐 하는 선택만이 남아 있다는 것이다. 오늘날 유럽을 먹여 살리는 산업은 관광이다. 유럽 밖에서 유럽을 보러 오는 관광객이 유럽 국가에게 가장 큰 수입원이다. 유럽의 미래는 거대한 박물관일 뿐이다. 과거를 팔아 먹고사는 형편이라는 말이다.

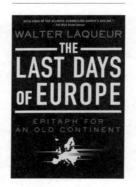

086

유럽의 자살

브루스 손턴Bruce Thornton,
《쇠퇴와 몰락: 유럽의 슬로모션 자살Decline and Fall: Europe's Slow Motion Suicide》
(Encounter Books, 2007)

캘리포니아주립대학 프레스노 캠퍼스의 인문학 교수로 유럽 역사에 대한 여러 권의 저서를 낸 브루스 손턴은 두껍지 않은 이 책에서 문화적 자존심을 상실한 유럽이 쇠락의 길을 가고 있다고 주장한다. 손턴 교수는 기독교 정신문명을 상실한 유럽은 세속적 전체주의에 쉽게 복종하는 경향이 있으며, 이로 인해 무슬림의 압력에 굴복하고 말 것이라 예측한다. 따라서 저자는 존 케리 국무장관, 폴 크루그먼Paul Krugman 교수 같은 미국 진보파들이 유럽의 경제·사회·외교정책을 배워야 한다고 주장하는 것은 우스운 일이라고 말한다. 몰락의 길을 가고 있는 유럽을 미국이 따라서는 안 된다고 경고하는 손턴 교수의 거대한 담론을 보기로 한다.

미국과 달리 유럽은 엘리트와 대중 사이에 사회문제를 보는 격차가 크다. 유럽에서는 동성 결혼과 사형제 폐지 등에 대한 견해가 엘리트와 대중 사이에 큰 차이가 있다는 말이다. 엘리트 계층은 유럽 통합에 적극적이지만, 대중은 내셔널리즘 정서를 갖고 있는 것 역시 다르다. 같은 유럽이라도 프랑스는 공공연하게 무신론을 주장하지만 폴란드 등 동유럽에는 교회를 나가는 사람이 많다. 정치학자 모리스 뒤베르제Maurice Duverger, 언론인 장 자크 세르방 슈레베르Jean-Jacques Servan-Schreiber 등 프랑스의 지식인들은 일찍이 미국이 유럽을 위협한다고 주장했다. 20세기 말이 되자 역사학자 토니 주트Tony Judt는 "21세기는 유럽의 세기가 될 것"이라고 했다. 자크 데리다Jacques Derrida와 위르겐 하버마스Jürgen Habermas는 미국과 다른 유럽의 정체성을 정치와 종교 분리, 시장에 대한 정부의 개입, 자본주의의 사회적 병리 현상 축소, 복지국가, 그리고 사회 연대의 확보 등으로 설명한다. 이들은 이런 점에서 유럽이 미국과 다르다고 보는 것이다.

이렇게 정체성을 자랑하는 유럽이지만, 보스니아와 코소보 사태에서 볼 수 있듯이, 유럽은 미국 없이는 정작 자신들의 문제조차 처리하지 못하는 실정이다. 보스니아와 코소보에서의 대학살을 막기 위한 세르비아 공습은 거의 전적으로 미국 공군력에 의해 이루어졌다. 유럽은 정보 능력도 없었고 적절한 항공 전력도 가지고 있지 못했다. 2003년 미국이 이라크를 침공하려고 하자 독일과 프랑스는 이를 저지하기 위해 외교력을 총동원했다. 당시 프랑스 대통령이던 자크 시라크가 사담 후세인의 절친한 친구라는 사실은 잘 알려져 있다.

21세기에 들어선 유럽은 1차대전이 일어나기 직전인 1914년의 유럽과 닮아 있다. 당시 유럽은 나라 간 왕래와 교역이 왕성해서 글로벌한 세상이 오는 줄로 알았다. 그러나 전쟁이 발발했고, 이 때문에 군인과 민간인 2,000만 명이 죽고 2,100만 명이 부상당했으며, 전쟁이 끝난 후에는 스페인 독감이 유행해서 또 다른 2,000만 명이 죽었다. 전쟁 중 젊은

공부하는 보수

세대의 3분의 1이 죽는 바람에 '한 세대가 사라졌다'는 말마저 나왔다. 이 비극적인 전쟁은 나치즘과 볼셰비키 혁명을 불러일으켜서 또 다른 비극을 초래했다. 교황 요한 바오로 2세 전기를 쓴 종교사학자 조지 웨이겔 George Weigel은 유럽이 19세기에 세속화된 것이 이런 비극을 초래하는 데 일조했다고 본다.

니체가 "신은 죽었다"고 선언한 것이 1887년이었다. 오늘날 유럽인들은 신을 추방해버렸다. 런던의 캔터베리대성당 등 유럽의 유서 깊은 성당과 교회는 관광객이나 드나들 정도이다. 성당이 팔려서 나이트클럽으로 바뀌는가 하면, 십자가는 패션 액세서리가 되어버리고 말았다. 더욱 중요한 점은 유럽연합 자체가 유럽이 기독교에 지고 있는 문화적 부채를 부인하고 있다는 사실이다. 오늘날 유럽은 유럽연합에 살고 있는 1,500만 명에서 2,000만 명에 달하는 무슬림에 대해 혼란을 겪고 있다. 프랑스는 공공장소에서 무슬림 여성의 종교적 상징인 히잡·차도르 등의 착용을 금지하는 법률을 제정했고, 이탈리아는 히잡의 착용을 금지했다.

하지만 저자는 이런 조치가 유럽의 전반적인 흐름을 결코 바꾸지 못할 것이라고 말한다. 2000년 유럽의 평균 출산율은 1.5였는데, 스페인은 1.2, 이탈리아가 1.4, 그리고 프랑스가 1.7이었다. 프랑스의 출산율이 그나마 조금 높은 것은 프랑스에 살고 있는 무슬림들이 아이들을 많이 낳기 때문이다. 이런 상태가 지속되면 2050년 유럽인의 평균 연령은 53세가 될 것이고, 전체 인구의 60퍼센트가 은퇴해서 연금을 받으며 생활하게 될 것이다. 조지 웨이겔은 유럽에서 종교가 몰락하여 백인들은 현세의 쾌락만 생각하고 2세를 갖지 않는다고 지적한다. 반면 유럽에 정착한 무슬림들은 훨씬 젊을 뿐만 아니라 아이까지 많이 낳고 있어서, 유럽은 이제 '유라비아Eurabia'가 되어가고 있다고 웨이겔은 덧붙인다. 실제로

2050년이 되면 무슬림은 유럽 전체 인구의 30퍼센트를 차지할 것이다.

유럽의 노동시장과 복지 제도는 미국과는 정반대이다. 이민정책연구소의 캐스린 뉴랜드Kathleen Newland는 "미국은 복지 제도를 폐쇄하고 노동시장을 개방했는데, 유럽은 복지 제도는 개방하고 노동시장을 폐쇄하고 있다"고 지적한다. 즉, 유럽은 이민자들에게 일할 기회는 주지 않고 복지 혜택을 주고 있기 때문에 2세 무슬림들의 실업률이 매우 높다는 말이다. 이들은 정부의 복지 수당으로 먹고살면서 무료한 시간을 때우고 있다. 2005년 여름 런던의 지하철과 버스를 폭파한 네 명의 무슬림 젊은이들이 정부로부터 받은 복지 수당이 50만 파운드나 되니, 영국은 국민이 낸 세금으로 테러리스트를 양성한 셈이 되었다. 오늘날 독일이나 프랑스의 교도소에는 무슬림 젊은이들이 득실거리고 있으니 무슬림 인구는 언제 터질지 모르는 시한폭탄과 같다. 저자는 2005년 여름, 프랑스 전역에서 차량 수천 대를 불태운 무슬림 폭동이 그 폭발성을 잘 보여주었다고 말한다.

유럽은 과격 이슬람의 활동을 조장하는 데 많이 기여했다. 프랑스는 1972년 뮌헨 올림픽에서 이스라엘 선수들을 학살한 '검은 9월단'의 주모자가 프랑스에서 살 수 있도록 허용했다. 또한 프랑스는 아야톨라 호메이니에게 망명 생활을 허용해서 이란에 이슬람 신정이 들어서게도 했다. 무슬림 여성이 겪는 인권 침해를 다룬 영화를 제작한 테오 반 고흐는 2004년 11월 한낮에 암스테르담 대로에서 무슬림 청년에 의해 처참하게 살해되기도 했다. 이슬람을 비판한 저술가들이 생명을 위협받고 있음에도 유럽의 지식인들은 현실에 눈을 감고 있다.

이런 분위기에 편승해서 유럽의 고질병인 반유대주의가 다시 고개를 들고 있다. 반유대주의 배후에 아랍 이슬람이 있음에도 유럽은 이런 사실을 외면하고 있다. 유럽의 좌파는 이스라엘이 건국해서 반유대주의가 생겨났다고 주장하지만, 저자는 이것이 사실이 아니라고 말한다. 이슬람이 유대인을 저주하기 시작한 것은 최소 14세기 전까지 거슬러 올라가기 때문이다. 2차대전 당시 아랍이 유대인을 박해하는 나치와 손을 잡았고, 오늘날에도 이슬람의 홍보기관들은 유대인을 자신들에게 편리한 속죄양으로 삼고 있을 뿐이다.

또 다른 유럽의 고질병은 반미주의이다. 저자는 유럽에서의 반미주의가 미국이 두 차례 세계대전에서 자신들을 구해주었고, 특히 2차대전 후에는 미국이 현재 화폐가치로 1조 달러를 퍼부어서 자신들을 재건해준 데 대한 질투와 무력감의 발로이기도 하다고 분석한다. 1953년, 사르트르가 아무런 근거도 없이 "미국은 미친 개"라고 비난한 것도 그런 정서의 표출이다. 21세기 들어 더욱 강해진 유럽 내의 반미주의는 이슬람을 향한 유럽의 유화주의宥和主義이기도 하다.

1683년 유럽의 기독교 군대가 빈에서 이슬람 군대에 맞서 싸울 때 그들은 자신들의 신을 갖고 있었다. 하지만 신과 국가를 버린 지금의 유럽인들은 지켜야 할 자신들의 문명을 가지고 있지 않다. 저자는 싸워서 지킬 각오조차 할 능력이 없는 유럽이 육체적 안락과 일시적 안전을 위해 협상에서 작은 양보를 거듭하고 있다고 말한다. 장기적으로 볼 때 이러한 트레이드오프는 일종의 '슬로모션 자살Slow-Motion Suicide'일 뿐이라고 강조한다.

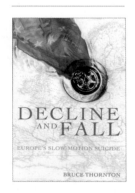

087

푸틴이 주도하는 신냉전

에드워드 루카스Edward Lucas,
《신냉전*The New Cold War*》(Palgrave Macmillan, 2008)

소련이 붕괴한 후 서방은 러시아의 정치적·경제적 불안을 걱정했다. 하지만 이제는 러시아가 다시 서방을 위협하고 있어 '신냉전New Cold War'이 시작됐다는 이야기가 나오고 있다. 2000년대 들어서 푸틴 대통령의 8년 통치를 거치는 동안 러시아는 서방을 위협하는 세력으로 재부상했다는 것이다. 구소련 지역의 석유 송유관을 둘러싼 파워 게임을 분석한 캐나다의 언론인 마크 매킨넌Mark MacKinnon은 이를 중심으로 《신냉전 *The New Cold War*》이라는 책을 2007년에 냈다.

역시 "신냉전"이라는 같은 제목을 달고 있는 이 책은 《이코노미스트 *The Economist*》의 동유럽 특파원과 모스크바 지국장을 지낸 에드워드 루카스가 2008년에 펴낸 것이다. 루카스는 푸틴 대통령 치하에서 소련이 얼마나 위험한 국가로 바꾸었는가를 다루면서, 이 같은 '신냉전'은 과거의 냉전과 성격도 다르고 그 양상도 다르지만, 자유 민주주의 진영을 위협한다는 측면에서는 다를 것이 없다고 지적한다. 특히 저자는 서방이 신냉전에서 러시아에게 패배하고 있다고 지적한다. 2014년 우크라이나 사태에 대해 미국과 나토가 아무런 영향력을 행사하지 못하는 현실을 보면 2008년에 나온 저자의 분석이 놀라울 정도로 정확하다는 것을 알 수 있다.

책은 푸틴 정부에 비판적이었던 여기자 안나 폴리트코프스카야Anna Politkovskaya가 2006년 10월 모스크바의 자기 집 앞에서 총을 맞고 죽은 사건으로 시작한다. 그녀는 푸틴의 잔학성과 독재를 고발했던 용기 있는 여성 언론인이었다. 그해 11월에는 러시아 FSB 간부였다가 영국으로 망명한 알렉산드르 리트비넨코Alexander Litvinenko가 희귀한 방사성 물질인 폴로늄에 중독되어 사망했다. 저자는 이것이 모두 러시아 정부의 소행이라고 보고 있다.

저자는 러시아 국민들이 1990년대의 혼란을 겪으면서 안정을 희구하는 성향을 보이자 푸틴과 과거 KGB 출신 동료들이 그런 분위기를 이용해서 권력을 장악하는 데 성공했다고 평가한다. 1990년대 말에 러시아의 이자율이 천정부지로 오르자 투기성 자금이 러시아에 흘러들어 온 데다가 2000년대 들어서 석유와 천연가스 가격이 폭등함에 따라 러시아 경제는 하루가 다르게 나아졌고, 러시아 국민들은 푸틴을 '안정을 가져올 지도자'로 받아들인 것이다.

저자는 과거 서방과 소련은 이념을 두고 대립했지만 신냉전은 돈, 천연자원, 그리고 외교와 홍보를 동원한 싸움이라고 단언한다. 러시아는 풍부한 에너지 공급자로서의 지위를 이용해서 세계 시장을 장악하려고 하며 에너지자원을 수입해야 하는 서방은 이 같은 러시아의 위협에 취약할 수 밖에 없다. 푸틴은 소련의 붕괴가 "20세기 최악의 지정학적 참사"라고 말한 적이 있는데, 그가 꿈꾸는 러시아는 핵 무장을 한 군사강국이면서 에너지를 수출하는 경제적으로 부강한 나라이다. 푸틴에게 있어 법치주의, 선거, 언론의 자유 같은 민주적 장치는 보여주기 위한 표피적인 것에 불과하다.

저자는 체첸전쟁을 유발한 1999년 모스크바 폭탄테러도 크렘린의 자작극일 가능성이 많다고 본다. 체첸전쟁은 옐친의 후임으로 대통령이 된 푸틴이 국민적 지지를 얻게 되는 계기였다. 이 체첸전쟁이 푸틴의 '음모'라고 주장하던 기자들은 모두 의문의 죽음을 맞았다. 저자는 체첸 게릴라들은 인질극을 벌여서 돈을 요구하는 정도였다면서, 대규모 폭탄테러를 동시다발적으로 벌이는 것은 체첸 게릴라들의 능력을 벗어난다고 분석한다.

체첸전쟁을 통해 혼란을 수습할 수 있는 지도자로 인정받는 데 성공한 푸틴은 옐친 시절에 민영화되었던 대기업들을 다시 국유화했다. 푸틴의 국유화 정책은 정부에 협력하지 않으면 재산을 몰수하고 투옥하겠다고 협박하는 것이었다. 푸틴을 거역한 유코스 석유 회사의 미하일 호도르콥스키는 탈세 등의 혐의로 체포되어 중형을 선고받았다. 서방 투자자들을 믿고 푸틴에 저항하다가 큰 대가를 치른 것이다. 러시아 법원은 권력에 예속되어 있기 때문에 재판은 아무런 의미가 없다. 하지만 옐친 시대의 혼란과 경제적 고통을 경험한 절대 다수의 러시아 국민들은 푸틴의 독재를 받아들이고 있다. 유가 인상으로 러시아 경제는 대단히 윤택해졌고, 러시아 정부는 큰 부자가 됐다.

동유럽 국가와 중앙아시아 국가들은 또다시 러시아에 예속되어버렸다. 러시아에 가스 공급을 의존하고 있는 동유럽 국가들은 러시아의 '에

너지 제국주의'에 복종하는 수밖에 없었다. 러시아 가스에 대한 의존도
는 에스토니아, 라트비아, 리투아니아, 슬로바키아, 불가리아가 100퍼센
트, 폴란드와 체코 등은 60퍼센트를 넘는다. 핀란드 역시 가스 공급을 러
시아에 100퍼센트 의존하고 있으며, 그리스와 오스트리아는 80퍼센트
를, 독일과 이탈리아와 프랑스는 각각 40퍼센트, 32퍼센트, 23퍼센트를
의존하고 있다. 유럽 전체가 러시아 가스에 포로가 되어 있는 형상이다.

터키와 발칸반도를 경유하는 가스관을 건설하여 러시아를 거치지
않고 투르크메니스탄과 카자흐스탄으로부터 오스트리아까지 가스를 끌
어오려는 구상은 러시아의 반대와 터키 국내 사정으로 진척을 보지 못하
고 있다. 러시아는 북극해에 대한 영유권을 주장하면서 자원 탐사를 확
대하고 있다. 한동안 쇠퇴했던 러시아 무기산업도 다시 활기를 띠고 있
으며, 중국과 베네수엘라 등이 러시아제 미사일과 전투기 등 각종 무기
를 사들이고 있다. 부시 행정부가 이라크에서 실패하고 있을 때 푸틴은
자원을 무기로 영향력을 증대시킨 것이다. 저자는 독일과 프랑스 등에
팽배한 반미주의도 러시아에 유리하게 작용하고 있다고 말한다. 2007년
9월 푸틴은 "유럽은 어리석은 대서양 동맹에서 벗어나서 러시아와 좋은
관계를 유지해야 한다"고 말했지만, 이에 대해 이의를 제기한 유럽의 지
도자나 언론은 없었다.

소련이 붕괴한 후에 러시아는 자국을 중심으로 과거 소련에 속했던
나라들을 독립국가연합Commonwealth of Independent States, CIS으로 엮고 그 외
곽에 있던 폴란드, 헝거리 등 동유럽 국가들을 영향권 내에 두고자 했다.
하지만 이런 시도는 실패하고 말았다. 폴란드, 헝가리, 체고 등이 나토에
가입했기 때문이다. 1998년 슬로바키아에서는 선거혁명이 일어나서 친
서방 정당이 집권을 했다. 친러시아 성향의 슬로보단 밀로세비치Slobodan

Milošević 유고연방 대통령은 보스니아, 코소보, 크로아티아와 전쟁을 벌이다가 나토군의 개입으로 2000년 가을에 무너졌다. 그러자 2003년에 조지아에서 장미혁명이, 2004년에 우크라이나에서 오렌지혁명이, 그리고 2005년에 키르기스에서 튤립혁명이 일어났다. 2006년 리투아니아에서는 친러시아 정치인 두 명이 연거푸 실각하는 사태가 일어났다. 그러나 푸틴은 조용하게 반격했다. 우즈베키스탄과 타지키스탄, 그리고 키르기스가 친러시아로 돌아선 것이다. 가스 자원이 풍부한 투르크메니스탄도 친러시아로 굳어졌다. 그러가 하면 조지아는 러시아와 대립하면서 점차 친서방국가로 자리매김해가고 있다. 러시아는 이 같은 조지아에 대해 접경지대에서 공공연하게 군사작전을 함으로써 무력을 과시하고 있다.

조지아에 무력으로 압박을 가한 푸틴은 러시아계 주민이 많이 살고 있는 우크라이나의 크림반도에서는 세바스토폴 해군기지 등에 러시아 정보원들을 직접 투입해서 반나토 친러시아 시위를 조직하는 등 일종의 민중봉기를 조종했다. 이런 움직임이 러시아계 주민들이 살고 있는 우크라이나의 다른 지역으로 번져갔으니, 오렌지혁명을 거꾸로 되돌리는 반혁명 현상이 일어나고 있는 것이다. 푸틴은 또한 서방이 하는 식으로 이들 국가에 친러시아 시민단체와 싱크탱크를 세우고, 그들로 하여금 여론을 조성하게 하고 있다.

저자는 오늘날 러시아는 비밀경찰과 관제 언론, 그리고 천연자원에 의해 유지되는 자본주의 독재 체제라고 지적한다. 러시아를 지배하는 가치는 '자유'가 아니라 강력한 정부에 의해 유지되는 '경제적 안정'인 것이다. 저자는 러시아가 시작한 신냉전을 현실로 인정해야 하며, 서방이 러시아의 내정에 영향을 줄 수는 없기 때문에 차라리 러시아를 무시하는 정책을 펴는 것이 낫다고 말한다. 그와 동시에 서방에서 푸틴의 러시아를 비판하는 목소리를 찾아보기 어렵게 된 현실에 대한 우려도 표명하고 있다.

2012년 푸틴이 다시 대통령이 되자 신냉전에 대한 우려는 현실로 나타났다. 더구나 미국은 이라크전쟁과 아프가니스탄전쟁으로 인해 다시 외국 문제에 개입할 수 없게 되었고, 대외 정책에 대해 확고한 철학과 지식이 없는 오바마는 모든 문제에 대해 말만 쉽게 하고 있다. 1990년대에 나토군은 보스니아와 코소보에 군사적으로 개입했었다. 하지만 지금과 같은 정세에서 나토군이 동유럽 문제에 어떠한 역할을 하는 걸 기대하기는 어렵다.

이런 상황에서 우크라이나가 신냉전의 각축장으로 떠올랐다. 2004년 선거로 당선된 친러파 빅토르 야누코비치가 오렌지혁명으로 쫓겨나고 빅토르 유셴코Viktor Yushchenko와 율리아 티모셴코가 이끄는 친서방 정권이 들어섰다. 러시아는 2006년과 2009년 우크라이나에 천연가스 대금을 요구하면서 가스 공급을 끊어서 우크라니아뿐만 아니라 서유럽 국가에도 가스 부족 사태를 일으켰다. 2010년 선거에서 빅토르 야누코비치는 대통령에 당선되어 권좌에 복귀했으나, 2013년 말부터 시작된 반정부 시위로 인해 2014년 2월 수도 키예프를 떠났다. 그러고는 5월 선거에서 친서방 성향의 페트로 포로셴코Petro Poroshenko가 대통령에 당선됐다.

키예프에 친서방 정부가 들어서자 러시아계 주민들이 다수인 크림반도에서는 분리 독립을 요구하는 시위가 일어나고 친러 민병대가 공공연하게 나타났다. 3월에는 크림반도와 세바스토폴을 러시아연방에 편입시키는 조약이 러시아와 체결되었고, 그러자 우크라이나 동부에 위치한 도네츠크와 루간스크에도 무장 세력이 등장해서 독립공화국을 선포했다. 이런 일련의 사태에 미국과 서유럽은 아무런 조치도 취하지 못했다. 2014년 7월에는 우크라이나 상공을 지나가던 말레이시아항공의 여객기가 미사일에 피격되어 추락했고, 우크라이나 동부를 초계비행하던 우크라이나 공군기 두 대가 격추되는 일까지 발생했다. 우크라이나 사태는 오바마 정부 들어서 미국이 강대국으로서의 역할을 포기한 가운데 발생한 중대한 사건으로 신냉전이 냉전에 머물지 않고 군사적 충돌로 발전하고 있음을 보여주었다.

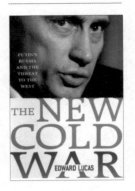

088

제3의 길로 영국을 이끈 토니 블레어

토니 블레어Tony Blair,
《여정: 나의 정치적 생애A Journey: My Political Life》(Alfred A. Knopf, 2010)

1997년 5월부터 2007년 6월까지 영국 총리와 노동당 대표를 지낸 토니 블레어는 개인적 매력이 넘치는 역동적인 정치인으로, 보수당 장기 집권을 끝내고 무려 10년 동안이나 총리로서 영국을 이끈 매우 성공적인 지도자였다. 토니 블레어를 주목해야 하는 점은 그가 노동자와 노조의 정당이던 노동당을 '제3의 길' 철학을 통해 과감하게 바꾸어서 통합의 정치로 영국을 이끌었기 때문이다. 그 점에서 우리나라 새정치민주연합 등의 야권은 토니 블레어로부터 많은 교훈을 얻어야 한다고 생각된다.

토니 블레어가 총리직을 성공적으로 끝내고 은퇴한 후에 낸 회고록인 이 책은 그가 정계에 입문해서 총리가 된 후의 정치 역정을 담고 있다. 1953년에 스코틀랜드 에든버러에서 태어난 블레어는 어릴 때 부친을 따라 호주 애들레이드에서 살았고 다시 영국으로 돌아와 더햄에서 성장했다. 에든버러에서 명문 사립고등학교를 나온 후 옥스퍼드대학에서 법학을 공부한 블레어는 록 음악을 좋아해서 직접 기타를 연주하기도 했다. 그는 옥스퍼드에서 호주 출신의 성공회 신부 피터 톰슨Peter Thomson을 만나 큰 영향을 받고 사회주의와 신앙에 탐닉하게 되었고, 대학을 졸업하던 해에 자신의 출신 계층과는 거리가 먼 노동당에 입당했다. 블레어는 자신의 인생에 있어 가장 큰 영향을 준 사람은 피터 톰슨이라고 했다. 링컨법조학원에 진학해서 법정변호사인 배리스터가 된 블레어는 1980년에 셰리Cherie Blair와 결혼했다.

정치에 뜻을 둔 블레어는 첫 번째 선거에서는 패배했지만 1983년에 새로 생긴 세지필드 지역구에서 하원의원으로 당선됐다. 1983년 총선에서 노동당은 대처가 이끄는 보수당에 크게 패배했기 때문에 그의 당선은 돋보였다. 세지필드 지역구는 그 후 블레어를 계속 당선시켜서 총리로 가는 길을 열어주었다. 하원의원으로 두각을 나타낸 블레어는 1994년 5월에 존 스미스John Smith 노동당 대표가 갑자기 사망하자 후임 대표로 선출됐다. 1997년 총선을 승리로 이끈 그는 44세 나이로 총리가 되어 2007년 6월까지 10년 동안 재직하면서 영국과 세계를 이끌었다.

이 책에서 블레어는 총리로서 자신이 결정했던 많은 정책에 대해 이야기하고 있는데, 아프가니스탄전쟁과 이라크전쟁에 참전하게 된 데 대해서는 후회가 없다고 말한다. 또한 자기가 미국을 좋아하게 된 경위와 클린턴 대통령 및 조지 W. 부시 대통령과 겪었던 일을 상세하게 쓰고 있다. 1985년 블레어는 보수당 의원들과 함께 야당 의원으로서 미국과 이중과세 문제를 협의하러 워싱턴에 가서 제임스 베이커 재무장관을 만난 것이 자신의 첫째 미국 방문이었고, 1986년에 미국 정부의 초청으로 한 달간 미국을 여행하면서 미국을 보다 잘 알게 됐다고 한다. 블레어는 클

　　공부하는 보수

린턴이 타인과 쉽게 친해지는 스타일이지만 대단한 지적 능력을 갖고 있으며, 조지 W. 부시는 직설적으로 솔직하며 뛰어난 직관을 갖고 있지만 그의 직관은 정치적인 문제보다는 선과 악에 관한 생각을 할 때 더욱 탁월하다고 지적한다.

1997년 5월 1일 총선에서 블레어가 이끄는 노동당은 보수당을 크게 눌러서 18년 만에 다시 집권당이 됐다. 패배주의에 젖어 있던 노동당을 다시 일으켜서 집권에 성공한 것이다. 블레어는 노동당이 노조와 지나치게 유착되어 왔는데, 거대 노조는 비민주적일 뿐 아니라 현대사회와 소통을 하지 못하고 있었다고 말한다. 노동당을 이끌었던 지도자들은 노동당이 대처의 보수당에 패배한 원인이 자신들의 지나친 좌편향 때문임을 나중에야 알았다. 노동당의 좌경화가 심화되자 1981년엔 온건파들이 공개 선언을 하고 탈당한 뒤 사회민주당을 만들어서 노동당의 기반을 더욱 더 잠식했다. 블레어는 노동당의 문제가 대중과 문화적으로 격리되어 있는 것이라고 생각했다. 1993년 2월, 결손가정 출신인 두 명의 열 살배기 아이들이 두 살 난 아기를 잔인하게 살해한 사건이 발생해서 영국 전역에 큰 충격을 주었다. 이때 블레어는 유명한 연설을 해서 주목을 받았다. 블레어는 "전통적인 사회주의는 개인과 권리 의무를 '공공선'이라는 이상 속에 담으려 하지만 정부를 '공공선'으로 보아서 실패했고, 현재의 우파는 공동체 자체가 없어야 자유가 생기는 것이라고 보고 있다"고 지적해서 공감을 불러일으킨 것이다.

새 노동당, 새 영국

블레어가 노동당 대표가 되었을 때 당시 노동당은 스코틀랜드, 웨일스, 북부 잉글랜드, 그리고 대도시 도심 빈민가에서만 강세를 보이고 있었다. 중산층은 보수당의 오랜 집권에 염증을 느꼈지만 그래도 노동당을 지지하기는 꺼려하고 있었던 것이다. 블레어는 노동당원이 아니면서도 보수당을 싫어하는 사람들이 '노동당은 빈곤자와 노조를 위한 정당이고, 법 집행에 대해서는 진보적이며, 국방 문제에서는 평화주의적'이라고 생각해서 지지를 보류하고 있었음을 알게 되었다. 1995년부터 1996년 사이에 노동당은 세금과 일자리 창출을 두고 내부에서 치열한 논쟁을 벌였다. 고든 브라운 Gordon Brown은 증세를 주장했지만 블레어는 증세에 반대한 것이다.

블레어는 노동당의 모든 정책은 세금과 기업, 그리고 복지에 관한 포괄적 계획에 의거해야 한다고 생각했다. 블레어는 새로운 노동당 정부는 과거와 달라야 하며, 보수당 정권처럼 장기간 집권할 수 있어야 한다고 생각했다. 블레어는 노동당이 집권하기 위해서는 사기업을 국유화하고 세금을 중과하는 종전과 같은 노동당으로 돌아가서는 안 된다고 확신했다. 또한 그는 노동당 정부도 반사회적 행위에 대해 엄격하고, 공공 서비스에 대한 투자를 늘리며, 복지에 있어 기회와 책임을 강조하고, 기업과 노조를 동등하게 대하며, 유럽과 미국에 대해서는 친화적이어야 한다고 생각했다. 블레어는 기회만 있으면 이런 점을 강조해서 많은 주목을 받았는데, 1995년에는 "노동당이 국내 사회질서와 안보, 국제주의와 자유무역을 강조하는 정당이 되어야 한다"고 주장하는 글을 《타임스 The Times》에 기고했다. 블레어는 이런 변화가 노동당을 집권으로 이끌었다고 말한다.

총선이 다가오자 블레어는 보수당이 새로운 젊은 지도자를 내세워서 도전해오지 않을까 걱정했다. 하지만 보수당은 당내 화합을 도모한다

공부하는 보수

는 명분하에 존 레드우드John Redwood를 차기 당 대표로 선출했다. 블레어는 본능적으로 보수당이 잘못하고 있음을 알았다. 1996년이 되자 블레어는 노동당이 교육을 중요시하는 정당임을 강조하고 '새 노동당, 새 영국'이라는 정책 가이드를 내놓았다. 노동당을 이렇게 변화시키자 블레어를 찾는 언론이 급증해서 블레어는 별안간 자기가 영국에서 가장 잘 알려진 인물이 됐다고 회고했다.

북아일랜드 문제

1997년 총선을 앞두고 블레어는 북아일랜드에 평화를 가져오겠다고 공언했다. 당시 조지 미첼George J. Mitchell 미국 상원의원이 북아일랜드 평화협상을 중재하고 있었는데, 블레어는 총리 취임 첫해 가을에 북아일랜드 신페인Sinn Fein당의 게리 애덤스Gerry Adams와 마틴 맥기네스Martin McGuinness를 만나서 악수를 했다. 총리가 북아일랜드 정파 대표와 공개적으로 악수를 한 것 자체가 파격적인 사건이었다. 그러나 이듬해 2월, 아일랜드공화군Irish Republican Army, IRA이 벨파스트에서 공격을 가해 두 명이 죽는 사건이 발생했다. 평화협상에 반대하는 강경파는 폭탄테러를 계속했다.

블레어는 북아일랜드의 강경파를 달래기 위해 1972년 영국군이 항의 시위를 하던 군중을 향해 발포해서 사망자를 낸 '피의 일요일' 사건의 진상을 재조사하도록 했다. 평화협상에 반대하는 극단주의자들의 테러가 이어졌지만, '벨파스트협정'이라고 불리는 평화안은 1998년 최종 채택되었다. 그 후에도 평화협정에 반대하는 IRA의 테러는 간헐적으로 계속되었는데, 2005년 1월에 일어난 로버트 매카트니Robert McCartney 살인 사건을 계기로 여론은 강경파에 불리하게 돌아가게 됐다. 블레어는 이런 과정에서 협상을 결코 포기해서는 안 된다는 교훈을 얻었다고 말한다.

코소보 사태

블레어는 코소보 사태가 대외 정책을 대하는 자신의 자세를 바꾸어 놓았다고 고백한다. 블레어는 코소보 사태를 보고서 국제사회가 행동을 해야 한다고 절실하게 느꼈으며, 그래서 군사적 해결을 지지하게 됐다는 것이다. 코소보 사태에 대해 블레어는 자크 시라크 프랑스 대통령과 게르하르트 슈뢰더 독일 총리 등 유럽 지도자들과 의논을 하고, 클린턴 미국 대통령과도 의논을 했다. 그렇지만 결국 유럽은 미국 없이는 아무런 군사적 조치를 할 수 없을 정도로 무력했다고 솔직하게 인정한다. 블레어는 클린턴이 분명한 정치철학과 계획을 갖고 있는, 머리가 좋은 정치가라고 높이 평가한다. 또한 그는 자신과 클린턴이 좌도 아니고 우도 아닌 '제3의 길'에 대한 철학을 갖고 있어서 통하는 데가 많았다고 말한다. 블레어는 자신과 클린턴이 나토를 통한 공습 작전을 밀고나갔고, 그 작전이 주효해서 결국 세르비아 군대는 코소보에서 철수하게 됐다고 회고한다.

거듭된 악재와 2001년 총선

2000년에 블레어 정부는 '여우 사냥Fox Hunting' 문제에 봉착했다. 블레어가 여우 사냥은 금지되어야 한다고 말하자 이에 대한 심각한 반대가 일었던 것이다. 블레어는 여우 사냥이 영국의 전원 지역 문화에 얼마나 뿌리 깊은 것인지 잘 모른 채, 단지 동물 보호 차원에서 그런 말을 했다가 거센 비판에 봉착하고 말았다. 여우 사냥 문제로 홍역을 치른 블레어 정부는 구제역 사태를 맞게 됐다. 유럽연합의 지침은 백신을 투여한 동물도 결국에는 살처분하도록 했기에, 블레어 정부도 이 방침에 따르기로 했다. 구제역에 걸린 돼지와 소를 태우는 모습은 뉴스를 타고 전세계로 퍼져나갔고 영국의 농촌 지역에는 침울한 분위기가 감돌았다.

이런 상황을 극복하고 블레어가 이끄는 노동당은 2001년 총선에서 승리했다. 노동당은 연단에서 연설하기보다는 학교 등을 찾아가서 교육의 중요성을 강조하는 방식으로 선거운동을 했다. 블레어는 천편일률적인 교육 시스템은 실패하게 되어 있을 뿐만 아니라 이미 미국에서도 차터스쿨이 시작되었다면서, 교육에 변화가 있어야 하는데 보수당 정부는 공공서비스에 대한 투자가 인색해서 패배했다고 분석했던 것이다. 노동당은 정책 매니페스토를 내걸고 2001년 선거에서 승리했다.

테러와 전쟁

9.11 테러는 조지 W. 부시 뿐 아니라 토니 블레어의 운명도 바꾸어 놓았다. 블레어는 부시를 임기 초인 2001년 2월에 캠프데이비드에서 처음 만났는데, 당시 부시의 관심사는 교육과 복지, 그리고 방만한 정부 기구 축소였다고 회고한다. 9.11 테러 소식을 듣고 블레어는 로커비 항공기테러와 콜호 폭발테러를 연관해서 생각했다. 블레어는 이 같은 테러가 미국만을 상대로 한 것이 아니기에 영국 등 많은 나라들이 미국과 협력해야 한다고 생각했다. 그러면서 그는 자신이 과격 이슬람의 위험성을

그때까지 알지 못했었다고 인정했다.

테러 직후 블레어는 푸틴, 슈뢰더, 시라크, 베를루스코니Silvio Berlusconi 와 통화했고, 다음 날에 부시와도 통화를 했는데, 그러면서 부시와 확고한 동맹 의식을 느꼈다고 했다. 9월 20일에 뉴욕을 방문한 그는 영국인 희생자 유가족들을 위로하고 루돌프 줄리아니Rudolf Giuliani 뉴욕시장을 만났다. 블레어는 모스크바를 방문해서 푸틴을 만나 미국과 행동을 같이 할 것을 요청했고, 10월 5일에는 영국군 군용기 편으로 파키스탄을 방문해서 무샤라프 대통령을 만났다. 2001년 10월 7일, 미국, 영국 등 연합군은 아프가니스탄에 대한 공격을 시작했다. 영국 해군 함정과 공군기는 미사일 공격과 공습에 참가했고, 영국 해병대는 바그람공항을 장악하는 등 영국은 미군을 적극적으로 도왔다. 블레어는 이러한 군사적 조치 덕분에 또 다른 9.11이 일어나지 않았다고 말한다.

부시 정부가 이라크를 침공하자 영국도 군대를 보내서 미군을 도왔다. 부시 대통령을 도와서 이라크전쟁에 영국 병력을 보낸 블레어는 총리를 그만둔 후에 "후회가 없느냐?"는 질문에 시달렸다. 블레어는 자신이 한 결정에 책임을 지지만, 이런 태도는 답이 아니라고 이야기한다. 블레어는 당시 이라크에는 대량 살상 무기가 있는 것으로 생각했지만 결과적으로 그것은 발견하지 못했고, 2003년 5월에 전쟁을 끝냈다고 생각했지만 그렇게 되지도 못했다고 인정한다. 그러면서 그는 사담 후세인이 유엔의 무기 사찰을 방해했고, 석유를 판 돈으로 식량과 의약품을 수입하는 대신 무기를 구매해서 서방의 경제제재를 무력화시켰다고 강조했다. 중동 지역은 전체가 연계되어 있으며 이라크 상황이 점진적으로 개선될 가능성은 없다면서, 후세인을 제거한 전쟁은 정당했다고 강변한다.

블레어는 의회를 설득해서 이라크 참전에 동의하도록 했던 일을 떠올린다. 그러나 의회에서 히틀러의 위협에 굴복하여 평화를 구걸했다가 2차대전을 초래한 역사를 거론한 것은 지나친 비유였다고 인정했다. 블레어는 아프가니스탄과 이라크에서 서방이 상대하고 있는 적들은 '서방은 오직 짧고 성공적인 전쟁만 감당할 수 있을 뿐'이라는 약점을 알아차렸다고 우려한다. 영국이 미국과 보조를 같이함으로써 세계에서의 영국의 지위가 떨어졌다는 주장에 대해, 블레어는 이보다 더한 넌센스가 없다고 반박한다. 그러면서도 블레어는 이라크에서의 유혈 사태가 이렇게 오래 지속될 줄은 몰랐고, 이 때문에 얼마나 많은 희생자가 더 나와야 하는가 생각하면서 매일매일 좌절했다고 고백한다.

대학 등록금 개혁의 실패

블레어는 자신의 총리 재직 중 국가 보건 서비스, 대학 등록금 등 몇 가지 내정을 개혁하고자 했는데, 그중 대학 등록금 문제가 정치적으로 가장 힘들었다고 회고한다. 블레어는 세계 50개 명문대학 중 유럽 대륙의 대학은 거의 없고 영국 대학도 불과 몇 개 밖에 안 되는 상황을 보면서 영국 대학이 변해야 한다고 생각했다. 세계 50개 명문 대학의 특징은 한결같이 재정 규모가 크며 비싼 등록금을 받고 기부금을 유치하는 것이 공통적이라면서, 영국의 상위 20개 대학도 그런 점을 배워야 한다고 생각했다. 실제로 상위권 20개 대학 총장들은 블레어를 찾아와서 정부가 대학에 대한 지원을 늘려줄 것을 요구했다고 한다.

블레어 정부는 매년 1,150파운드를 등록금으로 내는 기존 시스템을 폐기하고 대학 재량으로 매년 3,000파운드까지 등록금을 부과하되 졸업 후에 졸업생의 수입에 따라 내도록 하는 제도를 제안했다. 재무부는 이런 제안에 문제가 많다면서 대학 졸업생에게 수입에 따라 졸업세를 부과하는 방안을 대안으로 내놓았다. 하지만 블레어는 재무부의 대안을 좋아하지 않았다. 대학에서 학생에게 주는 것과 학생이 대학에 내는 것 사이의 연계가 단절될 뿐만 아니라 세금 체제를 크게 흔든다고 생각했기 때문이었다. 노동당 내에서도 이를 두고 많은 이견이 나왔고, 보수당과의 의견 조율도 안 되더니, 등록금 개혁은 결국 실패하고 말았다.

그의 마지막 선거

2005년 총선을 앞두고 블레어는 이번이 총리로서 마지막 선거가 될 것이라고 생각했고, 자신에 이어서 노동당 대표가 될 고든 브라운과도 당의 미래에 대해 이야기를 나누었다. 블레어는 2004년 미국 선거를 주의 깊게 지켜보았다. 블레어는 민주당 후보 존 케리를 좋아했지만 조지 W. 부시의 낙선은 곧 자신에 대한 심판을 의미할 것이라고 생각했다. 부시는 재선에 성공했고, 2005년 5월 총선에서 블레어도 승리하여 3선 총리가 되었다. 선거 도중 보수당은 이민 문제를 부각시켰고, 언론은 이라크전쟁을 문제 삼았다.

2005년 총선 결과 노동당은 355석을 얻어서 제1당을 유지했지만 전체 득표율은 35.2퍼센트로 전보다 5.5퍼센트가 줄었고 의석은 47석이나 줄었다. 보수당은 전체 득표율 32.4퍼센트로 198석을 얻어서 33석을 추가하는 데 성공했다. 자유민주당은 득표율에서 3.7퍼센트가 증가했고 11석을 추가해서 62석을 차지했다. 블레어는 노동당이 잃어버린 표의 대부분이 자유민주당으로 간 것이 중요하다고 보았다. 블레어는 많은 영국인들이 이라크전쟁에 불만을 갖고 있지만, 당시 영국군이 바스라에서 힘든

공부하는 보수

전투를 치르고 있었기 때문에 선거를 통해 전쟁 반대를 표시하지는 않았을 것이라고 생각했다.

은퇴

2005년 총선에서 승리해서 3선 총리가 된 블레어는 그해 7월에 싱가포르로 가서 2012년 올림픽을 런던으로 유치하는 데 성공했고, 글래스고에서 열린 G8회의를 성공적으로 이끌었다. 그러나 전반적인 상황은 블레어에게 불리하게 돌아갔다. 영국 내 언론은 블레어에게 적대적이었다. 루퍼트 머독Keith Rupert Murdoch이 소유한 보수언론과 《가디언》 같은 진보언론이 모두 블레어에게 적대적이었다. 2005년에 '동성 혼인법The Civil Partnership Act of 2004'이 효력을 발휘했는데, 보수당의 반대에도 불구하고 통과된 이 법에 대해 블레어는 동성애자의 권리를 증진시켰다면서 자랑스럽게 생각했다. 블레어는 2006년 개각을 단행하면서 노동당 장기집권을 함께 이끌어왔던 오랜 정치적 동지 잭 스트로를 외무장관에서 경질했는데, 이에 대해 스트로는 불만을 피력하기도 했다. 노동당 후임 대표는 이미 고든 브라운으로 정해져 있었는데, 블레어는 브라운과 오랫동안 함께했지만 그가 '새 노동당'이라는 가치에 충실하지 않기 때문에 보수당에 패배하기 쉽다고 생각했다. 블레어는 브라운이 유능하고 정력적이지만 정치적 감각이 부족하다고 지적했다.

총리직을 떠날 준비를 하면서 블레어는 자신의 임기 중에 상원을 개혁하고, 법관을 독립적인 인사위원회가 지명하도록 했으며, 스코틀랜드 의회를 새로 만들어서 노동당이 다수당을 차지하는 등 많은 일을 했다고 되돌아보았다. 그러면서 블레어는 영국의 노조가 아직도 교조적인 투

쟁 노선에 집착하고 있다며 비판했다. 블레어는 자신이 총리로 있었던
10년 동안 영국은 계속 성장했다면서, 2007년
에 그만둘 당시의 자신이 1997년에 총리가 되
었을 당시의 자신보다 총리직을 더 잘 수행할
능력이 있었다는 것을 깨달았다고 회고했다.
끝으로 블레어는 유럽연합이 위기에 처해 있
다면서, 재정 적자 위기를 극복하지 못하면 다
음 세대가 무거운 짐을 질 것이라고 경고했다.

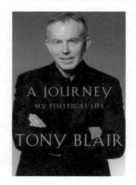

089

위기에서 기회를 찾는 메르켈 스타일

앨런 크로퍼드·토니 추츠카Alan Crawford·Tony Czuczka,
《앙겔라 메르켈: 위기에서 만들어진 총리Angela Merkel: A Chancellorship Forged in Crisis》(Wiley-Bloomberg Press, 2013)

21세기의 서방 지도자 가운데 가장 돋보이는 사람은 독일 총리 앙겔라 메르켈이다. 메르켈은 근본적으로 보수우파였지만, 선거를 거치고 연정을 수립하는 과정을 통해 진보좌파 어젠다를 대폭 수용하여 이른바 '통합의 정치'를 성공적으로 이룬 지도자이다. 경제에서 원자력 정책에 이르기까지, 많은 분야에서 민의를 수용하고 타협을 이루어 통합적인 국내 정치를 해낸 성공적 리더십은 우리에게도 시사하는 바가 많다.

2005년 11월에 독일 총리로 취임한 앙겔라 메르켈은 2009년과 2013년 연임하는 데 성공했다. 최초의 여성 독일 총리이자 최초의 동독 출신 총리라는 기록을 세운 메르켈은 독일뿐 아니라 유럽 전체에서 가장 강력한 지도자로 자리를 잡았다. 메르켈은 대연정을 두 차례나 이루어 내서 국내 정치를 통합시켰을뿐더러, 그리스 사태로 촉발된 유럽의 경제 위기를 극복하고 유럽 통합을 지켜냈다는 평가를 받고 있다. 미국 미디어그룹 블룸버그의 독일 주재 기자인 저자들은 이 책에서 메르켈이 걸어온 길과 위기에서 더욱 빛나는 메르켈의 리더십을 잘 설명하고 있다.

서방을 동경했던 동독 소녀

1954년에 함부르크에서 태어난 메르켈의 결혼 전 이름은 앙겔라 카스너Angela Kasner이다. 앙겔라의 부친은 베를린 출신으로 목사였고, 모친은 함부르크 출신의 영어 교사였다. 부친이 교회 일로 함부르크에서 머물 때 이들은 결혼을 해서 앙겔라를 낳았다. 당시는 동독 사람들이 자유를 찾아 서독으로 대거 넘어갈 때였는데, 이들은 오히려 동독 지역으로 건너갔다. 교회가 앙겔라의 부친에게 베를린 북동쪽에 위치한 템플린으로 가서 신학교를 세우라고 명했기 때문이었다. 템플린은 베를린보다 폴란드에 더 가까운 곳으로, 풍광이 좋은 작은 도시였다. 앙겔라는 고등학교를 수석으로 졸업한 뒤 대학에서 물리학을 공부했는데, 물리학이 어려울 뿐만 아니라 과학적인 방법으로 결과를 도출하기 때문에 좋아했다고 한다. 또한 그녀는 열네 살 때부터 학교 실험실에 숨겨놓은 라디오로 서독 방송을 즐겨 들었다.

1950년대 서독과 동독은 왕래가 자유로웠기에 함부르크에 살고 있던 앙겔라 모친의 친척들은 템플린을 종종 방문했다. 1961년 여름, 앙겔라의 가족과 함부르크에서 온 외할머니는 폭스바겐 비틀을 타고 서독 바바리아까지 여행을 한 뒤 템플린으로 돌아왔다. 그런데 얼마 후, 동독 공산정권은 베를린장벽을 설치하고 국경을 폐쇄해버렸다. 템플린 주민들은 놀랐고, 서독 출신인 앙겔라의 어머니는 통곡을 했다고 한다. 1973년에 고등학교를 졸업한 앙겔라는 친구들과 함께 프라하를 여행했고, 라이프치히대학에 진학했다. 앙겔라와 친구들은 대학 내에서 서방 음악을 즐겨 듣고 디스코를 췄다. 자연을 좋아한 앙겔라는 가까운 동유럽 국가를 여행했고, 서방 세계를 동경했다.

앙겔라는 1977년에 같은 물리학과 친구인 울리히 메르켈Ulrich Merkel과 결혼했다. 당시 23세였던 메르켈은 이른 결혼의 이유가 동독 정부가 결혼한 부부만이 아파트에서 같이 살 수 있고, 같은 도시에서 일할 수 있게 허용했기 때문이었다고 훗날 밝혔다. 하지만 1981년 메르켈은 갑자기 짐을 챙겨서 나왔고, 그렇게 남편과 헤어졌다. 그럼에도 앙겔라는 남편 성姓을 그대로 사용하기로 했다. 앙겔라는 교수가 되고자 했으나, 동독 비밀경찰 슈타지STASI가 '교수가 되기 위해서는 슈타지의 비밀 정보원이 되어 동료들에 대해 보고해야 한다'고 하자 포기했다. 대신에 앙겔라는 베를린에 있는 동독학술원의 연구원으로 일하면서 공부를 계속해서 1986년에 박사 학위를 취득했다. 앙겔라는 학술원에서 일할 때 두 번째 남편이 될 요하임 자우어Joachim Sauer를 만났다. 만일 앙겔라가 슈타지의 정보원에 이름을 올렸다면 독일이 통일된 후에 정치를 하지는 못했을 것이다.

앙겔라는 과학자였음에도 불구하고, 강한 정치적 성향을 갖고 있었다. 앙겔라의 부친은 원래는 동독 체제를 싫어했지만 자신의 교회와 가족을 위해서 동독 체제에 협력하는 수밖에 없었다. 그런 부친과 달리 앙겔라는 동독 체제가 병적病的이라고 생각했고, 부친이 내세웠던 '인간의 얼굴을 한 사회주의'를 경멸했다. 앙겔라는 1980년대 중남미를 풍미했던 해방신학은 물론이고 앤서니 기든스Anthony Giddens의 '제3의 길'도 불신했다.

독일 통일과 정치 입문

베를린장벽이 무너진 날, 메르켈은 텔레비전을 보고 모친에게 전화를 걸어 "이제 서독으로 갈 수 있게 됐다"고 말했다. 그러고는 군중을 따라서 서베를린으로 넘어갔다가 다시 돌아왔다. 통일 후 동독 지역은 그나마 있던 경제 시스템이 순식간에 붕괴하고 큰 혼란이 일었다. 서독 총리이던 헬무트 콜Helmut Kohl은 동독 출신인 한스-크리스티안 마스Hans-Christian Maass를 동독으로 파견해서 1990년 총선에 참여할 기독교민주당CDU, 기민당 조직을 만들도록 지시했다. 동베를린에 도착한 마스는 메르켈을 만나서 새로 만들 동독 내 기민당연대기구의 대변인이 되어달라고 부탁했다. 이렇게 해서 앙겔라는 정치에 입문하게 됐다. 1990년에 치러진 동독 지역 총선에서 총리로 선출된 로타르 드 메지에르Lothar de Maiziere는 앙겔라를 동독 정부의 부대변인으로 임명했다.

1990년 10월 3일, 서독과 동독은 공식적으로 통일을 하고 동독 정부는 해산했다. 그해 12월 2일, 통일된 독일에서 치러진 첫 총선에서 메르켈은 발틱 해에 접해 있는 메클렌부르크-포메라니아 서부 지역에 출마해서 당선됐다. 동독 출신 여성 정치인을 내각에 포함시킬 필요를 느낀 헬무트 콜은 메르켈을 여성청년부 장관에 임명했다. 언론은 세련되지 못한 옷을 입고 담배를 피우는 메르켈을 '콜의 여인'이라고 조롱했다. 1994년 총선에서 다시 승리한 콜은 메르켈을 환경부 장관에 임명했다. 환경부 장관으로서 메르켈은 유엔 기후변화 정상회의를 베를린에서 개최했고, 이 회의는 온실가스를 감축토록 하는 협정을 채택했다.

1998년 총선에서 콜이 이끄는 기민당은 패배하고 사회민주당SPD, 사민당이 승리했다. 메르켈은 이 선거에서 당선됐지만, 얼마 후 콜이 총리 시절에 불법 선거 자금을 받았다는 게 밝혀져서 볼프강 쇼이블레Wolfgang

Schauble 기민당 대표가 사임했다. 당시 기민당 사무총장이던 메르켈은 콜 전 총리를 비난하는 글을 신문에 기고해서 파문을 일으켰다. 스캔들에 휩싸인 기민당은 메르켈을 당의장으로 선출했다. 2002년 총선을 앞두고 당 대표를 선출해야 했던 기민당은 메르켈을 당 대표로 선출했다. 이렇게 해서 근검절약이 몸에 밴 동독 출신 여성이 기민당을 이끌게 됐다.

여성 총리의 대연정

1998년 총선에서 기민당이 패배했을 당시 독일은 경제 상황이 나빠서 '유럽의 병자'라고 불리기까지 했다. 새로 총리가 된 슈뢰더는 제조업은 경쟁력을 잃어가고, 노동자들은 경직되어 있으며, 복지 지출은 늘어가는 상황을 인수받았다. 더구나 경제의 세계화가 급속하게 이루어져서 독일 경제의 근간인 제조업이 와해될 수 있다는 위기감마저 돌았다. 이에 대한 슈뢰더 총리의 답이 '어젠다 2010'이었다. 예상했던 대로 노조 등 사민당의 지지 기반이 '어젠다 2010'에 반대 시위를 벌이는 등 강력하게 반발했다. 하지만 야당이 된 기민당을 이끌던 메르켈은 '어젠다 2010'을 지지했다.

2005년 총선이 다가오자 메르켈이 이끄는 기민당은 당시 12.7퍼센트에 달하던 실업률을 이슈로 제기했다. 언론은 기민당이 사민당을 여유있게 누를 것으로 예측했으나 슈뢰더 총리의 열정적인 선거운동에 힘입어 격차는 1퍼센트로 줄어들었다. 기민당-기독교사회당CSU, 기사당 연합과 사민당-녹색당Die Grüne 연합 중 어느 연합도 원내 과반수 의석을 차지하지 못했다. 사민당과 기민당은 대연정을 이루려 했으나 총리 자리를 두고 신경전이 벌어졌다. 결국 기민당-기사당, 그리고 사민당이 참여하는 대연정을 이룩하고 메르켈이 총리직을 맡기로 했다.

2005년 총선을 앞둔 2003년 10월에 행한 '독일은 어디로 가나'라는 제목의 연설에서 메르켈은 독일의 변화를 촉구했다. 메르켈은 능률을 중시하고, 창의성과 다양성을 강조하며, 균등주의를 배척해야 한다고 주장했다. 나아가서 고등학교가 학생들을 선택해서 뽑을 수 있어야 하며, 제조업 외에도 금융업을 중시해야 한다고 역설했다. 이를 두고서 '기민당의 대처Thatcher화'라는 말이 나왔다. 하지만 이런 입장은 독일의 전통에서 벗어나는 것이었기 때문에, 독일 국민들은 이를 받아들일 준비가 되어 있지 않았다. 더구나 총선 기간 중 메르켈은 GDP와 GNP를 혼동하는 실수를 했고, 플랫 세금Flat Tax 도입을 주장하는 교수를 정책 자문으로 영입해서 불필요한 세금 논쟁을 야기했다. 2005년 8월 여론조사에 따르면 기민당-기사당 연합이 사민당을 19퍼센트 차이로 이기는 것으로 결과가 나왔으나, 메르켈의 연이은 실책으로 인해 선거일 직전에는 사민당이 역전하는 조사 결과가 나왔다. 결과적으로 기민당은 35.2퍼센트를 얻어서 34.2퍼센트를 얻은 사민당에 간신히 승리했고, 대연정을 이루지 않을 수 없게 됐다.

총선 승리와 위기

대연정의 결과로 메르켈이 구상했던 마거릿 대처식 정책은 채택될 수 없었고, 사민당과 합의가 가능한 대책만이 시행되었다. 그 결과 연금 수급 개시 연령이 67세로 상향 조정됐고, 부가가치세율이 16퍼센트에서 19퍼센트로 인상되었으며, 최고 구간 소득세율도 45퍼센트로 인상되었다. 메르켈은 슈뢰더 총리 시절에 만들었던 '어젠다 2010'을 채택하고, 자신이 내걸었던 신자유주의적 개혁안을 폐기했다. 2009년 총선에서 승리한 메르켈은 기민당-기사당 연합에 자민당을 추가해서 사민당이 빠진 소小연정 내각을 구성했지만, 자신이 내걸었던 대처식 정책을 다시 추진하지는 않았다. 메르켈이 신자유주의 정책을 포기했기 때문에 중도층은 메르켈을 지지했고, 내세울 만한 정책 이슈를 상실한 사민당은 2009년 총선에서 패배했던 것이다.

두 번째 임기 중 메르켈을 괴롭힌 쟁점은 원자력발전소였다. 슈뢰더 총리는 재임 시절에 독일 내 원자력발전소를 2020년까지 철폐하겠다고 약속했다. 하지만 2009년 총선 후 소연정 파트너였던 자민당은 원전 사용 기간을 연장하는 정책을 갖고 있었다. 메르켈은 연정 파트너인 자민당의 정책과 점증하는 원전 폐기 여론 사이에서 결정을 해야만 했다. 그러던 중 2011년 3월에 일본 후쿠시마 원전 사고가 발생하였고, 메르켈은 원전을 원래 계획대로 폐기하고 재생 가능한 에너지로의 전환을 앞당기겠다고 발표했다. 하지만 메르켈의 이 같은 정책 변화는 기회주의적으로 비추어졌다. 그 즈음에 실시된 바덴-뷔르템베르크 주 선거에서 녹색당이 1위를 하고, 기민당이 2위, 그리고 사민당이 3위를 하는 이변이 일어났다. 원전에 대한 유권자의 의식이 반영되어서 기민당-자유민주당FDP, 자민당 연립정부가 지배하던 바덴-뷔르템베르크에 녹색당-사민당 정부가 들어선 것이다. 메르켈의 연정 파트너인 자민당이 지방선거에서 속속 몰락했으니, 메르켈에게는 뼈아픈 패배였다. 국내 정치에서 메르켈은 위기에 처한 것이다.

유럽 경제 위기

2010년 들어서 유럽에는 경제 위기 적신호가 켜졌다. 그리스 등 여러 나라가 재정 파탄에 빠진 것이다. 메르켈은 재정이 파탄난 그리스를 꾸짖고 "그리스가 도움을 원한다면 보다 많은 예산 삭감을 해야 한다"고 말했다. 또한 그리스 같은 "무책임한 국가들을 유로 통화권에서 추방해야 한다"고 말하기도 했다. 그리스에는 오랫동안 집권당이었던 파판드레우 내각이 붕괴하고 파파디모스Lucas Papademos 내각이 들어섰지만 국민들은 긴축정책에 거세게 저항했다. 그리스가 지급불능 상태에 빠질 것으로 보였고, 이로 인해 시장이 붕괴될 가능성이 우려됐다. 국제통화기금도 그리스 부도 사태가 초래할 대혼란을 걱정했으나 결정권은 메르켈이 쥐고 있었다. 여러 가지 상황을 충분히 고려한 메르켈은 2011년 말과 2012년 초에 걸쳐 "그리스가 구제금융 조건을 준수한다면 유로권에 머물게 하겠다"고 입장을 바꾸었다. 국내 정책에서도 그러했듯이 상황이 요구하는 바에 따라 메르켈은 자신의 입장을 바꾼 것이다.

2012년 선거를 통해 그리스에는 사마라스Antonis Samaras 내각이 들어섰다. 그리스는 독일이 지나친 예산 삭감 요구를 하고 있다고 비난했으나, 독일 국내 여론은 그리스 등 구제금융을 기다리는 나라들의 주장에 냉담했다. 메르켈은 그리스 정부에 책임 있는 자세를 취하라고 촉구했고, 2012년 12월에 드디어 그리스에 491억 유로 규모의 구제금융이 제공됐다. 유럽을 뒤흔든 위기가 일단 수습된 것이다. 2012년 12월에 열린 기민당 전당대회에서 메르켈은 전체 투표자의 98퍼센트 지지를 얻어 당 대표로 다시 선출됐다. 메르켈은 독일의 지도자일뿐만 아니라 명실상부하게 유럽에서 가장 강력한 지도자로 자리 잡았다.

주부 스타일의 고단수 정치

그리스, 포르투갈, 아일랜드에 대한 구제금융은 메르켈이 주도한 것
이었다. 메르켈은 이들 나라에 긴축정책과 구조 조정을 조건으로 붙여서
폴 크루그먼 같은 진보학자들의 비난을 샀다. 독일은 통일 후 20년 동안
동독 지역을 재건하기 위해 많은 돈을 지출해야만 했다. 동독에서 자란
메르켈은 정부가 일정한 역할을 하는 경제체제에 익숙해져 있었고, 영미
식 자유방임주의 경제철학에 동감하지 않았다. 메르켈은 균형재정이 중
요하다고 생각했는데, 통일 후 처음으로 2007년에 독일 재정이 균형을
이루었으나 2009년에 독일 경제는 다시 침체에 빠졌다.

메르켈은 부채를 줄이고 지속가능한 성장을 해야 한다고 생각했고,
2011년까지는 균형재정 기조를 달성하겠다고 국민들에게 약속했다. 메
르켈은 하이엔드 제조업과 수출 경쟁력이 독일 경제의 자랑이라고 생각
했다. 또한 대기업과 중기업, 그리고 소규모 기업이 서로 협력하는 독일
모델이 독일 경제의 강점이라고 생각했다. 독일에서는 취업 인구의 60퍼
센트가 근로자 500명 이하인 중소기업에서 일하고 있다.

언론은 메르켈을 두고 '주부 스타일의 고단수 정치High Politics, House-
wife-Style'라고 불렀다. 메르켈은 자식을 갖지 않았기 때문에 '엄마 스타일'
이라는 명칭은 걸맞지 않을 것이다. 그녀와 재
혼한 지금의 남편은 언론 노출을 꺼리고 있으
며, 그녀는 시간만 나면 자신의 지역구이기도
한 옛 동독 지역을 자주 찾는다. 메르켈은 프
로이센왕국을 독신으로 34년간 통치했던 카
트리나 여제女帝의 초상화를 자신의 사무실에
걸어두고 있다고 한다.

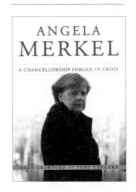

붕괴와 연착륙의
기로에 있는 유럽

월터 라커Walter Laqueur,
《몰락 그 후*After the Fall*》(St. Martin's, 2011)

문명비평가 월터 라커가 2006년에《유럽의 마지막 날들》을 냈을 때
《이코노미스트》는 지나치게 비관적이라는 비판적인 논평을 내보냈다. 하
지만 몇 년이 흐른 요즘, 그의 견해가 옳았다는 데에는 의문의 여지가 없
다. 2011년에 나온 이 책에서 라케는 유럽의 몰락은 필연적이고, 이제는
그 후에 어떻게 살 것인가에 대해 관심을 가져야 한다고 주장한다.

저자는 우리가 알아왔던 유럽은 사라지고 있으며, 유럽은 결국 동아
시아의 부유층이 관광을 하러 오는 박물관이나 문화·테마파크로 전락할
운명이라고 지적한다. 그러면서도 유럽은 쇠퇴하는 것이지 붕괴하는 것
은 아니라고 말한다. 로버트 쿠퍼가 말한 대로 유럽은 포스트모던한 사
회이며, 포스트모던 사회가 정글의 법칙이 통하는 프리모던 세계나 모던
한 세계에서 어떻게 생존할 수 있는지가 관건이라는 것이다.

저자는 오늘날 유럽이 겪고 있는 불황은 문제의 일부이며, 유럽의 복지국가 모델은 실패했다고 본다. 2차대전 후 유럽의 엘리트는 빈부 차이를 해소하고 필수적인 사회 서비스를 정부가 제공하는 민주 사회를 건설하고자 했다. 이 같은 복지국가 개념을 도입한 것은 칭찬받아 마땅하다. 하지만 복지국가는 경제가 영구적으로 성장할 것이라는 전제하에서나 가능하기 때문에, 피라미드식 다단계 사기 행각인 '폰지 사기Ponzi Scheme'와 유사하다. 오늘날 유럽형 복지 비용은 너무 비싸서 도저히 감당할 수가 없다. 미국은 부족한 재원을 갖고 해외 전쟁에 나서는 등 자신의 세계를 지나치게 확장해서 위기를 맞았고, 유럽은 복지로 인해 큰 부담을 안고 있어서 위기를 맞이했다. 그러나 저자는 이 두 가지가 2008년 위기의 주된 원인은 아니라고 말한다. 미국과 유럽은 엄청난 부채 때문에 큰 위기를 맞은 것이다.

유럽이 통합되었다고는 하지만 대부분의 유럽인들은 자기가 태어나서 살아온 나라를 고국으로 생각한다. 부유한 유럽 국가는 그렇지 못한 유럽 국가가 무책임하게 행동할 때 그 나라를 도우려 하지 않는다. 63세에 은퇴하는 독일 사람들이 53세에 은퇴하는 그리스 사람들을 도와야 할 이유는 없다. 2007년에 아이슬란드는 심각한 금융 위기에 빠졌고, 미국에서는 베어스턴스와 리먼브라더스가 무너졌으며, 그리스에서는 재정위기가 터졌다. 재정이 취약한 이탈리아 등 유럽 국가들은 리비아 카다피 정부의 돈줄에 매달렸다. 그러다 보니 유럽의 대외 정책은 부적절할 수밖에 없었다. 2010년 영국의 국가 부채는 GDP의 63퍼센트에 달하며 개인 부채는 3조 달러나 됐다. 보수당 정부는 공공부분 직원 50만 명을 감원하고, 사회 서비스를 감축하기로 했다. 유럽의 사회민주주의 모델은 그것이 가장 필요한 시점에 무너지고 있는 것이다.

냉전이 끝나면 새롭고 안전한 세계가 올 줄 알았으나 현실은 그렇지 못했다. 실패하는 국가는 늘어가고 있으며, 세계는 불안정해지고 있다. 재정 압박을 받고 있는 영국은 군비를 대폭 축소해서 해외 작전 능력을 상실해가고 있다. 러시아는 석유 자원에 힘입어 단기간에 강국으로 부상했고, 서유럽은 러시아의 에너지에 의존하고 있다. 푸틴은 2020년까지 러시아가 강국이면서도 가장 역동적인 국가가 될 것이라고 공언했다. 서유럽 국가들은 자신들이 추구해온 다문화 정책이 실패했음에도 그것을 용기 있게 인정하지 못하고 있다. 서유럽의 무슬림 인구는 폭발적으로 늘어가고 있다. 스칸디나비아 국가들과 네덜란드에서도 극우정당이 지지를 넓혀가는 등 무슬림에 대한 반감은 유럽에서 커져가고 있다.

유럽은 인구학적으로 불가역적으로 쇠퇴 중이다. 전 유럽에 걸쳐서 노령화가 급속하게 진행되고 있으며 전체 인구는 감소하고 있는데, 유럽의 원래 주인이었던 유럽인들이 특히 그러하다. 반면 무슬림 인구는 급속하게 증가하고 있다. 그러나 무슬림 주민들은 교육 수준이 낮아서 국가가 제공하는 사회복지에 의존하고 있다. 오늘날 벨기에 브뤼셀에서 태어나는 신생아의 55퍼센트는 원래 유럽인이 아닌 이주해 온 주민들의 자녀이다. 런던 대권역에서도 원래 영국인이 아닌 신생아의 비율이 55퍼센트나 된다. 2020년이 되면 버밍엄과 레스터에서는 영국인 이외의 인종이 인구의 과반을 차지하게 될 것이고, 얼마 후에는 런던도 그렇게 될 것이다. 이 같은 상황은 심각한 정치적 위기를 초래할 수 있다.

오늘날 유럽의 교도소에서 젊은 무슬림들이 차지하는 비중은 놀라울 정도로 높다. 이들은 강간죄를 많이 저지른다. 무슬림 갱단들은 강간을 통과의례로 칠 정도다. 독일 베를린의 판사였던 키르스텐 하이지그 Kirsten Heisig는 다문화주의를 열렬히 주장했었다. 그녀는 교도소에 수감

된 무슬림 청소년들을 교화시키기 위해 많은 노력을 했다. 그러나 자신의 노력이 아무런 효과가 없음을 알게 된 하이지그 판사는 좌절한 나머지 2010년 7월에 스스로 목숨을 끊었다.

지난 20년 동안 유럽 국가들은 복지 혜택을 감축시켜왔다. 그러나 사람들이 갈수록 오래 살고, 의료 서비스는 갈수록 비싸지고 있으며, 경제는 침체에서 벗어나지 못하고 있다. 세금을 올리는 것도 방편이겠지만, 북유럽 국가들의 세금 수준은 이미 충분히 높다. 기업과 부유층에 대한 세금을 인상하면 이들은 다른 나라로 탈출할 가능성이 높아진다. 1996년부터 복지 제도를 개혁해온 스웨덴이 다른 나라에 비해 경제적 어려움을 덜 겪고 있다는 것은 참고가 될 만하다. 2008년 경제 위기 후 유럽 국가들은 복지 지출을 줄여나가고 있는데, 당연히 향유할 것으로 알았던 서비스를 박탈당하게 될 유럽인들은 폭력적으로 변할 수도 있다.

저자는 유럽은 이제 변방이 되어가고 있다고 말한다. 유럽은 저렴한 노동력으로 무장한 나라들과 경쟁을 할 수 없으며, 유럽의 병을 치유할 방안은 다시 경제적 모멘텀을 회복하는 것뿐이라고 이야기한다. 또한 붕괴와 연착륙은 큰 차이가 있으니, 유럽이 어느 길을 갈지는 두고 보아야 한다고 말한다. 유럽은 이제 단지 '지리적 명칭'에 불과하게 될지, 그것이 문제라고 저자는 말한다.

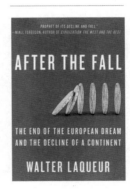

7장

세계를 덮친
경제 위기

2008년 미국 자본주의는 왜 실패했나?

리처드 포스너Richard A. Posner,
《자본주의의 한 실패: 2008년 위기와 공황으로의 추락
A Failure of Capitalism: The Crisis of '08 and the Descent into Depression》
(Harvard Univ. Press, 2009)

세계는 아직도 2008년 미국과 유럽에 불어닥친 경제 위기에서 회복하지 못하고 있다. 이를 두고 시장경제와 자본주의를 기반으로 하고 있는 경제 시스템에 문제가 있다는 비판이 일고 있다. 2009년 봄에 나온 이 책은 '2008년의 위기와 공황으로의 추락'이라는 부제를 달고 있다. 우리는 이 책의 제목이 자본주의의 '몰락Collapse'도 아니고 '실패Failure'도 아닌, '한 실패A Failure'라는 데 주의를 기울여야 할 것이다. 자본주의는 결코 원천적으로 잘못되거나 실패한 것이 아니라, 근래 실패했을 뿐이며, 이에 대해 제대로 처방하지 못해서 공황으로 향하고 있다는 의미이다.

이 책의 저자인 리처드 포스너는 현재 미국 제7항소법원 판사로 재직 중인 탁월한 법률가이다. 1939년생으로 예일대학을 나와 하버드 로스쿨을 수석으로 졸업한 포스너는 1969년에 시카고대학 로스쿨 교수

가 되어 독점 금지법 등 여러 분야에서 탁월한 저술을 발표했다. 그가 시카고대학을 택한 것은 시카고대학의 자유주의 경제학 풍조 때문이었다. 1973년에 그가 펴낸 《법에 대한 경제적 분석Economic Analysis of Law》은 이미 법경제학의 고전이 되었다.

1981년에 레이건 대통령에 의해 제7항소법원 판사로 임명되어 오늘날에 이르고 있는 포스너는 1993년부터 2000년까지 제7항소법원장을 지냈다. 연방판사로 있으면서도 왕성한 저술 활동을 계속해서 40여권의 책을 펴냈다. 그는 법관 신분임에도 아랑곳하지 않고 클린턴 탄핵, 이라크전쟁 등 뜨거운 현안에 대해 칼럼 등을 통해 자신의 솔직한 의견을 발표했다. 낙태의 자유를 지지하지만 한편으로는 테러를 막기 위해 고문을 할 수 있어야 한다는 입장을 견지하는 그의 성향은 '실용적 보수Pragmatic Conservative'라고 할 수 있다.

보수주의자들은 정부의 현명하지 못한 정책 때문에 공황이 발생한다고 주장하는 데 비해 포스너는 공황이 시장의 실패에서 유래한다고 본다. 그는 금융기관에 대한 정부의 규제 없이는 경제가 공황에 빠질 우려가 크며, 따라서 경제가 탈선하지 않도록 정부가 보다 적극적이고 현명하게 개입할 필요가 있다고 주장한다. 포스너는 자유방임주의의 도래를 과신한 나머지 금융산업에 대한 규제를 지나치게 완화해서 작금의 경제위기를 초래했다고 지적한다.

2000년대 들어 미국은 외국에서 빌려온 돈에 의존하게 되었고, 그에 따라 미국에서는 돈을 빌려오고 빌려주는 기관이 호황을 누렸다. 더구나 자금을 중개하는 메릴린치Merrill Lynch나 리먼브라더스 같은 회사는 은행처럼 규제를 받지도 않았다. 2003년부터 몇몇 학자들과 《이코노미스트》가 주택 버블을 경고했지만 그런 경고는 심각하게 받아들여지지 않았다.

공부하는 보수

금융 호황으로 경험 부족한 젊은이들이 금융계에 대거 진출했고, 대표적인 금융기업인 시티그룹Citigroup의 최고경영진은 이익을 극대화하라고 직원들을 몰아붙였으니, 금융계의 부실은 정해진 이치였다. 하지만 2005년 가을만 해도 연방준비제도이사회의 벤 버냉키 의장은 주택 가격 상승이 버블이 아니라고 했다. 이에 대해 포스너는 주택 버블은 돈을 너무 쉽게 빌려주는 데서 출발했기 때문에, 금융기관에 대한 규제를 강화하고 집을 소유하는 데 주어지는 세법상의 우대를 없앴다면 주택 버블은 초기에 잡을 수 있었다고 말한다.

포스너는 2008년 가을에 닥쳐온 경제 위기를 예견하지 못한 것은 불확실한 위험에 대해 대비책을 강구하기가 어렵고, 위험에 대비하기보다는 위험 그 자체를 부인하려고 하는 심리가 있기 때문이라고 분석했다. 클린턴 행정부도 자유방임주의 경제정책을 지속했기 때문에 공화당이 전적으로 경제 위기를 초래했다고 볼 수는 없다고 주장한다. 그러면서 불황을 극복하기 위해 파산 제도를 원칙대로 운영하고, 금융기관 부실은 배드 뱅크Bad Bank 방식으로 풀 것을 제안한다.

포스너는 공공 지출을 늘이는 것이 공황에 대처하는 효과적인 대책이라면서, 정치적 고려를 배제하고 경제적으로 진정한 가치가 있는 분야에 지출을 해야 한다고 지적한다. 따라서 교통 인프라 확충, 생물 다양성 보호, 기후변화 대응, 교육과 보건 증진, 교정矯正 시설 확충, 전쟁으로 소모된 군비 확충에 정부 지출을 늘릴 것을 권장한다. 포스너는 오바마 정부가 군비에 대한 지출을 불과 50억 달러만 배정한 것을 부적절하다고 지적한다. 또한 그는 일본이 1990년대에 공공 지출을 늘렸음에도 경기를 회복시키지 못한 것은 당시 일본은행에 돈이 없어서 민간투자를 활성화시킬 수 없었기 때문이었다고 진단한다.

포스너는 공화당 행정부 들어서 경제 위기가 발생한 것에 대해 미국의 보수가 1950년대 이전의 사회적 가치에 너무 집착하고, 규제되지 않은 시장의 힘을 너무 과신해서 실패했다고 말한다. 포스너는 미국의 진보는 평등이라는 판타지에 빠져 있고, 미국의 보수는 경제적 자유주의 도그마에 빠져 있다고 지적한다. 또한 경제적 자유주의자들이 금융시장에 대한 규제 완화가 가져올 수 있는 위험을 간과했고, 금융 위기의 위험도를 과소평가했다고도 평한다. 포스너는 현재 미국이 공황에 처해 있고, 미국 정부가 퍼붓는 엄청난 돈과 금융기관 구조조정이 경기를 회복시킬 수 있는지도 알 수 없다고 이야기한다. 동시에 미국 정부의 조치가 치명적인 병을 고친다고 해도 환자는 불구가 될 가능성이 높다는 비관적인 예측을 한다.

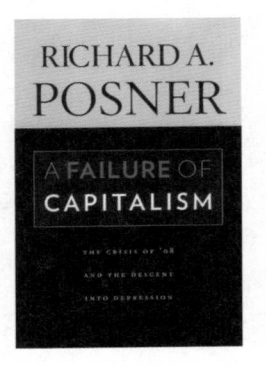

092

잘못된 처방의 결과

토머스 우즈Thomas Woods Jr.,
《녹아내리다*Meltdown*》(Regnery Publishing, 2009)

　　토머스 우즈는 하버드대학을 나오고 컬럼비아대학에서 박사 학위를
취득한 젊은 역사학자로, 앨라배마 주 오번에 위치한 루트비히 폰 미제
스연구소의 연구위원으로 있다. 이 연구소는 오스트리아의 자유주의 경
제학자 루트비히 폰 미제스Ludwig von Mises를 기리기 위해 미국 남부에 세
워졌다. 2000년대 들어서 토머스 우즈는 대외 개입에 반대하는 전통적
보수주의Paleoconservative와 자유주의 경제철학에 입각한 저술 활동으로 주
목을 받았다. 2009년 초에 나온 이 책《녹아내리다》에서 우즈는 2008년
가을에 발생한 경제 위기에 대한 미국 정부의 처방이 잘못됐다고 신랄하
게 비판하고 있다.
　　2008년 가을, 미국에서 금융기관 위기가 발생하자 연방정부의 고위
관리와 정치인들은 보다 많은 자금을 투입하고 정부가 화폐 및 금융정

책에 적극 개입하도록 하는 방안을 처방으로 내놓았다. 우즈는 이것이 문제를 만든 사람들이 또 다시 길을 안내하는 격이라는 말로 책을 시작한다.

우즈는 지금의 경제 위기는 자유 시장이 초래한 것이 아니라 시장에 대한 정부의 개입이 초래한 것이라고 단언한다. 준정부 금융기관인 패니 매와 프레디 맥은 세금 감면과 규제에서의 면제 등 각종 혜택을 누리면서 주택 시장에 과도한 자금을 퍼부어서 주택 버블을 만들었다. 클린턴 행정부는 저소득층도 집을 가질 수 있어야 한다면서, 패니 매와 프레디 맥에 주택 대출을 늘리도록 종용했다. 집을 소유하면 이자에 대한 세금 감면을 해주는 등 정부가 주택 구매를 조장한 것이다. 하지만 2006년 말부터 주택 가격은 떨어지기 시작했고, 대출금을 갚지 못해서 집이 경매에 넘어가는 경우가 급속하게 증가하기 시작했다.

2008년 늦가을 파산 위기에 몰린 금융기관에 대한 구제금융Bail-Out 방침을 발표했을 때 상·하원의원들에게는 반대하는 메일과 전화가 빗발쳤다. 그럼에도 과반수 의원들은 구제금융을 승인했다. 구제금융을 받은 은행과 투자회사들은 의원들에게 많은 후원금을 냈으니, 이들이 구제금융에 나서는 것은 당연한 결과였다.

저자는 경제에 대한 정부의 가장 큰 개입은 미국의 중앙은행인 연방준비제도이사회에 의한 것이지만, 정작 이에 대해 관심을 갖는 사람은 적다고 지적한다. 연방준비제도이사회는 경제에 개입해서 '호황과 버블 폭발Boom and Burst'이라는 사이클을 조장해왔고, 그 결과로 2008년 경제 위기가 발생한 것이다. 그럼에도 이에 대해서는 아무 말도 없으니, 거실로 밀고들어온 코끼리를 못 본 척하는 형상이다. 저자는 연방준비제도이사회가 1994년 멕시코에 대한 구제금융, 헤지펀드에 대한 구제금융, 그리고 9.11 테러 후 이자율 인하로 화폐 공급을 무작정 늘리는 등 경제 운용을 조작하는 데 앞장서서 오늘의 위기 상황을 만들었다고 본다.

2008년 가을, 임기 말의 부시 행정부는 파산 위기에 놓인 패니 매와 프레디 맥을 국유화하는 조치를 취했다. 하지만 부시 행정부는 '도덕적 해이를 조장해서는 안 된다'는 이유로 리먼브라더스에 대한 구제금융을 거부했다. 그리고 바로 그 다음날 AIG에 대해서는 구제금융을 주기로 결정했다. 리먼브러더스는 죽이고 규모가 큰 AIG는 살렸으니 대마불사인 셈이다. 부도 위기에 처한 금융기관을 정부가 사실상 인수하게 되자 베네수엘라의 휴고 차베스 대통령은 '미국이 나보다 더 왼쪽에 있다'고 빈정거렸다

우즈는 하이에크가 '호황과 버블 폭발'을 반복하는 경제 사이클의 근본 원인은 중앙은행에 있다고 설파한 것이 정확한 분석이라고 말한다. 1930년대 대공황 시절, 하이에크는 이자율을 낮춰서 경기 침체를 벗어나려고 하는 것은 잘못이라고 했다. 하이에크는 침체Recession 또는 공황Depression은 잘못된 투자 때문에 생긴 부작용을 교정하는 과정이며, 이를 통해 경제가 제 모습을 바로 찾는 것인데, 이자율을 낮추면 종국적으로 닥쳐올 붕괴Collapse를 더욱 심각하게 만들 뿐이라고 오래 전에 지적했다.

1990년대 일본은 주식 폭락과 부동산 가격 폭락으로 오랜 불황을 겪어야만 했다. 당시 일본 정부는 하이에크 같은 오스트리아학파자유주의 경제학파가 해서는 안 된다고 했던 정책들을 골라서 채택함으로써 불황을 장기화시켰다. 그런데 지금 폴 크루그먼 같은 경제학자가 미국이 채택해야 한다고 주장하는 정책은 바로 일본이 1990년대에 택했던 정책과 같은 것이다.

우즈는 오바마 행정부가 경제 부흥 계획이라는 이름으로 자금을 공

급하는 것은 빚에 몰려 있는 주택 소유자가 돈을 빌려서 집을 고치는 꼴이라고 말한다. 즉 연방준비제도이사회가 돈을 공급해서 인플레이션을 조장하고, 이로 인해 미국 경제가 파국을 향할 것이라고 주장하는 것이다. 우즈는 이에 대한 대안으로 파산할 회사는 파산하게 하고, 패니 매와 프레디 맥을 해산하며, 구제금융을 중단하고 정부 지출을 줄일 것을 제안한다. 그러면서 이처럼 많은 문제는 달러가 금본위金本位에서 이탈한 데서 비롯되었으니 금본위제로의 회귀를 심각하게 고려해야 한다고 주장한다.

리처드 포스너가 불황을 탈출하기 위해서는 가치 있는 분야에 공공 지출을 늘리는 것도 좋은 방안이라고 주장한 데 비해, 토머스 우즈는 불황은 경제가 제 모습을 스스로 찾는 과정이니 정부 지출을 줄여야 한다고 지적한다. 그래서 포스너를 실용주의자로 부르고 우즈 같은 학자를 원리주의자라고 부르는 것이다. 하지만 두 사람 모두 이자율을 낮춰서 시중에 자금을 공급하는 정책은 거품을 조장하고 불황을 장기화시킨다는 데 동의하고 있다.

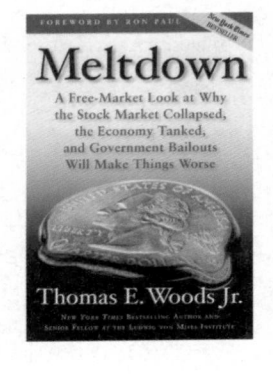

2014년 7월에 들어서 박근혜 정부 2기 경제팀은 이자율을 낮추고 은행 대출을 늘려서 경제를 살리겠다고 했다. 리처드 포스너와 토머스 우즈가 모두 반대하는 정책을 박근혜 정부는 밀고나가고 있는 셈이다.

공부하는 보수

093

정부의 개입이 금융을 망쳤다

요한 노르버그Johan Norberg,
《금융 재앙: 미국인들의 주택 소유욕과 손쉬운 돈이 어떻게 경제 위기를 초래했나?
Financial Fiasco: How America's Infatuation with Home Ownership and Easy Money Created the Economic Crisis》(Cato Institute, 2009)

이 책의 저자 요한 노르버그는 1973년에 스웨덴 스톡홀름에서 태어나 1999년에 스톡홀름대학에서 사상사思想史로 석사 학위를 받았다. 정치사, 경제학 등을 공부한 그는 자유주의 철학에 심취한 끝에 스웨덴에서 그런 생각을 전파하는 웹사이트를 만들어서 운영하기도 했다. 2002년부터 2005년에는 스웨덴의 자유주의 경제 싱크탱크인 팀브로Timbro에서 일했고, 지금은 워싱턴에 기반을 둔 케이토연구소Cato Institute의 연구위원으로 있다.

저자는 2001년에 펴낸 《세계화를 옹호하면서*In Defense of Global Capitalization*》로 명성을 얻었으며, 2008년에는 나오미 클라인Naomi Klein의 《쇼크 독트린*The Shock Doctrine*》을 반박한 책을 스웨덴어로 펴냈다. 2009년 가을에 나온 이 책 《금융 재앙》에서 저자는 미국의 금융 위기를 분석하고, 미국이 아직도 교훈을 깨닫지 못하고 있다고 비판한다.

　저자는 2008년에 미국을 덮친 경제 위기는 불가항력적인 '퍼펙트 스톰Perfect Storm'에 의한 것이 아니라 기업과 정부 기구, 그리고 정치 조직 내 의사 결정권자들의 '의식적 행동Conscious Actions'이 초래한 것이라고 이야기한다. 또한 그는 지금 세계가 최초로 전 지구적 금융 위기를 겪고 있으며, 이는 세계화와 자유무역에 광범위한 반작용을 불러일으키고 있음을 경고한다.

　2008년 경제 위기는 연방준비제도이사회 의장을 지낸 앨런 그린스펀을 빼고 이야기할 수 없다. '검은 월요일'이라고 부르는 1987년 10월 19일, 뉴욕 증시는 하루 동안 23퍼센트 폭락했다. 앨런 그린스펀은 기준금리를 신속하게 낮춰서 자금 공급을 늘렸고, 그러자 시장은 신속하게 안정되었다. 이렇게 해서 그린스펀이라는 영웅이 탄생했다. 그린스펀은 그 후에도 위기가 닥쳐오면 금리를 인하하는 것으로 대처했다. 1991년 걸프전쟁 때도 그랬고, 아시아 경제 위기가 닥쳐왔을 때도 그러했다. 이런 처방에 따라 미국 경제는 긍정적으로 반응했고, 사람들은 1990년대의 번영을 그린스펀의 공적으로 돌리기도 했다.

　2001년 들어서 그린스펀은 또다시 이자율을 내리기 시작했고, 9.11 테러가 발생하자 그는 또 이자율을 대폭 인하해서 자금 공급을 늘렸다. 2001년 초에 6.25퍼센트이던 기준금리가 그해 연말에는 1.75퍼센트로 내려갔다. 그 결과 9.11 테러 후 2개월 만에 미국 증시는 그전으로 회복했고, 2002년에 미국은 1.6퍼센트 경제성장을 기록했다. 2003년 6월에는 기준금리 1퍼센트라는 최저 수준을 기록했다. 그린스펀은 나중에 연방준비제도이사회가 의도적으로 통화팽창이라는 위험을 택했고 이로 인해 거품이 조성됐다고 인정했다.

통화팽창도 문제인데 잘못된 정부 정책으로 주택 버블마저 생겨났다. 자기 집을 갖는 것은 미국인의 꿈이었고, 그런 이유로 연방 소득세가 도입된 이래 주택 모기지 이자는 소득세 공제 대상이었다. 1987년 레이건 행정부와 의회는 자동차 구입과 신용카드 대출이자에 대해 시행해온 소득세 공제를 폐지했는데, 그럼에도 주택 모기지 이자에 대해서는 공제를 유지시켰다. 그러자 사람들은 주택을 담보로 모기지를 얻어 자동차를 사는 등 편법을 사용하기 시작했다. 1994년 전체 주택 담보의 68퍼센트가 자동차 구입 등 다른 목적에 사용됐다.

1997년에 클린턴 대통령은 부부의 경우에 50만 달러를 한도로 부동산 자본 이득세Capital Gains Tax를 폐지했다. 주식과 채권 등에 대한 자본이득세는 유지하면서 주택에 대한 자본이득세를 폐지하자 미국인들은 주택을 투자 대상으로 보게 되었다. 과거에 주택 모기지는 확정 이자율 방식이었는데, 이자율이 떨어지자 변동 이자율 모기지가 늘어났다. 보다 많은 미국인들이 주택을 구매함에 따라 엄격한 토지이용 계획 때문에 주택 공급이 제한되어 있었던 캘리포니아와 플로리다 등에서는 주택 가격이 가파르게 올라갔다. 주택 거품이 조성된 것이다.

21세기에 들어서서 중국과 산유국들이 풍부한 자금을 미국에 공급하게 됐다. 중국과 산유국들은 남아도는 달러로 미국의 주식과 채권을 사들이고 또 직접 투자를 했다. 이런 돈이 미국에 넘쳐흘러서 이자율은 계속 떨어졌고, 싼 이자에 맛들인 미국인들은 계속 빚을 얻어 썼다. 가난한 사람들이 부유한 사람들에게 돈을 빌려주는 양상이 초래된 것이다.

미국의 재정 적자는 계속 증가했다. 2001년 초에 취임한 부시 대통령은 10년에 걸쳐 1조 3,000억 달러에 달하는 감세를 하겠다고 약속했지만 정부 지출을 줄일 계획은 갖고 있지 않았다. 9.11 테러 후에는 막대한 전쟁 비용이 추가로 들어갔고, 그런 상황에서도 부시 대통령은 노년층에 대한 조제약調劑藥 경비를 메디케어로 부담해주기로 했다. 폴 오닐Paul O'Neill 재무장관이 이런 정책이 무책임하다고 경고하자 그는 경질되고 말았다.

경제 위기를 초래한 또 다른 장본인은 패니 매와 프레디 맥이라는 주택금융을 전문으로 하는 공기업이다. 연방정부가 주택금융에 간여하게 된 것은 1930년대 뉴딜 시절이다. 주택금융을 해준 저축은행들은 소속 주 내에서만 영업을 할 수 있었기 때문에, 공황이 닥쳐와도 부실 대출 위험을 분산시킬 수 없었다. 이런 난점을 해결하기 위해 루스벨트 대통령은 1938년에 패니 매의 전신인 연방모기지협회The Federal Mortgage Association라는 정부 기구를 창설했다. 1968년에 민간 자본의 참여를 허용해서 패니 매는 반관반민半官半民 기구로 변신했다. 하지만 대통령이 5명의 이사를 임명하고, 연방정부가 모기지를 보증한다는 암묵적 양해가 있었다.

패니 매의 기능 중 연방정부가 직접 대출을 하는 부분을 떼어내어서 별개 조직을 만들었는데, 의회는 1970년에 이 기구를 연방주택대출모기지협회The Federal Home Loan Mortgage Corporation, 즉 프레디 맥이라는 반관반민 조직으로 만들었다. 패니 매와 프레디 맥이 주택 구매자에게 대출을 해준 은행으로부터 그 채권을 인수함에 따라 자금을 회수한 은행은 다른 주택 구매자에게 대출을 해줄 수 있게 됐다. 은행은 자기 돈을 들이지 않고 주택 대출을 해주고, 많은 사람들은 낮은 이자율을 믿고 대출을 받아 집을 샀다. 주택 거품을 일으킬 수 있는 조건이 조성된 것이다.

클린턴 행정부 시절인 1995년에 의회는 커뮤니티 재투자법CRA을 한층 강력하게 만들었다. 1977년에 제정된 이 법은 소수인종에 대한 주택금융에서의 차별을 금지했는데, 1995년 개정법은 연방정부로 하여금

은행이 이 의무를 이행하는가를 감시하고 독려하도록 하였다. 1995년에 법률이 개정됨에 따라 은행은 이제 주 경계를 넘어서 영업을 할 수 있게 되었다. 1997년 10월, 퍼스트유니온은행First Union Bank과 베어스턴스는 CRA에 의거하여 대출해준 모기지를 증권화하기로 했다고 발표했다. 부채 상환 능력이 부족한 소수인종에게 주택 구입 대금을 대출해준 이들은 위험부담이 큰 자신들의 모기지를 프레디 맥의 보증을 받아서 시중에 유통시키기 시작했다. 시민단체들도 은행이 소수인종에게 주택 대출을 늘릴 것을 주장했는데 '개혁을 위한 커뮤니티 조직의 연대The Association of Community Organizations for Reform, ACORN'가 이런 운동에 앞장섰다. 거대한 모기지 금융회사인 컨트리와이드Countrywide는 소수인종과 저소득층을 위한 주택금융을 확대하기 위해 서브프라임 모기지Subprime Mortgages 사업을 확장했다. '서브프라임'은 말 그대로 대출금을 상환하지 못할 가능성이 높은 사람에게 금융기관이 위험을 안고 대출해주는 것이다. 소수인종과 저소득층도 주택을 소유할 수 있도록 한다는 미명하에 자격 미달인 주택 구매자에게 대출을 해주고, 그로 인한 위험부담은 모기지를 인수한 패니 매와 프레디 맥이 떠안았던 것이다.

클린턴 행정부에서 주택장관을 지낸 헨리 시스네로스Henry Cisneros와 앤드루 쿠오모Andrew Mark Cuomo는 주택 거품을 조장한 일등공신이다. 클린턴 행정부 말기에 재무장관을 지낸 로런스 서머스는 패니 매와 프레디 맥이 야기하는 위험을 경고했지만 그냥 묻혀버리고 말았다. 노벨 경제학상 수상자인 조지프 스티글리츠Joseph E. Stiglitz 교수는 2002년에 패니 매와 프레디 맥이 부실화할 가능성은 없다고 결론 내린 연구 보고를 발표했는데, 이 보고서는 패니 매와 프레디 맥이 발주한 것이었다. 2008년 7월 노벨 경제학상을 수상하게 될 폴 크루그먼도 패니 매와 프레디 맥은 위험도 높은 대출과는 아무런 관계가 없다고 주장했다. 이런 분위기에 편승해서 패니 매와 프레디 맥이 보증하는 증권화된 모기지를 파는 금융 회사의 숫자는 계속 늘어났다. 리먼브라더스는 1990년대 중반부터 서브 프라임 모기지 시장에 적극적으로 뛰어들었으며, 메릴린치도 그러했다. 이들은 처음 몇 년 동안 이 분야에서 많은 수익을 냈다. 시티코퍼레이션 도 마찬가지였다.

2004년 《이코노미스》는 "거품은 생각보다 오랫동안 커지고, 결국은 터지고 만다"고 경고했다. 2007년 7월, 대형 금융업체인 컨트리와이드는 투자자와 분석가들에게 왜 자신들의 실적이 저조한지 해명해야만 했고, 2008년 9월 15일에는 158년의 역사를 자랑하던 리먼브라더스가 파산 을 선언했다. 시티그룹 같은 다른 투자회사도 사정은 마찬가지였다. 2007 년 하반기 들어 패니 매와 프레디 맥의 주가는 계속 떨어져서 2008년 7월 이 되자 1년 전의 10분의 1 수준으로 전락했다. 2008년 9월, 연방정부는 2,000억 달러를 투입해서 패니 매와 프레디 맥을 국유화시켜버렸다. 국 민의 세금을 방만한 경영으로 파산 위기에 처한 공기업에 투입한 것이다.

미국의 금융 위기는 외국으로 번져갔다. 작은 나라 아이슬란드가 직 격탄을 맞았는데, 2008년 한 해 동안 아이슬란드의 주가는 90퍼센트나 폭락했다. 그러자 1929년의 주식 대폭락이 재연되는 게 아니냐는 우려 가 나왔고, 이를 불식시키기 위해 임기 말 부시 행정부의 행크 폴슨 재무 장관은 금융기관에 총 2,500억 달러에 달하는 구제금융을 주기로 했다. 정부가 국민이 낸 세금으로 무책임한 금융기관을 구제하겠다고 나선 것 이다.

혹자는 자기 집을 갖겠다는 미국인들의 열망이 이렇게 큰 충격을 야 기한 것은 세계화와 규제 완화 때문이라고 주장하기도 한다. 그러나 위싱턴에는 금융시장을 규제하는 공무원이 1만 2,190명이나 되고, 부시 행정부 동안에도 금융기관에 대한 규제는 오히려 늘어나서 규제 시행을 위해 지출되는 비용도 29퍼센트나 늘었다. 따라서 규제 완화가 금융 위기의 주범이라고 말하기는 어렵다. 오히려 문제는 월가가 자신들이 얼마나 잘못했는지를 제대로 깨닫지 못하고 있다는 데 있다고 저자는 말한다. 심지어 AIG는 예상하지 못한 상황은 변수로 고려하지 않는 수준 낮은 컴퓨터 프로그램을 사용해왔다.

저자는 이와 같은 경제 위기의 재현을 막기 위해서 지금과는 정반대되는 처방을 해야 한다고 주장한다. 우선, 금융기관에 대한 구제금융과 예금자 보험을 폐지하고, 무디스Moody's 같은 공식적인 신용평가기관을 없애서 은행이 직접 자기 책임 하에 영업을 하도록 하자고 제안한다. 저자는 지금 우리 앞에 펼쳐 있는 것이 탐욕스런 자본에 의한 '카지노 경제'가 아니라 정부의 도움이 없이는 아무 것도 못하는 '헬리콥터 경제'라고 말한다. '헬리콥터 엄마' 밑에서 자란 아이가 자립심이 없어져서 심각한 증상에 빠지는 것처럼, 경제가 정부에 의존하게 되었다는 분석이다. 또한 경기 침체는 결코 자본주의의 위기가 아니며, 오히려 경기 붐이 문제임을 인식해야 한다고 주장한다.

저자는 오늘날의 금융 위기가 저이자율, 막대한 적자, 그리고 크레디트에 의한 소비에서 초래되었음에도 불구하고, 각국 정부는 또다시 저이자율과 막대한 적자 그리고 크레디트에 의한 소비로 위기를 극복하려 한다고 지적한다. 이런 미봉책은 더 큰 위기를 가져올 뿐이다. 저자는 1970년대에 큰 정부와 공공 부분 부채, 그리고 경쟁력을 잃어버린 기업을 억지로 살리는 정책으로 인플레이션과 보호무역주의를 초래했는데, 그것을 1980년대가 치유했다는 교훈을 되살려야 한다고 지적한다. 저자는

정부의 능력에 한계가 있다는 것을 다시 깨닫
는 데 얼마나 시간이 걸리는지 두고 볼 일이라
는 말로 끝을 맺는다.

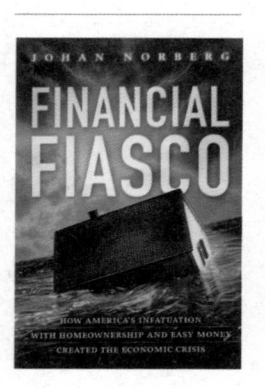

　저자의 주장은 우리에게도 시사하는 바가
크다. 이자율을 내리고 주택금융을 증가시켜
서 경기를 살리겠다는 박근혜 정부 2기 경제
팀이 얼마나 어리석은지 너무나 분명하기 때
문이다.

공부하는 보수

094

누가 주택 거품을
일으켰나?

토머스 소웰Thomas Sowell,
《주택 붐과 파열*The Housing Boom and Bust*》(Basic Books, 2009)

《기초 경제학》《경제적 사실과 허구*Economic Facts and Fallacies*》《블랙 레드넥과 화이트 리버럴》등 많은 책을 펴낸 자유주의 경제학자 토머스 소웰 교수가 펴낸 이 책은 미국의 경제를 위기로 몰아넣은 주택 거품의 원인을 분석하고 있다. 소웰은 주택 거품과 이로 인한 금융 위기는 '시장의 실패'가 아닌 '정부의 실패'라고 단정한다.

21세기 초 미국의 주택 가격처럼 급속히 상승했다가 급속하게 하락한 경우는 드물다. 2000년에서 2005년까지 미국 단독주택의 평균 가격은 14만 3,600달러에서 21만 9,600달러로 약 30퍼센트가 올랐다. 몇몇 지역에서의 상승 폭은 훨씬 컸다. 같은 기간 동안 뉴욕 시에서는 79퍼센트, 로스앤젤레스에서는 110퍼센트, 그리고 샌디에이고에서는 127퍼센트가 올랐다. 특히 캘리포니아 해안 지역에서는 상승 폭이 컸다. 물론 이렇게 상승 폭이 컸던 곳에서는 거품 파열에 따른 하락 폭도 컸다.

　미국에서 집을 살 때에는 일정한 선급금 지불, 즉 다운페이먼트Down Payment를 하고 30년 동안 고정 금리로 계산한 할부금을 매달 내는 주택 모기지를 이용하는 것이 보통이었다. 그러나 근래 들어 다른 관행이 생겨났다. 주택을 담보로 해서 돈을 빌려준 은행은 그들이 갖고 있는 담보 채권을 다른 금융기관에 팔아서 돈을 회수하고, 이렇게 회수한 돈을 또 다른 주택 구매자에게 대출해줘서 보다 많은 수입을 올리는 것이다. 연방정부가 설립한 패니 매와 프레디 맥, 그리고 민간 투자회사들이 모기지 채권을 사들였다. 2004년의 경우 전체 모기지 채권의 3분의 2가 이렇게 팔렸는데, 패니 매와 프레디 맥이 사들인 모기지 채권이 전체 모기지 채권의 3분의 1에 달했다.

　패니 매와 프레디 맥은 미국 정부가 설립했지만 자율적으로 운영되는 주택금융기관인데, 주택도시개발부HUD가 이들을 관장해왔다. 금융 기관들은 미국 정부가 관장하는 패니 매와 프레디 맥이 결코 파산하지 않을 거라고 생각해서 낮은 금리로 돈을 빌려주었다. 패니 매와 프레디 맥은 시중에서 저금리로 빌려온 돈을 모기지 채권 매수를 통해 또 다시 시장에 풀었다. 정부 기관이 주택 거품을 부추긴 데 앞장선 것이다.

　1973년에 미국의 30년 모기지 대출의 이자율은 연 8퍼센트였는데, 이것이 1981년에는 연 18퍼센트로 올라갔다. 1970년대 미국은 인플레이션이 고이자율을 초래하고, 그것이 다시 경기 침체를 불러온 스태그플레이션Stagflation 시대였다. 그러다가 1980년대 후반부터 이자율이 떨어지기 시작해서 한 자리 숫자가 되었다. 이자율이 최저 수준으로 떨어지고 주택 가격이 상승하자 사람들은 너나없이 돈을 빌려 주택을 사고자 했다. 신용 상태가 좋지 않아서 우대금리로 돈을 빌릴 수 없는 사람들은 보다 높은 이자를 내고 돈을 빌렸고, 정상 금리로 돈을 빌릴 수 없는 사람은 더 높은 이자를 부과하는 서브프라임 대출을 받아서 주택을 구입했다.

종전에는 주택을 사기 전에 상당한 돈을 모아서 다운페이먼트를 해야만 했다. 주택 가격이 올라가자 다운페이먼트를 할 수 없는 사람들도 주택 구매 대열에 동참했고, 시세 차익을 내기 위해 집을 사려는 사람들은 다운페이먼트가 적거나 아예 없는 대출을 받으려 했다. 은행은 이런 사람들을 끌어들이기 위해서 다운페이먼트가 없고 처음 몇 년 동안은 이자만 내면 되는 새로운 모기지 상품을 개발했다. 주택 가격이 많이 오른 지역에서 이 같은 새로운 형태의 대출에 의존해서 주택을 사는 사람들이 늘어났고, 이렇게 주택을 사는 사람이 늘어나자 주택 가격이 또다시 오르는 악순환이 계속됐다.

모기지 이자에 대해 소득공제를 인정하는 세법 또한 겁 없이 돈을 빌려서 집을 사는 풍조를 부추겼다. 주택의 시세가 앞으로 갚아야 할 주택 할부금보다 큰 경우에 그 차액을 담보로 은행에서 다시 돈을 빌리는 '홈에쿼티론Home Equity Loan' 이자에도 소득공제를 인정하기 때문에, 집값이 오르면 모든 것이 해결된다고 본 주택 소유자들은 홈에쿼티론을 얻어서 소비를 하고 다른 빚을 갚았다. 홈에쿼티론을 얻어 다른 주택을 사는 투기 행위마저 성행했다. 주택 거품이 피크에 달했던 2008년에는 전체 주택 구입 건수의 28퍼센트가 주거 목적이 아닌 투자 목적이었다.

주택을 사서 월부금을 내건, 또는 아파트나 주택을 임대해서 살 건간에, 주택 비용은 미국의 평균적 가구에 있어 가장 큰 지출이다. 집값이 가파르게 상승한 샌프란시스코 등 캘리포니아 해안 지역 등에서는 평균적 가구 수입 중 주택 비용이 차지하는 비중이 50퍼센트를 넘어섰다. 높은 주택 비용 때문에 아이들을 둔 가정이 다른 도시로 이사해 나가자 주택 가격이 높은 지역에서는 학교가 문을 닫는 사태까지 발생했다.

저자는 은행과 주택 구입자들만 집값 폭등에 책임이 있는 것은 아니라고 말한다. 정부와 정치인들도 똑같이 책임이 있다는 것이다. 민주당과 공화당의 대통령은 모두가 집을 소유하는 것은 '좋은 일'이라면서 주택 보유를 부채질했다. 그러면서 이들은 '감당할 수 있는 주택Affordable Housing'을 제공하는 것이 정부의 정책이라고 했다. 사람들이 원래 자기가 감당할 수 있는 주택을 사는 것은 당연한 이치이지만, 정치적 의미에서 '감당할 수 있는 주택'이란 '주택을 사고자 하는 사람들을 정부가 재정적으로 도와준다'는 메시지를 담고 있다.

21세기 주택 거품을 만드는 데 기여한 법률은 1977년에 제정된 커뮤니티 재투자법이다. 이 법은 다른 정부 프로그램과 마찬가지로 작은 목적을 갖고 출발했다. 법은 금융기관을 감독하는 연방정부의 기관으로 하여금 지역 커뮤니티의 크레디트 수요를 충족시키기 위해 금융기관을 지도하도록 하였다. 1990년대 초에 이루어진 연구 조사는 금융기관의 대출 승인율이 인종에 따라 차이가 있음을 보여주었다. 조지 H. W. 부시 대통령은 '은행이 소수인종에 대해 보다 적극적으로 대출을 해주어야 한다'고 말했다. 클린턴 행정부 들어서는 이런 정책이 보다 적극성을 띠게 됐다. 클린턴 행정부의 법무부는 주택 대출에 있어 소수인종을 차별하는 금융기관을 제소하겠다고 으름장을 놓았다. 정부의 이런 압력 때문에 은행들은 소득이 낮고 경제관념이 부족한 흑인들에게도 주택자금 대출을 해주었다.

2001년에 들어선 공화당의 부시 행정부도 이 문제에 대해서는 민주당과 다를 바가 없었다. 부시 행정부는 한술 더 떠서 '아메리칸 드림 다운

　　　　　　　　　　　　　　　　　　　　　　공부하는 보수

페이먼트법The American Dream Down-Payment Act'이 의회를 통과하도록 압력을 가했다. 연방 주택청장은 "할부금을 낼 수 있는 사람이 다운페이먼트를 하지 못해서 주택을 사지 못하는 일은 없어야 한다"고 공언했다. 정부가 서브프라임 대출을 인정했을 뿐만 아니라 금융권에 이를 강요한 것이다.

2003년부터《이코노미트》와《포브스》등이 주택 가격 거품과 그 파열을 우려하는 기사를 실었다. 그러나 연방준비제도이사회 앨런 그린스펀 의장은 "주택 가격 거품이 국지적으로는 있더라도 전체적으로 보아서는 큰 문제가 없다"는 견해를 피력했다. 연방준비제도이사회 의장을 그만둔 그린스펀은 주택 가격 거품을 신중하게 판단하지 못했다고 나중에 인정했지만, 때는 이미 집값 하락이 본격화한 후였다.

그렇다고 미국 정부가 아예 손을 놓고 있었던 것은 아니었다. 2004년 6월, 부시 대통령은 '패니 매와 프레디 맥이 재정적으로 취약하다'는 우려를 표명했다. 그러자 민주당 하원의원 76명이 패니 매와 프레디 맥을 옹호하는 서신을 백악관에 보냈다. 76명 가운데는 낸시 펠로시, 바니 프랭크Barney Frank 등 영향력 있는 하원의원들이 대거 포함되어 있었다. 민주당 정치인들이 주택금융기관을 옹호한 데에는 개인적인 이유도 있었다. 상원 은행주택분과위원장인 크리스토퍼 도드 민주당 의원은 컨트리와이드로부터 파격적인 조건의 모기지 대출을 얻었고, 많은 민주당 의원들이 패니 매와 프레디 맥으로부터 정치헌금을 받았다는 게 밝혀졌다.

연방준비제도이사회는 2004년부터 이자율을 평상시 수준으로 인상하기 시작했다. 1퍼센트이던 이자율이 2006년에 5.25퍼센트로 오르자 주택 가격이 떨어지기 시작했다. 주택 가격이 가장 많이 올랐던 캘리포니아 해안 지역에서부터 할부금을 내지 못해 경매 처분되는 주택이 시장에 쏟아져 나오기 시작했다. 경매 물건이 많이 나오자 주택 가격은 더 떨어져서, 한 해 동안에 샌프란시스코 해안 지역은 46.8퍼센트, 샌디에이고는 27퍼센트, 라스베이거스는 32퍼센트가 떨어졌다. 고급주택은 한 해 동안에 보통 20만 달러가 떨어져서 투자를 위해 집을 산 사람들을 파산 상태로 내몰았다. 이자율이 높은 서브프라임 대출을 받은 사람들이 특히 큰 피해를 입었다.

주택을 구입한 흑인의 50퍼센트가, 그리고 중남미계의 40퍼센트가 서브프라임 대출을 받아서 큰 손해를 보았다. 소득 수준이 낮은 소수인종을 돕기 위해 추진한 정책 때문에 소수인종이 더 큰 손해를 본 것이다. 주택 가격이 오를 때 재미를 본 사람들이 또다시 주택 투자에 나섰다가 낭패를 본 경우가 많았다. 샌프란시스코 지역에서 경매로 나온 주택의 44퍼센트는 다주택자의 소유였고, 35퍼센트는 거주하지 않은 채 투자 목적으로 구입된 주택이었다. 라스베이거스에서는 경매로 나온 주택의 74퍼센트가 투자 목적으로 구입했던 주택이었다. 정부가 조장한 주택 거품으로 인해 소수인종들이 무리하게 주택을 샀다가 파산에 몰렸지만, 이들을 구제해주기 위해 정부가 개입하면 다주택자와 투자 목적으로 주택을 산 사람들까지 세금으로 구제해주는 결과를 초래하는 딜레마에 빠진 것이다.

2008년 가을에 금융 위기가 터지자 미국 정부는 패니 매와 프레디 맥을 국유화하기로 했다. 2009년 1월에 의회 예산국은 두 기관의 손실 액수가 2,380억 달러에 달할 것으로 추산했다. 이 액수는 뱅크오브아메리카Bank of America, 시티그룹, J. P. 모건, 체이스은행Chase Bank 그리고 웰스파고 은행Wells Fargo Bank에 대해 미국 정부가 제공한 구제금융의 총액수보다 많은 것이었다. 부시 행정부 마지막 순간에 의회는 7,000억 달러

규모의 '불량 자산 구제 기금The Troubled Asset Relief Program'을 조성하기로 했다. 오바마 행정부 들어서서 의회는 8,000억 달러 규모의 '경제 부흥 자금The Stimulus Package'을 조성했다. 미국 경제를 살린다는 명분으로 1조 달러 이상이 불량 은행과 불량 기업에 흘러 들어가게 된 것이다.

저자는 주택 거품과 이로 인한 정부의 재정 확대는 심각한 인플레이션을 가져올 것이라고 경고한다. 레이건 행정부 시절인 1980년대에 당시 연방준비제도이사회의 폴 볼커 의장은 이자율을 내려서 소비를 늘려야 한다는 정치적 압력에도 불구하고 자금줄을 조였다. 볼커의 고집 때문에 레이건 대통령의 지지도는 하락했지만, 볼커의 긴축정책에 힘입어 1970년대부터 지속되어 온 스태그플레이션이 끝났고, 그 후 20년에 걸친 '저인플레 고성장' 시대가 열렸다.

저자는 또한 샌프란시스코, 로스앤젤레스, 라스베이거스 등 주택 가격이 많이 상승했다가 신용 경색으로 추락한 지역은 토지이용 규제가 강했던 지역이라고 지적한다. 자연환경 보호, 역사유적 보호 등 여러 이유로 각종 토지 법규가 강화되자 택지 공급이 끊겼고, 이로 인해 기존 주택의 가격이 상승했으며, 이에 편승해서 투기가 이루어졌던 것이다. 반면 휴스턴과 댈러스 같이 토지이용 규제가 없는 도시에서는 주택 가격이 오르지도 않았고 꺼지지도 않았다. 휴스턴과 댈러스에서는 주택 가격이 오를 기미가 있으면 주택 공급이 늘어나는 시장 기능이 작동했던 것이다.

오바마 행정부가 '새로운 뉴딜New New Deal'을 하겠다고 나서는 것에 대해서도 저자는 매우 비판적이다. 저자는 프랭클린 루스벨트 대통령의 뉴딜 정책은 경제공황을 심화시켰음을 주지시킨다. 경제공황을 끝낸 것은 뉴딜 정책이 아니라 2차대전이었다. 전쟁이 발발하자 루스벨트 행정부가 반기업 정책을 거두었고, 기업은 전쟁 물자 생산에 박차를 가했으며, 1,200만 명의 젊은이들이 전쟁터로 나가는 바람에 실업이 사라져버 린 것이다. 1929년 공황에 허버트 후버 대통령이 과잉 반응했고, 루스벨 트 대통령은 뉴딜 정책으로 대공황을 더욱 심화시킨 셈이다. 1987년에 주식시장이 대폭락했지만 레이건 행정부는 아 무런 조치도 취하지 않았고, 그러자 시장은 서 서히 회복되었다. 저자는 '아무 일도 하지 않은 정부'가 보다 좋은 결과를 초래했다고 주장한 다. 저자는 오바마 행정부가 경제 위기를 빌미 로 미국 사회를 근본적으로 변화시키기 위한 위험한 시도를 하고 있다고 우려한다.

THE
**HOUSING
BOOM**
AND **BUST**

Thomas Sowell
Author of Basic Economics

공부하는 보수

095

월가를 합리적으로 규제하라

니콜 젤리너스Nicole Gelinas,
《추락 이후: 월가와 워싱턴으로부터 자본주의 구하기
After the Fall: Saving Capitalism from Wall Street and Washington》
(Encounter Books, 2009)

2008년 경제 위기가 발생하자 언론은 월가의 탐욕이 재앙을 초래했으며 금융업에 대한 규제 완화가 큰 실책이었다고 비난했다. 이런 비난에 대해서 자유주의 경제철학을 전파해온 싱크탱크들은 정부의 잘못된 정책이 경제 위기를 초래했다고 반박했다. 뉴욕에 위치한 맨해튼연구소도 그런 성향인데, 여기서 금융정책을 연구해 온 니콜 젤리너스는 미국 금융기관이 몰락하게 된 배경을 잘 설명하고 있다. 젤리너스는 2008년 가을에 일어난 금융 위기에는 월가와 워싱턴의 정가 및 관가에 공동으로 책임이 있다면서, 건전한 자본주의가 바로 서기 위해서는 건전한 규제가 필요하다고 역설한다. 그녀는 1929년 대공황 때부터 정부가 은행을 지나치게 보호해와서 금융기관을 도덕적 해이에 빠뜨린 것이 오늘날 미국 금융기관이 가지는 문제의 뿌리라고 본다.

1929년 주가 폭락으로 시작된 대공황으로 인해 많은 은행이 파산하자 이를 진정시키기 위하여 루스벨트 대통령은 예금보험을 도입하기로 했고, 의회는 1933년에 이를 반영한 '글래스-스티걸법Glass-Steagall Act'을 제정했다. 이 법을 제정함에 따라 은행 파산을 우려한 예금 인출 사태는 진정되었지만, 한편으로는 예금보험으로 인해 은행들이 방만한 경영을 할 가능성도 높아졌다. 또한 이 법은 은행이 증권업으로부터 격리될 것을 요구하였다. 따라서 1934년에는 증권거래법이 제정되어 연방정부가 증권업을 직접 규제하게 되었다. 은행업과 증권업에 대한 정부의 규제가 본격적으로 시작된 것이다.

25년 전만 해도 미국 은행들은 시장경제 원칙에 따라서 움직였다. 은행이 사업을 하다가 잘못되면 당연히 망하는 것이었다. 다만 일반예금자가 받게 될 충격을 보호하기 위해 연방예금보험공사The Federal Deposit Insurance Corporation, FDIC가 일정 한도 내의 예금을 보호할 뿐이었다. 하지만 1984년 미국 정부가 파산에 직면한 콘티넨털 일리노이 내셔널 뱅크 앤드 트러스트은행Continental Illinois National Bank & Trust을 구제하기로 결정함에 따라 이 원칙은 붕괴하고 말았다. '대형 금융회사는 영원히 망하지 않는다'는 이른바 대마불사 관행이 생겨난 것이다. 당시 연방정부는 이 은행의 부도가 시장에 미칠 영향을 우려해서 예금보험공사에 의해 보호되는 소액 예금자뿐 아니라 은행에 돈을 맡긴 대기업과 대형 채권 투자자들도 보호하고 나선 것이다. 정부와 의회는 이런 사건의 재발을 막기 위한 논의를 하였으나 1991년에 예금보험공사가 보험에 가입하지 않은 예금자를 구제하는 것을 금지하는 조항을 추가하는 데 그쳤다. 1991년에 보스턴에 근거를 둔 뉴잉글랜드은행Bank of New England이 부실 경영으로 인한 부채 과다로 파산했으나 연방정부는 파급효과를 최소화하는 데만 주력했다.

금융 기법이 보다 복잡해짐에 따라 은행과 증권업 사이의 구분이 모호해졌다. 증권회사들은 '머니 마켓'이라는 상품을 만들어서 소액 투자가들의 돈을 직접 끌어들여 투자를 했다. 대공황 시절에 도입된 은행업과 증권업 사이의 장벽을 허물라는 여론이 거세졌다. 1984년에 케미컬 은행Chemical Bank은 회사채 보증 업무를 할 수 있는 허가를 얻었다. J. P. 모건과 시티코퍼레이션Citi Corporation 등 거대 은행은 '은행도 지방채와 모기지 본드를 팔 수 있어야 한다'고 주장했다. 하지만 연방준비제도이사회 폴 볼커 의장은 이 같은 규제 완화에 반대했다.

1980년대에는 투기 등급의 부실채권에 투자하는 정크본드Junk Bond, 신용 등급이 낮은 기업이 발행하는 고위험 고수익 채권 거래가 성행했으나 이런 거래로 큰돈을 번 '드렉셀 번햄 램버트Drexel Burnham Lambert'라는 회사는 내부자거래 혐의로 무너지고 말았다. 1980년대 말부터는 이제는 유명해진 패니 매와 프레디 맥이 부동산 모기지를 사들였고, 은행은 변제 능력이 없는 주택 구매자에게 대출을 해주어서 거품을 조장하기 시작했다.

금융회사들이 앞다투어 만들어낸 파생 상품은 정부의 규제를 받지 않았다. 금융회사들은 장기 크레디트에 많은 투자를 했는데, 이런 신종 금융 상품이 위기를 불러 왔다. 1998년 연방정부는 파산 위기에 처한 '롱텀캐피털 매니지먼트Longterm Capital Management'라는, 잘 알려지지도 않은 헤지펀드에 구제금융을 주기로 결정했다. 롱텀캐피털이 파산하는 경우에 파급효과가 클 것을 우려했기 때문인데, 이로써 '비록 대마大馬가 아니더라도 복잡하게 채무를 엮어서 파산할 때 파급효과가 크게 만들어놓으면 파산하지 않는다'는 선례를 남겨놓았다. 롱텀캐피탈 사건에도 불구하고 의회는 1999년에 은행업과 증권업을 구분해놓았던 글래스-스티걸법의 대부분을 폐지하는 법안을 통과시켰고, 클린턴 대통령은 이에 서명했다. 공화·민주 양당이 금융 대재앙을 불러올 수 있는 조치에 초당적으로 협력한 것이다. 이런 와중에도 파생 상품에 대한 투자는 늘어나서, 2000년에는 주로 뉴욕과 런던의 금융기관에서 판매한 파생 상품의 총액이 95조 달러에 달하게 되었다.

2001년 말, 급성장하던 에너지 기업 엔론Enron Corporation이 파산했다. 엔론은 금융기관이 채무를 이용해서 단기 수익을 내는 금융기관의 기법을 본 따서 성장했는데, 시장의 신뢰가 흔들리자 한꺼번에 무너지고 만 것이다. 부시 행정부는 엔론이 파산하도록 두었고, 경영자들을 기소해서 유죄판결을 받아냈다. 그럼에도 미국 정부나 의회는 금융기관을 강력하게 규제하는 조치는 취하지 않았고 단지 형사 책임을 강화한 '사베인스-옥슬리법'을 제정했을 뿐이다. 엔론이 무너지자《월스트리트 저널》은 규모가 가장 큰 보험회사인 AIG의 재무 건전성에 대해 의문을 제기하는 기사를 내보냈다. 저자는 이를 두고 정부 규제기관과 의회가 엔론을 교훈 삼아 금융기관 규제에 미리 나섰다면 2008년의 금융 위기는 피할 수 있었겠지만, 마지막 기회를 그대로 보내고 말았다고 이야기한다.

2000년 들어 IT 거품이 꺼진 데다 2001년 가을에 9.11 테러까지 발생하자 연방준비제도이사회는 이자율을 계속 낮췄다. 그 결과, 2003년의 이자율은 1퍼센트까지 낮아져서 기록을 세웠다. 값싼 돈이 시중에 넘치자 이미 조성된 주택 버블은 더욱 커졌다. 2007년 초, 가장 큰 주택 모기지 금융기관이던 컨트리와이드가 채무 불이행 상태에 빠졌다. 4월에는 또 다른 모기지 은행인 뉴센추리파이낸셜New Century Financial이 파산을 선언했다. 드디어 주택 거품이 본격적으로 파열하기 시작한 것이다. 2007년 가을《월스트리트 저널》은 미국 최대의 금융회사인 시티그룹의 재정 건전성을 의심하는 기사를 내보냈다.

2008년 3월, 투자은행인 베어스턴스가 드디어 무너졌다. 연방준비제도이사회는 300억 달러에 달하는 베어스턴스의 모기지 관련 채무에 보증을 서서 J. P. 모건이 이 회사를 인수하도록 했다. 대마불사 현상이 또 나타난 것이다. 9월에는 투자은행인 리먼브라더스가 파산을 신청했다. 베어스턴스의 경우와는 달리 연방정부가 구제금융을 거부하자 리먼은 파산하고 말았다. 연방정부가 예상과는 달리 리먼을 구제하지 않자 단기 투자자들은 AIG로부터 자금을 회수하기 시작했고, 그러자 전 세계에서 주식을 투매하는 현상이 발생했다. 화급해진 연방준비제도이사회는 AIG 주식의 80퍼센트를 정부가 인수하는 조건으로 AIG에 자금을 공급했다.

미국 재무부와 연방준비제도이사회는 7,000억 달러에 달하는 불량자산 구제 기금인 TARP를 발표했다. TARP가 금융시장을 안정시키지 못하자 폴슨 재무장관은 2,500억 달러를 직접 은행에 투입하는 조치를 취했다. 시티그룹 등 대형 은행은 그들의 손실을 숨기려고 노력했던 것으로 나중에 밝혀졌다. 시티그룹과 뱅크오브아메리카는 주식을 정부에 내주었고, 연방정부는 이 두 거대 은행에 구제금융을 주기로 결정했다. 구제금융으로 금융기관을 억지로 살려놓자 이제는 자동차회사들이 구제금융을 달라고 정부에 손을 내밀었다.

저자는 미국 정부가 자유시장체제를 유지하는 데 중요한 창조적 파괴 과정을 감당하지 못하는 금융 시스템을 만들었다고 주장한다. 또한 미국 정부가 만들어낸 대마불사 현상 때문에 지난 25년 동안 미국의 금융기관은 심각하게 왜곡되었다고 지적한다. 그러면서 금융시장을 건전하게 만들기 위한 조치가 시급하다고 덧붙인다. 무엇보다 시장이 경제 전체를 위험에 빠뜨리지 않고 스스로 자신을 규율할 수 있어야 한다는 것이다. 대형 금융회사를 포함한 어느 회사이든 일단 실패하면 문을 닫아야 하며, 실패한 금융기업이 혼란을 야기하며 무너지지 않도록 해야 한다는 것이다. 저자는 파생 상품이 금융 규제의 공백을 이용해서 시장에서 성행했고, 그로 인해 결국은 더 큰 혼란이 생겨났다는 것을 고려해서 금융상품에 대한 규제를 강화해야 한다고 주장한다.

그러나 저자는 글래스-스티걸법을 부활시키는 것은 능사가 아니라고 말한다. 금융시장이 그간 너무나 변해서 이제는 장기 은행대출과 채무 증권 사이에 분명한 구분이 없어졌다는 말이다. 채권의 증권화나 크레디트 파생 상품은 창의적인 금융 기법이기 때문에 그것 자체를 비난해서는 안 되지만, 이런 새로운 기법을 고안해낸 금융인과 투자자들은 이를 극단적으로 사용하여 문제를 만들기 때문에 주의해야 한다는 것이다. 따라서 저자는 워싱턴 정관政官이 월가를 합리적으로 규제하는 것이 결코 자본주의를 저해하는 것이 아님을 깨달아야 한다고 결론 내린다.

공부하는 보수

096

패닉이 망친
2008 경제 위기 대책

윌리엄 아이작William M. Isaac,
《센스 없는 패닉: 워싱턴은 어떻게 미국을 실패로 몰았나
Senseless Panic: How Washington Failed America》(Wiley, 2010)

2008년 미국 대통령선거는 민주당 대통령 후보 예비선거가 사실상 본선이나 마찬가지였다. 부시 정부는 이라크전쟁을 실패한 데다가 2008년 초부터 닥쳐온 경제 위기에 당황했을뿐더러 속수무책이었다. 공화당 행정부의 무능을 민주당 후보 버락 오바마는 적절하게 파고들었다. 그 결과, 물러나는 부시 정부와 들어서는 오바마 정부가 의견을 모아서 내놓은 것이 7,000억 달러 규모의 불량 자산 구제 프로그램이었다. 특히 세금 7,000억 달러를 투입해서 문제를 야기한 금융회사 및 대기업을 구제해준 데 대해서는 티파티 운동과 월가 점령 시위 등의 국민적 저항을 초래했다. 과연 2008년 경제 위기가 그렇게 심각한 것이었는지, 또 거기에 대한 대응이 과연 적절했고 효과가 있었는지에 대해서는 생각해볼 부분이 많다.

이 책의 저자 윌리엄 아이작은 2008년 경제 위기와 이에 대한 부시 정부와 오바마 정부의 대응에 대해 말할 수 있는 자격을 가지고 있다. 1978년 아이작은 서른다섯이라는 젊은 나이에 카터 대통령에 의해 연방 예금보험공사인 FDIC의 이사로 임명되었고, 1981년에 레이건 대통령에 의해 이사장으로 임명되어 1985년까지 재직했다. 그의 임기 중 FDIC는 고이자와 석유 시장 붕괴로 인한 금융권 부실, 그리고 이로 인한 은행들의 부도 사태를 감당해야 했다.

사상 유례없이 크고 작은 금융기관이 부도로 쓰러졌던 1980년대 전반기의 위기 상황을 미국이 슬기롭게 넘길 수 있었던 것은 당시 연방준비제도이사회 폴 볼커 의장과 이 책의 저자 윌리엄 아이작 덕분이라고 평가된다. 아이작은 이 책에서 1980년대 전반기 미국을 휩쓸었던 금융 위기를 회고하고, 부시 행정부 말기와 오바마 행정부 초기에 취한 미국 정부의 조치는 잘못된 처방이며, 공연히 패닉을 조성해서 시장의 혼란을 가중시켰다고 지적한다.

1979년 8월, 카터 대통령은 폴 볼커를 연방준비제도이사회 의장으로 임명했는데, 이는 인플레이션에 대처하기 위함이었다. 볼커는 이자율을 인상하기 시작했고, 그러자 프라임 이자율이 21.5퍼센트까지 올랐다. 1981년, 레이건 대통령은 임기가 끝난 FDIC 이사장 후임에 이사였던 저자를 임명했다. 이렇게 해서 저자는 혼란스러웠던 금융권을 안정시키는 일을 책임지게 되었다. 실제로 1980년부터 1991년까지 미국 전역에서 은행과 저축대출회사Savings and Loans, S&L 3,000개 이상이 문을 닫았다. 특히 석유 거품이 심했던 텍사스에서는 10대 대형 은행 중 아홉 개가 문을 닫았다. 저자는 이런 폭풍우 속을 헤쳐나가야 했다. 저자는 이 책을 통해 FDIC에서 자신이 겪었던 1980년대 전반기의 격동기를 회고하고, 그런 경험에 기초해서 오바마 행정부의 조치를 비판하고 있다.

1980년대의 금융 위기, 그 시작과 끝

1980년 FDIC는 퍼스트 펜실베이니아 은행The First Pennsylvania Bank이 무너져서 구제금융을 해주어야만 했는데, 이는 본격적인 은행 도산의 전조였다. 1981년 가을, 자산 30억 달러를 자랑하던 그리니치 저축은행 Greenwich Savings Bank이 도산할 위기에 처했다. 이를 계기로 고정 금리로 주택 대출을 해준 저축대출회사들이 하나둘씩 무너지기 시작했고, 저축대출업계는 대출과 투자에서 총 1,000억 달러 규모의 지급부족 상태에 빠졌다. 저축대출회사들은 정부의 규제를 별로 받지 않은 상태에서 안일한 경영을 하다가 업계 전체가 위기에 빠져 버린 것이다. 저축대출회사에 대한 예금자 보호를 담당하던 연방저축대출보험공사The Federal Savings and Loan Insurance Company, FSLIC는 쓰러진 저축대출회사들을 뒷감당하던 끝에 그 자체도 부실화되고 말았다. 결국 조지 H. W. 부시 행정부는 정부 자금 1,500억 달러를 투입해서 금융시장을 안정시켰다. 1984년에 저축대출 회사 부실 문제가 나왔을 때 이들을 일제히 정리했더라면 정부의 추가적 자금 지원이 없이 FDIC 자체 자금 150억 달러를 투입해서 해결할 수 있었는데, 근본적인 처방을 내리지 않고 미루고 있다가 비싼 대가를 치른 셈이다.

1982년 7월, 오클라호마시티에 자리 잡은 펜스퀘어은행Penn Square Bank이 도산할 위기에 처했다. 자본금 5억 달러 밖에 안 되는 은행이었지만, 30억 달러에 달하는 융자를 체이스맨해튼Chase Manhattan Bank, 콘티넨털 일리노이 등 큰 은행에 팔아넘겼던 터라 이 은행이 넘어지면 파급효과가 클 것으로 우려됐다. FDIC는 펜스퀘어은행에 사기 행태가 많다고 판단하여, 이 은행을 다른 은행에 합병시키지 않고 폐쇄하는 것이 타당하다고 결정했다. 이에 따라 예금자 보험에 의해 보호되는 예금자만 보호를 받게 되었다. 폴 볼커는 펜스퀘어가 파산하면 금융시장 전반이 흔들릴 것을 우려했었다. 하지만 저자가 이끄는 FDIC는 폐쇄하기로 방침을 정했고 결국 펜스퀘어는 문을 닫았으며, 보호받지 못하는 예금 상품을 갖고 있던 사람들은 돈을 잃게 되었다. 펜스퀘어가 문을 닫자 시중에서는 'FDIC에 폐쇄 대상 은행 리스트가 있다'는 소문이 도는 등 금융시장이 불안해졌다.

1982년 말, FDIC는 테네시에 근거를 둔 부처뱅킹그룹The Butcher Banking Group이 위태롭다는 것을 알게 됐다. 부처 형제는 다른 은행으로부터 돈을 빌려서 유나이티드 아메리칸 뱅크United American Bank 등 열두 개 은행을 설립하여 운영했는데, 이자율이 급등해서 부처그룹의 은행들이 도산 위기에 빠진 것이다. 부처그룹이 FDIC에 허위 경영 보고서를 냈다는 사실까지 밝혀졌고, FDIC는 유나이티드 아메리칸 뱅크 등 부처그룹의 은행들을 다른 은행에 매각시켰다. 나중에 부처 형제는 유죄판결을 받고 복역했으니, FDIC가 큰 혼란을 막은 것이다.

저자는 '머니 브로커'들에 의해 예금자 보호가 악용되는 것을 막아야 한다고 주장해서 당시 재무부 장관이던 도널드 리건Donald Regan과 충돌했다. 저자는 예금자 보호는 소액 예금자를 보호하는 것이지, 투자금을 모아서 은행에 예치하고 은행으로부터 높은 이자를 받는 메릴린치 같은 머니 브로커를 보호해서는 안 된다고 주장했다. 하지만 메릴린치 출신인 리건 재무장관은 그런 주장에 동조하지 않았다. FDIC와 재무부가 이런 갈등을 빚고 있을 때 큰 사건이 터졌다.

공부하는 보수

1984년 5월, 미국에서 일곱 번째로 큰 콘티넨털 일리노이 내셔널 뱅크 앤드 트러스트가 위험에 처했다. 이 은행은 펜스퀘어은행이 무너질 때 큰 손실을 보았고, 이후에 머니 마켓에서 단기 자금을 조달하며 버텨 왔으나 한계에 달한 것이다. 콘티넨털 일리노이로부터 예금이 인출되는 '뱅크 런Bank Run' 사태가 벌어졌는데, 대공황 시대에 보던 것과는 달리 조용하고 신속한 전자 인출이 진행됐다. 연방준비제도이사회는 40억 달러를 콘티넨털 일리노이에 빌려주었지만 그것으로도 이 은행을 구할 수는 없었다. 이에 FDIC는 콘티넨털 일리노이에 대한 채권을 보증하겠다고 발표할 것을 제안했다. 콘티넨털 일리노이는 도산하기엔 너무나 큰 은행이었던 것이다.

연방준비제도이사회와 FDIC는 콘티넨털 일리노이에 정부 자금을 투입하고 새 경영진을 구하기로 했다. 새 경영진을 맞은 은행은 정상화의 길을 걸어갔다. 하지만 콘티넨털 일리노이의 기존 주주들은 모든 것을 잃어버렸고, 임원과 고위 직원들은 직장을 잃었다. 만일 당시 콘티넨털 일리노이가 도산하게 두었더라면, 금융시장에 패닉을 조성하여 전 세계에 큰 충격을 주었을 것이라고 저자는 회고한다.

그 후에도 은행 도산은 계속됐다. 석유 붐을 타고 성장했던 텍사스와 오클라호마에서 은행 파산이 연이었다. 1985년에는 120개 은행이 문을 닫았고, 1987년에는 200개가 도산해서 기록을 세웠다. 1989년에 의회는 연방저축대출보험공사를 FDIC로 통합하는 법률을 통과시켰다. 저축대출회사에 대한 예금보험마저 관장하게 된 FDIC는 1989년 한 해 동안 534개 은행의 도산을 책임져야만 했다.

저자는 자신이 FDIC에 왔을 때 은행의 지급준비율이 기껏해야 3퍼센트 정도였다면서, 정상이라면 그것이 5퍼센트는 되어야 한다고 지적한다. 또한 규제에서 벗어난 금융시장은 너무 빨리 그리고 너무 복잡하게 발전하고 있으며, 예금자 보호의 대상이 축소되어야 한다고 주장한다. 예금보험제도가 너무 많은 은행의 너무 많은 채권자를 너무 오랫동안 보호해왔다는 것이다. 그러면서 당시에 미국이 전에 없었던 금융 혼란기를 헤쳐올 수 있었던 데는 폴 볼커의 지도력에 힘입은 바가 크다고 고백한다.

다시 찾아온 위기, 2008년 금융 위기

2008년 미국은 또 다시 심각한 금융 위기를 맞았는데, 그 원인은 여러 가지가 있다고 저자는 지적한다. 첫째, 증권거래위원회Securities and Exchange Commission, SEC와 재무회계기준이사회Financial Accounting Standards Board, FASB가 대공황 시절에 포기한 '시장가치 회계기준Mark-to-Market Accounting Rules'을 금융기관에 다시 적용하도록 했기 때문이다. 1980년대 저축대출은행들은 장기 고정 이자율로 주택 대출을 해준 상황에서 고이자 시대가 닥쳐오자 감당하지 못하고 무너졌었다. SEC와 FASB는 저축대출은행들이 회계기준을 잘못 적용해서 도산한 것으로 생각하고 시장가치 회계기준을 다시 적용하도록 한 것이다. 그러자 은행 등 금융기업들은 가상적 회계 기법을 도입해했고, 이로 인해 보이지 않는 부실이 더 심각해졌다.

둘째, SEC는 바젤자본협정Basel Capital Accords이라는 복잡한 수학적 모델을 도입해서 호황기에는 큰 은행들이 더 많이 대출을 하도록 하는 분위기를 조장했고, 베어스턴스나 리만브러더스 같은 투자은행도 이를 채택하게 해서 거품을 조장했다. 셋째, 1990년대와 2000년대에 주택 모기지, 신용카드 대출 등을 증권화하여 투자자한테 파는 관행이 성행해서 조兆 달러 규모의 자산이 은행의 회계장부를 떠났고, 이로 인해 은행은 별도의 자본금을 준비하지 않고 영업을 하다가 이것이 결국 폭탄으로 돌아온 것이다. 넷째, 상업은행을 투자은행과 구분해서 규제하도록 한 글래스-스티걸법이 점차 완화되더니 1999년에는 폐지되었는데, 이로 인해 위험하고 복잡한 투자 영업을 하는 초대형 투자은행을 탄생시켰고, 이것은 결국 화근이 되고 말았다. 다섯째, 연방정부가 투자한 공기업인 패니 매와 프레디 맥을 정부가 적절하게 통제하지 못하여 주택 거품을 키워서 결국은 거품이 터지게 됐다. 여섯째, 연방준비제도이사회가 2001년에 시작된 경기 침체로부터 탈출하기 위해 화폐 공급을 너무나 오랫동안 늘려온 탓에 결국은 2008년 위기를 초래한 것이다.

2007년 서브프라임 모기지 위기가 발생했을 때도 미국의 경제지표는 건전했다. 그러나 그 후 2년 만에 주택 시장 거품이 터지고 베어스턴스, 리먼브라더스, 메릴린치 등이 줄줄이 무너지고 그 뒤를 이어 패니 매와 프레디 맥이 무너지는 심각한 사태가 발생했는데, 여기에는 위와 같은 요소가 작용했기 때문이다. 더구나 2008년에 정부는 그 사태를 더욱 악화시켰다. 2008년 가을에 위기가 발생하자 행크 폴슨 재무장관은 버냉키 연방준비제도이사회 의장을 젖히고 상황을 지휘했다. 하지만 이는 독립적 지위를 가져야 하는 연방준비제도이사회의 본질에 반하는 것이다. 특히 폴슨 재무장관은 골드먼삭스 출신이기 때문에 규제해야 할 금융업계로부터 자유롭지 못했다. 당시 폴슨, 버냉키 등 정부 규제자들과 월가, 그리고 오바마 정부의 재무장관으로 지명된 티머시 가이트너는 자주 접촉을 해가면서 상황을 이끌었는데, 이런 현상은 전에 없던 것이었다.

2008년 9월, 미국 정부는 패니 매와 프레디 맥을 국유화하기로 하고 우선주優先株를 전액 소각했다. 당시 패니 매와 프레디 맥의 우선주는 미국 정부 채권처럼 안전한 것으로 여겨져서 많은 은행들이 투자를 했었다. 하지만 정부의 이러한 소각 조치로 인해 은행권은 총 100억 달러에서 150억 달러에 이르는 손실을 입었다. 저자는 이런 손실은 불필요한 것으로, 패니 매와 프레디 맥의 채무를 정부가 잠정적으로 보장하는 조치를 취하고 시장의 신뢰를 회복시켰더라면 이런 상황은 피할 수 있었을 것이라고 말한다.

대형 투자은행인 리먼브라더스가 부동산 투자에 따른 손실로 곤경에 처하자, 폴슨 재무장관은 리먼브라더스에 다른 은행과의 합병을 권했다. 시장은 정부가 리먼브라더스를 구제할 것으로 기대했는데, 뱅크오브아메리카가 리먼브라더스 대신에 메릴린치를 합병하기로 결정함에 따라 9월 12일에 리먼브라더스는 파산을 신청했고 이는 전 세계 금융권을 충격에 빠뜨렸다. 저자는 리먼브라더스를 파산하게 한 것이 큰 잘못이었다고 지적한다. 9월 16일, 연방준비제도이사회는 AIG에 주식의 79.9퍼센트를 정부가 인수하는 조건으로 850억 달러를 빌려주기로 했다. 이로써 AIG는 사실상 국유화된 것이다. AIG를 구제함으로써 금융시장은 안정되었지만 AIG의 주주들은 큰 손실을 입었다. AIG가 국유화되고 난 후 9일 만에 미국에서 가장 큰 저축대출회사인 워싱턴뮤추얼Washington Mutual이 무너졌고 예금보험공사는 J. P. 모건으로 하여금 워싱턴뮤추얼을 인수하게 했다. 워싱턴뮤추얼에 예치한 예금은 보호되었지만 채권을 갖고 있던 사람들은 전액 손실을 보았다. 이처럼 필요 이상으로 정부가 과잉 대응함으로써 은행들은 서로를 불신하고 돈을 빌려주지 않아서 자금 경색이 심화됐다. 결국 폴슨 장관과 버냉키 이사장은 7,000억 달러 규모의 자금을 마련해서 금융기관을 구제하자고 의회에 호소했다.

7,000억 달러의 구제금융

2008년 9월 23일, 벤 버냉키와 행크 폴슨은 의회에 출석해서 금융기관이 갖고 있는 '악성 자산Toxic Assets'을 사들이기 위한 재정으로 7,000억 달러의 기금을 조성해야 한다고 증언했다. 이들은 금융 시스템과 미국 경제를 아마겟돈으로부터 구하기 위해서 TARP를 시행해야 하며 이에 7,000억 달러가 당장 필요하다고 주장했다.

하지만 이는 엄청난 세금을 낭비한 조치였을뿐더러, 금융시장 안정에는 도움이 되지 않았고, 결국 월가에만 이익을 가져다주고 말았다. 은행은 자신들이 갖고 있는 부실 자산을 그들이 생각하고 있는 액수보다 적게 받고 팔지는 않기 때문에, 이런 방안은 무의미했다. 또한 미국 전체 금융자산인 14조 달러에 비한다면 7,000억 달러는 양동이에 물 한 방울을 더한 격이어서 경제 전체에 의미 있는 충격을 줄 수도 없었다. 버냉키와 폴슨은 예금주들이 패닉해서 은행으로부터 인출하는 사태를 막기 위해 7,000억 달러가 필요하다고 주장했지만, 은행 예금주들이 인출을 하는 사태는 문제된 은행과 관련해서 발생할 뿐 모든 은행으로부터 발생하지는 않는다. 7,000억 달러라는 국민 세금을 쓰지 않더라도 FDIC는 '잠정적 유동성 보장Temporary Liquidity Guarantee'을 통해 예금자들에게 신뢰를 심어줄 수 있으며, 이런 조치에는 의회 동의가 필요하지도 않다.

따라서 저자는 7,000억 달러에 달하는 국민 세금을 투입할 필요는 처음부터 없었다고 말한다. 하지만 의회는 TARP 입법을 통과시켰고, 부시 대통령은 이에 서명을 했다. 이 법은 재무부로 하여금 7,000억 달러 기금을 사용해서 금융기관의 불량 모기지와 기타 자산을 사게 했고, 예금자 보호의 1인당 한도액을 10만 달러에서 25만 달러로 상향 조정했으며, 논란이 많은 시장가격 회계를 SEC가 중지시킬 수 있도록 했다.

10월 14일, 재무부는 악성 자산을 매입하려는 계획을 포기하고 대신에 7,000억 달러의 기금을 은행에 투자해서 시장을 안정시키겠다고 발표했다. 또한 금융기관에는 2,500억 달러를 투자하겠다고 밝혔다. 하지만 규모가 가장 큰 아홉 개 금융회사 중 몇몇은 정부자금이 필요하지 않다고 했다. 그러자 재무부는 이들에게 정부자금을 받으라고 강요했다. 이렇게 해서 많은 은행들이 원치 않는 정부 돈을 빌려야만 했고, 또 다른 많은 은행들은 단순히 정부자금의 조건이 좋았기 때문에 정부 돈을 받았다. 하지만 정작 정부 돈이 필요했던 작은 은행들은 정부의 조건을 충족시킬 수 없어서 돈을 빌릴 수가 없었다.

　　재무부는 '악성 자산을 매입하기 위해 7,000억 달러가 필요하다'고 했지만 정작 법률이 통과되고 나니까 '악성 자산 매입은 불필요하다'고 말을 바꾸었다. 폴슨 재무장관은 7,000억 달러 자금 중 일부를 크라이슬러Chrysler와 제너럴모터스GM 그리고 이들이 운용하는 자동차 할부 금융회사에 구제금융으로 빌려주었다. 의회가 7,000억 달러 기금을 금융시장 안정을 위해서만 쓰게 하고 자동차회사에 대한 구제를 거부했음에도 불구하고, 폴슨 장관은 자동차업계에 대한 구제금융을 위해 이 자금을 지출했다.

　　실제로 7,000억 달러의 TARP는 금융시장을 안정시키는 데 아무런 역할을 하지 못했다. 오히려 SEC가 단기 주식 매도를 규제하고, FDIC가 예금을 추가로 보호하는 등 그 후에 취한 조치가 금융시장을 안정시키는 데 기여했다. 따라서 7,000억 달러 기금은 처음부터 불필요했던 것이다. 의회가 이 엄청난 돈을 재무장관이 마음대로 지출할 수 있게 한 것도 큰 문제였고, 대통령과 재무장관이 위기를 부풀려서 이런 막대한 돈을 지출하도록 의회에 강요했다는 점 역시 문제였다.

다시는 없어야 할 일

역사를 기억하지 못하는 사람은 실수를 반복하기 마련이기에 저자는 2008년 사태와 같은 일이 발생하지 않도록 그 교훈을 잊지 말아야 한다고 주장한다. 저자는 1984년 재무장관에게 저축대출업계를 정리하자고 제안했지만 당시 재무부는 이를 거부한 채 영업을 계속하게 했다고 회고한다. 결국 1989년에 부시 행정부가 들어서자 재무부는 1,500억 달러를 들여서 저축대출업계를 정리했다. 1984년에 150억 달러를 들여 해결했을 일을 5년 후에 열 배나 더 들여서 뒤처리를 한 것이다. 저자는 금융기관을 탐욕스럽다고 비난하는 것은 비행기가 중력 때문에 추락했다고 비난하는 격이라고 말한다. 즉, 금융기관은 원래 탐욕스럽다고 보고 적절하게 규제를 해야 하는데 1995년 이후엔 그렇게 하지 못했다는 것이다. 대출 담보 채권, 파생 상품 등 온갖 금융 상품이 개발되어서 비즈니스와 금융권 그리고 소비자가 과다한 신용경제를 흥청망청 누렸고, 정부의 위기관리 능력은 현저하게 뒤떨어져버린 것이다.

저자는 2008년의 패닉이 베어스턴스 같은 회사 때문에 생긴 것이 아니라 정부가 위기에 제대로 대처하지 못해서 발생했다고 분석한다. 저자는 큰 금융회사가 파산하면 그 파급력은 감당하기 어렵기 때문에 대마불사 현상을 비난하기에 앞서 FDIC와 연방준비제도이사회가 이들을 적절하게 규제할 수 있어야 한다고 본다. 또한 글래스-스티걸법을 부활시켜서 상업은행과 투자은행을 다시 분리시켜야 한다고도 말한다. 폴 볼커는 글래스-스티걸법 폐지에 반대했는데, 돌이켜보면 볼커가 옳았던 것이다. 또한 금융기관 성격에 따라 여러 정부 기관에 분산되어 있는 규제 업무를 통합할 필요가 있다고 주장한다.

저자는 2008년의 위기를 재무부가 서투르게 다루어서 문제가 필요

이상으로 커졌다고 평가한다. 재무부는 정치적 중립이 보장되어 있지 않고 전문성도 부족하기 때문에 금융 규제는 연방준비제도이사회와 FDIC가 주도적으로 다루게 해야 한다는 것이다. 또한 부동산 거품과 공공 및 민간 부문에서 지나치게 많은 돈을 빌려 쓰는 관행이 오늘날의 위기를 불러왔음을 잊어서는 안 된다고 강조한다.

저자가 지적하고 있는 바는 우리에게도 적용된다고 생각된다. 특히 부동산 거품과 공공·민간 부분 모두 많은 돈을 빌려 쓰는 관행이 오늘날의 항시적 경제 위기를 불러왔다는 저자의 평가에 우리는 특히 주목해야 할 것이다. 막대한 공공 부채를 줄이는 데에는 관심이 없고 이자율을 낮춰 부동산 경기를 부양하고 있는 박근혜 정부의 앞날이 걱정된다.

097

경제 위기에 처한
나라들의 황당한 실상

마이클 루이스Michael Lewis,
《부메랑: 새로운 제3세계로의 여행Boomerang: Travels in the New Third World》
(Norton, 2011)

프린스턴대학에서 예술사를 공부한 이 책의 저자 마이클 루이스는 금융계를 알기 위해 월가에 취직하고자 했지만 번번이 실패했다. 결국 런던경제대학에서 공부한 후에야 살로먼브라더스Saloman Brothers Inc.에 들어가는 데 성공했는데, 거기서 일하는 젊은이들의 병적인 금전지상주의에 충격을 받았다. 얼마 후 회사를 그만둔 그는 금융계의 어두운 면을 파헤친 베스트셀러를 연거푸 출간해서 명성을 얻었다.

이 책은 2008년 경제 위기가 휩쓴 후 마이클 루이스가 아이슬란드, 그리스, 아일랜드, 독일, 그리고 캘리포니아를 방문한 뒤 펴낸 현장 보고서이다. 값싼 이자로 돈을 빌려 쓴 후유증으로 어떤 일이 일어났고, 또 그 후에 어떤 대응이 있었는지를 다루고 있다. 책 제목은 '값싼 크레디트로 흥청망청해서 부메랑을 맞았다'는 의미가 될 것인데, '새로운 제3세계로의 여행'이라는 부제가 보다 적절해 보인다.

저자는 허황된 돈 놀음에서 깨어난 아이슬란드와 아일랜드, 국가 전체가 이미 파산한 그리스, 다른 나라에 빌려준 돈을 못 받게 된 은행 때문에 부채의 사슬에서 자유롭지 않은 독일, 그리고 공공 분야 부채로 인해 부도로 향해가고 있는 캘리포니아에서 어떤 일이 일어나고 있는지를 기행문 형식을 빌려 알려준다. 저자는 사람들이 갚을 수 없는 빚을 질 때, 그들은 자신들이 결국에 어려운 처지에 처할 것임을 알아야 하지만 현실에서는 그렇지 않다고 지적한다.

저자는 2008년 가을에 미국에서 서브프라임 파문으로 터진 금융 위기가 각국 정부의 개입으로 안정된 것처럼 보이지만 위기는 절대로 종식되지 않았고 단지 유예되었을 뿐이라고 말한다. 2002년에 84조 달러 수준이던 전 세계 부채 총액은 2008년에 195조 달러로 증가했다. 인류는 이런 거액의 부채를 가져본 적이 없다. 그리스, 아일랜드, 이탈리아, 포르투갈, 스페인 등이 부채를 상환하지 못할 가능성이 높은데, 저자는 국가 부도 도미노가 시작되면 경제 규모가 큰 일본과 프랑스가 더 위험하다고 본다.

아이슬란드

2008년 10월 6일, 아이슬란드에서는 드디어 거품이 터지고 말았다. 교육 수준과 인간개발지수가 가장 높은, 인구 30만 명에 불과한 작은 선진국 아이슬란드는 국민 전체가 합심해서 세계 금융 역사상 가장 미친 짓을 하고 만 것이다. 2003년 아이슬란드의 세 개 대형 은행의 총 자산은 이 나라의 GNP에 비슷한 몇 억 달러 수준이었다. 그러나 불과 3년 반 만에 이들 은행의 총자산은 1,400억 달러로 증가했다. 2003년부터 2007년까지 미국 증시가 평균 두 배 오를 동안에 아이슬란드의 증시는 아홉 배가 올랐다. 그 기간 동안 수도인 레이캬비크의 집값은 세 배 올랐고, 아이슬란드 가구의 평균 소득도 세 배가 올랐다. 별로 할 일도 없는 추운 나라의 국민들이 너나없이 별안간 금융에 몰두하면서 돈에 관한 전문가가 되었다. 하지만 이런 이상한 성장은 사람들이 서로 돈을 빌려주고 빌리는 과정을 통해 초래된 결과였다. 불과 몇 년 만에 아이슬란드의 총부채는 GNP의 850퍼센트가 되었다. 생선을 잡아 수출하면서 살아온 작은 나라 국민들이 돈 놀음에 몰두하다가 이런 황당한 일을 낸 것이다.

2008년 초부터 미국과 영국의 자금 운영자들은 아이슬란드가 위험하다고 보았지만 정작 아이슬란드의 세 개 대형 은행은 무감각했다. 그해 10월, 아이슬란드 크로나화의 가치는 추락했고, 아이슬란드 은행들이 일본 엔화와 스위스 프랑화로 외국에서 들여온 차입금은 순식간에 세 배로 증가했다. 거품 경제를 믿고 은행에서 돈을 빌려 집과 고급 승용차를 산 사람들은 은행과 함께 파산하게 됐다. 연료와 생선 외에는 모든 것을 수입해야 하는 아이슬란드에 있어 이는 완벽한 파산을 의미했는데, 그 핵심에는 다비드 오드손David Oddsson이라는 사람이 있었다.

1980년대 밀턴 프리드먼의 자유주의 경제 이론에 심취한 오드손은 총리가 된 후에 세금을 낮추고 모든 것을 민영화해서 거품 경제의 길을 열었다. 국제 금융에 경험이 없는 아이슬란드의 은행가들은 외국에서 돈을 빌려서 내국인에게 다시 빌려주는 일로 덩치를 키웠다. 아이슬란드 국민들은 서로 간에 모든 것을 비싸게 거래하면서 부자가 된 듯이 행동했다. 위기가 닥쳐오고 있음에도 불구하고 국제 금융 세력은 그런 위험을 경고하기보다는 그 상황을 이용해서 돈을 벌었고, 결국 아이슬란드의 은행들은 모두 파산했다. 총리와 재무장관, 그리고 중앙은행장에 이르는 사람들이 금융에 워낙 문외한이다 보니 수습책을 세울 수도 없는 상황에 이르고 말았다.

그리스

인구 1,100만의 그리스도 2002년부터 2007년까지 값싼 크레디트의 희생양이 되었다. 2008년에 신용평가기관들은 그리스의 채권을 정크 본드 수준으로 절하했고, 그리스는 더 이상 외국에서 돈을 빌려올 수 없게 됐다. 독일이 중심이 되어서 긴급하게 1,450억 유로를 구제금융으로 빌려줬지만 그리스의 전체 부채인 1조 2,000억 유로에 비한다면 이는 사소한 것이었다. 독일은 그리스가 지중해의 섬과 유적을 팔아서라도 부채를 갚아야 한다고 보고 있다.

그리스가 이런 상황에 처한 것은 국민들이 돈을 마구 빌렸기 때문은 아니다. 그리스의 은행들이 외국에서 돈을 빌려서 자국 정부에 빌려주었는데, 정부가 파산하자 자신들도 함께 파산하고 만 것이다. 유로권에 가입해서 유로화 차입이 자유로워지자 은행들은 독일 등 외국에서 돈을 빌려와서 다시 정부에 빌려주었고, 정부는 돈이 들어오는 대로 다 써버려서 이 꼴이 된 것이다. 그러면 그리스 정부는 도대체 그 많은 돈을 어디에 썼을까?

그리스에서 공무원은 비슷한 민간 분야 직장인들보다 세 배나 많은 임금을 받고 있다. 그리스 국철은 연간 수입이 1억 유로인데 매년 지출하는 경비가 7억 유로이다. 7억 유로 중 인건비가 4억 유로이고 그 외 경비가 3억 유로이다. 그런 국철 근로자의 평균 연봉은 무려 6만 5,000유로이다. 그리스의 공교육은 부실하기로 유명한데, 그럼에도 불구하고 유럽에서 교사가 제일 많은 핀란드보다 교사 수가 네 배나 많다. 그리스에는 세 개의 방위산업 공기업이 있는데, 이들의 부채만도 수십 억 유로에 달한다. 그리스 공무원의 은퇴 연령은 남자 55세, 여자 50세인데, 그 나이만 되면 여생을 평생 연금으로 살 수 있다. 그리스는 공공 의료 시스템을 시행하는데, 그리스 국민 1인당 의료 자재를 다른 나라의 몇 배나 사용한다. 의사, 간호사, 그리고 병원 직원들이 의료 자재를 자기 것처럼 공공연하게 착복하기 때문이다.

그리스의 조세 행정은 오래 전에 와해돼버렸다. 그리스는 농업과 자영업 종사자가 많아서 세금을 걷기가 어려운데, 이런 상황에서 그리스 조세 당국은 세금을 걷는 데 큰 관심이 없다. 조세 포탈을 기소하면 그리스의 모든 의사와 자영업자들이 감옥에 갈 것이라고 공공연하게 말할 정도다. 그리스 법원은 세금 소송을 워낙 천천히 다루어서 소송 한 건에 15년 정도 걸리는 것이 보통이다. 그리스 사람들은 자신의 부동산 가치 등 세금 부과의 기초가 되는 자료를 허위로 내는 것이 당연하다고 생각한다.

1980년대부터 1990년대까지만 해도 그리스의 이자율은 독일보다 10퍼센트 높았다. 그리스 사람들은 빚을 제대로 갚을 수 없다고 생각했기 때문이다. 그리스에는 소비자금융이나 부동산 모기지가 없었고 신용카드도 없었다. 그런데 2001년에 유럽화폐연합에 가입하자 별안간 그리스화를 버리고 유로화를 사용하게 되었다. 유로권에 가입하려면 재정 적자를 3퍼센트 이내로 줄여야 했는데, 그리스 정부는 회계 조작을 통해 이 기준을 맞추었다. 그 결과 그리스 사람들도 독일인들과 같이 5퍼센트 이자율로 돈을 빌릴 수 있게 되었다. 유로권 편입 전 그리스인들은 은행에서 18퍼센트 이자율로 돈을 빌릴 수 있었지만, 이제는 낮은 이자로 돈을 빌릴 수 있게 된 것이다. 외국 금융기관들은 그리스가 유럽연합 회원국이기 때문에 안전하다고 믿었지만, 사실 그들은 그리스의 내부 사정을 전혀 몰랐던 것이다.

그리스에 사회당 정부가 들어섰지만 이들이라고 해도 별다른 대책은 없었다. 당장 만기가 돌아오는 4,000억 유로 부채를 정부가 갚지 못하면 그리스 정부에 돈을 빌려준 유럽 은행들이 파산하게 되고, 그러면 스페인과 포르투갈 등 상대적으로 양호한 다른 나라들까지 동반 파산할 위험에 처하고 말았다. 2010년 그리스에 대한 구제금융이 이루어졌고, 그리스 정부가 연금을 축소하는 등 구조 개선에 나서자 거리에서는 폭동이 일어났다. 저자는 오늘날과 같은 상황에서 그리스가 다시 일어날 수 있다고 보는 사람은 없다고 결론 내린다. 그리스와 국경을 맞대고 있는 불가리아는 그리스보다 세금이 더 낮고, 루마니아는 그리스보다 임금이 훨씬 싸기 때문에 별 다른 경쟁력이 없고, 심지어 스스로 일어나는 데 쓸 만한 자원도 없다는 것이다.

아일랜드

아일랜드는 아이슬란드의 경우와 비슷하다. 2008년에 앵글로아이리시은행Anglo-Irish Bank은 자신들이 340억 유로의 손실을 입었다고 발표했다. 대출금의 절반 이상을 잃어버린 것이다. 아일랜드 정부가 대주주인 오래된 두 은행도 부도 위기에 처해 있다는 것이 밝혀졌다. 소비자금융과 부동산 대출로 버텨오던 금융권이 집값 폭락으로 함께 파열하자, 작은 나라 아일랜드 전체가 부도 위기에 처한 것이다. 갑자기 실업률은 두 자리 숫자가 되었고, 재정 적자는 GNP의 32퍼센트에 달하였다. 아일랜드 사람들은 또 다시 외국으로 일자리를 구하러 나가고 있다.

1980년대에 아일랜드는 무역 장벽을 없애고, 법인세를 낮추며, 공교육을 무상으로 하는 개혁을 단행했다. 그러자 많은 외국 기업들이 조세 회피처로 아일랜드를 이용했다. 아일랜드에는 갑자기 돈이 풀려서 건축 붐이 일었고, 폴란드 등지에서 외국인 이민자들이 몰려들었다. 1994년 이후 더블린의 주택 가격은 500퍼센트가 올랐다. 하지만 더블린에서 주택을 임대하는 비용은 집값에 비해 너무 쌌다. 집값에 거품이 많이 끼어 있는 게 분명했다. 아일랜드가 유로권에 편입하자 아일랜드 은행들이 외국에서 돈을 차입하여 부동산 대출을 해주어서 거품을 키운 것이다.

2008년 9월 29일, 앵글로아이리시 등 3대 은행의 주가가 하루 만에 5분의 1로 급락했다. 이어서 예치금 인출 러시가 일어나자 아일랜드 정부는 정부가 6대 은행의 예금을 보장한다고 나섰다. 폰지 사기가 백일하에 드러나는 순간이었고, 이로서 아일랜드 정부 자체가 완벽하게 파산하고 말았다. 앵글로아이리시은행을 세운 숀 피츠패트릭Sean Fitzpatrick은 오늘날 아일랜드를 파괴한 장본인으로 지목되는데, 사실 그의 은행 운영 기법은 누가 보아도 수상한 점이 많았다. 그 은행은 단지 여섯 개 지점만 있었고, ATM도 없었으며, 부동산 대출만 했다.

2009년 1월, 아일랜드 정부는 앵글로아이리시은행을 국유화하고 340억 유로나 되는 부채를 떠안았으며, 2009년 말에 국가자산관리국을 만들어서 부실채권을 관리하도록 했다. 폴란드 등지에서 아일랜드에 일자리를 얻어 머물던 사람들은 그들이 타던 자동차를 공항 주차장에 버리고 자기 나라로 돌아갔는데, 이들이 버린 자동차도 아일랜드 은행이 대출해준 돈으로 구매한 것들이다. 오늘날 아일랜드는 외국 은행이 빌려준 돈으로 근근이 버텨나가고 있다.

캘리포니아

2011년 8월, 국제 신용평가기구들은 미국의 신용도를 하향 조정했다. 그러자 미국의 국채 이자율이 2.04퍼센트로 낮아졌다. 신용평가기구가 미국의 위험도를 경고했음에도 미국은 보다 싸게 돈을 빌려올 수 있는 것이다. 미국이 실제로 돈을 갚지 못할 것이라는 우려는 아직 현실적이지 않다. 반면에 주정부와 지방정부의 부도 위험은 현실화되고 있다. 미국의 주정부와 지방정부는 총체적으로 매년 약 5,000억 달러에 달하는 재정 적자를 기록하고 있다. 여기에 주정부와 지방정부가 감당해야 하는 연금까지 계산하면 1조 5,000억 달러가 더 부족하다.

오늘날 미국의 주정부와 지방정부는 날로 늘어나는 부채 때문에 중요한 서비스를 감축해야 하는 악순환에 빠져 있는데, 캘리포니아가 대표적인 경우다. 오늘날 캘리포니아 주민의 평균 연 소득은 4만 3,000달러인데, 캘리포니아 주민 1인당 부채는 7만 8,000달러에 달한다. 캘리포니아 주지사 아널드 슈워제네거는 임기 중 몇 가지 개혁 조치를 취했지만 캘리포니아 주가 갖고 있는 구조적 문제를 해결하기에는 역부족이었다. 캘리포니아 주정부는 연금 수급자들에게 지급해야 하는 총액과 주정부가 실제 확보하고 있는 돈의 금액 차가 1,050억 달러라고 했지만, 실제로는 그 두 배에 달할 것이라 추정되고 있다.

슈워제네거 지사의 개혁에도 불구하고 캘리포니아 주정부의 재정 집행은 방만하기 이를 데 없다. 2010년에 캘리포니아 주정부는 교도소 경비원 3만 명 등 교도소 직원 인건비로 60억 달러를 지출했다. 교도소

경비원은 45세에 일을 시작해서 50세에 은퇴할 수 있는데, 이 경우 퇴직 후 연금은 재직 기간 동안에 받았던 급여와 거의 같다. 캘리포니아 주 교도소 직원 중 봉급이 가장 높은 사람은 가석방 심사를 하는 수석 심리학자인데, 2010년에 그의 연봉은 83만 8,706달러에 달했다. 반면 캘리포니아 주정부는 전체 학생 67만 명에 달하는 주립대학 시스템에 47억 달러를 지출했다. 오늘날 캘리포니아 주립대학 예산에서 주정부 지원이 차지하는 비중은 11퍼센트에 불과하고, 이로 인해 2011년 주립대학 등록금은 1만 3,218달러로 인상되었다. 재정이 궁핍해서 교도소 시설을 확충할 수 없게 되자 연방대법원은 캘리포니아 주의 교도소가 과밀해서 재소자의 인권을 침해한다고 판결했고, 그 결과 캘리포니아 주는 재소자를 석방하는 수밖에 없었다.

테크노밸리로 알려진 캘리포니아 주 새너제이시도 재정 위기에 시달리기는 마찬가지였다. 새너제이시 예산의 75퍼센트는 경찰관과 소방대원의 인건비로 지출된다. 역대 시장이 경찰관 노조와 소방대원 노조가 요구하는 대로 임금을 인상했기 때문이다. 재정 위기에 직면한 현재 시장은 시청 직원 수를 감축하고 임금을 10퍼센트 삭감하는 비상조치를 취했다.

샌프란시스코베이 지역에 위치한 발레이오시는 2008년에 파산했다. 시 전체 예산의 80퍼센트를 경찰관과 소방대원의 급여에 지출하던 시정부는 빚을 끌어다 썼고, 결국 그 부채를 감당하지 못해서 부도가 난 것이다. 발레이오시의 집값은 2006년에 비해 66퍼센트나 떨어졌다. 오늘날 이 작은 도시의 시청은 황량한 빈집이 되고 말았고, 거리는 한산해서 을씨년스럽다.

2009년 이후

2009년 이후, 모든 일은 저자가 예상한 대로 진행됐다. 아일랜드에서는 세계적으로 유명한 웨지우드 등 고급 도자기 제품을 만들던 워터포드웨지우드사社가 2009년 초에 도산했다. 급작스러운 직장 폐쇄에 근로자들은 격렬하게 저항했다. 아일랜드 정부는 국가자산관리청을 신설해서 은행의 부실채권을 인수하도록 했지만 금융권의 부채만 연간 GDP의 300퍼센트가 넘는 상황을 감당할 수 없었다. 2010년 11월, 아일랜드는 EU와 IMF에 재정 지원을 요청했고, 결국 850억 유로에 달하는 구제금융을 받기로 합의했다. 그 대신 아일랜드 정부는 긴축 조치를 받아들여야만 했다. 의료, 교육, 사회복지 등 공공 분야 전반에 대한 긴축이 발표되자 이에 항의하는 시위가 더블린 등 전국에 걸쳐 일어났다. 예산을 줄이기 위해 한 법원을 폐쇄한다고 하자 법조인들이 시위에 나서기도 했다. 이러한 불안과 정치적 불안정은 오늘날까지도 계속되고 있다.

그리스의 경우는 상황이 더 나쁘다. 2010년 4월, 그리스 정부는 유럽연합과 IMF로부터 450억 유로에 달하는 융자를 받기로 합의하고, 정부지출 긴축 조치를 취하기 시작했다. 그리스의 상황이 나아질 기미가 없자, 그해 5월에 들어서 독일 정부가 주도하여 연 5.5퍼센트 이자로 1,100억 유로를 구제금융으로 빌려주기로 했다. 그 대신 그리스 정부가 강도 높은 긴축을 시행하도록 했다. 그러자 해고를 당하게 된 공무원, 교사, 경찰 등 온갖 사람들이 이에 항의하는 대규모 시위와 집회를 열었고, 이런 상황은 해를 거듭해도 계속되고 있다. 그리스 정부와 유럽연합은 구제금융의 조건 등을 두고 계속 논의해오고 있다. 그리스가 유럽연합에서 이탈할 가능성도 나오고 있고, 구제금융을 둘러싼 잡음, 긴축 조치에 반대하는 대규모 시위 등 그리스는 하루도 편할 날이 없다.

이런 일련의 사례들은 공공 부채와 개인 부채가 이미 위험한 수준에 달했지만, 아무런 대책도 가지지 못한 우리 정부의 사정을 다시 한번 생각해보게 한다. 더구나 박근혜 정부 2기 경제팀은 부동산 대출 한도를 늘려서 빚을 얻어 부동산을 사도록 독려하고 있으니, 그들이 정상적인 판단력이 있는 이들인지 그것이 궁금하다.

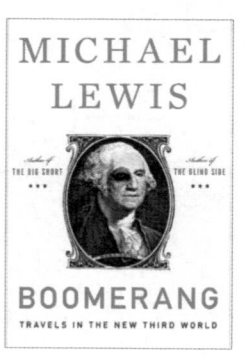

098

그리스에
회복 가능성은 있는가

제이슨 마노로폴로스Jason Manolopoulos,
《그리스의 추악한 부채: 헬레닉공화국, 유로와 정치 엘리트 그리고 투자 집단에 의해 약탈당
하다Greece's 'Odious' Debt: The Looting of the Hellenic Republic by the Euro, the Political Elite and the Investment Community》(Anthem Press, 2011)

유럽 문명의 발상지라는 그리스는 지금 국가 부도의 위기에 처해 있다. 영국 투자회사의 신규시장분석가인 저자는 오늘날 그리스 경제가 갖고 있는 심각한 문제를 역사적·문화적·정치적 배경을 들어 명쾌하게 설명하고 있다.

오늘날 그리스의 상황은 1990년대 초 국가 부도 위기를 맞았던 아르헨티나와 유사한데, 두 나라의 정치 및 사회적 배경도 유사하다. 그리스에도 아르헨티나를 망친 페로니즘 현상이 있다. 후안 도밍고 페론Juan Domingo Perón 대통령 시절 아르헨티나 정부는 무책임한 포퓰리즘 정책을 남발했고, 군사독재를 거친 후에 들어선 라울 알폰신Raul Alfonsin 대통령이 이끌던 정부는 무능할 뿐만 아니라 이익 단체에 굴복하기까지 해서 국가 부채가 급증했고 심각한 인플레이션이 발생했다. 그리스에서는 1974년

에 군부독재가 끝나고 민간정부가 들어섰고, 1981년 선거에서 안드레아스 파판드레우Andreas Papandreou가 이끄는 사회당이 정국을 주도하게 됐다. 1981년부터 1989년까지 집권한 파판드레우는 노조와 각종 이익 단체에게 유리한 기득권을 부여하고 또 자신을 지지한 세력에게 각종 이권을 나누어주었다. 이렇게 해서 공공 분야의 낭비와 부패가 심화됐다.

그리스는 1981년에 유럽공동체EC에 가입했다. 유럽공동체는 유럽의 정치·경제 통합에 관한 마스트리히트조약Masstricht Treaty을 통해 유럽연합EU으로 발전했고, 2001년에는 단일 유럽 통화로 유로를 사용하기로 했다. 유럽연합의 구성원이 된 그리스는 유럽연합을 도피처로 생각하고, 자신들이 무슨 일을 하든 간에 유럽연합이 구해줄 것이라 믿었다. 과두寡頭 체제가 지배하는 부패한 경제 시스템은 계속 악화되었고, 산업 클러스터는 아예 생기지도 않았다.

2000년대에 들어서 그리스는 관광업과 조선업으로 약간의 호황을 누렸고, 유로권의 저이자에 힘입어 부동산 경기가 일었다. 그러자 그리스인들은 빚을 내서 고급 자동차를 사들이는 등 과소비를 했다. 자동차 산업이 없는 그리스에서는 자동차 자체가 무역 적자 요소였다. 별다른 산업이 없는 그리스 사람들이 고급 자동차와 명품을 사들이자 "그리스는 토마토를 길러서 루이뷔통을 산다"는 비아냥이 나왔다. 그리스는 산업국가인 프랑스와 독일, 그리고 저임금 국가인 불가리아, 루마니아, 터키 사이에 위치하고 있는 데다 유로를 사용하고 있으니 외국인 투자가 들어올 리가 없었다. 2004년 아테네 올림픽으로 인해 재정 적자가 가중되었지만 그러면서도 공항, 고속철도 등 인프라 건설에 많은 돈을 투입했다. 2000년 중반 들어서 공공 부채는 GDP의 100퍼센트를 넘어섰고, 계속해서 가파르게 증가했다.

그리스는 20세기 들어서 발칸전쟁과 그리스·터키전쟁을 겪었고, 2차대전 중 연합국의 일환으로 나치 독일에 항거해서 싸웠으며, 종전 후 정부군과 공산 무장 세력 간의 치열한 내란을 겪었다. 내란의 후유증으로 사회주의를 동경하는 인구가 많으며, 농업 인구가 많은 특성 때문에 인적 연고주의가 강한 전근대적 사회구조를 갖고 있다. 1974년에는 터키가 사이프러스를 침공해서 그리스는 사이프러스 섬 전체의 37퍼센트를 상실하는 수모를 당했다. 이와 같은 역사적 이유로 그리스는 국력에 비해 지나치게 강한 군사력을 유지하고 있고, 이에 따라 국방비 지출이 비정상적으로 많다. 오늘날에도 그리스는 외국 무기를 많이 수입하는 다섯 나라 중 하나이다.

그리스 정치는 파판드레우 가문과 카라만리스Karamanlis 가문이 주도하고 있어 연고주의와 부패가 극심하다. 오늘날 그리스는 부패한 정치, 무능한 관료주의, 방만한 정부 지출, 강력한 공공 노조, 노동조합원만을 고용하는 시스템인 클로스드 숍 시스템 등 나라가 망하는 데 필요한 모든 조건을 완벽하게 갖추고 있다. 게다가 유로권에 편입된 결과 외국인들은 값비싼 그리스 관광을 외면하게 되었다. 그럼에도 그리스인들은 낮은 이자율을 믿고 방만한 소비 활동을 해왔다.

오늘날 그리스의 진면목을 보여주는 흥미로운 통계는 끝없이 많다. 100세가 넘도록 연금을 타고 있지만 사실은 오래 전에 사망한 사람이 321명이고, 2004년 올림픽에 소모된 돈은 무려 110억 유로라고 한다. 부유층이 사는 북부 아테네에 수영장을 갖춘 집은 324채로 신고되어 있지만 항공사진으로 확인해본 결과 1만 6,974채로 드러났다. 재산세를 적게 내기 위해 수영장이 없다고 허위로 신고한 것이며, 이를 확인할 시스템도 없는 것이다. 또한 그리스에는 공무원이 몇 명이나 있는지를 알 수 없었는데, 2010년에 처음으로 조사한 결과에 따르면 그 숫자가 무려 76만 8,009명이었다. 그리스 경찰은 한 벌에 4,000유로인 제복을 입고 있으니, 그리스 정부는 아르마니 양복보다 더 비싼 유니폼을 경찰관에게 입히는 것이다.

1950년대에 인공 호수인 코파이스에서 물을 빼고 도로를 건설하기 위해 '코파이스 호수기구'라는 정부 조직을 만들었는데, 1957년에 호수는 물을 완전히 빠져서 없어졌지만 이 기구에는 아직까지 공무원 서른 명이 근무하고 있으며, 그 대표는 전속 운전기사가 모는 관용차를 타고 다닌다고 한다. 파산 상태에 이른 국영올림픽항공의 승무원과 가족은 이 항공사가 운행하는 항공기로 세계 어디든 무료 여행을 할 수 있는 권리가 보장되어 있었다. 공공 인프라부의 한 직원은 고속도로 톨게이트에서 버려진 영수증을 수북이 모은 뒤 자기가 출장을 갔다온 것이라면서 톨게이트 비용을 청구해서 받았다. 이에 더해 그 영수증을 받은 상사는 영수증을 이용해서 출장을 갔다고 허위 서류를 꾸며 출장비를 청구해서 착복하기도 했다.

그리스에는 공무원 공채 제도가 없어서 장관이 적당히 자기 자식과 친척 및 친지를 공무원으로 채용하고, 공무원이 너무 많아서 할 일이 있는 공무원이 적으며, 공무원들은 자신이 일하는 건물의 위층에 갔다 와도 특별한 일을 했다고 수당을 청구해서 수령한다고 한다. 공무원은 58세에 은퇴할 수 있는데, 그러면 자신이 받았던 평균 임금의 95.7퍼센트에 달하는 연금을 평생토록 받았다. 의사 등 고소득층은 연소득이 1만 유로에서 3만 유로라고 신고하여 세금을 거의 내지 않지만, 이들은 국내외 은행 계좌에 수백에서 수천만 유로의 예금을 갖고 있다.

유로 때문에 북유럽인들은 그리스 대신에 이집트와 터키로 휴가를 가며, 국경지대에 사는 그리스인들은 국경을 넘어서 마케도니아와 불가리아로 생필품 쇼핑을 간다. 유로 덕분에 그리스는 통화가치가 고평가되어 있고, 그 결과 주변 국가에 비해서는 경쟁력을 잃어버렸다. 이런 가운데 화폐 공급이 풍부해져서 거품이 형성되면서, 그리스인들은 마치 자신들이 부자가 된 것 같은 착각에 빠져버렸다. 2008년 들어서 서브프라임 위기가 미국과 유럽에 불어닥쳤고, 2009년 말부터 남유럽 국가 위기설이 유포되었으며, 2010년 4월에 그리스 국채가 정크 본드 수준으로 격하되자 그리스는 더 이상 시장에서 돈을 빌릴 수 없게 됐다.

그리스는 유럽연합과 IMF의 구제금융에 기대하는 수밖에 없었다. 하지만 독일의 앙겔라 메르켈 총리는 마스트리히트조약이 구제금융을 허용하지 않는다면서 선뜻 나서지 않았다. 2010년 5월 4일부터 5일까지 이틀간 그리스 전역에서는 구제금융에 따른 고통 분담에 항의하는 시위가 일었고, 5월 6일 그리스 의회는 유럽연합이 구제금융을 제공하는 조건으로 요구한 긴축 계획을 승인했다. 5월 7일 독일 의회는 메르켈 총리가 약속한 그리스에 대한 구제금융 출연을 승인했다. 5월 9일, 유럽연합 재무장관들은 회동해서 국제통화기금과 함께 총 7,200억 유로 규모의 정부 지급 대출 등 구제금융 패키지를 승인했다. 5월 18일 그리스는 145억 유로를 지원받아서 만기가 된 국채를 변제하여 국가 부도의 위기를 넘겼다. 그리스는 위기를 넘겼지만 유로에 대한 비판과 저항감이 네덜란드, 벨기에, 스웨덴 등에서 커져가고 있다. 그리스는 구제금융을 지원받는 조건으로 노동시장과 클로스드 숍을 개혁하고 공공 분야 지출을 대폭 삭감하는 조치를 요구받았다. 이런 조치에도 불구하고 그리스의 미래는 불확실하며 유로의 미래도 또한 그러하다.

이 책의 저자가 예견한 대로 유럽연합은 2011년, 그리스의 구제금융

상환 기간을 다시 7년에서 15년으로 늘리고 이자율도 3.5퍼센트로 인하
해주기로 결정했다. 하지만 그리스의 경제는
전혀 회복할 기미를 보이지 않았고, 정부의 긴
축정책에 반대하는 격렬한 시위와 폭동이 일
어났다. 그러자 구제금융에 참여했던 유럽연
합 회원국은 그리스가 약속한 대로 긴축정책
을 시행하지 않으면 더 이상 그리스를 도울 수
없다고 불만을 표하고 있는 등 그리스 사태는
개선될 기미가 없어 보인다.

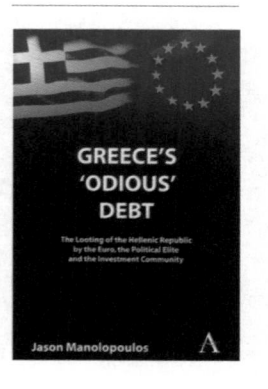

099

경제 위기의
본질을 말하다

존 앨리슨John A. Allison,
《금융 위기와 자유시장 치유법: 순수한 자본주의가 세계 경제의 유일한 희망인 이유
*The Financial Crisis and the Free Market Cure: Why Pure Capitalism Is the World
Economy's Only Hope*》(McGraw Hill, 2013)

세계 경제는 2007년과 2008년에 있었던 금융 위기의 여파에서 아직 벗어나고 있지 못하고 있다. 시티그룹 등 초대형 금융회사들이 파산 위기에 처하고 이를 정부가 구제해준 데에 분노하는 많은 사람들은 이런 위기가 금융기업의 탐욕과 정부의 규제 완화 때문이라고 본다. 하지만 시장주의자들은 금융 위기는 정부 규제가 초래한 것이기 때문에 시장경제와 자본주의 원칙을 살려야만 근원적 해결이 가능하다고 본다. 평생 금융업에 종사한 존 앨리슨이 펴낸 이 책은 후자의 입장을 설득력 있게 전파하고 있다.

저자는 노스캐롤라이나주립대학을 졸업한 후 BBTBranch Banking Trust에 입사해서 평생을 근무했고, 20년 동안 CEO를 지내다가 2008년에 은퇴한 뒤 2012년부터는 케이토연구소의 대표를 맡아오고 있다. BBT는

그가 CEO로 있던 20년 동안 급성장해서 현재 자본 규모 10위의 건실한 종합금융회사가 됐다. BBT는 2007년부터 2008년까지의 금융 위기에 영향을 받지 않을 정도로 건실한 경영을 해서 주목을 샀다. 저자는 오늘날 금융업은 규제를 가장 많이 받고 있는 사업이지만 가장 많이 실패하는 사업이고, IT 사업은 규제가 가장 적지만 매우 성공적인 사업이라면서, 금융업에 대한 규제가 부족해서 금융 위기가 발생했다는 주장은 신화에 불과하다고 말한다.

저자는 2007년부터 2008년에 발생한 금융 위기와 근래의 심각한 불경기는 주택에 대한 대규모 '잘못된 투자Misinvestment'가 주된 원인이라고 분석한다. 경제적 측면에서 볼 때 주택에 지출을 하는 것은 투자가 아니라 소비이다. 주택은 주거하는 공간일 뿐, 2차적으로 생산을 하지는 않기 때문이다. 마찬가지로 주택은 일자리를 창출하지도 않는다. 반대로 일자리가 주택을 창출하는 것이다. 자본을 투자에 쓰지 않고 소비에 쓰면 미래가 어두워진다. 미국은 근래에 주택에 많은 자본을 투입해서 주택 과잉을 초래했다. 쇼핑센터 같은 상업 건물에도 과잉 투자가 이루어졌다. 이런 거품이 10년 이상 있어왔기 때문에 수백만 근로자들은 더 이상 필요로 하지 않을 주택 건설 기술을 배웠다. 이 같은 자원의 '잘못된 배분Misallocation'은 정부가 경제 운용에 과다하게 개입한 결과다. 시장은 부단히 잘못을 범하지만 또 스스로 시정해나간다. 하지만 저자는 시장이 이렇게 큰 규모로 잘못된 것은 정부의 개입이 있었기 때문이라고 말한다. 오늘날 미국 금융이 이렇게 된 데는 연방준비제도이사회, SEC, FDIC 같은 연방정부 기관, 그리고 공기업인 패니 매와 프레디 맥의 책임이 크다는 것이다.

연방준비제도이사회와 FDIC의 비극적 탄생

저자는 연방정부의 개입이 없으면 오늘날 이런 규모의 집값 거품이 발생할 수가 없다고 말한다. 오늘날 같은 집값 거품은 연방준비제도이사회가 통화를 너무 많이 공급해서 발생했다는 것이다. 1913년에 연방준비제도이사회가 생김으로써 연방정부가 통화 체제를 움직이게 됐다. 연방준비제도이사회는 정치적으로 독립되어 있고 금융업계를 대표하는 한 명을 이사로 임명하게 돼 있다. 하지만 대부분의 이사는 정치적인 연고로 임명되어왔다. 1800년대 말에서 1900년대 초까지 미국 경제는 호황과 불황을 경험하면서 고도성장을 해왔다. 이 기간에 대공황 같은 일은 생기지 않았다. 1929년 주가 폭락이 대공황으로 발전한 데는 당시 연방준비제도이사회에 상당한 책임이 있었다는 것을 이제는 이사회도 인정한다. 이사회가 대공황을 야기한 데 책임이 있다는 주장은 밀턴 프리드먼이 처음 제기했다.

연방준비제도이사회가 생기기 전에는 연방정부가 돈을 빌리는 데 한계가 있었다. 연방준비제도이사회가 생기자 연방정부는 정부 지출을 늘려서 부채를 늘릴 수 있게 됐다. 정부에 돈을 빌려주는 채권자는 흔히 '정부는 발권을 할 수 있기 때문에 지급불능 상태에 빠지지 않는다'고 생각한다. 정부가 통화 공급을 늘리면 인플레이션이 생기고 그러면 시장의 이자율이 올라간다. 반대로 디플레이션이 생기면 통화가치가 올라가서 부채가 많은 연방정부는 상환해야 하는 부채가 늘어난다. 이래서 이사회는 디플레이션을 극도로 경계하기 마련이다. 지난 수십 년 동안 연방준비제도이사회는 대형 은행으로 하여금 대출을 늘리도록 부추겼고, 경기 침체기에 이 은행들이 곤란해지면 구제금융을 주어서 문제를 해결해왔다.

1990년대 초부터 2007년까지 미국 경제는 경미한 조정만을 겪었다.

경기가 나빠질 조짐이 보이면 앨런 그린스펀이 이끄는 연방준비제도이사회가 개입해서 부양책을 썼기 때문이다. 그러다 보니 은행과 기업들은 경기가 조금만 나빠져도 앨런 그리스펀이 통화 공급을 늘리고 이자율을 낮출 것이라 기대했다. 2000년대 초, 연방준비제도이사회는 대공황 초기에 그들이 범했던 실수와 똑같은 실책을 다시 범했다. 1920년대에 연방준비제도이사회는 통화 공급을 늘려서 거품을 키웠고, 주식시장이 폭락하자 통화 공급을 급격히 줄여서 대공황을 야기했다. 연방정부가 엄청난 부채를 지고 있다는 것을 잘 아는 그린스펀은 물가가 떨어지는 디플레이션을 원하지 않았다. 그린스펀은 통화 공급을 늘려서 디플레이션을 막았고, 물가가 현상을 유지하자 중국은 값싼 노동력을 무기로 미국에 수출을 늘렸다. 또한 통화 공급이 증가하자 미국 사람들은 필요하지도 않은 집을 빚을 내서 샀다.

2000년부터 2003년까지 연방준비제도이사회는 사실상 마이너스 금리를 운영했다. 금융 투자자들이 돈을 빌리는 이자율은 2퍼센트이지만 인플레이션이 3퍼센트에 달해서 돈을 빌리는 데 부담이 없었다. 이렇게 돈을 빌린 금융기관들은 채권 투자를 늘렸다. 하지만 2006년 초에 연방준비제도이사회 의장이 된 벤 버냉키가 이자율을 인상하자 경기 침체가 생겼고, 단기 이자율이 장기 이자율보다 높아졌다. 은행들은 채권 투자에서 손실을 보기 시작했으며, 손실을 보전하기 위해 보다 위험한 투자를 했다. 은행들은 5.25퍼센트에 달하는 고금리에 적응할 수 없었고, 결국 2007년 말부터 '경기 대불황Great Recession' 국면에 접어들게 된 것이다.

돌이켜보면 연방준비제도이사회는 중요한 경제 변동기에 항상 잘못된 결정을 했다. 사실 통화가치를 정부 규제자가 정한다는 것 자체가 잘못이다. 연방준비제도이사회는 하이에크가 말한 엘리트의 '치명적 자만

Fatal Conceit'에 빠져 있는 것이다. 실물경제를 알지 못하는 이사회 멤버들은 수학 모델에 의존하는데, 이런 모델은 경제활동에서의 인간적 요소를 감안하지 못하는 결점이 있다. 그린스펀은 그가 연방준비제도이사회 의장이 되기 전에는 "연방준비제도이사회를 폐지하고 금본위로 돌아가야 한다"고 주장했었다.

FDIC는 1930년대 들어 은행 파산이 빈번해지자 예금자를 보호하기 위해 1934년에 설치된 정부 기구다. 이 공사가 보호하는 예금액은 점차 인상되어 근래의 금융 위기가 시작될 때에는 1인당 10만 달러였다. 2008년 금융 위기 때 설립한 TARP는 예금자 1인당 25만 달러까지 보호하고 요구불예금은 무제한 보호해주기로 했다.

은행들은 FDIC가 주관하는 예금자 보호 보험에 가입해야 한다. 과거에 저축대출회사들은 연방저축대출보험공사, 즉 FSLIC가 주관하는 보험에 들었는데, 저축대출회사들이 대거 파산하는 바람에 FSLIC는 3,000억 달러의 손실을 보고 FDIC에 합병되었다. 예금자 보호는 수익성이 좋은 성실한 은행들이 낸 보험료로 불량 은행의 손실을 보존해주는 제도이다. FDIC 덕분에 은행은 마음 놓고 위험한 대출과 투자에 나섰으니, FDIC가 없었다면 대형 은행이 자금을 조성해서 고위험 대출에 나서는 일은 없었을 것이다. 규제 기관인 연방준비제도이사회와 FDIC는 은행이 위험에 처하기 전에 미리 예방해야 하지만 이들은 단 한번도 그러지 못했다. 이들은 항상 은행이 망한 다음에 뒤처리를 했을 뿐이다. FDIC가 오히려 은행 도산을 조장한 셈이다.

비우량 주택 모기지의 함정

1930년대부터 미국 정부는 주택에 대한 정부 보조를 주어 주택 공급을 증가시켜왔다. 존슨 대통령이 추진한 '위대한 사회The Great Society' 프로그램은 저소득층과 소수인종이 주택을 구입할 수 있도록 보조금을 증가시켰다. 1968년에 제정된 공정주택법The Fair Housing Act은 주택 구입에서 차별을 금지했고, 은행들로 하여금 저소득층과 소수인종에 대한 주택 대출을 늘리도록 했다. 1977년에 제정된 커뮤니티 재투자법은 소수인종이 많이 거주하는 도심 지역 주택 구입에 대출을 늘리도록 은행에 강요했다. 이에 따라 상환 능력이 부족한 주택 구입자들에 대한 대출이 폭증했다.

1992년 대선에서 흑인 유권자들의 지지에 힘입어 당선된 클린턴 대통령은 은행으로 하여금 이런 대출을 늘리도록 압력을 가했다. 주택도시개발부는 프레디 맥과 패니 매가 주택 대출의 50퍼센트를 소수인종 주택 구입자에게 배정하도록 했다. 금융권 전체가 비우량 대출, 즉 서브프라임론Subprime Loan에 본격적으로 나서게 된 것이다.

공기업인 패니 매와 프레디 맥은 생겨서는 안 되는 조직이었다. 이들은 정부 보조금을 무기로 주택금융시장에서 강자가 되었다. 2002년 월드컴World Com과 엔론의 회계 조작 문제가 불거지자 패니 매와 프레디 맥은 자신들의 회계를 검사했다. 그 결과 임원들에 대한 보너스 과다 지급 같은 문제점 외에도 천문학적인 고위험 대출로 인해 기관 자체가 위험하다는 것이 알려졌다.

통상적인 은행이 예금 대 대출의 비율을 1 대 10으로 유지하는 데 비해 프레디 맥과 패니 매는 1 대 75를 유지해왔다. 주택금융 파열이 우려될 시점에 프레디 맥과 패니 매의 이 비율은 1 대 1,000이었다. 정부의 지급보증 때문에 이런 황당한 일이 가능했다. 프레디 맥과 패니 매는 그들이 갖고 있는 채권을 전 세계 금융기관에 팔았는데, 두 회사를 미국 정부가 보증한다고 생각한 금융회사들은 이를 사들였다. 두 회사가 파산한다면 전 세계가 금융 파탄을 맞는 것이 불을 보듯 뻔했다. 미국 재무부는 두 회사의 채무를 보증할 수밖에 없었고, 그 결과 미국 납세자들은 5조 5,000억 달러에 달하는 부채를 떠안았다. 두 회사가 갖고 있는 불량채권만 해도 2조 달러를 상회했다.

2008년 금융 위기의 전조는 2006년부터 시작된 비우량 주택 모기지 Subprime Mortgage 시장의 붕괴였다. 2006년부터 주택 가격이 하락하자 비우량 모기지 증권의 가격이 폭락했다. 상환 능력이 부족한 주택 구입자에게 주택담보대출을 해준 금융기관은 그들의 채권을 증권화해서 투자은행을 통해 연기금, 채권 펀드, 다른 은행 등 전 세계 금융기관에 팔았다. 미국의 3대 신용평가회사인 스탠더드앤드푸어스Standard & Poor's, 무디스, 그리고 핀치Finch가 이런 채권을 우량이라고 판정했는데, 이들이 사용한 수학 모델은 주택 가격이 상승했던 2003년부터 2005년까지의 신용도를 가중해서 평가하는 등 오류가 많았다. 많은 금융기관들은 신용평가기관의 잘못된 평가만 믿고 이 같은 불량 채권을 대량으로 사들였던 것이다.

주택 구입자들이 다운페이먼트 없이 이자의 일부를 5년 등 일정 기간 동안 내면 주택을 구입할 수 있도록 한 신형 모기지도 모기지 위기를 부추겼다. 이렇게 집을 사면 5년 후에 구매자는 빚이 더 늘어나는데, 그 사이에 집값은 폭락해버렸다. 워싱턴뮤추얼, 컨트리와이드, 와코비아 Wachovia Bank 등이 이런 식으로 대출을 많이 해준 결과 도산하고 말았다.

전통적으로 미국의 주택 대출은 안정적으로 운영되어온 시장이었다. 통상적으로 주택 구매자는 집값의 20퍼센트를 다운페이먼트로 먼저

공부하는 보수

내고, 나머지 80퍼센트와 고정 이자율에 따른 이자를 30년 동안 나눠서 갚아나갔다. 1970년대 초반까지 대출이자율은 8퍼센트 정도로 안정돼 있었고, 소규모 지역은행인 저축대출회사들이 주택 대출을 주로 했다. 하지만 그렇게 많던 저축대출회사들은 1999년에 아예 절멸돼버렸다.

1960년대 중반 존슨 대통령은 베트남전쟁을 치르면서 세금을 올리는 대신에 통화를 찍어서 전쟁 비용을 조달했다. 닉슨 대통령도 같은 길을 갔고 급기야는 달러화에 대한 금태환金兌換을 정지시키는 조치를 취했다. 미국 정부가 달러를 찍어내자 인플레이션이 생겼다. 연방준비제도 이사회는 1981년 레이건 행정부가 들어선 후, 인플레이션이 위험수위에 있다고 판단해서 이자율을 21퍼센트로 올렸다. 그러자 8퍼센트 내외의 고정 이자율로 장기 주택 대출을 해준 저축대출회사들은 위기에 몰렸다. 경기가 조정 국면에 들어가자 대출금 상환을 못하는 주택구입자들이 늘어났다. 저축대출회사들이 무너지는 것은 당연한 결과였다. FSLIC는 납세자의 돈으로 무너진 이 회사들의 손실을 감당했다.

저축대출회사들이 무너진 후 생긴 공백을 패니 매와 프레디 맥이 메웠다. 공기업인 패니 매와 프레디 맥은 1 대 50의 예대율預貸率로 대출을 하더니, 급기야는 1 대 1,000의 예대율을 기록하기에 이르렀다. 두 회사는 정부를 등에 업고 모기지 시장을 장악해서 다른 금융회사들의 시장을 앗아갔다. 하지만 괴물처럼 커버린 패니 매와 프레디 맥도 결국 무너지고 말았다. 엔론과 월드컴의 회계 조작 사건 이후 통과된 사베인스-옥슬리법으로 회계기준이 엄격해지자 패니 매와 프레디 맥은 직격탄을 맞은 것이다.

유동성 위기인가, 부실 위기인가

저자는 1930년대 초 대공황 초기에 있었던 금융기관의 위기는 '부실 Insolvency'이 아니라 '유동성Liquidity'의 문제였던 반면 2007년부터 2008년의 위기는 본질적으로 부실 문제였다고 분석한다. 하지만 대공황을 연구한 교수 출신의 버냉키 의장은 2007년부터 2008년까지의 위기를 유동성 문제로 생각했다. 주택 거품이 터지고, 주택 가격이 15에서 20퍼센트 하락하며, 심지어 30퍼센트까지 떨어질 것이라는 전망이 나오자 은행들은 자신들의 자본이 1,000억 달러에서 2,000억 달러까지 잠식당하게 될 것을 알게 됐다. 이렇게 되면 이들은 1조 달러에서 2조 달러에 이르는 유동성도 잠식당하게 된다.

2008년 3월, 미국에서 여섯 번째로 큰 은행인 워싱턴뮤추얼이 유동성 위기에 빠지자 FDIC, 연방준비제도이사회 그리고 재무부는 J. P. 모건-체이스로 하여금 워싱턴뮤추얼을 인수하고 예금을 전액 지급하도록 결정했다. 대량 예금 인출 사태를 막기 위한 것이었지만, 정부가 예금자 보호 제도 자체를 부인한 것이다. 연방정부는 정부가 입은 손실을 워싱턴뮤추얼이 발행한 채권을 소유한 채권자들과 함께 회복하려 했다. 그 결과 일반 채권자들은 그들이 입어야 할 손실 이상으로 피해를 입게 되었다. 이 여파로 와코비아은행이 쓰러졌다. 워싱턴뮤추얼 사태에서 연방정부가 채권자를 대하는 모습을 본 와코비아의 채권자들은 채권 회수에 나섰고, 와코비아는 순식간에 무너진 것이다. 이처럼 부시 행정부와 오바마 행정부는 주택 가격 하락에서 비롯된 금융 위기를 계속 악화시켰다.

2007년부터 2008년까지, 금융 위기가 발생하자 금융업에 대한 규제가 약해서 이런 사태가 벌어졌다는 말이 나왔다. 그러나 금융업에 대한 규제는 결코 '완화'되지 않았다. 문제는 잘못된 '규제'에 있었다. 부시 행정부는 기업회계 공개에 있어 사생활을 보호해야 한다는 사생활법The Privacy Act과 회계를 투명하게 하기 위한 사베인스-옥슬리법을 제정했다. 9.11 테러 후에는 애국법을 제정해서 테러단체에 대한 자금을 차단하려 했다. 애국법은 은행과 기업에게 엄청난 부담을 지웠다. 금융회사들은 애국법에 규정된 의무를 이행하기 위해 50억 달러를 추가로 지출했지만, 이렇게 해서 미국이 테러로부터 더 안전해졌다는 증거는 없다. 사베인스-옥슬리법으로 인해 미국 기업이 더 건전해졌다는 이야기 또한 없다.

SEC는 금융시장과 주식시장에 공정성을 담보하기 위해 많은 규제를 한다. 그러나 SEC는 엔론, 월드컴, 패니 매, 프레디 맥 등의 대형 사기와 부도 위험을 예방하지도 못했고 예고하지도 못했다. SEC는 S&P, 무디스, 그리고 핀치를 신용평가기관으로 지정해서 이들의 판단이 항상 정확한 것처럼 공인했다. 그러나 이들은 패니 매와 프레디 맥 등이 발행한 주택 모기지 채권에 대해서 완전히 오판했다. SEC의 관료들은 기업과 은행에 오래 근무한 사람들이 갖고 있는, 경험에 근거한 판단 능력을 가지고 있지 못하다. 실물경제를 알지 못하는 이들은 수학적 모델에 의존했을 뿐이었다.

2008년 금융 위기

2008년 금융 위기가 발생하자 학자들은 시장이 완전하지 못하다며 시장경제 자체를 공격했다. 물론 시장은 완전하지 못하지만, 자유로운 시장은 시행착오를 거쳐 스스로 보완해나가는 능력이 있다. 대학과 정부 기관에 있는 이른바 엘리트들은 자기들이 경제를 구할 수 있는 것처럼 이야기한다. 하지만 저자는 만일 이들이 사업을 하면 확실히 망할 것이라고 확신한다. 자유로운 시장경제는 항상 배우고 스스로 보완해나가는 과정이다. 시장경제가 보다 잘 기능하기 위해서는 워싱턴뮤추얼, 컨트리와이드 같은 금융회사는 망해야 한다.

저자는 자유 시장경제에 있어서 불황은 불가피한 과정이고, 이를 통해 경제는 더욱 강해진다고 역설한다. 이 과정에서 생기는 상황에 대해 우왕좌왕하면 문제를 더 악화시킬 수 있다. 2007년과 2008년에 비하면 1980년대 초 미국 경제 상황은 더욱 나빴다. 당시 연방준비제도이사회는 이자율을 21퍼센트로 높게 정했고, 이로 인해 중소은행이 많이 무너졌다. 하지만 FDIC는 이런 현상이 패닉으로 번지지 않도록 노력했다. 이에 비하면 2008년에는 정부 자체가 패닉 상태에 빠져버렸다. 2008년 3월, 정부 금융 당국은 베어스턴스에 구제금융을 주어서 J. P. 모건-체이스에 인수시켰는데, 이 조치는 시장에 잘못된 신호를 주었다. 지급불능 상태에 빠져 있던 리먼브라더스는 자기들도 구제 대상이 되는 줄 알고 있었다. 당국이 리먼에 대한 구제를 거부하자 리먼은 그해 9월에 파산하고 말았다. 당국은 와코비아는 망하도록 두었지만 그보다 재정 상황이 훨씬 나쁜 시티그룹에는 구제금융을 주었다. 시티그룹이 와코비아를 인수할 것이라는 관측이 나돌자 시장은 민감하게 반응했다. 결국 와코비아는 웰스파고에 인수되었으니, 금융 당국자들은 무능할뿐더러 신뢰할 수도 없다는 것이 확인됐다.

2008년 경제 위기 당시 재무장관이던 행크 폴슨과 연방준비제도이사회 의장이던 벤 버냉키는 아무런 전략도 가지고 있지 못했다. 폴슨은 프레디 맥과 패니 매가 심각한 위기에 처해 있다는 게 알려지기 직전까지 이들이 재정적으로 건전하다고 주장했다. AIG와 골드먼삭스는 구제하고, 리먼브라더스를 망하게 둔 것은 폴슨 장관의 개인적 선호 외에는

공부하는 보수

달리 설명할 방법이 없다. 결국 폴슨과 버냉키가 내놓은 안은 7,000억 달러 규모의 TARP이었다. 부시 대통령은 이 안이 의회를 통과하지 않으면 서방 문명이 위협받을 것이라고 말했다. 대통령의 이런 말을 들은 미국민들은 패닉 상태에 빠졌고, 건전한 금융회사마저 심각한 타격을 입었다.

2008년 가을에 통과된 TARP는 연방준비제도이사회가 은행으로부터 불량 자산을 사들여서 이들 은행의 유동성을 확보해주자는 것이었다. 그러나 이는 실현할 수 없는 발상일 뿐이다. 우선 불량 자산을 어떻게 평가하느냐 하는 문제가 있다. 만일에 연방준비제도이사회가 불량 자산을 시장가격으로 사들인다면 이런 자산을 파는 은행은 전부 문을 닫게 될 것이다. 준비제도이사회는 시장가격보다 비싸게 이런 자산을 사들이는 것이고, 이는 곧 납세자의 돈으로 실패한 은행을 보조하는 것에 불과했다. 결국 TARP로 득을 보는 기관은 주택 구매자에게 직접 대출을 해준 상업은행이 아니라 이런 모기지에 투자를 한 대형 투자은행이다.

이 정책을 구상한 폴슨 재무장관은 평생 동안 투자은행에서 일했던 사람이다. TARP는 보험회사인 AIG와 GM의 신용판매회사인 GMAC 에게도 구제금융을 주었는데, 은행이 아닌 기업을 구제하는 것이 은행 시스템을 구하는 것과 무슨 관계가 있는지 의문이다. 버냉키와 폴슨은 TARP 자금을 마음대로 지출했는데, 저자는 국민의 세금을 이렇게 임의로 사용하는 것은 헌법에 위배된다고 지적한다. TARP는 GE의 금융 자회사인 GE캐피털에도 구제금융을 주었다. GE캐피털은 나중에 융자받은 돈을 반납했지만, 이런 과정을 통해서 GE의 주식을 갖고 있던 사람들이 부당한 이익을 얻었다.

반면에 TARP는 건전한 은행에 매우 나쁜 영향을 주었다. 정부가 불량 은행을 구제한 덕분에 건전한 은행이 고객을 끌어모을 기회가 없어진 것이다. 이런 과정을 통해서 시티그룹, 뱅크오브아메리카, 웰스파고, 골드먼삭스, J. P. 모건-체이스, 그리고 모건스탠리가 '너무 커서 망할 수 없는' 은행으로 인정받는 도덕적 해이를 초래했다. 실제로 시티그룹은 이미 세 번에 걸쳐 구제금융을 받았다. 저자는 정부가 이런 대형 은행을 번번이 구제해줄 것이 아니라 분할시켜야 한다고 주장한다. TARP는 좀비은행을 살려서 건전한 은행에 나쁜 영향을 주었다는 말이다.

TARP로 인해 진정한 이득을 본 집단은 구제금융을 받은 은행과 기업의 노동조합이다. GMAC는 GM 자동차를 팔기 위해 다운페이먼트가 없는 100퍼센트 대출을 7년에 걸쳐 해주었다. 3년이 지나면 자동차의 가치는 남은 부채 가치 이하로 떨어지기 때문에 대출금 채권이 부실해질 수 있다. GMAC의 이 같은 대출 영업은 자멸적인데, 이런 회사를 왜 세금으로 구제해주는지는 설명할 방도가 없다. 이런 기업은 시장의 법칙에 의해 망하거나 다른 기업이 인수하도록 두었어야 했다.

결국 균형이 핵심

정부가 진정으로 해야 하는 일은 균형예산을 이루는 것이다. 1911년에 미국의 연방정부와 모든 주정부, 지방정부의 지출은 전체 GDP의 8퍼센트에 불과했다. 1961년에는 그것이 25퍼센트가 되었고, 2011년에는 38퍼센트에 달했다. 이런 결과에 이르게 된 이유는 정부 정책 담당자와 교수들이 아직도 케인스의 오류에 사로잡혀 있기 때문이다.

미국의 금융을 바로잡기 위해서는 연방준비제도이사회를 폐지해서 은행업을 사적 영역에 놔두어야 한다. 연방준비제도이사회를 폐지하지 못한다면 최소한 달러를 금본위제로 되돌려놓아야 한다. FDIC도 폐지해야 한다. 폐지하기 어렵다면 최소한 지급보증액을 대폭 인하해야 한다. 또한 저자는 연방준비제도이사회가 금융회사 이외의 기업에 구제금융을 주는 것을 금지시켜야 하며, 프레디 맥과 패니 매는 민영화하든가 아예 폐쇄해야 한다고 주장한다.

저자는 미국이 근본적으로 세금을 낮추고 정부 지출을 줄여야 한다고 말한다. 사회보장, 메디케어, 메디케이드 등 기득권이 되어버린 프로그램을 개혁하고, 정부 규제를 과감하게 간소화하는 조치를 취해야 한다고도 말한다. 인간은 원래 이기적인 존재인데, 공공의 이익이 중요하다면서 이타주의자가 되라고 가르치는 폴 새뮤얼슨Paul A. Samuelson의 경제학 교과서로 공부한 사람들은 이 점을 혼동해서 국민들이 공짜 점심을 기대하도록 만들었다. 그러면서 저자는 "국민들이 잘못된 윤리 규범을 따르면 한때 위대했던 국가도 결국 혼란과 침체로 빠져든다"고 한 에인 랜드Ayn Rand의 경고를 새겨들어야 한다고 주장한다. 저자에 의하면 경제 위기의 본질은 철학적인 것이다.

100

좋은 시절은 끝났다

스티븐 킹Stephen D. King,
《돈이 고갈되면: 풍요한 서방의 종말
When the Money Runs Out: The End of Western Affluence》
(Yale University Press, 2013)

홍콩을 본거지로 하는 영국계 은행인 HSBC의 수석 이코노미스트인 스티븐 킹이 펴낸 이 책의 부제는 "풍요한 서방의 종말"이다. 유럽과 미국이 감당할 수 없는 부채를 안고 있기 때문에 더 이상 지금처럼 풍요롭게 살 수 없으니 이제부터라도 정신을 차리자는 말이다. 우리나라 경제는 대외 요소에 영향을 많이 받는 특성이 있는 데다가 우리도 공공 부채와 개인 부채가 위험 수위에 이르고 있으니, 저자의 쓴 소리는 우리에게도 적용되는 이야기이다. 저자는 20세기 후반에 서방 경제가 비약적으로 발전해서 사람들은 풍요한 생활을 향유하고 있으며 또한 이런 세월이 지속될 것이라 기대하고 있지만, 그런 기대는 충족되기 어려우니 현실을 직시해야 한다고 강변한다.

아르헨티나와 일본

책은 아르헨티나가 어떻게 해서 오늘날 이 지경에 이르렀나를 설명하는 것으로 시작한다. 19세기 말 아르헨티나의 1인당 국민 소득은 독일과 비슷했다. 농업으로 번영을 누린 아르헨티나는 농업에 안주해서 산업화가 늦었고, 그나마 뒤늦게 시작한 제조업도 국내 수요를 충족하는데 그쳐 국제 경쟁력을 갖지 못했다. 2차대전 후에는 후안 도밍고 페론의 파시즘 독재와 포퓰리즘 정책으로 쇠락하고 말았다. 20세기 들어 경제적 곤란, 정책 실패, 사회의 양극화, 자급자족 경제 추구, 산업 다변화 실패, 그리고 궁극적으로는 정치적 불안정으로 인해 가망 없는 쇠락의 길을 간 것이다. 문제는 아르헨티나만 이렇게 쇠퇴하는 것이 아니라는 점이다.

1980년대까지 일본은 가장 막강한 경제력을 자랑했다. 하지만 1991년부터 일본은 상대적으로 쇠락의 길을 가기 시작했다. 일본의 1인당 국민 소득은 최고점 때 미국의 85퍼센트에 해당했는데, 이제는 72퍼센트로 떨어졌고, 1989년에 대비해서 주가 총액은 4분의 3이 증발했으며, 지가地價 총액은 60퍼센트가 사라졌다. 일본의 장기 불황은 초기에 일본 정부가 이자율을 인하하지 못하고 재정을 통해 경기를 부양하지 못했기 때문이라고 생각됐다. 그러나 일본의 불황은 일본이 그 이상의 중병에 걸려 있음을 보여준다. 오늘날 일본 기업은 투자를 기피하며, 나이 들어가는 인구는 소비를 줄이고 있다. 일본 정부는 소비를 촉진하기 위해 공공 지출을 늘렸지만, 저자는 그 대부분이 시마네 현縣 하마다에 건설한 '아무도 사용하지 않는 다리' 같은 사업에 소모되어 재정 적자만 증가시키고 말았다고 분석한다.

미국과 서유럽

21세기 들어서 미국과 서유럽의 경제 성적표는 우울하다. 신경제New Economy가 새로운 경지를 열 것이라는 예측과 달리 경기 침체가 닥쳐오자 정책 결정자들은 경기 부양을 위해 과감하게 재정을 지출하고 이자율을 낮추었다. 하지만 그 결과는 주택 가격 거품과 그것의 파열로 인한 은행 도산이었다. 2007년부터 2011년까지, 미국에서는 은행 500개가 파산했다. 2006년에 정점을 찍은 주택 가격은 계속 하락해서 2013년에는 고점 대비 35퍼센트가 떨어졌다. 금융기관은 휘청거리고 서브프라임 대출을 받아 집을 산 사람들은 집을 잃어버렸다.

서방국가의 복지 지출도 심각한 문제가 되어 있다. 영국에서 사회복지를 주창한 베버리지 보고서가 나온 1940년대의 의료에 대한 공공지출은 GNP 대비 1퍼센트였다. 영국에서 국가 의료 서비스가 설립된 1948년에 그 비율은 2퍼센트가 됐고, 1969년에는 4퍼센트에 달했다. 마거릿 대처가 총리가 된 1979년에는 그것이 5퍼센트가 됐고, 2010년에는 8퍼센트가 됐다. 그렇다고 영국에서의 모든 질병 치료 서비스가 정부에 의해 제공되는 것은 아니지만, 재정 지출이 이렇게나 증가한 것이다. 1940년대에 평균적인 영국 남성이 벌어들이는 소득의 14퍼센트가 연금으로 지급되었지만, 1980년대 들어 그 비중은 20퍼센트로 늘어났다. 같은 기간 동안에 연금 수급자는 680만 명에서 1,000만 명으로 늘었다. 20세기 초에 미국 남성의 평균 수명은 60세였는데, 지금은 80세이다. 100년 전에는 사람들이 더 이상 일할 수 없을 정도로 늙으면 죽었지만, 이제는 60세 전후에 은퇴하는 사람들이 죽기 전까지 긴 세월을 연금 생활자로 살게 되었다. 문제는 어느 나라도 이런 상태를 감당하기가 어렵다는 것이다.

공부하는 보수

지난 2007년 영국 재무부는 영국의 연간 재정 적자가 2012년에 GDP 대비 1.4퍼센트로 안정될 것으로 예측했다. 하지만 2012년 영국의 재정 적자는 GDP 대비 9.3퍼센트에 달했다. 또한 GDP 대비 40퍼센트에 달할 것으로 기대했던 영국의 정부 부채는 2012년에 70퍼센트에 달했다. 경기를 부양하기 위해 정부가 돈을 빌려서 푼다고 해도, 경기가 좋아진다는 보장은 없고 정부 부채만 증가하는 결과를 초래할 수 있다. 그렇다고 해서 정부가 긴축정책을 펴기라도 하면 경기가 더욱 침체에 빠지는 딜레마에 처한 것이다.

정부 정책의 실패

밀턴 프리드먼은 미국의 대공황이 시중에 돈이 부족한 가운데 정부가 유동성을 공급하지 못해서 야기됐다고 설명했다. 프리드먼의 이 이론은 1980년대 초반 영국의 대처 정부와 미국의 레이건 정부가 인플레이션을 잡기 위해 동원한 긴축정책의 기초가 되었다. 그래서 한동안 정부 재정을 통한 경제 회복을 주장했던 케인스의 이론은 더 이상 설 곳이 없어 보였다. 하지만 2008년부터 2009년까지 급격한 경제 위기가 닥치자 케인스 이론은 다시 돌아왔다. 돌이켜보면, 정책 담당자들은 케인스식의 경제 구출 작전에 익숙해져 있기 때문에 이로 인한 서방의 재정적 몰락이 가속화되었다.

1987년 주식 대폭락이 있자 미국 연방준비제도이사회 의장에 새로 취임한 앨런 그린스펀은 이자율을 낮추고 은행가들에게 미국 정부가 은행을 포기하지 않을 것이라는 믿음을 주었다. 이런 식으로 미국은 1990년대에 있었던 침체를 극복했고, 2000년의 IT 주식시장 파열에도 적응해나갔다. 그 결과 미국 경제는 항상 좋을 것이라는 헛된 믿음이 생겼으니, 정책 결정자들이 심각한 도덕적 해이를 조장한 형상이다. 2000년대 들어 미국은 감세와 정부 지출 증가로, 영국은 공공 부문의 지출 증가로 인해 정부의 세입 감소를 초래했다. 좋은 시절에 저축해서 나쁜 시절을 대비해야 한다는 기초적인 재정 원리를 미국과 영국은 아예 잊어버린 것이다. 저자는 정부 정책이라는 약에 의존하다 보니 이제 정부 정책이 오히려 독이 돼버렸다고 지적한다.

오늘날 미국, 영국 등 많은 나라들은 저이자율의 덫에 빠져 있다. 항구적인 저이자율은 경제 회복의 조짐이라기보다는 경제가 계속 실패하고 있음을 보여주는 징후이다. 2008년 경제 위기 후 미국 정부는 대대적인 경기 부양책을 폈고 양적 완화 정책을 폈다. 하지만 2011년 미국 경기의 성적표는 초라하다. 저자는 양적 완화가 화장化粧하는 효과만 있을 뿐 경제를 살리지는 못한다고 말한다. 양적 완화로 인한 이자율 저하는 연기금에도 나쁜 영향을 준다. 더구나 양적 완화는 믿기 어려울 정도의 저이자율과 역시 믿을 수 없을 정도의 정부 부채를 초래한다. 일본의 사례가 보여주듯이, 이 두 개의 함정을 벗어나기는 어렵다. 양적 완화가 경제 회복을 가져오지 못하면 그것은 단순히 진통제 역할만 한 것이기 때문에 그 부작용은 엄청날 것이다.

역사의 교훈

오늘날 케인스식 처방을 강력하게 요구하는 학자는 폴 크루그먼이다. 크루그먼은 오늘날 미국이 처한 상황이 1930년대와 유사하다면서, 강력한 재정적 지출만이 미국 경기를 살리고 세계 경제를 구할 수 있다

공부하는 보수

고 주장한다. 하지만 크루그먼은 오늘날 미국 경제가 1930년대와는 완전히 다른 점이 있다는 것을 간과하고 있다.

2000년 들어 미국 고용 시장에는 큰 지각 변동이 있었다. 세계화로 인해 미국에서는 제조업과 운수업에서 200만 개의 일자리가 사라졌고, 대신 건설 분야에서 일자리가 200만 개 늘어났다. 영국에서도 일자리 증가는 금융업, 건설업, 그리고 정부 분야뿐이었다. 부동산 거품이 터지고 난 후에 두 나라의 직업 시장은 새로운 변화에 부응할 만큼 유연하지 못하다. 그럼에도 미국과 영국에는 온건한 인플레이션이 있었는데, 그것은 생활용품의 가격이 올랐기 때문이다. 그 이유는 중국 등 새로 등장하는 경제권에서의 수요가 늘어 생활용품의 가격이 불경기 중에도 오르고 있어서다. 생활필수품의 가격 인상은 불경기로 가뜩이나 어려운 계층의 생활고를 더욱 크게 만들고 있다.

저자는 크루그먼이 무시한 또 다른 요소로 정부의 재정 적자 상황을 지적한다. 루스벨트가 대통령에 취임해서 뉴딜 정책을 시행했는데, 사실 루스벨트는 전임인 후버 대통령으로부터 매우 건전한 국가 재정을 인수받았다. 그러나 지금 상황은 그때와는 전혀 다르다. 루스벨트 재임 시 미국의 재정 적자가 가장 악화했을 때 그것은 국민총소득 대비 최고 9퍼센트에 달했다. 하지만 미국의 2012년도 재정 적자는 국민총소득 대비 12퍼센트에 달했다. 1934년에 미국의 공공 부채는 국민총소득의 34퍼센트에 달했지만, 2012년 미국의 연방정부, 주정부, 지방정부 부채를 합한 총 공공 부채는 국민총소득 대비 100퍼센트에 이르고 있다. 오늘날의 이러한 경제 상황은 과거에 없었던 일이다.

신뢰가 무너지고 있다

오늘날 가장 심각한 문제는 정부, 중앙은행, 그리고 시장이 모두 신뢰를 잃어버리고 있다는 점이다. 특히 은행은 대중의 신뢰를 완전히 상실했다. 과거에는 은행을 이용하는 고객이 은행을 잘 알았지만, 지금은 그렇지 못하다. 오늘날 은행은 고객에게 주택을 살 돈을 융자해주고 그 주택 담보를 증권화해서 다른 금융기관에 팔아넘긴다. 이런 과정을 거쳐서 노르웨이의 연기금이 미국 애리조나 주의 주택 담보 금융 소비자에게 돈을 빌려주는 기현상이 일어났다. 그리스, 스페인 등 남부 유럽 국가 정부는 외국 은행으로부터 많은 돈을 무책임하게 빌렸는데, 만일에 그리스가 빚을 갚지 못하면 그 불똥이 어디로 튀게 될지 아무도 모른다. 금융업이 세계화된 데서 유래하는 위험한 현상인 것이다.

20세기의 후반 반세기 동안 채권자와 채무자는 소득과 생활수준이 상승함에 따라 그 과실을 행복하게 향유했다. 그러나 경제가 성장하지 않으면 채권자와 채무자는 행복해질 수가 없다. 이런 상황에서 더욱 복잡한 요소가 개입됐다. 중국은 미국에 있어 큰 채권자이고, 북유럽 국가들은 남유럽 국가들에 있어 채권자이다. 과거에는 빚을 안 갚는 채무자를 감옥에 보내고는 했다. 하지만 경제성장이 어려운 상황에서 곤경에 처한 채무자들을 제재하기는 어렵고, 채무자가 국가라면 더더구나 그렇다. 오늘날 독일과 일본은 국내에서 자금을 조달할 수 있지만, 남유럽 국가들은 외국에서 돈을 빌리는 수밖에 없다.

경제가 나빠지면 돈이 고갈되고, 그러면 실망과 곤경, 그리고 분노가 생긴다. 2012년 11월, 스페인 바스크 지방에서는 담보로 잡힌 집을 잃게 된 53세 여성이 자살하는 비극적인 사건이 일어났다. 2008년부터 2012년까지, 스페인에서는 집주인 40만 명이 은행 빚을 못 갚아서 주택을 잃어버렸다. 이런 가운데 부유한 사람과 가난한 사람들 사이의 격차는 커지고 있어서 문제가 더 복잡해지고 있다. 급격한 성장을 이룬 중국은 도시와 시골 간의 빈부격차가 극심하다. 미국의 경우는 2005년부터 2007년 사이 상위 소득자 20퍼센트의 세후稅後 소득이 나머지 80퍼센트의 소득보다 더 컸다. 1979년 미국 상위 소득자 1퍼센트의 세후 소득은 전체 미국인 세후 소득의 10퍼센트였는데, 2007년에는 그것이 20퍼센트가 되었다. 영국에서는 상위 1퍼센트의 세후 소득이 전체 영국인 세후 소득의 15퍼센트에 달하고 있다. 이렇게 부가 편중되면 다수 국민의 생활수준이 저하되기 때문에 사회 전체에 나쁜 영향을 준다.

이런 상황에서 노령화에 따라 복지 부담이 커지면 세대 간 전쟁Inter-generational War 같은 현상이 일어나게 되는데, 그리스, 이탈리아, 독일이 그런 상황에 처해 있다. 오늘날 미국의 50개 주 가운데 34개 주의 재정 자립도가 80퍼센트에 미달하고 있는데, 이것의 가장 큰 원인은 공공 분야에서 주정부가 감당해야 하는 막대한 연금 부담 때문이다. 캘리포니아와 일리노이가 가장 상황이 나쁜데, 특히 일리노이 주는 '우리 이웃의 그리스The Greece Next Door'라는 말마저 나돌고 있다.

연금 혜택이 삭감되지 않는 한 재정 위기가 해소될 가능성은 없는데, 혜택의 당사자들은 이를 거세게 반대하고 있다. 선거에 나가야 하는 정치인들은 이들을 고려하지 않을 수 없기 때문에 문제 해결의 가능성은 희박하다. 대공황이 있었던 1930년대에는 정부가 항구적으로 부담해야 하는 막대한 연금 부채 같은 것은 없었다. 기득권이 된 연금 개념은 20세기 후반기 복지국가가 만들어낸 현상인 것이다.

디스토피아를 피하기 위해서

20세기 말, 세계화와 규제 완화로 인해 시장이 승리하는 시대가 오는 것 같았다. 그러나 21세기의 우리는 반이상향, 즉 디스토피아Dystopia를 맞고 있다. 경제성장이라는 장미빛이 없어지자 서로 상대방을 비난하는 현상이 생겨나고 있는 것이다. 이렇게 혼란스러운 가운데, 유럽에서는 극우 정치 현상이 고개를 들고 있다.

19세기 말 유럽 역사를 보면, 장기 침체로 인해 국가주의와 인종주의가 일어났고, 세계는 그로 인해 무한한 비극을 경험했다. 따라서 저자는 우리가 이런 반이상향적인 상황을 피해야 한다고 말한다. 세계화로 인해 채권·채무 관계로 세계 각국이 얽혀 있기 때문에, 한 나라가 이런 문제를 풀기는 어렵다. 그리스가 채무를 갚지 못하면 채권자들이 곤란해질 것이고, 유로존이 붕괴하면 독일 경제는 심각한 위험에 처할 것이다. 유럽연합 국가들은 재정이 통합되지 않으면 화폐가 통합될 수 없음을 알아야 한다. 구속력 있는 재정 협정이 있지 않는 한 유로존은 실패할 수밖에 없는 것이다.

답은 지속적인 긴축재정Austerity뿐이다. 이러한 노력은 장기적으로 신뢰할 수 있어야 한다. 저자는 미국이 1980년대 말에서 1990년대 초에 취했던 것 같은 균형재정을 달성하기 위한 노력이 필요하다고 주장한다. 정부는 매년 적자를 줄여나간다고 예측할 수 있는 방향을 제시해야 한다. 그리고 세대 간의 이해 차이를 극복할 수 있는 사회 계약도 필요하다. 자본이 국경을 넘어서 쉽게 이동하다 보니 오늘날 자본이 잘못 배치되어 있는 경우가 많다. 금융기관이 비이성적으로 행동하는 경우에 정부가 개입할 수 있는 장치 또한 마련해야 한다. 그리고 국경을 넘어 활동하는 은행을 보다 효과적으로 규제할 수도 있어야 한다.

공부하는 보수

저자는 국민들은 물론이고 경제학자들도 적절한 교육을 받아야 한다고 말한다. 금융시장은 법이 적용되지 않는 '정글의 세계'인 것처럼 알고 있는 사람들을 재교육해야 한다는 것이다. 저자는 근자에 경제학에서 수학 모델과 엔지니어링을 강조하고 경제사를 백안시한 것도 오늘날의 경제 위기를 불러온 원인 중 하나라고 강조한다. 오늘날 대학에서는 경제에 관한 역사를 가르치지 않으며 전공 교수도 없다시피 하다. 경제학자들은 수학 모델로 모든 문제를 풀 수 있을 것처럼 행세하더니, 오늘날 이 같은 파멸 상태를 초래하고 말았다. 우리는 우리가 우리의 미래를 지배할 수 있다고 생각했는데 그것은 환상이었다. 저자는 우리가 더 늦기 전에 우리의 미래를 위협하는 구조적 문제와 힘든 싸움을 해야 한다고 결론 내린다.

2008년에 시작된 경제 위기는 지금도 진행 중이기에, 우리도 저자의 이 같은 충고를 겸허하게 받아들여야 할 것이다. 미국민들은 그들이 1980년대에 어떤 노력을 해서 1990년대의 번영을 이루었는지 망각한 것 같다. 이 점에서는 우리 국민들도 마찬가지라고 생각된다. 은행이 던져준 저금리 대출의 포로가 된 가계, 심각한 재정 적자 구조를 벗어나지 못하고 있는 무능한 정부, 그리고 이 모든 문제를 깨닫지 못하는 정치권을 보고 있자니 답답하기만 하다.

공부하는 보수

공부하는 보수

1장 9.11과 테러와의 전쟁

001 Lawrence Wright, *The Looming Tower: Al-Qaeda and the Road to 9/11* (Alfred A. Knopf, 2006) 한국어판《문명 전쟁: 알 카에다에서 9·11까지》, 하정임 옮김 (다른, 2009)

002 David Frum · Richard Perle, *An End to Evil: How To Win the War on Terror* (Random House, 2003)

003 Robert D. Kaplan, *Imperial Grunts: The American Military on the Ground* (Random House, 2005) 한국어판《제국의 최전선: 지상의 미군들》, 이순호 옮김 (갈라파고스, 2007)

004 Bing West, *No True Glory: A Frontline Account of the Battle for Fallujah* (Bantam Books, 2005) 한국어판《팔루자 리포트: 치열했던 600일, 이라크 팔루자 전투 보고서》, 이종삼 옮김 (산지니, 2006)

005 Thomas E. Ricks, *Fiasco: The American Military Adventure in Iraq* (Penguin Books, 2006)

006 Peter Galbraith, *The End of Iraq: How American Incompetence Created a War without End* (Simon & Schuster, 2006)

007 Michael Yon, *Moment of Truth in Iraq* (Richard Vigilente Books, 2008)

008 Ahmed Rashid, *Descent into Chaos: The United States and the Failure of Nation Building in Pakistan, Afganistan and Central Asia* (Viking, 2008)

009 Bing West, *The Wrong War: Grit, Strategy and the Way Out of Afghanistan* (Random House, 2011)

010 Peter Bergen, *The Longest War: The Enduring Conflict between America and Al-Qaeda* (Free Press, 2011)

2장 중동이 위험하다 ────────────

011 Efraim Karsh, *Islamic Imperialism* (Yale Univ. Press, 2006)

012 Shlomo Ben-Ami, *Scars of War, Wounds of Peace: The Israeli-Arab Tragedy* (Oxford University Press, 2006)

013 Stephanie Gutmann, *The Other War: Israelis, Palestinians, and the Struggle for Media Supremacy* (Encounter Books, 2005)

014 Brigitte Gabriel, *Because They Hate: A Survivor of Islamic Terror Warns America* (St. Martin's, 2006)

015 Dore Gold, *The Fight for Jerusalem: Radical Islam, the West, and the Future of the Holy City* (Regnery Publishing, 2007)

016 Caroline B. Glick, *Shackled Warrior: Israel and the Global Jihad* (Gefen Publishing House, 2008)

017 Robert Baer, *The Devil We Know: Dealing with the New Iranian Superpower* (Crown, 2008)

018 Dore Gold, *The Rise of Nuclear Iran: How Tehran Defies the West* (Regnery Publishing, 2009)

019 John R. Bradley, *Inside Egypt: The Road to Revolution in the Land of the Pharaohs* (Palgrave Macmillan, 2008)

020 Stephen Kinzer, *Crescent and Star: Turkey Between Two World* (Farar, Straus and Giroux, 2008)

021 Walid Phares, *The Coming Revolution: Struggle for Freedom in the Middle East* (Simon and Schuster, 2010)

022 Karen Elliott House, *On Saudi Arabia: Its People, Past, Religion, Fault Lines- and Future* (Alfred A. Knopf, 2012)

023 Yaakov Katz·Yoaz Hendel, *Israel vs. Iran: The Shadow War* (Potomac Books, 2012)

024 Erick Stakelbeck, *The Brotherhood: America's Next Great Enemy* (Regnery Publishing, 2013)

025 Patrick J. Buchanan, *Where the Right Went Wrong: How Neoconservatives Subverted the Reagan Revolution and Hijacked the Bush Presidency* (St. Martin's, 2004)

026 Thomas Frank, *What's the Matter with Kansas?: How Conservatives Won the Heart of America* (Henry Holt, 2004) 한국어판 《왜 가난한 사람들은 부자를 위해 투표하는가: 캔자스에서 도대체 무슨 일이 있었나》, 김병순 옮김(갈라파고스, 2012)

027 Bill O'Reilly, *Culture Warrior* (Broadway Books, 2006)

028 Edwin Feulner·Doug Wilson, *Getting America Right: The True Conservative Values Our Nation Needs Today* (Crown Forum, 2006)

029 David Frum, *Comeback: Conservatism that Can Win Again* (Doubleday, 2008)

030 Mickey Edwards, *Reclaiming Conservatism: How a Great American Political Movement Got Lost and How It Can Find Its Way Back* (Oxford Univ. Press, 2008)

031 R. Emmett Tyrrell, Jr., *The Clinton Crack-Up* (Thomas Nelson, 2007)

032 Thomas Frank, *The Wrecking Crew: How Conservatives Rule* (Metropolitan Books, 2008) 한국어판 《정치를 비즈니스로 만든 우파의 탄생: 왜 보수가 남는 장사인가?》, 구세희·이정민 옮김(어마마마, 2013)

033 Lou Cannon·Carl M. Cannon, *Reagan's Disciple: George W. Bush's Troubled Quest for a Presidential Legacy* (Public Affairs, 2008)

034 George W. Bush, *Decision Points* (Crown Publishing, 2010) 한국어판 《결정의 순간》, 안진환·구계원 옮김(와이비엠, 2011)

035 Dick Morris, *Fleeced* (Harper, 2008)

036 Dick Morris·Eileen McGann, *Catastrophe* (Harper, 2009)

037 Michelle Malkin, *Culture of Corruption* (Regnery Publishing, 2009) 한국어판 《기만의 정권: 탈세와 부정으로 얼룩진 오바마 정권의 이면》, 김태훈 옮김(시그마북스, 2010)

038 Fareed Zakaria, *The Post-American World* (Norton, 2008) 한국어판 《흔들리는

세계의 축: 포스트 아메리칸 월드》, 윤종석 옮김(베가북스, 2008)

039 Tony Blankley, *American Grit: What It Will Take to Survive and Win in the 21st Century*(Regnery Publishing, 2008)

040 Bill O'Reilly, *Pinheads and Patriots: Where You Stand in the Age of Obama* (William Morrow, 2010)

041 Scott Rasmussen·Douglas Schoen, *Mad As Hell: How the Tea Party Movement Is Fundamentally Remaking Our Two-party System*(Harper, 2010)

042 Thomas Sowell, *Dismantling America*(Basic Books, 2010)

043 Richard Miniter, *Leading from Behind: The Reluctant President and the Advisors who Decide for Him*(St. Martin's, 2012)

044 Edward Klein, *The Amateur: Barack Obama in the White House*(Regnery Publishing, 2012)

045 Debbie Wasserman Schultz, *For the Next Generation*(St. Martin's, 2013)

4장 미국 사회는 어디로 가나

046 Peter Schweizer, *Do As I Say (Not As I Do): Profiles in Liberal Hypocrisy* (Doubleday, 2005)

047 Thomas Sowell, *Black Rednecks and White Liberals*(Encounter Books, 2005)

048 Mark Steyn, *America Alone: The End of the World As We Know It*(Regnery Publishing, 2006)

049 Laura Ingraham, *Power to the People*(Regnery Publishing, 2007)

050 George Will, *One Man's America: The Pleasures and Provocations of Our Singular Nation*(Crown Forum, 2008)

051 David Horowitz, *The Professors: The 101 Most Dangerous Academics in America*(Regnery Publishing, 2006)

052 Thomas Sowell, *Intellectuals and Society*(Basic Books, 2009)

053 Sam Tanenhaus, *The Death of Conservatism* (Random House, 2009)

054 Chris Hedges, *Death of the Liberal Class* (Nation Books, 2010) 한국어판《진보의 몰락》, 노정태 옮김(프런티어, 2013)

055 Gary Becker · Richard A. Posner, *Uncommon Sense* (Univ. of Chicago Press, 2009)

056 Howard Husock, *America's Trillion-Dollar Housing Mistake* (Ivan R. Dee, 2003)

057 Donald L. Barlett · James B. Steele, *Critical Condition: How Health Care in America Became Big Business and Bad Medicine* (Doubleday, 2004)

058 Scott W. Atlas, *Reforming America's Health Care System: The Flawed Vision of ObamaCare* (Hoover Institution Press, 2010)

059 Angelo Codevilla, *The Ruling Class: How They Corrupted America and What We Can Do About It* (Beaufort Books, 2010)

060 Ariana Huffington, *Third World America: How Our Politicians Are Abandoning the Middle Class and Betraying the American Dream* (Crown, 2010)

061 Mark Steyn, *After America: Get Ready for Armageddon* (Regnery Publishing, 2011)

062 Patrick J. Buchanan, *Suicide of a Superpower: Will America Survive to 2025?* (St. Martin's, 2011)

063 Charles Murray, *Coming Apart: The State of White America, 1960-2010* (Crown Forum, 2012)

5장 초강대국의 길 잃은 외교

064 Andrew J. Bacevich, *American Empire: The Realities and Consequences of U.S. Diplomacy* (Harvard University Press, 2002)

065 Robert Cooper, *The Breaking of Nations: Order and Chaos in the Twenty-First Century* (Atlantic Monthly Press, 2003) 한국어판《평화의 조건》, 홍수원 옮김(세종연구원, 2004)

공부하는 보수

066 Robert Kagan, Of Paradise and Power: America and Europe in the New World Order(Alfred A. Knopf, 2003) 한국어판《미국 vs. 유럽: 갈등에 관한 보고서》, 홍수원 옮김(세종연구원, 2003)

067 Dore Gold, *Tower of Babble: How the United Nations Has Fueled Global Chaos*(Crown Forum, 2004)

068 Eric Shawn, *The U.N. Exposed: How the United Nations Sabotages America's Security and Fails the World*(Sentinel, 2006)

069 Andrew J. Bacevich, *The New American Militarism: How Americans Are Seduced by War*(Oxford Univ. Press, 2005)

070 Francis Fukuyama, *America at the Crossroads: Democracy, Power, and the Neoconservative Legacy*(Yale Univ. Press, 2006) 한국어판《기로에 선 미국》, 유강은 옮김(랜덤하우스코리아, 2006)

071 Zbigniew K. Brzezinski, *Second Chance: Three Presidents and the Crisis of American Superpower*(Basic Books, 2007) 한국어판《미국의 마지막 기회: 세 대통령이 초래한 제국의 위기를 넘어서》, 김명섭·김석원 옮김(삼인, 2009)

072 Robert Kagan, *The Return of History and the End of Dreams*(Alfred A. Knopf, 2008)

073 Richard N. Haass, *War of Necessity, War of Choice: A Memoir of Two Iraq Wars*(Simon & Shuster, 2009)

074 Andrew J. Bacevich, *Washington Rules: America's Path to Permanent War*(Metropolitan Books, 2010) 한국어판《워싱턴 룰: 미국은 왜 전쟁을 멈추지 못하는가》, 박인규 옮김(오월의봄, 2013)

075 Robert Kagan, *The World America Made*(Alfred A. Knopf, 2012)

076 Zbigniew K. Brzezinski, *Strategic Vision: America and the Crisis of Global Power*(Basic Books, 2012)

077 Vali Nasr, *The Dispensable Nation: American Foreign Policy in Retreat*(Doubleday, 2013)

078 Richard N. Haass, *Foreign Policy Begins at Home: The Case for Putting America's House in Order*(Basic Books, 2013)

6장 유럽의 쇠락과 미래

079 Gabriel Schoenfeld, *The Return of Anti-Semitism* (Encounter Books, 2004)

080 Peter Baker·Susan Glasser, *Kremlin Rising: Vladimir Putin's Russia and the End of Revolution* (Scribner, 2005)

081 Denis Boyles, *Vile France: Fear, Duplicity, Cowardice and Cheese* (Encounter Books, 2005)

082 David Pryce-Jones, *Betrayal: France, the Arabs, and the Jews* (Encounter Books, 2006)

083 Melanie Phillips, *Londonistan* (Encounter Books, 2006)

084 Ian Buruma, *Murder in Amsterdam: Liberal Europe, Islam, and the Limits of Tolerance* (Penguin Books, 2006)

085 Walter Laqueur, *The Last Days of Europe: Epitaph for an Old Continent* (St. Martin's, 2007)

086 Bruce Thornton, *Decline and Fall: Europe's Slow Motion Suicide* (Encounter Books, 2007)

087 Edward Lucas, *The New Cold War* (Palgrave Macmillan, 2008)

088 Tony Blair, *A Journey: My Political Life* (Alfred A. Knopf, 2010)

089 Alan Crawford·Tony Czuczka, *Angela Merkel: A Chancellorship Forged in Crisis* (Wiley-Bloomberg Press, 2013)

090 Walter Laqueur, *After the Fall* (St. Martin's, 2011)

7장 세계를 덮친 경제 위기

091 Richard A. Posner, *A Failure of Capitalism: The Crisis of '08 and the Descent into Depression* (Harvard Univ. Press, 2009) 한국어판《포스너가 본 신자유주의의 위기》김규진·김지욱·박동철 옮김(한울, 2013)

092 Thomas Woods Jr., *Meltdown* (Regnery Publishing, 2009) 한국어판《케인스가

공부하는 보수

죽어야 경제가 산다: 경제불황에 대한 근원적 진단과 대안》, 이건식·안재욱 옮김
(리더스북, 2009)

093 Johan Norberg, *Financial Fiasco: How America's Infatuation with Home Ownership and Easy Money Created the Economic Crisis* (Cato Institute, 2009)

094 Thomas Sowell, *The Housing Boom and Bust* (Basic Books, 2009)

095 Nicole Gelinas, *After the Fall: Saving Capitalism from Wall Street and Washington* (Encounter Books, 2009)

096 William M. Isaac, *Senseless Panic: How Washington Failed America* (Wiley, 2010)

097 Michael Lewis, *Boomerang: Travels in the New Third World* (Norton, 2011) 한국어판《부메랑: 새로운 몰락의 시작, 금융위기와 부채의 복수》, 김정수 옮김(비즈니스북스, 2012)

098 Jason Manolopoulos, *Greece's 'Odious' Debt: The Looting of the Hellenic Republic by the Euro, the Political Elite and the Investment Community* (Anthem Press, 2011)

099 John A. Allison, *The Financial Crisis and the Free Market Cure: Why Pure Capitalism Is the World Economy's Only Hope* (McGraw Hill, 2013)

100 Stephen D. King, *When the Money Runs Out: The End of Western Affluence* (Yale University Press, 2013)

공부하는 보수
위기의 보수, 책에서 길을 묻다

펴낸날	초판 1쇄 2014년 9월 20일
	초판 3쇄 2015년 1월 5일
지은이	이상돈
펴낸이	김직승
펴낸곳	책세상
주소	서울시 마포구 광성로1길 49 대영빌딩 4층(121-854)
전화	02-704-1251(영업부), 02-3273-1270(편집부)
팩스	02-719-1258
이메일	bkworld11@gmail.com
홈페이지	www.bkworld.co.kr
등록	1975. 5. 21. 제1-517호
ISBN	978-89-7013-888-6 03340